RECUEIL

DES DÉCRETS

RENDUS PAR LE

PRINCE LOUIS-NAPOLÉON,

Depuis le 2 décembre 1851 jusqu'au 29 mars 1852,

Pendant que le Pouvoir législatif a été concentré dans ses mains.

Ire **PARTIE.**

ÉPOQUE PRÉSIDENTIELLE.

PARIS,

IMPRIMERIE ET LIBRAIRIE GÉNÉRALE DE JURISPRUDENCE,

COSSE, IMPRIMEUR-ÉDITEUR,

LIBRAIRE DE L'ORDRE DES AVOCATS A LA COUR DE CASSATION,

Place Dauphine, 27.

1853.

RECUEIL

DES

ACTES ET DÉCRETS

DU

PRINCE LOUIS-NAPOLÉON

Depuis le 2 décembre 1851 jusqu'au 29 mars 1852.

PARIS, IMPRIMERIE DE COSSE ET J. DUMAINE,
Rue Christine, 2.

RECUEIL DES DÉCRETS

RENDUS PAR LE

PRINCE LOUIS-NAPOLÉON,

Depuis le 2 décembre 1851 jusqu'au 29 mars 1852,

Pendant que le Pouvoir législatif a été concentré dans ses mains.

Ire PARTIE.

ÉPOQUE PRÉSIDENTIELLE.

PARIS,

IMPRIMERIE ET LIBRAIRIE GÉNÉRALE DE JURISPRUDENCE,

COSSE, IMPRIMEUR-ÉDITEUR,

LIBRAIRE DE L'ORDRE DES AVOCATS A LA COUR DE CASSATION,

Place Dauphine, 27.

1853.

AVANT-PROPOS.

C'est dans les lois d'un peuple qu'il faut chercher son histoire la plus impartiale et la plus sûre. Chaque modification apportée dans ses mœurs, chacune de ses tendances nouvelles se trouvent caractérisées dans sa législation ; chacune de nos grandes époques historiques pourrait avoir son Code particulier, marqué de son empreinte.

Sans remonter plus haut qu'à la grande rénovation sociale de 1789, nous retrouvons dans la longue série des lois de la première Constituante ce besoin de changement et d'innovation qui ne se contente pas de réparer et d'améliorer, mais qui fait table rase pour rebâtir à nouveau, et qui détruit tout pour tout renouveler.

Les désordres de la Terreur sont gravés en traits de sang dans ses lois de spoliation, de proscription et de mort.

Le retour aux principes d'ordre, de justice et d'autorité, hésitant encore et incertain sous le Directoire, se dessine nettement avec le Gouvernement consulaire.

La grandeur de l'ère impériale est empreinte dans le Code Napoléon, le plus glorieux des monuments de l'Empire, qui a survécu à sa gloire et perpétué ses conquêtes, puisqu'il régit encore des peuples voisins.

Les lois de la Restauration montrent un timide retour vers des idées vieillies.

Celles du Gouvernement de Juillet hésitent entre les exigences toujours croissantes de l'opinion libérale et une molle résistance; elles sont une transaction perpétuelle, où l'on retrouve côte à côte les principes contraires.

La République de 1848 n'a rien fondé; elle n'a pu même rien innover; elle n'a su que s'affubler de la défroque usée et souillée de boue de la première République, et n'a produit que découragement et inquiétude. Ce Gouvernement, qui s'appelait lui-même *provisoire*, nous laissait aller, s'il ne nous conduisait à des abîmes.

Lorsque la République eut la prétention d'organiser un Gouvernement définitif, les modernes constituants créèrent deux pouvoirs rivaux qui devaient nécessairement se combattre : c'était la révolution en permanence.

Violemment rompus, le 2 décembre, par une détermination aussi hardie qu'elle fut heureuse, tous les pouvoirs jusque-là si divisés, et par conséquent si affaiblis, se trouvèrent concentrés par la victoire sur la tête du prince Louis-Napoléon.

La France, heureuse d'échapper à l'anarchie qui l'étreignait, et à la barbarie qui la menaçait, sanctionna ce coup d'État par 7,481,235 suffrages, et remit ses destinées entre les mains d'un seul homme, qui accepta résolument la grande et difficile mission de raffermir sur ses bases l'édifice social ébranlé, de rétablir le principe d'autorité, de reconstituer le pouvoir et de créer des institutions fortes et un *gouvernement solide, qui ne disparaisse pas au premier souffle des agitations populaires* (1).

Jamais pouvoir plus fort, jamais œuvre plus grande ne furent remis aux mains d'un seul homme.

Comment le prince Louis-Napoléon a-t-il rempli cette mission providentielle?

L'histoire le dira; il ne nous appartient pas de devancer son ju-

(1) Préambule de la Constitution.

gement. Nous nous bornons à rassembler les matériaux sur lesquels elle prononcera. Nous réunissons en un seul corps toutes les lois qui ont marqué cette dictature qui doit avoir son Code à part.

Ces quelques mois tiendront une large place dans les annales de notre législation, et lui fourniront plus de matériaux que plusieurs années d'un gouvernement de discussion et de tournois parlementaires. D'interminables difficultés ont été promptement tranchées. Les intérêts en souffrance ont reçu satisfaction; les améliorations, les réformes, les institutions de crédit, les grandes entreprises de travaux publics, réclamées en vain depuis longtemps ont été enfin accordées sans conteste et sans remise, et le pays a vu avec satisfaction tout ce qu'il avait à gagner à la simplification du gouvernement et à la concentration des pouvoirs.

Du 2 décembre 1851 au 28 mars 1852, pendant que le prince Louis-Napoléon exerçait seul le Pouvoir législatif, il est peu de parties de notre législation qui n'aient subi quelques modifications. Au milieu des événements politiques qui se succédaient, on n'a pu donner qu'une attention distraite à tous les changements apportés à nos lois; plusieurs sont passés inaperçus, et le *Bulletin officiel* en contient seul la longue série. Mais, outre que les décrets du Président sur la législation générale s'y trouvent mêlés et confondus avec les décisions d'un intérêt local ou privé, ils ne sont pas accompagnés des exposés de motifs ou des rapports qui les ont précédés et qui en sont le premier et le plus sûr commentaire; des dates différentes séparent souvent les matières qui ont de l'analogie, sans qu'aucune indication les rapproche: rarement la législation antérieure est indiquée, et il faut souvent y avoir recours pour apprécier les changements qu'elle a subis.

Le *Bulletin des lois* et les recueils spéciaux ne sont d'ailleurs qu'entre les mains d'un petit nombre, et les décrets rendus dans ces derniers temps touchent à tant d'objets divers, que tout le monde est intéressé à les connaître, et que beaucoup désirent en posséder le recueil.

Il a paru utile de réunir en un seul corps tout ce qui est d'un intérêt général, d'y joindre les rapports qui expliquent et motivent ces décrets, des indications ou des renvois qui rapprochent ce que sépare l'ordre des dates, quelques sobres réflexions sur leur esprit et leur portée, des renvois à la législation antérieure faisant ressortir les modifications apportées à cette législation et ce qui en est maintenu, et enfin de noter les interprétations diverses ou les applications que les nouvelles dispositions peuvent avoir reçues jusqu'ici. C'est ce travail que l'on offre au public.

RECUEIL

DES

ACTES ET DÉCRETS

DU

PRINCE LOUIS-NAPOLÉON

DEPUIS LE 2 DÉCEMBRE 1851 JUSQU'AU 29 MARS 1852.

AVIS DE L'ÉDITEUR.

Pour la classification des matières contenues dans ce Recueil, on a généralement adopté l'ordre des dates. Mais il a paru que, par une exception qui se justifie d'elle-même, il fallait placer en tête de cette collection, et à la suite les uns des autres, les actes qui ont changé le gouvernement du pays, qui forment, pour ainsi dire, la partie historique, et qui sont la conséquence ou le développement les uns des autres, depuis le décret qui dissout l'Assemblée et fait appel au Peuple, jusqu'à la Constitution nouvelle.

Après avoir ainsi groupé les actes constitutifs du nouveau gouvernement, les décrets d'une moindre importance ou d'un intérêt moins général reprendront leur ordre naturel et seront placés à leur date ; mais des renvois rattacheront les matières qui ont entre elles de l'analogie, pour faciliter les recherches.

N° 1. — (2 déc. 1851.) — DÉCRET *qui dissout l'Assemblée nationale et le conseil d'État, rétablit le Suffrage universel, convoque le Peuple français dans ses comices, et met en état de siége l'étendue de la 1re division militaire.*

LE PRÉSIDENT DE LA RÉPUBLIQUE DÉCRÈTE :

ART. 1er. L'Assemblée nationale est dissoute.

2. Le suffrage universel est rétabli. La loi du 31 mai est abrogée.

3. Le peuple français est convoqué dans ses comices à partir du 14 décembre jusqu'au 21 décembre suivant.

4. L'état de siége est décrété dans l'étendue de la 1re division militaire.

5. Le conseil d'État est dissous.

6. Le ministre de l'intérieur est chargé de l'exécution du présent décret (*Bull.* 465, n° 3379).

N° 2. — (2 déc. 1851.) — PROCLAMATION *du Président de la République. — Appel au Peuple.*

FRANÇAIS,

La situation actuelle ne peut durer plus

1

longtemps. Chaque jour qui s'écoule aggrave les dangers du pays. L'Assemblée, qui devait être le plus ferme appui de l'ordre, est devenue un foyer de complots. Le patriotisme de trois cents de ses membres n'a pu arrêter ses fatales tendances. Au lieu de faire des lois dans l'intérêt général, elle forge des armes pour la guerre civile ; elle attente au pouvoir que je tiens directement du peuple ; elle encourage toutes les mauvaises passions ; elle compromet le repos de la France : je l'ai dissoute, et je rends le peuple entier juge entre elle et moi.

La Constitution, vous le savez, avait été faite dans le but d'affaiblir d'avance le pouvoir que vous alliez me confier. Six millions de suffrages furent une éclatante protestation contre elle, et cependant je l'ai fidèlement observée. Les provocations, les calomnies, les outrages m'ont trouvé impassible. Mais aujourd'hui que le pacte fondamental n'est plus respecté de ceux-là mêmes qui l'invoquent sans cesse, et que les hommes qui ont déjà perdu deux monarchies veulent me lier les mains, afin de renverser la République, mon devoir est de déjouer leurs perfides projets, de maintenir la République et de sauver le pays en invoquant le jugement solennel du seul souverain que je reconnaisse en France, le peuple.

Je fais donc un appel loyal à la nation tout entière, et je vous dis : Si vous voulez continuer cet état de malaise qui nous dégrade et compromet notre avenir, choisissez un autre à ma place, car je ne veux plus d'un pouvoir qui est impuissant à faire le bien, me rend responsable d'actes que je ne puis empêcher, et m'enchaîne au gouvernail quand je vois le vaisseau courir vers l'abîme.

Si, au contraire, vous avez encore confiance en moi, donnez-moi les moyens d'accomplir la grande mission que je tiens de vous.

Cette mission consiste à fermer l'ère des révolutions en satisfaisant les besoins légitimes du peuple et en le protégeant contre les passions subversives. Elle consiste surtout à créer des institutions qui survivent aux hommes et qui soient enfin des fondations sur lesquelles on puisse asseoir quelque chose de durable.

Persuadé que l'instabilité du pouvoir, que la prépondérance d'une seule Assemblée sont des causes permanentes de trouble et de discorde, je soumets à vos suffrages les bases fondamentales suivantes d'une Constitution que les Assemblées développeront plus tard :

1° Un chef responsable nommé pour dix ans ; — 2° Des ministres dépendants du pouvoir exécutif seul ; — 3° Un conseil d'Etat formé des hommes les plus distingués, préparant les lois et en soutenant la discussion devant le Corps législatif ; — 4° Un Corps législatif discutant et votant les lois, nommé par le suffrage universel, sans scrutin de liste qui fausse l'élection ; — 5° Une seconde Assemblée, formée de toutes les illustrations du pays, pouvoir pondérateur, gardien du pacte fondamental et des libertés publiques.

Ce système, créé par le Premier Consul au commencement du siècle, a déjà donné à la France le repos et la prospérité ; il les lui garantirait encore.

Telle est ma conviction profonde. Si vous la partagez, déclarez-le par vos suffrages. Si, au contraire, vous préférez un gouvernement sans force, monarchique ou républicain, emprunté à je ne sais quel passé ou à quel avenir chimérique, répondez négativement.

Ainsi donc, pour la première fois depuis 1804, vous voterez en connaissance de cause, en sachant bien pour qui et pour quoi.

Si je n'obtiens pas la majorité de vos suffrages, alors je provoquerai la réunion d'une nouvelle Assemblée, et je lui remettrai le mandat que j'ai reçu de vous.

Mais si vous croyez que la cause dont mon nom est le symbole, c'est-à-dire la France régénérée par la révolution de 89 et organisée par l'Empereur, est toujours la vôtre, proclamez-le en consacrant les pouvoirs que je vous demande.

Alors la France et l'Europe seront préservées de l'anarchie, les obstacles s'aplaniront, les rivalités auront disparu, car tous respecteront, dans l'arrêt du peuple, le décret de la Providence (*Bull.* 465, n° 3380).

N° 3. — (2 décembre 1851.) — PROCLAMATION *du Président de la République à l'armée.*

SOLDATS,

Soyez fiers de votre mission, vous sauverez la patrie, car je compte sur vous, non pour violer les lois, mais pour faire respecter la première loi du pays, la souveraineté nationale, dont je suis le légitime représentant.

Depuis longtemps vous souffriez comme moi des obstacles qui s'opposaient et au bien que je voulais vous faire et aux démonstrations de votre sympathie en ma faveur. Ces obstacles sont brisés. L'Assemblée a essayé d'attenter à l'autorité que je tiens de la nation entière : elle a cessé d'exister.

Je fais un loyal appel au peuple et à l'armée, et je leur dis: Ou donnez-moi les moyens d'assurer votre prospérité, ou choisissez un autre à ma place.

En 1830, comme en 1848, on vous a traités en vaincus. Après avoir flétri votre désintéressement héroïque, on a dédaigné de consulter vos sympathies et vos vœux, et cependant vous êtes l'élite de la nation. Aujourd'hui, en ce moment solennel, je veux que l'armée fasse entendre sa voix.

Votez donc librement comme citoyens ; mais, comme soldats, n'oubliez pas que l'obéissance passive aux ordres du chef du Gouvernement est le devoir rigoureux de l'armée, depuis le général jusqu'au soldat. C'est à moi, responsable de mes actions devant le peuple et devant la postérité, de prendre les mesures qui me semblent indispensables pour le bien public.

Quant à vous, restez inébranlables dans les règles de la discipline et de l'honneur. Aidez, par votre attitude imposante, le pays à manifester sa volonté dans le calme et la réflexion. Soyez prêts à réprimer toute tentative contre le libre exercice de la souveraineté du peuple.

Soldats, je ne vous parle pas des souvenirs que mon nom rappelle. Ils sont gravés dans vos cœurs. Nous sommes unis par des liens indissolubles. Votre histoire est la mienne. Il y a entre nous, dans le passé, communauté de gloire et de malheur; il y aura dans l'avenir communauté de sentiments et de résolutions pour le repos et la grandeur de la France (*Bull.* 465, n° 3381).

N° 4.— (2 décembre 1851.)—DÉCRET *sur la présentation d'un plébiscite à l'acceptation du Peuple français.*

LE PRÉSIDENT DE LA RÉPUBLIQUE,

Considérant que la souveraineté réside dans l'universalité des citoyens et qu'aucune fraction du peuple ne peut s'en attribuer l'exercice ;

Vu les lois et arrêtés qui ont réglé jusqu'à ce jour le mode de l'appel au peuple, et notamment les décrets des 5 fructidor an III, 24 et 25 frimaire an VIII, l'arrêté du 20 floréal an X, le sénatus-consulte du 28 floréal an XII,

DÉCRÈTE :

ART. 1er. Le peuple français est solennellement convoqué dans ses comices, le 14 décembre présent mois, pour accepter ou rejeter le plébiscite suivant :

« Le peuple français veut le maintien de l'autorité de *Louis-Napoléon Bonaparte*, et lui délègue les pouvoirs nécessaires pour faire une constitution sur les bases proposées dans sa proclamation du 2 décembre. »

2. Sont appelés à voter tous les Français âgés de vingt et un ans, jouissant de leurs droits civils et politiques.

Ils devront justifier soit de leur inscription sur les listes électorales en vertu de la loi du 15 mars 1849, soit de l'accomplissement, depuis la formation des listes, des conditions exigées par cette loi.

3. A la réception du présent décret, les maires de chaque commune ouvriront deux registres sur papier libre, l'un d'acceptation, l'autre de non-acceptation du plébiscite.

Dans les quarante-huit heures de la réception du présent décret, les juges de paix se transporteront dans les communes de leurs cantons pour surveiller et assurer l'ouverture et l'établissement de ces registres.

En cas de refus, d'abstention ou d'absence de la part des maires, les juges de paix délégueront soit un membre du conseil municipal, soit un notable du pays, pour la réception des votes.

4. Ces registres demeureront ouverts aux secrétariats de toutes les municipalités de France pendant huit jours, depuis huit heures du matin jusqu'à six heures du soir, et ce, à partir du dimanche 14 décembre jusqu'au dimanche soir suivant 21 décembre.

Les citoyens consigneront ou feront consigner, dans le cas où ils ne sauraient pas écrire, leur vote sur l'un de ces registres avec mention de leurs noms et prénoms.

5. A l'expiration du délai fixé par l'article précédent, et dans les vingt-quatre heures au plus tard, le nombre des suffrages exprimés sera constaté ; chaque registre sera clos et transmis par le fonctionnaire dépositaire au sous-préfet, qui le fera parvenir immédiatement au préfet du département.

Le dénombrement des votes, la clôture et la transmission des registres tenus par les maires seront surveillés par les juges de paix.

6. Une commission composée de trois conseillers généraux désignés par le préfet fera aussitôt le recensement de tous les votes exprimés dans le département.

Le résultat de ce travail sera transmis par la voie la plus rapide au ministre de l'intérieur.

7. Le recensement général des votes exprimés par le peuple français aura lieu à Paris, au sein d'une commission qui sera instituée par un décret ultérieur.

Le résultat sera promulgué par le Pouvoir exécutif.

8. Les frais faits et avancés par les administrations centrales et communales et les frais de déplacement des juges de paix pour l'établissement des registres seront acquittés, sur la représentation des quittances ou sur la déclaration des fonctionnaires, par les receveurs de l'enregistrement ou les percepteurs des contributions directes.

9. Le ministre de l'intérieur est chargé d'activer et de régulariser la formation, l'ouverture, la tenue, la clôture et l'envoi des registres (*Bull.* 465, n° 3382).

N° 5. — (2 déc. 1851.) — DÉCRET *portant que le projet de plébiscite soumis à l'acceptation du Peuple français est également soumis à l'acceptation de l'armée de terre et de mer.*

LE PRÉSIDENT DE LA RÉPUBLIQUE DÉCRÈTE :

ART. 1er. Le projet de plébiscite soumis à l'acceptation du peuple français est également soumis à l'acceptation de l'armée de terre et de mer.

2. Chaque régiment, chaque corps de troupe isolé, chaque brigade de gendarmerie, voteront dans les vingt-quatre heures de l'envoi fait au colonel ou au chef de corps, du présent décret.

Les équipages des vaisseaux en mer voteront dans le même délai.

3. A cet effet, deux registres sur papier libre, l'un d'acceptation, l'autre de non-acceptation du plébiscite, seront ouverts par les soins des colonels, chefs de corps ou chefs de brigade de gendarmerie.

Les votes seront consignés de huit heures du matin à quatre heures du soir.

Ceux qui ne sauront pas écrire feront consigner leurs votes.

4. Après ce délai, le nombre des votes sera constaté, les registres seront clos, puis transmis directement aux secrétariats des ministères de la guerre et de la marine.

5. Une commission sera instituée par le ministre de la guerre pour opérer le dépouillement des registres et le recensement des votes.

Le résultat de ce recensement sera proclamé par le Pouvoir exécutif.

6. Les ministres de la guerre et de la marine sont chargés, chacun en ce qui le concerne, de l'exécution du présent décret (*Bull.* 465, n° 3385).

N° 6. — (4 déc. 1851). — DÉCRET *qui modifie celui du 2 décembre, sur la présentation d'un plébiscite à l'acceptation du Peuple français.*

LE PRÉSIDENT DE LA RÉPUBLIQUE,

Considérant que le mode d'élection promulgué par le décret du 2 décembre avait été adopté dans d'autres circonstances comme garantissant la sincérité de l'élection ;

Mais considérant que le scrutin secret actuellement pratiqué paraît mieux garantir l'indépendance des suffrages ;

Considérant que le but essentiel du décret du 2 décembre est d'obtenir la libre et sincère expression de la volonté du peuple,

DÉCRÈTE :

Les articles 2, 3 et 4 du décret du 2 décembre sont modifiés ainsi qu'il suit :

2. L'élection aura lieu par le suffrage universel.

Sont appelés à voter tous les Français âgés de vingt et un ans, jouissant de leurs droits civils et politiques.

3. Ils devront justifier, soit de leur inscription sur les listes électorales dressées en vertu de la loi du 15 mars 1849, soit de l'accomplissement, depuis la formation des listes, des conditions exigées par cette loi.

4. Le scrutin sera ouvert pendant les journées des 20 et 21 décembre, dans le chef-lieu de chaque commune, depuis huit heures du matin jusqu'à quatre heures du soir.

Le suffrage aura lieu

Au scrutin secret,

Par *oui* ou par *non*,

Au moyen d'un bulletin, manuscrit ou imprimé (*Bull.* 465, n° 3387).

N° 7. — (8 déc. 1851.) — PROCLAMATION *du Président de la République au Peuple français.*

FRANÇAIS !

Les troubles sont apaisés. Quelle que soit la décision du peuple, la société est sauvée. La première partie de ma tâche est accomplie. L'appel à la nation pour terminer les luttes des partis ne faisait, je le savais, courir aucun risque sérieux à la tranquillité publique.

Pourquoi le peuple se serait-il soulevé contre moi ?

Si je ne possède plus votre confiance, si vos idées ont changé, il n'est pas besoin de faire couler un sang précieux, il suffit de déposer dans l'urne un vote contraire.

Je respecterai toujours l'arrêt du peuple.

Mais tant que la nation n'aura pas parlé, je ne reculerai devant aucun effort, devant aucun sacrifice pour déjouer les tentatives des factieux. Cette tâche, d'ailleurs, m'est rendue facile.

D'un côté, l'on a vu combien il était insensé de lutter contre une armée unie par les liens de la discipline, animée par le sentiment de l'honneur militaire, et par le dévouement à la patrie.

D'un autre côté, l'attitude calme des habitants de Paris, la réprobation dont ils flétrissaient l'émeute, ont témoigné assez hautement pour qui se prononçait la capitale.

Dans ces quartiers populeux, où naguère l'insurrection se recrutait si vite parmi des ouvriers dociles à ses entraînements, l'anarchie, cette fois, n'a pu rencontrer qu'une répugnance profonde pour ces détestables excitations. Grâce en soit rendue à l'intelligente et patriotique population de Paris! Qu'elle se persuade de plus en plus que mon unique ambition est d'assurer le repos et la prospérité de la France.

Qu'elle continue à prêter son concours à l'autorité, et bientôt le pays pourra accomplir dans le calme l'acte solennel qui doit inaugurer une ère nouvelle pour la République (*Bull.* 465, nº 3389).

Nº 8.—(29 déc. 1851).—DÉCRET *relatif à la proclamation du résultat des votes émis par l'appel au Peuple et à la célébration d'une fête nationale.*

LE PRÉSIDENT DE LA RÉPUBLIQUE, etc., DÉCRÈTE :

ART. 1ᵉʳ. Le résultat des votes émis les 20 et 21 décembre 1851 sur l'appel au peuple sera proclamé, publié et affiché dans toutes les communes de la République.

2. Une fête nationale sera célébrée le 1ᵉʳ janvier 1852 dans tous les chefs-lieux des départements, et le 11 janvier 1852, dans toutes les communes de France.

Un *Te Deum* sera chanté dans toutes les églises.

3. Le ministre de l'intérieur et le ministre des cultes sont chargés, chacun en ce qui le concerne, de l'exécution du présent décret (*Bull.* 475, nº 3480).

COMMISSION CONSULTATIVE (1).

PROCÈS-VERBAL.

(*Séance du 31 décembre* 1851.)

EXTRAIT DU REGISTRE DES DÉLIBÉRATIONS.

La commission consultative chargée par décret du 14 décembre de procéder au recensement général des votes émis sur le projet de plébiscite proposé le 2 décembre par le président de la République à l'acceptation du peuple français,

Après avoir examiné dans ses bureaux, et pendant les séances des 24, 26, 27, 28, 29, 30 et 31 décembre, les procès-verbaux d'élection dressés dans les divers départements de la République et dans tous les corps composant l'armée de terre et de mer, lesquels procès-verbaux ont été transmis à la commission par les ministres de l'intérieur, de la guerre et de la marine ;

Après avoir, dans la séance générale de ce jour, entendu les rapports qui lui ont été faits au nom de chacun dans ses bureaux ;

Considérant qu'il est établi par les pièces soumises à son examen que les opérations électorales ont été librement et régulièrement accomplies ;

Que, si les procès-verbaux d'élection dressés dans le département des Basses-Alpes, ainsi que dans quelques communes de deux départements et dans une partie de l'Algérie, ne sont pas encore parvenus au ministre de l'intérieur, il convient, en présence de l'immense majorité obtenue par le projet de plébiscite, et pour ne pas retarder la proclamation du vote, de prendre provisoirement pour base, et sauf vérification ultérieure pour ces diverses localités, les chiffres indiqués par la correspondance des préfets, et de porter seulement pour l'Algérie les chiffres qui sont, quant à présent, connus,

Déclare qu'il résulte du recensement général des votes émis sur le projet de plébiscite du 2 décembre, ainsi que du tableau général qui en a été dressé, et qui sera annexé au procès-verbal,

Que les bulletins portant le mot *oui* sont au nombre de   7,439,216

Ceux portant le mot *non*, au nombre de   640,737

Les bulletins déclarés *nuls*, au nombre de   36,880

La commission consultative décide qu'elle se rendra ce soir, à huit heures et demie, à

---

(1) La commission consultative instituée par décret du 2 décembre 1851, ayant été chargée, par un autre décret du 11 du même mois (a), du recensement général des votes exprimés par le peuple français dans les scrutins des 20 et 21 décembre, a dépouillé tous les procès-verbaux qui lui ont été transmis et en a constaté le résultat dans le procès-verbal ci-après transcrit.

(a) Voir ces deux décrets à leur date.

l'Elysée, pour présenter à M. le président de la République le résultat du recensement général des votes.

Une ampliation du présent procès-verbal, signée du vice-président et des secrétaires, sera adressée au ministre de l'intérieur pour être déposée aux Archives nationales.

Fait au palais du quai d'Orsay, en séance générale de la commission consultative, le 31 décembre 1851.

Le vice-président de la commission consultative,   Signé BAROCHE.

En exécution de cette délibération la Commission consultative s'étant rendue, le 31 décembre, au palais de l'Elysée, M. Baroche, vice-président, a lu et remis ensuite entre les mains du prince Louis-Napoléon le procès-verbal du recensement, et lui a adressé l'allocution suivante :

« Monsieur le Président,

« En faisant appel au peuple français, par votre proclamation de 2 décembre, vous avez dit:

« Je ne veux plus d'un pouvoir qui est impuissant à faire le bien et m'enchaîne au gouvernail quand je vois le vaisseau courir vers l'abîme. Si vous avez confiance en moi, donnez-moi les moyens d'accomplir la grande mission que je tiens de vous. »

« A cet appel loyal, fait à sa conscience et à sa souveraineté, la nation a répondu par une immense acclamation, par plus de sept millions quatre cent cinquante mille suffrages.

« Oui, prince, la France a confiance en vous ! Elle a confiance en votre courage, en votre haute raison, en votre amour pour elle ! Et le témoignage qu'elle vient de vous en donner est d'autant plus glorieux, qu'il est rendu après trois années d'un gouvernement dont il consacre ainsi la sagesse et le patriotisme.

« L'élu du 10 décembre 1848 s'est-il montré digne du mandat que le peuple lui avait conféré? A-t-il bien compris la mission qu'il avait reçue ?

« Qu'on le demande aux sept millions de voix qui viennent de confirmer ce mandat, en y ajoutant une mission, et plus grande et plus belle.

« Jamais, dans aucun pays, la volonté nationale s'est-elle aussi solennellement manifestée ? Jamais gouvernement obtint-il un assentiment pareil, eut-il une base plus large, une origine plus légitime et plus digne du respect des peuples ?

« Prenez possession, prince, de ce pouvoir qui vous est si glorieusement déféré.

« Usez-en pour développer, par de sages institutions, les bases fondamentales que le peuple lui-même a consacrées par ses votes.

« Rétablissez en France le principe d'autorité, trop ébranlé depuis soixante ans par nos continuelles agitations.

« Combattez sans relâche ces passions anarchiques qui attaquent la société jusque dans ses fondements.

« Ce ne sont plus seulement des théories odieuses que vous avez à poursuivre et à réprimer. Elles se sont traduites en faits, en horribles attentats.

« Que la France soit enfin délivrée de ces hommes toujours prêts pour le meurtre et le pillage, de ces hommes qui, au dix-neuvième siècle, font horreur à la civilisation et semblent, en réveillant les plus tristes souvenirs, nous reporter à 500 ans en arrière.

« Prince, le 2 décembre, vous avez pris pour symbole *la France régénérée par la révolution de 1789 et organisée par l'Empereur*, c'est-à-dire une liberté sage et bien réglée, une autorité forte et respectée de tous.

« Que votre sagesse et votre patriotisme réalisent cette noble pensée. Rendez à ce pays si riche, si plein de vie et d'avenir, les plus grands de tous les biens, l'ordre, la stabilité, la confiance. Comprimez avec énergie l'esprit d'anarchie et de révolte.

« Nous aurez ainsi sauvé la France, préservé l'Europe entière d'un immense péril, et ajouté à la gloire de votre nom une nouvelle et impérissable gloire. »

M. le président de la République a répondu :

« Messieurs,

« La France a répondu à l'appel loyal que je lui avais fait. Elle a compris que je n'étais sorti de la légalité que pour rentrer dans le droit. Plus de sept millions de suffrages viennent de m'absoudre en justifiant un acte qui n'avait d'autre but que d'épargner à la France et à l'Europe peut-être des années de troubles et de malheur.

« Je vous remercie d'avoir constaté officiellement combien cette manifestation était nationale et spontanée.

« Si je me félicite de cette immense adhésion, ce n'est pas par orgueil, mais parce qu'elle me donne la force de parler et d'agir ainsi qu'il convient au chef d'une grande nation comme la nôtre.

« Je comprends toute la grandeur de ma mission nouvelle, je ne m'abuse pas sur ses graves difficultés. Mais avec un cœur droit, avec le concours de tous les hommes de bien qui, ainsi que vous, m'éclaireront de leurs lumières et me soutiendront de leur patriotisme, avec le dévouement éprouvé de notre vaillante armée, enfin avec cette protection que demain je prierai solennellement le ciel de m'accorder, j'espère me rendre digne de la confiance que le peuple continue de mettre en moi. J'espère assurer les destinées de la France en fondant des institutions qui répondent à la fois et aux instincts démocratiques de la nation, et à ce désir exprimé universellement d'avoir désormais un pouvoir fort et respecté.

« En effet, donner satisfaction aux exigences du moment en créant un système qui reconstitue l'autorité sans blesser l'égalité, sans fermer aucune voie d'amélioration, c'est jeter les véritables bases du seul édifice capable de supporter plus tard une liberté sage et bienfaisante. »

N° 9.— (31 déc. 1851.) — DÉCRET *qui proclame le résultat des votes émis sur le plébiscite présenté à l'acceptation du Peuple français.*

LE PRÉSIDENT DE LA RÉPUBLIQUE,

Vu l'art. 7 du décret du 2 décembre 1851, et l'art. 1er du décret du 18 du même mois;

Sur le rapport de la Commission consultative en date de ce jour,

Proclame le résultat des votes émis par les citoyens français pour l'adoption ou le rejet du plébiscite suivant :

« Le peuple français veut le maintien de l'autorité de Louis-Napoléon Bonaparte et lui délègue les pouvoirs nécessaires pour établir une constitution sur les bases proposées dans sa proclamation du 2 déc. 1851.»

Le nombre des votants a été de huit millions cent seize mille sept cent soixante-treize.

Ont voté *oui* sept millions quatre cent trente-neuf mille deux cent seize (7,439,216);

Ont voté *non* six cent quarante mille sept cent trente-sept (640,737);

Ont été annulés comme irréguliers trente-six mille huit cent vingt (36,820) bulletins.

Le présent décret sera publié et affiché dans toutes les communes de la République (*Bull.* 474, n° 3455).

N° 10. — (14 janv. 1852.) — CONSTITUTION *faite en vertu des pouvoirs délégués par le Peuple français à Louis-Napoléon Bonaparte, par le vote des 20 et 21 déc. 1851.*

LOUIS-NAPOLÉON, PRÉSIDENT DE LA RÉPUBLIQUE, AU PEUPLE FRANÇAIS.

FRANÇAIS !

Lorsque, dans ma proclamation du 2 décembre, je vous exprimai loyalement quelles étaient, à mon sens, les conditions vitales du pouvoir en France, je n'avais pas la prétention, si commune de nos jours, de substituer une théorie personnelle à l'expérience des siècles. J'ai cherché, au contraire, quels étaient dans le passé les exemples les meilleurs à suivre, quels hommes les avaient donnés, et quel bien en était résulté.

Dès lors, j'ai cru logique de préférer les préceptes du génie aux doctrines spécieuses d'hommes à idées abstraites. J'ai pris comme modèle les institutions politiques qui, déjà, au commencement de ce siècle, dans des circonstances analogues, ont raffermi la société ébranlée et élevé la France à un haut degré de prospérité et de grandeur.

J'ai pris comme modèle les institutions qui, au lieu de disparaître au premier souffle des agitations populaires, n'ont été renversées que par l'Europe entière coalisée contre nous.

En un mot, je me suis dit : Puisque la France ne marche depuis cinquante ans qu'en vertu de l'organisation administrative, militaire, judiciaire, religieuse, financière, du Consulat et de l'Empire, pourquoi n'adopterions-nous pas aussi les institutions politiques de cette époque? Créées par la même pensée, elles doivent porter en elles le même caractère de nationalité et d'utilité pratique.

En effet, ainsi que je l'ai rappelé dans ma proclamation, notre société actuelle, il est essentiel de le constater, n'est pas autre chose que la France régénérée par la révolution de 89 et organisée par l'Empereur. Il ne reste plus rien de l'ancien régime que de grands souvenirs et de grands bienfaits. Mais, tout ce qui alors était organisé a été détruit par la révolution, et tout ce qui a été organisé depuis la révolution et qui existe encore l'a été par Napoléon.

Nous n'avons plus ni provinces, ni pays d'état, ni parlements, ni intendants, ni fermiers généraux, ni coutumes diverses, ni droits féodaux, ni classes privilégiées en possession exclusive des emplois civils et militaires, ni juridictions religieuses différentes.

A tant de choses incompatibles avec elle, la révolution avait fait subir une réforme radicale, mais elle n'avait rien fondé de définitif. Seul, le Premier Consul rétablit l'unité, la hiérarchie et les véritables principes du gouvernement. Ils sont encore en vigueur.

Ainsi, l'administration de la France confiée à des préfets, à des sous-préfets, à des maires, qui substituaient l'unité aux commissions directoriales ; la décision des affaires, au contraire, donnée à des conseils, depuis la commune jusqu'au département ; ainsi, la magistrature affermie par l'inamovibilité des juges, par la hiérarchie des tribunaux ; la justice rendue plus facile par la délimitation des attributions, depuis la justice de paix jusqu'à la Cour de cassation, tout cela est encore debout.

De même, notre admirable système financier, la banque de France, l'établissement des budgets, la Cour des comptes, l'organisation de la police, nos règlements datent de cette époque.

Depuis cinquante ans, c'est le Code Napoléon qui règle les intérêts des citoyens entre eux ; c'est encore le concordat qui règle les rapports de l'Etat avec l'Eglise.

Enfin la plupart des mesures qui concernent les progrès de l'industrie, du commerce, des lettres, des sciences, des arts, depuis les règlements du Théâtre-Français jusqu'à ceux de l'Institut, depuis l'institution des prud'hommes jusqu'à la création de la Légion d'honneur, ont été fixées par les décrets de ce temps.

On peut donc l'affirmer, la charpente de notre édifice social est l'œuvre de l'Empereur, et elle a résisté à sa chute et à trois révolutions.

Pourquoi, avec la même origine, les institutions politiques n'auraient-elles pas les mêmes chances de durée ?

Ma conviction était formée depuis longtemps, et c'est pour cela que j'ai soumis à votre jugement les bases principales d'une constitution empruntées à celle de l'an VIII. Approuvées par vous, elles vont devenir le fondement de notre constitution politique.

Examinons quel en est l'esprit :

Dans notre pays, monarchique depuis huit cents ans, le pouvoir central a toujours été en s'augmentant. La royauté a détruit les grands vassaux ; les révolutions elles-mêmes ont fait disparaître les obstacles qui s'opposaient à l'exercice rapide et uniforme de l'autorité. Dans ce pays de centralisation, l'opinion publique a sans cesse tout rapporté au chef du Gouvernement, le bien comme le mal. Aussi, écrire en tête d'une charte que ce chef est irresponsable, c'est mentir au sentiment public, c'est vouloir établir une fiction qui s'est trois fois évanouie au bruit des révolutions.

La Constitution actuelle proclame, au contraire, que le chef que vous avez élu est responsable devant vous ; qu'il a toujours le droit de faire appel à votre jugement souverain, afin que, dans les circonstances solennelles, vous puissiez lui continuer ou lui retirer votre confiance.

Etant responsable, il faut que son action soit libre et sans entraves. De là l'obligation d'avoir des ministres qui soient les auxiliaires honorés et puissants de sa pensée, mais qui ne forment plus un conseil responsable, composé de membres solidaires, obstacle journalier à l'impulsion particulière du chef de l'Etat, expression d'une politique émanée des Chambres, et par là même exposée à des changements fréquents, qui empêchent tout esprit de suite, toute application d'un système régulier.

Néanmoins, plus un homme est haut placé, plus il est indépendant, plus la confiance que le peuple a mise en lui est grande, plus il a besoin de conseils éclairés, consciencieux. De là la création d'un conseil d'Etat, désormais véritable conseil du Gouvernement, premier rouage de notre organisation nouvelle, réunion d'hommes pratiques élaborant les projets de loi dans des commissions spéciales, les discutant à huis clos, sans ostentation oratoire, en assemblée générale, et les présentant ensuite à l'acceptation du Corps législatif.

Ainsi le pouvoir est libre dans ses mouvements, éclairé dans sa marche.

Quel sera maintenant le contrôle exercé par les Assemblées ?

Une Chambre, qui prend le titre de Corps législatif, vote les lois et l'impôt. Elle est élue par le suffrage universel, sans scrutin de liste. Le peuple, choisissant isolément chaque candidat, peut plus facilement apprécier le mérite de chacun d'eux.

La Chambre n'est plus composée que d'environ deux cent soixante membres. C'est là une première garantie du calme des délibérations, car trop souvent on a vu dans les assemblées la mobilité et l'ardeur des passions croître en raison du nombre.

Le compte-rendu des séances qui doit instruire la nation n'est plus livré, comme autrefois, à l'esprit de parti de chaque journal ; une publication officielle, rédigée par les soins du président de la Chambre, en est seule permise.

Le Corps législatif discute librement la loi, l'adopte ou la repousse, mais il n'y introduit pas à l'improviste de ces amendements qui dérangent souvent toute l'économie d'un système et l'ensemble du projet primitif. A plus forte raison n'a-t-il pas cette initiative parlementaire qui était la source de si graves abus, et qui permettait à chaque député de se substituer à tout propos au Gouvernement en présentant les projets les moins étudiés, les moins approfondis.

La Chambre n'étant plus en présence des

ministres , et les projets de loi étant soutenus par les orateurs du conseil d'Etat, le temps ne se perd pas en vaines interpellations, en accusations frivoles, en luttes passionnées dont l'unique but était de renverser les ministres pour les remplacer.

Ainsi donc, les délibérations du Corps législatif seront indépendantes ; mais les causes d'agitations stériles auront été supprimées, des lenteurs salutaires apportées à toute modification de la loi. Les mandataires de la nation feront mûrement les choses sérieuses.

Une autre assemblée prend le nom de Sénat. Elle sera composée des éléments qui, dans tout pays, créent les influences légitimes : le nom illustre, la fortune, le talent et les services rendus.

Le Sénat n'est plus, comme la Chambre des pairs, le pâle reflet de la Chambre des députés, répétant, à quelques jours d'intervalle, les mêmes discussions sur un autre ton. Il est le dépositaire du pacte fondamental et des libertés compatibles avec la Constitution ; et c'est uniquement sous le rapport des grands principes sur lesquels repose notre société qu'il examine toutes les lois et qu'il en propose de nouvelles au Pouvoir exécutif. Il intervient, soit pour résoudre toute difficulté grave qui pourrait s'élever pendant l'absence du Corps législatif, soit pour expliquer le texte de la Constitution et assurer ce qui est nécessaire à sa marche. Il a le droit d'annuler tout acte arbitraire et illégal, et, jouissant ainsi de cette considération qui s'attache à un corps exclusivement occupé de l'examen de grands intérêts ou de l'application de grands principes, il remplit dans l'Etat le rôle indépendant, salutaire, conservateur des anciens parlements.

Le Sénat ne sera pas, comme la Chambre des pairs, transformé en cour de justice : il conservera son caractère de modérateur suprême , car la défaveur atteint toujours les corps politiques lorsque le sanctuaire des législateurs devient un tribunal criminel. L'impartialité du juge est trop souvent mise en doute, et il perd de son prestige devant l'opinion, qui va quelquefois jusqu'à l'accuser d'être l'instrument de la passion ou de la haine.

Une Haute Cour de justice, choisie dans la haute magistrature, ayant pour jurés des membres des conseils généraux de toute la France, réprimera seule les attentats contre le chef de l'Etat et la sûreté publique.

L'Empereur disait au conseil d'Etat : *« Une Constitution est l'œuvre du temps; on ne saurait laisser une trop large voie aux améliorations. »* Aussi la Constitution présente n'a-t-elle fixé que ce qu'il était impossible de laisser incertain. Elle n'a pas enfermé dans un cercle infranchissable les destinées d'un grand peuple ; elle a laissé aux changements une assez large voie pour qu'il y ait, dans les grandes crises, d'autres moyens de salut que l'expédient désastreux des révolutions.

Le Sénat peut, de concert avec le Gouvernement , modifier tout ce qui n'est pas fondamental dans la Constitution ; mais quant aux modifications à apporter aux bases premières, sanctionnées par vos suffrages, elles ne peuvent devenir définitives qu'après avoir reçu votre ratification.

Ainsi, le peuple reste toujours maître de sa destinée. Rien de fondamental ne se fait en dehors de sa volonté.

Telles sont les idées, tels sont les principes dont vous m'avez autorisé à faire l'application. Puisse cette Constitution donner à notre patrie des jours calmes et prospères ! Puisse-t-elle prévenir le retour de ces luttes intestines où la victoire , quelque légitime qu'elle soit , est toujours chèrement achetée ! Puisse la sanction que vous avez donnée à mes efforts être bénie du Ciel ! Alors la paix sera assurée au dedans et au dehors, mes vœux seront comblés, ma mission sera accomplie !

CONSTITUTION FAITE EN VERTU DES POUVOIRS DÉLÉGUÉS PAR LE PEUPLE FRANÇAIS A LOUIS-NAPOLÉON BONAPARTE, PAR LE VOTE DES 20 ET 21 DÉCEMBRE 1851.

LE PRÉSIDENT DE LA RÉPUBLIQUE,

Considérant que le peuple français a été appelé à se prononcer sur la résolution suivante :

« Le peuple veut le maintien de l'auto-« rité de *Louis-Napoléon Bonaparte,* et lui « donne les pouvoirs nécessaires pour faire « une Constitution d'après les bases établies « dans sa proclamation du 2 décembre ; »

Considérant que les bases proposées à l'acceptation du peuple étaient :

« 1° Un chef responsable nommé pour « dix ans ; — 2° des ministres dépendant du « pouvoir exécutif seul ; — 3° un conseil « d'Etat formé des hommes les plus distin-« gués, préparant les lois et en soutenant la « discussion devant le Corps législatif ; — « 4° un Corps législatif discutant et votant « les lois, nommé par le suffrage universel, « sans scrutin de liste qui fausse l'élection ; « 5° une seconde assemblée formée de tou-« tes les illustrations du pays, pouvoir pon-« dérateur , gardien du pacte fondamental « et des libertés publiques ; »

Considérant que le peuple a répondu affirmativement par sept millions cinq cent mille suffrages,

PROMULGUE LA CONSTITUTION DONT LA TENEUR SUIT :

TITRE Ier.

ART. 1er. La Constitution reconnaît, confirme et garantit les grands principes proclamés en 1789, et qui sont la base du droit public des Français (1).

TITRE II. — *Formes du Gouvernement de la République.*

2. Le Gouvernement de la République française est confié pour dix ans au prince *Louis-Napoléon Bonaparte*, Président actuel de la République (2).

3. Le Président de la République gouverne au moyen des ministres, du conseil d'Etat, du Sénat et du Corps législatif (3).

4. La puissance législative s'exerce collectivement par le Président de la République, le Sénat et le Corps législatif.

TITRE III. — *Du Président de la République.*

5. Le Président de la République est responsable devant le peuple français, auquel il a toujours le droit de faire appel (4).

6. Le Président de la République est le chef de l'Etat; il commande les forces de terre et de mer, déclare la guerre, fait les traités de paix, d'alliance et de commerce, nomme à tous les emplois, fait les règlements et décrets nécessaires pour l'exécution des lois (5).

---

(1) Le progrès de la raison publique et l'irrésistible mouvement de l'opinion, durant le siècle dernier, aboutirent à la rénovation sociale de 1789, qui marque l'une des plus grandes époques de l'histoire du peuple. Ce fut, en effet, le passage de l'ancienne organisation traditionnelle du pays à une organisation nouvelle plus en rapport avec l'état des esprits et le besoin du temps.

Les principes si rationnels et si purs de la révolution française à son origine ne doivent pas être rendus responsables des abus et des exagérations qui ont fait dévier cette révolution de sa marche et l'ont conduite à des abîmes. Dans sa jeunesse, elle était pure, pleine de bonne intention et riche d'espérances; il ne faut pas accuser ses principes des erreurs, des illusions ou des crimes qui l'ont déshonorée et perdue plus tard. Ce grand mouvement de 1789 sera toujours le point de départ de nos institutions nouvelles. La société actuelle, ainsi que le dit le Président de la République dans ses proclamations du 2 décembre 1851 et du 14 janvier 1852, *n'est que la France régénérée par la Révolution de 89.* Aussi l'art. 1er de la Constitution proclame-t-il, pour les confirmer et les garantir, les grands principes de 1789. Elle déclare qu'ils sont la base du droit public français. Ils ne sont positivement formulés nulle part, car la Constitution nouvelle n'a pas adopté la fameuse déclaration des droits de l'homme et du citoyen inscrite en tête de la Constitution de 1791; mais ils se trouvent parfaitement résumés dans l'art. 26 de la Constitution du 14 janvier 1852, qui charge le Sénat de s'opposer à la promulgation de toute loi qui *porterait atteinte à la Constitution, à la religion, à la morale, à la liberté des cultes, à la liberté individuelle, à l'égalité des citoyens devant la loi, à l'inviolabilité de la propriété et au principe de l'inamovibilité de la magistrature.* Ce sont les grands principes proclamés en 1789, et qui forment les bases du droit public des Français.

(2) Les dix ans doivent courir du jour de l'élection, ou du moment où le résultat du vote a été connu et proclamé, ou de la date de la Constitution, ou enfin du jour où cette Constitution a été mise en vigueur. C'est à cette dernière époque qu'il faut s'attacher. Jusque-là le pouvoir du Président a été un fait anormal, exceptionnel, qui tirait sa raison d'être de la nécessité du moment et de la pression des événements. Le mandat du peuple était, pour ainsi dire, tacite ou supposé : car son adhésion était fort manifeste. Les pouvoirs délégués, les pouvoirs transmis par les 7,500,000 votes du scrutin du 20 décembre n'ont commencé que lorsqu'a fini la dictature, le 27 mars 1852.

(3) Les articles 3 et 4 maintiennent et consacrent la distinction généralement admise dans les constitutions modernes, entre le pouvoir exécutif et le pouvoir législatif.

Au Président seul appartient le pouvoir exécutif. C'est l'unité d'inspection et d'action. Les ministres et le conseil d'Etat n'ont, quant au gouvernement, qu'une autorité déléguée par le pouvoir responsable, qui ne peut agir seul et qui a besoin d'intermédiaires et d'auxiliaires au moyen desquels il gouverne.

Quant à la puissance législative, elle s'exerce collectivement par le Président, par le Sénat et par le Corps législatif. L'art. 4 ne fait pas mention du conseil d'Etat, bien qu'il prenne la plus large part dans la confection des lois, puisqu'il se confond ici avec le Président dont il est le conseil.

(4) Ainsi disparaissent du texte de la loi fondamentale ces injurieuses suppositions qui déconsidéraient et affaiblissaient le pouvoir suprême, par la prévision du cas où celui qui en est investi trahirait le pays. Nul n'a le droit d'accuser et de juger le Président de la République, si ce n'est le peuple qui l'a élu.

(5) Pour les opérations militaires comme pour les négociations qui précèdent les hostilités ou y mettent fin, il faut saisir le moment favorable, agir tantôt avec circonspection, tantôt avec célérité, presque toujours dans le plus grand secret; faire la guerre ou la paix à propos. De là dépendent souvent le succès de l'un et les avantages de l'autre. Discuter la guerre dans une assemblée nombreuse, c'est inviter l'ennemi à s'y préparer; débattre publiquement l'opportunité ou la nécessité de la paix, c'est la rendre plus difficile et plus onéreuse. La sécurité et l'honneur d'une nation sont également intéressés à ce que celui qui gouverne soit toujours investi du droit de faire la paix ou la guerre.

L'Assemblée constituante n'avait pas même élevé de doute sur ce point; ce fut l'Assemblée nationale qui, pour la première fois, agita cette question. Après une longue et vive discussion, à laquelle

7. La justice se rend en son nom.

8. Il a seul l'initiative des lois.

9. Il a le droit de faire grâce.

10. Il sanctionne et promulgue les lois et les sénatus-consultes.

11. Il présente, tous les ans, au Sénat et au Corps législatif, par un message, l'état des affaires de la République.

12. Il a le droit de déclarer l'état de siége dans un ou plusieurs départements, sauf à en référer au Sénat dans le plus bref délai.

Les conséquences de l'état de siége sont réglées par la loi (1).

13. Les ministres ne dépendent que du chef de l'Etat; ils ne sont responsables que chacun en ce qui le concerne des actes du Gouvernement; il n'y a point de solidarité entre eux; ils ne peuvent être mis en accusation que par le Sénat (2).

14. Les ministres, les membres du Sénat, du Corps législatif et du conseil d'Etat, les officiers de terre et de mer, les magistrats et les fonctionnaires publics prêtent le serment ainsi conçu :

« *Je jure obéissance à la Constitution et « fidélité au Président* (3). »

15. Un sénatus-consulte fixe la somme allouée annuellement au Président de la République pour toute la durée de ses fonctions (4).

16. Si le Président de la République meurt avant l'expiration de son mandat, le Sénat convoque la Nation pour procéder à une nouvelle élection.

17. Le chef de l'État a le droit, par un acte secret et déposé aux archives du Sénat, de désigner le nom du citoyen qu'il recommande, dans l'intérêt de la France, à la confiance du Peuple et à ses suffrages (5).

prirent part Mirabeau, Charles et Alexandre de Lameth, de Lafayette, de Robespierre, l'abbé Maury, Barnave et de Cazalie, cette assemblée décida, le 22 mai 1790, *que le droit de la paix ou de la guerre appartient à la nation; que la guerre ne pourra être déclarée que par un décret de l'Assemblée nationale, qui sera rendu sur la proposition formelle et nécessaire du roi, et qui sera sanctionné par lui.*

Les Constitutions de l'an VIII, de 1814 et de 1830, avaient restitué au pouvoir central le droit de paix ou de guerre. L'art. 54 de la Constitution de 1848 avait repris le principe de la première Assemblée nationale.

(1) Pour le cas où l'état de siége peut être déclaré et pour les conséquences qu'il entraîne, voir la loi du 10 juillet 1791 et la loi du 10 fructidor an V.

(2) Excepté dans le cas prévu par l'art. 18 de la Constitution où les ministres se réunissent en conseil de Gouvernement, ils ne forment plus ce qu'on appelait un conseil des ministres. Ils se réunissent encore autour du Président de la République pour s'entendre sur la direction générale des affaires, et pour arrêter en commun les plus importantes. Mais ils ne sont plus appelés à délibérer en corps sur des matières déterminées, et n'ont plus à juger à la majorité des voix.

(3) La désignation de *fonctionnaires publics* a été prise dans le sens le plus large et le plus étendu. Le serment a été demandé aux membres des conseils généraux, des conseils d'arrondissement, des conseils municipaux, à toute personne faisant partie des commissions administratives des établissements de bienfaisance, aux employés de toutes les administrations, à tout le corps enseignant. On n'a fait exception que pour les ministres du culte.

(4) Un sénatus-consulte du 1er avril 1852 règle l'allocation annuelle attribuée au Prince Président de la République.

Le Sénat, vu la proposition collective présentée par les membres composant le bureau et prise en considération dans la forme déterminée par l'art. 17, paragraphe second, du décret organique en date du 22 mars 1852,

A délibéré et voté le sénatus-consulte dont la teneur suit :

Art. 1er. En exécution de l'art. 15 de la Consti-tution, une somme de douze millions est allouée annuellement, à dater du 1er janvier 1852, au Prince Président de la République.

2. Les palais nationaux désignés dans le décret du 27 mars 1852, le mobilier, les jardins et parcs qui en dépendent, sont affectés à l'habitation et à l'usage du Prince Président de la République. L'inventaire du mobilier, précédemment dressé en vertu des lois et règlements, sera récolé aux frais de l'Etat à l'époque de l'entrée en jouissance.

Le Prince Président de la République jouit exclusivement du droit de chasse dans les bois de Versailles, dans les forêts de Fontainebleau, de Compiègne, de Marly et de Saint-Germain.

3. L'Etat, continuant de percevoir les revenus et produits utiles des forêts, reste chargé de leur administration, ainsi que de l'entretien des palais nationaux et de tout ce qui en dépend. (*B.* 525, nº 4018.)

Un second sénatus-consulte du 7 juillet 1852, interprétatif du précédent, règle le droit exclusif de chasse conféré au Prince Président.

Le Sénat a adopté à l'unanimité le sénatus-consulte dont la teneur suit :

Art. 1er. Le droit de chasse conféré au Prince Président de la République par le sénatus-consulte du 1er avril 1852 sur les bois de Versailles, les forêts de Fontainebleau, de Compiègne, de Marly et de Saint-Germain, s'étend : 1º aux étangs de Saclay et de Saint-Quentin, à toutes les fermes et à tous les bois domaniaux compris dans le rayon de l'inspection forestière de Versailles; — 2º aux forêts de Laigue, d'Ourscamp et de Carlepont; — 3º aux bois de Champagne et de Barbeau.

Ce droit cesserait d'exister, en cas d'aliénation, sur les étangs, bois ou parties de bois vendus.

2. Le Prince Président de la République sera mis immédiatement en pleine possession du droit de chasse qui lui est conféré, sauf indemnité, s'il y a lieu, en faveur des locataires dépossédés.

3. Les propriétés qui font l'objet du présent sénatus-consulte et de celui du 1er avril dernier sont soumises au régime sous lequel les avait placées l'art. 30 de la loi du 3 mai 1844. (*B.* 555, nº 4202.)

(5) Cette disposition est empruntée au sénatus-consulte organique du 4 août 1802, qui modifie la Constitution de l'an VIII.

18. Jusqu'à l'élection du nouveau président de la République, le président du Sénat gouverne avec le concours des ministres en fonctions, qui se forment en conseil de gouvernement, et délibèrent à la majorité des voix (1).

Titre IV. — *Du Sénat.*

19. Le nombre des sénateurs ne pourra excéder cent cinquante : il est fixé pour la première année à quatre-vingts.

20. Le Sénat se compose :

1° Des cardinaux, des maréchaux, des amiraux ; — 2° Des citoyens que le Président de la République juge convenable d'élever à la dignité de sénateur.

21. Les sénateurs sont inamovibles et à vie.

22. Les fonctions de sénateurs sont gratuites ; néanmoins le Président de la République pourra accorder à des sénateurs, en raison de services rendus et de leur position de fortune, une dotation personnelle, qui ne pourra excéder trente mille francs par an (2).

23. Le président et les vice-présidents du Sénat sont nommés par le Président de la République et choisis parmi les sénateurs.

Ils sont nommés pour un an.

Le traitement du président du Sénat est fixé par un décret.

24. Le Président de la République convoque et proroge le Sénat. Il fixe la durée de ses sessions par un décret.

Les séances du Sénat ne sont pas publiques.

25. Le Sénat est le gardien du pacte fondamental et des libertés publiques. Aucune loi ne peut être promulguée avant de lui avoir été soumise.

26. Le Sénat s'oppose à la promulgation :

1° Des lois qui seraient contraires ou qui porteraient atteinte à la Constitution, à la religion, à la morale, à la liberté des cultes, à la liberté individuelle, à l'égalité des ci-toyens devant la loi, à l'inviolabilité de la propriété et au principe de l'inamovibilité de la magistrature ; — 2° De celles qui pourraient compromettre la défense du territoire (3).

27. Le Sénat règle par un sénatus-consulte :

1° La constitution des colonies et de l'Algérie (4) ; — 2° Tout ce qui n'a pas été prévu par la constitution et qui est nécessaire à sa marche (5) ; — 3° Le sens des articles de la Constitution qui donnent lieu à différentes interprétations (6).

28. Ces sénatus-consultes seront soumis à la sanction du Président de la République et promulgués par lui.

29. Le Sénat maintient ou annule tous les actes qui lui sont déférés comme inconstitutionnels par le Gouvernement, ou dénoncés, pour la même cause, par les pétitions des citoyens.

30. Le Sénat peut, dans un rapport adressé au Président de la République, poser les bases des projets de loi d'un grand intérêt national.

31. Il peut également proposer des modifications à la Constitution. Si la proposition est adopté par le Pouvoir exécutif, il y est statué par un sénatus-consulte.

32. Néanmoins, sera soumis au suffrage universel toute modification aux bases fondamentales de la Constitution, telles qu'elles ont été posées dans la proclamation du 2 décembre et adoptées par le Peuple français.

33. En cas de dissolution du corps législatif, et jusqu'à une nouvelle convocation, le Sénat, sur la proposition du Président de la République, pourvoit, par des mesures d'urgence, à tout ce qui est nécessaire à la marche du Gouvernement.

Titre V. — *Du Corps législatif.*

34. L'élection a pour base la population.

35. Il y aura un député au Corps légis-

---

(1) Dans le cas prévu par cet article, les ministres cessent d'être isolés dans leur département. La position que leur fait l'art. 13 de la Constitution cesse, et les ministres forment un conseil, non plus de ministres, mais de gouvernement.

(2) Le décret du 17 mars 1852, portant fixation du budget des dépenses de l'exercice 1852, affecte un crédit de 770,400 fr. aux dotations du Sénat et l'inscrit au budget du ministère d'État. — Le décret du 15 avril 1852 reporte ce crédit au budget de la dette publique. — Dans le budget de 1853, cette allocation est définitivement inscrite au titre des dotations. — Le décret du 24 mars 1852 porte que les dotations des sénateurs seront constituées par décrets individuels, payées par semestre, qu'elles sont incessibles et insaisissables, et qu'elles ne sont pas soumises aux lois du cumul.

(3) Cet article détermine les bases fondamentales de l'ancien droit public des Français, que le premier article de la Constitution a déclaré maintenir.

(4) D'après l'ancienne législation, tout ce qui touchait à la Constitution des colonies et de l'Algérie était du domaine de la loi ; désormais, un sénatus-consulte réglera cette constitution sans l'intervention du Corps législatif ; celle du conseil d'État ne sera pas même nécessaire.

(5) Les articles 16, 17, 29, 30 et 55 de la Constitution rendent un sénatus-consulte nécessaire et même urgent.

(6) Interpréter peut facilement amener à modifier, et ce droit donné au Sénat serait bien étendu, s'il n'était restreint ou pondéré par l'article suivant.

latif à raison de trente-cinq mille électeurs.

36. Les députés sont élus par le suffrage universel, sans scrutin de liste.

37. Ils ne reçoivent aucun traitement.

38. Ils sont nommés pour six ans.

39. Le corps législatif discute et vote les projets de loi et l'impôt.

40. Tout amendement adopté par la commission chargée d'examiner un projet de loi sera renvoyé, sans discussion, au conseil d'Etat par le président du Corps législatif.

Si l'amendement n'est pas adopté par le conseil d'Etat, il ne pourra pas être soumis à la délibération du Corps législatif.

41. Les sessions ordinaires du Corps législatif durent trois mois ; ses séances sont publiques ; mais la demande de cinq membres suffit pour qu'il se forme en comité secret.

42. Le compte-rendu des séances du Corps législatif par les journaux ou tout autre moyen de publication ne consistera que dans la reproduction du procès-verbal dressé, à l'issue de chaque séance, par les soins du président du Corps législatif.

43. Le président et les vice-présidents du Corps législatif sont nommés par le Président de la République pour un an ; ils sont choisis parmi les députés. Le traitement du président du Corps législatif est fixé par un décret.

44. Les ministres ne peuvent être membres du Corps législatif.

45. Le droit de pétition s'exerce auprès du Sénat. Aucune pétition ne peut être adressée au Corps législatif.

46. Le Président de la République convoque, ajourne, proroge et dissout le Corps législatif. En cas de dissolution, le Président de la République doit en convoquer un nouveau dans le délai de six mois.

Titre VI. — *Du conseil d'Etat.*

47. Le nombre des conseillers d'Etat en service ordinaire est de quarante à cinquante (1).

48. Les conseillers d'Etat sont nommés par le Président de la République, et révocables par lui (2).

49. Le conseil d'Etat est présidé par le Président de la République, et, en son absence, par la personne qu'il désigne comme vice-président du conseil d'Etat (3).

50. Le conseil d'Etat est chargé, sous la direction du Président de la République, de rédiger les projets de loi et les règlements d'administration publique, et de résoudre les difficultés qui s'élèvent en matière d'administration (4).

---

(1) Dans la première organisation du conseil d'Etat, le Président de la République n'a porté le nombre des conseillers d'Etat, en service ordinaire, qu'à quarante.

(2) La Constitution n'impose, à l'entrée au conseil d'Etat, aucune condition d'âge ou d'aptitude. Elle n'exige pas formellement le noviciat ou l'épreuve de fonctions antérieures ; une entière latitude est laissée au choix du Président de la République. Mais il ressort de la position élevée que la Constitution a faite au conseil d'Etat que, comme le dit la proclamation du 2 décembre 1852, il doit être composé des hommes les plus distingués dans les différentes branches des services publics. Ce corps est placé assez haut pour satisfaire toutes les ambitions légitimes et pour être le commencement naturel de toutes les carrières. Il doit attirer à lui les talents supérieurs qui se font révéler au grand jour des fonctions publiques. Les connaissances acquises par le maniement des affaires du pays, l'expérience acquise, les dévouements éprouvés au service de l'Etat, c'est ainsi que le nouveau conseil se placera au niveau du conseil d'Etat du Consulat et de l'Empire, que la Constitution a voulu rétablir.

(3) On se rappelle que le Premier Consul et l'Empereur présidait parfois le conseil d'Etat, qu'il prenait une part active à la discussion des lois les plus importantes et qu'il y portait cette supériorité de vues, cette précision et cette sûreté de jugement qui l'ont fait apprécier comme législateur et homme d'Etat, autant que comme homme de guerre.

(4) Cet article détermine bien sommairement les attributions du conseil d'Etat.

Ces attributions ont une double nature.

Ce corps est le véritable conseil du Gouvernement. Il est appelé à préparer les lois dont il rédige les projets ; il fait les règlements d'administration publique qui complètent les lois et en déterminent l'application ; il donne son avis sur tous les points de gouvernement et d'administration qui lui sont soumis. Sous ce rapport, ses attributions sont purement consultatives.

Celles qui lui sont confiées par la dernière partie de l'art. 50 de la Constitution donnent juridiction au conseil d'Etat. Il est chargé de résoudre les difficultés qui peuvent s'élever en matière administrative. Comme précédemment, il prononce sur les matières contentieuses de l'administration. Il est un véritable tribunal pour les contestations qui peuvent s'élever sur les actes de l'administration en ce qui touche les intérêts privés.

L'article 29 de la Constitution donne au Sénat le pouvoir de maintenir ou d'annuler les actes qui lui sont déférés comme inconstitutionnels par le Gouvernement ou par les pétitions des citoyens.

Cette attribution est complétement distincte de celle que l'art. 50 et les lois antérieures donnent au conseil d'Etat.

Le Sénat juge d'une manière générale et absolue. Il apprécie les actes qui lui sont déférés pour ce qu'ils sont ou ce qu'ils valent par eux-mêmes, sans se préoccuper de l'application qu'ils ont pu recevoir. Il ne prononce, pour ainsi dire, que dans l'intérêt de la loi et ne juge qu'en principe.

Le conseil d'Etat, au contraire, n'est appelé à se prononcer que sur l'application des lois et sur des faits particuliers. Il ne peut pas être saisi d'une manière générale et comme question de principe, à

51. Il soutient, au nom du Gouvernement, la discussion des projets de loi devant le Sénat et le Corps législatif.

Les conseillers d'Etat chargés de porter la parole au nom du Gouvernement sont désignés par le Président de la République (1).

52. Le traitement de chaque conseiller d'Etat est de vingt-cinq mille francs.

53. Les ministres ont rang (2), séance et voix délibérative du conseil d'Etat (3).

---

toujours que ce ne soit à titre consultatif, ce qui rentre dans la première partie de ses attributions. Au contentieux, il n'est appelé à juger, à se prononcer que lorsqu'il y a contestation, lorsqu'il est prié par une partie qui se croit lésée dans ses intérêts privés.

En résumé, le Sénat juge la loi, le conseil d'Etat juge la manière dont on l'applique. Le premier prononce d'une manière générale, le second décide des cas spéciaux.

Ainsi l'art. 50, combiné avec l'art. 56 de la Constitution, laisse subsister toutes les anciennes attributions du conseil d'Etat, même celles relatives aux conflits. Voir, au surplus, le décret portant règlement intérieur du conseil d'Etat en date du 30 janvier 1852 et le décret organique sur le conseil d'Etat en date du 25 janvier 1852.

(1) Le décret qui saisit le pouvoir législatif d'un projet de loi nomme trois conseillers d'Etat chargés d'en soutenir la discussion (décret organique du 25 janvier 1852, art. 15, et décret du 3 février 1852).

L'on a soulevé la question de savoir si le budget de l'Etat, comme les autres lois, devrait être préparé par le conseil d'Etat. Cette question, assez vivement débattue dans la presse quotidienne, a été résolue en fait par l'envoi du budget de 1852 au conseil d'Etat qui l'a examiné.

(2) Les ministres qui assistent aux séances du conseil d'Etat prennent place à droite et à gauche du président ou du vice-président.

(3) Pour les rapports entre le Président de la République ou ses ministres et les grands corps de l'Etat, voir le décret du 22 mars 1852.

(4) Sénatus-consulte *sur l'organisation de la Haute Cour de justice* (10 juillet 1852).

Titre Iᵉʳ. — *Composition de la Haute Cour.*

Art. 1ᵉʳ. La Haute Cour de justice créée par l'art. 54 de la Constitution se compose, 1° d'une chambre des mises en accusation et d'une chambre de jugement formées de juges pris parmi les membres de la Cour de cassation; 2° d'un haut jury pris parmi les membres des conseils généraux des départements.

2. Chaque chambre est composée de cinq juges et de deux suppléants.

3. Les juges et suppléants de chaque chambre sont nommés tous les ans, dans la première quinzaine du mois de novembre, par le Président de la République.

Néanmoins, les chambres de la Haute Cour de justice restent saisies, au delà du terme d'un an fixé pour leurs pouvoirs, de l'instruction et du jugement des affaires qui leur ont été respectivement déférées.

Titre VII.—*De la Haute Cour de justice.*

54. Une Haute Cour de justice juge, sans appel ni recours en cassation, toutes personnes qui auront été renvoyées devant elle comme prévenues de crimes, attentats ou complots contre le Président de la République, et contre la sûreté intérieure ou extérieure de l'Etat.

Elle ne peut être saisie qu'en vertu d'un décret du Président de la République.

55. Un sénatus-consulte déterminera l'organisation de cette Haute Cour (4).

---

gement des affaires qui leur ont été respectivement déférées.

4. En cas de vacance par démission ou décès de l'un des juges, le magistrat nommé en remplacement demeure en fonctions jusqu'au terme fixé pour l'expiration des pouvoirs de son prédécesseur.

5. Le décret du Président de la République, qui saisit la Haute Cour, désigne parmi les juges de chaque chambre celui qui doit la présider.

Le procureur général près la Haute Cour de justice et les autres magistrats du ministère public sont nommés pour chaque affaire par le décret du Président de la République qui saisit la Haute Cour.

6. Le président de chaque chambre désigne un greffier, qui prête serment.

Les procédures et arrêts de la Haute Cour de justice sont déposés au greffe de la Cour de cassation.

7. Le haut jury se compose de trente-six jurés titulaires et de quatre jurés suppléants.

Titre II. — *De l'instruction.*

8. L'officier du parquet qui recueille des indices sur l'existence de l'un des crimes désignés par l'article 54 de la Constitution est tenu de transmettre directement, et dans le plus bref délai, au ministre de la justice, copie des procès-verbaux, dénonciations, plaintes et autres pièces à l'appui de l'accusation. Néanmoins, l'instruction de l'affaire est continuée sans retard.

9. Si la chambre des mises en accusation d'une Cour est appelée à statuer sur une affaire qui serait de la compétence de la Haute Cour, le procureur général est tenu de requérir un sursis et le renvoi des pièces au ministre de la justice; la chambre doit ordonner ce sursis, même d'office.

10. Dans le cas prévu par l'article précédent, les pièces sont transmises immédiatement au ministre de la justice. Si, dans les quinze jours, un décret du Président de la République n'a pas saisi la Haute Cour, les pièces sont renvoyées au procureur général, et la Cour d'appel statue conformément au Code d'instruction criminelle.

La Haute Cour de justice peut toujours être saisie jusqu'à ce qu'il ait été statué par la Cour.

11. Lorsqu'un décret du Président de la République a saisi la Haute Cour de justice de la connaissance d'une affaire, la chambre des mises en accusation de la Haute Cour entre immédiatement en fonctions.

12. Sa juridiction s'étend sur tout le territoire de la République.

Elle procède selon les dispositions du Code d'instruction criminelle.

TITRE VIII. — *Dispositions générales et transitoires.*

56. Les dispositions des codes, lois et règlements existants, qui ne sont pas contraires à la présente Constitution, restent en vigueur jusqu'à ce qu'il y soit légalement dérogé (1).

57. Une loi déterminera l'organisation municipale. Les maires seront nommés par le Pouvoir exécutif, et pourront être pris hors du conseil municipal.

58. La présente Constitution sera en vigueur à dater du jour où les grands Corps de l'État qu'elle organise seront constitués.

Les décrets rendus par le Président de la République, à partir du 2 décembre jusqu'à cette époque, auront force de loi.

(*Bull.* 479, n° 3522.)

N° 11.—(2 déc. 1851.)—DÉCRET *qui institue une commission consultative.*

LE PRÉSIDENT DE LA RÉPUBLIQUE,

Voulant, jusqu'à la réorganisation du Corps législatif et du conseil d'Etat, s'entourer d'hommes qui jouissent à juste titre de l'estime et de la confiance du pays, a formé une commission consultative. . . . .

. . . .

La commission consultative sera présidée par le Président de la République. Il sera remplacé en cas d'absence par M. *Baroche* qui est nommé vice-président (2) (*Bull.* 465, n° 3385).

N° 12. — (4 déc.) — DÉCRET *qui ouvre un crédit extraordinaire de 300,000 fr. pour dépenses de sûreté générale.*

LE PRÉSIDENT DE LA RÉPUBLIQUE,

Vu la loi du 29 juillet 1850, portant fixation du budget de l'exercice 1851 ;

Sur la proposition du ministre secrétaire d'Etat de l'intérieur, et de l'avis du conseil des ministres,

DÉCRÈTE :

ART. 1er. Il est ouvert au ministre de l'intérieur, sur l'exercice 1851, un crédit extraordinaire de trois cent mille francs (300,000 fr.), pour dépenses de sûreté générale.

2. Les ministres de l'intérieur et des finances sont chargés, chacun en ce qui le concerne, de l'exécution du présent décret, qui sera inséré au *Bulletin des Lois*, etc. (*Bull.* 467, n° 3398).

Si le fait ne constitue pas un crime de la compétence de la Haute Cour, elle ordonne le renvoi devant le juge compétent qu'elle désigne.

13. Ses arrêts sont attributifs de juridiction et ne sont susceptibles d'aucun recours.

14. Si la chambre des mises en accusation de la Haute Cour prononce le renvoi devant la chambre de jugement, le Président de la République convoque cette chambre, fixe le lieu des séances et le jour de l'ouverture des débats.

15. Dans les dix jours qui suivent le décret de convocation, le premier président de la Cour d'appel, et, à défaut de Cour d'appel, le président du tribunal de première instance du chef-lieu judiciaire du département, tire au sort, en audience publique, le nom de l'un des membres du conseil général.

16 Les fonctions de haut juré sont incompatibles avec celles de Ministre, Sénateur, Député au Corps législatif, Membre du conseil d'Etat.

Les incompatibilités, incapacités et excuses résultant des lois sur le jury, sont applicables aux jurés près la Haute Cour.

TITRE III. — *De l'examen et du jugement.*

17. Les dispositions, formes et délais prescrits par le Code d'instruction criminelle, non contraires à la Constitution et à la présente loi, seront observés devant la Haute Cour.

18. Au jour indiqué pour le jugement, s'il y a moins de soixante jurés présents, ce nombre est complété par des jurés supplémentaires tirés au sort par le président de la Haute Cour parmi les membres du conseil général du département où elle siége.

19. Ne peut point faire partie du haut jury, le membre du conseil général qui a rempli les mêmes fonctions depuis moins de deux ans.

2. Le haut juré absent sans excuse valable peut être condamné à une amende de mille à dix mille francs et à la privation de ses droits politiques pendant un an au moins et cinq ans au plus.

21. Les accusés et le ministère public exercent le droit de récusation, conformément aux lois sur le jury.

22. La déclaration du haut jury portant que l'accusé est coupable, et la déclaration portant qu'il existe, en faveur de l'accusé reconnu coupable, des circonstances atténuantes, doivent être rendues à la majorité de plus de vingt voix.

Les peines seront prononcées conformément aux dispositions du Code pénal.

TITRE IV. — *Disposition transitoire.*

23. Les premières nominations des juges et suppléants de la Haute Cour de justice auront lieu dans la quinzaine de la promulgation du présent sénatus-consulte ; elles seront renouvelées au mois de novembre prochain. (B. 556, n° 4222.)

(1) A la différence de toutes les autres lois qui subsistent dans toute leur force pour tout ce qui n'est pas contraire à la nouvelle Constitution.

La Constitution de 1848 est abrogée dans toutes ses dispositions. Ainsi tombent la Haute Cour de justice et le tribunal des conflits organisés par cette Constitution.

(2) Voir les décrets des 15 et 16 décembre qui forment une section d'administration et déterminent les attributions de la commission d'administration.

Nº 13. — (5 déc. 1851.) — DÉCRET *portant que, lorsqu'une troupe organisée aura contribué par des combats à rétablir l'ordre sur un point quelconque du territoire, ce service sera compté comme service de campagne* (1).

LE PRÉSIDENT DE LA RÉPUBLIQUE,

Vu la loi du 25 décembre 1790, relative au traitement des militaires;

Vu la loi du 11 avril 1831, sur les pensions de l'armée de terre ;

Vu l'ordonnance du 3 mai 1832, sur le service des armées en campagne;

Sur le rapport du ministre de la guerre ;

Voulant que les services rendus au pays, à l'intérieur, soient récompensés comme le sont ceux des armées au dehors,

DÉCRÈTE :

ART. 1er. Lorsqu'une troupe organisée aura contribué par des combats à rétablir l'ordre sur un point quelconque du territoire, ce service sera compté comme service de campagne.

2. Chaque fois qu'il y aura lieu de faire application de ce principe, un décret spécial en déterminera les conditions, etc. (*Bull.* 465, nº 3388).

Nº 14. — (5 déc. 1851.) — DÉCRET *qui déclare le département de Saône-et-Loire en état de siége* (2).

LE PRÉSIDENT DE LA RÉPUBLIQUE,

Vu la loi du 9 août 1849 ;

Attendu qu'il y a, dans le département de Saône-et-Loire, péril imminent pour la sécurité publique ;

Le conseil des ministres entendu,

DÉCRÈTE :

ART. 1er. Le département de Saône-et-Loire est déclaré en état de siége.

2. Les ministres de l'intérieur et de la guerre sont chargés, chacun en ce qui le concerne, de l'exécution du présent décret (*Bull.* 467, nº 3399).

Nº 15. — (5 déc. 1851.) — DÉCRET *portant approbation de l'arrêté du préfet de l'Allier qui met ce département en état de siége* (3).

LE PRÉSIDENT DE LA RÉPUBLIQUE,

Vu la loi du 9 août 1849 ;

Attendu qu'il y a en ce moment, dans le département de l'Allier, péril imminent pour la sécurité publique ;

Le conseil des ministres entendu,

DÉCRÈTE :

ART. 1er. L'arrêté du préfet de l'Allier, qui met ce département en état de siége, est approuvé.

2. Les ministres de la guerre et de l'intérieur sont chargés, chacun en ce qui le concerne, de l'exécution du présent décret (*Bull.* 467, nº 3400).

Nº 16. — (6 déc. 1851.) — DÉCRET *qui rend au culte l'ancienne église de Sainte-Geneviève* (4).

LE PRÉSIDENT DE LA RÉPUBLIQUE ,

Sur le rapport du ministre de l'instruction publique et des cultes ;

Vu la loi du 4-10 avril 1791 ;

Vu le décret du 20 février 1806 ;

Vu l'ordonnance du 12 décembre 1821 ;

Vu l'ordonnance du 26 août 1830,

DÉCRÈTE :

ART. 1er. L'ancienne église de Sainte-Geneviève est rendue au culte, conformément à l'intention de son fondateur, sous l'invocation de Sainte-Geneviève, patronne de Paris.

Il sera pris ultérieurement des mesures pour régler l'exercice permanent du culte catholique dans cette église.

2. L'ordonnance du 26 août 1830 est rapportée.

3. Les ministres de l'instruction publique et des cultes et des travaux publics sont chargés, chacun en ce qui le concerne, de l'exécution du présent décret, qui sera in-

---

(1) Pour la désignation des corps auxquels sera comptée la campagne de 1851, voir le décret du 23 avril 1852, *Bull.* 532, nº 4084, et le tableau supplémentaire inséré au *Bull.* 560, nº 4261.

(2) Par décrets antérieurs, les départements du Rhône, de l'Isère et de l'Ardèche, avaient été déclarés en état de siége. Un décret du 2 décembre mit également la 1re division militaire en état de siége.

Pour les autres départements mis en état de siége, voir les décrets du même jour, 5 décembre, du 7, du 9, du 10, du 15 du même mois.

Par décret du 27 mars 1852, l'état de siége a été levé dans tous les départements de la France.

(3) Des décrets du 2, du 5, du 7, du 9, du 10, du 15 et du 17 décembre, mettent plusieurs autres départements en état de siége.

Le décret du 27 mars 1852 lève l'état de siége dans tous les départements de la France.

(4) Cet édifice, construit sur les plans de Soufflot, était originairement destiné au culte, et devait être l'église Sainte-Geneviève.

Durant la Révolution, on l'appela le Panthéon, et on le destina à servir de sépulture aux grands hommes, et l'inauguration en eut lieu sous de tristes auspices : Marat y fut inhumé.

La Restauration avait rendu ce monument au culte. La révolution de juillet le rendit de nouveau à la mémoire des grands hommes. Le décret du Président lui restitue sa destination primitive.

séré au *Bulletin des Lois* (*Bull.* 467, n° 3398).

N° 17.—(7 déc. 1851.)—DÉCRET *qui déclare en état de siége les départements de l'Hérault et du Gard* (1).

LE PRÉSIDENT DE LA RÉPUBLIQUE,

Vu la loi du 9 août 1849 ;

Attendu qu'il y a en ce moment, dans les départements de l'Hérault et du Gard, péril imminent pour la sécurité publique ;

Le conseil des ministres entendu,

DÉCRÈTE :

ART. 1er. Les départements de l'Hérault et du Gard sont déclarés en état de siége.

2. Les ministres de l'intérieur et de la guerre sont chargés, chacun en ce qui le concerne, de l'exécution du présent décret. (*Bull.* 467, n° 3402).

N° 18.—(8 déc. 1851.)—DÉCRET *concernant les individus placés sous la surveillance de la haute police et les individus reconnus coupables d'avoir fait partie d'une société secrète* (2).

LE PRÉSIDENT DE LA RÉPUBLIQUE,

Sur la proposition du ministre de l'intérieur ;

Considérant que la France a besoin d'ordre, de travail et de sécurité ; que, depuis un trop grand nombre d'années, la société est profondément inquiétée et troublée par les machinations de l'anarchie, ainsi que par les tentatives insurrectionnelles des affiliés aux sociétés secrètes et repris de justice toujours prêts à devenir des instruments de désordre ;

Considérant que, par ses constantes habitudes de révolte contre toutes les lois, cette classe d'hommes, non-seulement compromet la tranquillité, le travail et l'ordre public, mais encore autorise d'injustes attaques et de déplorables calomnies contre la saine population ouvrière de Paris et de Lyon ;

Considérant que la législation actuelle est insuffisante, et qu'il est nécessaire d'y apporter des modifications, tout en conciliant les devoirs de l'humanité avec les intérêts de la sécurité générale,

DÉCRÈTE :

ART. 1er. Tout individu placé sous la surveillance de la haute police, qui sera reconnu coupable de rupture de ban, pourra être transporté, par mesure de sûreté générale, dans une colonie pénitentiaire, à Cayenne ou en Algérie. La durée de la transportation sera de cinq années au moins et de dix ans au plus.

2. La même mesure sera applicable aux individus reconnus coupables d'avoir fait partie d'une société secrète.

3. L'effet du renvoi sous la surveillance de la haute police sera, à l'avenir, de donner au Gouvernement le droit de déterminer le lieu dans lequel le condamné devra résider après qu'il aura subi sa peine.

L'administration déterminera les formalités propres à constater la présence continue du condamné dans le lieu de sa résidence.

4. Le séjour de Paris et celui de la banlieue de cette ville sont interdits à tous les individus placés sous la surveillance de la haute police.

5. Les individus désignés par l'article précédent seront tenus de quitter Paris et la banlieue dans le délai de dix jours, à partir de la promulgation du présent décret, à moins qu'ils n'aient obtenu un permis de séjour de l'administration. Il sera délivré, à ceux qui la demanderont, une feuille de route et de secours qui règlera leur itiné-

---

(1) Pour les autres départements mis en état de siége, voir les décrets des 2, 5, 7, 9, 10, 15 et 17 décembre 1851, et 4 janvier 1852.

L'état de siége a été levé dans tous les départements, l'Algérie exceptée, par décret du 27 mars 1852.

(2) Ce décret consacre deux principes fondamentaux :

Résidence obligée,

Transportation en cas de rupture de ban.

La résidence obligée avait été imposée par le Code pénal de 1810.

La loi du 28 avril 1832 avait rendu aux individus soumis à la surveillance la liberté de leurs mouvements, c'est-à-dire qu'elle avait rendu la surveillance illusoire ou impossible.

La résidence obligée appliquée, dans toute sa sévérité, a les graves inconvénients de signaler le libéré, comme le disait l'exposé des motifs de la loi de 1852, à la défiance du maître, au mépris des ouvriers ; de le rendre suspect à tous, de lui ôter le moyen de trouver du travail et de le mettre dans l'impossibilité de gagner honorablement sa vie.

Mais en donnant au libéré les moyens de se soustraire à toute surveillance, ou l'invitant, pour ainsi dire, à changer constamment de lieu de résidence, la loi encourageait le vagabondage.

L'administration doit appliquer avec intelligence cette loi de résidence obligée, se montrer indulgente et facile pour les libérés qui veulent racheter leur passé par une vie honnête et laborieuse; pour ceux-là l'autorité se relâchera des rigueurs de la surveillance.

Quant aux malfaiteurs incorrigibles, la police ne doit pas les perdre de vue, et s'ils abusent d'un reste de liberté pour échapper à cette surveillance, les déporter.

raire jusqu'à leur domicile d'origine ou jusqu'au lieu qu'ils auront désigné.

6. En cas de contravention aux dispositions prescrites par les art. 4 et 5 du présent décret, les contrevenants pourront être transportés, par mesure de sûreté générale, dans une colonie pénitentiaire, à Cayenne ou en Algérie.

7. Les individus transportés en vertu du présent décret seront assujettis au travail sur l'établissement pénitentiaire. Ils seront privés de leurs droits civils et politiques. Ils seront soumis à la juridiction militaire ; les lois militaires leur seront applicables. Toutefois, en cas d'évasion de l'établissement, les transportés seront condamnés à un emprisonnement qui ne pourra excéder le temps pendant lequel ils auront encore à subir la transportation. Ils seront soumis à la discipline et à la subordination militaires envers leurs chefs et surveillants civils ou militaires, pendant la durée de l'emprisonnement.

8. Des règlements du Pouvoir exécutif détermineront l'organisation de ces colonies pénitentiaires.

9. Les ministres de l'intérieur et de la guerre sont chargés, chacun en ce qui le concerne, de l'exécution du présent décret, etc. (*Bull.* 467, n° 3403).

N° 19.—(8 déc. 1851.)— DÉCRET *qui ouvre un crédit pour les dépenses des colonies agricoles de l'Algérie.*

LE PRÉSIDENT DE LA RÉPUBLIQUE,

Vu l'art. 9 de la loi de finances du 15 mai 1850 ;

Considérant que le budget du département de la guerre, voté pour l'exercice 1852, le 12 novembre 1851, ne contient pas d'allocations au titre des colonies agricoles de l'Algérie ;

Considérant que, lors de la discussion législative des derniers crédits alloués pour ces colonies, il a été reconnu que des crédits supplémentaires pourraient être nécessaires pour les colonies créées en 1848 ;

Vu l'urgence de pourvoir aux besoins de ces dernières colonies en 1852 ;

Sur le rapport du ministre de la guerre, en conseil des ministres,

DÉCRÈTE :

ART. 1er. Il est ouvert au ministre de la guerre, au titre de 1852, un crédit spécial de douze cent mille francs (1,200,000 fr.) pour les dépenses des colonies agricoles pendant ladite année, et imputable sur les ressources du budget de cet exercice.

2. Ce crédit formera un nouveau chapitre, sous le n° 35 *bis*, dans le budget de 1852.

3. La régularisation de ce crédit sera ultérieurement soumise à la législature.

4. Les ministres de la guerre et des finances sont chargés de l'exécution du présent décret, qui sera inséré au *Bulletin des Lois*, etc. (*Bull.* 469, n° 3418).

N° 20.—(9 déc. 1851.)—DÉCRET *relatif aux délais pour le jugement des conflits aux pourvois en matière contentieuse dont le conseil d'État doit connaître, et aux décisions de la section du contentieux qui n'auraient pu être lues en audience publique.*

LE PRÉSIDENT DE LA RÉPUBLIQUE,

Sur la proposition du garde des sceaux, ministre de la justice ;

Considérant que, par décret en date du 2 décembre 1851, le conseil d'Etat a été dissous ;

Que, par suite de cette dissolution, le tribunal des conflits est devenu incomplet, et qu'il ne peut être procédé au jugement des conflits ;

Considérant qu'il y a lieu de régler les formes dans lesquelles seront reçus les pourvois formés en matière contentieuse, et dont il appartient, aux termes des lois, a la section du contentieux de connaître ;

Considérant que plusieurs décisions rendues par le conseil d'Etat, section du contentieux, en matière contentieuse, ne peuvent être lues en audience publique, et qu'il y a lieu, cependant, d'assurer aux parties le bénéfice de ces décisions,

DÉCRÈTE ce qui suit :

ART. 1er. Les délais dans lesquels, conformément à l'art. 6 de l'ordonnance du 12 mars 1831, et à l'arrêté du 30 décembre 1848, il doit être procédé au jugement des conflits actuellement pendants ou qui pourront être élevés avant la réorganisation du conseil d'Etat, ne commenceront à courir que du jour de cette réorganisation.

2. Les pourvois en matière contentieuse dont le conseil d'Etat doit connaître, aux termes des lois, continueront à être reçus et enregistrés au secrétariat de l'ancienne section du contentieux.

3. Les décisions prises en matière contentieuse par la section du contentieux du conseil d'Etat sur affaires rapportées dans ses audiences publiques, et qui n'auraient pu être lues en audience publique, par suite de la dissolution du conseil d'Etat, sortiront leur plein et entier effet sans

qu'il puisse être argué de ce défaut de lecture pour en poursuivre l'annulation.

La liste de ces affaires sera immédiatement dressée et arrêtée dans les trois jours par le ministre de la justice.

4. Le garde des sceaux, ministre de la justice, est chargé de l'exécution du présent décret, etc. (*Bull.* 467, n° 3404).

N° 21.—(9 déc. 1851.)—DÉCRET *qui déclare le département des Basses-Alpes en état de siége* (1).

LE PRÉSIDENT DE LA RÉPUBLIQUE,

Vu la loi du 9 août 1849 ;

Attendu qu'il y a, dans le département des Basses-Alpes, péril imminent pour la sécurité publique ;

Le conseil des ministres entendu,

DÉCRÈTE :

ART. 1er. Le département des Basses-Alpes est déclaré en état de siége.

2. Le ministre de l'intérieur est chargé de l'exécution du présent décret, etc. (*Bull.* 469, n° 3419).

N° 22.—(10 déc. 1851.)—DÉCRET *qui déclare en état de siége les départements du Gers, du Var, du Lot et de Lot-et-Garonne* (2).

LE PRÉSIDENT DE LA RÉPUBLIQUE,

Attendu que les départements du Gers, du Var, du Lot et de Lot-et-Garonne sont troublés par des tentatives insurrectionnelles ;

Attendu que cet état de choses constitue l'état de péril imminent prévu par la loi du 9 août 1849 ;

Le conseil des ministres entendu,

DÉCRÈTE :

ART. 1er. Les départements du Gers, du Var, du Lot et de Lot-et-Garonne sont déclarés en état de siége.

2. Les ministres de l'intérieur et de la guerre sont chargés de l'exécution du présent décret, etc. (*Bull.* 469, n° 3420).

N° 23.—(10 déc. 1851.)—DÉCRET *qui autorise les compagnies concessionnaires des chemins de fer du Nord et de Strasbourg à établir un chemin de fer de raccordement entre les gares de La Chapelle et de La Villette.*

LE PRÉSIDENT DE LA RÉPUBLIQUE,

Sur le rapport du ministre des travaux publics ;

Vu la demande formée, le 2 novembre 1850, par les compagnies concessionnaires des chemins de fer du Nord et de Paris à Strasbourg, tendant à obtenir l'autorisation d'établir à leurs frais un chemin de fer destiné à relier les gares des marchandises de La Chapelle et de La Villette ;

Vu le dossier de l'enquête relative au chemin de ceinture et notamment le procès-verbal de la commission d'enquête ouvert le 24 déc. 1845 et clos le 13 janvier 1846 ;

Vu le rapport de l'ingénieur en chef du service du contrôle des chemins de fer du Nord et de Strasbourg, en date du 12 nov. 1850 ;

Vu le rapport de l'ingénieur en chef du département de la Seine, en date du 21 dudit mois ;

Vu les avis de la commission centrale des chemins de fer, en date des 31 déc. 1850 et 4 janv. 1851 ;

Vu le registre de l'enquête relative au mode de traversée de la route nationale n° 1, ledit registre ouvert le 14 janv. 1851 et clos le 22 du même mois ;

Vu la délibération du conseil municipal de la commune de Paris, en date du 24 janv. 1851 ;

Vu la délibération du conseil municipal de la commune de La Villette, en date du 7 février 1851 ;

Vu la délibération de la commission municipale de la ville de Paris, en date du 21 du même mois ;

Vu l'avis du préfet de la Seine, en date du 19 mars 1851 ;

Vu l'article 3 de la loi du 3 mai 1841 et l'ordonnance du 18 février 1834 ;

DÉCRÈTE :

Art. 1er. Les compagnies concessionnaires des chemins de fer du Nord et de Strasbourg sont autorisées à établir un chemin de fer de raccordement entre les gares de La Chapelle et de La Villette, aux clauses et conditions du cahier des charges arrêté le 9 déc. 1851 par le ministre des travaux publics.

Ce cahier des charges restera annexé au présent décret.

---

(1) Autres départements mis en état de siége, décrets des 2, 5, 7, 9, 10, 15 et 17 décembre 1851, et 4 janvier 1852.

L'état de siége est levé par décret du **27** mars 1852.

(2) Voir aussi les décrets des 2, 5, 7, 9, 10, 15 et 17 décembre 1851, et 4 janvier 1852.

Pour la levée de l'état de siége, voir le décret du 27 mars 1852.

2. Le ministre des travaux publics est chargé de l'exécution du présent décret, lequel sera inséré au *Bulletin des Lois*, etc. (*Bull.* 469, n° 3421).

———

N° 24.—(10 déc. 1851.)—DÉCRET *qui supprime la commission instituée aux termes des art. 2 et 3 de la loi du 10 juillet 1851, relative à la concession des produits des manufactures de Sèvres, des Gobelins et de Beauvais.*

LE PRÉSIDENT DE LA RÉPUBLIQUE,

Sur le rapport du ministre de l'agriculture et du commerce ;

Vu la loi du 10 juillet 1850, relative à la concession des produits des manufactures nationales de Sèvres, des Gobelins et de Beauvais ;

Vu le décret du 2 décembre courant qui dissout l'Assemblée nationale ;

Considérant que, par suite des dispositions du décret susvisé du 2 décembre 1851, les art. 2 et 3 de la loi du 10 juillet 1850, également susvisée, ne sont plus susceptibles d'application dans celles de leurs dispositions concernant la formation et les attributions d'une commission de l'Assemblée nationale chargée d'approuver préalablement les propositions du ministre de l'agriculture et du commerce relatives à la concession des produits des trois manufactures nationales,

DÉCRÈTE :

ART. 1er. La commission instituée aux termes des art. 2 et 3 de la loi du 10 juillet 1850, relative à la concession des produits des manufactures de Sèvres, des Gobelins et de Beauvais, est et demeure supprimée.

2. Les autres dispositions de la même loi, en ce qu'elles n'ont rien de contraire au présent décret, continueront de sortir leur plein et entier effet.

3. Le ministre de l'agriculture et du commerce est chargé de l'exécution du présent décret, qui sera inséré au *Bulletin des Lois,* etc. (*Bull.* 469, n° 3422).

N° 25. — (10 déc. 1851.) — DÉCRET *portant qu'il sera établi, à l'intérieur du mur d'enceinte des fortifications de Paris, un chemin de fer de ceinture reliant les gares de l'Ouest et Rouen, du Nord, de Strasbourg, de Lyon et d'Orléans.*

LE PRÉSIDENT DE LA RÉPUBLIQUE,

Sur le rapport du ministre des travaux publics,

DÉCRÈTE :

ART. 1er. Il sera établi, à l'intérieur du mur d'enceinte des fortifications de Paris, un chemin de fer de ceinture reliant les gares de l'Ouest et Rouen, du Nord, de Stasbourg, de Lyon et d'Orléans.

Le ministre des travaux publics est autorisé à concéder ce chemin de fer aux compagnies réunies des chemins de fer de Paris à Rouen, de Paris à Orléans, de Paris à Strasbourg, et du Nord, sous les réserves et aux clauses et conditions du cahier des charges ci-annexé.

2. Pour l'exécution de ce chemin de fer, il est ouvert au ministre des travaux publics un crédit de un million trois cent trente-trois mille trois cent trente-trois francs trente-trois centimes, somme égale au premier versement à effectuer par les compagnies concessionnaires, aux termes dudit cahier des charges.

3. Le ministre des travaux publics est chargé de l'exécution du présent décret, etc. (*Bull.* 470, n° 3434).

———

N° 26. — (11 déc. 1851.) — DÉCRET *qui approuve la convention passée entre le ministre des travaux publics et les compagnies des chemins de fer de Paris à Rouen, de Paris à Orléans, de Paris à Strasbourg, et du Nord, pour la concession du chemin de fer de ceinture.*

LE PRÉSIDENT DE LA RÉPUBLIQUE,

Sur le rapport du ministre des travaux publics,

Vu le décret du 10 décembre 1851, et spécialement l'art. 1er, ainsi conçu :

« Il sera établi, à l'intérieur du mur d'enceinte des fortifications de Paris, un chemin de fer de ceinture reliant les gares de l'Ouest et Rouen, du Nord, de Strasbourg, de Lyon et d'Orléans.

« Le ministre des travaux publics est autorisé à concéder ce chemin de fer aux compagnies réunies des chemins de fer de Paris à Rouen, de Paris à Orléans, de Paris à Strasbourg, et du Nord, sous les réserves et aux clauses et conditions du cahier des charges ci-annexé ; »

Vu l'art. 30 du cahier des charges ainsi conçu :

« Les conventions à passer avec le ministre des travaux publics, en exécution du présent acte, devront être réglées par des décrets du Président de la République ; »

Vu la convention provisoire, passée le 10 décembre 1851, entre le ministre des travaux publics, agissant au nom de l'État, et les administrateurs représentant chacune

des quatre compagnies anonymes concessionnaires des chemins de fer de Paris à
Rouen, de Paris à Orléans, de Paris à Strasbourg, et du Nord,

DÉCRÈTE :

ART. 1er. La convention provisoire, passée
le 10 décembre 1851, entre le ministre des
travaux publics, agissant au nom de l'Etat,
et les administrateurs représentant les quatre compagnies anonymes concessionnaires
des chemins de fer de Paris à Rouen, de
Paris à Orléans, de Paris à Strasbourg, et
du Nord, est et demeure approuvée.

En conséquence, toutes les clauses et
conditions stipulées dans ladite convention,
tant à la charge de l'Etat qu'à la charge des
autres parties contractantes, recevront leur
pleine et entière exécution.

2. La convention ci-dessus mentionnée
sera annexée au présent décret.

3. Le ministre des travaux publics est
chargé de l'exécution dudit décret, lequel
sera inséré au *Bulletin des Lois*, etc. (*Bull.*
470, n° 3435).

N° 27.—(11 déc. 1851).—DÉCRET *portant
que celui du 5 novembre 1851, relatif à
l'importation du borax, n'est applicable
qu'au borax natif.*

LE PRÉSIDENT DE LA RÉPUBLIQUE,

Sur le rapport du ministre de l'agriculture
et du commerce,

Vu l'article 34 de la loi du 17 déc. 1814 ;

Vu le décret du 5 novembre dernier qui
modifie la taxe d'entrée du borax brut et
du borax mi-raffiné ;

Considérant que cette modification concerne uniquement le borax natif, à l'exclusion du borax artificiel,

DÉCRÈTE :

ART. 1er. Les dispositions du décret du
5 novembre 1851, relatives au régime du
borax, ne sont applicables qu'au borax
natif.

2. Le ministre de l'agriculture et du commerce, et le ministre des finances, sont
chargés, chacun en ce qui le concerne, de
l'exécution du présent décret, etc. (*Bull.*
470, n° 3436).

N° 28.—(11 déc. 1851.)—DÉCRET *qui autorise la perception des impôts et revenus
indirects jusqu'au 1er avril 1852, et ouvre aux ministres un crédit provisoire
sur l'exercice 1852 (1).*

LE PRÉSIDENT DE LA RÉPUBLIQUE,

Sur le rapport du ministre des finances,

DÉCRÈTE :

ART. 1er. Continuera d'être faite jusqu'au
1er avril 1852, conformément aux lois existantes, la perception des impôts et revenus
indirects, et des autres produits mentionnés
dans l'art. 6 de la loi du budget des recettes de l'exercice 1851, en date du 7 août
1850, et dans le tableau *C* qui y est annexé.

2. La loi du 23 avril 1840, portant prorogation de la loi du 12 février 1835 et du
titre V de la loi du 28 avril 1816, qui attribue exclusivement à l'Etat l'achat, la fabrication et la vente du tabac dans toute l'é-
tendue du territoire, continuera d'avoir son
effet jusqu'au 1er janvier 1853.

3. Le tarif d'entrée des cigares et cigarettes, importés comme provision de santé
ou d'habitude, en vertu de la loi du 7 juin
1820, est modifié et établi ainsi qu'il suit :

Cigares et cigarettes.	Importés comme provision de santé ou d'habitude jusqu'à concurrence de dix kilogrammes, par destinataire, par les bureaux de douanes ouverts au transit.	24ᶠ le kilog. (sans décime).

4. Il est ouvert aux ministres, pour les
services généraux et spéciaux de leurs départements, sur l'exercice 1852, un crédit
provisoire de trois cent soixante-neuf millions de francs (369,000,000 fr.), qui est réparti entre eux conformément à l'état ci-
annexé.

5. Il est ouvert au ministre de la guerre
un crédit provisoire de cinq cent mille francs
(500,000 fr.), par anticipation sur celui de
1,500,000 fr. à allouer pour l'inscription au
trésor public des pensions militaires à liquider dans le courant de l'année 1852.

6. Le ministre des finances est autorisé
à créer, pour le service de la trésorerie et
les négociations avec la Banque de France,
des bons du trésor portant intérêt et payables à échéance fixe.

---

(1) Une partie du budget des recettes avait déjà
été votée par l'Assemblée législative. Une loi déjà
promulguée avait autorisé, pour 1852, la perception
des contributions directes. Il y avait urgente nécessité à pourvoir également à la perception des impôts indirects et des produits de revenus directs.

Le budget des dépenses avait été examiné et était
en partie voté par l'Assemblée législative au moment où elle a été dissoute. Il est à remarquer que
le décret ci-dessus consacre les votes de l'Assemblée
et adopte les chiffres qu'elle avait admis.

Quant aux bons du trésor, le décret adopte les
dispositions du budget de 1851, reproduites dans
les propositions du Gouvernement pour le budget
de 1852.

Le Corps législatif n'ayant pu être réuni assez tôt
pour voter en temps utile le budget de 1852, il a été
réglé par un décret du

Les bons du trésor en circulation ne pourront excéder cent cinquante millions de francs. Ne sont pas compris dans cette limite les bons délivrés à la caisse d'amortissement, en vertu de la loi du 10 juin 1833, ni les bons déposés en garantie à la Banque de France et aux comptoirs d'escompte.

7. Toutes contributions directes ou indirectes, autres que celles qui sont autorisées par le présent décret et par la loi du 8 août 1851, à quelque titre et sous quelque dénomination qu'elles se perçoivent, sont formellement interdites, à peine, contre les autorités qui les ordonneraient, contre les employés qui confectionneraient les rôles et tarifs, et ceux qui en feraient le recouvrement, d'être poursuivis comme concussionnaires, sans préjudice de l'action en répétition, pendant trois années, contre tous receveurs, percepteurs ou individus qui auraient fait la perception, et sans que, pour exercer cette action devant les tribunaux, il soit besoin d'une autorisation préalable, etc. (*Bull.* 468, n° 3409).

N° 29.—(11 déc. 1851.)—DÉCRET (1) *sur les fonctions de la commission consultative.*

LE PRÉSIDENT DE LA RÉPUBLIQUE,

Sur le rapport du garde des sceaux, ministre de la justice,

DÉCRÈTE :

ART. 1er. La commission consultative, instituée par le décret du 2 décembre courant, est chargée du recensement général des votes exprimés par le peuple français dans les scrutins des 20 et 21 décembre prochains.

En conséquence, tous les procès-verbaux de recensement dressés par les commissions départementales, instituées en vertu de l'art. 6 du décret du 2 décembre, lui seront transmis par le ministre de l'intérieur.

Le résultat sera promulgué par le Pouvoir exécutif.

2. La commission consultative est appelée à donner son avis sur les projets de décrets en matière législative qui lui seront soumis par le Président de la République.

3. Elle remplira, en outre, les fonctions délérées au conseil d'Etat par l'art. 12 de la loi du 19 juillet 1845, sauf les matières du contentieux administratif au jugement desquelles il sera pourvu par un décret ultérieur.

4. La commission sera présidée par le Président de la République, et, en son absence, par M. *Baroche,* nommé vice-président.

5. Un décret du Pouvoir exécutif divisera la commission consultative en sections pour l'examen des affaires qui lui seront soumises.

6. Les maîtres des requêtes et auditeurs attachés à l'ancien conseil d'Etat pourront être appelés à remplir, auprès de la commission consultative, les fonctions qu'ils exerçaient auprès du conseil.

7. Le garde des sceaux, ministre de la justice, est chargé de l'exécution du présent décret, etc. (*Bull.* 468, n° 3410).

N° 30.—(12 déc. 1851.)—DÉCRET *qui ouvre un crédit pour la continuation des travaux de construction des nouveaux bâtiments du ministère des affaires étrangères.*

LE PRÉSIDENT DE LA RÉPUBLIQUE,

Sur le rapport du ministre des travaux publics ;

Vu la loi du 15 juillet 1845, qui a ouvert un crédit de quatre millions neuf cent soixante-huit mille francs, pour la construction de nouveaux bâtiments destinés au ministère des affaires étrangères ;

Considérant que les travaux interrompus depuis quelque temps n'ont pas été repris, bien qu'il reste encore à dépenser une somme de un million deux cent vingt-deux mille cinq cents francs sur le crédit général mentionné ci-dessus ;

Considérant qu'il importe, tant dans l'intérêt du service public que dans celui de la conservation des constructions actuellement élevées, de remettre les travaux en activité,

DÉCRÈTE :

ART. 1er. Un crédit de quatre cent mille francs est ouvert au ministre des travaux publics sur l'exercice 1852, pour continuer les travaux de construction des nouveaux bâtiments du ministère des affaires étrangères.

2. Il sera pourvu à la dépense autorisée par le présent décret au moyen des ressources de l'exercice 1852.

3. Les ministres des travaux publics et des finances sont chargés, chacun en ce qui le concerne, de l'exécution du présent décret, etc. (*Bull.* 469, n° 3423).

---

(1) Voir le décret du 2 décembre 1851, qui constitue la commission consultative ; celui du 15 décembre 1851, qui forme dans le sein de la commission une section dite d'administration, et celui du 17 décembre 1851, qui détermine les affaires qui seront portées à la section d'administration et celles qui seront soumises aux comités.

Nº 31.—(13 déc. 1851.)—Décret *qui ouvre un crédit pour l'achèvement des opérations relatives, tant à l'acquisition et à la démolition des maisons situées entre le Louvre et les Tuileries, qu'au nivellement des terrains compris entre ces deux édifices.*

Le Président de la République,

Sur le rapport du ministre des travaux publics ;

Vu la loi du 4 octobre 1849, qui approuve le traité passé entre l'Etat et la ville de Paris, au sujet du prolongement de la rue de Rivoli jusqu'à la rue de la Bibliothèque, et fixe à six millions quatre cent mille francs la part à la charge de l'Etat dans les dépenses d'acquisition et de démolition des propriétés situées entre le Louvre et les Tuileries, et de nivellement des terrains compris entre les deux édifices ;

Considérant qu'une somme de quatre millions huit cent mille francs a été successivement ouverte aux budgets des exercices 1850 et 1851 pour commencer les opérations, et qu'il restait à créditer une somme de un million six cent mille francs, sur laquelle le décret du 11 de ce mois, relatif au budget de 1852, alloue, à valoir, celle de quatre cent mille francs ;

Qu'ainsi, une somme de un million deux cent mille francs est encore à créditer pour compléter l'allocation totale énoncée ci-dessus ;

Vu le décompte général des dépenses, présenté par M. le préfet de la Seine, duquel il résulte que, par suite des décisions du jury d'expropriation, les évaluations primitives seront dépassées, et qu'il y a lieu d'augmenter d'une somme de neuf cent mille francs la part à la charge de l'Etat ;

Considérant qu'il est urgent d'achever les opérations approuvées par la loi du 4 octobre 1849,

Décrète :

Art. 1er. Un crédit de deux millions cent mille francs est ouvert au ministre des travaux publics, sur l'exercice 1852, pour terminer les opérations relatives, tant à l'acquisition et à la démolition des maisons situées entre le Louvre et les Tuileries, qu'au nivellement des terrains compris entre ces deux édifices.

2. Il sera pourvu à la dépense autorisée par le présent décret au moyen des ressources de l'exercice 1852.

3. Les ministres des travaux publics et des finances sont chargés, chacun en ce qui le concerne, de l'exécution du présent décret, etc. (*Bull.* 470, nº 3437).

Nº 32.—(14 déc. 1851).—Rapport *et* Décret *sur les secours annuels et viagers à distribuer aux anciens militaires de la République et de l'Empire.*

Rapport a M. le Président de la République.

Monsieur le Président,

Le Message du 12 novembre 1850 faisait connaître à l'Assemblée législative votre intention de venir au secours de la vieillesse et de la misère du soldat de nos armées de la République et de l'Empire. Cette pensée généreuse doit enfin recevoir sa réalisation. Une somme de deux millions sept cent mille francs est nécessaire au soulagement de ces trop nombreuses infortunes. Dans la pensée du Gouvernement, cette allocation ne sera pas accidentelle, elle sera renouvelée tous les ans ; seulement elle subira des réductions proportionnelles aux décès des militaires secourus.

L'adoption de ce projet a été précédée d'informations minutieuses et préparée par des calculs rigoureux que je dois vous rappeler.

Par une circulaire sous la date du 6 décembre 1849, M. le ministre de l'intérieur invita MM. les préfets à recevoir les réclamations de nos anciens soldats, à s'informer avec soin de leur situation, à recueillir leurs titres, à en apprécier la valeur réelle, et à transmettre toutes ces demandes, accompagnées d'un avis motivé, à l'administration centrale. Votre décret, en date du 25 février 1850, institua une commission, présidée par M. le grand chancelier de la Légion d'honneur, qui fut chargée d'examiner le mérite de ces réclamations. Cette commission a procédé à son œuvre avec le zèle le plus éclairé et le plus infatigable, et ce sont ses résolutions que je vous propose de sanctionner.

La commission, saisie d'un grand nombre de demandes, en a accueilli onze mille trente-trois. Voici d'après quelles règles et sur quelles bases sévères elle a effectué son important travail et opéré ses classifications.

Ont été repoussées toutes les demandes formées par des militaires qui, ayant servi moins de huit ans, n'ont fait que ce que la loi impose à tous les citoyens. De rares exceptions ont seulement été faites en faveur de soldats atteints de blessures graves ou signalés par des faits d'armes.

Ceux qui jouissent d'une pension de retraite ont aussi été écartés ; cette règle a cependant fléchi à l'égard de quelques soldats amputés, privés de ressources suffisantes pour subvenir à des besoins augmentés par l'âge.

Les propositions de secours se sont ainsi trouvées restreintes aux anciens militaires qui invoquaient les plus longs et les plus éclatants services.

La condition première et essentielle de chaque admission a été *la preuve de l'indigence* du réclamant. Ce fait constaté, la commission a pensé que le chiffre du secours devrait être apprécié sous trois rapports distincts :

L'âge,— La durée du service,— Le nombre des blessures.

Trois classifications ont été faites au point de vue de l'âge :

La première s'applique à ceux qui ont atteint leur quatre-vingtième année, au nombre desquels sont admis quelques volontaires de 1792, qui, à l'intérêt spécial qu'inspire leur grand âge, joignent le mérite d'avoir, les premiers, répondu à l'appel de la patrie menacée par l'invasion. Je vous propose d'allouer à cette première classe un secours annuel de deux cent vingt francs ;

La seconde comprend les septuagénaires ; ils obtiendront une subvention annuelle de deux cents francs ;

La troisième s'applique aux anciens militaires âgés de moins de soixante et dix ans, ceux-ci recevraient cent soixante et quinze francs par an.

Le nombre d'octogénaires dont les demandes ont été admises par la commission est de six cent cinquante et un. La dépense serait donc de cent quarante-trois mille deux cent vingt francs, ci. . 143,220 f.

Celui des septuagénaires est de quatre mille vingt-deux ; la dépense est de huit cent quatre mille quatre cents francs, ci. . 804,400

Le nombre des militaires âgés de moins de soixante et dix ans est de six mille trois cent soixante, et le secours, calculé à raison de cent soixante et quinze francs par individu, s'élève à un million cent treize mille francs, ci. . 1,113,000

La durée des services est divisée en quatre périodes qui déterminent une allocation proportionnelle et destinée à se cumuler avec la somme à laquelle l'âge donne droit.

Vingt années de service donneront droit à un supplément de soixante et quinze francs ; seize années à une augmentation de soixante francs ; douze années, à celle de cinquante francs. Une durée de service moindre de douze ans, et su-périeure à huit, motivera un supplément de quarante francs.

Le secours à allouer d'après ces bases se répartirait ainsi :

Pour la première classe, comprenant cinq cent quatre-vingt-quinze admissions, quarante-quatre mille six cent vingt-cinq francs, ci. 44,625

Pour la seconde, s'appliquant à sept cent quarante-huit admissions, quarante-quatre mille huit cent quatre-vingts francs, ci. 44,880

Pour la troisième, qui comprend deux mille deux cent seize admissions, cent dix mille huit cents francs, ci. . . . 110,800

Enfin, pour la quatrième, qui est de sept mille quatre cent soixante et quatorze admissions, deux cent quatre-vingt-dix-huit mille neuf cent soixante francs, ci. . . . 298,960

Les *blessures* reçues sur le champ de bataille devaient aussi motiver une allocation graduée, se cumulant avec les deux autres. Le nombre des blessures révèle à la fois et de plus grandes souffrances et la nécessité de soins plus continus et, par conséquent, plus coûteux.

Je vous propose une augmentation de trente francs pour ceux qui ont reçu six *blessures*, de vingt-cinq francs pour ceux qui ont reçu quatre ou cinq *blessures*, de vingt francs pour ceux qui ont reçu deux *blessures*, et de quinze francs pour les militaires dont les états de service constatent une seule blessure.

Cet accroissement de secours si noblement mérités augmente le crédit à obtenir de cent trente-sept mille deux cent quatre-vingt-cinq francs, 137,285

TOTAL, deux millions six cent quatre-vingt-dix-sept mille cent soixante et dix francs 2,697,170 f.

En résumé, les résultats obtenus par le décret que j'ai l'honneur de vous soumettre seront ceux-ci : onze mille vieux soldats de nos grandes armées obtiendront, à raison de leur indigence, un secours individuel, dont le minimum sera de deux cents francs environ, et qui ne s'élèvera au maximum de trois cent vingt-cinq francs que pour celui qui, âgé de quatre-vingts ans, aura donné vingt ans de sa vie à son pays, et qui, six fois au moins, aura été blessé sur le champ de bataille.

Ces chiffres, ces classifications, ces résultats démontrent l'urgente nécessité de l'adoption de ce décret. Une nation qui récompense ses serviteurs fidèles fait un acte de loyale gratitude et encourage les dévouements si nécessaires à sa prospérité et à sa grandeur.

Le malheur des temps, en ajournant la réparation due à ces anciens militaires, nous semble l'avoir rendue plus sacrée. L'esprit de justice survit toujours aux luttes ou aux passions des partis; il garantit de tels droits contre toute déchéance. Les officiers de l'Empire, les militaires décorés avant 1815 ont été successivement l'objet de mesures réparatrices. Beaucoup d'officiers ont été réintégrés dans l'armée en 1830, et ont obtenu depuis des pensions de retraite. Des fonds de secours leur ont été alloués au budget de la guerre. Le même esprit de justice a dicté le projet de décret actuel en faveur de simples sous-officiers ou soldats dont le dévouement et le courage ont été soutenus par l'amour de la patrie et une admiration enthousiaste pour un grand génie.

Je dois rappeler en terminant qu'un crédit annuel de sept cent mille francs est ouvert au budget du ministre de la guerre. Cette somme est aussi distribuée aux anciens militaires malheureux; mais la multiplicité des demandes réduisait chaque secours individuel au minimum de quarante ou cinquante francs. Cette somme sera désormais exclusivement affectée aux autres militaires non inscrits sur les listes de la commission. La position de tous se trouvera ainsi améliorée, et votre sollicitude aura également favorisé tous les anciens soldats appelés à défendre le pays depuis 1789 jusqu'à nos jours.

En conséquence, j'ai l'honneur de vous proposer l'adoption du décret suivant, etc.

Décret.

LE PRÉSIDENT DE LA RÉPUBLIQUE,

Sur le rapport du garde des sceaux, ministre de la justice,

DÉCRÈTE :

ART. 1er. Des secours annuels et viagers seront distribués aux anciens militaires de la République et de l'Empire compris dans les listes nominatives dressées par la commission instituée en vertu du décret du 25 février 1850, et arrêtées définitivement par le ministre de la justice.

2. Ces secours seront calculés d'après les règles fixées par l'état de répartition annexé au présent décret, et distribués par le grand chancelier de la Légion d'honneur. Les militaires compris dans les listes indiquées en l'article 1er ne pourront prendre part au fonds de secours ouvert au budget du ministère de la guerre.

3. La dotation de la grande chancellerie de la Légion d'honneur sera augmentée, pour l'année 1852, d'une somme de deux millions sept cent mille francs, qui sera distribuée conformément aux prescriptions des articles précédents.

4. En conséquence, il est ouvert au ministre de la justice un crédit de deux millions sept cent mille francs (2,700,000 fr.) sur l'exercice 1852.

5. Le ministre de la justice et le ministre des finances sont chargés, chacun en ce qui le concerne, de l'exécution du présent décret, etc. (*Bull.* 469, n° 3425).

N° 33.—(14 déc. 1851.)—DÉCRET *portant que la cour d'assises de la Seine sera divisée en quatre sections pendant le 1er trimestre de 1852.*

LE PRÉSIDENT DE LA RÉPUBLIQUE,

Sur le rapport du garde des sceaux, ministre de la justice;

Vu la lettre adressée le 10 décembre 1851, au garde des sceaux, ministre de la justice, par le procureur général près la Cour d'appel de Paris; ladite lettre exposant que la cour d'assises de la Seine, divisée en deux sections, conformément à l'ordonnance du 30 juillet 1828, ne pourrait expédier, dans le cours du premier trimestre 1852, la totalité des procès renvoyés devant elle;

Voulant prévenir les retards préjudiciables à la bonne administration de la justice;

Vu les dispositions du Code d'instruction criminelle concernant le service des Cours d'assises, et l'art. 5 de la loi du 20 avril 1810,

DÉCRÈTE :

ART. 1er. Pendant le premier trimestre de 1852, la Cour d'assises de la Seine sera divisée en quatre sections, qui auront chacune une session par mois, et qui siégeront, la troisième en même temps que la première, et la quatrième en même temps que la deuxième. Il sera, en conséquence, délégué, conformément à la loi, un nombre suffisant de conseillers de la Cour d'appel pour la formation de ces quatre sections.

2. Le garde des sceaux, ministre de la justice, est chargé de l'exécution du présent

décret, qui sera inséré au *Bulletin des Lois,* etc. (*Bull.* 468, n° 3414).

N° 34.—(15 déc. 1815.)—DÉCRET *portant confirmation des arrêtés qui déclarent en état de siége les départements de l'A-veyron et de Vaucluse* (1).

LE PRÉSIDENT DE LA RÉPUBLIQUE,

Vu la loi du 9 août 1849 ;

Attendu qu'il y a dans les départements de l'Aveyron et de Vaucluse péril imminent pour la sécurité publique ;

Le conseil des ministres entendu,

DÉCRÈTE :

ART. 1er. Les arrêtés des préfets de l'Avey-ron et de Vaucluse qui déclarent ces deux départements en état de siége sont confir-més.

2. Les ministres de l'intérieur et de la guerre sont chargés de l'exécution du pré-sent décret, etc. (*Bull.* 469, n° 3426).

N° 35.—(15 déc. 1851.)—DÉCRET *qui dé-clare d'utilité publique l'exécution des travaux de construction de la Bourse de Marseille.*

LE PRÉSIDENT DE LA RÉPUBLIQUE,

Sur le rapport du ministre de l'agriculture et du commerce ;

Vu la loi du 3 mai 1841 ;

Vu le programme dressé par la chambre de commerce de Marseille pour un projet de bourse à construire en cette ville ;

Vu la description sommaire de l'avant-projet et les plans et dessins à l'appui ;

Vu l'avis du conseil général des bâtiments civils, en date du 30 juin dernier, sur cet avant-projet ;

Vu l'arrêté pris par le préfet des Bouches-du-Rhône, le 25 août suivant, pour l'ouver-ture de l'enquête préalable à la déclaration d'utilité publique ;

Vu le registre de l'enquête et les pièces à l'appui ;

Vu les délibérations du conseil municipal de Marseille, en date des 28 novembre 1850, 6 janvier, 22 septembre 1851 ;

Vu la lettre du ministre de l'intérieur, en date du 9 août 1851, portant approbation de la délibération par laquelle ledit conseil a offert de concourir pour six cent mille francs à la construction de la bourse ;

Vu le rapport de la commission d'en-quête, en date des 14 et 15 octobre dernier ;

Vu les délibérations de la chambre de commerce de Marseille des 2 mai et 14 oc-tobre 1851 ;

Vu la lettre du préfet des Bouches-du-Rhône du 3 novembre 1851 ;

Vu les plans, dessins et devis du projet définitif ;

Vu le cahier des charges de l'adjudi-cation ;

Vu l'avis définitif du conseil général des bâtiments civils du 11 décembre courant,

DÉCRÈTE :

ART. 1er. Est déclarée d'utilité publique l'exécution des travaux de construction de la bourse de Marseille, conformément au cahier des charges et au plan ci-annexés.

2. La mise en adjudication est autorisée aux clauses et conditions énoncées dans ledit cahier des charges.

3. Il sera pourvu aux frais de construc-tion de ladite bourse au moyen, 1° d'une subvention de six cent mille francs sur les fonds de la ville ; 2° des ressources que pos-sède la chambre de commerce de Marseille, évaluées à deux millions quatre cent mille francs ; et 3° d'un emprunt que cette cham-bre est autorisée à contracter jusqu'à con-currence de deux millions de francs, confor-mément à sa délibération en date du 2 mai 1851.

4. Les clauses et conditions auxquelles cet emprunt sera effectué devront être sou-mises à l'approbation du ministre de l'agri-culture et du commerce.

5. La chambre de commerce de Mar-seille est autorisée à acquérir, par voie d'expropriation pour cause d'utilité publi-que, les propriétés particulières ou portions de propriétés situées sur l'emplacement destiné à la construction de la bourse.

6. L'adjudication des travaux ne sera va-lable et définitive qu'après avoir été approu-vée par le ministre de l'agriculture et du commerce.

7. Le ministre de l'agriculture et du com-merce est chargé de l'exécution du présent décret, qui sera publié au *Bulletin des Lois,* etc. (*Bull.* 469, n° 3427).

N° 36.—(15 déc. 1851.)—DÉCRET *portant qu'une section dite d'administration rem-plira les fonctions déférées à la commis-sion consultative par l'article 3 du dé-cret du 11 décembre* (2).

LE PRÉSIDENT DE LA RÉPUBLIQUE,

---

(1) Pour les autres départements mis en état de siége, voir les décrets des 2, 5, 7, 9, 10, 15 et 17 décembre 1851, et 4 janvier 1852.
Pour la levée de l'état de siége dans toute la France continentale, voir le décret du 27 mars 1852.

(2) Décret du 2 décembre qui institue la commis-sion consultative ; décret qui règle les attributions de cette commission, 11 décembre 1851 ; décret qui

Sur le rapport du garde des sceaux, ministre de la justice ;

Vu l'article 5 du décret du 11 décembre présent mois,

DÉCRÈTE :

ART. 1er. Une section dite d'*administration* remplira les fonctions déférées à la commission consultative par l'article 3 du décret du 11 décembre.

. . . .

2. Cette section d'*administration* sera présidée par M. *Baroche,* vice-président de la commission, et entrera immédiatement en fonctions.

3. Un arrêté du ministre de la justice divisera cette section en comités correspondant aux divers ministères.

4. Le garde des sceaux, ministre de la justice, est chargé de l'exécution du présent décret, etc. (*Bull.* 469, n° 3428).

———

N° 37.—(15 déc. 1851.)—DÉCRET *relatif à l'organisation du conseil de salubrité établi près la préfecture de police, et à l'institution de commissions d'hygiène publique et de salubrité dans le département de la Seine* (1).

LE PRÉSIDENT DE LA RÉPUBLIQUE,

Sur le rapport du ministre de l'agriculture et du commerce ;

Vu l'article 13 de l'arrêté du chef du Pouvoir exécutif, en date du 18 décembre 1848, relatif à l'institution des conseils de salubrité et d'hygiène publique ;

Vu la loi du 13 avril 1850, concernant l'assainissement des logements insalubres ;

Vu l'avis du préfet de police, en date du 23 janvier 1851 ;

Le comité consultatif d'hygiène publique entendu ;

DÉCRÈTE :

ART. 1er. Le conseil de salubrité établi près la préfecture de police conserve son organisation actuelle ; il prendra le titre de *Conseil d'hygiène publique et de salubrité du département de la Seine.*

La nomination des membres du conseil d'hygiène publique et de salubrité continuera d'être faite par le préfet de police, et d'être soumise à l'approbation du ministre de l'agriculture et du commerce.

2. Il sera chargé, en cette qualité, et dans tout le ressort de la préfecture de police, des attributions déterminées par les articles 9, 10 et 12 de l'arrêté du 18 décembre 1848.

3. Il sera établi dans chacun des arrondissements de la ville de Paris, et dans chacun des arrondissements de Sceaux et de Saint-Denis, une commission d'hygiène et de salubrité composée de neuf membres, et présidée, à Paris, par le maire de l'arrondissement, et, dans chacun des arrondissements ruraux, par le sous-préfet.

Les membres de ces commissions seront nommés, par le préfet de police, sur une liste de trois candidats présentés, pour chaque place, par le maire de l'arrondissement à Paris, par les sous-préfets de Sceaux et de Saint-Denis, dans les arrondissements ruraux.

Les candidats seront choisis parmi les habitants notables de l'arrondissement.

Dans chaque commission il y aura toujours deux médecins au moins, un pharmacien, un vétérinaire reçu dans les écoles spéciales, un architecte, un ingénieur. S'il n'y a pas de candidats dans ces trois dernières professions, les choix devront porter, de préférence, sur les mécaniciens, directeurs d'usines ou de manufactures.

Les membres des commissions d'hygiène publique du département de la Seine sont nommés pour six ans, et renouvelés par tiers tous les ans. Les membres sortants peuvent être réélus.

Il sera établi pour les trois communes de Saint-Cloud, Sèvres et Meudon, annexées au ressort de la préfecture de police par l'arrêté du 3 brumaire an 9, une commission centrale d'hygiène et de salubrité, qui sera présidée par le plus âgé des maires de ces communes, et dont le siége sera au lieu de la résidence du président. Toutes les

---

détermine les affaires qui seront portées à la section d'administration et celles qui seront soumises aux comités, 16 décembre 1851.

(1) Depuis longtemps il existait à Paris un conseil de salubrité ; mais il n'avait été établi que par des actes de l'autorité locale. Le décret ci-dessus donne à ce conseil une origine plus élevée, étend ses attributions en même temps qu'il satisfait à l'arrêté du chef du Pouvoir exécutif en date du 18 décembre 1848.

Cet arrêté institue un conseil d'hygiène publique et de salubrité dans chaque arrondissement ; mais l'article 13 portait que la ville de Paris serait l'objet de dispositions particulières. Ces dispositions sont étendues à tout le département de la Seine et même aux trois communes du département de Seine-et-Oise qui dépendent de la préfecture de police.

Un décret du 19 janvier 1852 modifie la composition du conseil d'hygiène publique et de salubrité du département de la Seine, et décide que les fonctions des membres de ce comité seront gratuites jusqu'à ce qu'il ait été pourvu au paiement de l'indemnité ordinaire.

dispositions qui précèdent seront, du reste, applicables à cette commission.

4. La commission dont il est question au dernier paragraphe de l'article précédent, et chacune des commissions d'hygiène d'arrondissement, éliront un vice-président et un secrétaire, qui seront renouvelés tous les deux ans.

Le préfet de police pourra, lorsqu'il le jugera utile, déléguer un des membres du conseil d'hygiène publique du département auprès de chacune desdites commissions, pour prendre part à ses délibérations avec voix consultative.

5. Les commissions d'hygiène publique et de salubrité se réuniront, au moins une fois par mois, à la mairie ou au chef-lieu de la sous-préfecture, ou, pour ce qui concerne la commission centrale des communes de Saint-Cloud, Sèvres et Meudon, à la mairie de la résidence de son président, et elles seront convoquées extraordinairement toutes les fois que l'exigeront les besoins du service.

6. Les commissions d'hygiène recueillent toutes les informations qui peuvent intéresser la santé publique, dans l'étendue de leur circonscription.

Elles appellent l'attention du préfet de police sur les causes d'insalubrité qui peuvent exister dans leurs arrondissements respectifs, et elles donnent leur avis sur les moyens de les faire disparaître.

Elles peuvent être consultées, d'après l'avis du conseil d'hygiène publique et de salubrité du département, sur les mesures et dans les cas déterminés par l'article 9 de l'arrêté du Gouvernement du 18 déc. 1848.

Elles concourent à l'exécution de la loi du 13 avril 1850, relative à l'assainissement des logements insalubres, soit en provoquant, lorsqu'il y a lieu, dans les arrondissements ruraux, la nomination des commissions spéciales qui peuvent être créées par les conseils municipaux, en vertu de l'article 1er de ladite loi, soit en signalant aux commissions déjà instituées les logements dont elles auraient reconnu l'insalubrité.

En cas de maladies épidémiques, elles seront appelées à prendre part à l'exécution des mesures extraordinaires qui peuvent être ordonnées pour combattre les maladies, ou pour procurer de prompts secours aux personnes qui en seraient atteintes.

7. Les commissions d'hygiène publique et de salubrité réuniront les documents relatifs à la mortalité et à ses causes, à la topographie et à la statistique de l'arrondissement, en ce qui concerne la salubrité.

Ces documents seront transmis au préfet de police, et communiqués au conseil d'hygiène publique, qui est chargé de les coordonner, de les faire compléter, s'il y a lieu, et de les résumer dans des rapports dont la forme et le mode de publication seront ultérieurement déterminés.

8. Le conseil d'hygiène et de salubrité du département de la Seine fera, chaque mois, sur l'ensemble de ses travaux, et sur l'ensemble des travaux des commissions d'arrondissement, un rapport général qui sera transmis par le préfet de police au ministre de l'agriculture et du commerce.

9. Le ministre de l'agriculture et du commerce est chargé de l'exécution du présent décret, etc. (*Bull.* 475, n° 3464).

N° 38.—(15 déc. 1851.)—DÉCRET *sur l'organisation de l'administration centrale du ministère de l'intérieur.*

LE PRÉSIDENT DE LA RÉPUBLIQUE,

Sur le rapport du ministre de l'intérieur,

DÉCRÈTE :

ART. 1er. L'administration centrale du ministère de l'intérieur est organisée ainsi qu'il suit :

Cabinet du ministre, — Division du secrétariat, — Division de la sûreté générale, — Division de l'administration générale et départementale, — Division de l'administration communale et hospitalière, — Division des beaux-arts, — Division de la comptabilité.

2. Le cadre des bureaux du ministère comprend :

Un chef de cabinet, — six chefs de division, — Vingt chefs de bureau, — Vingt sous-chefs,—Cent quarante-cinq employés, — Un caissier, — Un payeur,— Un bibliothécaire, — Un chef du service intérieur.

3. La hiérarchie des bureaux et les traitements sont fixés comme suit :

Chef de cabinet, à.		7,000 f.
Chefs de division. .	1re classe, à	12,000
	2e classe, à	10,000
Chefs de bureau. .	1re classe, à	7,000
	2e classe, à	6,000
	3e classe, à	5,000
Sous-chefs de bureau	1re classe, à	4,500
	2e classe, à	4,000
	3e classe, à	3,500
Employés.	1re classe, à	3,000
	2e classe, à	2,500
	3e classe, à	2,200
	4e classe, à	2,000
	5e classe, à	1,800
	6e classe, à	1,500

Un caissier, à . . . . 6,000 f.
Un payeur, à 4,000
Un bibliothécaire, à 4,000
Un chef du service intérieur, à . . 3,000

4. Les attributions des différents services composant le ministère de l'intérieur sont réglées comme ci-après :

Cabinet du ministre.

Affaires réservées. Personnel des préfets, sous-préfets, etc.

Division du secrétariat.

Premier bureau. Arrivée et départ des dépêches. — Expéditions. Légalisations. — Archives générales ; personnel de l'administration centrale.
Deuxième bureau. Lignes télégraphiques. — Secours individuels. — Récompenses honorifiques. — Admission dans les hospices.
Troisième bureau. Gardes nationales sédentaires et mobiles. — Affaires militaires. — Secours et indemnités à divers titres.
Bibliothèque. — Service intérieur.

Division de la sûreté générale.

Premier bureau. Correspondance générale. — Etrangers.
Deuxième bureau. Police générale et spéciale.
Troisième bureau. Imprimerie et librairie.

Division de l'administration générale et départementale.

Premier bureau. Administration générale. — Elections.
Deuxième bureau. Administration et dépenses départementales.
Troisième bureau. Etablissements généraux de bienfaisance. — Aliénés. — Enfants trouvés.
Quatrième bureau. Prisons.

Division de l'administration communale et hospitalière.

Premier bureau. Administration et comptabilité des communes.
Deuxième bureau. Contentieux des communes.
Troisième bureau. Voirie vicinale et voirie urbaine. — Cours d'eau. — Police municipale.
Quatrième bureau. Hospices communaux. — Bureaux de bienfaisance et monts-de-piété.

Division des beaux-arts.

Premier bureau. Beaux-arts, monuments historiques, musées, exposition.
Deuxième bureau. Théâtres.

Division de la comptabilité.

Premier bureau. Opérations et écritures centrales.
Deuxième bureau. Ordonnancement.
Troisième bureau. Comptabilité départementale. — Caisse.

5. Nul ne pourra être promu à un grade supérieur s'il n'a au moins une année d'exercice dans celui qu'il occupe.

Nul ne sera promu à une classe supérieure s'il n'a au moins deux années d'exercice dans celle à laquelle il appartient.

Toute personne admise à l'un des emplois désignés dans l'article 3 prendra rang dans la dernière classe de cet emploi.

6. Nul ne pourra ête nommé chef ou sous-chef de bureau, s'il ne peut justifier de trois années de services administratifs.

Les surnuméraires ne pourront être appointés qu'après deux années au moins de travail dans les bureaux du ministère. Tout surnuméraire qui n'aura pas été pourvu d'un emploi dans un délai de cinq ans cessera de faire partie du personnel des bureaux.

Le nombre des surnuméraires ne pourra dépasser celui de vingt. Il pourra être admis des attachés dans les bureaux du ministère de l'intérieur ; ils devront être pourvus du grade de licencié en droit.]

Ils ne seront pas appelés à concourir pour les emplois des bureaux.

7. A la fin de chaque année, les chefs de division présenteront au ministre un rapport sur l'ensemble du travail de leur service et sur les droits à l'avancement des employés qui sont sous leurs ordres.

8. Une commission composée des chefs de division sera chargée de donner son avis au ministre sur l'avancement des chefs et employés, et sur l'admission des surnuméraires. Elle donnera également son avis sur leur révocation. Un chef de bureau remplira les fonctions de secrétaire près de cette commission, qui sera présidée par le plus ancien chef de division.

9. Aucun emploi ni aucun avancement ne pourra être accordé avec un traitement inférieur à ceux qui sont déterminés par l'article 3.

10. Les traitements inférieurs des titulaires actuels seront complétés au fur et à mesure des ressources disponibles.

11. Toutes dispositions antérieures qui seraient contraires au présent décret sont abrogées.

12. Le ministre de l'intérieur est chargé de l'exécution du présent décret, qui sera inséré au *Bulletin des Lois,* etc. (*Bull.* 481, n° 3544).

————————

N° 39.—(16 déc. 1851).—DÉCRET *qui détermine les affaires qui seront portées à la section d'administration de la commission consultative, et celles qui seront soumises à la délibération des comités* (1).

LE PRÉSIDENT DE LA RÉPUBLIQUE,

Sur le rapport du garde des sceaux, ministre de la justice,

DÉCRÈTE :

ART. 1er. Seront portés à la section d'administration de la commission consultative,

1° Les projets de règlements d'administration publique ; 2° Les projets de décrets qui ont pour objet :

L'enregistrement des bulles et autres actes du Saint-Siége ;

Les recours pour abus ;

Les autorisations de congrégations religieuses et la vérification de leurs statuts ;

L'autorisation des poursuites intentées contre les agents du Gouvernement ;

La naturalisation ;

Les prises maritimes ;

La création de tribunaux de commerce et de conseils de prud'hommes, la création ou la prorogation de chambres temporaires dans les Cours et tribunaux ;

La concession de portions du domaine de l'Etat, et les concessions de mines, soit en France, soit en Algérie ;

L'autorisation ou la création d'établissements d'utilité publique fondés par l'Etat, les départements, les communes ou les particuliers ;

L'autorisation à ces établissements, aux établissements ecclésiastiques, aux congrégations religieuses, aux départements et communes, d'accepter les dons et legs dont la valeur excéderait cinquante mille francs ;

Les autorisations de sociétés anonymes, tontines, comptoirs d'escompte, et autres établissements de même nature ;

L'établissement des routes départementales, des canaux et chemins de fer d'embranchement, des ponts et de tous autres travaux, qui peuvent être autorisés par des décrets du Pouvoir exécutif ;

Les concessions de desséchements ;

Le classement des établissements dangereux, incommodes ou insalubres, la suppression de ces établissements dans les cas prévus par le décret du 15 octobre 1810 ;

Les tarifs des droits d'inhumation dans les communes de plus de cinquante mille âmes ;

Les établissements d'octroi dans toutes les communes, les modifications aux tarifs d'octroi dans les communes de plus de vingt-cinq mille âmes ;

Enfin les affaires envoyées directement par les ministres à la section d'administration de le commission consultative.

2. Seront soumis à la délibération des comités, 1° tous les projets qui précédemment n'étaient soumis qu'à la délibération des comités de l'ancien conseil d'Etat ; 2° les projets de décrets non compris dans l'article 1er, et qui antérieurement étaient portés à la section d'administration de l'ancien conseil.

3. Les rapporteurs de chaque affaire seront désignés par le vice-président de la commission consultative, ou, sur sa délégation, par les présidents de chaque comité.

4. Les délibérations de la section d'administration de la commission consultative et des comités seront transcrites sur le procès-verbal de la séance ; ce procès-verbal fera mention des membres présents et ayant délibéré.

5. Les maîtres des requêtes auront voix consultative sur toutes les affaires, et voix délibérative dans celles dont ils seront rapporteurs.

6. Le garde des sceaux, ministre de la justice, est chargé de l'exécution du présent décret, etc. (*Bull.* 469, n° 3429).

———

N° 40.—(16 déc. 1851.)—DÉCRET *qui modifie l'art. 1er de la loi du 1er déc. 1851, relative au chemin de fer de Lyon à Avignon, et les art. 3 et 4 du cahier des charges annexé à ladite loi.*

LE PRÉSIDENT DE LA RÉPUBLIQUE,

Sur le rapport du ministre des travaux publics,

Vu la loi du 1er décembre 1851, qui autorise le ministre des travaux publics à procéder par voie de publicité et concurrence à la concession du chemin de fer de Lyon à Avignon, et spécialement le second paragraphe de l'article 1er, ainsi conçu :

« Le rabais portera sur la part propor-
« tionnelle de la dépense que l'Etat devra
« fournir à titre de subvention ; cette part
« ne pourra excéder ni la moitié, ou cin-
« quante centièmes de la dépense totale, ni
« le chiffre de soixante millions de francs ; »

Vu le cahier des charges annexé à cette loi, et spécialement les articles 3 et 4, ainsi conçus :

« Art. 3. Le ministre des travaux publics,

« au nom de l'Etat, s'engage à payer à titre
« de subvention, et jusqu'à concurrence de
« soixante millions, la moitié des dépenses
« à effectuer par la compagnie pour l'éta-
« blissement du chemin de fer de Lyon à
« Avignon.

« La participation de l'Etat aux dépenses
« de construction du matériel d'exploitation
« et des frais généraux d'administration ne
« pourra excéder trente-quatre mille francs
« par kilomètre, savoir :

« Pour le matériel. . . . .   24,000 f.
« Pour les frais généraux d'ad-
« ministration   10,000

« La compagnie devra soumettre à l'ap-
« probation de l'administration les projets
« détaillés et les devis estimatifs des gares,
« stations et ateliers, ainsi que les acqui-
« sitions de terrains nécessaires pour leur
« établissement.

« Les marchés pour travaux de terras-
« sement et ouvrages d'art, et les marchés
« pour fourniture de rails et matériel, ne
« seront valables qu'après l'approbation du
« Gouvernement. Cette approbation devra
« être accordée ou refusée dans le délai d'un
« mois à partir du jour de la communication
« des marchés. Après l'expiration de ce dé-
« lai, si le Gouvernement n'a pas statué, les
« marchés pourront être considérés comme
« exécutoires.

« 4. La subvention à la charge de l'Etat
« sera versée en trente paiements de deux
« millions, à la charge par la compagnie de
« justifier de la réalisation de l'emploi,

« Pour les quinze premiers, d'une somme
« excédant de cinquante pour cent le mon-
« tant de chaque versement ;

« Pour les quinze derniers, d'une somme
« calculée de manière que la compagnie ait
« versé cinquante millions lorsque l'Etat en
« aura versé soixante.

« Après l'entier achèvement du chemin
« de fer et de ses dépendances, et, au plus
« tard, cinq ans après la mise en exploi-
« tation de la ligne entière, le compte de la
« dépense d'établissement sera arrêté dans
« les formes prescrites par le dernier para-
« graphe du présent article.

« Dans le cas où le chiffre de la dépense
« totale faite par la compagnie pour l'exé-
« cution de son entreprise serait inférieur
« à cent vingt millions de francs, la compa-
« gnie devra rembourser à l'Etat la moitié
« de la différence entre le montant de la
« dépense réelle et cent vingt millions de
« francs.

« Un règlement d'administration publique
« déterminera les formes suivant lesquelles
« la compagnie devra justifier de ses dé-

« penses de premier établissement et faire
« le remboursement stipulé au paragraphe
« précédent ; »

Attendu que le cahier des charges avait
été voté par l'Assemblée législative avant la
discussion de l'article 1er de la loi à laquelle
il est annexé et dans la pensée d'une concession directe ;

Attendu que certaines dispositions des
articles 3 et 4 de ce cahier des charges sont
difficilement exécutables dans le système
d'une concession par voie de publicité et
concurrence, et peuvent empêcher plusieurs
concurrents de prendre part à l'adjudication ;

Attendu que ces difficultés disparaîtront
si, dans l'adjudication, on fait porter le rabais sur une subvention fixe dans les limites
du maximum déterminé par la loi,

DÉCRÈTE :

ART. 1er. Le texte du 2e paragraphe de
l'article 1er de la loi du 1er décembre 1851
est modifié, et remplacé par la disposition
suivante :

« Le rabais portera sur le chiffre de la
subvention fixe à la charge de l'Etat.

« Le ministre des travaux publics déter-
« minera, dans un billet cacheté, le maxi-
« mum au-dessus duquel l'adjudication ne
« pourra être tranchée. Ce maximum ne
« pourra excéder soixante millions. »

2. Les articles 3 et 4 du cahier des charges, annexé à ladite loi, sont modifiés comme
il suit :

« Art. 3. Le ministre des travaux publics,
« au nom de l'Etat, s'engage à payer, à titre
« de subvention, une somme fixe qui ne
« pourra, dans aucun cas, excéder soixante
« millions (60,000,000 fr.).

« La compagnie devra soumettre à l'ap-
« probation de l'administration les projets
« détaillés et les devis estimatifs des gares,
« stations et ateliers, ainsi que les acqui-
« sitions de terrains nécessaires pour leur
« établissement.

« Art. 4. La subvention à la charge de
« l'Etat sera versée en trente paiements
« égaux, à la charge, par la compagnie, de
« justifier de la réalisation de l'emploi,

« Pour les quinze premiers, d'une somme
« excédant de cinquante pour cent le mon-
« tant de chaque versement ;

« Pour les quinze derniers, d'une somme
« calculée de manière que la compagnie ait
« versé cinquante millions lorsque l'Etat
« aura versé le montant total de la subven-
« tion à sa charge. »

3. Le ministre des travaux publics est
chargé de l'exécution du présent décret, etc.
(Bull. 470, n° 3438).

N° 41.—(16 déc. 1851.)—DÉCRET *qui rétablit le comité consultatif de la gendarmerie* (1).

LE PRÉSIDENT DE LA RÉPUBLIQUE,

Vu les ordonnances des 3 et 23 octobre 1846, portant création d'un comité consultatif de la gendarmerie ;

Vu l'ordonnance du 9 mars 1847 ;

Considérant qu'il importe que toutes les questions qui intéressent l'organisation et le service de la gendarmerie soient soumises à un comité pour y être discutées avec une parfaite connaissance de la matière ;

Sur le rapport du ministre de la guerre,

DÉCRÈTE :

ART. 1er. Le comité consultatif de la gendarmerie est rétabli.

Le nombre des officiers généraux appelés à le composer sera fixé chaque année en raison du nombre des inspecteurs généraux de l'armée.

2. Les fonctions de secrétaire seront exercées par un membre de l'intendance militaire employé dans la 1re division, lequel aura voix consultative seulement.

3. Le ministre de la guerre est chargé de l'exécution du présent décret, etc. (*Bull.* 472, n° 3447).

N° 42.—(17 déc. 1851.)—DÉCRET *portant reconstitution du comité consultatif de l'Algérie.*

LE PRÉSIDENT DE LA RÉPUBLIQUE,

Vu la nécessité de reconstituer sur de nouvelles bases le comité consultatif de l'Algérie, institué par décret du 2 avril 1850,

DÉCRÈTE :

ART. 1er. Le comité consultatif de l'Algérie est composé de onze membres, que des fonctions antérieures ou des études spéciales auront mis à même d'acquérir la connaissance des besoins et des affaires de la colonie.

Le nombre des membres ci-dessus fixé ne pourra être augmenté sous aucun prétexte.

Un secrétaire est attaché au comité avec voix consultative.

2. Chaque année, les membres du comité sont nommés par décret du Président de la République, sur la proposition du ministre de la guerre.

Leurs fonctions sont gratuites.

Le ministre de la guerre nomme le secrétaire et fixe son traitement.

Le ministre de la guerre désigne le président et le vice-président du comité ; il le préside lui-même, toutes les fois qu'il le juge convenable.

3. Les membres du comité rapportent eux-mêmes les affaires déférées à leur examen.

4. Le comité s'assemble sur la convocation de son président.

5. Il examine et discute les projets de loi, décrets et règlements généraux, que le ministre de la guerre juge utile de lui renvoyer.

6. Le comité donne également un avis motivé sur toutes les questions et affaires administratives qui lui sont soumises.

Les avis sont donnés à la majorité des voix. En cas de partage, la voix du président est prépondérante.

Après avoir été inscrits sur un registre tenu *ad hoc,* ces avis sont remis ou adressés, avec les pièces, par le président du comité au ministre de la guerre.

7. Le comité n'a aucune action directe sur le service de l'Algérie, et toutes ses demandes de communications ou de renseignements doivent être adressées au ministre de la guerre.

8. Le décret précité du 2 avril 1850 est abrogé.

9. Le ministre de la guerre est chargé de l'exécution du présent décret, qui sera inséré au *Bulletin des Lois*, etc. (*Bull.* 472, n° 3448).

N° 43.—(17 déc. 1851.)—DÉCRET *qui déclare le département du Jura en état de siége* (2).

LE PRÉSIDENT DE LA RÉPUBLIQUE,

Vu la loi du 9 août 1849 ;

Attendu qu'il y a en ce moment, dans le département du Jura, péril imminent pour la sécurité publique ;

Le conseil des ministres entendu,

DÉCRÈTE :

ART. 1er. Le département du Jura est déclaré en état de siége.

2. Les ministres de l'intérieur et de la guerre sont chargés de l'exécution du présent décret, etc. (*Bull.* 475, n° 3465).

---

(1) Toutes les autres armes avaient un comité. Le décret qui en crée un pour la gendarmerie comble une lacune et est justifié par l'importance et la position exceptionnelle de la gendarmerie.

Un décret du 22 décembre 1851 réorganise le corps de la gendarmerie.

(2) Pour les autres départements mis en état de siége, voir les décrets des 2, 5, 7, 10, 15, et 17 décembre 1851, et 4 janvier 1852.

Pour la levée de l'état de siége, voir le décret du 27 mars 1852.

N° 44.—(19 déc. 1851.)—DÉCRET *qui alloue un crédit au département de la marine et des colonies pour les dépenses non acquittées à la clôture des exercices 1848 et 1849.*

LE PRÉSIDENT DE LA RÉPUBLIQUE,

Sur le rapport du ministre de la marine et des colonies, et de l'avis du ministre des finances,

DÉCRÈTE :

ART. 1er. Il est alloué au département de la marine et des colonies une somme de trois cent quarante-deux mille cent quatre-vingt quatre francs cinq centimes, destinée à couvrir des dépenses non régularisées ou qui n'ont pu être acquittées à la clôture des exercices 1848 et 1849, et pour lesquelles un crédit complémentaire égal se trouve compris dans les projets de lois de règlement desdits exercices.

Cette somme est répartie par exercice et par chapitre, comme il suit :

	Exercice 1848.	Exercice 1849.
	fr. c.	fr. c.
Chap. ii. Administration centrale. (Matériel). . .	»	583 12
Chap. iii. Officiers militaires et civils	»	30,776 60
Chap. vi. Hôpitaux . .	85,051 22	»
Chap. xv. Chiourmes. .	7 99	»
Chap. xvii. Frais de voyages, vacations et dépenses diverses	154,443 73	»
Chap. xviii. Frais de voyages, vacations et dépenses diverses	»	50,052 90
Chap. xx. Sciences et arts maritimes. (Matériel).	21,468 49	»
	260,971 45	81,212 62

Somme égale. .   342,184 fr. 05 c.

2. Le ministre de la marine et des colonies et le ministre des finances sont chargés, chacun en ce qui le concerne, de l'exécution du présent décret, qui sera inséré au *Bulletin des Lois*, etc. (*Bull.* 471, n° 3440.)

N° 45.—(19 déc. 1851.)—DÉCRET *qui ouvre un crédit extraordinaire pour assurer un traitement de réforme aux fonctionnaires et agents de l'instruction publique privés de leur emploi.*

LE PRÉSIDENT DE LA RÉPUBLIQUE,

Sur le rapport du ministre de l'instruction publique et des cultes,

DÉCRÈTE :

ART. 1er. Un crédit extraordinaire de trente mille francs (30,000 fr.) est ouvert au ministre de l'instruction publique et des cultes, en addition au chapitre iv du budget de l'exercice 1851, pour assurer un traitement de réforme, pendant les trois derniers mois dudit exercice, aux fonctionnaires et agents de l'instruction publique, qui, par suite des circonstances, ont été privés de leur emploi.

2. Il sera pourvu à cette dépense au moyen des ressources accordées par les lois de finances pour les besoins du service de l'exercice 1851.

3. Le ministre de l'instruction publique et des cultes et le ministre des finances sont chargés, chacun en ce qui le concerne, de l'exécution du présent décret, etc. (*Bull.* 475, n° 3466.)

N° 46. — (19 déc. 1851.) — DÉCRET *sur le traitement de réforme à accorder aux fonctionnaires ou agents que l'administration de l'instruction publique ne peut plus employer ni conserver dans ses cadres.*

LE PRÉSIDENT DE LA RÉPUBLIQUE,

Sur le rapport du ministre de l'instruction publique et des cultes;

Vu le décret, en date de ce jour, qui ouvre un crédit extraordinaire de trente mille francs, en addition au chapitre iv du budget du ministère de l'instruction publique (exercice 1851),

DÉCRÈTE :

ART. 1er. Les fonctionnaires ou agents que l'administration de l'instruction publique ne peut plus employer ni conserver dans ses cadres, et qui comptent cinq ans de services au moins, pourront obtenir un traitement de réforme.

2. De cinq à quinze ans de services, ce traitement de réforme sera égal au quart du dernier traitement d'activité;

De quinze à vingt-cinq ans, il sera égal au tiers;

De vingt-cinq ans et au-dessus, il sera égal à la moitié.

3. Le traitement de réforme subira une réduction d'un dixième chaque année.

Il ne pourra se cumuler avec une allocation quelconque (traitement d'activité, pension, indemnité, secours), prélevée sur les fonds de l'État, des départements et des communes.

4. Le temps pendant lequel un fonctionnaire aura joui d'un traitement de réforme n'entrera pas en ligne de compte pour la liquidation de sa pension de retraite.

5. Le ministre de l'instruction publique et des cultes est chargé de l'exécution du

présent décret, etc. (*Bull.* 475, n° 3467.)

N° 47.—(19 déc. 1851.)—Décret *qui ouvre un crédit supplémentaire pour les dépenses de la bibliothèque Sainte-Geneviève.*

Le Président de la République,

Sur le rapport du ministre de l'instruction publique et des cultes,

Décrète :

Art. 1er. Il est ouvert au ministre de l'instruction publique et des cultes, sur les fonds de l'exercice 1851, un crédit supplémentaire de douze mille cinq cents francs (12,500 fr.), pour être affecté à l'augmentation des dépenses du personnel et du matériel de la bibliothèque Sainte-Geneviève pendant ledit exercice. (*Service de l'instruction publique,* chapitre XXVI, article 3.)

2. Les ministres des finances et de l'instruction publique et des cultes sont chargés, chacun en ce qui le concerne, de l'exécution du présent décret, etc. (*Bull.* 475, n° 3468.)

N° 48.—(19 déc. 1851.)— Décret *qui ouvre, en augmentation des restes à payer sur l'exercice 1848, un crédit supplémentaire pour les dépenses de la bibliothèque du Louvre.*

Le Président de la République,

Sur le rapport du ministre de l'instruction publique et des cultes,

Décrète :

Art. 1er. Il est ouvert au ministre de l'instruction publique et des cultes (*service de l'instruction publique*), en augmentation des restes à payer sur l'exercice 1848, un crédit supplémentaire de deux mille cent trente-sept francs cinquante centimes (2,137 fr. 50 c.), pour acquitter les dépenses de reliures faites, pendant cet exercice, pour le compte de la bibliothèque du Louvre, suivant l'état ci-annexé.

Le ministre de l'instruction publique et des cultes est, en conséquence, autorisé à ordonnancer ces créances sur le chapitre spécial ouvert, pour les dépenses des exercices courants, conformément à l'article 8 de la loi du 23 mai 1834.

2. Les ministres des finances et de l'instruction publique et des cultes sont chargés, chacun en ce qui le concerne, de l'exécution du présent décret, etc. (*Bull.* 475, n° 3469.)

N° 49.— (19 déc. 1851.) — Décret *qui ouvre, sur l'exercice 1851, des crédits supplémentaires pour les traitements et indemnités des membres des chapitres et du clergé paroissial, et pour les bourses des séminaires.*

Le Président de la République,

Sur le rapport du ministre de l'instruction publique et des cultes, et de l'avis du conseil des ministres ;

Vu la loi du 29 juillet 1850, portant fixation du budget des dépenses de l'exercice 1851 ;

Considérant que les crédits ouverts aux chapitres V et VII du budget des cultes de l'exercice 1851 n'y sont portés que par approximation, et qu'il résulte de la situation en fin d'année des dépenses comprises à ces chapitres une insuffisance de crédits législatifs qu'il est urgent de couvrir par deux crédits supplémentaires indispensables pour compléter les traitements des membres du clergé paroissial et les bourses des séminaires du culte catholique,

Décrète :

Art. 1er. Il est ouvert au ministre de l'instruction publique et des cultes (*service des cultes*), sur l'exercice 1851, un crédit supplémentaire de cent vingt-neuf mille trois cent cinquante-sept francs trois centimes (129,357 fr. 03 c.), applicable au chapitre V du budget des cultes (*traitements et indemnités des membres des chapitres et du clergé paroissial*).

2. Il est ouvert au même ministre (*service des cultes*), sur l'exercice 1851, un crédit supplémentaire de trois mille sept cent cinquante-quatre francs onze centimes (3,754 fr. 11 c.), applicable au chapitre VII du budget des cultes (*bourses des séminaires*).

3. Les ministres de l'instruction publique et des cultes et des finances sont chargés, chacun en ce qui le concerne, de l'exécution du présent décret, etc. (*Bull.* 477, n° 3501.)

N° 50.—(20 déc. 1851.)—Décret *qui ouvre un crédit pour les travaux relatifs à la publication de l'ouvrage scientifique de l'Algérie.*

Le Président de la République,

Vu l'art. 9 de la loi de finances du 15 mai 1850 ;

Considérant que, sur le crédit total de cent cinquante mille francs ouvert au titre des exercices 1849 et 1850, pour la publication de l'ouvrage de la commission scientifique de l'Algérie, une somme de soixante et douze mille vingt-huit francs soixante et quinze centimes n'a pu être employée, et sera annulée par les lois de règlement des dépenses desdits exercices ;

Considérant que le budget de 1850 ne contient pas d'allocation au titre de la commission scientifique de l'Algérie ;

Considérant que, par suite des engagements pris avec les éditeurs, les travaux de cette publication n'ont pas pu ni dû être interrompus ;

Vu l'urgence de pourvoir au paiement des travaux qui ont été terminés en 1851, lesquels ont donné lieu à une dépense de vingt-huit mille francs ;

Sur le rapport du ministre de la guerre, en conseil des ministres,

DÉCRÈTE :

Art. 1er. Il est ouvert au ministre de la guerre, au titre de 1851 (chap. XXIX du budget), un crédit spécial de vingt-huit mille francs (28,000 fr.), pour les travaux relatifs à la publication de l'ouvrage scientifique de l'Algérie.

2. La régularisation de ce crédit sera ultérieurement soumise à la législature.

3. Les ministres de la guerre et des finances sont chargés de l'exécution du présent décret, qui sera inséré au *Bulletin des Lois.* (*Bull.* 474, n° 3457.)

N° 51.—(20 déc. 1851).—DÉCRET *qui abroge celui du 3 mai 1848, portant réduction du cadre d'activité des officiers généraux et du cadre de l'état-major.*

LE PRÉSIDENT DE LA RÉPUBLIQUE,

Vu le décret du Gouvernement provisoire du 28 avril 1848, qui règle le nombre des divisions et subdivisions militaires ;

Vu le décret du 3 mai 1848, qui réduit le cadre d'activité des officiers généraux et le cadre de l'état-major ;

Considérant que l'expérience a fait reconnaître les vices de l'organisation des divisions et subdivisions militaires déterminée par le décret du 28 avril 1848 ; que la trop grande étendue des commandements territoriaux ne laisse pas toujours au pouvoir militaire sa liberté d'action et les moyens de réprimer les tentatives de désordre avec toute la promptitude désirable ; que les derniers événements ont surtout révélé ce danger, et que, dans l'intérêt de la sûreté publique, il devient urgent d'augmenter le nombre des divisions et subdivisions militaires ;

Considérant que, pour arriver à ce résultat, il est indispensable de rétablir le cadre des officiers généraux et celui des officiers d'état-major sur les anciennes bases, et que le décret du 3 mai 1848 n'a plus de raison d'être, puisqu'il était exclusivement motivé sur la diminution du nombre d'emplois dévolu aux officiers de l'état-major général ;

Sur le rapport du ministre de la guerre,

DÉCRÈTE :

Art. 1er. Le décret du 3 mai 1848, qui avait réduit le cadre d'activité des officiers généraux et le cadre de l'état-major, est abrogé.

2. Notre ministre est chargé de l'exécution du présent décret, etc. (*Bull.* 474, n° 3458).

N° 52.—(20 déc. 1851.)—DÉCRET *qui ouvre un crédit extraordinaire pour les premières mesures nécessaires à la formation d'un établissement pénitentiaire à la Guyane française.*

LE PRÉSIDENT DE LA RÉPUBLIQUE,

Sur la proposition du ministre secrétaire d'Etat de la marine et des colonies, et de l'avis du conseil des ministres,

DÉCRÈTE :

ART. 1er. Il est ouvert au ministre de la marine et des colonies, sur l'exercice 1852, un crédit extraordinaire de six cent cinquante-huit mille francs, pour les premières mesures nécessaires à la formation d'un établissement pénitentiaire à la Guyane française.

2. Ce crédit sera réparti ainsi qu'il suit :

Au chap. 1er. Dépenses des services militaires des colonies	58,000 fr.
Au chap. IV *ter* (nouveau). Colonies pénitentiaires.	600,000
Total égal . . .	658,000

3. Les ministres de la marine et des colonies et des finances sont chargés, chacun en ce qui le concerne, de l'exécution du présent décret, qui sera inséré au *Bulletin des Lois,* etc. (*Bull.* 475, n° 3470.)

N° 53.—(21 déc. 1851.) — DÉCRET *portant que les dispositions de la loi sur les sucres, du 13 juin 1851, n'auront leur effet qu'à dater du 1er juin 1852.* (1)

LE PRÉSIDENT DE LA RÉPUBLIQUE,

----

(1) La loi du 13 juin 1851 change les conditions de la production du sucre indigène. Lorsqu'elle fut décrétée, les plaintes les plus vives s'élevèrent contre le mode nouveau de tarification qui venait d'être

Vu la loi du 13 juin 1851, qui modifie la tarification des sucres ;

Vu l'article 14 de cette loi, portant que des règlements d'administration publique détermineront les conditions nouvelles de la perception de l'impôt ;

Vu le décret du 2 décembre 1851 ;

Sur le rapport du ministre des finances,

DÉCRÈTE :

ART. 1er. Les dispositions de la loi sur les sucres, du 13 juin dernier, n'auront leur effet qu'à dater du 1er juin 1852.

2. Jusqu'à cette époque, les dispositions transitoires énoncées dans l'article 15 de ladite loi continueront à recevoir leur exécution.

3. Le ministre des finances est chargé de l'exécution du présent décret, qui sera inséré au *Bulletin des Lois,* et qui sera promulgué conformément à l'article 4 de l'ordonnance du 27 novembre 1816, et à l'article 1er de l'ordonnance du 18 janvier 1817, etc. (*Bull.* 471, no 3439.)

N° 54. — (22 déc. 1851.) — DÉCRET *sur l'organisation du corps de la gendarmerie* (1).

LE PRÉSIDENT DE LA RÉPUBLIQUE,

Vu la loi du 28 germinal an VI, sur l'institution de la gendarmerie ;

Vu les ordonnances et décrets d'organisation, en date des 29 octobre 1820, 25 avril et 16 juin 1830, 1er février, 6 avril et 1er octobre 1840, 24 octobre et 12 novembre 1851;

Vu l'ordonnance du 16 mars 1838, sur l'avancement dans l'armée ;

Considérant qu'il importe de ne pas différer les modifications dont l'organisation actuelle de la gendarmerie avait été reconnue susceptible, et voulant, d'ailleurs, donner à ce corps un témoignage de la haute satisfaction du Gouvernement pour les services éminents qu'il vient de rendre à la société tout entière;

Sur le rapport du ministre de la guerre,

DÉCRÈTE :

ART. 1er. Le corps de la gendarmerie se compose :

1° De vingt-six légions pour le service des départements et de l'Algérie ; — 2° De la gendarmerie coloniale ; — 3° De deux bataillons de gendarmerie mobile ; — 4° De la garde républicaine, chargée du service spécial de la ville de Paris ; — 5° De deux compagnies d'infanterie, auxiliaires de la gendarmerie en Afrique, sous la dénomination de *voltigeurs algériens ;* — 6° De deux compagnies de gendarmes vétérans ; —7° Du bataillon de sapeurs-pompiers de la ville de Paris.

2. Les cadres des différents corps de la gendarmerie sont fixés conformément aux tableaux suivants :

Cadre de la gendarmerie départementale.

(Vingt-six légions, y compris la légion d'Afrique, divisées en compagnies.)

OFFICIERS.

	Hommes.	Chev.
Colonels.	19	58
Lieutenants-colonels	7	21
Chefs d'escadron commandants de compagnies	90	180
Capitaines. { Trésoriers.	27	27
Capitaines. { Commandants de lieutenance	229	229
Lieutenants.. { Trésoriers.	66	66
Lieutenants.. { Commandants de lieutenance.	196	196
Chirurgien aide-major	1	1
Total des officiers.	635	778

TROUPE.

		Hommes.	Chev.
Arme à cheval.	Adjudants sous-offic.	26	26
Arme à cheval.	Maréchaux des logis chefs.	65	65
Arme à cheval.	Maréchaux des logis.	816	816
Arme à cheval.	Brigadiers.	1,636	1,636
Arme à pied.	Maréchaux des logis.	396	»
Arme à pied.	Maréchaux des logis adjoints aux trésoriers.	93	»
Arme à pied.	Brigadiers.	737	»
Maîtres armuriers.		2	»
Enfants de troupes.		455	»
Total de la troupe.		4,226	2,543

---

substitué à l'ancien. On lui reprochait de n'être pas suffisamment éprouvé, d'exposer le trésor à des mécomptes considérables, et d'être onéreux à la fabrication du sucre de betterave, au point de rompre l'équilibre qu'on a voulu établir entre la production coloniale et la production indigène, pour qu'elles puissent vivre l'une et l'autre.

En ajournant l'application de la loi du 13 juin 1851, le Gouvernement s'est réservé le temps d'étudier davantage cette difficile question, pour ne pas porter la perturbation dans une des plus précieuses industries.

(1) Un décret du 16 décembre 1851 a constitué un comité consultatif pour la gendarmerie. Ce second décret a principalement pour but de remédier à la lenteur de l'avancement dans la gendarmerie. Tandis que dans la ligne un officier passe (en moyenne) dans cinq années du grade de lieutenant à celui de capitaine, dans la gendarmerie il restait quatorze ans dans le grade de lieutenant. Cette inégalité empêchait que la gendarmerie pût se recruter parmi les meilleurs officiers de l'armée. Le décret du 22 décembre doit faire cesser ce fâcheux état de choses.

Cadre de la gendarmerie coloniale.

OFFICIERS.

	Hommes.	Chev.
Chefs d'escadron.	2	6
Capitaines.	4	8
Lieutenants et sous-lieutenants { Trésoriers..	3	3
Lieutenants et sous-lieutenants { Commandants de lieutenance..	7	14
Total des officiers.	16	31

TROUPE.

	Hommes.	Chev.
A cheval. { Maréchaux des logis.	23	23
A cheval. { Brigadiers..	48	48
A pied. { Maréchaux des logis.	4	»
A pied. { Brigadiers..	7	»
Total de la troupe.	82	71

Cadre des deux bataillons mobiles.

OFFICIERS.

	Hommes.	Chev.
État-major. { Chefs d'escadron commandants.	2	4
État-major. { Capitaines adjud.-majors.	2	2
État-major. { Lieutenants ou sous-lieutenants trésoriers.	2	»
État-major. { Chirurgiens-majors.	2	»
État-major. { Chirurgiens aides-majors.	2	»
Compagnies (seize). { Capitaines.	16	16
Compagnies (seize). { Lieutenants ou sous-lieutenants.	32	»
Total des officiers.	58	22

TROUPE.

	Hommes.	Chev.
Petit état-major. { Adjudants sous-officiers..	2	»
Petit état-major. { Maréchaux des logis adjoints aux trésoriers..	2	»
Petit état-major. { Brigadiers secrétaires des trésoriers..	2	»
Petit état-major. { Brigadiers tambours..	2	»
Compagnies (seize). { Maréchaux des logis chefs.	16	»
Compagnies (seize). { Maréchaux des logis fourriers..	16	»
Compagnies (seize). { Maréchaux des logis..	96	»
Compagnies (seize). { Brigadiers.	192	»
Compagnies (seize). { Tambours..	32	»
Total de la troupe.	360	»

Cadre de la garde républicaine.

(Deux bataillons et deux escadrons.)

OFFICIERS.

	Hommes.	Chev.
Grand état-major. { Colonel..	1	3
Grand état-major. { Lieutenant-colonel.	1	3
Grand état-major. { Chefs d'escadron.	3	6
Grand état-major. { Major.	1	1
Grand état-major. { Capitaines adjud.-majors.	4	4
Grand état-major. { Trésorier (emploi civil)..	1	»
Grand état-major. { Lieutenant ou sous-lieutenant d'habillement..	1	»
Grand état-major. { Chirurgien-major..	1	1
Grand état-major. { Chirurgien aide-major.	3	»
Escadrons (deux). { Capitaines.	2	2
Escadrons (deux). { Lieutenants ou sous-lieutenants.	8	8
Compagnies à pied (seize). { Capitaines.	16	16
Compagnies à pied (seize). { Lieutenants ou sous-lieutenants.	32	»
Total des officiers.	74	44

TROUPE.

	Hommes.	Chev.
Petit état-major. { Adjudants sous-officiers..	4	2
Petit état-major. { Vétérinaire en 1er.	1	1
Petit état-major. { Aide-vétérinaire.	1	1
Petit état-major. { Maréchaux des logis. { tambour.	1	»
Petit état-major. { Maréchaux des logis. { secrétaire du colonel.	1	»
Petit état-major. { Maréchaux des logis. { secrétaire archiviste.	1	»
Petit état-major. { Brigadiers. { tambour.	1	»
Petit état-major. { Brigadiers. { trompette.	1	1
Petit état-major. { Gardes secrétaires. { du major.	1	»
Petit état-major. { Gardes secrétaires. { du lieuten. d'habillement.	1	»
Petit état-major. { Maître armurier.	1	»
Petit état-major. { Maître sellier.	1	»
Escadrons (deux). { Maréchaux des logis chefs.	2	»
Escadrons (deux). { Maréchaux des logis.	16	16
Escadrons (deux). { Maréchaux des logis fourriers.	2	»
Escadrons (deux). { Brigadiers.	32	32
Escadrons (deux). { Trompettes.	6	6
Compagnies à pied (seize). { Maréchaux des logis chefs.	16	»
Compagnies à pied (seize). { Maréchaux des logis.	96	»
Compagnies à pied (seize). { Maréchaux des logis fourriers.	16	»
Compagnies à pied (seize). { Brigadiers.	292	»
Compagnies à pied (seize). { Tambours.	32	»
Total de la troupe.	425	59

Cadre des deux compagnies de voltigeurs algériens.

OFFICIERS.

	Hommes.	Chev.
Capitaines commandants.	2	2
Lieutenants ou sous-lieutenants trésoriers.	2	»
Lieutenants.	2	»
Sous-lieutenants.	2	»
Total des officiers.	8	»

TROUPE.

	Hommes.	Chev.
Sergents	12	»
Caporaux.	24	»
Clairons	4	»
Total de la troupe.	40	»

3. Les emplois de lieutenants de gendarmerie seront donnés,

Moitié aux lieutenants de l'armée;

Moitié aux sous-officiers de gendarmerie.

4. Les emplois de capitaines de gendarmerie seront donnés,

Un quart aux capitaines de l'armée;

Trois quarts aux lieutenants de gendarmerie (1).

5. Les emplois de chefs d'escadron et de lieutenants-colonels de gendarmerie seront donnés en totalité à l'avancement des officiers de l'armée.

(1) C'est une innovation à l'avantage des officiers de l'armée qui ne pouvaient entrer dans la gendarmerie que par le grade de lieutenant.

6. Les emplois de colonel de gendarmerie seront donnés ;

Un cinquième aux colonels de l'armée ;

Quatre cinquièmes à l'avancement des officiers de l'armée (1).

7. Les augmentations, comme les réductions résultant de la nouvelle organisation, s'opéreront successivement, au fur et à mesure des vacances, et de manière à ne jamais dépasser les allocations budgétaires.

8. Les compagnies de vétérans et le bataillon de sapeurs-pompiers de la ville de Paris conservent leur organisation spéciale actuelle.

9. Toutes les dispositions antérieures qui sont contraires aux articles ci-dessus sont abrogées.

10. Le ministre de la guerre est chargé de l'exécution du présent décret, etc. (*Bull.* 474, n° 3459.)

N° 55.—(22 déc. 1851.)—DÉCRET *sur les banques coloniales.*

LE PRÉSIDENT DE LA RÉPUBLIQUE,

Sur le rapport du ministre de la marine et des colonies ;

Vu les lois des 30 avril 1849 et 11 juillet 1851 ;

Vu les ordonnances organiques du Gouvernement et de l'administration dans les colonies ;

La commission de surveillance des banques coloniales entendue ,

DÉCRÈTE :

TITRE Ier.

MESURES PRÉPARATOIRES POUR L'ÉTABLISSEMENT DES BANQUES COLONIALES.

ART. 1er. Les frais du premier établissement des banques coloniales auxquels le ministre de la marine et des colonies est autorisé à pourvoir, aux termes de l'article 2 de la loi du 11 juillet 1851, comprennent,

1° Les frais de fabrication des billets ; — 2° L'achat et les frais de transport des registres, du papier, des fournitures de bureau et du mobilier nécessaires à l'installation des banques ; — 3° Les frais d'assurance et de fret pour envoi de fonds ; — 4° Le traitement, en Europe, des directeurs ; les frais de passage de ces agents et de leur famille ; — 5° Les loyers des bureaux et les frais de secrétariat des directeurs aux colonies, jusqu'à ce que l'administration des banques ait été constituée ; — 6° Tous autres frais de

premier établissement, dont la commission de surveillance des banques coloniales aura reconnu l'urgence.

Ces dépenses ne pourront avoir lieu qu'en vertu d'arrêtés du ministre de la marine et des colonies, rendu sur l'avis de la commission de surveillance des banques coloniales, ou par délégation expresse du ministre, en vertu de décisions des gouverneurs, délibérées en conseil privé.

2. Le ministre de la marine et des colonies réglera, d'accord avec le ministre des finances, le mode qui sera suivi, tant en France qu'aux colonies, pour l'acquittement, à titre d'avances, des frais de premier établissement des banques coloniales.

3. Sur la notification qui leur sera faite du montant des avances autorisées par des arrêtés ou des décisions pris conformément à l'article 1er, les banques coloniales seront tenues d'opérer le remboursement de ces avances par imputation sur les arrérages de rentes affectées à la formation de leur capital, en exécution de l'article 2 de la loi du 11 juillet 1851.

4. Le ministre de la marine et des colonies est autorisé à retirer des mains du ministre des finances, pour le compte des banques coloniales, les inscriptions de rentes à émettre en exécution de l'article 2 de la loi du 11 juillet 1851, et à contracter, après avoir pris l'avis de la commission de surveillance, soit avec la banque de France, soit avec la caisse des dépôts et consignations, pour obtenir, au profit desdites banques, sur le dépôt des inscriptions qui leur appartiennent respectivement, des avances en numéraire.

Les rentes ainsi engagées, soit à la banque de France, soit à la caisse des dépôts et consignations, par le ministre de la marine et des colonies, ne pourront excéder la moitié de celles qui auront été retirées des mains du ministre des finances.

5. Il sera pourvu, par les soins du ministre de la marine et du ministre des finances, à l'envoi, dans chaque colonie, des fonds provenant des avances réalisées en vertu de l'article 4 ; ces fonds seront transmis à l'administration de chaque banque aussitôt après la constitution régulière de ces administrations, et seront affectés aux premières opérations.

TITRE II.

DISPOSITIONS RELATIVES À LA CONVERSION EN ACTIONS DE LA BANQUE DES TITRES DE PRÉLÈVEMENT SUR L'INDEMNITÉ COLONIALE.

6. Aussitôt après la promulgation du pré-

---

(1) D'après les anciens règlements, les deux tiers des emplois vacants dans la gendarmerie étaient réservés aux colonels de l'armée.

sent décret dans les colonies auxquelles est applicable la loi du 11 juillet 1851, il sera procédé à la constatation des droits des indemnitaires, quant à leur participation au capital de la banque.

A cet effet, le directeur de l'intérieur, au vu des *titres* de *prélèvement* demeurés aux mains de l'administration en vertu de l'article 52 du décret du 24 novembre 1849 et de la souche des *titres à valoir* sur le prélèvement spécifiés au paragraphe 3 de l'article 51 du même décret, dressera un tableau détaillé présentant,

1° Le nom des indemnitaires passibles du prélèvement du huitième ;—2° Le montant du prélèvement opéré sur leurs indemnités respectives ;—3° La portion de ce prélèvement immédiatement convertible en actions et représentant la part proportionnelle de propriété afférente à l'indemnitaire dans le fonds de deux millions de francs pour chacune des trois colonies de la Martinique, de la Guadeloupe et de la Réunion, et de cinq cent mille francs pour la Guyane, affecté aux premières opérations des banques par la loi du 11 juillet 1851;—4° La portion de cette même indemnité destinée à être éventuellement convertie en actions dans le délai d'une année, à partir de la promulgation de la loi du 11 juillet 1851, et représentant la part proportionnelle de l'indemnitaire dans le capital complémentaire d'un million de francs pour les trois premières colonies et de deux cent mille francs pour la Guyane; — 5° Le résidu qui, aux termes de la loi du 11 juillet 1851, ne devra pas faire partie du capital des banques.

Le tableau sera signé par l'ordonnateur, visé par le contrôleur, et approuvé par le gouverneur en conseil privé.

7. Les droits afférents aux indemnités restant à distribuer au moment de la promulgation du présent décret seront réglés au nom de l'indemnitaire originaire inscrit au tableau énoncé en l'article 44 du décret du 24 novembre 1849.

8. Aussitôt après la formation de l'état dressé en exécution de l'article 6 du présent décret, et sur l'avis qui en sera porté à la connaissance du public par le directeur de l'intérieur, les porteurs de *certificats de prélèvement* et de *titres à valoir* devront les déposer au secrétariat de la direction de l'intérieur, avec toutes les pièces à l'appui de leur possession ; il leur en sera délivré récépissé.

9. Dans un délai qui sera fixé par arrêté du gouverneur et qui courra du jour du dépôt, chaque déposant recevra,

1° Son titre au dos duquel seront portés les résultats de la liquidation énoncés à l'article 6 ci-dessus, lequel titre représentera la portion immédiatement conversible en actions de la banque ;—2° Deux coupons de division qui représenteront, l'un la portion du prélèvement éventuellement conversible en actions, aux termes du paragraphe 4 dudit article 6 ; l'autre le résidu énoncé au paragraphe 5 du même article.

10. Les souscriptions volontaires destinées à former le complément du capital des banques, conformément à l'article 3 de la loi du 11 juillet 1851, seront reçues par le directeur de l'intérieur, qui les transmettra à la banque pour en poursuivre la réalisation et procéder à la délivrance des actions.

11. A l'expiration du délai d'un an, à partir de la promulgation, dans chaque colonie, de la loi du 11 juillet 1851, un arrêté du gouverneur déterminera,

1° Le montant des souscriptions volontaires réalisées pour compléter le capital de la banque ;—2° La différence entre le montant desdites souscriptions et le prélèvement complémentaire éventuellement affecté par la loi précitée à parfaire le capital de la banque ;—3° Le rapport de ces deux termes entre eux.

Ce rapport servira de base, s'il y a lieu, à une sous-division des coupons de la seconde catégorie en deux séries; la première représentant la part afférente aux ayants droit dans le prélèvement complémentaire à effectuer sur l'indemnité pour former le capital définitif de la banque, la deuxième représentant une nouvelle portion de l'indemnité laissée en dehors dudit capital.

Cette opération sera effectuée, en vertu d'arrêtés pris par les gouverneurs, en conseil privé, et suivant les règles ci-dessus tracées, pour la conversion des titres de prélèvement en coupons de division.

12. Aussitôt que la banque de chaque colonie aura été régulièrement constituée, il sera procédé, par les soins de l'administration de la banque, dans les termes des articles 7 et 8 des statuts, à la conversion des titres de prélèvement en actions pour la valeur qu'ils représenteront dans le premier capital à la suite de la liquidation prescrite par l'article 9 ci-dessus.

A l'expiration du délai d'un an, à partir de la promulgation de la loi dans chaque colonie, et après que la sous-division des coupons de la deuxième catégorie aura eu lieu par les soins de l'administration de l'intérieur, l'administration de la banque sera tenue d'échanger contre des actions les coupons de sous-division représentatifs d'une part de propriété dans le capital complémentaire de la banque.

13. Il sera statué sur les coupons de di-

vision de la troisième catégorie et sur les coupons de la sous-division de la deuxième série, après qu'aura été rendue la loi à intervenir suivant l'article 4 de la loi du 11 juillet 1851.

14. Des arrêtés du ministre de la marine et des colonies détermineront la forme des coupons de division et de sous-division, les formalités à observer pour l'annulation des titres de prélèvement, lorsque ces titres auront été convertis, et toutes autres mesures d'exécution.

TITRE III.

MESURES ADMINISTRATIVES CONCERNANT LA SURVEILLANCE A EXERCER SUR LES BANQUES COLONIALES.

15. La surveillance locale des banques coloniales est placée sous l'autorité du gouverneur, dans les attributions du directeur de l'intérieur.

Le chef d'administration correspond directement avec l'administration de la banque, sert d'intermédiaire entre cette administration et le gouverneur, et remplit, en ce qui concerne cette partie du service, les attributions qui lui sont dévolues par les articles 113, 114, 115, 116 et 117 de l'ordonnance organique du 9 février 1827 pour la Martinique et la Guadeloupe ; 97, 98, 99, 100 et 106 de l'ordonnance organique du 21 août 1825 pour l'île de la Réunion ; 91, 92, 101, 102, 103, 104 et 110 de l'ordonnance organique du 27 août 1828 pour la Guyane française.

16. Les administrations des banques coloniales adresseront au directeur de l'intérieur de la colonie, dans les huit jours de leur date,

Les procès-verbaux des délibérations de l'assemblée générale des actionnaires et tous les documents mis par l'administration des banques sous les yeux de cette assemblée ;

Le budget des dépenses, les règlements du régime intérieur et les actes de toute nature faits par le conseil d'administration en vertu de l'article 41 des statuts.

Elles adresseront tous les mois au même chef d'administration les documents suivants :

Une balance des comptes du grand-livre appuyé d'états de développement ;

Un état de situation de caisse et de portefeuille ;

Les situations publiées dans le journal local, conformément à l'article 27 des statuts ;

Un relevé, par coupure et par somme, des billets fabriqués, émis, rentrés, annulés et en circulation ;

Une liste nominative des souscripteurs d'effets admis à l'escompte de leurs bénéficiaires et présentateurs ;

Une copie du registre des délibérations du conseil de la banque.

Tous ces documents devront être en double expédition et certifiés par les censeurs.

L'un des doubles sera transmis au ministère de la marine et des colonies, avec les observations du directeur de l'intérieur et du gouverneur.

17. Indépendamment des productions exigées par l'article qui précède, des arrêtés du ministre de la marine et des décisions des gouverneurs en conseil privé pourront exiger des banques coloniales toutes communications nécessaires à l'exercice de la surveillance de l'état sur ces établissements.

18. Des arrêtés du ministre de la marine et des colonies, et des décisions des gouverneurs fixent la forme des documents dont la production doit être faite par l'administration des banques coloniales, aux termes des articles précédents.

TITRE IV.

DISPOSITIONS DIVERSES.

19. Il sera procédé, par un arrêté du gouverneur, en conseil privé, à l'exécution des articles 32 et 33 des statuts des banques coloniales. Cet arrêté proclamera membre de l'assemblée générale les cent cinquante plus forts indemnitaires liquidés résidant dans la colonie, ou y ayant des mandataires généraux.

Il déterminera la forme des pouvoirs spéciaux énoncés en l'article 33.

20. Immédiatement après la conversion de la moitié, en noms et en sommes, des prélèvements en actions ou, à défaut, dans un délai de trois mois à partir de l'entrée en fonctions du conseil d'administration provisoire, il sera procédé à une assemblée générale des actionnaires dont la réunion mettra fin aux pouvoirs de celle ci-dessus indiquée et du conseil d'administration qu'elle aura formé. Pour cette convocation et la formation du nouveau conseil, il sera fait application du titre II des statuts.

21. Le ministre de la marine et des colonies et le ministre des finances, chacun en ce qui le concerne, sont chargés de l'exécution du présent décret, qui sera inséré au *Bulletin des Lois,* etc. (*Bull.* 478, n° 3506.)

No 56.—(23 déc. 1851.) — DÉCRET *qui supprime l'article 16 de la loi du 3 octobre 1848, relative à l'enseignement professionnel de l'agriculture.*

LE PRÉSIDENT DE LA RÉPUBLIQUE,

Sur le rapport du ministre de l'agriculture et du commerce ;

Vu la loi du 3 octobre 1848, relative à l'enseignement professionnel de l'agriculture,

DÉCRÈTE :

ART. 1er. L'article 16 de la loi du 3 octobre 1848 susvisée est et demeure supprimé.

2. Le ministre de l'agriculture et du commerce est chargé de l'exécution du présent décret, qui sera inséré au *Bulletin des Lois,* etc. (*Bull.* 474, no 3460.)

No 57.—(23 déc. 1851.) — DÉCRET *portant que les emprunts et impositions votés par les départements ou par les villes, et qui devaient être sanctionnés par le pouvoir législatif, pourront être autorisés en vertu de décrets spéciaux* (1).

LE PRÉSIDENT DE LA RÉPUBLIQUE,

Sur le rapport du ministre de l'intérieur;

Vu les lois du 18 juillet 1837, sur l'administration communale, et du 10 mai 1838, sur l'administration départementale ;

Voulant donner aux départements et aux communes les moyens de faire face à leurs besoins et favoriser l'entreprise de travaux d'utilité publique,

DÉCRÈTE :

Les emprunts et impositions votés par les départements ou par les villes, et qui, aux termes des lois des 18 juillet 1837 et 10 mai 1838, devaient être sanctionnés par le pouvoir législatif, pourront être autorisés en vertu de décrets spéciaux rendus dans la forme des règlements d'administration publique, et qui seront insérés au *Bulletin des Lois,* etc. (*Bull.* 475, no 3471.)

No 58.—(23 déc. 1851.)—DÉCRET *relatif à la remonte des officiers.*

LE PRÉSIDENT DE LA RÉPUBLIQUE,

Vu les ordonnances des 3 novembre 1837, 10 septembre 1838 et 25 juillet 1839, concernant la remonte des officiers;

(1) Le mot ville est pris ici pour commune, parce que c'est plus habituellement par l'administration municipale des villes que des impositions extraordinaires sont votées.

Sur le rapport du ministre de la guerre,

DÉCRÈTE :

TITRE Ier.

OFFICIERS AYANT DROIT A ÊTRE REMONTÉS AUX FRAIS DE L'ETAT.

ART. 1er. Dans les corps de troupes à cheval, les capitaines (pour un cheval), les lieutenants, les sous-lieutenants, les officiers d'état-major détachés dans les mêmes corps, les officiers de santé et les vétérinaires en premier sont montés aux frais de l'Etat, sous les conditions et dans les circonstances déterminées ci-après.

2. Les officiers qui ont droit à être montés aux frais de l'Etat exercent leur choix, sous l'approbation du chef de corps, parmi tous les chevaux *disponibles* du régiment, en commençant par l'officier le plus élevé en grade, ou, à grade égal, par l'officier le plus ancien, sans avoir égard au temps depuis lequel ces officiers sont démontés.

Doivent être considérés comme *disponibles* les chevaux reçus, à quelque titre que ce soit, depuis la répartition générale qui a eu lieu annuellement dans chaque escadron, et ceux des officiers, sous-officiers, brigadiers et cavaliers, qui, depuis cette dernière répartition, ont cessé de faire partie du corps.

3. Le cheval choisi ainsi qu'il a été indiqué à l'article 2 est immatriculé sur le contrôle des chevaux d'officiers après l'autorisation du ministre, et devient la propriété de celui au nom duquel il a été inscrit après sept années de possession continue, mais il ne peut en disposer qu'après remplacement.

4. Les chevaux remis aux officiers ne peuvent être réformés ou passer aux chevaux de troupe qu'en vertu d'une décision ministérielle prise sur l'avis de l'inspecteur général, d'après la proposition du chef de corps; les échanges entre les chevaux d'officiers pourront, sur la proposition du chef de corps, être autorisés aux inspections trimestrielles.

Si des circonstances graves, comme la formation d'un corps d'armée, rendaient nécessaire qu'un ou plusieurs chevaux d'officiers fussent immédiatement réformés ou rentrassent dans le rang, cette décision pourrait être prise par le général commandant le corps d'armée ou la division, sur la proposition du chef de corps.

5. L'Etat supplée à la perte du cheval entretenu, lorsqu'elle ne peut être imputée à l'officier; dans le cas contraire, l'officier est tenu de concourir aux frais de remplacement ; il subit à cet effet des retenues

mensuelles, dont la quotité est fixée par le ministre de la guerre, et dont la somme totale équivaut à autant de fois la septième partie du prix de la remonte qu'il reste d'années à parcourir pour arriver au terme de la durée légale du cheval.

Le prix de la vente du cheval, s'il est réformé, ou le produit de la vente de sa dépouille, s'il est abattu, est déduit de la somme laissée à la charge de l'officier.

6. Les chevaux fournis par l'État et dont la réforme est prononcée seront remis au domaine.

7. Les officiers peuvent, avec l'autorisation du ministre, conserver, en cas de changement de corps, les chevaux dont ils sont pourvus : cette disposition n'est pas applicable aux officiers qui passent de l'armée d'Afrique à l'armée de l'intérieur, et réciproquement. Dans ces deux cas, le cheval est rayé du contrôle des chevaux d'officiers, et rentre dans la catégorie des chevaux disponibles.

8. Les officiers qui voudraient renoncer au bénéfice du présent décret sont tenus d'en faire la déclaration par écrit. S'ils sont déjà en possession d'un cheval fourni par l'État, ce cheval sera rayé du contrôle des chevaux d'officiers, et deviendra disponible.

9. Les frais de médicaments et de ferrage des chevaux fournis par l'État à titre gratuit et présents aux corps sont supportés, comme ceux des chevaux de troupe, par la masse du harnachement et ferrage.

10. L'officier possesseur d'un cheval fourni par l'État peut, avec l'assentiment du chef de corps, en disposer hors des exercices et manœuvres, mais il ne l'emmène pas lorsqu'il va en congé. Le cheval d'un officier absent est exercé avec les chevaux de remonte du corps.

TITRE II.

OFFICIERS N'AYANT PAS DROIT A ÊTRE REMONTÉS AUX FRAIS DE L'ETAT.

11. Les chefs d'escadron et les capitaines (pour le cheval dont ils doivent se pourvoir à leurs frais) pourront, après en avoir fait la demande officielle, être autorisés par le ministre de la guerre à choisir leur monture parmi les chevaux disponibles du corps auquel ils appartiennent, sous la condition de verser dans une caisse publique le prix alloué au budget pour l'achat des chevaux destinés aux officiers de toutes armes (neuf cents francs).

Pour l'exercice de cette faculté, ils profiteront des conditions de supériorité de grade ou d'ancienneté dans le même grade;

toutefois, lorsqu'il y aura lieu de pourvoir simultanément à la remonte d'officiers n'ayant pas droit à être remontés aux frais de l'État, et à celle d'officiers dont le droit à être remontés aux frais de l'État a été consacré par l'ordonnance du 3 novembre 1837 et les décisions des 10 septembre 1838 et 25 juillet 1839, la priorité pour le choix sera acquise à ces derniers, qui l'exerceront ainsi qu'il est prescrit article 2, en commençant par l'officier le plus élevé en grade, ou, à grade égal, par le plus ancien (1).

12. Dans le cas de formation de divisions actives, les capitaines et les chefs d'escadron du corps d'état-major attachés à ces divisions pourront être admis, en vertu d'une décision ministérielle, à recevoir leurs montures des dépôts de remonte ou des régiments de cavalerie faisant partie desdites divisions, aux conditions déterminées par l'article 11 ci-dessus.

13. Toutes les dispositions contraires au présent décret sont et demeurent abrogées.

14. Les ministres de la guerre et des finances sont, chacun en ce qui le concerne, chargés de l'exécution du présent décret, etc. (*Bull.* 485, n° 3585.)

N° 59.—(24 déc. 1851.)—DÉCRET *qui ouvre au ministre des finances un crédit supplémentaire sur l'exercice* 1851, *et un crédit applicable à une créance de l'exercice clos de* 1850.

LE PRÉSIDENT DE LA RÉPUBLIQUE,

Vu la loi du 29 juillet 1850, portant fixation du budget des dépenses de l'exercice 1851;

Sur le rapport du ministre des finances,

DÉCRÈTE :

Art. 1er. Il est ouvert au ministre des finances, sur l'exercice 1851, un crédit supplémentaire de la somme de deux cent vingt-neuf mille deux cent vingt-neuf francs (229,229 fr.), applicable aux dépenses ci-après :

DETTE PUBLIQUE.

DETTE CONSOLIDÉE.

CHAP. IV. Rentes trois pour cent . . 29,229 f.

---

(1) Un décret du 11 février 1852 (*Bull.* 492, n° 3688) rend applicable les dispositions de l'article 11 du décret du 23 décembre 1851 aux colonels et lieutenants-colonels des troupes à cheval. Mais un autre décret du 28 mars 1852 (*Bull.* 519, n° 3963) rapporte les dispositions de l'art. 11 du décret du 23 décembre 1851 et le décret du 11 février 1852. Les dispositions de ce décret sont applicables à la remonte des officiers d'état-major par le décret du 28 mars 1852 (*Bull.* 519, n°s 3963, 3964).

DETTE VIAGÈRE.

CHAP. XIX. Pensions et indemnités accordées à des employés réformés . . 17,000

FRAIS DE RÉGIE, DE PERCEPTION ET D'EXPLOITATION DES IMPÔTS ET REVENUS.

POSTES. (*Transport des dépêches.*)

CHAP. LXX. Dépenses diverses. (Transport par terre ; services par entreprise). 108,000

REMBOURSEMENTS ET RESTITUTIONS, ETC.

CHAP. LXXI. *Restitutions et non-valeurs sur contributions directes et autres taxes.*

Dégrèvements pour démolitions et constructions nouvelles. . . 25,000 f.

Dégrèvements et non-valeurs sur la taxe des biens de main-morte. . . . . 50,000 } 75,000

Total. 229,229

2. Il est ouvert au ministre des finances un crédit de la somme de trois cent soixante six mille neuf cent trente-quatre francs soixante-quatre centimes (366,934 fr. 64 c.),

montant d'une créance de l'exercice clos 1850, applicable au service ci-après :

EMPRUNTS SPÉCIAUX POUR CANAUX ET TRAVAUX DIVERS.

Intérêts et primes des emprunts à rembourser par le trésor (rivière d'Oise).

Le ministre des finances est, en conséquence, autorisé à ordonnancer cette somme sur le chapitre spécial ouvert, pour les dépenses des exercices clos, au budget de l'exercice courant, conformément à l'art. 8 de la loi du 23 mai 1834.

3. Le ministre des finances est chargé de l'exécution du présent décret, qui sera inséré au *Bulletin des Lois*, etc. (*Bull.* 474, n° 3462.)

N° 60. — (24 déc. 1851.) — DÉCRET *qui ouvre un crédit pour les indemnités à accorder aux particuliers dont les propriétés ont souffert des dommages matériels par suite des événements de février et de juin 1848* (1).

LE PRÉSIDENT DE LA RÉPUBLIQUE,

(1) Le titre 1er de la loi du 10 vendémiaire an 4, rend les habitants de la même commune responsables civilement des attentats commis sur le territoire de la commune, soit envers les personnes, soit contre les propriétés. Et l'article 1er du titre IV de la même loi, précisant davantage les cas qui donnent lieu à cette responsabilité, dispose que chaque commune est responsable des délits commis à force ouverte ou par violence sur son territoire, par des attroupements ou rassemblements armés ou non armés, soit envers des personnes, soit contre des propriétés nationales ou privées, ainsi que des dommages-intérêts auxquels ils donneront lieu.

L'article 2 du même titre de cette loi va plus loin encore. Il porte que la commune sera tenue de payer à la République une amende égale au montant de la réparation principale, dans le cas où les habitants de la commune auraient pris part aux délits commis sur son territoire par des attroupements ou rassemblements.

La loi a voulu atteindre l'indifférence qui laisse faire et qui retient les citoyens chez eux, lorsque l'ordre public est menacé. En effet, la faiblesse des bons fait la force des mauvais citoyens, et dans les événements de février 1848, auxquels s'applique le décret qui précède, on a vu des bandes de pillards et d'incendiaires partis de Paris pour brûler les gares et stations des chemins de fer, arrêtées et dispersées dans une commune rurale devant l'énergie de quelques hommes de cœur, tandis que des populations nombreuses et armées avaient assisté l'arme au bras à la dévastation et à l'incendie.

Le principe de cette loi devrait être étendu et fortifié. Pourquoi ne l'appliquerait-on pas aux quartiers et même aux différentes rues d'une ville ? N'a-t-on pas vu trop souvent quelques individus, en petit nombre, parfois des enfants, soulever le pavé des rues et commencer des barricades sous les yeux des propriétaires ou des marchands, qui restaient impassibles sur le seuil de leur porte, qu'une excessive prudence faisait fermer, mais que la curiosité tenait encore entr'ouverte ?

Si la loi rendait les habitants d'une rue solidaires et responsables corps et biens de ce qui se passe sous leurs fenêtres ou à leur porte, si l'on déclarait l'indifférence complice du mal qu'elle laisse faire, l'émeute ne pourrait prendre pied ni trouver abri nulle part ; on lui enlèverait les trop faciles points d'appui derrière lesquels elle grossit et devient meurtrière ; on la détruirait dans son germe.

Une loi nouvelle sur cette matière paraîtrait d'autant plus nécessaire que la jurisprudence des tribunaux a affaibli et restreint la sévérité des dispositions de la loi du 10 vendémiaire an 4, en décidant qu'elle ne s'applique pas à la ville de Paris, parce qu'elle est le siége du Gouvernement ; qu'elle est plus exposée, par conséquent, à des troubles politiques, et que c'est principalement à l'autorité centrale, qui a là tous ses moyens d'action, qu'incombe d'abord le soin de défendre la propriété publique ou privée ; que là où elle est impuissante, la commune et les particuliers doivent l'être à plus forte raison, et qu'on ne saurait leur faire subir la responsabilité de ce que le Gouvernement lui-même ne peut pas empêcher.

Les tribunaux belges n'ont pas admis cette jurisprudence, et ils ont récemment appliqué à la ville de Bruxelles la loi de vendémiaire an 4.

Mais, quoi qu'il en soit, il est admis que ceux qui ont souffert dans leurs personnes ou dans leurs propriétés par suite de troubles dans la ville de Paris n'ont aucune action pour obtenir réparation.

Cette manière d'appliquer la loi amènerait un déni de justice, si le Gouvernement ne prenait à sa charge les dommages causés par les troubles civils dans la ville de Paris. Sans admettre qu'il y ait obligation stricte, le conseil d'Etat, consulté sur la suite à donner aux nombreuses réclamations qui s'étaient produites par suite des événements de février et de

Sur le rapport du ministre de l'intérieur ;

Vu le décret du 6 mars 1848 ;

Vu le décret du 2 septembre 1850 ;

Considérant qu'aux termes de la loi du 10 vendémiaire an IV, les communes sont responsables des délits commis à force ouverte par des attroupements ou des rassemblements, ainsi que des dommages-intérêts auxquels ils donnent lieu ;

Considérant néanmoins que la ville de Paris est dans une situation exceptionnelle, qui n'autorise pas, d'une manière absolue, de faire peser sur elle cette responsabilité ;

Considérant que si l'Etat n'est soumis, à cet égard, à aucune obligation légale, il est conforme aux règles de l'équité et d'une saine politique de réparer des malheurs immérités et d'effacer, autant que possible, les douloureux souvenirs de nos discordes civiles ;

Vu les délibérations de la commission instituée par le décret du 2 septembre et qui fixent le montant des allocations à la somme de cinq millions six cent mille francs,

DÉCRÈTE :

ART. 1er. Il est ouvert au ministre de l'intérieur un crédit de cinq millions six cent mille francs (5,600,000 fr.), applicable à la liquidation des indemnités à accorder aux particuliers dont les propriétés ont souffert des dommages matériels, par suite des événements de février et de juin 1848.

2. Ces indemnités seront réparties par les soins et sous la surveillance du ministre de l'intérieur, conformément aux décisions de la commission instituée par décret du 2 septembre 1850.

3. Le ministre de l'intérieur et le ministre des finances sont chargés, chacun en ce qui le concerne, de l'exécution du présent décret, etc. (*Bull.* 475, n° 3462.)

N° 61. — (24 déc. 1851.) — DÉCRET *qui ouvre des crédits au ministre de l'agriculture et du commerce pour le paiement de créances appartenant à des exercices clos et à des exercices périmés.*

LE PRÉSIDENT DE LA RÉPUBLIQUE,

Sur le rapport du ministre de l'agriculture et du commerce,

DÉCRÈTE :

ART. 1er. Il est accordé au ministre de l'agriculture et du commerce, en augmentation des restes à payer des exercices 1848 et 1849, un crédit supplémentaire de cent vingt-six mille quatre-vingt-un francs vingt-sept centimes (126,081 fr. 27 c.), montant de nouvelles créances constatées sur ces exercices, suivant l'état A ci-annexé.

Le ministre de l'agriculture et du commerce est, en conséquence, autorisé à ordonnancer ces créances sur le chapitre spécial ouvert pour les dépenses des exercices clos aux budgets des exercices cou-

---

juin 1848, avait décidé le 21 février 1850 qu'il peut y avoir équité et convenance politiques à ce que l'Etat accorde des dédommagements à ceux dont les propriétés ont éprouvé un préjudice dans les événements dont il s'agit.

Les précédents étaient d'ailleurs favorables au principe de l'indemnité. La loi du 30 août 1830 l'avait appliqué aux dommages résultant de la révolution de Juillet. Un décret du Président de la République, en date du 2 septembre 1850, institue une commission pour examiner les réclamations adressées à l'administration. Ce décret porte :

« Art. 1er. Il est formé près le ministère de l'intérieur une commission présidée par le ministre, et, à son défaut, par le secrétaire général, à l'effet d'examiner les réclamations des particuliers dont les propriétés ont souffert des dommages par suite des événements de février et juin 1848, et de déterminer le chiffre des dommages éprouvés.

« Art. 2. Cette commission est composée de :

« MM. *Bailleux de Marisy*, ancien préfet.

Boursy, ancien conseiller d'Etat, ancien directeur des contributions indirectes.

Brière-Valigny, conseiller à la Cour de cassation.

Delmas, secrétaire-général du ministère de l'intérieur.

Dupin, conseiller-référendaire à la Cour des comptes.

Dupuy, chef de division au ministère de l'intérieur.

Foucher (Victor), conseiller à la Cour de cassation.

François, maître des requêtes au conseil d'Etat.

De Gombert, conseiller-maître à la Cour des comptes.

Lanyer, conseiller d'Etat.

Lechatelier, ingénieur en chef des mines.

Marchand, conseiller d'Etat.

Petit (Hippolyte).

De Sermet, ingénieur en chef du département de la Seine.

Serveux, sous-directeur du contentieux au ministère des finances.

Tournue, directeur de l'administration de l'enregistrement et des domaines.

Vandal, ancien inspecteur des finances.

M. *Petit*, remplira les fonctions de secrétaire. »

Cette commission s'est occupée avec zèle et persévérance, durant près de neuf mois, du dépouillement et de l'examen de près de dix mille réclamations. Elle avait donné son avis sur chacune d'elles, et proposé le chiffre de l'indemnité à payer à chacun des ayants droit. Mais les ministres hésitaient à demander à l'Assemblée la somme nécessaire. Le décret du 24 décembre 1851 donne enfin satisfaction aux nombreux intérêts engagés dans cette question.

rants, en exécution de l'article 8 de la loi du 23 mai 1834.

2. Il est ouvert au ministre de l'agriculture et du commerce, sur l'exercice 1851, pour le paiement des créances d'exercices périmés, un crédit extraordinaire spécial de cent treize mille quatre cent un francs quatre centimes (113,401 fr. 04 c.), conformément à l'état B ci-annexé, etc. (*Bull.* 477, n° 3502.)

N° 62.—(24 déc. 1851.)—DÉCRET *portant règlement sur le service des mines.*

LE PRÉSIDENT DE LA RÉPUBLIQUE,

Sur le rapport du ministre des travaux publics ;

Vu la disposition de la loi du 5 juillet 1850 ainsi conçue :

..... « Des règlements d'administration « publique détermineront les conditions « d'admission et d'avancement pour tous « les services publics où ces conditions ne « sont pas réglées par une loi ; »

Le conseil d'Etat entendu, dans sa séance du 19 novembre 1851 ,

DÉCRÈTE :

TITRE Ier. — DIVISION DU SERVICE.

ART. 1er. Le service des mines se divise ainsi qu'il suit :

Service ordinaire, — Service extraordinaire, — Services détachés.

2. Le service ordinaire comprend tous les services permanents ; il se subdivise en

Service des arrondissements minéralogiques, — Services spéciaux, — Services divers.

Le service des arrondissements comprend l'instruction des affaires et la surveillance des mines, minières, carrières, tourbières et usines minéralurgiques dans la circonscription des arrondissements et sous-arrondissements minéralogiques des ingénieurs, ainsi que la surveillance des appareils à vapeur dans les départements de leur résidence, et les départements voisins où ils seraient appelés à l'exercer par le ministre des travaux publics.

Les services spéciaux sont ceux qui sont distraits du service des arrondissements, tels que la direction des chemins de fer non concédés ; la surveillance et le contrôle des chemins de fer concédés ; le service des appareils à vapeur du département de la Seine ; la direction des mines, minières ou tourbières domaniales ou communales, lorsque ce service ou cette direction sont confiés à un ingénieur autre que celui de l'arrondissement ou sous-arrondissement minéralogique.

Les services divers comprennent le secrétariat du conseil général des mines, les bureaux de l'administration centrale, l'école nationale des mines de Paris, les écoles des mineurs de Saint-Etienne et des maîtres ouvriers mineurs d'Alais, et tous autres services rétribués sur le budget des travaux publics, qui ne rentrent ni dans le service d'arrondissements, ni dans les services spéciaux définis ci-dessus.

3. Le service extraordinaire comprend la direction de recherches, l'exploitation temporaire des mines, minières ou carrières au compte de l'Etat, des départements ou des communes ; les études géologiques de terrains ; les topographies souterraines, les missions scientifiques ou industrielles, et tous autres travaux dont les ingénieurs des mines peuvent être temporairement chargés.

4. Les services détachés comprennent tous les services qui, n'étant pas rétribués sur le budget des travaux publics, sont ou peuvent être confiés aux ingénieurs des mines, tels que

Le service des mines en Algérie et dans les colonies ;

Le service de la consolidation des carrières sous la ville de Paris et autres villes ;

Le service des eaux minérales ;

Les missions à l'étranger pour études scientifiques, industrielles ou commerciales, qui seraient conférées par les ministres des affaires étrangères, de l'agriculture et du commerce, de l'intérieur, des finances ou de la marine.

Sont également considérés comme appartenant au service détaché, les ingénieurs temporairement attachés en qualité de directeur, professeur ou répétiteur à l'enseignement de l'école polytechnique et des autres écoles spéciales du Gouvernement.

TITRE II. — DES GRADES, DES CADRES ET DE L'AVANCEMENT.

CHAPITRE Ier. — *Des grades.*

5. § 1er. Les grades, dans le corps des ingénieurs des mines, sont fixés ainsi qu'il suit :

Inspecteur général de première classe,
Inspecteur général de deuxième classe,
Ingénieur en chef,
Ingénieur ordinaire,
Elève ingénieur.

§ 2. Le grade d'ingénieur en chef se divise en deux classes, celui d'ingénieur ordinaire en trois classes, et celui d'élève ingénieur en deux classes.

6. § 1er. Le traitement des ingénieurs des mines est fixé ainsi qu'il suit :

Inspect. généraux.	de 1re classe.	12,000 f.
	de 2e classe.	9,000
Ingénieurs en chef.	de 1re classe	6,000
		5,000
	de 2e classe.	4,500
Ingén. ordinaires..	de 1re classe.	3,000
	de 2e classe.	2,500
	de 3e classe.	1,800
Élèves ingénieurs.	à l'école. . .	1,200
	en mission. .	1,800

§ 2. Le traitement des ingénieurs en chef de première classe ne peut être porté au maximum de six mille francs qu'après jouissance du traitement minimum pendant au moins deux ans. Le nombre des ingénieurs en chef auxquels ce maximum est alloué ne peut excéder le cinquième de l'effectif de la première classe.

§ 3. En outre du traitement ci-dessus mentionné, les ingénieurs reçoivent :

1° Des allocations annuelles réglées par le ministre et destinées à les couvrir de leurs frais et loyer de bureau ; — 2° Une indemnité pour leurs frais de tournées ordinaires, laquelle est déterminée par le ministre, à la fin de chaque année, à raison des tournées effectives dont ils auront justifié.

§ 4. Les honoraires et frais de déplacement qui seront dus aux ingénieurs des mines, pour les travaux dont ils auront été chargés, soit pour le compte des départements, des communes ou d'associations territoriales, soit pour l'instruction d'affaires où leur intervention est à la fois requise dans un intérêt général et dans un intérêt particulier, seront réglés par un décret spécial.

§ 5. Un arrêté ministériel déterminera les indemnités auxquelles ils auront droit, en cas de tournées extraordinaires ou de changements de destination ordonnés dans l'intérêt du service.

Chapitre II. — *Des cadres.*

7. § 1er. Le cadre du corps des ingénieurs se divise en

Cadre du service ordinaire ou permanent ;

Cadre du service extraordinaire ou éventuel ;

Cadre des services détachés ;

Cadre de non-activité.

§ 2. Le cadre du service ordinaire ne peut être modifié que par décret.

§ 3. Le cadre du service extraordinaire peut être modifié chaque année par le ministre suivant les besoins du service.

§ 4. Le cadre des services détachés est réglé par le ministre des travaux publics, d'après la demande des ministres sous l'autorité desquels doivent se trouver placés les ingénieurs en service détaché.

§ 5. Le cadre de non-activité comprend tous les ingénieurs sortis, à divers titres, de l'activité, conformément aux dispositions du présent décret.

8. L'effectif des cadres du service ordinaire et du service extraordinaire est réglé ainsi qu'il suit :

DÉSIGNATION DES GRADES ET DES CLASSES.		CADRE permanent ou ordinaire.		CADRE éventuel ou extraordinaire		TOTAL des services ordinaires et extraordinaires	
		par classe	par grade.	par classe	par grade.	par classe	par grade.
Inspecteurs généraux	de 1re classe. .	»	3	»	»	»	3
	de 2e classe. .	»	5	»	»	»	5
Ingénieurs en chef.	de 1re classe..	13	27	1	1	14	28
	de 2e classe. .	14		»		14	
Ingénieurs ordinaires.	de 1re classe..	19	61	»	»	19	61
	de 2e classe. .	30		»		30	
	de 3e classe. .	12		»		12	
Élèves ingénieurs.		»	15	»	»	»	15
Totaux.		»	111	»	1	»	112

Chapitre III. — *Des nominations et de l'avancement.*

9. Les élèves ingénieurs des mines continueront à être recrutés parmi les élèves de l'Ecole polytechnique qui auront rempli les conditions exigées par les règlements organiques de cette Ecole.

10. § 1er. Le grade d'ingénieur ordinaire de troisième classe est conféré aux élèves ingénieurs qui ont complété leurs études et satisfait aux conditions exigées par les règlements de l'Ecole d'application des mines.

§ 2. Les ingénieurs ordinaires de deuxième classe sont pris parmi les ingénieurs ordinaires de troisième classe ayant au moins deux ans de service en cette qualité.

§ 3. Les ingénieurs ordinaires de première classe sont pris parmi les ingénieurs de deuxième classe ayant au moins deux ans de service en cette qualité.

11. § 1er. Le grade d'ingénieur en chef de deuxième classe ne peut être accordé qu'aux ingénieurs ordinaires de première classe ayant au moins deux ans de service en cette qualité.

§ 2. Les ingénieurs en chef de première classe sont pris parmi les ingénieurs en chef de deuxième classe ayant au moins trois ans de service dans cette classe.

12. Le grade d'inspecteur général de deuxième classe ne peut être accordé qu'aux ingénieurs en chef de première classe comptant au moins trois ans de service dans cette classe.

13. Le grade d'inspecteur général de première classe ne peut être accordé qu'aux inspecteurs généraux de deuxième classe ayant au moins deux ans de service en cette qualité.

14. § 1er. La nomination aux grades a lieu par décret du Président de la République, sur la proposition du ministre des travaux publics.

§ 2. Les avancements de classe ont lieu par décision du ministre.

TITRE III. — Positions diverses de l'ingénieur.

Congés. — Sortie des cadres.

Chapitre 1er. — *Positions diverses de l'ingénieur.*

15. Les positions de l'ingénieur des mines sont,

L'activité, — La disponibilité, — Le congé illimité, — Le retrait d'emploi.

16. L'activité comprend :

§ 1er. Les ingénieurs du service ordinaire, ceux des services extraordinaires et ceux des services détachés.

§ 2. Les ingénieurs en activité ont droit au traitement et aux indemnités attachés à leur grade et à leurs fonctions.

17. § 1er. La disponibilité est prononcée d'office par le ministre.

Elle comprend les ingénieurs mis en non-activité par défaut d'emploi ou pour cause de maladie ou d'infirmités temporaires entraînant cessation de travail durant plus de trois mois.

§ 2. L'ingénieur en disponibilité a droit à la moitié du traitement affecté à son grade sans aucun accessoire.

Il peut obtenir les deux tiers de ce traitement lorsque la disponibilité a pour cause le défaut d'emploi.

Il conserve ses droits à la retraite.

18. § 1er. Le congé illimité est accordé par le ministre, sur la demande des ingénieurs qui se retirent temporairement du service de l'Etat pour s'attacher au service des compagnies, prendre du service à l'étranger, ou pour toute autre cause.

§ 2. L'ingénieur en congé illimité ne reçoit aucun traitement.

Le temps passé dans cette position lui est compté, mais pour une durée de cinq ans au plus, dans la liquidation de sa retraite.

Il conserve, pendant la même période, ses droits à l'avancement.

Après cinq ans, l'ingénieur en congé illimité est maintenu sur les cadres; mais le temps qu'il continue de passer en dehors du service de l'Etat ne lui compte ni pour l'avancement, ni pour la retraite.

19. § 1er. Le retrait d'emploi est prononcé par le ministre comme peine disciplinaire.

§ 2. L'ingénieur en retrait d'emploi ne reçoit aucun traitement, ou reçoit seulement les deux cinquièmes de son traitement d'activité, sans aucun accessoire. Ses droits à l'avancement sont suspendus; il conserve ses droits à la retraite.

20. Les droits à la retraite ne sont conservés aux ingénieurs en disponibilité, en congé illimité ou en retrait d'emploi, qu'à la charge par eux de verser successivement les retenues imposées par les règlements au profit de la caisse des pensions, et calculées sur le montant intégral du traitement d'activité de leur grade.

Chapitre II. — *Congés.*

21. § 1er. Les congés temporaires ne dépassent pas trois mois. Ils sont accordés par le ministre, sur l'avis des préfets pour les ingénieurs en chef, et sur l'avis des ingénieurs en chef et des préfets pour les ingénieurs ordinaires.

§ 2. Toutefois, les préfets peuvent accorder aux ingénieurs en chef et aux ingénieurs ordinaires des permissions d'absence, dont la durée n'excède pas dix jours.

22. § 1er. Les ingénieurs qui excèdent les limites de leur permission ou congé, ou qui ne se rendent pas à leur poste aux époques assignées, sont privés de leurs appointements pour tout le temps de leur absence de ce même poste, sans préjudice des mesures disciplinaires qui pourraient leur être appliquées.

§ 2. Si le retard excède trois mois, l'ingénieur peut être déclaré démissionnaire.

Chapitre III. — *Sortie des cadres.*

23. La sortie des cadres a lieu

Par la révocation, — Par la démission, — Par l'admission à la retraite.

24. § 1er. La révocation des ingénieurs est prononcée par le Président de la République, sur la proposition du ministre et de l'avis du conseil général des mines.

§ 2. Elle entraîne la perte des droits à la retraite.

25. § 1er. Les ingénieurs démissionnaires ne peuvent quitter leurs fonctions qu'après que leur démission a été acceptée par le Président de la République.

§ 2. Ils perdent leurs droits à la retraite.

26. Les ingénieurs des mines de tout grade ne peuvent devenir entrepreneurs ni concessionnaires de travaux publics, ni prendre un intérêt quelconque dans les exploitations des mines, minières, carrières et établissements minéralurgiques situés sur le territoire de la République, sous peine d'être considérés comme démissionnaires.

27. L'admission des ingénieurs à la retraite a lieu par décret du Président de la République, sur la proposition du ministre des travaux publics.

28. Peuvent être admis à faire valoir leurs droits à la retraite les ingénieurs de tout grade ayant trente ans de service.

29. Sont nécessairement admis à faire valoir leurs droits à la retraite,

Les ingénieurs ordinaires âgés de soixante ans;

Les ingénieurs en chef âgés de soixante-deux ans;

Les inspecteurs généraux de deuxième classe âgés de soixante-cinq ans;

Les inspecteurs généraux de première classe âgés de soixante et dix ans.

Pourra être maintenu, quel que soit son âge, le vice-président du conseil général des mines.

TITRE IV. — Agents secondaires ou gardes-mines.

30. Les ingénieurs des mines sont se-condés, en ce qui concerne la surveillance de police des exploitations des mines, minières, carrières et tourbières, des usines et ateliers de lavage pour les minerais de fer, les levés et copies de plans superficiels et souterrains, la surveillance de police des appareils à vapeur et du matériel des chemins de fer, etc., par des agents désignés sous le titre de *gardes-mines*.

31. Les gardes-mines résident au point le plus central des établissements qu'ils sont chargés de surveiller. Le lieu de leur résidence est fixé par le ministre, d'après l'avis des ingénieurs.

32. Les gardes-mines sont divisées en cinq classes. Leur traitement est fixé ainsi qu'il suit :

Gardes-mines de 1re classe, 2,000 f. par an.

—	de 2e	—	1,800 —
—	de 3e	—	1,500 —
—	de 4e	—	1,200 —
—	de 5e	—	900 —

Ils reçoivent, en outre, suivant la nature de leur service, des frais de tournées, fixés par un règlement particulier.

33. Le cadre des gardes-mines, tant du service ordinaire que du service extraordinaire ou éventuel, est fixé à soixante et quinze agents.

Les gardes-mines sont répartis dans chaque classe d'après les proportions ci-après :

Gardes-mines de 1re classe $\frac{1}{10}$ de l'effectif total;

—	de 2e	—	$\frac{1}{10}$ —
—	de 3e	—	$\frac{3}{10}$ —
—	de 4e	—	$\frac{3}{10}$ —
—	de 5e	—	$\frac{2}{10}$ —

34. Les gardes-mines sont pris, autant que possible, parmi les maîtres mineurs, gouverneurs ou directeurs de mines, les contre-maîtres d'ateliers, d'usines ou de manufactures, et les élèves des écoles professionnelles, qui justifieront de leur aptitude dans les formes ci-après déterminées.

Ils sont nommés par le ministre.

35. Nul ne peut être nommé garde-mines de cinquième classe s'il n'a été déclaré admissible à la suite d'examens et s'il n'est Français, âgé de vingt et un ans au moins et trente ans au plus.

Les militaires porteurs d'un congé régulier sont, par exception, admis à concourir jusqu'à l'âge de trente-cinq ans.

36. Les examens pour l'emploi de garde-mines sont passés devant une commission composée d'un ingénieur en chef et de deux ingénieurs ordinaires des mines désignés à cet effet.

La commission siége aux lieux et aux époques qui sont fixés, à raison des besoins du service, par décision du ministre, insérée au *Moniteur* deux mois avant le jour fixé pour l'ouverture des examens.

37. Les demandes d'admission à l'examen sont adressées au ministre des travaux publics ; elles doivent être accompagnées,

1° De l'acte de naissance du candidat ; — De toutes les attestations propres à établir ses antécédents et sa moralité.

38. Les connaissances exigées des candidats sont :

Une écriture courante, nette et très-lisible : la langue française, l'arithmétique et le système légal des poids et mesures, la géométrie élémentaire, le levé des plans et le dessin, les notions les plus essentielles sur les machines et sur les appareils à vapeur.

39. Les élèves brevetés de l'Ecole nationale des mines de Paris et de l'Ecole des mineurs de Saint-Etienne, qui satisfont d'ailleurs à la condition d'âge fixée au paragraphe 1er de l'article 35, peuvent être nommés directement à l'emploi de gardemines de cinquième classe, sans subir l'examen prescrit par l'article précité.

40. Aucun avancement de classe ne peut être accordé aux gardes-mines qu'après deux années, au moins, passées dans la classe immédiatement inférieure.

41. Les dispositions relatives aux positions diverses et aux congés des ingénieurs des mines sont applicables aux gardes-mines.

42. § 1er. Les gardes-mines sont révoqués, déclarés démissionnaires ou admis à la retraite par décision du ministre.

§ 2. La révocation est prononcée sur le rapport du chef de service et l'avis de l'inspecteur général de la division.

Disposition transitoire.

43. Le délai de cinq ans, mentionné à l'article 18, ne courra qu'à partir de la mise en vigueur du présent décret.

Disposition générale.

44. Sont abrogés tous décrets et règlements antérieurs, en ce qu'ils ont de contraire au présent décret, etc. (*Bull.* 476, n° 3489).

N° 63. — (26 déc. 1851.) — DÉCRET *qui augmente le nombre des divisions et subdivisions militaires.*

LE PRÉSIDENT DE LA RÉPUBLIQUE;

Vu le décret du 20 décembre 1851, abrogeant le décret du 3 mai 1848, lequel avait réduit à la fois le nombre des divisions militaires et le cadre des officiers généraux ;

Sur le rapport du ministre de la guerre,

DÉCRÈTE :

ART. 1er. Le territoire français sera divisé en vingt et une divisions, conformément au tableau ci-annexé.

2. Chaque département formera une subdivision ; il sera pourvu progressivement à ces nouveaux commandements dans l'ordre des besoins du service.

3. Le ministre de la guerre est chargé de l'exécution du présent décret, etc. (*Bull.* 475, n° 3473.)

N° 64. — (26 déc. 1851.) — DÉCRET *qui ouvre au budget de la Légion d'honneur, sur l'exercice 1851, un crédit supplémentaire applicable au chapitre des pensions diverses.*

LE PRÉSIDENT DE LA RÉPUBLIQUE,

Vu la loi du 29 juillet 1850 portant fixation du budget de l'exercice 1851 ;

Sur la proposition du grand chancelier,

DÉCRÈTE :

ART. 1er. Il est ouvert au budget de la Légion d'honneur, sur l'exercice 1851, un crédit supplémentaire de douze mille sept cent vingt et un francs soixante et quatorze centimes (12,721 fr. 74 c.), applicable au chapitre XII, *Pensions diverses.*

2. Le garde des sceaux, ministre de la justice, et le grand chancelier de l'ordre de la Légion d'honneur, sont chargés, chacun en ce qui le concerne, de l'exécution du présent décret, qui sera inséré au *Bulletin des Lois*, etc. (*Bull.* 475, n° 3474.)

N° 65. — (26 déc. 1851.) — DÉCRET *qui reporte à l'exercice 1851 une portion du crédit ouvert, sur l'exercice 1850, pour les travaux d'appropriation du château d'Écouen au service de la première succursale de la maison d'éducation de la Légion d'honneur.*

LE PRÉSIDENT DE LA RÉPUBLIQUE,

Vu l'article 11 de la loi du 29 juillet 1850, qui a autorisé le transfèrement au château d'Écouen de la première succursale de la maison d'éducation de la Légion d'honneur, établie rue Barbette, à Paris ;

Vu l'article 14 de la même loi, qui a ouvert au budget de la Légion d'honneur un crédit de cent quatre-vingt-quinze mille cinq cent deux francs cinquante centimes, pour les dépenses d'appropriation dudit château ;

Considérant que les dépenses liquidées pendant la durée de l'exercice 1850 se sont élevées à quatre-vingt-neuf mille deux cent trente-huit francs cinquante-trois centimes, et qu'il reste par conséquent à employer une somme de cent six mille deux cent soixante-trois francs quatre-vingt-dix-sept centimes applicable aux travaux faits en 1851 ;

Sur la proposition du grand chancelier,

DÉCRÈTE :

ART. 1er. Il est ouvert au budget de l'ordre de la Légion d'honneur, sur l'exercice 1851, un crédit de cent six mille deux cent soixante-trois francs quatre-vingt-dix-sept centimes (106,263 fr. 97 c.), représentant la portion non employée, en 1850, sur le crédit de cent quatre-vingt-quinze mille cinq cent deux francs cinquante centimes applicable, en exécution des articles 11 et 14 de la loi du 29 juillet 1850, aux travaux d'appropriation du château d'Écouen, pour l'établissement de la première succursale de la maison d'éducation de la Légion d'honneur.

Pareille somme de cent six mille deux cent soixante-trois francs quatre-vingt-dix-sept centimes est annulée au budget de 1850.

2. Le garde des sceaux, ministre de la justice, et le grand chancelier de la Légion d'honneur, sont chargés, chacun en ce qui le concerne, de l'exécution du présent décret, qui sera inséré au *Bulletin des Lois*, etc. (*Bull.* 475, n° 3475.)

N° 66. — (26 déc. 1851.) — DÉCRET *qui rattache le ressort du commissariat civil de Sétif au tribunal de première instance de Constantine, et le ressort du commissariat civil d'Orléansville au tribunal d'Alger.*

LE PRÉSIDENT DE LA RÉPUBLIQUE,

Vu le décret du 21 novembre 1851, qui institue un commissariat civil dans chacune des villes de Tlemcen, Sétif et Orléansville ;

Vu le titre III de l'arrêté du 18 décembre 1842, relatif aux attributions judiciaires des commissaires civils ;

Considérant qu'il n'existe pas de juge de paix à Sétif, ni à Orléansville ; que, par conséquent, les commissaires civils qui y sont institués devront exercer les fonctions judiciaires, et qu'il convient de rattacher leur ressort aux tribunaux de première instance de l'arrondissement dont ils dépendent ;

Sur le rapport du garde des sceaux, ministre de la justice,

DÉCRÈTE :

ART. 1er. Le ressort du commissariat civil de Sétif et celui du commissariat civil d'Orléansville sont rattachés, le premier au tribunal de première instance de Constantine, le second au tribunal de première instance d'Alger.

2. Le garde des sceaux, ministre de la justice, est chargé de l'exécution du présent décret, etc. (*Bull.* 474, n° 3463.)

N° 67. — (27 déc. 1851.) — DÉCRET *relatif aux chapitres VI et VI bis du budget du ministère de l'agriculture et du commerce pour l'exercice 1852.*

LE PRÉSIDENT DE LA RÉPUBLIQUE,

Sur la proposition du ministre de l'agriculture et du commerce,

DÉCRÈTE :

ART. 1er. Les chapitres VI et VI *bis*, inscrits au budget du ministère de l'agriculture et du commerce, pour l'exercice 1852, sous les dénominations,

1° D'encouragements à l'agriculture ;

2° De subventions aux associations et comices agricoles, sont réunis en un seul chapitre, qui portera le n° 6, et aura pour titre :

Encouragements à l'agriculture.

Le crédit spécial alloué par la loi du 5 août 1851, pour études expérimentales sur la peripneumonie épizootique des bestiaux et prix à décerner à l'auteur de la découverte des moyens curatifs et préservatifs de cette maladie, sera classé sous le n° 6 *bis*, et conservera les deux paragraphes énoncés dans la nomenclature spéciale des services dépendants du département de l'agriculture et du commerce.

2. Le ministre de l'agriculture et du commerce est chargé de l'exécution du présent décret, qui sera inséré au *Bulletin des Lois*, etc. (*Bull.* 475, n° 3477.)

N° 68. — (27 déc. 1851.) — DÉCRET *sur les lignes télégraphiques.*

LE PRÉSIDENT DE LA RÉPUBLIQUE,

Sur le rapport du ministre de l'intérieur,

Vu l'avis du conseil d'Etat, en date du 30 juillet 1851,

DÉCRÈTE :

TITRE Ier.

ETABLISSEMENT ET USAGE DES LIGNES DE TÉLÉGRAPHIE.

ART. Ier. Aucune ligne télégraphique ne peut être établie ou employée à la transmission des correspondances que par le

Gouvernement ou avec son autorisation.

Quiconque transmettra sans autorisation des signaux d'un lieu à un autre, soit à l'aide de machines télégraphiques, soit par tout autre moyen, sera puni d'un emprisonnement d'un mois à un an et d'une amende de mille à dix mille francs.

En cas de condamnation, le Gouvernement pourra ordonner la destruction des appareils et machines télégraphiques.

TITRE II.

DES CONTRAVENTIONS, DÉLITS ET CRIMES RELATIFS AUX LIGNES TÉLÉGRAPHIQUES.

2. Quiconque aura, par imprudence ou involontairement, commis un fait matériel pouvant compromettre le service de la télégraphie électrique ;

Quiconque aura dégradé ou détérioré de quelque manière que ce soit les appareils des lignes de télégraphie électrique ou les machines des télégraphes aériens, sera puni d'une amende de seize à trois cents francs.

La contravention sera poursuivie et jugée comme en matière de grande voirie.

3. Quiconque, par la rupture des fils, par la dégradation des appareils ou par tout autre moyen, aura volontairement causé l'interruption de la correspondance télégraphique électrique ou aérienne, sera puni d'un emprisonnement de trois mois à deux ans et d'une amende de cent à mille francs.

4. Seront punis de la détention et d'une amende de mille à cinq mille francs, sans préjudice des peines que pourrait entraîner leur complicité avec l'insurrection, les individus qui, dans un mouvement insurrectionnel, auront détruit ou rendu impropres au service un ou plusieurs fils d'une ligne de télégraphie électrique ; ceux qui auront brisé ou détruit un ou plusieurs télégraphes, ou qui auront envahi, à l'aide de violences ou de menaces, un ou plusieurs postes télégraphiques, ou qui auront intercepté par tout autre moyen, avec violences et menaces, les communications et la correspondance télégraphique entre les divers dépositaires de l'autorité publique, ou qui s'opposeront avec violences ou menaces au rétablissement d'une ligne télégraphique.

5. Toute attaque, toute résistance avec violence et voies de fait envers les inspecteurs et les agents de surveillance des lignes télégraphiques électriques ou aériennes, dans l'exercice de leurs fonctions, sera punie des peines appliquées à la rébellion, suivant les distinctions établies au Code pénal.

TITRE III.

DES CONTRAVENTIONS COMMISES PAR LES CONCESSIONNAIRES OU FERMIERS DE CHEMINS DE FER ET DE CANAUX.

6. Lorsque, sur la ligne d'un chemin de fer ou d'un canal concédé ou affermé par l'État, l'interruption au service télégraphique aura été occasionnée par l'inexécution soit des clauses du cahier des charges et des décisions rendues en exécution de ces clauses, soit des obligations imposées aux concessionnaires ou fermiers, ou par l'inobservation des règlements ou arrêtés, procès-verbal de la contravention sera dressé par les inspecteurs du télégraphe, par les surveillants des lignes télégraphiques, ou par les commissaires et sous-commissaires préposés à la surveillance des chemins de fer.

7. Les procès-verbaux, dans les quinze jours de leur date, seront notifiés administrativement au domicile élu par le concessionnaire ou le fermier, à la diligence du préfet, et transmis, dans le même délai, au conseil de préfecture du lieu de la contravention.

8. Les contraventions prévues en l'article 6 seront punies d'une amende de trois cents francs à trois mille francs.

TITRE IV.

DISPOSITION PARTICULIÈRE CONCERNANT LES TÉLÉGRAPHES AÉRIENS.

9. Lorsque, sur une ligne de télégraphie aérienne déjà établie, la transmission des signaux sera empêchée ou gênée, soit par l'interposition d'un objet quelconque placé à demeure, mais susceptible d'être déplacé, un arrêté du préfet prescrira les mesures nécessaires pour faire disparaître l'obstacle, à la charge de payer l'indemnité qui sera fixée par le juge de paix.

Cette indemnité sera consignée préalablement à l'arrêté du préfet.

Si l'objet est mobile et n'est point placé à demeure, un arrêté du maire suffira pour en ordonner l'enlèvement.

TITRE V.

DISPOSITIONS GÉNÉRALES.

10. Les crimes, délits ou contraventions prévus dans la présente loi pourront être constatés par les procès-verbaux dressés concurremment par les officiers de police judiciaire, les commissaires et sous-commissaires préposés à la surveillance des chemins de fer, les inspecteurs des lignes télégraphiques, les agents de surveillance nommés ou agréés par l'administration et dûment assermentés.

Ces procès-verbaux feront foi jusqu'à preuve contraire.

11. Les procès-verbaux dressés en vertu de l'article précédent seront visés pour timbre et enregistrés en débet.

Ceux qui auront été dressés par des agents de surveillance assermentés devront être affirmés dans les trois jours, à peine de nullité, devant le juge de paix ou le maire, soit du lieu du délit ou de la contravention, soit de la résidence de l'agent.

12. L'administration pourra prendre immédiatement toutes les mesures provisoires pour faire cesser les dommages résultant des crimes, délits et contraventions, et le recouvrement des frais qu'entraînera l'exécution de ces mesures sera poursuivi administrativement, le tout ainsi qu'il est procédé en matière de grande voirie.

13. L'article 463 du Code pénal est applicable aux condamnations qui seront prononcées en exécution de la présente loi.

14. En cas de conviction de plusieurs crimes ou délits prévus par la présente loi ou par le Code pénal, la peine la plus forte sera seule prononcée, etc. (*Bull.* 475, n° 3478.)

N° 69. — (27 déc. 1851.) — DÉCRET *qui reconstitue la commission départementale de la Seine.*

LOUIS-NAPOLÉON, PRÉSIDENT DE LA RÉPUBLIQUE, .

Sur le rapport du ministre de l'intérieur;

Vu l'art. 3 du décret du 3 juill. 1848, portant qu'une commission municipale et départementale, instituée par le Pouvoir exécutif, remplira les fonctions de conseil général de la Seine et du conseil municipal de Paris,

DÉCRÈTE :

ART. 1er. La commission départementale de la Seine, créée par le décret du 8 septembre 1849, est dissoute.

2. Cette commission est reconstituée, et sera composée :

. . . .

3. Les trente-six membres de la commission départementale nommés pour Paris formeront la commission municipale de cette ville, conformément à l'art. 14 de la loi du 20 avril 1834.

4. Le ministre de l'intérieur est chargé de l'exécution du présent décret, etc. (*Bull.* 483, n. 3560.)

N° 70. — (29 déc. 1851). — DÉCRET *sur les cafés, cabarets, débits de boissons.*

LE PRÉSIDENT DE LA RÉPUBLIQUE,

Sur le rapport du ministre de l'intérieur;

Considérant que la multiplicité toujours croissante des cafés, cabarets et débits de boissons, est une cause de désordres et de démoralisation ;

Considérant que, dans les campagnes surtout, ces établissements sont devenus, en grand nombre, des lieux de réunion et d'affiliation pour les sociétés secrètes, et ont favorisé, d'une manière déplorable, les progrès des mauvaises passions ;

Considérant qu'il est du devoir du Gouvernement de protéger, par des mesures efficaces, les mœurs publiques et la sûreté générale,

DÉCRÈTE :

ART. 1er. Aucun café, cabaret ou autre débit de boissons à consommer sur place, ne pourra être ouvert, à l'avenir, sans la permission préalable de l'autorité administrative.

2. La fermeture des établissements désignés en l'article 1er, qui existent actuellement, ou qui seront autorisés à l'avenir, pourra être ordonnée, par arrêté du préfet, soit après une condamnation pour contravention aux lois et règlements qui concernent ces professions, soit par mesure de sûreté publique.

3. Tout individu qui ouvrira un café, cabaret ou débit de boissons à consommer sur place, sans autorisation préalable ou contrairement à un arrêté de fermeture pris en vertu de l'article précédent, sera poursuivi devant les tribunaux correctionnels, et puni d'une amende de vingt-cinq à cinq cents francs et d'un emprisonnement de six jours à six mois.

L'établissement sera fermé immédiatement.

4. Le ministre de l'intérieur est chargé de l'exécution du présent décret, etc. (*Bull.* 475, n° 3481.)

N° 71. — (29 déc. 1851.) — DÉCRET *qui fixe le cadre constitutif du corps de l'intendance militaire.*

LE PRÉSIDENT DE LA RÉPUBLIQUE,

Vu le décret du Gouvernement provisoire du 28 avril 1848, qui avait réduit le nombre des divisions territoriales ;

Vu l'arrêté du 4 mai 1848 qui avait modifié par suite le cadre de l'intendance militaire ;

Vu le décret du 20 décembre 1851 qui reconstitue le cadre des officiers généraux et celui des officiers d'état-major sur les anciennes bases, en vue du rétablissement de vingt et une divisions militaires ;

Vu le décret du 26 décembre 1851 ;

Vu la loi du 28 nivôse an III (titre II, section 2, art. 1er) ;

Vu l'ordonnance du 21 janvier 1843 qui avait fixé à deux cent quarante-six le nombre des fonctionnaires de tout grade de l'intendance ;

Considérant qu'il est nécessaire de mettre le nombre des intendants militaires en rapport avec les besoins du service, et de déterminer l'effectif des sous-intendants de première et de deuxième classe dans la proportion du recrutement auquel chacune de ces classes doit pourvoir ;

Sur le rapport du ministre de la guerre,

Décrète :

Art. 1er. Le cadre constitutif du corps de l'intendance militaire est fixé ainsi qu'il suit :

Intendants militaires, vingt-huit. 28
Sous-intendants militaires de première classe, cinquante. 50
Sous-intendants militaires de deuxième classe, quatre-vingt-dix. 90
Adjoints de première classe, cinquante-deux. 52
Adjoints de deuxième classe, vingt-six. . . 26
____
246

2. Toutes dispositions contraires sont rapportées.

3. Le ministre de la guerre est chargé de l'exécution du présent décret, etc.—(*Bull.* 476, n° 3490.)

———

N° 72. — (29 déc. 1851). — Décret *relatif aux primes accordées pour la pêche de la morue.*

Le Président de la République,

Sur le rapport du ministre de l'agriculture et du commerce ;

Vu la loi du 22 juillet 1851, relative aux encouragements accordés pour la pêche de la morue,

Décrète :

Armements.

Art. 1er. Les armateurs qui expédieront des navires à la pêche de la morue pour une des destinations déterminées par l'art. 1er de la loi du 22 juillet 1851 seront tenus, pour avoir droit à la prime, 1° de déclarer, avant le départ, au commissaire de l'inscription maritime du port d'armement, la destination de l'expédition ; 2° de comprendre dans l'équipage de tout armement destiné pour la pêche, soit à Saint-Pierre et Miquelon, soit sur la côte de Terre-Neuve, cinquante hommes au moins, si le navire jauge cent cinquante-huit tonneaux ou au-dessus,

trente hommes au moins, de cent à cent cinquante-huit tonneaux, et vingt hommes au moins, au-dessous de cent tonneaux ; 3° de comprendre dans l'équipage de tout armement destiné pour la pêche au grand banc avec sécherie cinquante hommes, si le navire jauge cent cinquante-huit tonneaux et au-dessus, et trente hommes pour les navires au-dessous de cent cinquante-huit tonneaux ; 4° d'effectuer leur départ avant le 1er juillet, lorsqu'ils auront pour destination les îles de Saint-Pierre et Miquelon, les côtes de Terre-Neuve et le grand banc de Terre-Neuve avec sécherie ; 5° de faire suivre au navire la destination indiquée ; 6° de justifier, au retour, de la pêche faite par le navire ; 7° de ne rapporter que des produits de pêche française.

2. En conséquence des dispositions de l'art. 3 de la loi du 22 juillet 1851, seront susceptibles de compter pour la prime, quel que soit leur emploi dans l'armement, tous les hommes de l'équipage appartenant définitivement à l'inscription maritime, et les inscrits provisoires, âgés de moins de vingt-cinq ans à l'époque du départ du navire.

Ne donneront pas droit à la prime les hommes non inscrits faisant partie de l'équipage, ni les hommes inscrits ou non inscrits qui, sous le nom de passagers ou sous toute autre dénomination, seront transportés à Saint-Pierre et Miquelon ou à Terre-Neuve, à l'effet d'y faire la pêche pour leur propre compte.

3. La déclaration d'armement devra indiquer les noms de l'armateur, du navire et du capitaine ; le tonnage du bâtiment, le nombre d'hommes de l'équipage, la destination, et contenir, en outre, l'engagement de faire suivre à l'armement sa destination, de ne rapporter que des produits de pêche française, et de payer, en cas de violation de ces conditions, le double de la prime reçue ou indûment demandée. Une expédition de ladite déclaration sera délivrée à l'armateur après le départ du navire : elle énoncera la date effective du départ. (Modèle n° 1.)

L'armateur devra, en outre, s'il en est requis, fournir une caution suffisante, qui sera reçue par le président du tribunal de commerce de l'arrondissement, et dont il sera donné mainlevée, au retour du navire, par le ministre de l'agriculture et du commerce, sur la présentation en due forme de la déclaration du capitaine, prescrite par l'article 5 ci-après.

4. La déclaration d'armement des navires expédiés au grand banc pour la pêche de la morue, salaison à bord, devra, conformé-

ment au modèle n° 1, annexé au présent décret, contenir, indépendamment des indications prescrites par l'article 3 ci-dessus, l'engagement de rapporter en France la totalité des produits de leur pêche.

5. Au retour des navires pêcheurs, l'armateur sera tenu de justifier de la destination accomplie.

Cette justification aura lieu au moyen d'une déclaration qui devra être faite à la douane par le capitaine, à l'arrivée du navire pêcheur; cette déclaration indiquera le port et la date du départ, le nom du navire, ceux de l'armateur et du capitaine, le lieu et la durée de la pêche, la quantité de morue qui aura pu être expédiée directement du lieu de pêche, soit aux colonies françaises, soit à l'étranger, et la quantité rapportée en France. (Modèle n° 3.)

Le journal de bord sera produit à l'appui de cette déclaration, et, en cas de besoin, l'équipage sera, par l'administration des douanes, de concert avec l'administration de la marine, interrogé collectivement ou séparément pour en reconnaître l'exactitude.

Une expédition de cette déclaration sera délivrée au capitaine, pour être adressée, par ses soins ou par ceux de l'armateur, dans le délai de trois mois au plus tard, au ministre de l'agriculture et du commerce, chargé de faire connaître au ministre des finances les noms des armateurs qui n'auraient pas justifié de l'accomplissement des conditions de la prime. Il sera procédé contre ces derniers ainsi qu'il appartiendra, en exécution des articles 15 et 16 de la loi du 22 juillet 1851.

6. Dans le cas où une circonstance quelconque de force majeure empêcherait un navire d'accomplir sa destination ou d'effectuer son retour en France, l'armateur sera tenu d'en justifier dans le délai d'une année, à dater du départ du navire.

7. La faculté d'entrepôt de morues sèches de pêche française, accordée par l'article 2 de la loi du 9 juillet 1836, et réglée par l'ordonnance du 2 septembre de la même année, s'exercera sous les conditions de l'entrepôt fictif des douanes.

Exportations directes des lieux de pêche.

8. Tout armateur qui expédiera d'un port de France aux lieux de pêche un navire non pêcheur, à l'effet d'y prendre une ou plusieurs cargaisons de morue de pêche française pour une destination donnant droit à la prime d'importation, devra, avant le départ de France du navire, en faire la déclaration par-devant le commissaire de l'inscription maritime du port d'armement, qui

lui délivrera une expédition de sa déclaration. (Modèle n. 5.)

Les chargements de morue faits aux îles de Terre-Neuve ou de Saint-Pierre et Miquelon, par des navires pêcheurs ou non pêcheurs, devront être accompagnés d'un certificat délivré, savoir :

A Saint-Pierre et Miquelon, par le commandant de ces îles, et sur les côtes de Terre-Neuve, par un des capitaines ou officiers des bâtiments de l'État composant la station de ces parages, ou, à défaut, par le capitaine prud'homme du havre où le chargement aura été effectué, ou, enfin, dans le cas d'impossibilité, par trois capitaines de navires pêcheurs appartenant à d'autres armateurs que celui du navire chargeur.

Ce certificat indiquera le nom du navire, ceux de l'armateur et du capitaine, le poids net de la morue et le nom du ou des navires français qui l'auront pêchée; il attestera, en outre, la bonne qualité de la morue. (Modèles n. 4 et 6.)

Exportations de France.

9. Tout armateur qui expédiera d'un port de France un chargement de morue pour une destination susceptible de prime sera tenu de déclarer à la douane du lieu d'expédition : 1° le nom du navire, du capitaine et de l'expéditeur; 2° la destination; 3° la quantité de morue à embarquer; 4° la saison de pêche dont elle provient et le lieu où elle a été séchée.

Cette déclaration (modèle n. 7) devra être accompagnée d'un certificat délivré concurremment par deux courtiers, et, à leur défaut, par deux négociants désignés par le président du tribunal de commerce et deux employés des douanes, et attestant que ladite morue est de bonne qualité et bien conditionnée (modèle n. 8); ce certificat sera visé par le président du tribunal de commerce et par le chef du service des douanes.

L'administration des douanes, après avoir fait constater le poids brut et le poids net de la morue, délivrera à l'armateur une expédition de sa déclaration; qui devra accompagner le chargement.

10. Si l'exportation aux colonies des morues entreposées n'a pas lieu directement du port d'entrepôt, la morue ne pourra être dirigée sur le port de départ qu'après avoir été emboucautée, et sous la garantie du plombage et d'un passavant.

Dans ce cas, la douane du port d'escale constatera, à la suite du certificat de chargement délivré au port d'entrepôt, l'identité des colis représentés, la date de leur départ pour la colonie, et, s'il y a eu transbordement, le nom du navire exportateur et celui du capitaine.

Le séjour à terre des boucauts de morue non vérifiés à fonds ne pourra avoir lieu au port d'escale que sous la double clef de la douane et du commerce, dans un magasin fourni par ce dernier et agréé par elle. Les mêmes dispositions seront applicables aux morues non extraites d'entrepôt, c'est-à-dire à celles qui auront été séchées en France, dont l'exportation pour les colonies ou l'étranger ne devra s'effectuer qu'après escale dans un autre port de France. Dans ce cas, les boucauts contenant les morues devront être revêtus par l'expéditeur de marques à feu ou autres, qui seront reproduites sur les expéditions de douane.

11. L'expédition des morues par mutation d'entrepôt pourra avoir lieu par mer, sous la garantie d'un passavant contenant les indications nécessaires pour la rédaction des soumissions d'entrepôt au lieu de destination.

Débarquement des morues dans les colonies françaises et à l'étranger.

12. A l'arrivée à leur destination, des morues expédiées, soit directement des lieux de la pêche, soit des ports de France, les directeurs des douanes dans les colonies et dans les possessions françaises, en Afrique, sur les côtes de la Méditerranée, et les agents consulaires de France dans les pays étrangers, procéderont à la reconnaissance et à la vérification des chargements ; ils se feront, à cet effet, représenter :

Pour les morues expédiées directement des lieux de pêche, 1° le certificat prescrit par l'article 8 ci-dessus (modèles nos 4 ou 6), et dont l'exactitude devra être attestée par le capitaine et les trois premiers officiers ou matelots de son équipage ; 2° le journal de bord ;

Et pour les morues venant de France, le certificat du port de départ. (Modèle n° 7.)

Quelle que soit, d'ailleurs, la provenance, la morue devra être reconnue en totalité, pesée avec soin, et les poids brut et net indiqués en kilogrammes ; son état de conservation et sa bonne qualité seront, en outre, scrupuleusement vérifiés ; et il devra être formellement constaté, à peine de perdre tout droit à la prime, qu'elle est propre à la consommation alimentaire.

13. La vérification de la bonne qualité de la morue sera faite dans les colonies par une commission nommée par le gouverneur, et composée :

D'un officier de l'administration de la marine,

D'un agent de l'inspection coloniale,

D'un fonctionnaire de l'administration municipale,

D'un sous-inspecteur ou vérificateur des douanes,

D'un membre de la chambre ou du bureau de commerce, ou, à défaut, d'un négociant notable,

D'un officier de santé de la marine ou d'un pharmacien, avec voix consultative.

Dans les pays étrangers, les agents consulaires se feront assister, dans cette vérification, par deux négociants, choisis, autant que possible, parmi les négociants français établis dans le lieu de leur résidence. (Modèle n° 12.)

14. Un certificat énonçant les résultats de cette vérification sera remis aux parties intéressées pour servir ce que de raison, et les pièces produites par elles leur seront restituées, après qu'il en aura été fait l'usage convenable. (Modèles nos 9, 11 ou 12.)

15. Les directeurs des douanes dans les colonies et dans les possessions françaises en Afrique, sur les côtes de la Méditerranée, et les agents consulaires de France dans les pays étrangers, tiendront, pour les chargements de morues reconnus par leurs soins, un registre énonçant toutes les circonstances nécessaires pour délivrer, au besoin, un *duplicata* des certificats qui viendraient à se perdre dans la traversée.

Ils adresseront tous les mois au ministre de l'agriculture et du commerce, par l'entremise des ministres de la marine, de la guerre et des affaires étrangères, un relevé sommaire de ce registre, pour servir de contrôle aux pièces fournies par les armateurs.

Il sera tenu également dans les ports de France, par les administrations de la marine et de la douane, un registre des déclarations et certificats qu'elles sont appelées à recevoir ou à délivrer.

Rogues.

16. Les capitaines de navires pêcheurs qui rapporteront en France des rogues de morues, produit de leur pêche, devront, pour avoir droit à la prime accordée par l'article 1er de la loi du 22 juillet 1851, en faire la déclaration devant la douane du port de retour, en indiquant le nom du navire, celui de l'armateur, le port d'armement et la quantité de rogues importées.

Le journal de bord sera produit à l'appui de cette déclaration, et, en cas de besoin, l'équipage sera, par l'administration des douanes, conjointement avec l'administration de la marine, interrogé collectivement ou séparément pour reconnaître l'exactitude des faits déclarés.

Cette déclaration devra être accompagnée d'un certificat établissant la bonne qualité desdites rogues, délivré dans la forme déterminée par l'article 9 ci-dessus. (Modèle n° 14.)

La douane, après avoir constaté les poids brut et net des rogues importées, délivrera au capitaine une expédition de sa déclaration.

17. Dans les dix premiers jours de chaque mois, l'administration des douanes devra transmettre au ministre de l'agriculture et du commerce, et suivant la forme déterminée par l'ordonnance du 25 février 1842, un double des déclarations d'armement et de retour, ainsi que des certificats établissant la bonne qualité des rogues de morues.

Liquidation des primes.

18. La liquidation des primes, dans les différents cas ci-dessus mentionnés, sera faite par le ministre de l'agriculture et du commerce, sur la remise, par les ayants droit, des pièces ci-après :

Armements.

1° La déclaration d'armement (modèle n° 1); 2° la copie du rôle d'équipage (modèle n° 2).

Expéditions directes des lieux de pêche.

I. Dans les colonies (y compris le Sénégal) : 1° la déclaration au départ de France (modèle n° 5); 2° le certificat de chargement (modèles n°s 4 ou 6); 3° le certificat de débarquement (modèle n° 9); 4° le certificat de la commission coloniale (modèle n° 10).

II. Dans les possessions françaises en Afrique, les pays transatlantiques et autres pays étrangers d'Europe : 1° la déclaration au départ de France (modèle n° 5); 2° le certificat de chargement (modèles n°s 4 ou 6); 3° le certificat de débarquement (modèles n°s 11 ou 12).

(Les navires pêcheurs n'ont que les deux dernières pièces à fournir.)

Expéditions de France.

I. Aux colonies : 1° le certificat de la douane au départ (modèle n° 7); 2° le certificat de bonne qualité (modèle n° 8); 3° le certificat de débarquement (modèle n° 9); 4° le certificat de la commission coloniale (modèle n° 10).

II. Dans les possessions françaises en Afrique, dans les pays transatlantiques et autres pays étrangers d'Europe : 1° le certificat de la douane au départ (modèle n° 7); 2° le certificat de bonne qualité (modèle n° 8); 3° le certificat de débarquement (modèles n°s 11 ou 12).

Importations de rogues.

1° Le certificat de la douane (modèle n° 13); 2° le certificat de bonne qualité (modèle n° 14).

19. Les pièces fournies par les armateurs devront être sur papier timbré, régulières dans leur libellé, sans rature, surcharge ni altération, à peine de n'être point admises à la liquidation, et les signatures devront, en outre, être légalisées.

20. La liquidation sera faite de mois en mois, sur la remise, par les armateurs, des pièces énoncées dans l'article 14 qui précède; mais les primes perçues par eux ne leur seront définitivement acquises, savoir : celles d'armement, qu'après l'accomplissement des justifications prescrites par les articles 5 et 6 du présent décret, et celles d'importation de morue, qu'après qu'il aura été reconnu que les énonciations des pièces qui auront servi à la liquidation sont conformes à celles des relevés trimestriels prescrits par l'article 15 ci-dessus.

21. Les armateurs qui n'auront pas produit les pièces justificatives nécessaires pour la liquidation des primes auxquelles ils auront droit dans le délai de cinq années, à partir de l'exercice auquel elles appartiennent, encourront la prescription et l'extinction définitive, au profit de l'Etat, prononcées par la loi de finances du 29 janvier 1831.

22. Au moyen du présent décret, toutes les dispositions des ordonnances ou décrets antérieurs sont et demeurent annulées.

23. Les ministres de l'agriculture et du commerce, des affaires étrangères, de la marine et des colonies, et de la guerre, sont chargés, chacun en ce qui le concerne, de l'exécution du présent décret, etc. (*Bull.* 476, n° 349.)

N° 73.—(29 déc. 1851.)— Décret *portant fixation du temps minimum que les navires armés pour la pêche de la morue doivent passer sur les lieux de pêche.*

Le Président de la République,

Sur le rapport du ministre de l'agriculture et du commerce;

Vu l'article 7 de la loi du 22 juillet 1851,

Décrète :

Art. 1er. Le temps minimum que les navires armés pour la pêche de la morue doivent passer sur les lieux de pêche est fixé ainsi qu'il suit :

Pêche avec sécherie.	à Saint-Pierre et Miquelon, à la côte de Terre-Neuve, au grand banc de Terre-Neuve	30 jours.
Pêche sans sécherie.	en Islande — 20 jours pour les navires de 80 tonneaux et au-dessous, 40 jours pour les navires au-dessus de 80 tonneaux. au grand banc de Terre-Neuve. — 25 jours. au Dogger-bank. — 30 jours.	

2. Le ministre de l'agriculture et du commerce, et le ministre de la marine, sont chargés, chacun en ce qui le concerne, de l'exécution du présent décret, etc. (*Bull.* 476, n° 3492.)

N° 74.—(29 déc. 1851.)—DÉCRET *qui ouvre un crédit extraordinaire pour les dépenses de la cérémonie du 1er janvier 1852.*

LE PRÉSIDENT DE LA RÉPUBLIQUE,

Sur la proposition du ministre de l'intérieur, et de l'avis du conseil des ministres,

DÉCRÈTE :

ART. 1er. Il est ouvert au ministre de l'intérieur, sur l'exercice 1852, un crédit extraordinaire de cent quatre-vingt-dix-mille francs (190,000 fr.) pour les dépenses de la cérémonie du 1er janvier 1852.

2. Il sera pourvu à ces dépenses au moyen des ressources de l'exercice 1852.

3. Les ministres de l'intérieur et des finances sont chargés, chacun en ce qui le concerne, de l'exécution du présent décret, etc. (*Bull.* 486, n° 3601.)

N° 75.—(30 déc. 1851.)—DÉCRET *relatif à l'administration centrale du ministère des finances et aux administrations financières.*

LE PRÉSIDENT DE LA RÉPUBLIQUE,

Sur le rapport du ministre des finances,

DÉCRÈTE :

ART. 1er. Les directions générales de l'enregistrement et des domaines, des forêts, des postes, sont rétablies : les chefs de ces administrations prendront le titre de *directeur général.*

2. Les traitements du sous-secrétaire d'État, des directeurs généraux, des directeurs, du caissier payeur central, des chefs de division, du président de la commission des monnaies, des administrateurs, des régies financières, des sous-directeurs, des commissaires généraux des monnaies et des chefs de bureau de première classe, sont fixés ainsi qu'il suit :

Le sous-secrétaire d'État. . . .	25,000 f.
Le directeur général des douanes et des contributions indirectes.	24,000
Les directeurs généraux de l'enregistrement, des forêts et des postes, les directeurs de l'administration centrale et le caissier payeur central.	20,000
Le président de la commission des monnaies, les chefs des divisions du personnel et du contrôle.	15,000
Les administrateurs de la régie financière et les sous-directeurs de l'administration centrale. .	12,000
Les commissaires généraux des monnaies.	10,000
Les chefs de bureau, de. . .	6,000 à 9,000

3. En conséquence des dispositions de l'article précédent, la répartition du crédit provisoire de trois cent soixante-neuf millions, ouvert par décret du 11 décembre 1851, pour les trois premiers mois de l'exercice 1852, est modifiée ainsi qu'il suit, en ce qui concerne les allocations du ministère des finances.

Le crédit du chapitre XXVI (*Administration centrale. — Personnel*) est augmenté d'une somme de trente et un mille deux cent cinquante francs.

Les crédits des chapitres ci-après sont réduits d'une pareille somme de trente et un mille deux cent cinquante francs, savoir:

ADMINISTRATION CENTRALE.

CHAP. XXVII. Matériel.		18,250
— XXIX. Monnaies et médailles. . .		750

FORÊTS.

CHAP. XLIX. Matériel.	750	2,500
— L. Dépenses diverses. .	1,750	

CONTRIBUTIONS INDIRECTES.

CHAP. LVI.. Matériel.	3,500

POSTES (*Administration et perception.*)

CHAP. LXXVI Matériel.	6,250
Total	31,250

4. Le ministre des finances est chargé de l'exécution du présent décret, qui recevra son application à partir du 1er janvier 1852, etc. (*Bull.* 475, n° 3482.)

N° 76.—(31 déc. 1851.)—DÉCRET *qui rétablit l'aigle française sur les drapeaux de l'armée et sur la croix de la Légion d'honneur* (1).

LE PRÉSIDENT DE LA RÉPUBLIQUE,

---

(1) Quoi qu'il en soit de l'origine gauloise du coq, origine plus que douteuse, rapportons ici les pittoresques expressions des motifs qui firent préférer l'aigle pour les insignes à placer sur les drapeaux de l'armée.

« Je ne veux pas, dit l'empereur, du coq, il vit sur

Considérant que la République française, avec sa forme nouvelle, sanctionnée par le suffrage du peuple, peut adopter sans ombrage les souvenirs de l'Empire et les symboles qui en rappellent la gloire;

Considérant que le drapeau national ne doit pas être plus longtemps privé de l'emblème renommé qui conduisit dans cent batailles nos soldats à la victoire,

DÉCRÈTE :

ART. 1er. L'aigle française est rétablie sur les drapeaux de l'armée.

2. Elle est également rétablie sur la croix de la Légion d'honneur.

3. Le ministre de la guerre et le grand chancelier de la Légion d'honneur sont, chacun en ce qui le concerne, chargés de l'exécution du présent décret, etc. (*Bull.* 475, n° 3483.)

N° 77.—(31 déc. 1851.)—DÉCRET *qui défère aux tribunaux de police correctionnelle la connaissance de tous les délits prévus par les lois sur la presse et commis au moyen de la parole.*

LE PRÉSIDENT DE LA RÉPUBLIQUE,

Sur le rapport du garde des sceaux, ministre de la justice;

Considérant que parmi les délits prévus par les lois en vigueur sur la presse, ceux qui sont commis au moyen de la parole, tels que les délits d'offenses verbales ou de cris séditieux, se sont considérablement multipliés;

Considérant que l'attribution à la Cour d'assises de la connaissance de ces délits rend la répression moins rapide et moins efficace;

Considérant qu'il est de principe que les lois de procédure et de compétence sont immédiatement applicables aux affaires non encore jugées,

DÉCRÈTE :

ART. 1er. La connaissance de tous les délits prévus par les lois sur la presse et commis au moyen de la parole est déférée aux tribunaux de police correctionnelle.

2. Ces tribunaux connaîtront de ceux de ces délits qui ont été commis antérieurement au présent décret et ne sont pas encore jugés contradictoirement.

3. Les poursuites seront dirigées selon les formes et règles prescrites par le Code d'instruction criminelle pour la juridiction correctionnelle, etc. (*Bull.* 474, n° 3456.)

N° 1.—(2 janv. 1852.)—DÉCRET *qui autorise la consolidation des bons du trésor délivrés à la caisse d'amortissement, du 1er juillet au 31 décembre 1851.*

LE PRÉSIDENT DE LA RÉPUBLIQUE,

Vu l'article 36 de la loi du 25 juin 1841, en ce qui concerne la consolidation de la réserve de l'amortissement;

Vu l'article 4 de la loi du 12 décembre 1848, en vertu duquel la réserve de l'amortissement cesse, à partir du 1er janvier 1848, d'être affectée aux découverts du budget;

Vu l'état E annexé à la loi du 7 août 1850, qui comprend parmi les ressources du budget de 1851 la réserve de l'amortissement pour ladite année;

Vu le décret du 4 juillet dernier, qui a autorisé la consolidation en rentes de la réserve qui s'est formée du 2 janvier au 30 juin 1851;

Vu l'état des bons délivrés à la caisse d'amortissement, du 1er juillet au 31 décembre 1851, en exécution de l'article 4 de la loi du 10 juin 1833, s'élevant à . . . . 38,405,621 fr. 26 auxquels il faut ajouter pour le montant des intérêts jusqu'au 22 décembre. 240,496 02

Ce qui porte l'ensemble de ces bons, tant en capitaux qu'en intérêts, à . . . . 38,646,117 fr. 28

Laquelle somme de trente-huit millions six cent quarante-six mille cent dix-sept francs vingt-huit centimes est affectée aux rentes ci-après, savoir :

Cinq pour cent. . . .	25,736,077 f.	31 c.
Quatre et demi pour cent. .	138,422	53
Quatre pour cent. . .	464,432	28
Trois pour cent. . .	12,307,185	16
Somme égale. .	38,646,117	28

Sur le rapport du ministre des finances,

DÉCRÈTE :

ART. 1er. Inscription sera faite sur le

---

le fumier et se laisse étrangler par le renard. Je veux l'aigle : c'est l'oiseau qui porte la foudre et qui regarde le soleil en face. Les aigles françaises se feront respecter comme les aigles romaines. »
Rien n'était encore décidé quant à la garde nationale, lorsque ce décret a été rendu, voilà pourquoi il ne parle que des drapeaux de l'armée; mais il est loin de doute qu'il s'applique également aux drapeaux de la garde nationale.

grand-livre de la dette publique, au nom de la caisse d'amortissement, en rentes trois pour cent, avec jouissance du 22 décembre 1851, de un million sept cent quarante-trois mille quatre cent trente-deux francs (1,743,432 fr.), représentant, au prix de soixante-six francs cinquante centimes (66 fr. 50 c.), cours moyen du trois pour cent à la bourse du 22 décembre, la somme de trente-huit millions six cent quarante-six mille soixante et seize francs. Cette somme de trente-huit millions six cent quarante-six mille soixante et seize francs sera portée en recette dans les écritures de la comptabilité générale au budget de l'exercice 1851.

2. Les extraits d'inscription à fournir à la caisse d'amortissement en échange des bons consolidés, conformément à l'article 1er ci-dessus, lui seront délivrés en quatre coupures, ainsi qu'il suit :

Une de 1,161,026 f. appartenant au fonds d'amortissement des rentes cinq pour cent.

Une de 6,244 appartenant au fonds d'amortissement des rentes quatre et demi pour cent.

Une de 20,951 appartenant au fonds d'amortissement des rentes quatre pour cent.

Une de 555,211 appartenant au fonds d'amortissement des rentes trois pour cent.

1,743,432 somme égale.

3. L'appoint de quarante et un francs vingt-huit centimes (41 fr. 28 c.), réservé sur la somme de trente-huit millions six cent quarante-six mille cent dix-sept francs vingt-huit centimes, formant le montant des bons appartenant à la caisse d'amortissement, sera représenté par quatre nouveaux bons délivrés à ladite caisse, savoir :

Une de 0 f. 98 c. appartenant au fonds d'amortissement des rentes cinq pour cent.

Une de 13 86 appartenant au fonds d'amortissement des rentes quatre et demi pour cent.

Une de 18 45 appartenant au fonds d'amortissement des rentes quatre pour cent.

Une de 7 99 appartenant au fonds d'amortissement des rentes trois pour cent.

41 28 somme égale.

4. Le ministre des finances est chargé de l'exécution du présent décret, etc. (*Bull.* 477, n° 3493.)

N° 2.—(3 janv. 1852.)—DÉCRET *relatif aux monnaies.*

LE PRÉSIDENT DE LA RÉPUBLIQUE,

Sur le rapport du ministre des finances,

DÉCRÈTE :

ART. 1er. Les monnaies d'or, d'argent et de bronze porteront sur la face l'effigie du Président de la République, et en légende : *Louis-Napoléon Bonaparte.*

Sur le revers seront gravés les mots : *République française*, et, au milieu d'un encadrement de feuilles de chêne et de laurier, la valeur de la pièce et l'année de la fabrication.

2. La tranche des pièces de vingt francs et de cinq francs portera ces mots en relief : *Dieu protége la France.*

3. Sont maintenues les dispositions relatives au diamètre, au poids et aux tolérances des monnaies, prescrites par le décret du 3 mai 1848.

4. Le ministre des finances est chargé de l'exécution du présent décret, etc. (*Bull.* 477, n° 3494.)

N° 3. — (3 janv. 1852.) — DÉCRET *portant qu'à l'avenir l'année de service de la gendarmerie en Corse sera comptée en sus comme année de campagne.*

LE PRÉSIDENT DE LA RÉPUBLIQUE,

Vu la loi du 11 avril 1831, sur les pensions de l'armée de terre ;

Vu le décret du 5 décembre 1851, considérant que les services rendus par la gendarmerie dans l'île de Corse méritent d'être récompensés comme le sont ceux de l'armée à l'intérieur et au dehors ;

Sur le rapport du ministre de la guerre ;

DÉCRÈTE :

ART. 1er. A l'avenir, l'année de service de la gendarmerie en Corse sera comptée en sus comme année de campagne.

2. Le ministre de la guerre est chargé de l'exécution du présent décret, etc. (*Bull.* 477, n° 3495.)

N° 4.—(3 janv. 1852.)— DÉCRET *qui fixe le cadre des commis des bureaux de l'intendance militaire.*

LE PRÉSIDENT DE LA RÉPUBLIQUE,

Vu le décret du 26 décembre 1851, qui rétablit vingt et une divisions militaires ;

Vu le décret du 29 décembre 1851, qui élève à deux cent quarante-six le nombre des intendants, sous-intendants et adjoints ;

Vu les ordonnances des 28 février 1838 et 13 septembre 1840, et le décret du 31 décembre 1850, sur l'organisation du cadre des commis entretenus des bureaux de l'intendance ;

Considérant qu'il est nécessaire de mettre la force de ce cadre en rapport avec le nombre des divisions territoriales, et avec l'effectif du corps de l'intendance militaire ;

Sur le rapport du ministre de la guerre,

Décrète :

Art. 1er. Le cadre des commis des bureaux de l'intendance militaire est reporté à deux cent quatre-vingts.

Il est décomposé comme il suit :

Commis principaux	10
Commis entretenus de première classe	50
Commis entretenus de deuxième classe	95
Commis entretenus de troisième classe	145
Total	280

2. Il sera pourvu à l'organisation de ce cadre conformément au mode d'avancement et d'admission déterminé par l'ordonnance constitutive du 28 février 1838.

3. Le ministre de la guerre est chargé de l'exécution du présent décret, etc. (*Bull.* 477, n° 3496.)

N° 5.—(3 janv. 1852)—Décret *relatif à la création d'établissements modèles pour bains et lavoirs publics gratuits ou à prix réduit.*

Le Président de la République
Décrète :

Art. 1er. Une somme de cinq cent quatre-vingt-dix mille neuf cent quatre-vingt-quatre francs quatre-vingt-quinze centimes (590,984 fr. 95 c.) est annulée sur le crédit extraordinaire de six cent mille francs (600,000 fr.) ouvert au ministre de l'agriculture et du commerce, sur l'exercice 1851, en vertu de la loi du 3 février 1851, et ayant pour destination d'encourager la création d'établissements modèles pour bains et lavoirs publics gratuits ou à prix réduit.

Un crédit égal de cinq cent quatre-vingt-dix mille neuf cent quatre-vingt-quatre francs quatre-vingt-quinze centimes (590,984 fr. 95 c.) est ouvert au même ministre, sur l'exercice 1852, pour continuer les dépenses nécessaires à l'exécution de la loi précitée.

Ce crédit formera un chapitre spécial au budget de l'exercice 1852.

2. L'article 2 de la loi susénoncée du 3 février 1851 est rapporté dans celles de ses dispositions qui limitent à vingt mille francs le maximum de chaque subvention, et interdisent d'encourager plus d'un établissement par commune. Les subventions à al-

louer continueront de ne pouvoir excéder le tiers de la dépense totale de chaque établissement.

3. Il sera pourvu aux dépenses autorisées par le paragraphe 2 du présent décret au moyen des ressources du budget de l'exercice 1852.

4. Le ministre de l'agriculture et du commerce et le ministre des finances sont chargés, chacun en ce qui le concerne, de l'exécution du présent décret, etc. (*Bull.* 477, n° 3497.)

N° 6.—(3 janv. 1852.)— Décret *qui supprime le haras arabe établi à Saint-Cloud.*

Le Président de la République,

Sur le rapport du ministre de l'agriculture et du commerce,

Décrète :

Art. 1er. Le haras arabe établi à Saint-Cloud est supprimé.

2. Les animaux composant ce haras seront répartis entre les divers haras ou dépôts d'étalons appartenant à l'Etat, à l'exception de ceux qu'il y aura lieu de réformer, lesquels seront vendus dans les formes prescrites par les règlements.

3. Une somme de soixante-cinq mille francs est annulée sur le crédit de soixante et dix mille francs ouvert par le paragraphe 2 du chapitre VII du budget du ministère de l'agriculture et du commerce, pour l'exercice de 1852, sous le titre d'*Entretien du haras de Saint-Cloud.*

4. Le ministre de l'agriculture et du commerce est chargé de l'exécution du présent décret, etc. (*Bull.* 477, n° 3498.)

N° 7. — (3 janv. 1852.) — Décret *qui approuve l'adjudication passée , le 3 janvier 1852, pour la concession du chemin de fer de Lyon à Avignon.*

Le Président de la République,

Sur le rapport du ministre des travaux publics,

Vu la loi du 1er décembre 1851, relative au chemin de fer de Lyon à Avignon, et spécialement l'article 1er de cette loi, lequel est ainsi conçu :

« Le ministre des travaux publics est au« torisé à procéder par la voie de la publi« cité et de la concurrence, conformément « aux clauses et conditions du cahier des « charges annexé à la présente loi, à la « concession du chemin de fer de Lyon à « Avignon.

« Le rabais portera sur la part propor-

« tionnelle de la dépense que l'Etat devra
« fournir à titre de subvention ; cette part
« ne pourra excéder ni la moitié ou cin-
« quante centièmes de la dépense totale,
« ni le chiffre de soixante millions de
« francs ; »

Vu le cahier des charges annexé à ladite loi ;

Vu les décrets des 9 et 16 décembre 1851, ce dernier modifiant le deuxième paragraphe de la loi du 1er du même mois, ainsi que les articles 3 et 4 du cahier des charges annexé à cette loi ;

Vu spécialement l'article 1er du décret du 16 décembre 1851, ainsi conçu :

« Le texte du deuxième paragraphe de
« l'article 1er de la loi du 1er décembre 1851
« est modifié et remplacé par la disposition
« suivante : le rabais portera sur le chiffre
« de la subvention fixe à la charge de
« l'Etat;

« Le ministre des travaux publics déter-
« minera, dans un billet cacheté, le maxi-
« mum au-dessus duquel l'adjudication ne
« pourra être tranchée. Ce maximum ne
« pourra excéder soixante millions de
« francs ; »

Vu le procès-verbal de l'adjudication pas·sée le 3 janvier 1852 par le ministre des travaux publics,

DÉCRÈTE :

ART. 1er. MM. *Génissieu*, *Boigues* et compagnie, *Emile Martin* et compagnie, *Edouard Blount*, *Parent (Basile)*, *Drouillard*, *Benoist* et compagnie, sont et demeurent définitivement concessionnaires du chemin de fer de Lyon à Avignon, moyennant le rabais de onze millions de francs (11,000,000 fr.) sur le chiffre de la subvention à fournir par l'Etat exprimé dans leur soumission et sous toutes les clauses et conditions, tant de la loi du 1er décembre 1851 que du cahier des charges y annexé et des décrets des 9 et 16 du même mois.

2. Le procès-verbal d'adjudication et la soumission ci-dessus mentionnés resteront annexés au présent décret.

3. Le ministre des travaux publics est chargé de l'exécution dudit décret, lequel sera inséré au *Bulletin des Lois*, etc. (*Bull.* 478, nº 3510.)

Nº 8.—(4 janv. 1852.)—DÉCRET *qui déclare le département des Hautes-Alpes en état de siége* (1).

LE PRÉSIDENT DE LA RÉPUBLIQUE,

Vu la loi du 9 août 1849 ;

Vu le décret du 26 décembre 1851, concernant les délimitations des nouvelles circonscriptions des divisions et subdivisions militaires ;

Considérant que le département des Hautes-Alpes se trouve aujourd'hui compris dans la circonscription de la huitième division militaire, et que tous les départements qui l'avoisinent, ayant été le théâtre d'agitations graves, ont été mis successivement en état de siége ;

Considérant que l'unité d'action de l'autorité militaire serait paralysée sur ce point de la huitième division, si le département des Hautes-Alpes se trouvait seul placé en dehors des conditions de la loi du 9 août 1849 ;

Considérant qu'à la suite des événements qui ont ensanglanté les départements voisins, le département des Hautes-Alpes a été, sur quelques points, agité par des scènes de désordres qui ont révélé l'existence de projets anarchiques ;

Attendu que cette situation constitue l'état de péril imminent prévu par la loi du 9 août 1849 ;

Le conseil des ministres entendu,

DÉCRÈTE :

ART. 1er. Le département des Hautes-Alpes est déclaré en état de siége.

2. Les ministres de l'intérieur et de la guerre sont chargés, chacun en ce qui le concerne, de l'exécution du présent décret, etc. (*Bull.* 482, nº 3556.)

Nº 9. — (5 janv. 1852.) — DÉCRET *portant prorogation du tarif des droits de navigation actuellement perçus sur le canal d'Arles à Bouc.*

LE PRÉSIDENT DE LA RÉPUBLIQUE,

Vu la loi du 14 août 1822, relative à l'achèvement du canal d'Arles à Bouc ;

Vu le cahier des charges et le tarif annexés à ladite loi;

Vu l'ordonnance du 19 nov. 1845 ;

Vu notre décret du 31 déc. 1850, qui a maintenu jusqu'au 1er janv. prochain le tarif actuel des droits de navigation sur le canal d'Arles à Bouc ;

Vu la lettre, en date du 27 déc. courant, par laquelle la compagnie du canal d'Arles à Bouc donne son adhésion à la prorogation, pendant un an, dudit tarif ;

Sur le rapport du ministre des finances,

DÉCRÈTE :

ART. 1er. Le tarif des droits de navigation actuellement perçus sur le canal d'Arles à Bouc est prorogé jusqu'au 1er juillet 1853.

2. Le ministre des finances est chargé de l'exécution du présent décret, qui sera inséré au *Bulletin des Lois*, etc. (*Bull.* 477, n° 3499.)

N° 10. — (5 janv. 1852.)— DÉCRET *qui établit une imposition extraordinaire sur la commune de Romilly-sur-Seine (Aube).*

LE PRÉSIDENT DE LA RÉPUBLIQUE,

Sur le rapport du ministre de l'intérieur ;

Vu l'avis du conseil d'Etat du 23 juillet 1851 ;

Le décret du 23 décembre 1851,

DÉCRÈTE :

ART. 1er. Il sera établi d'office sur la commune de Romilly-sur-Seine (Aube), pendant sept années consécutives, à partir de 1852, une imposition extraordinaire de quarante centimes additionnels au principal des quatre contributions directes.

Conformément à l'article 9, titre V, de la loi du 10 vendémiaire an IV, le rôle de cette imposition ne comprendra que les domiciliés à Romilly, au 28 février 1848.

Le produit en sera affecté au paiement des condamnations prononcées contre ladite commune, suivant le jugement du tribunal civil de Nogent-sur-Seine.

2. Les ministres de l'intérieur et des finances sont chargés, chacun en ce qui le concerne, de l'exécution du présent décret, qui sera inséré au *Bulletin des Lois*, etc. (*Bull.* 478, n° 3511.)

N° 11. — (5 janv. 1852.) — DÉCRET *qui approuve la convention passée, le 5 janvier 1852, pour la concession du chemin de fer de Paris à Lyon* (1).

LE PRÉSIDENT DE LA RÉPUBLIQUE,

Sur le rapport du ministre des travaux publics ;

Vu le décret du 5 janvier 1852, et, spécialement, l'article 1er, ainsi conçu :

« Le ministre des travaux publics est au« torisé à concéder le chemin de fer de « Paris à Lyon, aux clauses et conditions « du cahier des charges ci-annexé ; »

Vu l'article 74 du cahier des charges, ainsi conçu :

« Les conventions à passer avec le mi« nistre des travaux publics, en vertu du « présent acte, devront être réglées par « des décrets du Président de la Répu« blique ; »

Vu la convention provisoire passée, le 5 janvier 1852, entre le ministre des travaux publics, agissant au nom de l'Etat, et les personnes ci-dessous dénommées ;

Vu le certificat délivré par le ministre des finances, constatant le versement au trésor public d'une somme de cinq millions, en conformité de l'article 4 du cahier des charges,

DÉCRÈTE :

ART. 1er. La convention passée, le 5 janvier 1852, entre le ministre des travaux publics, agissant au nom de l'Etat,

Et MM. *Ernest-André*, de Paris ; *Baring frères* et compagnie, de Londres ; *Bartholony frères*, de Paris ; *Blanc, Mathieu* et compagnie, de Paris ; *Edward Ladd-Belts*, de Londres ; *Thomas Brassey*, de Londres ; *Auguste Dassier*, de Paris ; *Charles-Pierre*

---

(1) L'histoire des chemins de fer en France serait une amère critique du gouvernement parlementaire. Cette agitation fiévreuse et loquace qui n'aboutissait à rien s'est surtout montrée dans l'établissement de la plus importante de nos lignes ferrées, celle qui doit mettre en communication le Nord avec le Midi, la Manche avec la Méditerranée.

Lutte d'intérêts et longue incertitude sur la direction et le tracé ; variations continuelles sur le mode d'exécution, tantôt aux frais de l'Etat, tantôt aux frais d'une compagnie, tantôt en combinant les deux moyens avec la contribution du département, tous les systèmes ont été discutés et adoptés, puis remis en question et abandonnés , suivant les tendances du moment, ou suivant que les intérêts de localité se groupaient dans des coalitions diverses. Au milieu de ces fluctuations, les sessions se passaient en discussions interminables; renvoie continuel à des commissions, ajournement ou divisions provisoires, tout se faisait mollement et lentement : les intérêts du pays restaient en souffrance, le commerce prenait d'autres voies, la France perdait les avantages de sa position et les bénéfices du transit; elle restait dans une triste infirmité vis-à-vis des nations voisines.

Au gouvernement d'indécision, de tiraillements et de partage qui n'aboutissait qu'à l'impuissance, succède un pouvoir fort et vigoureux. L'administration à plusieurs têtes, le gouvernement auquel chacun voulait mettre la main, sont concentrés dans une direction unique pouvant agir sans obstacle, qui a le coup d'œil rapide et la décision prompte, et qui pousse en avant au lieu d'enrayer. Aussitôt toutes les difficultés devant lesquelles on avait si longtemps reculé ou tournoyé sont résolues. On ne perd plus son temps à discuter, l'on agit. L'action succède à la parole, la confiance revient, les grandes associations de capitaux se forment, et le gouvernement nouveau fait en quelques jours ce que quinze ans de débats parlementaires n'avaient pu résoudre. Les grands travaux publics sont entrepris sur plusieurs points à la fois et seront conduits avec vigueur. Le pays sera bientôt mis en possession de ces grandes lignes de chemins de fer qu'on marchandait depuis si longtemps et qui étaient demandées et attendues avec tant d'impatience. La France reprendra son rang industriel et commercial.

Devaux, de Londres ; *F. Durand* et compagnie, de Paris ; *Duc de Galliera*, de Paris ; *Salomon Heine*, de Hambourg ; *Hottinguer* et compagnie, de Paris ; *Jhon-Pierre Kennard*, de Londres ; *Joseph-Loche*, de Londres ; *Mallet* frères et compagnie, de Paris ; *Marcuard* et compagnie, de Paris ; *John Masterman junior*, de Londres ; *Mathieu Uzielli*, de Londres ; *Samuel Morton-Peto*, de Londres ; *B. Paccard, Dufour* et compagnie, de Paris ; *Perrier* frères, de Paris ; *Pillet-Will* et compagnie, de Paris ; *de Rothschild* frères, de Paris ; *N. M. Rothschild* et fils, de Londres ; *Florentin-Achille Seillière*, de Paris ; *M. A. de Waru* et compagnie, de Paris, est approuvée.

En conséquence, toutes les clauses et conditions stipulées dans ladite convention, tant à la charge de l'Etat qu'à la charge des autres parties contractantes, recevront leur pleine et entière exécution.

2. La convention ci-dessus mentionnée sera annexée au présent décret.

3. Le ministre des travaux publics est chargé de l'exécution du présent décret, lequel sera inséré au *Bulletin des Lois*, etc. (*Bull.* 482, n° 3558).

N° 12. — (6 janv. 1852.) — Décret *qui accorde amnistie pour tous délits et contraventions commis en matière de grande voirie et de police du roulage.*

Le Président de la République,

Sur le rapport du ministre des travaux publics,

Décrète :

Art. 1er. Amnistie est accordée pour tous délits et contraventions commis antérieurement au présent décret en matière de grande voirie et de police du roulage.

Cette amnistie n'est point applicable aux frais avancés par l'Etat et aux restitutions ou dommages-intérêts qui lui ont été alloués par jugements des conseils de préfecture.

2. Les sommes recouvrées avant la date du présent décret ne seront pas restituées.

3. Dans aucun cas, l'amnistie ne pourra être opposée aux droits que les règlements attribuent aux agents de l'administration sur le montant des amendes prononcées.

4. Les ministres des travaux publics et des finances sont chargés, chacun en ce qui le concerne, de l'exécution du présent décret, etc. (*Bull.* 478, n° 3512.)

N° 13.—(6 janv. 1852.)—Décret *qui ouvre un crédit sur les exercices 1852, 1853 et 1854, pour la construction de lignes de télégraphie électrique.*

Le Président de la République,

Sur le rapport du ministre de l'intérieur ;

Vu la délibération du conseil d'administration des lignes télégraphiques en date du 16 décembre 1851 ;

Considérant qu'il importe essentiellement à la sûreté de l'Etat de compléter au plus tôt les moyens mis à la disposition du Gouvernement, pour porter avec promptitude ses ordres sur tous les points du territoire ;

Considérant que l'extension des communications télégraphiques est un véritable bienfait pour les intérêts privés et les relations commerciales de la France tant à l'intérieur qu'à l'étranger,

Décrète :

Art. 1er. Un crédit de quatre millions huit cent trente-deux mille neuf cent quatre-vingt sept francs (4,832,987 fr.) est ouvert au ministère de l'intérieur sur le budget des exercices 1852, 1853 et 1854, pour la construction des lignes de télégraphie électrique ci-après désignées, savoir :

Ligne de l'Est avec embranchement sur Forbach et Mulhouse. . .	233,987 f.
Ligne de Châlon-sur-Saône à Marseille, avec embranchement sur Saint-Etienne et Grenoble. . .	566,603
Ligne de Paris à Bayonne.	265,442
Ligne de Bordeaux à Cette et à Marseille.	474,068
Ligne de Nantes à Brest, par Vannes, etc.	242,571
Ligne de Paris à Cherbourg, par Evreux, Caen.	252,277
Ligne de Châteauroux à Périgueux. .	171,604
Ligne de Nevers à Clermont. . .	138,264

Lignes secondaires à construire pour relier les chefs-lieux des départements aux lignes principales.

Oise (Beauvais).	57,836
Aisne, Ardennes (Laon, Mézières, Reims).	164,951
Vosges (Epinal).	65,210
Seine-et-Marne, Aube, Haute-Marne, Haute-Saône (Melun, Troyes, Chaumont, Vesoul).	245,717
Yonne (Auxerre).	16,166
Jura (Lons-le-Saunier).	57,540
Ain (Bourg).	31,752
Haute-Loire, Lozère (Le Puy et Mende).	112,497
Ardèche (Privas).	56,960
Hautes-Alpes, Basses-Alpes (Gap, Digne).	156,660
Var (Toulon, Draguignan, frontière du Piémont).	120,742

Pyrénées-Orientales (Perpignan et la frontière espagnole).	79,108
Ariége (Foix).	68,218
Tarn, Aveyron (Albi, Rhodez). . .	129,030
Lot (Cahors).	56,070
Gers, Hautes Pyrénées, Basses-Pyrénées (Auch, Tarbes, Pau).	157,878
Deux-Sèvres, Charente-Inférieure (Niort, La Rochelle).	117,064
Vendée (Napoléon-Vendée). . . .	63,798
Creuse (Guéret).	57,739
Corrèze, Cantal (Tulle, Aurillac), .	140,784
Orne, Sarthe, Mayenne, Ille-et-Vilaine, Côtes-du-Nord (Alençon, Le Mans, Laval, Rennes, Saint-Brieuc)	349,438
Fils supplémentaires sur les lignes existantes.	207,013
Total. . . .	4,832,987

2. Sur cette somme de quatre millions huit cent trente-deux mille neuf cent quatre-vingt-sept francs (4,832,987 fr.), un crédit de un million sept cent quatre-vingt mille six cent soixante et onze francs (1,780,671 fr.) est imputable sur l'exercice 1852, et affecté à la création des lignes suivantes, savoir :

Ligne de l'Est.	233,987 f.
— de Châlon sur-Saône à Marseille.	566,603
— de Paris à Bayonne. . . .	263,442
— de Bordeaux à Cette et Marseille.	474,068
— de Nantes à Brest. . . .	242,571
Total.	1,780,671

Les portions de ce crédit qui n'auraient pu être employées en 1852 seront réparties sur l'exercice 1853.

3. Le surplus de la dépense, s'élevant à trois millions cinquante-deux mille trois cent seize francs (3,052,316 fr.), sera réparti entre les exercices 1853 et 1854, suivant les besoins du service, pour la création des autres lignes.

4. Les ministres de l'intérieur et des finances sont chargés, chacun en ce qui le concerne, de l'exécution du présent décret, etc. (*Bull.* 478, n° 3513.)

N°. 14.—(7 janv. 1852.) — Décret *sur l'organisation de l'administration centrale du département de la guerre.*

LE PRÉSIDENT DE LA RÉPUBLIQUE,

Vu l'arrêté du 5 juillet 1848, portant organisation de l'administration centrale du département de la guerre ;

Vu le décret organique du 19 septembre 1850, concernant spécialement le dépôt de la guerre ;

Considérant que, dans l'intérêt du service et pour la prompte expédition des affaires, il est devenu urgent de coordonner les diverses modifications que ces organisations ont successivement éprouvées, en y introduisant les simplifications que l'expérience a fait reconnaître nécessaires ;

Sur le rapport du ministre de la guerre,

DÉCRÈTE :

ART. 1er. L'administration centrale du département de la guerre est constituée ainsi qu'il suit :

Le ministre,
L'état-major du ministre.

Cabinet du ministre.

Service général. Le chef d'état-major du ministre, directeur.

Première section. Ouverture, enregistrement et départ des dépêches. — Lois et archives administratives. — Décorations.

Deuxième section. Correspondance générale (service, discipline et sûreté générale). — Affaires générales. — Affaires réservées. — Opérations militaires. — Mouvements et rassemblements de troupes. — Inspections générales, revues trimestrielles ou accidentelles. — Effectif de l'armée.

PREMIÈRE DIRECTION.
Du personnel.

Premier bureau. Etats-majors. — Ecoles militaires.
Deuxième bureau. Recrutement.
Troisième bureau. Justice militaire.
Quatrième bureau. Gendarmerie (personnel).
Cinquième bureau. Infanterie.
Sixième bureau. Cavalerie. — Remontes.

DEUXIÈME DIRECTION.
Service de l'artillerie.

Première section. Personnel.
Deuxième section. Matériel. — Comptabilité.

TROISIÈME DIRECTION.
Service du génie.

Première section. Personnel.
Deuxième section. Matériel. — Comptabilité.

QUATRIÈME DIRECTION.
Administration.

Premier bureau. Intendance militaire. — Personnels administratif. — Service de marche. — Transports. — Equipages militaires.
Deuxième bureau. Subsistances militaires. — Chauffage.
Troisième bureau. Personnel des officiers de santé. — Hôpitaux militaires. — Hospices civils. — Infirmeries régimentaires. — Invalides.

Quatrième bureau. Habillement. — Lits militaires.—Campement.—Harnachement.

Cinquième bureau. Solde. — Revues de comptabilité. — Administration intérieure des corps de toutes armes (gendarmerie comprise).

CINQUIÈME DIRECTION.
Affaires de l'Algérie.

Premier bureau. Administration générale et municipale.—Affaires arabes.

Deuxième bureau. Colonisation. — Agriculture. — Domaine.

Troisième bureau. Travaux publics. — Mines. — Forêts. — Contributions directes.

Quatrième bureau. Commerce. — Douanes. — Statistique.

SIXIÈME DIRECTION.
Dépôt de la guerre.

L'organisation intérieure du dépôt de la guerre demeure régie par le décret du 19 septembre 1850.

SEPTIÈME DIRECTION.
Comptabilité générale.

Premier bureau. Contrôle des dépenses. — Contentieux. — Budgets généraux.

Deuxième bureau. Fonds. — Ordonnances. — Comptes généraux. — Agence comptable.

Troisième bureau. Comptes-matières.

Quatrième bureau. Pensions. — Secours.

Cinquième bureau. Service intérieur.

2. La composition générale et les traitements annuels du personnel de l'administration centrale de la guerre (dépôt excepté) sont fixés ainsi qu'il suit :

		Traitements.	Effectif.
Directeurs.		15,000	7
Chefs de bureau ou de section.	1re classe	8,000	
	2e classe.	7,000	26
	3e classe.	6,000	
Sous-chefs.	1re classe	5,000	
	2e classe	4,500	29
	3e classe	4,000	
Commis principaux.	1re classe	3,600	
	2e classe	3,300	50
	3e classe	3,000	
Commis ordinaires.	1re classe	2,700	
	2e classe	2,400	
	3e classe	2,100	570
	4e classe	1,800	
	5e classe	1,600	
Surnuméraires (sans traitement: leur nombre ne peut excéder celui des bureaux)		»	»
	Total.		482
Agents secondaires.	Huissiers	1,600	4
	Garçons de bureau, portiers, etc.	1,200	
		1,100	109
		1,000	
	Total.		113

Le traitement du directeur du dépôt de la guerre est également fixé à quinze mille francs. Celui du personnel sous ses ordres est réglé par le décret du 19 sept. 1850.

3. Les chefs pourvus d'un grade militaire dans les cadres d'activité continuent à recevoir, sur les fonds de la solde, le traitement de leur grade, si ce traitement est supérieur à celui qui leur serait attribué en vertu de l'article 2 ci-dessus.

4. Les commis qui seraient en possession d'un traitement supérieur à celui déterminé par la classe dont ils font partie conserveront ce traitement jusqu'à promotion nouvelle ou cessation de fonctions.

Les augmentations de traitement pouvant résulter des fixations de l'article 2 auront lieu dans la limite des allocations budgétaires.

5. Pour maintenir l'unité de vues et de principes dans l'exécution des divers services du département de la guerre, un comité central est institué au ministère.

6. Un nouveau règlement ministériel déterminera, d'après les bases posées par le présent décret, les conditions d'admission et d'avancement dans le personnel de l'administration centrale de la guerre.

Le même règlement déterminera la composition spéciale du personnel de chaque bureau, en raison des attributions qui lui seront dévolues.

7. Le ministre de la guerre est chargé de l'exécution du présent décret, qui abroge toutes les dispositions antérieures qui lui sont contraires, etc. (*Bull.* 477, n° 3500).

N° 15.—(8 janv.1852.)—Décret *qui alloue, sur l'exercice 1851, un crédit extraordinaire pour les dépenses de campement et de casernement des troupes faisant partie de l'expédition de la Plata.*

LE PRÉSIDENT DE LA RÉPUBLIQUE,

Vu la loi du 12 juillet 1851, qui a ouvert un crédit extraordinaire, sur l'exercice 1850, pour l'acquittement des dépenses de casernement et de campement des troupes de la marine faisant partie de l'expédition de la Plata ;

Attendu que les dépenses analogues, afférentes à l'exercice 1851, n'ont pu être prévues dans la loi du 29 juillet 1850, portant fixation du budget général dudit exercice ;

Sur le rapport du ministre de la marine et des colonies,

DÉCRÈTE :

ART. 1er. Il est alloué au département de la marine et des colonies, sur l'exercice

1851, un crédit extraordinaire de quatre-vingt-quinze mille francs (95,000 f.), pour solder les dépenses de campement et de casernement des troupes expéditionnaires de la Plata.

Ces dépenses seront classées dans un chapitre spécial qui portera le n° 11 *ter* au budget du *Service de la marine*, même exercice.

2. Il sera pourvu à ces dépenses au moyen des ressources accordées par les lois de finances pour les besoins du service de l'exercice 1851.

3. Le ministre de la marine et des colonies et le ministre des finances sont chargés, chacun en ce qui le concerne, de l'exécution du présent décret, etc. (*Bull.* 478, n° 3514).

N° 16.—(8 janv. 1852.)—Décret *qui ouvre un crédit, sur l'exercice* 1852, *pour la construction des fosses d'immersion destinées à conserver les bois de la marine.*

Le Président de la République,

Vu la loi du 7 août 1851, allouant, d'une part, un crédit extraordinaire de neuf cent trente-huit mille francs, pour l'extension des moyens de conservation des bois de construction de la marine; d'autre part, affectant, sur ce crédit, une somme de trois cent mille francs à l'exercice 1851;

Considérant que les travaux commencés, et dont l'urgence a été constatée, seraient forcément interrompus, si la dotation nécessaire à la continuation de ces travaux n'était promptement ouverte sur l'exercice 1852;

Sur le rapport du ministre de la marine et des colonies,

Décrète :

Art. 1er. Il est ouvert au département de la marine et des colonies, sur l'exercice 1852, un crédit de six cent trente-huit mille francs (638,000 f.), formant le complément de la somme allouée, par la loi du 7 août 1851, pour la construction des fosses d'immersion destinées à conserver les bois de la marine.

L'imputation de ce crédit aura lieu au chapitre xi *ter* (*Travaux hydrauliques; constructions des fosses d'immersion*) du budget dudit exercice.

2. Il sera pourvu aux dépenses autorisées par l'article précédent, au moyen des ressources de l'exercice 1852.

3. Le ministre de la marine et des colonies, et le ministre des finances, sont chargés, chacun en ce qui le concerne, de l'exécution du présent décret, qui sera inséré au *Bulletin des lois*, etc. (*Bull.* 478, n° 3515).

N° 17.—(9 janv. 1852.) — Décret *qui fixe les cadres des personnels administratifs des hôpitaux, des subsistances et de l'habillement.*

Le Président de la République,

Vu la loi du 11 avril 1831, sur les pensions de l'armée de terre ;

Vu la loi du 19 mai 1834, sur l'état des officiers;

Vu les ordonnances des 28 février 1838 et 25 août 1840 sur l'organisation des personnels administratifs des hôpitaux, des subsistances et de l'habillement;

Sur le rapport du ministre de la guerre,

Décrète :

Art. 1er. Les cadres des personnels administratifs des hôpitaux, des subsistances et de l'habillement sont fixés comme ci-après :

		HOPI-TAUX.	SUBSIS-TANCES.	HABIL-LEMENT.
Officiers d'administration principaux.		8	8	3
Officiers d'administration comptables.	de 1re classe.	40 } 80	65 } 150	12 } 24
	de 2e classe.	40	65	12
Adjudants d'administration.	en premier.	90	70	20
	en second. .	122	92	23
Élèves d'administration. .		selon les besoins du service.		
		300	300	70

2. Les officiers d'administration de tout grade et les élèves peuvent être employés dans les divers services administratifs lorsque les besoins l'exigent.

3. Les élèves d'administration sont choisis parmi les sous-officiers des divers corps de l'armée en activité de service.

Les candidats doivent réunir les conditions suivantes :

Ne pas être âgés de plus de trente ans;

Compter au moins un an de grade;

Ne pas être mariés;

Posséder les connaissances administratives sur lesquelles ils sont appelés à répondre dans un examen dont le ministre de la guerre règle le programme;

Avoir fait preuve, pendant un stage de six mois, de l'aptitude nécessaire au service pratique.

Les élèves d'administration sont nommés par le ministre de la guerre.

4. Les adjudants en second se recrutent comme il suit :

HOPITAUX.

Deux sixièmes parmi les élèves d'administration provenant des sous-officiers infirmiers, et comptant au moins un an d'exercice comme élèves titulaires ;

Trois sixièmes parmi les élèves d'administration provenant des sous-officiers des autres corps de l'armée, et remplissant la même condition ;

Un sixième parmi les commis entretenus de troisième classe des bureaux de l'intendance militaire, comptant au moins deux ans de service dans cet emploi, et qui ont été sous-officiers.

SUBSISTANCES ET HABILLEMENT.

Deux sixièmes parmi les élèves d'administration provenant des sous-officiers ouvriers d'administration, et comptant au moins un an d'exercice comme élèves titulaires ;

Trois sixièmes parmi les élèves d'administration provenant des sous-officiers des autres corps de l'armée, et remplissant la même condition ;

Un sixième parmi les commis entretenus de troisième classe des bureaux de l'intendance militaire comptant au moins deux ans de service dans cet emploi, et qui ont été sous-officiers.

5. Les adjudants en premier sont pris parmi les adjudants en second comptant au moins deux ans d'ancienneté de grade. Ils sont nommés, deux tiers à l'ancienneté, un tiers au choix.

Les comptables de deuxième classe sont pris parmi les adjudants en premier comptant au moins quatre ans d'ancienneté de grade. Ils sont nommés exclusivement au choix.

Les comptables de première classe sont pris parmi les comptables de deuxième classe comptant au moins deux ans d'ancienneté de grade. Ils sont nommés, moitié à l'ancienneté, moitié au choix.

Les officiers d'administration principaux sont pris parmi les comptables de première classe comptant au moins quatre ans d'ancienneté de grade. Ils sont nommés exclusivement au choix.

Les officiers d'administration de tout grade et de toute classe sont nommés par le Président de la République.

6. Si des circonstances de guerre viennent accidentellement rendre insuffisants les cadres déterminés par l'article 1er ci-dessus, le ministre de la guerre pourra pourvoir aux besoins du service en commissionnant des élèves d'administration pour faire fonctions temporairement d'adjudant en second.

7. Une commission spéciale, composée d'intendants militaires et nommée par le ministre de la guerre, établira, chaque an-née, le tableau de candidature des agents proposés pour l'avancement.

8. Sont applicables, à partir du 1er janvier 1852, au personnel administratif des subsistances militaires comme elles le sont déjà à ceux des hôpitaux et de l'habillement, les dispositions des lois du 11 avril 1831 sur les pensions de l'armée de terre, et du 19 mai 1834 sur l'état des officiers.

9. Toutes les dispositions contraires au présent décret sont abrogées, etc. (*Bull.* 478, n° 3516).

———

N° 18.—(9 janv. 1852.)—DÉCRET *relatif à l'emprunt contracté par la compagnie du chemin de fer d'Avignon à Marseille, et garanti par l'État.*

LE PRÉSIDENT DE LA RÉPUBLIQUE,

Vu la loi du 19 novembre 1849, donnant la garantie de l'Etat à un emprunt de trente millions que la compagnie du chemin de fer d'Avignon à Marseille a été autorisée à contracter ;

Vu le décret du 13 mai 1850, et la convention du 30 avril précédent y annexée ;

Vu l'état de situation des charges et des ressources disponibles de la compagnie, pour le service des obligations de l'emprunt, au 1er janvier 1852, d'où il résulte une insuffisance de huit cent quarante-quatre mille deux cent cinquante francs, que le trésor public est appelé à couvrir,

DÉCRÈTE :

ART. 1er. Le ministre des finances est autorisé à mettre à la disposition de la compagnie du chemin de fer d'Avignon à Marseille, à titre d'avance remboursable, et conformément aux dispositions de la convention précitée du 30 avril 1850, la somme de huit cent quarante-quatre mille deux cent cinquante francs, nécessaire pour assurer le service du semestre échu le 1er janvier 1852, sur l'emprunt de trente millions garanti par l'Etat.

2. Le ministre des finances est chargé de l'exécution du présent décret, etc. (*Bull.* 478, n° 3517).

———

N° 19.—(9 janv. 1852.)—DÉCRET *sur l'exercice de la pêche côtière.*

LE PRÉSIDENT DE LA RÉPUBLIQUE,

Sur le rapport du ministre de la marine et des colonies ;

Vu l'avis du conseil d'amirauté, en date du 20 mai 1850 ;

Vu l'avis du conseil d'Etat, en date du 31 juillet 1851 ;

Décrète :

Art. 1er. L'exercice de la pêche côtière, ou pêche du poisson et du coquillage, tant à la mer, le long des côtes, que dans la partie des fleuves, rivières, étangs et canaux où les eaux sont salées, est soumis aux dispositions suivantes.

2. Aucun établissement de pêcherie, de quelque nature qu'il soit; aucun parc, soit à huîtres, soit à moules; aucun dépôt de coquillages, ne peuvent être formés sur le rivage de la mer, le long des côtes, ni dans la partie des fleuves, rivières, étangs et canaux où les eaux sont salées, sans une autorisation spéciale, délivrée par le ministre de la marine.

Un règlement d'administration publique déterminera les formes suivant lesquelles cette autorisation sera accordée et pourra être révoquée.

3. Des décrets détermineront, pour chaque arrondissement ou sous-arrondissement maritime,

1° L'étendue de côte devant laquelle chaque espèce de pêche est permise;

2° La distance de la côte, ainsi que des graus, embouchures de rivières, étangs ou canaux, à laquelle les pêcheurs devront se tenir;

3° Les époques d'ouverture et de clôture des diverses pêches, l'indication de celles qui seront libres pendant toute l'année, les heures pendant lesquelles les pêches pourront être pratiquées;

4° Les mesures d'ordre et de police à observer dans l'exercice de la pêche en flotte;

5° Les rets, filets, engins, instruments de pêche prohibés; les procédés et modes de pêche prohibés;

6° Les dispositions spéciales propres à prévenir la destruction du frai et à assurer la conservation du poisson et du coquillage, notamment celles relatives à la récolte des herbes marines, la classification du poisson qui sera réputé frai, les dimensions au-dessous desquelles les diverses espèces de poissons et de coquillages ne pourront pas être pêchées, et devront être rejetées à la mer, ou, pour les coquillages, déposées en des lieux déterminés;

7° Les prohibitions relatives à la pêche, à la mise en vente, à l'achat, au transport et colportage, ainsi qu'à l'emploi, pour quelque usage que ce soit, du frai ou du poisson assimilé au frai, et du coquillage qui n'atteint pas les dimensions prescrites;

8° Les appâts défendus;

9° Les conditions d'établissement de pêcheries, de parcs à huîtres, à moules, et de dépôts de coquillages; les conditions de leur exploitation; les rets, filets, engins, bateaux et autres instruments, ainsi que les matériaux qui pourront y être employés;

10° Les mesures de police touchant l'exercice de la pêche à pied;

11° Enfin et généralement, les mesures d'ordre et de précautions propres à assurer la conservation de la pêche et à en régler l'exercice.

4. Les préfets maritimes et, dans les sous-arrondissements, les chefs du service de la marine fixeront par des arrêtés les époques d'ouverture et de clôture de la pêche des huîtres et des moules, et détermineront les huîtrières et moulières qui seront mises en exploitation.

Ces arrêtés seront, dans la quinzaine, transmis au ministre de la marine.

5. Quiconque aura formé sans autorisation un établissement de pêcherie, de parc à huîtres ou à moules, ou de dépôt de coquillages, de quelque nature qu'il soit, sera puni d'une amende de cinquante à deux cent cinquante francs, et pourra, en outre, être puni d'un emprisonnement de six jours à un mois.

La destruction des établissements formés sans autorisation aura lieu aux frais des contrevenants.

6. Sera puni des peines portées par l'article précédent,

1° Quiconque se sera servi d'appâts prohibés;

2° Quiconque, dans l'établissement ou l'exploitation des pêcheries, parcs ou dépôts autorisés, aura contrevenu aux décrets rendus en exécution du paragraphe 9 de l'article 3.

Dans ce cas, l'autorisation pourra être révoquée et les établissements détruits aux frais des contrevenants.

7. Sera puni d'une amende de vingt-cinq à cent vingt-cinq francs ou d'un emprisonnement de trois à vingt jours,

1° Quiconque aura fabriqué, détenu hors de son domicile, ou mis en vente les rets, filets, engins, instruments de pêche prohibés par les règlements, ou en aura fait usage;

2° Quiconque aura contrevenu aux dispositions spéciales établies par les règlements pour prévenir la destruction du frai et du poisson assimilé au frai, ou pour assurer la conservation et la reproduction du poisson et du coquillage;

3° Quiconque aura fait usage d'un procédé ou mode de pêche prohibé par un décret rendu en exécution du paragraphe 5 de l'article 3;

4° Quiconque aura pêché, transporté ou mis en vente ou employé à un usage quelconque le frai, le poisson assimilé au frai, le poisson ou le coquillage dont les dimensions n'atteindraient pas le minimum déterminé par les règlements.

La peine sera double lorsque le transport aura lieu par bateaux, voitures ou bêtes de somme.

8. Sera puni d'un emprisonnement de deux à dix jours et d'une amende de cinq à cent francs,

1° Quiconque se livrera à la pêche pendant les temps, saisons et heures prohibés, ou aura pêché en dedans des limites fixées par les décrets ou arrêtés rendus pour déterminer la distance de la côte, de l'embouchure des étangs, rivières et canaux dans lesquels la pêche aura été interdite;

2° Quiconque aura enfreint les prescriptions relatives à l'ordre et à la police de la pêche en flotte;

3° Quiconque se sera refusé à laisser opérer dans les pêcheries, parcs, lieux de dépôt de coquillages, bateaux de pêche et équipages, les visites requises par les agents chargés, aux termes du paragraphe 1er de l'article 14, de la recherche et de la constatation des contraventions.

9. Seront punis d'une amende de deux à cinquante francs, ou d'un emprisonnement d'un à cinq jours, toutes autres contraventions aux règlements rendus en exécution de l'article 3.

10. En cas de conviction de plusieurs infractions à la présente loi et aux arrêtés et règlements rendus pour son exécution, la peine la plus forte sera seule prononcée.

Les peines encourues pour des faits postérieurs à la déclaration du procès-verbal de contravention pourront être cumulées, s'il y a lieu, sans préjudice des peines de la récidive.

11. En cas de récidive, le contrevenant sera condamné au maximum de la peine de l'amende ou de l'emprisonnement; ce maximum pourra être élevé jusqu'au double.

Il y a récidive lorsque, dans les deux ans précédents, il a été rendu contre le contrevenant un jugement pour contravention en matière de pêche.

12. Pourront être déclarés responsables des amendes prononcées pour contraventions prévues par la présente loi, les armateurs des bateaux de pêche, qu'ils en soient ou non propriétaires, à raison des faits des patrons et équipages de ces bateaux; ceux qui exploitent les établissements de pêcheries, de parcs à huîtres ou à moules et de dépôts de coquillages, à raison des faits de leurs agents ou employés.

Ils seront, dans tous les cas, responsables des condamnations civiles. Seront également responsables, tant des amendes que des condamnations civiles, les pères, maris et maîtres, à raison des faits de leurs enfants mineurs, femmes, préposés et domestiques.

Cette responsabilité sera réglée conformément au dernier paragraphe de l'article 1384 du Code civil.

13. La recherche des rêts, filets, engins et instruments de pêche prohibés pourra être faite à domicile chez les marchands et fabricants.

14. Les rêts, filets, engins et instruments de pêche prohibés seront saisis; le jugement en ordonnera la destruction.

Le poisson et le coquillage saisis pour causes de délits seront vendus sans délai dans la commune la plus voisine, dans les formes prescrites par l'article 42 de la loi du 15 avril 1829; le prix en sera confisqué en cas de condamnation.

Les officiers et agents, chacun dans la limite de leurs attributions, ont le droit de requérir directement la force publique pour la répression des infractions en matière de pêche maritime, ainsi que pour la saisie des filets, engins et appâts prohibés, et du poisson et des coquillages pêchés en contravention.

15. Le produit des amendes et confiscations sera attribué à la caisse des invalides de la marine sous la déduction du cinquième de ces amendes et confiscations, lequel sera attribué à l'agent qui aura constaté la contravention, sans que cette allocation puisse excéder vingt-cinq francs pour chaque infraction.

16. Les infractions sont recherchées et constatées par les commissaires de l'inscription maritime, les officiers et officiers mariniers commandant les bâtiments et les embarcations garde-pêches, les inspecteurs des pêches maritimes, les syndics des gens de mer, les prud'hommes pêcheurs, les gardes jurés de la marine, les gardes mariniers et les gendarmes de la marine.

Lorsque l'infraction portera sur le fait de vente, transport ou colportage du frai, du poisson assimilé au frai, du poisson ou coquillage n'atteignant pas les dimensions prescrites, elle pourra être également constatée par les officiers de police judiciaire, les agents municipaux assermentés, les employés des contributions indirectes et des octrois.

17. Les procès-verbaux devront être signés; ils devront, et à peine de nullité, être en outre affirmés dans les trois jours de la clôture desdits procès-verbaux par-devant le juge de paix du canton ou l'un de ses suppléants, ou par-devant le maire ou l'adjoint, soit de la commune de la résidence de l'agent qui dresse le procès-verbal, soit de celle où le délit a été commis.

Toutefois, les procès-verbaux dressés par les officiers du commissariat de la marine chargés du service de l'inscription maritime, par les officiers et officiers mariniers commandant les bâtiments et embarcations garde-pêches, et les inspecteurs des pêches maritimes, ne sont point soumis à l'affirmation.

18. Toutes poursuites en raison des infractions commises à la présente loi et aux décrets et arrêtés rendus en exécution des articles 3 et 4 seront portées devant les tribunaux correctionnels.

Si le délit a été commis en mer, elles seront portées devant le tribunal du port auquel appartient le bateau.

Ces poursuites seront intentées dans les trois mois qui suivront le jour où la contravention aura été constatée.

A défaut de poursuites intentées dans ce délai, l'action publique et les actions privées relatives aux contestations entre pêcheurs seront prescrites.

19. Les poursuites auront lieu à la diligence du ministère public, sans préjudice du droit de la partie civile. Elles pourront être aussi intentées à la diligence des officiers du commissariat chargés de l'inscription maritime. Ces officiers, en cas de poursuites par eux faites, ont droit d'exposer l'affaire devant le tribunal, et d'être entendus à l'appui de leurs conclusions.

20. Les procès-verbaux feront foi jusqu'à inscription de faux.

A défaut de procès-verbaux, ou en cas d'insuffisance de ces actes, les infractions pourront être prouvées par témoins.

21. Les citations, actes de procédure et jugements sont dispensés du timbre et enregistrés gratis.

Les citations et significations seront faites et remises sans frais par les syndics des gens de mer, les gardes-jurés, les gardes maritimes et les gendarmes de la marine. Si la contravention a été constatée par des officiers de police judiciaire, des agents municipaux assermentés, des employés des contributions indirectes ou des octrois, les significations pourront être aussi remises par les agents de la force publique.

Les jugements seront signifiés par simple extrait contenant le nom des parties et le dispositif du jugement.

Cette signification fera courir les délais d'opposition, d'appel et de pourvoi en cassation.

22. En cas de recours en cassation, l'amende à consigner est réduite à moitié du taux fixé par l'article 419 du Code d'instruction criminelle.

23. Les receveurs de l'administration de l'enregistrement et des domaines sont chargés du recouvrement des amendes prononcées pour contraventions à la présente loi et aux décrets et arrêtés rendus pour son exécution. Ils verseront les fonds en provenant dans les mains des trésoriers de la caisse des invalides de la marine.

24. Sont et demeurent abrogés, en ce qu'ils ont de contraire aux dispositions de la présente loi, les lois et règlements aujourd'hui existants sur la police de la pêche côtière ou pêche du poisson et du coquillage à la mer, le long des côtes, ainsi que dans la partie des fleuves, rivières, étangs et canaux où les eaux sont salées.

Sont également abrogés les règlements relatifs à la récolte du varech, sart, goëmon et autres herbes marines.

Toutefois, ces lois et règlements continueront provisoirement à être exécutés, mais sous les peines ci-dessus énoncées pour les contraventions aux dispositions qu'ils contiennent, jusqu'à la publication des décrets à intervenir en conformité de l'article 3, laquelle publication devra avoir lieu dans l'année qui suivra la promulgation de la présente loi.

Il n'est d'ailleurs pas dérogé à la loi du 23 juin 1846 sur les pêcheries dans les mers situées entre les côtes de France et celles du royaume-uni de la Grande-Bretagne et de l'Irlande.

La présente loi sera insérée au *Bulletin des Lois* et au *Bulletin officiel de la marine*, etc. (*Bull.* 483, n° 3561.)

N° 20. — (11 janv. 1852.) — DÉCRET *sur la garde nationale.*

LOUIS-NAPOLÉON, PRÉSIDENT DE LA RÉPUBLIQUE,

Considérant que l'ordre est l'unique source du travail, et qu'il ne s'établit qu'en raison directe de la force et de l'autorité du Gouvernement;

Considérant que la garde nationale doit être non une garantie contre le Pouvoir, mais une garantie contre le désordre et l'insurrection;

Considérant que les principes appliqués à l'organisation de la garde nationale à la suite de nos différentes révolutions, en armant indistinctement tout le monde, n'ont été qu'une préparation à la guerre civile;

Qu'une composition de la garde nationale faite avec discernement assure l'ordre public et le salut du pays;

Considérant que, dans les campagnes surtout, où la force publique est peu nombreuse, il importe de prévenir toute nouvelle tentative de désordre et de pillage; qu'une récente expérience a prouvé qu'une seule compagnie de bons citoyens, armés pour la défense de leurs foyers, suffit pour contenir ou mettre en fuite des bandes de malfaiteurs;

Sur le rapport du ministre de l'intérieur,

Décrète :

Les gardes nationales sont dissoutes dans toute l'étendue du territoire de la République.

Elles sont réorganisées sur les bases suivantes dans les localités où leur concours sera jugé nécessaire pour la défense de l'ordre public.

Dans le département de la Seine, le général commandant supérieur est chargé de cette réorganisation, qui aura lieu par bataillons.

Art. 1er. Le service de la garde nationale consiste,

1° En service ordinaire dans l'intérieur de la commune; — 2° En service de détachement hors du territoire de la commune.

2. Le service de la garde nationale est obligatoire pour tous les Français âgés de vingt-cinq à cinquante ans qui seront jugés aptes à ce service par le conseil de recensement.

Néanmoins le Gouvernement fixera, pour chaque localité, le nombre des gardes nationaux.

3. La garde nationale est organisée dans toutes les communes où le Gouvernement le juge nécessaire; elle est dissoute et réorganisée suivant que les circonstances l'exigent. Elle est formée en compagnie, bataillon ou légion, selon les besoins du service déterminés par l'autorité administrative, qui pourra créer des corps de sapeurs-pompiers.

La création de corps spéciaux de cavalerie, artillerie ou génie, ne pourra avoir lieu que sur l'autorisation du ministre de l'intérieur.

4. Le Président de la République nommera un commandant supérieur, des colonels ou lieutenants-colonels dans les localités où il le jugera convenable.

5. La garde nationale est placée sous l'autorité des maires, des sous-préfets, des préfets et du ministre de l'intérieur.

Lorsque, d'après les ordres du préfet ou du sous-préfet, la garde nationale de plusieurs communes est réunie, soit au chef-lieu du canton, soit dans toute autre commune, elle est sous l'autorité du maire de la commune où a lieu la réunion.

Sont exceptés les cas, déterminés par les lois, où la garde nationale est appelée à faire un service militaire et où elle est mise sous les ordres de l'autorité militaire.

6. Les citoyens ne peuvent ni prendre les armes, ni se rassembler comme gardes nationaux, avec ou sans uniforme, sans l'ordre des chefs immédiats, et ceux-ci ne peuvent donner cet ordre sans une réquisition de l'autorité civile.

7. Aucun chef de poste ne peut faire distribuer des cartouches aux gardes nationaux placés sous son commandement, si ce n'est en vertu d'un ordre précis ou en cas d'attaque de vive force.

8. La garde nationale se compose de tous les Français et des étrangers jouissant des droits civils qui sont admis par le conseil de recensement, à la condition d'être habillés suivant l'uniforme, qui est obligatoire.

9. Le conseil de recensement est composé ainsi qu'il suit :

1° Pour une compagnie, du capitaine, président, et de deux membres désignés par le sous-préfet;—2° Pour un bataillon, du chef de bataillon, président, et du capitaine de chacune des compagnies qui le composent; le capitaine peut se faire suppléer par son sergent-major.

Provisoirement et jusqu'à nomination aux grades, il est composé de trois membres par compagnie, et de neuf membres par bataillon, désignés par le préfet ou le sous-préfet :

A Paris, la désignation sera faite par le ministre de l'intérieur, sur la présentation du général commandant supérieur.

Le conseil de recensement prononce sur les admissions et arrête le contrôle définitif.

10. Il y aura un jury de révision par chaque canton. Il est présidé par le juge de paix et composé de quatre membres nommés par le sous-préfet.

A Paris, le jury de révision, institué à l'état-major général, est présidé par le chef d'état-major; à son défaut, par un lieutenant-colonel d'état-major, et composé de

Quatre chefs de bataillon;
Deux chefs d'escadron d'état-major;
Deux capitaines d'état-major;
Un chef d'escadron, rapporteur;
Un capitaine, rapporteur-adjoint;
Un capitaine, secrétaire;
Un lieutenant, secrétaire-adjoint.

11. Le président de la République nomme les officiers de tous grades, sur la présentation du ministre de l'intérieur, d'après les propositions du commandant supérieur, dans le département de la Seine, et d'après

celles des préfets, dans les autres départements.

Les adjudants sous-officiers sont nommés par le chef de bataillon, qui nomme également à tous les emplois de sous-officiers et de caporaux, sur la présentation des commandants de compagnies.

12. Les communes sont responsables, sauf leur recours contre les gardes nationaux, des armes que le Gouvernement a jugé nécessaire de leur délivrer; ces armes restent la propriété de l'Etat.

L'entretien de l'armement est à la charge du garde national; les réparations, en cas d'accident causé par le service, sont à la charge de la commune.

Les gardes nationaux détenteurs d'armes appartenant à l'Etat, qui ne présentent pas ou ne font pas présenter ces armes aux inspections générales annuelles prescrites par les règlements, peuvent être condamnés à une amende de un franc au moins et de cinq francs au plus, au profit de la commune.

Cette amende est prononcée et recouvrée comme en matière de police municipale.

13. Dans tous les cas où les gardes nationales sont de service avec les corps soldés, elles prennent le rang sur eux.

14. Les dépenses de la garde nationale sont votées, réglées et surveillées comme toutes les autres dépenses municipales.

15. Les dépenses de la garde nationale sont obligatoires ou facultatives.

Les dépenses obligatoires sont.

1º Les frais d'achat de drapeaux, tambours et trompettes; — 2º Les réparations, l'entretien et le prix des armes, sauf recours contre les gardes nationaux aux termes de l'article 13; — 3º Le loyer, l'entretien, le chauffage, l'éclairage et le mobilier des corps de garde; — 4º Les frais de registres, papiers, contrôles, billets de garde et tous les menus frais de bureau qu'exige le service de la garde nationale; — 5º La solde des majors et adjudants-majors; — 6º La solde et l'habillement des tambours et trompettes;

Toutes autres dépenses sont facultatives.

16. Lorsqu'il est créé des bataillons cantonaux, la répartition de la portion afférente à chaque commune du canton dans les dépenses obligatoires du bataillon, autres que celles des compagnies, est faite par le préfet, en conseil de préfecture, après avoir pris l'avis des conseils municipaux. Cette répartition a lieu proportionnellement à la population de chaque commune et à son contingent dans le principal des quatre contributions directes.

17. Il y a, dans chaque légion ou chaque bataillon formé par les gardes nationaux d'une même commune, un conseil d'administration chargé de présenter annuellement au maire l'état des dépenses nécessaires pour le service de la garde nationale, et de viser les pièces justificatives de l'emploi des fonds.

Il y a également par bataillon cantonal un conseil d'administration chargé des mêmes fonctions, et qui doit présenter au sous-préfet l'état des dépenses du bataillon.

La composition de ces conseils est déterminée par un règlement d'administration publique.

18. Dans le département de la Seine, il y a un conseil d'administration par un nombre de bataillons qui sera déterminé ultérieurement par le ministre de l'intérieur. Il est composé ainsi qu'il suit :

Un chef de bataillon, président,

Un officier par bataillon.

Le major attaché à ces bataillons sera rapporteur du conseil.

Un secrétaire chargé, en outre, des écritures pour les conseils de discipline.

Il est nommé un officier payeur pour le même nombre de bataillons.

19. Le règlement relatif au service ordinaire aux revues, exercices et prises d'armes, est arrêté,

Pour le département de la Seine, par le ministre de l'intérieur, sur la proposition du commandant supérieur;

Pour les villes et communes des autres départements, par le maire, sur la proposition du commandant de la garde nationale et sous l'approbation du sous-préfet;

Les chefs pourront, en se conformant à ce règlement, et sans réquisition particulière, mais après en avoir prévenu l'autorité municipale, faire toutes les dispositions et donner tous les ordres relatifs au service ordinaire, aux revues et aux exercices.

Dans les villes de guerre, la garde nationale ne peut prendre les armes ni sortir des barrières qu'après que le maire en a informé par écrit le commandant de la place.

Le tout sans préjudice de ce qui est réglé par les lois spéciales à l'état de guerre et à l'état de siége dans les places.

20. Lorsque la garde nationale est organisée en bataillons cantonaux et en légions, le règlement sur les exercices est arrêté par le sous-préfet, de l'avis des maires des communes et sur la proposition du commandant, pour chaque bataillon isolé, et du chef de légion pour les bataillons réunis en légion.

21. Le préfet peut suspendre les revues et exercices dans les communes et dans les cantons, à la charge d'en rendre immédiatement compte au ministre de l'intérieur.

22. Tout garde national commandé pour le service doit obéir, sauf à réclamer ensuite, s'il s'y croit fondé, devant le chef de corps.

23. Le titre IV de la loi du 13 juin 1851, intitulé *Discipline*, est maintenu jusques et y compris l'article 118 de la même loi.

Sont abrogées toutes les lois antérieures au présent décret, ainsi que toutes les dispositions relatives au service et à l'administration de la garde nationale, qui y seraient contraires, etc. (*Bull.* 478, n° 3505).

N° 21.—(13 janv. 1852.)—Décret *qui accorde amnistie pour les condamnations prononcées à raison d'infractions au service de la garde nationale.*

LOUIS-NAPOLÉON, Président de la République française,

Sur le rapport du ministre de l'intérieur,

Décrète :

Art. 1er. Amnistie pleine et entière est accordée :

1° Pour toutes les condamnations prononcées, à raison d'infractions commises au service de la garde nationale, antérieurement à la date du présent décret, tant par les conseils de discipline que par les tribunaux, de police correctionnelle dans toute l'étendue de la République, et qui n'auraient point encore reçu leur exécution ;—2° Pour toutes les infractions de même nature, commises antérieurement à la date précitée, et qui seraient susceptibles de poursuites disciplinaires ou correctionnelles.

2. Le ministre de l'intérieur et le ministre de la justice sont chargés, chacun en ce qui le concerne, de l'exécution du présent décret, etc. (*Bull.* 483, n° 3562).

N° 22.—(13 janv. 1852.)—Décret *portant réception du décret pontifical qui autorise l'évêque de Beauvais et ses successeurs à joindre à ce titre ceux des évêchés supprimés de Noyon et de Senlis.*

Le Président de la République,

Sur le rapport du ministre de l'instruction publique et des cultes ;

Vu l'article 1er de la loi du 8 avril 1802 (18 germinal an X) ;

Vu le décret pontifical, en date du 12 avril 1851, qui, sur la proposition du Gouvernement, autorise l'évêque de Beauvais et ses successeurs à joindre à ce titre les titres d'évêque de Noyon et de Senlis ;

La commission consultative (section d'administration) entendue,

Décrète :

Art. 1er. Le décret pontifical donné à Rome par sa sainteté *Pie IX* le 12 avril 1851, et qui autorise l'évêque de Beauvais et ses successeurs à joindre à ce titre celui des évêchés supprimés de Noyon et de Senlis, est reçu et sera publié en la forme ordinaire.

2. Ledit décret pontifical est reçu sans approbation des clauses, formules ou expressions qu'il renferme et qui sont ou pourraient être contraires aux lois de la République, aux franchises, libertés et maximes de l'église gallicane.

3. Ledit décret sera transcrit en latin et en français sur les registres de la commission consultative. Mention de ladite transcription sera faite sur l'original par le secrétaire général de la commission consultative.

4. Le ministre de l'instruction publique et des cultes est chargé de l'exécution du présent décret, qui sera inséré au *Bulletin des Lois*, etc. (*Bull.* 478, n° 3518).

N° 23.—(14 janv. 1852.)—Décret *qui ouvre au ministre des finances un crédit sur l'exercice 1852* (1).

Le Président de la République,

Vu le décret du 2 décembre 1851, qui prononce la dissolution de l'Assemblée nationale ;

Vu l'état de répartition du crédit provisoire de trois cent soixante-neuf millions, ouvert aux ministres par décret du 11 décembre dernier, pour les dépenses des trois premiers mois de 1852 ;

Vu l'état des dépenses du palais de l'Assemblée nationale pour le mois de janvier courant ;

Considérant qu'il est nécessaire de pourvoir à l'acquittement de ces dépenses, en ce qui concerne les services administratifs.

Sur le rapport du ministre des finances,

Décrète :

Art. 1er. Il est ouvert au ministre des finances, sur l'exercice 1852, pour le service du palais de l'Assemblée nationale, un crédit de la somme de quatre-vingt-dix-sept mille cent soixante francs (97,160 fr.), applicable aux dépenses ci-après :

---

(1) L'article 2 de ce décret, portant que la régularisation de ce crédit sera soumise à la législature, est rapporté par un décret spécial du 31 janvier 1852. (Bull. 488, n° 3642).

Personnel (service ordinaire)	52,460 f.	
— (service extraord.)	400	55,130 f.
Secours annuels. . . .	270	
Matériel et dépenses diverses.	9,650	
Impressions et Moniteur. .	7,050	17,550
Bibliothèque.	850	
Travaux extraordinaires des bâtiments.	46,500	
Somme pareille. . . .	97,160	

2. La régularisation de ce crédit sera ultérieurement soumise à la législature.

3. Le ministre des finances est chargé de l'exécution du présent décret, qui sera inséré au *Bulletin des Lois*, etc. (*Bull.* 480, n° 3524).

N° 24. — (14 janv. 1852.) — Décret *qui ouvre un crédit provisoire pour l'inscription, au trésor public, des pensions militaires à liquider en 1852.*

Le Président de la République,

Vu l'article 5 du décret du 11 décembre dernier, qui a ouvert, par anticipation, au ministre de la guerre un crédit provisoire de cinq cent mille francs pour l'inscription, au trésor public, des pensions militaires à liquider en 1852 ;

Considérant que la situation actuelle des liquidations rend nécessaire l'allocation du complément du crédit éventuel de un million cinq cent mille francs qui figurait pour ce service au budget de l'exercice 1852 ;

Sur la proposition des ministres de la guerre et des finances,

Décrète :

Art. 1er. Il est ouvert au ministre de la guerre un crédit provisoire de un million (1,000,000 fr.) pour l'inscription, au trésor public, des pensions militaires à liquider dans le courant de l'année 1852.

2. Les ministres de la guerre et des finances sont chargés, chacun en ce qui le concerne, de l'exécution du présent décret, etc. (*Bull.* 484, n° 3567).

N° 25. — (15 janv. 1852.) — Décret *relatif à l'organisation de la Cour des comptes* (1).

LOUIS-NAPOLÉON, Président de la République française,

Vu la loi du 16 septembre 1807, et le décret organique du 28 du même mois.

Considérant que la Cour des comptes, créée, en 1807, pour remplacer les anciennes commissions de comptabilité, dont le contrôle était demeuré impuissant, n'a pas cessé de répondre à la pensée de son fondateur ; que chargée de juger par ses arrêts les comptables publics, elle leur assure, par l'inamovibilité de ses membres, la garantie d'une juridiction indépendante : qu'appelée à connaître de toutes les recettes et de toutes les dépenses de l'État, elle déclare solennellement la conformité de son contrôle judiciaire avec les comptes administratifs des ministres, et fournit au pouvoir législatif des éléments certains pour le règlement définitif du budget, par la loi des comptes ; que, dans son rapport public au chef de l'État, elle fait ressortir ce qui, dans ses vérifications, lui paraît digne de fixer l'attention du Gouvernement, et exprime les vues d'améliorations que l'étude des faits et des lois lui suggère ; qu'elle est ainsi l'auxiliaire utile et nécessaire d'un pouvoir jaloux de soumettre à un examen sérieux tous les actes de sa gestion financière, et de porter la lumière sur tout l'ensemble de la comptabilité publique ;

Considérant que, de 1807 à 1848, les attributions de la Cour des comptes se sont successivement étendues, soit par les actes qui, à une époque déjà ancienne, lui ont déféré l'examen des comptes des communes et des établissements de bienfaisance, soit par ceux qui, plus récemment, ont organisé et ont soumis à son contrôle la *comptabilité en matières*, soit par le développement naturel et successif des revenus de l'État et des dépenses publiques ; que cependant le nombre des magistrats qui la composent était demeuré tel qu'il avait été fixé en 1807, et qu'ils n'avaient pu accomplir les devoirs nouveaux qui leur avaient été imposés que par un redoublement de travail et d'activité ;

Considérant, dès lors, que c'est sans motif que le Gouvernement provisoire, par un décret du 2 mai 1848, a opéré dans le sein de la Cour des réductions que le plus sévère esprit d'économie ne commandait pas, puisqu'elles étaient incompatibles avec le bien du service ; qu'il est aujourd'hui

---

(1) Les considérants, longuement et fortement motivés de ce décret, font ressortir la nécessité de revenir à l'ancienne organisation de la Cour des comptes. Il est à remarquer que c'est au moment même où les fonds de l'État étaient dilapidés et où le désordre s'introduisait dans les finances que le Gouvernement provisoire avait réduit le personnel de la Cour des comptes et diminué ainsi ou rendu

plus difficile le contrôle devenu plus nécessaire encore que cette haute juridiction exerce sur toutes les dépenses publiques.

Ce décret subséquent étend aux membres de la Cour des comptes les dispositions du décret sur la retraite des magistrats de l'ordre judiciaire.

constaté, par une expérience de quatre années, que la Cour des comptes ainsi mutilée ne peut suffire à ses travaux ; qu'il en est résulté, malgré le zèle des magistrats, un arriéré considérable dans le jugement des comptes, et que cet arriéré, qui porte principalement sur les comptes des communes, des hospices et des autres établissements de bienfaisance, provoque des réclamations vives qu'il est urgent de faire cesser ;

Considérant que, pour parvenir à ce résultat, il est nécessaire de rétablir l'organisation de la Cour des comptes telle qu'elle existait avant le décret du 2 mai 1848, et de prendre des mesures extraordinaires pour vider l'arriéré, en instituant une chambre temporaire qui soit spécialement chargée des comptes de communes et des établissements de bienfaisance ;

Sur le rapport du ministre des finances,

Décrète :

Art. 1er. Le décret du 2 mai 1848, portant organisation de la Cour des comptes, est abrogé. Le nombre des conseillers maîtres et des conseillers référendaires est rétabli tel qu'il avait été fixé par la loi du 16 septembre 1807 et le décret organique du 28 du même mois.

2. Une quatrième chambre temporaire est instituée dans la Cour des comptes. Elle sera composée de cinq conseillers maîtres, y compris le président.

3. Le ministre des finances est chargé de l'exécution du présent décret, qui sera inséré au *Bulletin des Lois*, etc. (*Bull.* 480, n° 3525).

N° 26. — (15 janv. 1852.) — Décret *qui accorde amnistie pour les délits ou contraventions en matière de forêts ou de pêche.*

LOUIS-NAPOLÉON, Président de la République française,

Considérant que les désordres commis dans les forêts à toutes les époques de commotions politiques ne se sont pas reproduits lors des derniers événements ;

Sur le rapport du ministre des finances,

Décrète :

Art. 1er. Amnistie pleine et entière, quant aux peines pécuniaires et à celles d'emprisonnement, prononcées ou encourues, est accordée pour tous les délits ou contraventions, en matière de forêts ou de pêche, commis antérieurement à la publication du présent décret. Ceux des condamnés qui sont actuellement détenus seront immédiatement mis en liberté.

Sont exceptés les adjudicataires de coupes de bois poursuivis pour cause de malversation et abus dans l'exploitation de leurs coupes, les adjudicataires de pêche et les porteurs de licences, poursuivis pour délits commis dans leurs cantonnements.

Les objets saisis et non vendus seront remis aux prévenus ou condamnés, à l'exception de ceux qui sont prohibés, et des bois de délits.

2. L'amnistie ne fera aucun obstacle à l'action de l'administration à fin de démolition des constructions élevées à la distance prohibée des forêts, ou de repeuplement des terrains défrichés sans autorisation.

3. Elle n'est pas applicable aux frais de poursuite et d'instance.

4. Les sommes acquittées avant la date du présent décret ne seront pas restituées.

Dans aucun cas, l'amnistie ne pourra être opposée aux droits des tiers, des communes ou des établissements publics auxquels des dommages-intérêts, des restitutions et des dépens auraient été ou devraient être alloués.

5. Le ministre des finances est chargé de l'exécution du présent décret, qui sera inséré au *Bulletin des Lois*, etc. (*Bull.* 480, n° 3526).

N° 27. — (15 janv. 1852.) — Décret *qui ouvre au ministre des travaux publics des crédits sur l'exercice 1852.*

LOUIS-NAPOLÉON, Président de la République française,

Sur le rapport du ministre des travaux publics,

Décrète :

Art. 1er. Une somme de deux millions huit cent mille francs (2,800,000 f.) est affectée aux travaux d'amélioration de la navigation de la Seine, 1° entre la Meilleraie et Villequier ; 2° entre Quillebœuf et Tancarville, en continuation des travaux entrepris en vertu de la loi du 31 mai 1846.

Une somme de un million cinq cent mille francs (1,500,000 f.) est affectée à l'amélioration de la navigation du Rhône, entre Arles et la mer.

Une somme de trois cent mille francs (300,000 f.) est affectée à l'achèvement du barrage éclusé, avec pertuis de navigation et de chasse, entrepris au port de Boulogne en vertu de la loi du 16 juillet 1845.

Une somme de trois cent mille francs (300,000 f.) est affectée à la continuation des travaux entrepris pour l'amélioration du port des Sables, en vertu de la loi du 16 juillet 1845.

2. Sur les allocations mentionnées à l'article 1er, il est ouvert au ministre des travaux publics, sur l'exercice 1852, un crédit de un million six cent cinquante mille francs, réparti ainsi qu'il suit :

Seine.	800,000 fr.	1,500,000 fr.
Rhône	500,000	
Port de Boulogne .	200,000	550,000
Port des Sables . .	150,000	
Total pareil. . .	1,650,000 fr.	

Les un million trois cent mille francs affectés aux travaux de la Seine et du Rhône viendront en addition au chapitre XIV *bis* de la première section du budget ; les trois cent cinquante mille francs alloués pour les ports de Boulogne et des Sables seront en augmentation des crédits du chapitre XVI *bis* de la première section.

3. Il est ouvert au ministre des travaux publics, sur l'exercice 1852, en augmentation du chapitre XIV *bis* de la première section du budget (*Navigation intérieure*) un crédit extraordinaire de cinquante mille francs (50,000 f.) pour les travaux de dérivation des eaux de la Nesle.

4. Il est ouvert au ministre des travaux publics, sur l'exercice 1852, en augmentation du chapitre XVI *bis* de la première section du budget (*Ports maritimes*), un crédit extraordinaire de cinq cent mille francs pour les travaux de défense de la pointe de Grave.

Une somme de trois cent cinquante mille francs (350,000 f.), restée disponible sur le crédit de quatre cent cinquante mille francs, ouvert par la loi du 30 juin 1851 pour l'exercice 1851, est annulée au chapitre VI de la deuxième section du budget de cet exercice.

5. Il est ouvert au ministre des travaux publics, sur l'exercice 1852, en augmentation du chapitre XXII du budget (*Constructions et grosses réparations des bâtiments civils et édifices publics d'intérêt général*), un crédit de quatre cent soixante et dix mille francs (470,000 f.), applicable aux trois opérations ci-après désignées :

Travaux nécessaires pour l'appropriation du palais des Tuileries.	200,000 f.
École polytechnique (achèvement du bâtiment des élèves, et travaux accessoires).	100,000
Palais du Luxembourg (prolongement de la rue Soufflot).	170,000
Total pareil. . .	470,000

6. Il est ouvert au ministre des travaux publics, sur l'exercice 1852, en augmentation du chapitre XII de la première section du budget (*Subvention à la caisse des retraites*), un crédit extraordinaire de trente mille francs (30,000 f.), spécialement applicable au paiement des pensions liquidées au profit des préposés de ponts à bascule, dont le service a été supprimé par la loi du 30 mai 1851.

7. Il est ouvert au ministre des travaux publics, sur l'année 1852, en augmentation du chapitre XXIII du budget (*Frais généraux et secours*), un crédit de trois mille quatre cent quarante-deux francs, destiné au paiement d'indemnités annuelles à trois inspecteurs particuliers de la navigation, dont les emplois ont été supprimés au 1er juillet 1849.

8. Il sera pourvu aux dépenses autorisées par le présent décret au moyen des ressources de l'exercice 1852.

9. Les ministres des travaux publics et des finances sont chargés, chacun en ce qui le concerne, de l'exécution du présent décret, etc. (*Bull.* 480, n° 3527).

N° 28. — (15 janv. 1852.) — DÉCRET *qui ouvre, sur l'exercice 1851, un crédit supplémentaire pour le service de la justice en Algérie.*

LE PRÉSIDENT DE LA RÉPUBLIQUE,

Vu la loi de finances du 29 juillet 1850, portant fixation du budget des dépenses de l'exercice 1851 ;

Sur le rapport du garde des sceaux, ministre de la justice ;

DÉCRÈTE :

ART. 1er. Il est ouvert au garde des sceaux, ministre de la justice, sur l'exercice 1851, un crédit supplémentaire de la somme de six mille francs (6,000 f.), applicable au service de la justice en Algérie (chapitre XII, article 4 du budget).

2. Il sera pourvu à la dépense ci-dessus autorisée au moyen des ressources de l'exercice 1851.

3. Les ministres de la justice et des finances sont chargés, chacun en ce qui le concerne, de l'exécution du présent décret, qui sera inséré au *Bulletin des Lois*, etc. (*Bull.* 480, n° 3528).

N° 29. — (15 janv. 1852.) — DÉCRET *qui fixe les époques auxquelles auront lieu, pour la classe de 1851, les opérations du recrutement relatives aux tableaux de recensement et au tirage au sort.*

LOUIS-NAPOLÉON, PRÉSIDENT DE LA RÉPUBLIQUE FRANÇAISE,

Vu la loi du 11 octobre 1830, relative au

vote annuel du contingent de l'armée, et celle du 21 mars 1832, sur le recrutement ;

Vu le projet de loi voté en première lecture par l'Assemblée nationale, le 28 novembre 1851, et par lequel le contingent de la classe de 1851 à appeler en 1852 se trouve fixé, comme les années précédentes, à quatre-vingt mille hommes ;

Considérant qu'il y a lieu de procéder, selon l'usage, à la publication des tableaux de recensement et au tirage au sort des jeunes gens de ladite classe ;

Sur le rapport du ministre de la guerre,

Décrète :

Art. 1er. Les tableaux de recensement de la classe de 1851, ouverts à partir du 1er janvier 1852, seront publiés et affichés, ainsi que l'exige l'article 8 de la loi du 21 mars 1832, les dimanches 15 et 22 février 1852.

L'examen de ces tableaux et le tirage au sort prescrits par l'article 10 de la même loi commenceront le 8 mars suivant.

2. Immédiatement après le tirage de chaque canton, le sous-préfet enverra au préfet du département une expédition authentique de la liste du tirage, ainsi que le procès-verbal qui aura été dressé en exécution de l'article 12 de la loi du 21 mars 1832.

3. Au moyen des documents mentionnés dans l'article précédent, le préfet formera un état indiquant, par canton, le nombre des jeunes gens inscrits sur les listes de tirage de la classe.

Cet état devra être adressé au ministre de la guerre le 7 avril prochain au plus tard.

Si, par suite de circonstances extraordinaires, le nombre des jeunes gens inscrits sur les listes de tirage n'a pas pu être connu à cette époque pour tous les cantons, ce nombre sera remplacé, pour les cantons en retard, par la moyenne des jeunes gens inscrits sur les listes de tirage des dix classes précédentes, et le préfet indiquera cette moyenne sur l'état prescrit ci-dessus.

4. Un décret déterminera ultérieurement les autres opérations relatives à la formation du contingent de la classe de 1851.

5. Le ministre de la guerre est chargé de l'exécution du présent décret, etc. (*Bull.* 480, n° 3529).

N° 30. — (15 janv. 1852.) — Décret *qui modifie le nombre et la circonscription des commandements et directions d'artillerie.*

LOUIS-NAPOLÉON, Président de la République française,

Vu l'ordonnance du 29 avril 1847, portant création de commandements d'artillerie dans les divisions militaires ;

Vu l'arrêté ministériel du 5 mai 1848, qui réduisait le nombre de ces commandements et celui des directions d'artillerie, par suite de la suppression de quatre divisions militaires ;

Vu le décret du 20 décembre 1851, qui rétablit l'ancien cadre de l'état-major général, et celui du 26 du même mois, qui reporte à vingt et une le nombre des divisions militaires ;

Considérant que les besoins du service de l'armée exigent qu'il soit apporté des modifications analogues dans les commandements et directions d'artillerie ;

Sur le rapport du ministre de la guerre,

Décrète :

Art. 1er. Le nombre des commandements de l'artillerie dans les divisions est fixé à onze, dont dix pour l'intérieur et un pour l'Algérie.

Chaque commandement de l'intérieur comprend une école d'artillerie.

Toutefois, les écoles provisoires établies à Valence et Grenoble, dans la huitième division militaire, seront maintenues jusqu'à l'installation définitive d'une école d'artillerie à Lyon.

Le général de brigade commandant de l'artillerie dans une division militaire de l'intérieur réside dans la ville où se trouve l'école d'artillerie.

Son commandement s'étend, sous l'autorité du général divisionnaire, sur toutes les troupes d'artillerie, les établissements et le matériel de cette arme dans la division.

Le général commandant de l'artillerie en Algérie réside à Alger ; son commandant s'étend, sous l'autorité du gouverneur général, sur toutes les troupes d'artillerie, les établissements et le matériel de cette arme dans les trois provinces.

Les attributions des généraux commandants de l'artillerie dans les divisions, et leurs relations, tant avec les autorités militaires, qu'avec les chefs des établissements d'artillerie, sont maintenues telles qu'elles ont été définies et déterminées par les règlements en vigueur.

2. Le nombre des directions d'artillerie est fixé à vingt-six, dont vingt-deux pour

l'intérieur, une pour la Corse et trois pour l'Algérie.

Les premières seront réparties suivant l'importance des localités et les besoins de la défense du territoire, de manière à ce qu'il en existe une, au moins, dans chacune des divisions militaires confinant aux frontières de terre ou de mer.

Les trois divisions centrales dans lesquelles il ne se trouve pas de direction d'artillerie ressortissent, pour l'approvisionnement des troupes en armes et en munitions, aux directions les plus voisines.

3. Le nombre et la circonscription des commandements et des directions d'artillerie sont indiqués dans le tableau annexé au présent décret.

4. Il n'est rien changé au nombre et à l'assiette des autres établissements de l'artillerie, de fabrication ou de dépôt, actuellement existants.

5. Le ministre de la guerre est chargé de l'exécution du présent décret, qui abroge toutes dispositions contraires, etc. (*Bull.* 512, n° 3891).

N° 31.—(15 janv. 1852.)—DÉCRET *sur l'organisation du corps des inspecteurs généraux des prisons, des établissements de bienfaisance et des asiles d'aliénés.*

LOUIS-NAPOLÉON, PRÉSIDENT DE LA RÉPUBLIQUE FRANÇAISE,

Sur le rapport du ministre de l'intérieur ;

Vu l'arrêté du chef du pouvoir exécutif, en date du 25 novembre 1848, relatif aux inspections générales des services administratifs qui dépendent du ministère de l'intérieur ;

Vu la loi du 5 août 1850, en ce qui concerne l'inspection générale des établissements d'éducation correctionnelle consacrés aux jeunes détenus des deux sexes,

DÉCRÈTE :

TITRE Ier.

DISPOSITIONS GÉNÉRALES.

ART. 1er. Le corps des inspecteurs généraux des services administratifs qui dépendent du ministère de l'intérieur, divisés en trois sections, des établissements de bienfaisance et des asiles d'aliénés, est placé sous l'autorité du ministre, qui le préside en assemblée générale des sections réunies.

En l'absence du ministre, les sections réunies sont présidées par l'inspecteur général appelé à la vice-présidence par arrêté ministériel.

2. Les inspecteurs généraux dans chaque section ont deux sortes d'attributions,

dont les unes s'accomplissent pendant la durée de leurs tournées d'inspection, et les autres dans l'intervalle de ces tournées.

TITRE II.

DES ATTRIBUTIONS DES INSPECTEURS GÉNÉRAUX EN TOURNÉE D'INSPECTION.

3. Chaque année, à partir du 1er mai, les inspecteurs généraux commencent leurs tournées, conformément à l'itinéraire qui leur est tracé par le ministre, et indépendamment des missions extraordinaires qui peuvent leur être confiées.

4. Les inspecteurs généraux des prisons inspectent toutes les maisons départementales d'arrêt, de justice et de correction, toutes les maisons centrales de force et de corrections soumises à l'entreprise ou à la régie, ainsi que les colonies agricoles d'éducation correctionnelle de jeunes détenus, et tous autres établissements de répression.

Une dame inspectrice est spécialement chargée d'inspecter les maisons pénitentiaires consacrées aux mineurs détenus par correction paternelle, aux jeunes filles de moins de seize ans, aux condamnées à l'emprisonnement, et enfin aux jeunes filles acquittées comme ayant agi sans discernement et non remises à leurs parents.

Cette dame inspectrice pourra être, en outre appelée, suivant le service, à inspecter, sous le rapport moral et disciplinaire, ainsi que sous le rapport des travaux industriels exclusivement, les quartiers des maisons d'arrêt, de justice et de correction, ainsi que les maisons centrales ou quartiers des maisons centrales de force et de correction affectés aux femmes détenues.

5. Les inspecteurs généraux des établissements de bienfaisance inspectent les hôpitaux, hospices, les quartiers d'aliénés qui y sont exceptionnellement annexés, les bureaux de bienfaisance, les colonies agricoles d'enfants trouvés, abandonnés et orphelins, les monts-de-piété, maisons de refuge, dépôts de mendicité, institutions des sourds-muets, aveugles, ainsi que les établissements privés de même nature subventionnés par l'État.

6. Les inspecteurs généraux des asiles d'aliénés inspectent les asiles publics et privés, les quartiers d'aliénés dans les hospices et autres établissements de même nature, et enfin, lorsqu'ils en reçoivent la mission du ministre, le service sanitaire des prisons, conjointement avec les inspecteurs généraux de cette section.

7. Dans les divers établissements et dans chacun selon sa spécialité, l'inspection générale se conforme aux attributions dé-

terminées par les ordonnances et règlements, ainsi que par les instructions ministérielles.

TITRE III.

DES ATTRIBUTIONS DES INSPECTEURS GÉNÉRAUX DANS L'INTERVALLE DE LEUR TOURNÉE.

8. Dans l'intervalle de leur tournée, les inspecteurs généraux s'assemblent en conseil de section et en conseil généraux de sections réunies.

9. Les inspecteurs généraux en conseil d'inspection donnent leur avis :—1° En ce qui concerne les prisons, sur les projets de construction et d'appropriation, sur la rédaction des cahiers des charges des entreprises, sur les projets de règlement relatifs à l'organisation des travaux industriels, à la discipline et à la police intérieure ; — 2° En ce qui concerne les établissements de bienfaisance, sur les règlements du service intérieur de ces établissements et sur les projets de construction et d'appropriation des hospices et hôpitaux ;—3° En ce qui concerne les asiles d'aliénés, sur les projets de construction et d'appropriation et sur les règlements et la discipline de ces établissements.

Les inspecteurs généraux, en conseil de section, délibèrent en outre, dans leurs sections respectives, sur les différentes questions d'administration et d'organisation dont ils auront été saisis par le ministre, ou dont l'utilité, l'examen résulteraient de leurs rapports d'inspection.

10. Les inspecteurs généraux des asiles d'aliénés ont la faculté d'assister aux séances des inspecteurs généraux des prisons réunis en conseil de section, et de prendre part aux délibérations de cette section, toutes les fois qu'il s'agit de questions relatives à l'état sanitaire des prisons.

11. En assemblée générale des sections réunies, des inspecteurs généraux, sous la présidence du ministre ou de l'inspecteur général appelé à la vice-présidence par arrêté ministériel, discutent les questions relatives aux besoins généraux des services administratifs qui leur sont renvoyées par le ministre, ou dont ils sont saisis par renvoi des conseils de section. Ils peuvent être aussi appelés à donner leur avis sur les projets de loi et de règlement d'administration publique à soumettre au conseil d'Etat.

TITRE IV.

PERSONNEL DES INSPECTEURS GÉNÉRAUX.

Conditions hiérarchiques de la nomination et de l'avancement. Traitement.

12. Le cadre du personnel des inspecteurs généraux et des adjoints se composera, sans préjudice des droits des titulaires actuels :—1° De cinq inspecteurs généraux de première classe, dont deux pour la section des prisons, deux pour la section des établissements de bienfaisance, un pour la section des asiles d'aliénés ;—2° De huit inspecteurs généraux de deuxième classe, dont trois pour la section des prisons, quatre pour la section des établissements de bienfaisance, un pour la section des asiles d'aliénés ;—3° D'une dame inspectrice pour la section des prisons ;—4° Enfin, cinq inspecteurs généraux adjoints, dont deux pour la section des prisons, deux pour la section des établissements de bienfaisance, un pour la section des aliénés.

13. Les inspecteurs généraux de première classe sont choisis exclusivement parmi les inspecteurs généraux de deuxième classe ayant trois ans d'exercice.

14. Les inspecteurs généraux de deuxième classe sont choisis dans les catégories suivantes :

1° Pour la section des prisons, parmi les inspecteurs adjoints qui comptent trois ans de nomination, et qui ont concouru au service actif de l'inspection ; parmi les directeurs de maisons centrales de force et de correction, après quatre années de fonctions, dont une en qualité de directeur de première classe, et parmi les sous-préfets, après trois ans d'exercice de leurs fonctions ;—2° Pour la section des établissements de bienfaisance, parmi les inspecteurs adjoints et les sous-préfets, aux conditions déterminées ci-dessus ; parmi les inspecteurs généraux départementaux des établissements de bienfaisance ayant exercé leurs fonctions pendant dix ans, dans une circonscription où se trouve au moins un établissement charitable possédant cent mille francs de revenu ;—3° Pour la section des asiles d'aliénés, parmi les inspecteurs adjoints, docteurs en médecine, aux conditions ci-dessus ; parmi les docteurs en médecine, ayant exercé pendant cinq ans les fonctions de directeurs-médecins en chef ou de directeurs dans un service d'aliénés comprenant au moins cent malades.

15. Les inspecteurs généraux de deuxième classe des sections des prisons et des établissements de bienfaisance pourront être choisis parmi les chefs de bureau du

ministère de l'intérieur, après trois ans d'exercice de leurs fonctions.

16. Les traitements des inspecteurs généraux de première classe sont de huit mille francs ; ceux des inspecteurs généraux de deuxième classe, de six mille francs ; celui de la dame inspectrice, dans la section des prisons, de cinq mille francs.

L'inspecteur général de première classe, vice-président du conseil des inspecteurs généraux, recevra, à ce titre, un supplément de traitement de cinq mille francs.

17. Les inspecteurs généraux des établissements de bienfaisance et des asiles d'aliénés seront, comme les inspecteurs généraux des prisons, soumis aux retenues, pour profiter du bénéfice des lois et règlements sur les retraites.

18. L'arrêté du 25 novembre 1848 est abrogé.

19. Le ministre de l'intérieur est chargé de l'exécution du présent décret, etc. (*Bull.* 514, n° 3901).

N° 32.—(15 janv. 1852.)—Décret *concernant les inspecteurs généraux adjoints des prisons, des établissements de bienfaisance et des asiles d'aliénés.*

LOUIS-NAPOLÉON, Président de la République française.

Sur le rapport du ministre de l'intérieur,

Vu le décret du 15 de ce mois, concernant l'organisation du corps des inspecteurs généraux des prisons et des établissements de bienfaisance,

Décrète :

Art. 1er. Le nombre des inspecteurs généraux adjoints est fixé à cinq.

2. Ils recevront, à ce titre, une indemnité annuelle fixée,

A trois mille cinq cents francs pour les inspecteurs généraux adjoints de première classe.

A trois mille francs pour les inspecteurs généraux adjoints de deuxième classe ;

Ils ont droit, en outre, aux indemnités de voyages et de frais de séjour alloués aux inspecteurs généraux en tournée.

3. Le ministre de l'intérieur déterminera les tournées que devront faire les inspecteurs généraux adjoints, soit isolément, soit comme adjoints aux titulaires.

4. Les inspecteurs généraux adjoints assistent aux séances du conseil des inspecteurs généraux, avec voix délibérative.

5. Nul ne peut être nommé inspecteur général adjoint, s'il n'est âgé de vingt-cinq ans, docteur ou licencié en droit, ou docteur en médecine, ou s'il ne justifie de cinq années de services administratifs.

6. Une place sur deux vacances sera réservée aux inspecteurs généraux adjoints dans le corps des inspecteurs généraux titulaires.

7. Ceux d'entre eux qui, après dix ans de services, n'auront pas été pourvus d'un titre définitif, cesseront de faire partie du cadre de l'inspection.

Cette règle n'aura d'effet que pour l'avenir.

8. Le ministre de l'intérieur est chargé de l'exécution du présent décret, etc. (*Bull.* 514, n° 3902).

N° 33.—(16 janv. 1852.)—Décret *relatif à la promulgation de la convention conclue, le 20 octobre 1851, entre la France et le Hanovre, pour la garantie réciproque de la propriété des œuvres de littérature et d'art.*

LOUIS-NAPOLÉON, Président de la République française,

Sur le rapport du ministre des affaires étrangères,

Décrète :

Art. 1er. La convention conclue, le 20 octobre 1851, entre la France et le Hanovre, pour la garantie réciproque de la propriété des œuvres de littérature et d'art, ayant été ratifiée, le 13 décembre dernier, et les actes de ratification des deux gouvernements ayant été échangés, le 23 dudit mois de décembre, cette convention, dont la teneur suit, recevra sa pleine et entière exécution.

CONVENTION.

Le Président de la République française et sa majesté le Roi de Hanovre, également animés du désir de protéger les sciences et les arts, et d'encourager les entreprises utiles qui s'y rapportent, ont, à cette fin, résolu d'adopter, d'un commun accord, les mesures les plus propres à garantir, dans les deux pays, aux auteurs ou à leurs ayants cause, la propriété des œuvres littéraires ou artistiques, publiées pour la première fois en France ou dans le royaume de Hanovre.

Dans ce but, ils ont nommé pour leurs plénipotentiaires, savoir :

Le président de la République : le sieur *Arthur de Gobineau,* son chargé d'affaires près la cour de Hanovre, chevalier de l'ordre national de la Légion d'honneur, commandeur de l'ordre royal de Léopold de Belgique ;

Et sa majesté le Roi de Hanovre, le sieur *Alexandre,* baron *de Münchhausen,* son président du conseil des ministres, ministre de la maison royale et des affaires étrangères, commandeur de première classe de l'ordre royal des Guelphes, et le sieur *Chrétien-Guillaume Lindemann*, docteur en droit, ministre d'Etat et de l'intérieur, chevalier de l'ordre royal des Guelphes,

Lesquels, après s'être communiqué leurs pleins pouvoirs respectifs, trouvés en bonne et due forme, sont convenus des articles suivants :

Art. 1er. Le droit exclusif des auteurs de publier (*verviel faltigen*) leurs ouvrages d'esprit ou d'art, tels que livres, écrits, œuvres dramatiques, compositions musicales, tableaux, gravures, lithographies, dessins, travaux de sculpture et autres productions littéraires et artistiques, sera protégé réciproquement dans les deux Etats, de telle sorte que la réimpression et la reproduction illicites des œuvres publiées primitivement dans l'un des deux seront assimilées, dans l'autre, à la réimpression et à la reproduction illicites des ouvrages nationaux ; et dès lors toutes les lois, ordonnances et stipulations aujourd'hui existantes ou qui pourraient, par la suite, être promulguées au sujet du droit exclusif de publication des œuvres littéraires et artistiques, seront applicables à cette contrefaçon.

Les représentants légaux ou les ayants cause des auteurs d'œuvres intellectuelles ou artistiques jouiront, sous tous les rapports, des mêmes droits que les auteurs eux-mêmes.

2. Les stipulations de l'article 1er s'appliqueront également à la représentation ou exécution des œuvres dramatiques ou musicales, en tant que les lois de chacun des deux Etats garantissent ou garantiront par la suite protection aux œuvres susdites, exécutées ou représentées pour la première fois sur les territoires respectifs.

3. Pour assurer à tous ouvrages intellectuels ou artistiques la protection stipulée dans les articles précédents, leurs auteurs devront établir, au besoin, par un témoignage émanant d'une autorité publique, que l'ouvrage en question est une œuvre originale qui, dans le pays où elle a été publiée, jouit de la protection légale contre la contrefaçon ou réimpression illicite.

4. L'exposition et la vente de réimpressions et reproductions illicites des œuvres indiquées dans l'article 1er sont prohibées dans les deux Etats, sans qu'il y ait à distinguer si ces réimpressions et reproductions proviennent de l'un des Etats mêmes, ou de tout autre pays.

5. Les deux hautes parties contractantes s'engagent à assurer, par tous les moyens en leur pouvoir, l'exécution des stipulations contenues dans les articles précédents, et à faire jouir réciproquement leurs ressortissants de la protection légale assurée aux nationaux.

Les tribunaux de chaque pays auront à décider, d'après la législation existante, la question de contrefaçon ou de reproduction illicite.

6. La présente convention ne pourra faire obstacle à la publication ou à la vente des réimpressions ou reproductions qui auraient été déjà publiées, introduites ou commandées, en tout ou en partie, dans chacun des deux Etats, antérieurement à sa publication.

Les deux hautes parties contractantes se réservent de s'entendre sur la fixation d'un délai après lequel la vente des réimpressions et reproductions indiquées dans le présent article ne pourra plus avoir lieu.

7. Pour faciliter l'exécution de ce traité, les deux hautes parties contractantes se communiqueront respectivement les lois et ordonnances que chacune d'elles aurait ou pourrait, à l'avenir, promulguer pour garantir le commerce légitime contre la réimpression et reproduction illicites.

8. Les stipulations de ce traité ne sauraient infirmer le droit des hautes parties contractantes de surveiller, de permettre ou d'interdire, à leur convenance, par des mesures législatives ou administratives, le commerce, la représentation, l'exposition (*feilhaltung*) ou la vente de productions littéraires ou artistiques.

De même, aucune des stipulations de la présente convention ne saurait être interprétée de manière à contester le droit des hautes parties contractantes de prohiber l'importation, sur leur propre territoire, des livres que leur législation intérieure ou des traités avec d'autres Etats feraient entrer dans la catégorie des reproductions illicites.

9. Les Etats germaniques qui seraient disposés à adhérer à la présente convention y seront admis.

Le Gouvernement de sa majesté le Roi de Hanovre s'engage à employer ses bons offices pour déterminer, dans le plus bref délai possible, l'accession des autres gouvernements germaniques, et cela dans la forme qui lui paraîtra la plus propre à amener ce résultat.

10. La présente convention restera en vigueur jusqu'au 1er novembre 1856, et, à partir de cette époque, pendant un an encore après la dénonciation qui pourrait en avoir été faite, par l'une ou l'autre des hautes parties contractantes, postérieurement à cette date.

· Un an après l'échange des ratifications, le présent traité sera l'objet d'un travail de révision, et si, contre toute attente, les nouvelles stipulations qui seraient alors jugées nécessaires ne pouvaient y être introduites d'un commun accord, les deux hautes parties contractantes auraient respectivement la faculté d'en faire cesser les effets.

La même faculté existera également dans le cas où les tarifs respectifs des droits perçus actuellement pour l'importation des livres et autres œuvres désignées dans l'article 1er subiraient des augmentations.

11. La présente convention sera ratifiée, et l'échange des ratifications aura lieu à Hanovre, dans le délai de deux mois au plus tard.

Après l'échange des ratifications, le présent traité sera publié par les deux hautes parties contractantes aussi tôt que possible, et il sera mis en vigueur après la publication accomplie dans les deux États.

Fait à Hanovre, ce 20 octobre 1851.

   (L. S.) *Signé* ARTHUR DE GOBINEAU,
   (L. S.) *Signé* A. DE MUNCHHAUSEN,
   (L. S.) *Signé* C. W. LINDEMANN.

2. Le garde des sceaux, ministre de la justice, et le ministre des affaires étrangères sont chargés, chacun en ce qui le concerne, de l'exécution du présent décret, etc. (*Bull.* 480, n° 3523.)

N° 34.— (17 janv. 1852.) — DÉCRET *relatif aux toiles de l'Inde dites* guinées, *destinées au Sénégal.*

LOUIS-NAPOLÉON, PRÉSIDENT DE LA RÉPUBLIQUE FRANÇAISE,

Sur le rapport du ministre de l'agriculture et du commerce;

Vu l'article 24 de la loi du 8 floréal an XI et l'article 6 de la loi du 17 mai 1826, relatifs à l'admission des toiles de l'Inde, dites *guinées*, pour le commerce du Sénégal;

Vu les ordonnances des 18 mai et 1er septembre 1843, qui ont réglé le poids et les dimensions desdites *guinées*;

Ayant égard aux observations qui ont été soumises au sujet de l'application desdites ordonnances,

DÉCRÈTE :

ART. 1er. A partir du 1er janvier 1853, les ordonnances des 18 mai et 1er septembre 1843 sont rapportées.

2. L'estampille prescrite par les ordonnances précitées demeurera *facultative.* L'estampille facultative devra indiquer non-seulement le *poids* et la *dimension*, mais encore la *bonne qualité* des guinées destinées au Sénégal.

Cette estampille sera apposée par les soins d'une commission spéciale dont le siége sera à Pondichéry.

3. A partir de la promulgation du présent décret, jusqu'au 1er janvier 1853, le gouverneur du Sénégal pourra, en cas d'insuffisance des guinées réglementaires, autoriser la vente des guinées non réglementaires jusqu'à concurrence des quantités nécessaires au commerce de la troque.

4. Les ministres de la marine et des colonies, des finances, et de l'agriculture et du commerce, sont chargés, chacun en ce qui le concerne, de l'exécution du présent décret, etc. (*Bull.* 480, n° 3530.)

N° 35.—(17 janv. 1852.)—DÉCRET *qui rapporte celui du 31 mars 1848, relatif aux engagements volontaires.*

LOUIS-NAPOLÉON, PRÉSIDENT DE LA RÉPUBLIQUE FRANÇAISE,

Vu l'article 33 de la loi du 21 mars 1832, sur le recrutement de l'armée, qui fixe la durée des engagements volontaires à sept ans;

Vu le décret du 31 mars 1848, portant que la durée des engagements volontaires pourra n'être que de deux ans;

Considérant que ce décret, motivé par des circonstances exceptionnelles qui ont cessé d'exister, présente, dans son application, des inconvénients préjudiciables aux intérêts de l'armée comme à ceux du trésor;

Sur le rapport du ministre de la guerre,

DÉCRÈTE :

ART. 1er. Le décret du 31 mars 1848, qui a autorisé les engagements volontaires pour deux ans, est rapporté.

2. Le ministre de la guerre est chargé de l'exécution du présent décret, etc. (*Bull.* 481, n° 3545.)

N° 36. — (17 janv. 1852.) — DÉCRET *qui alloue au département de la guerre un crédit destiné à couvrir les dépenses qui n'ont pu être acquittées à la clôture des exercices 1848 et 1849.*

LE PRÉSIDENT DE LA RÉPUBLIQUE,

Sur le rapport du ministre de la guerre, et de l'avis du ministre des finances,

DÉCRÈTE :

ART 1er. Il est alloué au département de la guerre une somme de deux millions huit cent dix mille huit cent trente francs quatre-vingt-dix-huit centimes, destinée à couvrir les dépenses qui n'ont pu être acquittées à la clôture des exercices 1848 et 1849, et pour lesquelles des crédits complémentaires étaient demandés par les projets de loi de règlement desdits exercices.

Cette somme est répartie par exercice et par chapitre comme il suit :

	Exercice 1848. fr. c.	Exercice 1849. fr. c.
Chap. vi. Recrutement. (Frais d'actes d'engagements aux mairies.)	»	2,358 76
Chap. x. Habillement et campement. (Remboursements dus à des corps de troupes.). .	40,205 87	»
Chap. xi. Lits militaires. (Indemnités de logement dues à diverses communes.) . . .	141,658 86	»
Chap. xv. Fourrages. (Remboursement au Trésor et aux caisses locales pour valeur de denrées provenant de contributions en nature, en Algérie.). .	2,106,681 41	»
Chap. xxiv. Matériel du génie. (Intérieur.) (Intérêts dus sur diverses acquisitions.) . . .	5,582 56	»
Chap. xxv. Matériel du génie (Algérie) dont les 9⁄10 appartiennent au Trésor, et l'autre 1⁄10 aux caisses locales	514,543 52	»
	2,808,472 22	2,358 76
Somme égale. .	2,810,830 98	

2. Les ministres de la guerre et des finances sont chargés, chacun en ce qui le concerne, de l'exécution du présent décret, qui sera inséré au *Bulletin des Lois,* etc. (*Bull.* 484, n° 3568.)

N° 37.—(17 janv. 1852).—Décret *qui affecte des terrains domaniaux au service des départements de la marine et de la guerre.*

LOUIS-NAPOLÉON, Président de la République française,

Sur le rapport du ministre secrétaire d'état de la marine et des colonies ;

Considérant que remise a été faite à l'administration des domaines,

1° Par le ministre de la guerre,

De terrains inutiles à son département dans la place de Brest, et désignés au croquis ci-joint par les lettres B'. H'. G'. M'. M. O. B'. et P'. P''. Q. R'. C. P' ;

2° Par le ministre de la marine,

De terrains situés dans la même localité et indiqués audit croquis K'. B. T. U. V. X. K' ;

Considérant l'utilité pour le service de la marine des terrains remis au domaine par le département de la guerre, et réciproquement ;

Vu le consentement donné par le ministre des finances à la nouvelle affectation des immeubles remis au domaine,

Décrète :

Art. 1er. Sont affectés au service de la marine les terrains domaniaux provenant du département de la guerre, et désignés au croquis ci-joint par les lettres B'. H'. G'. M'. M. O. B'. et P'. P''. Q. R'. C. P'.

2. Est affecté au service du département de la guerre l'immeuble domanial provenant du département de la marine, et indiqué au croquis par les lettres K'. B. T. U. V. X. K'.

3. Les ministres de la marine et de la guerre sont chargés , chacun en ce qui le concerne, de l'exécution du présent décret qui sera inséré au *Bulletin des lois,* etc. (*Bull.* 484, n° 3569).

N° 38. — (18 janv. 1852.) — Décret *qui ouvre un crédit extraordinaire pour les travaux de rectification des routes nationales.*

LOUIS-NAPOLÉON, Président de la République française,

Sur le rapport du ministre des travaux publics,

Décrète :

Art. 1er. Il est ouvert au ministre des travaux publics, sur l'exercice 1852, en augmentation du chapitre xiii *ter* de la première section du budget, un crédit extraordinaire de deux millions, applicable aux travaux de rectifications des routes nationales.

2. Il sera pourvu aux dépenses autorisées par le présent décret, au moyen des ressources de l'exercice 1852.

3. Les ministres des travaux publics et des finances, sont chargés, chacun en ce qui le concerne, de l'exécution du présent décret, etc. (*Bull.* 486, n° 3586).

N° 39.—(19 janv. 1852.)—Décret *relatif au Conseil d'hygiène publique et de salubrité du département de la Seine.*

LOUIS-NAPOLÉON, Président de la République française,

Sur le rapport du ministre de l'agriculture et du commerce ;

Vu le décret du 15 décembre 1851, sur l'organisation du conseil d'hygiène et de salubrité du département de la Seine,

6.

Décrète :

Art. 1er. Le nombre des membres titulaires du conseil d'hygiène publique et de salubrité du département de la Seine, actuellement de douze, est porté à quinze, le nombre des membres adjoints restant fixé à six.

2. Provisoirement, et en attendant que le conseil municipal ait pourvu au paiement de l'indemnité ordinaire, les fonctions des nouveaux membres titulaires du conseil d'hygiène publique et de salubrité du département de la Seine seront gratuites.

3. Le secrétaire général de la préfecture de police, les professeurs et fonctionnaires désignés dans les arrêtés des 24 décembre 1832, 1er mars et 7 décembre 1838, et 24 février 1844, approuvés par le ministre du commerce, seront, à raison de leurs fonctions, membres du conseil d'hygiène publique et de salubrité du département de la Seine.

Le titre de membre honoraire ne pourra être accordé qu'aux personnes qui auront été membres titulaires.

4. Le décret précité du 15 décembre continuera de recevoir son exécution en tout ce qui n'est pas contraire aux dispositions qui précèdent.

5. Le ministre de l'agriculture et du commerce est chargé de l'exécution du présent décret, etc. (*Bull.* 480, n° 3531.)

N° 40.—(19 janv. 1852.)—Décret *portant que les terrains formant l'emplacement de l'ancien lazaret continental de Marseille seront vendus, pour le prix en être affecté à divers travaux, concurremment avec les ressources de la ville.*

LOUIS-NAPOLÉON, Président de la République française,

Sur le rapport du ministre de l'agriculture et du commerce ;

Vu le rapport du préfet des Bouches-du-Rhône, en date du 15 janvier 1850 ;

Vu la délibération du conseil municipal de Marseille, en date du 21 janvier 1851 ;

Vu la lettre du ministre des finances, en date du 25 octobre 1851 ;

Les ministres de l'instruction publique et des cultes, des finances, de l'intérieur et des travaux publics entendus, chacun en ce qui concerne leur département,

Décrète :

Art. 1er. Les terrains formant l'emplacement de l'ancien lazaret continental de Marseille (Bouches-du-Rhône), d'une contenance d'environ vingt-cinq hectares, seront vendus, pour le prix en être affecté,

concurremment avec les ressources de la ville, 1° à la construction d'un nouveau lazaret ou à l'amélioration des établissements sanitaires actuellement existants aux îles du Frioul et de Ratonneau jusqu'à la concurrence de cinq cent mille francs (500,000 f.); 2° au prolongement du quai de rive du port de la Joliette jusqu'à Arenc, et à la construction d'un second port auxiliaire dans l'anse du même nom ; 3° à l'exécution d'un système d'aqueducs pour l'assainissement de l'ancien port de Marseille ; 4° et, en cas d'excédant, au paiement d'une partie des dépenses auxquelles pourrait donner lieu la construction d'une cathédrale.

2. Les ministres de l'agriculture et du commerce, de l'instruction publique et des cultes, des finances, de l'intérieur et des travaux publics, sont chargés, chacun en ce qui le concerne, de l'exécution du présent décret, etc. (*Bull.* 480, n° 3532).

N° 41.—(19 janv. 1852.)—Décret *qui ouvre au ministre de l'instruction publique et des cultes* (services des cultes) *un crédit extraordinaire pour des créances d'exercices périmés.*

Le Président de la République,

Vu l'état des créances liquidées, à la charge des services des cultes, sur les exercices périmés de 1836, 1844, 1846 et 1847, et qui, pour les causes énoncées audit état, ne sont point passibles de la déchéance prononcée par l'article 9 de la loi du 29 janvier 1831 ;

Vu l'article 8 de la loi du 10 mai 1838, et l'article 114 de l'ordonnance du 31 mai 1838, portant règlement général sur la comptabilité publique ;

Sur le rapport du ministre de l'instruction publique et des cultes, et de l'avis du conseil des ministres,

Décrète ce qui suit :

Art. 1er. Un crédit extraordinaire spécial de soixante-huit mille deux cent quarante-cinq francs vingt-six centimes (68,245 f. 26 c.) est ouvert au ministre de l'instruction publique et des cultes (*services des cultes*), sur l'exercice 1852, pour le paiement des créances des exercices périmés non frappées de déchéance, conformément à l'état ci-annexé.

2. L'ordonnancement de ces créances aura lieu avec imputation au chapitre spécial (*dépenses des exercices périmés*) XXI du budget des cultes de l'exercice 1852, en exécution de l'article 8 de la loi du 10 mai 1838.

3. Les ministres de l'instruction publique et des cultes, et des finances, sont chargés,

chacun en ce qui le concerne, de l'exécution du présent décret, qui sera inséré au *Bulletin des lois*, etc. (*Bull.* 484, n° 3570).

N° 42.—(19 janv. 1852.) — DÉCRET *qui affecte au département de l'intérieur, pour servir à l'exploitation du Théâtre-Français, la salle située rue de Richelieu, et ses dépendances.*

LOUIS-NAPOLÉON, PRÉSIDENT DE LA RÉPUBLIQUE FRANÇAISE,

Sur le rapport du ministre de l'intérieur;
Vu l'article 4 de la loi du 18 mai 1850,

DÉCRÈTE :

ART. 1er. Sont affectées au département de l'intérieur, pour servir à l'exploitation du Théâtre-Français, la salle située rue de Richelieu, n° 6, et ses dépendances, telles qu'elles sont indiquées et limitées sur le plan annexé au présent décret.

2. Cette affectation est faite aux clauses et conditions contenues dans le traité annexé au présent décret.

3. Le ministre de l'intérieur et le ministre des travaux publics sont chargés, chacun en ce qui le concerne, de l'exécution du présent décret, etc. (*Bull.* 486, n° 3587.)

N° 43.—(19 janv. 1852.)— DÉCRET *qui autorise les départements du Finistère et du Pas-de-Calais à contracter des emprunts et à s'imposer extraordinairement.*

LOUIS-NAPOLÉON, PRÉSIDENT DE LA RÉPUBLIQUE FRANÇAISE,

Sur le rapport du ministre de l'intérieur;
Vu le décret du 23 décembre 1851;
La section d'administration de la commission consultative entendue,

DÉCRÈTE :

ART. 1er. Le département du Finistère, est autorisé, sur la demande que le conseil général en a faite, à emprunter, en 1852, à un taux d'intérêt qui ne pourra dépasser cinq pour cent, une somme de cent soixante et quinze mille francs (175,000 f.) qui sera employée, jusqu'à concurrence de quatre-vingt-quatre mille sept cents francs (84,700 f.), aux travaux des chemins vicinaux, et, pour le surplus, aux travaux d'achèvement et de rectification des routes départementales, ainsi qu'aux réparations des édifices départementaux, conformément à la délibération prise par le conseil général dans ses séances des 28, 29 et 30 août 1851.

L'emprunt aura lieu avec publicité et concurrence; toutefois, le préfet est autorisé à traiter directement avec la caisse des dépôts et consignations, à un taux d'intérêt qui ne soit pas supérieur à celui ci-dessus fixé.

Il sera pourvu au remboursement et au service des intérêts de cet emprunt, au moyen des ressources indiquées en l'article ci-après. Toutefois, pour l'année 1852, des intérêts dus seront acquittés sur les ressources de la deuxième section du budget départemental pour 1852.

2. Le département du Finistère est autorisé, conformément à la demande que le conseil général en a également faite, à s'imposer extraordinairement pendant deux ans, à partir de 1853, cinq centimes additionnels au principal des quatre contributions directes, dont le produit sera exclusivement affecté tant au remboursement et au service des intérêts de l'emprunt qu'aux dépenses ci-dessus désignées.

3. Le département du Pas-de-Calais est autorisé, conformément à la demande que le conseil général en a faite dans sa session de 1851, à emprunter avec publicité et concurrence ou, au besoin, de gré à gré, de la caisse des dépôts et consignations, et à un taux d'intérêt qui ne pourra dépasser cinq pour cent, une somme de quatre-vingt-quinze mille francs (95,000 f.), qui sera appliquée au paiement de la dette contractée par le département à l'occasion des travaux exécutés à l'hôtel de la préfecture d'Arras.

4. Le département du Pas-de-Calais est également autorisé à s'imposer extraordinairement, en 1853, deux centimes additionnels au principal des quatre contributions directes, dont le produit sera affecté au remboursement et au service des intérêts de l'emprunt ci-dessus.

5. Les ministres de l'intérieur et des finances sont chargés, chacun en ce qui le concerne, de l'exécution du présent décret, qui sera inséré au *Bulletin des lois*, etc. (*Bull.* 486, n° 3588).

N° 44.—(20 janvier 1852.)—DÉCRET *concernant les sucres.*

LOUIS-NAPOLÉON, PRÉSIDENT DE LA RÉPUBLIQUE FRANÇAISE,

Sur le rapport du ministre des finances,

DÉCRÈTE :

ART. 1er. A partir du jour où les travaux de défécation seront terminés, et jusqu'au 31 août prochain, les fabricants raffineurs pourront recevoir des sucres achevés, de toute origine, libérés d'impôts.

2. Les fabricants qui voudront profiter de cette faculté feront leur déclaration, dans

l'objet, au bureau de la régie. Ils en jouiront à compter du jour où un service permanent de surveillance se trouvera établi dans la fabrique. Le délai pour l'établissement de ce service sera de quinze jours au plus.

Un inventaire général déterminera, préalablement à toute introduction de sucres libérés de l'impôt, les quantités restant dans les établissements.

3. L'expédition des sucres libérés de l'impôt aura lieu sous plomb et par acquit-à-caution. Ils seront pris en charge comme sucres non imposables, au compte général du fabricant, d'après les quantités constatées à l'arrivée dans les fabriques.

4. Les sorties seront réparties proportionnellement, à la fin de chaque mois, sur les quantités imposables et les quantités non imposables existant au commencement du mois.

5. Les comptes seront suivis sur la base du premier type. Le poids des sucres introduits ou expédiés sera accru de six kilogrammes sept cent quarante-deux pour cent pour les sucres de nuance supérieure au premier type, et de dix-sept kilogrammes quatre cent quinze grammes pour les sucres raffinés mêlés ou lumps. Il sera réduit de sept kilogrammes sept cent quarante-deux pour cent pour les sucres de nuance égale ou inférieure au sous-type.

6. Après la cessation des travaux de la campagne, tout manquant sera soumis aux droits. Les excédants seront pris en charge comme matière imposable.

Les bas produits seront retirés des fabriques après paiement des droits sur la balance des comptes, ou mis sous scellés jusqu'à ce que l'importance des travaux de la campagne suivante ait été déterminée par l'inventaire des défécations.

7. Transitoirement les sucres libérés d'impôt qui seront désignés sur les fabriques dans lesquelles l'inventaire des défécations n'aura pas encore eu lieu resteront sous plomb et seront placés dans un magasin spécial, sous la double clef des employés et des fabricants.

8. Le ministre des finances est chargé de l'exécution du présent décret, etc. (*Bull.* 481, n° 3546.)

N° 45.—(20 janv. 1852.)— DÉCRET *concernant les tabacs de santé ou d'habitude.*

LOUIS-NAPOLÉON, PRÉSIDENT DE LA RÉPUBLIQUE FRANÇAISE,

Sur le rapport du ministre des finances ;

Vu l'article 1er de la loi du 7 juin 1820, Vu l'article 3 du décret du 11 décembre 1851, relatif à la tarification des cigares et des cigarettes ;

DÉCRÈTE :

ART. 1er. Le droit d'entrée sur les tabacs fabriqués à l'étranger, autres que les cigares et les cigarettes, est fixé à dix francs par kilogramme.

L'importation en est permise par les bureaux de douanes ouverts au transit jusqu'à concurrence de dix kilogrammes par destinataire.

2. Le ministre des finances est chargé de l'exécution du présent décret, etc. (*Bull.* 481, n° 3547.)

N° 46.— (20 janv. 1852.) — DÉCRET *sur les nominations aux emplois de lieutenant, de capitaine et de colonel de gendarmerie.*

LOUIS-NAPOLÉON, PRÉSIDENT DE LA RÉPUBLIQUE FRANÇAISE,

Vu la loi du 14 avril 1832, et les dispositions de l'ordonnance du 16 mars 1838 ;

Vu le décret organique du 22 décembre 1851 portant fixation des cadres de la gendarmerie ;

Sur le rapport du ministre de la guerre,

DÉCRÈTE :

ART. 1er. Les nominations aux emplois de lieutenant, de capitaine et de colonel de gendarmerie auront lieu de la manière suivante :

1° Pour les emplois de lieutenant : premier tour, sous-officiers de l'armée ; — Deuxième tour, lieutenant de l'armée ;

2° Pour les emplois de capitaine : premier tour, ancienneté ; — Deuxième tour, choix ; — Troisième tour, ancienneté ; — Quatrième tour, capitaine de l'armée ;

3° Pour les emplois de colonel : premier tour, lieutenants-colonels de gendarmerie ; — Deuxième tour, colonels de l'armée ; — Troisième tour, lieutenants-colonels de gendarmerie ; — Quatrième tour, lieutenants-colonels de gendarmerie ;—Cinquième tour, lieutenants-colonels de gendarmerie.

2. La moitié des lieutenances de gendarmerie est donnée, sur la proposition des inspecteurs généraux, à des lieutenants des divers corps de l'armée âgés de plus de vingt-cinq ans et de moins de trente-cinq ans, et ayant un an d'activité de service dans leur grade.

Le quart des emplois de capitaine commandant de lieutenance de gendarmerie est donné aux mêmes conditions, à des capitaines de l'armée âgés de plus de trente ans et de moins de quarante ans, et ayant deux ans d'activité de service de leur grade.

Les lieutenants et capitaines d'infanterie ne peuvent être admis dans la gendarmerie qu'autant qu'ils ont précédemment servi deux ans dans un corps de troupe à cheval. Toutefois cette condition n'est pas imposée à ceux qui seraient exclusivement proposés pour les bataillons de gendarmerie ou pour l'infanterie de la garde républicaine.

3. Les dispositions du troisième paragraphe de l'article 575 de l'ordonnance du 16 mars 1838 sont également applicables aux capitaines de l'armée qui passent dans la gendarmerie.

4. Sont abrogées toutes les dispositions des ordonnances et règlements antérieurs en ce qu'elles ont de contraire au présent décret.

5. Le ministre de la guerre est chargé de l'exécution du présent décret, etc. (*Bull.* 484, n° 3571.)

———

N° 47.—(20 janv. 1852.)—DÉCRET *sur l'organisation de la gendarmerie de La Guyane française.*

LOUIS-NAPOLÉON, PRÉSIDENT DE LA RÉPUBLIQUE FRANÇAISE,

Vu les ordonnances des 6 septembre 1840 et 13 avril 1846 ;

De l'avis du ministre de la marine et des colonies, et sur le rapport du ministre de la guerre,

DÉCRÈTE :

ART. 1er. La demi-compagnie de La Guyane française sera désormais organisée en une compagnie de cent hommes, y compris les officiers.

2. Par suite de cette disposition, la composition et le complet de cette compagnie sont fixés ainsi qu'il est indiqué ci-après :

GRADES.	OFFI-CIERS.	TROUPE	
		à cheval.	à pied.
Capitaine commandant. . .	1	»	»
Lieutenants et sous-lieutenants.	2	»	»
Lieutenant ou sous-lieutenant trésorier . . .	1	»	»
Maréchaux des logis . .	»	1	4
Brigadiers	»	2	8
Gendarmes	»	18	63
Totaux. . . .	4	21	75
Total général. . . .		100	

3. Les ministres de la guerre et de la marine sont chargés, chacun en ce qui le concerne, de l'exécution du présent décret, etc. (*Bull.* 484, n° 3572.)

N° 48.—(20 janv. 1852.)—DÉCRET *qui ouvre un crédit pour les frais d'établissement du fil électrique destiné au service télégraphique de l'exploitation du chemin de fer de Rouen à Dieppe.*

LOUIS-NAPOLÉON, PRÉSIDENT DE LA RÉPUBLIQUE FRANÇAISE,

Sur le rapport du ministre de l'intérieur,

DÉCRÈTE :

ART. 1er. Il est ouvert au budget du ministère de l'intérieur, sur l'exercice 1852, un crédit de huit mille huit cents francs (8,800 fr.), pour couvrir les frais d'établissement du fil électrique destiné au service télégraphique de l'exploitation du chemin de fer de Rouen à Dieppe.

2. Les ministres de l'intérieur et des finances sont chargés, chacun en ce qui le concerne, de l'exécution du présent décret, etc. (*Bull.* 486, n° 3589.)

———

N° 49.—(21 janv. 1852.)—DÉCRET *relatif au rachat des droits attribués à la compagnie du canal du Rhône au Rhin* (1).

LOUIS-NAPOLÉON, PRÉSIDENT DE LA RÉPUBLIQUE FRANÇAISE,

Vu la loi du 5 août 1821, relative à l'achèvement du canal du Rhône au Rhin ;

Vu la loi du 29 mai 1845 ;

Sur le rapport du ministre des finances et du ministre des travaux publics,

DÉCRÈTE :

ART. 1er. Il sera procédé immédiatement, dans les formes prescrites par la loi du 29 mai 1845, au rachat, pour cause d'utilité publique, des droits attribués à la compagnie du canal du Rhône au Rhin, par les articles 7, 8 et 10 du cahier des charges annexé à la loi du 5 août 1821, et représentés par les actions de jouissance dudit canal.

———

(1) « La commission arbitrale instituée au ministère des finances pour fixer le prix du rachat des actions de jouissance des canaux vient de prendre une décision pour ce qui concerne le canal du Rhône au Rhin.

« Les actions de jouissance de ce canal ont été évaluées par la commission à la somme de 748 fr. par action.

« Il y a 10,000 actions ; l'indemnité due par l'Etat a été arbitrée à 7 millions 480,000 fr. Comme cette indemnité est payée sous forme d'annuités échelonnées sur trente ans, l'annuité due par le Trésor en raison de cette décision est de 432,330 fr., prix du rachat des droits des prêteurs sur le canal du Rhône au Rhin (jouissance du 1er juin 1852).

« Cette décision a été notifiée par le tribunal arbitral au ministre des finances et à la compagnie, le 5 juin 1852. »

(*Journal des Débats*).

2. Le capital qui aura été fixé pour le prix du rachat sera payable en trente annuités composées chacune de l'intérêt à quatre pour cent, et du fonds de l'amortissement nécessaire pour opérer en trente ans la libération de l'Etat.

3. Les ministres des finances et des travaux publics sont, chacun en ce qui le concerne, chargés de l'exécution du présent décret, qui sera inséré au *Bulletin des Lois*. (*Bull.* 483, n° 3563).

N° 50.— (21 janv. 1852.) — DÉCRET *relatif au rachat des droits attribués à la compagnie du canal de Bourgogne.*

LOUIS-NAPOLÉON, PRÉSIDENT DE LA RÉPUBLIQUE FRANÇAISE,

Vu la loi du 14 août 1822, relative à l'achèvement du canal de Bourgogne,

Vu la loi du 29 mai 1845 ;

Sur le rapport du ministre des finances et du ministre des travaux publics,

DÉCRÈTE :

ART. 1er. Il sera procédé immédiatement, dans les formes prescrites par la loi du 29 mai 1845, au rachat, pour cause d'utilité publique, des droits attribués à la compagnie du canal de Bourgogne, par les articles 9, 10 et 11 du cahier des charges annexé à la loi du 14 août 1822, et représentés par les actions de jouissance dudit canal.

2. Le capital qui aura été fixé pour le prix du rachat sera payable en trente annuités, composées chacune de l'intérêt à quatre pour cent et du fonds d'amortissement nécessaire pour opérer en trente ans la libération de l'Etat.

3. Les ministres des finances et des travaux publics sont, chacun en ce qui le concerne, chargés de l'exécution du présent décret, qui sera inséré au *Bulletin des Lois*, etc. (*Bull.* 483, n° 3564.)

N° 51.— (21 janv. 1852.) — DÉCRET *relatif au rachat des droits attribués à la compagnie des Quatre-Canaux.*

LOUIS-NAPOLÉON, PRÉSIDENT DE LA RÉPUBLIQUE FRANÇAISE,

Vu la loi du 14 août 1822 relative à l'achèvement et à la construction de divers canaux ;

Vu la loi du 29 mai 1845 ;

Sur le rapport du ministre des finances et du ministre des travaux publics,

DÉCRÈTE :

ART. 1er. Il sera procédé immédiatement, dans les formes prescrites par la loi du 29 mai 1845, au rachat, pour cause d'utilité publique, des droits attribués à la compagnie des Quatre-Canaux, par les articles 9, 10 et 11 du cahier des charges annexé à la loi du du 14 août 1822, applicable aux canaux de Bretagne, du Nivernais, du Berry et latéral de la Loire (de Digoin à Briare), et représentés par les actions de jouissance desdits canaux.

2. Le capital qui aura été fixé pour le prix du rachat sera payable en trente annuités composées chacune de l'intérêt à quatre pour cent et du fonds d'amortissement nécessaire pour opérer en trente ans la libération de l'Etat.

3. Les ministres des finances et des travaux publics sont chargés, chacun en ce qui le concerne, de l'exécution du présent décret, qui sera inséré au *Bulletin des Lois*, etc. (*Bull.* 483, n° 3565.)

N° 52.—(21 janv. 1852.)—DÉCRET *qui ouvre au ministre de l'instruction publique et des cultes* (services des cultes) *un crédit supplémentaire pour des créances constatées sur des exercices clos.*

LE PRÉSIDENT DE LA RÉPUBLIQUE,

Vu l'état des créances liquidées pour les services des cultes, additionnellement aux restes à payer constatés par les comptes définitifs des exercices clos de 1848, 1849 et 1850 ;

Considérant qu'aux termes de l'article 9 de la loi du 23 mai 1834 et de l'article 108 de l'ordonnance du 31 mai 1838, portant règlement général sur la comptabilité publique, ces créances peuvent être acquittées, attendu qu'elles se rapportent à des services prévus par les budgets des exercices 1848, 1849 et 1850, et que leur montant est inférieur aux restants de crédits dont l'annulation sera prononcée sur ces services par les lois de règlement desdits exercices ;

Sur le rapport du ministre de l'instruction publique et des cultes,

DÉCRÈTE ce qui suit :

ART. 1er. Il est ouvert au ministre de l'instruction publique et des cultes (*services des cultes*), en augmentation des restes à payer constatés par les comptes définitifs des exercices 1848, 1849 et 1850, un crédit supplémentaire de quatorze mille huit cent quatre-vingt-onze francs soixante-trois centimes (14,891 fr. 63 c.), montant des créances désignées au tableau ci-annexé, qui ont été liquidées à la charge de ces exercices.

2. Le ministre de l'instruction publique et des cultes est, en conséquence, autorisé à ordonnancer ces créances sur le chapitre spécial ouvert, pour les dépenses des exercices clos, aux budgets des exercices courants, en exécution de l'article 8 de la loi du 23 mai 1834.

3. Les ministres de l'instruction publique et des cultes, et des finances, sont chargés, chacun en ce qui le concerne, de l'exécution du présent décret qui sera inséré au *Bulletin des Lois*, etc. (*Bull.* 484, n° 3573.)

N° 53.—(21 janv. 1852.)—DÉCRET *qui ouvre des crédits au ministre des affaires étrangères, pour des dépenses d'exercices clos, d'exercices périmés et de l'exercice* 1851.

LOUIS-NAPOLÉON, Président de la République française,

Sur le rapport du ministre des affaires étrangères, et de l'avis du ministre des finances,

DÉCRÈTE :

ART. 1er Il est ouvert au département des affaires étrangères un crédit supplémentaire de deux cent trente-quatre mille huit cent trente-sept francs cinquante-six centimes (234,837 fr. 56 c.), applicable aux dépenses restant à payer sur les exercices clos de 1850 et antérieurs, y compris celles pour lesquelles des crédits complémentaires avaient été demandés dans les projets de loi de règlement des comptes définitifs de 1848 et 1849, savoir :

	fr. c.
Montant des crédits complémentaires demandés et détaillés dans le compte définitif de 1848	16,839 87

Montant des crédits complémentaires demandés et détaillés dans le compte définitif de 1849, ci . . 123,005 f. 35 c.

Dont il faut déduire une somme de vingt mille trois cent cinquante - deux francs soixante et quatorze centimes, imputable sur un crédit de cinquante mille francs attribué au chapitre VI, par décret présidentiel du 18 septembre 1850, et confirmé par la loi du 6 mai 1851, ci . . . 20,352 74

Reste . . 105,152 61

Mais il faut y ajouter, conformément aux prévisions énoncées dans ledit compte définitif de 1849, pour les intérêts

de cinq mois sur diverses sommes, à raison de deux cent onze francs huit centimes par mois, ci 1,055 40

	104,208 01	104,208 01
		121,047 88

Montant de créances diverses constatées sur les exercices clos 1847, 1848, 1849 et 1850, postérieurement à la clôture de ces exercices, ci 113,789 68

234,837 56

2. Il est ouvert au ministre des affaires étrangères un crédit extraordinaire de trente-deux mille trente-quatre francs cinquante-deux centimes (32,034 fr. 52 c.), applicable à des dépenses constatées sur les exercices périmés.

3. Il est accordé au ministre des affaires étrangères, sur l'exercice 1851, des crédits supplémentaires montant à trois cent quinze mille francs (315,000 fr.), applicables, dans les proportions qui suivent, aux chapitres ci-après désignés :

Chap. III. Traitements des agents politiques et consulaires	30,000 fr.
Chap. IV. Traitements des agents en inactivité.	20,000
Chap. VII. Frais de service. . . .	160,000
Chap. XI. Missions extraordinaires. .	90,000
Chap. XII. Dépenses imprévues. . .	15,000
	315,000

4. Le ministre des affaires étrangères et le ministre des finances sont chargés, chacun en ce qui le concerne, de l'exécution du présent décret, qui sera inséré au *Bulletin des Lois*, etc. (*Bull.* 484, n° 3574).

N° 54.—(22 janv. 1852.)—DÉCRET *qui institue un ministre d'État.*

LOUIS-NAPOLÉON, Président de la République française,

DÉCRÈTE ;

Il est institué un ministre d'État qui aura les attributions suivantes :

Les rapports du Gouvernement avec le Sénat et le Corps législatif, et le Conseil d'État ;

La correspondance du Président avec les divers ministères.

Le contre-seing des décrets portant nomination des ministres, nomination des présidents du Sénat et du Corps législatif, nomination des sénateurs et concession des dotations qui peuvent leur être attribuées, nomination des membres du conseil d'Etat ;

Le contre-seing des décrets rendus par le Président en exécution des pouvoirs qui lui appartiennent, conformément aux articles 24, 28, 31, 46 et 54 de la Constitution, et de ceux concernant les matières qui ne sont spécialement attribuées à aucun département ministériel :

La rédaction et la conservation des procès-verbaux du Conseil des ministres ;

La direction exclusive de la partie officielle du *Moniteur* ;

L'administration des palais nationaux et des manufactures nationales, etc. (*Bull.* 481, n° 3533).

N° 55.—(22 janv. 1852.)—DÉCRET *qui crée un ministère de la police générale.*

LOUIS-NAPOLÉON, PRÉSIDENT DE LA RÉPUBLIQUE,

DÉCRÈTE :

ART. 1er. Il est créé un ministère sous le nom de *ministère de la police générale.*

2. Le ministre de la police aura les attributions suivantes :

L'exécution des lois relatives à la police générale, à la sûreté et à la tranquillité intérieure de la République ;

Le service de la garde nationale, de la garde républicaine, de la gendarmerie, pour tout ce qui est relatif au maintien de l'ordre public ;

La surveillance des journaux, des pièces de théâtre et des publications de toute nature ;

La police des prisons, maisons d'arrêt, de justice et de réclusion ;

Le personnel des préfets de police de Paris et des départements, des agents de toute sorte de police générale ;

La police commerciale, sanitaire et industrielle ;

La répression de la mendicité et du vagabondage.

3. Le ministère de la police aura la correspondance avec les diverses autorités constitués, pour ce qui concerne la sûreté de la République.

4. Un décret ultérieur règlera l'organisation centrale et les services actifs du nouveau ministère.

5. Les ministres seront chargés, chacun en ce qui le concerne, de l'exécution du présent décret, etc. (*Bull.* 481, n° 3535).

N° 56.—(22 janv. 1852.)—DÉCRET *portant que les membres de la famille d'Orléans seront tenus de vendre tous les biens qui leur appartiennent en France.*

LE PRÉSIDENT DE LA RÉPUBLIQUE,

Considérant que tous les Gouvernements qui se sont succédé ont jugé indispensable d'obliger la famille qui cessait de régner à vendre les biens meubles et immeubles qu'elle possédait en France ;

Qu'ainsi, le 12 janvier 1816, *Louis XVIII* contraignit les membres de la famille de l'empereur *Napoléon* de vendre leurs biens personnels dans le délai de six mois, et que, le 10 avril 1832, *Louis-Philippe* en agit de même à l'égard des princes de la famille aînée des *Bourbons* ;

Considérant que de pareilles mesures sont toujours d'ordre et d'intérêt publics ;

Qu'aujourd'hui, plus que jamais, de hautes considérations politiques commandent impérieusement de diminuer l'influence que donne à la famille *d'Orléans* la possession de près de trois cents millions d'immeubles en France,

DÉCRÈTE :

ART. 1er. Les membres de la famille *d'Orléans*, leurs époux, épouses et leurs descendants, ne pourront posséder aucuns meubles et immeubles en France : ils seront tenus de vendre, d'une manière définitive, tous les biens qui leur appartiennent dans l'étendue du territoire de la République.

2. Cette vente sera effectuée dans le délai d'un an, à partir, pour les biens libres, du jour de la promulgation du présent décret, et, pour les biens susceptibles de liquidation ou discussion, à partir de l'époque à laquelle la propriété en aura été irrévocablement fixée sur leur tête.

3. Faute d'avoir effectué la vente dans les délais ci-dessus, il y sera procédé à la diligence de l'administration des domaines, dans la forme prescrite par la loi du 10 avril 1832.

Le prix des ventes sera remis aux propriétaires ou à tous autres ayants droits, etc. (*Bull.* 481, n° 3540).

N° 57.—(22 janv. 1852.)—DÉCRET *qui restitue au domaine de l'Etat les biens meubles et immeubles qui sont l'objet de la donation faite, le 7 août 1830, par le Roi* Louis-Philippe.

LE PRÉSIDENT DE LA RÉPUBLIQUE,

Considérant que, sans vouloir porter atteinte au droit de propriété dans la personne des princes de la famille *d'Orléans*, le Président de la République ne justifierait pas la confiance du Peuple français s'il permettait que des biens qui doivent appartenir à la Nation soient soustraits au domaine de l'Etat ;

Considérant que, d'après l'ancien droit public de la France, maintenu par le décret du 21 septembre 1790 et par la loi du 8 novembre 1814, tous les biens qui appartenaient aux princes lors de leur avènement au trône étaient de plein droit et à l'instant même réunis au domaine de la couronne ;

Qu'ainsi le décret du 21 septembre 1790, de même que la loi du 8 novembre 1814, portent :

« Les biens particuliers du prince qui « parvient au trône, et ceux qu'il avait pen-« dant son règne, à quelque titre que ce « soit, sont de plein droit et à l'instant « même unis au domaine de la nation, et « l'effet de cette union est perpétuel et ir-« révocable ; »

Que la consécration de ce principe remonte à des époques fort reculées de la monarchie ; qu'on peut, entre autres, citer l'exemple de *Henri IV* : ce prince ayant voulu empêcher, par des lettres patentes du 15 avril 1590, la réunion de ses biens au domaine de la couronne, le parlement de Paris refusa d'enregistrer ces lettres patentes, aux termes d'un arrêt du 15 juillet 1591, et *Henri IV*, applaudissant plus tard à cette fermeté, rendit, au mois de juillet 1601, un édit qui révoquait ses premières lettres patentes ;

Considérant que cette règle fondamentale de la monarchie a été appliquée sous les règnes de *Louis XVIII* et de *Charles X*, et reproduite dans la loi du 15 janvier 1825;

Qu'aucun acte législatif ne l'avait révoquée le 9 août 1830, lorsque *Louis-Philippe* a accepté la couronne ; qu'ainsi, par le fait seul de cette acceptation, tous les biens qu'il possédait à cette époque sont devenus la propriété incommutable de l'Etat ;

Considérant que la donation universelle sous réserve d'usufruit, consentie par *Louis-Philippe* au profit de ses enfants, à l'exclusion de l'aîné de ses fils, le 7 août 1830, le jour même où la royauté lui avait été déférée, et avant son acceptation, qui eut lieu le 9 du même mois, a eu uniquement pour but d'empêcher la réunion au domaine de l'Etat des biens considérables possédés par le prince appelé au trône ;

Que, plus tard, lorsqu'il fut connu, cet acte souleva la conscience publique ;

Que, si l'annulation n'en fut pas prononcée, c'est qu'il n'existait pas, comme sous l'ancienne monarchie, une autorité compétente pour réprimer la violation des principes du droit public, dont la garde était anciennement confiée aux parlements.

Qu'en se réservant l'usufruit des biens compris dans la donation, *Louis-Philippe* ne se dépouillait de rien et voulait seulement assurer à sa famille un patrimoine devenu celui de l'État.

Que la donation elle-même, non moins que l'exclusion du fils aîné, dans la prévoyance de l'avénement au trône de ce fils, était, de la part du roi *Louis-Philippe*, la reconnaissance la plus formelle de cette règle fondamentale, puisqu'il fallait tant de précautions pour l'éluder ;

Qu'on exciperait vainement de ce que l'union au domaine public des biens du prince ne devait résulter que de l'acceptation de la couronne par celui-ci, et de ce que cette acceptation n'ayant eu lieu que le 9 août, la donation consentie le 7 du même mois avait dû produire son effet;

Considérant qu'à cette dernière date, *Louis-Philippe* n'était plus une *personne privée*, puisque les deux Chambres l'avait déclaré roi des Français, sous la seule condition de prêter serment à la Charte ;

Que, par suite de cette acceptation, il était roi depuis le 7 août, puisque ce jour-là la volonté nationale s'était manifestée par l'organe des deux Chambres, et que la fraude à une loi d'ordre public n'existe pas moins, lorsqu'elle est concertée en vue d'un fait certain qui doit immédiatement se réaliser ;

Considérant que les biens compris dans la donation du 7 août, se trouvant irrévocablement incorporés au domaine de l'Etat, n'ont pu en être distraits par les dispositions de l'art. 22 de la loi du 2 mars 1832 ;

Que ce serait, contrairement à tous les principes, attribuer un effet rétroactif à cette loi que de lui faire valider un acte radicalement nul d'après la législation existante à l'époque où cet acte a été consommé;

Que, d'ailleurs, cette loi dictée dans un intérêt privé par les entraînements d'une politique de circonstance, ne saurait prévaloir contre les droits permanents de l'Etat et les règles immuables du droit public ;

Considérant, en outre, que, les droits de l'Etat ainsi revendiqués, il reste encore à la famille *d'Orléans* plus de cent millions avec lesquels elle peut soutenir son rang à l'étranger ;

Considérant aussi qu'il est convenable de continuer l'allocation annuelle de trois cent mille francs portée au budget pour le douaire de la duchesse *d'Orléans*,

Décrète :

Art. 1er. Les biens meubles et immeubles qui sont l'objet de la donation faite le 7 août 1830, par le roi *Louis-Philippe*, sont restitués au domaine de l'Etat.

2. L'Etat demeure chargé du paiement des dettes de la liste civile du dernier règne.

3. Le douaire de trois cent mille francs alloué à la duchesse *d'Orléans* est maintenu.

4. Les biens faisant retour à l'Etat en vertu de l'art. 1er, seront vendus en partie à la diligence de l'administration des domaines, pour le produit en être réparti ainsi qu'il suit :

5. Dix millions sont alloués aux sociétés de secours mutuels autorisées par la loi du 15 juillet 1850 ;

6. Dix millions seront employés à améliorer les logements des ouvriers dans les grandes villes manufacturières ;

7. Dix millions seront affectés à l'établissement d'institutions de crédit foncier dans les départements qui réclameront cette mesure en se soumettant aux conditions jugées nécessaires ;

8. Cinq millions serviront à établir une caisse de retraite au profit des desservants les plus pauvres.

9. Le surplus des biens énoncés dans l'art. 1er sera réuni à la dotation de la Légion d'honneur, pour le revenu en être affecté aux destinations suivantes, sauf, en cas d'insuffisance, à y être pourvu par les ressources du budget.

10. Tous les officiers, sous-officiers et soldats de terre et de mer en activité de service, qui seront à l'avenir nommés ou promus dans l'ordre national de la Légion d'honneur, recevront, selon leur grade dans la Légion, l'allocation annuelle suivante :

Les légionnaires (comme par le passé).	250 fr.
Les officiers	500
Les commandeurs	1,000
Les grands-officiers.	2,000
Les grand-croix.	3,000

11. Il est créé une médaille militaire donnant droit à cent francs de rente viagère, en faveur des soldats et sous-officiers de l'armée de terre et de mer placés dans les conditions qui seront fixées par un règlement ultérieur.

12. Un château national servira de maison d'éducation aux filles ou orphelines indigentes des familles dont les chefs auraient obtenu cette médaille.

13. Le château de Saverne sera restauré et achevé, pour servir d'asile aux veuves des hauts fonctionnaires civils et militaires morts au service de l'Etat.

14. En considération des présentes, le Président de la République renonce à toute réclamation au sujet des confiscations prononcées, en 1814 et en 1815, contre la famille *Bonaparte*.

15. Les ministres sont chargés, chacun en ce qui le concerne, de l'exécution du présent décret, etc. (*Bull.* 481, n° 3541.)

N° 58.—(22 janv. 1852.)—Décret *relatif à la promulgation de la convention conclue entre la France et le Royaume-Uni de la Grande-Bretagne et d'Irlande, pour la garantie réciproque de la propriété des œuvres de littérature et d'art.*

LOUIS-NAPOLÉON, Président de la République française,

Sur le rapport du ministre des affaires étrangères,

Décrète :

Art. 1er. La convention conclue, le 3 novembre 1851, entre la France et le Royaume-Uni de la Grande-Bretagne et d'Irlande, pour la garantie réciproque de la propriété des œuvres de littérature et d'art, ayant été ratifiée par nous, le 23 décembre dernier, et les actes de ratifications des deux Gouvernements ayant été échangés le 8 du présent mois de janvier ; ladite convention, suivie du procès-verbal d'échange contenant quelques explications et modifications, desquels convention et procès-verbal la teneur suit, recevra sa pleine et entière exécution.

Convention.

Le Président de la République française et Sa Majesté la Reine du Royaume-Uni de la Grande-Bretagne et d'Irlande, également animés du désir d'étendre dans les deux pays la jouissance des droits d'auteur pour les ouvrages de littérature et de beaux-arts qui pourront être publiés pour la première fois dans l'un des deux, et Sa Majesté Britannique ayant consenti à étendre aux livres, gravures et œuvres musicales publiés en France, la réduction que la loi l'autorise à accorder, sous certaines conditions, dans le taux des droits actuellement perçus à l'importation, dans le Royaume-Uni, de ces mêmes articles publiés en pays étranger ;

Le Président de la République française et Sa Majesté Britannique ont jugé à propos de conclure, dans ce but, une convention spéciale, et ont nommé à cet effet pour leurs plénipotentiaires, savoir ,

Le Président de la République française,
M. Louis-Félix-Etienne Turgot, officier de l'ordre national de la Légion d'honneur, chevalier de l'ordre royal de Saint-Ferdinand d'Espagne de deuxième classe, etc., ministre au département des affaires étrangères ;

Et Sa Majesté la Reine du Royaume-Uni de la Grande-Bretagne et d'Irlande,

M. Constantin (Henry), marquis de Normanby, pair du Royaume-Uni, chevalier du très-noble ordre de la Jarretière, grand-croix du très-honorable ordre du Bain, etc., son ambassadeur extraordinaire et plénipotentiaire près la République française ;

Lesquels, après s'être communiqué leurs pleins pouvoirs, trouvés en bonne et due forme, sont convenus des articles suivants :

Art. 1er. A partir de l'époque à laquelle, conformément aux stipulations de l'article 14 ci-après, la présente convention deviendra exécutoire, les auteurs d'œuvres de littérature ou d'art auxquels les lois de l'un des deux pays garantissent actuellement et garantiront à l'avenir le droit de propriété ou d'auteur, auront la faculté d'exercer ledit droit sur les territoires de l'autre pays, pendant le même espace de temps et dans les mêmes limites que s'exercerait, dans cet autre pays lui-même, le droit attribué aux auteurs d'ouvrages de même nature qui y seraient publiés, de telle sorte que la reproduction ou la contrefaçon dans l'un des deux Etats, de toute œuvre de littérature ou d'art publiée dans l'autre sera traitée de la même manière que le serait la reproduction ou la contrefaçon d'ouvrages de même nature originairement publiés dans cet autre Etat, et que les auteurs de l'un des deux pays auront, devant les tribunaux de l'autre, la même action et jouiront des mêmes garanties contre la contrefaçon ou la reproduction non autorisée, que celles que la loi accorde ou pourrait accorder à l'avenir aux auteurs de ce dernier pays.

Il est entendu que ces mots « œuvres de littérature ou d'art, » employés au commencement de cet article, comprennent les publications de livres, d'ouvrages dramatiques, de composition musicale, de dessin, de peinture, de sculpture, de gravure, de lithographie et de toute autre production quelconque de littérature et de beaux-arts.

Les mandataires ou ayants cause des auteurs, traducteurs, compositeurs, peintres, sculpteurs ou graveurs, jouiront à tous égards des mêmes droits que ceux que la présente convention accorde aux auteurs, traducteurs, compositeurs, peintres, sculpteurs ou graveurs eux-mêmes.

2. La protection accordée aux ouvrages originaux est accordée aux traductions. Il est bien entendu, toutefois, que l'objet du présent article est simplement de protéger le traducteur par rapport à sa propre traduction, et non pas de conférer le droit exclusif de traduction au premier traducteur d'un ouvrage quelconque, hormis dans le cas et les limites prévus par l'article suivant.

3. L'auteur de tout ouvrage publié dans l'un des deux pays, qui aura entendu réserver son droit de traduction, jouira pendant cinq années, à partir du jour de la première publication de la traduction de son ouvrage autorisée par lui, du privilége de protection contre la publication, dans l'autre pays, de toute traduction du même ouvrage non autorisée par lui, et ce, sous les conditions suivantes : 1° l'ouvrage original sera enregistré et déposé dans l'un des deux pays, dans un délai de trois mois à partir du jour de la première publication dans l'autre pays ; 2° il faudra que l'auteur ait indiqué en tête de son ouvrage l'intention de se réserver le droit de traduction ; 3° ladite traduction autorisée devra avoir paru, au moins en partie, dans le délai d'un an, à compter de la date de l'enregistrement et du dépôt de l'original, et en totalité dans le délai de trois ans, à partir dudit dépôt ; 4° la traduction devra être publiée dans l'un des deux pays, et être enregistrée et déposée conformément aux dispositions de l'article 8.

Pour les ouvrages publiés par livraisons, il suffira que la déclaration de l'auteur, qu'il entend se réserver le droit de traduction, soit exprimée dans la première livraison. Toutefois, en ce qui concerne le terme de cinq ans assigné par cet article pour l'exercice du droit privilégié de traduction, chaque livraison sera considérée comme un ouvrage séparé ; chacune d'elles sera enregistrée et déposée dans l'un des deux pays, dans les trois mois à partir de sa première publication dans l'autre.

4. Les stipulations des articles précédents s'appliqueront également à la représentation des ouvrages dramatiques et à l'exécution des compositions musicales, en tant que les lois de chacun des deux pays sont ou seront applicables, sous ce rapport, aux ouvrages dramatiques et de musique représentés ou exécutés publiquement dans ces pays pour la première fois.

Toutefois, pour avoir droit à la protection légale, en ce qui concerne la traduction d'un ouvrage dramatique, l'auteur devra faire paraître sa traduction trois mois après l'enregistrement et le dépôt de l'ouvrage original.

Il est bien entendu que la protection stipulée par le présent article n'a point pour objet de prohiber les imitations faites de bonne foi, ou les appropriations des ouvrages dramatiques aux scènes respectives de France et d'Angleterre, mais seulement d'empêcher les traductions en contrefaçon.

La question d'imitation ou de contrefaçon sera déterminée dans tous les cas par les tribunaux des pays respectifs, d'après la législation en vigueur dans chacun des deux États.

5. Nonobstant les stipulations des articles 1er et 2 de la présente Convention, les articles extraits de journaux ou de recueils périodiques publiés dans l'un des deux pays pourront être reproduits ou traduits dans les journaux ou recueils périodiques de l'autre pays, pourvu qu'on y indique la source à laquelle on les aura puisés.

Toutefois, cette permission ne saurait être comprise comme s'étendant à la reproduction, dans l'un des deux pays, des articles de journaux ou de recueils périodiques publiés dans l'autre, dont les auteurs auraient déclaré d'une manière évidente, dans le journal ou le recueil même où ils les auront fait paraître, qu'ils en interdisent la reproduction.

6. Sont interdites l'importation et la vente, dans l'un ou l'autre des deux pays, de toute contrefaçon d'ouvrages jouissant du privilége de protection contre la contrefaçon, en vertu des articles 1, 2, 3 et 5 de la présente convention, que ces contrefaçons soient originaires du pays où l'ouvrage a été publié, ou bien de toute autre contrée étrangère.

7. En cas de contravention aux dispositions des articles précédents, les ouvrages ou objets contrefaits seront saisis et détruits, et les individus qui se seront rendus coupables de ces contraventions seront passibles, dans chaque pays, de la peine et des poursuites qui sont ou seraient prescrites par les lois de ce pays contre le même délit commis à l'égard de tout ouvrage ou production d'origine nationale.

8. Les auteurs, traducteurs, de même que leurs représentants ou ayants cause, légalement désignés, n'auront droit, dans l'un et l'autre pays, à la protection stipulée par les articles précédents, et le droit d'auteur ne pourra être réclamé dans l'un des deux pays, qu'après que l'ouvrage aura été enregistré de la manière suivante, savoir : 1° si l'ouvrage a paru la première fois en France, il faudra qu'il ait été enregistré à l'hôtel de la corporation des libraires (*stationers hall*) à Londres; 2° si l'ouvrage a paru pour la première fois dans les États de Sa Majesté Britannique, il faudra qu'il ait été enregistré au bureau de la librairie du ministère de l'intérieur à Paris.

La susdite protection ne sera acquise qu'à celui qui aura fidèlement observé les lois et règlements en vigueur dans les pays respectifs, par rapport à l'ouvrage pour lequel cette protection serait réclamée. Pour les livres, cartes, estampes ou publications musicales, la susdite protection ne sera acquise qu'autant que l'on aura remis gratuitement dans l'un ou l'autre des dépôts mentionnés ci-dessus, suivant les cas respectifs, un exemplaire de la meilleure édition, ou dans le meilleur état, destiné à être déposé au lieu indiqué à cet effet dans chacun des deux pays, c'est-à-dire en France, à la Bibliothèque nationale de Paris; et dans la Grande-Bretagne au Musée britannique, à Londres.

Dans tous les cas, les formalités du dépôt et de l'enregistrement devront être remplies sous les trois mois qui suivront la première publication de l'ouvrage dans l'autre pays. A l'égard des ouvrages publiés par livraison, ce délai de trois mois ne commencera à courir qu'à dater de la publication de la dernière livraison, à moins que l'auteur n'ait indiqué, conformément aux dispositions de l'article 3, son intention de se réserver le droit de traduction, auquel cas chaque livraison sera considérée comme un ouvrage séparé.

Une copie authentique de l'inscription sur le registre de la corporation des libraires à Londres conférera dans les États britanniques le droit exclusif de reproduction jusqu'à ce que quelque autre personne ait fait admettre devant un tribunal un droit mieux établi.

Le certificat délivré conformément aux lois françaises, et constatant l'enregistrement d'un ouvrage dans ce pays, aura la même force et valeur dans toute l'étendue du territoire de la République française.

Au moment de l'enregistrement d'un ouvrage dans l'un des deux pays, il en sera délivré, si on le demande, un certificat ou copie certifiée; et ce certificat relatera la date précise à laquelle l'enregistrement aura lieu.

Le coût d'enregistrement d'un seul ouvrage, conformément aux stipulations du présent article, ne pourra pas dépasser la somme de un franc vingt-cinq centimes en France, et d'un shilling en Angleterre; et les frais additionnels pour le certificat d'enregistrement ne devront pas excéder la somme de six francs vingt-cinq centimes en France, ou de cinq shillings en Angleterre.

Les présentes stipulations ne s'étendront pas aux articles de journaux ou de recueils périodiques, pour lesquels le simple avertissement de l'auteur, ainsi qu'il est prescrit à l'article 5, suffira pour garantir son droit contre la reproduction ou la traduction. Mais si un article ou un ouvrage qui aura paru pour la première fois dans un journal ou dans un recueil périodique est ensuite reproduit à part, il restera alors soumis aux stipulations du présent article.

9. Quant à ce qui concerne tout objet autres que les livres, estampes, cartes et publications musicales, pour lesquels on pourrait réclamer la protection, en vertu de l'article 1er de la présente convention, il est entendu que tout mode d'enregistrement autre que le mode prescrit par l'article précédent, qui est ou qui pourrait être appliqué par la loi dans un des deux pays, à l'effet de garantir le droit de propriété à toute œuvre quelconque ou article mis pour la première fois au jour dans ce pays, ledit mode d'enregistrement sera étendu, sous des conditions égales à toute œuvre ou objet similaire mis au jour pour la première fois dans l'autre pays.

10. Pendant toute la durée de la présente convention, les droits actuellement établis à l'importation licite dans le Royaume-Uni de la Grande-Bretagne et d'Irlande, des livres, gravures, dessins ou ouvrages de musique publiés dans toute l'étendue du territoire de la République française, demeurent réduits et fixés au taux ci-après établis, savoir : 1° droits sur les livres et œuvres de musique :

A. Ouvrages publiés pour la première fois dans le Royaume-Uni, et reproduits en France, par quintal anglais.   2ˡ 10ˢᵇ 0

B. Ouvrages non publiés pour la première fois dans le Royaume-Uni, par quintal anglais. 0 15 0

2° Gravures ou dessins :

A. Coloriés ou non, chaque pièce. 0 0 0 1/2ᵈ

B. Reliés ou brochés, la douzaine. 0 0 1 1/2

Il est convenu que le taux des droits ci-dessus spécifiés ne sera pas augmenté pendant la durée de la présente convention, et que si, par la suite, pendant la durée de cette convention, ce taux était réduit en faveur des livres, gravures, dessins ou ouvrages de musique publiés dans tout autre pays, cette réduction s'étendra en même temps aux objets similaires publiés en France.

Il est, en outre, bien entendu que tout ouvrage publié en France, et dont une partie aura été mise au jour pour la première fois dans le Royaume-Uni, sera considéré comme « ouvrage publié pour la première fois dans le Royaume-Uni, et reproduit en France, » et, à ce titre, il sera soumis aux droits de cinquante shillings pa· quintal anglais, alors même qu'il contiendrait encore des additions originales publiées ailleurs que dans le Royaume-Uni, à moins que ces additions originales ne soient d'une étendue pour le moins égale à celle de la partie de l'ouvrage publiée originairement dans le Royaume-Uni, auquel cas l'ouvrage ne serait soumis qu'aux droits de quinze shillings par quintal anglais.

11. Pour faciliter l'exécution de la présente convention, les deux hautes parties contractantes s'engagent à se communiquer mutuellement les lois et règlements qui pourront être ultérieurement établis dans les Etats respectifs, à l'égard des droits d'auteurs, pour les ouvrages et productions protégés par les stipulations de la présente convention.

12. Les stipulations de la présente convention ne pourront, en aucune manière, porter atteinte au droit que chacune des deux hautes parties contractantes se réserve expressément de surveiller et de défendre, au moyen de mesures législatives ou de police intérieure, la vente, la circulation, la représentation et l'exposition de tout ouvrage ou de toute production à l'égard desquels l'un ou l'autre pays jugerait convenable d'exercer ce droit.

13. Rien dans cette convention ne sera considéré comme portant atteinte au droit de l'une ou de l'autre des deux hautes parties contractantes, de prohiber l'importation dans ses propres Etats des livres qui, d'après ses lois intérieures ou des stipulations souscrites avec d'autres puissances, sont ou seraient déclarés être des contrefaçons ou des violations du droit d'auteur.

14. Sa Majesté Britannique s'engage à recommander au parlement d'adopter une loi qui l'autorise à mettre en vigueur celles des dispositions de la présente convention qui ont besoin d'être sanctionnées par un acte législatif. Lorsque cette loi aura été adoptée, la convention sera mise à exécution à partir d'un jour qui sera alors fixé par les deux hautes parties contractantes.

Dans chaque pays, le Gouvernement fera dûment connaître d'avance le jour ainsi convenu, et les stipulations de la convention ne seront applicables qu'aux œuvres et articles publiés après cette date. La présente convention restera en vigueur pendant dix années, à partir du jour où elle pourra être mise en vigueur; et, dans le cas où aucune des deux parties n'aurait pas signifié, douze mois avant l'expiration de ladite période de dix années, son intention d'en faire cesser les effets, la convention continuerait à rester en vigueur encore une année, et ainsi de suite, d'année en année, jusqu'à l'expiration d'une année, à partir du jour où l'une ou l'autre des parties l'aura dénoncée.

Les hautes parties contractantes se réservent cependant la faculté d'apporter à la présente convention, d'un commun accord, toute modification qui ne serait pas incompatible avec l'esprit et les principes qui en sont la base, et dont l'expérience aurait démontré l'opportunité.

15. La présente convention sera ratifiée, et les ratifications en seront échangées à Paris, dans le délai de trois mois, à partir du jour de la signature, ou plus tôt, si faire se peut.

En foi de quoi, les plénipotentiaires respectifs l'ont signée et y ont apposé leurs cachets respectifs.

Fait à Paris, le troisième jour du mois de novembre de l'an de grâce mil huit cent cinquante et un.

(L.S.) *Signé* Turgot.
(L.S.) *Signé* Normanby.

Procès-verbal d'échange.

Les soussignés s'étant réunis pour procéder, au nom du Président de la République française et de Sa Majesté la Reine du Royaume-Uni de la Grande-Bretagne et d'Irlande, à l'échange des ratifications réciproques sur la convention signée à Paris, le 3 novembre dernier, entre la France et la Grande-Bretagne, dans le but de garantir mutuellement, dans les deux pays, la propriété des œuvres de littérature et d'art, les instruments respectifs des ratifications ont été produits, et après avoir été soigneusement collationnés et trouvés exactement conformes l'un à l'autre, l'échange en a été opéré dans les formes usitées.

Toutefois, 1° nonobstant les termes de l'article 14 stipulant que la convention ne sera exécutoire en aucune de ses dispositions qu'à partir du jour où celles qui ont besoin d'être validées dans la Grande-Bretagne par un acte législatif auront reçu cette sanction, il a été convenu, d'un commun accord, que celles des dispositions qui ne sont point de nature à y être soumises et que l'état actuel de la législation autorise dès à présent la Couronne britannique à valider, auront, le plus tôt possible, leur plein et entier effet, de part et d'autre; 2° il a été également convenu que les dispositions contenues dans l'article 5, lesquelles interdisent la reproduction dans l'un des deux pays des articles de journaux ou de recueils périodiques publiés dans l'autre, et dont les auteurs auraient déclaré dans le journal ou le recueil même où ils les auront fait paraître, qu'ils en interdisent la reproduction, ne seront pas applicables aux articles de discussion politique.

Les précédentes interprétations et explications auront la même force et valeur que si elles étaient insérées dans le texte même de la convention.

En foi de quoi, les soussignés ont signé le présent procès-verbal, en double copie, à Paris, le huitième jour du mois de janvier de l'an de grâce mil huit cent cinquante-deux.

(L. S.) *Signé* Turgot.
(L. S.) *Signé* Normanby.

2. Le garde des sceaux, ministre de la justice, et le ministre des affaires étrangères sont chargés, chacun en ce qui le concerne, de l'exécution du présent décret, etc. (*Bull.* 481, n° 3542).

N° 59.—(22 janv. 1852.)—Décret *qui ouvre au ministre de la guerre un crédit supplémentaire sur l'exercice 1852.*

LOUIS-NAPOLÉON, Président de la République,

Vu le budget des dépenses du département de la guerre voté pour l'exercice 1852, le 12 novembre dernier;

Vu le décret du 20 novembre 1851, qui, en abrogeant celui du 3 mai 1848, rétablit les cadres d'activité des officiers généraux et du corps d'état-major tels qu'ils existaient antérieurement;

Vu le décret du 26 décembre 1851, qui réorganise les divisions et subdivisions militaires;

Vu le décret du 29 décembre 1851, qui reconstitue en conséquence le cadre du corps de l'intendance militaire;

Vu les décrets des 16 et 22 décembre 1851, portant rétablissement du comité consultatif de la gendarmerie et réorganisation de cette arme;

Vu le décret du 31 décembre, portant que l'aigle est rétablie sur les drapeaux français,

Vu, enfin, le décret du 7 janvier 1852, concernant l'administration centrale de la guerre;

Considérant que, pour l'exécution de ces diverses mesures, toutes motivées par les nécessités urgentes de la situation actuelle, il y a lieu de pourvoir aux nouvelles dépenses qu'elles occasionneront, en tenant compte des économies qu'il est possible de réaliser ;

Sur le rapport du ministre de la guerre et l'avis du ministre des finances ,

DÉCRÈTE :

ART. 1er. Il est ouvert au ministre de la guerre, au titre de l'exercice 1852, un crédit supplémentaire de deux millions quatre cent vingt-six mille sept cent cinquante et un francs (2,426,751 fr.) pour dépenses non prévues au budget dudit exercice.

Ces crédits sont répartis entre les divers chapitres du budget indiqués ci-après , savoir :

Chap. 1er. Administration centrale. (Régularisation pour des portions de traitements qui figuraient au chapitre IV, d'où elles ont été retranchées.) . . . . 113,418 fr.

Chap. IV. Etats-majors (sous la déduction des cent treize mille quatre cent dix-huit francs répartis au chap. 1er). 1,012,688

Chap. V. Gendarmerie 150,000

Chap. VIII. Justice militaire. (Dépenses des conseils de guerre et des prisons militaires.) . . . 143,388

Chap. IX. Service de marche. (Mouvement des troupes.—4e partie.). 676,857

Chap. XII. Transports généraux. (Frais de poste et de missions). . 80,000

Chap. XXI. Matériel de l'artillerie. (Changement des drapeaux de l'armée et réparations des armes remises par les communes). . . 200,000

Chap. XXXIII. Services financiers en Algérie. (Etablissement urgent de nouveaux bureaux de recettes.) . 50,400

Total. . . 2,426,751

2. Les ministres de la guerre et des finances sont chargés, chacun en ce qui le concerne , de l'exécution du présent décret, etc. (*Bull.* 484, n° 3575.)

N° 60.—(22 janv. 1852.)—DÉCRET *qui ouvre un crédit sur l'exercice 1852, pour les dépenses de la Cour des comptes* (1).

LOUIS-NAPOLÉON, PRÉSIDENT DE LA RÉPUBLIQUE FRANÇAISE,

Vu le décret du 15 janvier présent mois, lequel, en abrogeant le décret du 2 mai 1848, sur l'organisation de la Cour des comptes, rétablit le nombre des conseillers maîtres et des conseillers référendaires, tel qu'il avait été fixé par la loi du 16 septembre 1807 et le décret organique du 28 du

(1) L'article 2 de ce décret, portant que la régularisation de ce crédit sera ultérieurement soumise à la législature, est rapporté au décret du 31 janvier 1852.

même mois, et qui institue une quatrième chambre temporaire ;

Vu le décret dudit jour 15 janvier, qui nomme aux emplois rétablis ;

Vu le décret du même jour, qui charge un conseiller maître de présider la chambre temporaire , et lui alloue le traitement de président de chambre ;

Voulant pourvoir aux traitements de ces divers emplois à partir du 20 janvier, jour de l'installation des nouveaux conseillers, jusqu'au 31 mars prochain ;

Sur le rapport du ministre des finances,

DÉCRÈTE :

ART. 1er. Il est ouvert au ministre des finances, sur l'exercice 1852, en sus des trois premiers douzièmes accordés par le décret du 11 décembre 1851, un crédit de la somme de vingt mille cent cinquante-six francs (20,156 fr.), pour la dépense de la Cour des comptes, savoir :

Chap. XXIV. Personnel . . . . . 18,933 fr.
Chap. XXV. Matériel et dépenses diverses. 1,223

Total. . . 20,156

2. La régularisation de ce crédit sera soumise ultérieurement à la législature.

3. Le ministre des finances est chargé de l'exécution du présent décret, qui sera inséré au *Bulletin des Lois*, etc. (*Bull.* 484, n° 3576.)

N° 61.—(22 janv. 1852.)—DÉCRET *qui modifie (en ce qui concerne les allocations du ministère des finances) la répartition du crédit provisoire de 369 millions ouvert aux ministres sur l'exercice 1852.*

LOUIS-NAPOLÉON, PRÉSIDENT DE LA RÉPUBLIQUE FRANÇAISE,

Vu le décret du 11 décembre 1851, qui ouvre aux ministres, sur l'exercice 1852, un crédit provisoire de trois cent soixante-neuf millions ;

Vu l'état de répartition de ce crédit ;

Sur le rapport du ministre des finances ,

DÉCRÈTE :

ART. 1er. La répartition du crédit provisoire de trois cent soixante-neuf millions ouvert aux ministres par décret du 11 décembre 1851, pour les trois premiers mois de l'exercice 1852, est modifiée ainsi qu'il suit, en ce qui concerne les allocations du ministère des finances (4e *partie, frais de régie, de perception, etc.*).

Une somme de trois mille trois cent quatre-vingt-deux francs (3,382 fr.) est retirée du chapitre XLV (Dépenses diverses de l'enregistrement et des domaines, *frais de bureau des directeurs*), et reportée au chapitre XLIV (Matériel du même service, *frais d'impressions*).

2. Le ministre des finances est chargé de l'exécution du présent décret, qui sera inséré au *Bulletin des Lois*, etc. (*Bull. 484, n° 3577.*)

N° 62.—(22 janv. 1852.)—DÉCRET *qui ouvre au budget du ministre de la marine et des colonies* (service colonial), *pour l'exercice 1849, un chapitre destiné à recevoir l'imputation des dépenses de solde antérieures à cet exercice.*

LOUIS-NAPOLÉON, PRÉSIDENT DE LA RÉPUBLIQUE,

Vu l'article 9 de la loi du 8 juillet 1837, portant que les rappels d'arrérages de solde et accessoires de solde continueront d'être imputés sur les crédits de l'exercice courant, mais que le transport en sera effectué à un chapitre spécial, au moyen d'un virement autorisé par une ordonnance qui sera soumise à la sanction législative, avec la loi de règlement de l'exercice expiré ;

Vu l'article 102 de l'ordonnance du 31 mai 1838, portant règlement sur la comptabilité publique ;

Sur le rapport du ministre de la marine et des colonies,

DÉCRÈTE ce qui suit :

ART. 1er. Il est ouvert au budget du ministère de la marine et des colonies (*service colonial*), pour l'exercice 1849, un chapitre spécial destiné à recevoir l'imputation des dépenses de solde antérieures à cet exercice ; ce chapitre portera le n° XXXII, et prendra le titre de : *Rappel de dépenses payables sur revues antérieures à 1849, et non passibles de déchéance.*

2. Le crédit du chapitre mentionné à l'article précédent se formera, par compte de virement, de la somme de trente-huit mille sept cent soixante-deux francs dix-neuf centimes, montant des rappels de solde et autres dépenses y assimilées, provisoirement acquittées sur les fonds des chapitres XXIV et XXV du budget de la marine pour 1849, suivant le tableau annexé au présent décret, et dont les résultats se répartissent comme il suit :

Exercice 1846 .	. 27,708 fr.	47 c.
Exercice 1847 .	. 5,320	59
Exercice 1848 .	. 5,733	13
Total égal .	. 38,762	19

3. Les dépenses imputées sur les crédits ouverts par les lois de finances des 19 mai 1849 et 8 juin 1850, aux chapitres désignés dans l'article 2 qui précède, sont atténuées dans les proportions ci-après, savoir :

Chapitre XXIV.	. 38,680 fr.	71 c.
Chapitre XXVI.	. 81	48
	38,762	19

4. Le ministre de la marine et des colonies et le ministre des finances sont chargés, chacun en ce qui le concerne, de l'exécution du présent décret, qui sera inséré au *Bulletin des Lois*, et annexé au compte définitif des dépenses du service colonial, exercice 1849, etc. (*Bull. 484, n° 3578.*)

N° 63.— (22 janv. 1852.) — DÉCRET *qui ouvre un crédit extraordinaire pour le remplacement des objets d'ameublement, d'argenterie, de lingerie, etc., détruits au palais des Tuileries en 1848.*

LOUIS-NAPOLÉON, PRÉSIDENT DE LA RÉPUBLIQUE FRANÇAISE,

Sur le rapport du ministre des travaux publics,

DÉCRÈTE :

ART. 1er. Il est ouvert au ministre des travaux publics, sur l'exercice 1852, en augmentation du chapitre XI du budget de cet exercice (première section), un crédit extraordinaire de deux cent soixante mille francs (260,000 fr.), affecté au remplacement des objets d'ameublement, d'argenterie, de lingerie, batterie de cuisine, etc., détruits au palais des Tuileries en 1848.

2. Il sera pourvu aux dépenses autorisées par le présent décret, au moyen des ressources affectées à l'exercice 1852, etc. (*Bull. 486, n° 3590.*)

N° 64.—(22 janv. 1852.)—DÉCRET *relatif à un crédit de 3,000,000 de fr. pour l'exécution des travaux de la partie du chemin de fer de l'Ouest comprise entre Le Mans et Laval* (1).

LOUIS-NAPOLÉON, PRÉSIDENT DE LA RÉPUBLIQUE FRANÇAISE,

Sur le rapport du ministre des travaux publics ;

Vu la loi du 13 mai 1851, relative à la concession du chemin de fer de l'Ouest, et spécialement l'article 5, ainsi conçu :

« La compagnie concessionnaire s'engage

----

(1) D'après le cahier des charges de la concession des chemins de fer de l'Ouest, la compagnie à laquelle ce chemin a été concédé est obligée de contribuer à l'établissement de l'embranchement.

« à verser au trésor public, conformément
« à l'article 47 du cahier des charges, la
« somme de trois millions de francs, affec-
« tée à l'exécution des travaux à la charge
« de l'État entre Le Mans et Laval; »

Vu le certificat constatant que le versement au trésor public, stipulé comme il est
dit ci-dessus, a été effectué le 20 août
1851;

Considérant qu'il est nécessaire, pour
l'exécution de la loi du 13 mai 1851
et du contrat intervenu entre l'État et la
compagnie, que cette somme de trois millions soit inscrite au budget des recettes et
au budget des dépenses, afin qu'il en soit
fait emploi suivant les règles générales de la
comptabilité,

Décrète :

Art. Ier. Il est ouvert au ministre des
travaux publics, sur l'exercice 1852, en
augmentation du chapitre v de la deuxième
section du budget (*Établissement des grandes lignes de chemins de fer*), un crédit de
trois millions de francs (3,000,000 de fr.) pour
l'exécution des travaux de la partie du chemin de fer de l'Ouest comprise entre Le Mans
et Laval.

Ce crédit sera prélevé sur le versement
fait au trésor public, le 15 août 1851, par
la compagnie concessionnaire du chemin de
fer de l'Ouest, et imputé sur le fonds de
cinquante millions créé par la loi du 21 juin
1846.

2. Les ministres des travaux publics et des
finances sont chargés, chacun en ce qui le
concerne, de l'exécution du présent décret, etc. (*Bull.* 486, n° 3591.)

N° 65.—(22 janv. 1852.)—Décret *relatif à
des crédits pour les dépenses d'exécution
du chemin de fer de ceinture autour de
Paris et du chemin de fer de Lyon à
Avignon.*

LOUIS-NAPOLÉON, Président de la
République française,

Sur le rapport du ministre des travaux
publics,

Décrète :

Art. 1er. Il est ouvert au ministre des travaux publics, sur l'exercice 1852, en remplacement d'une somme égale restée sans emploi en 1851, un crédit supplémentaire de
deux millions neuf cent cinquante mille
francs (2,950,000 fr.), qui se répartira ainsi
qu'il suit :

Chemin de fer de ceinture
 autour de Paris . . . . . 1,320,000 fr.
Chemin de fer de Lyon à
 Avignon . . . . 1,630,000 fr.

Une somme de deux millions neuf cent
cinquante mille francs (2,950,000 fr.) est
annulée au chapitre viii de la deuxième
section du budget de l'exercice 1851.

2. Il est ouvert au ministre des travaux
publics, sur l'exercice 1852, un nouveau
crédit de trois cent trente-trois mille trois
cent trente-trois francs trente-trois centimes
(333,333 fr. 33 c.), somme égale au premier versement à faire au trésor public par
les concessionnaires du chemin de fer de
Paris à Lyon, sur leur part contributive
dans les dépenses d'exécution du chemin
de fer de ceinture autour de Paris.

Le montant des deux crédits ci-dessus
ouverts viendra en augmentation du chapitre v de la deuxième section du budget (*Établissement des grandes lignes de chemin de
fer*).

3. Les ministres des travaux publics et
des finances sont chargés, chacun en ce qui
le concerne, de l'exécution du présent décret, etc. (*Bull.* 486, n° 3592.)

———

N° 66.—(22 janv. 1852.)—Décret *qui ouvre, sur l'exercice 1852, un crédit extraordinaire applicable aux dépenses de
l'exposition des ouvrages de peinture et
de sculpture des artistes vivants.*

LOUIS-NAPOLÉON, Président de la
République française,

Sur le rapport du ministre de l'intérieur;
De l'avis du conseil des ministres,

Décrète :

Art. 1er. Il est ouvert au ministre de l'intérieur, sur l'exercice 1852, un crédit extraordinaire de cent vingt-trois mille soixante
et dix francs (123.070 fr.), applicable aux
dépenses de l'exposition qui aura lieu, pendant cet exercice, au Palais-Royal, des ouvrages de peinture et de sculpture des artistes vivants.

2. Les ministres de l'intérieur et des finances sont, chacun en ce qui le concerne,
chargés de l'exécution du présent décret, etc.
(*Bull.* 486, n° 3593.)

———

N° 67.—(22 janv. 1852.)—Décret *qui ouvre, sur l'exercice 1852, un crédit de
14,700 francs, pour les travaux de déblaiement d'un temple dédié à Sérapis,
découvert parmi les ruines de Memphis,
et annule pareille somme au budget de
l'exercice 1851.*

LOUIS-NAPOLÉON, Président de la
République française,

Vu la loi du 8 août 1851, qui ouvre au ministre de l'intérieur, sur l'exercice 1851, un crédit extraordinaire de trente mille francs (30,000 fr.), applicable aux travaux de déblaiement d'un temple dédié à Sérapis, découvert parmi les ruines de Memphis, et au transport, en France, des objets d'art qui en proviendront ;

Attendu que, dans la pensée que ce crédit serait entièrement employé en 1851, on n'a pas prévu la faculté de report dans la loi précitée ;

Mais attendu que, les travaux devant être continués en 1852, il convient de pourvoir aux dépenses auxquelles ils donneront lieu ;

Sur le rapport du ministre de l'intérieur, et de l'avis du conseil des ministres ,

DÉCRÈTE :

ART. 1er. Il est ouvert au ministre de l'intérieur, sur l'exercice 1852, un crédit extraordinaire de quatorze mille sept cents francs (14,700 fr.), représentant la portion non employée, au 31 décembre 1851, du crédit de trente mille francs ouvert par la loi du 8 août 1851, pour être appliqué aux travaux de déblaiement d'un temple dédié à Sérapis, découvert parmi les ruines de Memphis, et au transport en France des objets qui en proviendront.

En conséquence, pareille somme de quatorze mille sept cents francs sera annulée au budget de l'exercice 1851 (chapitre LXIII).

2. Il sera pourvu à la dépense autorisée par l'article précédent , au moyen des ressources du budget de 1852.

3. Les ministres de l'intérieur et des finances sont chargés , chacun en ce qui le concerne, de l'exécution du présent décret, etc. (*Bull.* 486, n° 3594.)

N° 68. —(22 janv. 1852.) — DÉCRET *concernant la traite des gommes au Sénégal.*

LOUIS-NAPOLÉON, PRÉSIDENT DE LA RÉPUBLIQUE FRANÇAISE,

Sur le rapport du ministre secrétaire d'Etat de la marine et des colonies ;

Vu la loi du 24 avril 1833, sur le régime législatif des colonies ;

Vu l'ordonnance du 7 septembre 1840, sur le gouvernement du Sénégal et dépendances ;

Vu l'ordonnance du 15 novembre 1842 concernant la traite des gommes au Sénégal, et le décret, en date du 5 mai 1849, modifiant ladite ordonnance ;

Considérant que plusieurs des restrictions apportées par ces deux actes à la liberté des transactions peuvent être maintenant rapportées sans inconvénient,

DÉCRÈTE :

ART. 1er. Est abrogé l'article 13 de l'ordonnance du 15 novembre 1842 qui autorise la fixation d'un prix minimum pour l'échange de la gomme contre les guinées.

2. Le privilége du vendeur réservé aux bailleurs des marchandises qui sont échangées contre la gomme aux escales est aboli.

3. Est levée l'interdiction faite aux traitants de vendre ou d'échanger entre eux aux escales des marchandises de traite.

Le commerce dit *de colportage en rivière* est autorisé sous les conditions de police qui seront établies par un arrêté du gouverneur.

4. Un arrêté du gouverneur règle les conditions d'aptitude des courtiers-traitants indigènes, employés comme intermédiaires dans la traite des gommes.

5. L'obligation imposée aux négociants ou marchands européens d'employer un courtier-traitant indigène à bord de chaque navire expédié aux escales est maintenue provisoirement, sans préjudice du droit réservé auxdits négociants ou marchands de se rendre et de séjourner aux escales, ou d'y envoyer et d'y faire séjourner leurs commis pendant la durée de la traite.

6. Sont maintenues toutes les dispositions de l'ordonnance du 15 novembre 1842 et du décret du 5 mai 1849, non contraires à celles qui précèdent.

7. Le ministre de la marine et des colonies est chargé de l'exécution du présent décret, qui sera inséré au *Bulletin des Lois,* etc. (*Bull.* 490, n° 3652.)

N° 69. (22 janv. 1852.) — DÉCRET *portant application aux colonies de diverses lois de la Métropole.*

LOUIS-NAPOLÉON, PRÉSIDENT DE LA RÉPUBLIQUE FRANÇAISE,

Considérant qu'il importe de rendre applicable aux colonies diverses lois métropolitaines dont la promulgation est depuis longtemps réclamée, et peut être faite sans préjuger le régime organique de la constitution de nos établissements d'outre-mer ;

Sur le rapport du ministre de la marine et des colonies, et de l'avis du garde des sceaux, ministre de la justice,

DÉCRÈTE :

ART. 1er. Sont déclarés exécutoires dans les colonies les lois et autres actes de l'autorité métropolitaine ci-après désignés :

1° Les titres 1er, IV et V de la loi du 10 vendémiaire an IV, relatifs à la responsabilité des communes;—2° Le décret du 23 septembre 1806, concernant la délivrance par les notaires des certificats de vie aux rentiers viagers et pensionnaires de l'Etat ;

Ensemble :

L'ordonnance du 30 juin 1814 et l'article 12 de celle du 20 juin 1817, concernant les notaires certificateurs et les rétributions auxquelles ils ont droit ;

3° Le décret du 18 août 1807, qui prescrit les formes à suivre pour les saisies-arrêts ou oppositions entre les mains des receveurs ou administrateurs de caisses ou de deniers publics ;—4° La loi du 12 novembre 1808, relative au privilége du trésor public pour le recouvrement des contributions directes;

Ensemble :

Les articles 13, 14, 15 et 16 de la loi du 5 novembre 1790, relatifs aux biens des fabriques et autres établissements ;

L'article 147 de la loi du 8 frimaire an VII, sur le paiement de la contribution foncière des biens tenus à ferme ou à loyer ;

Les articles 22 et 23 de la loi du 21 avril 1832, relatifs à la responsabilité des propriétaires et principaux locataires pour la contribution personnelle et mobilière due par les locataires ;

5° Les articles 36 et 45 du décret du 14 juin 1813, sur l'organisation du service des huissiers, en ce qui concerne la remise par les huissiers des exploits et pièces de leur ministère ; — 6° La loi du 24 mai 1834, sur les détenteurs d'armes et de munitions de guerre ; — 7° La loi du 20 mai 1838, sur les vices rédhibitoires dans les ventes et échanges d'animaux domestiques ; — 8° L'article 17 de la loi du 25 mai 1838, sur les justices de paix, relatif à l'avertissement antérieur à la citation ; — 9° La loi du 2 juin 1841, sur les ventes judiciaires de biens immeubles, dont le décret du 27 avril 1848, sur l'expropriation forcée, a déclaré exécutoires aux colonies les articles 1 et 2, sous certaines modifications qui sont et demeurent maintenues ;

Ensemble :

Le décret du 14 novembre 1808, sur la saisie des biens situés dans plusieurs arrondissements ;

La loi du 24 mai 1842, relative à la saisie des rentes constituées sur particuliers ;

10° La loi du 7 juin 1848, sur les attroupements ; — 11° Les articles 12, 13 et 18 du décret du 28 juillet 1848, sur les clubs, en ce qui concerne les pénalités, en cas de réunion d'un club après sa dissolution ou sa suspension ; l'interdiction des sociétés secrètes ; l'admission des circonstances atté-

nuantes dans les condamnations, etc.; — 12° La loi du 13 décembre 1848, sur la contrainte par corps, sous réserve de fixation par les gouverneurs de la somme mensuelle à consigner pour les aliments des détenus ; — 13° La loi du 13 octobre 1849, sur l'usage des timbres-poste ayant déjà servi à l'affranchissement d'une lettre ; — 14° La loi du 10 juillet 1850, relative à la publicité des contrats de mariage ; — 15° La loi du 2 juillet 1850, relative aux mauvais traitements exercés envers les animaux domestiques.

2. Le ministre secrétaire d'Etat de la marine et des colonies est chargé de l'exécution du présent décret, etc. (*Bull.* 505, n° 3832.)

N° 70. — (24 janv. 1852.) — DÉCRET *qui abroge celui du 29 février 1848, concernant les anciens titres de noblesse.*

LOUIS-NAPOLÉON, PRÉSIDENT DE LA RÉPUBLIQUE,

Sur le rapport du garde des sceaux, ministre de la justice,

DÉCRÈTE :

ART. 1er. Le décret du Gouvernement provisoire, en date du 28 février 1848, concernant les anciens titres de noblesse, est abrogé.

2. Le garde des sceaux, ministre de la justice, est chargé de l'exécution du présent décret, etc. (*Bull.* 481, n° 3543.)

N° 71. — (24 janv. 1852.) — DÉCRET *qui crée à la Bibliothèque nationale un emploi d'administrateur adjoint, chargé de surveiller et de diriger les travaux de Catalogue.*

LOUIS-NAPOLÉON, PRÉSIDENT DE LA RÉPUBLIQUE FRANÇAISE,

Sur le rapport du ministre de l'instruction publique et des cultes ;

Vu les rapports de la sous-commission chargée, par arrêté ministériel du 30 mai 1856, d'examiner les catalogues de la Bibliothèque nationale ;

Considérant qu'il importe d'assurer le résultat des sacrifices faits pour achever ces catalogues ;

Attendu que, pour mettre aussi promptement que possible le public en possession des catalogues, le moyen le plus efficace est de faire peser sur un chef unique la responsabilité, actuellement divisée, de ce vaste travail,

DÉCRÈTE :

Art. 1er. Il est créé, à la Bibliothèque nationale, un emploi d'administrateur adjoint, spécialement chargé de surveiller et de diriger les travaux de catalogue de ladite bibliothèque.

2. Il est attaché à cet emploi un traitement de neuf mille francs.

3. Le ministre de l'instruction publique et des cultes est chargé de l'exécution du présent décret, etc. (*Bull.* 486, n° 3595.)

N° 72. — (24 janv. 1852.) — DÉCRET *qui ouvre un crédit supplémentaire pour le traitement de l'administrateur adjoint chargé de surveiller et de diriger les travaux de Catalogue de la Bibliothèque nationale.*

LOUIS-NAPOLÉON, Président de la République française,

Sur le rapport du ministre de l'instruction publique et des cultes ;

Vu le décret en date du 24 janvier courant, par lequel il est créé un emploi d'administrateur adjoint à la Bibliothèque nationale,

Décrète :

Art. 1er. Il est ouvert au ministre de l'instruction publique et des cultes, sur les fonds de l'exercice 1852, un crédit supplémentaire de neuf mille francs (9,000 fr.) pour être affecté au traitement attaché à cet emploi (*Service de l'instruction publique*, chapitre XXIV, article 1er).

2. Les ministres des finances, de l'instruction publique et des cultes, sont chargés, chacun en ce qui le concerne, de l'exécution du présent décret, etc. (*Bull.* 486, n° 3596.)

N° 73. — (25 janv. 1852.) — *Décret organique sur le conseil d'État.*

LOUIS-NAPOLÉON, Président de la République,

Décrète :

TITRE Ier. — FORMATION ET COMPOSITION DU CONSEIL D'ÉTAT.

Art. 1er. Le conseil d'État, sous la direction du Président de la République, rédige les projets de loi et en soutient la discussion devant le corps législatif.

Il propose les décrets qui statuent, 1° sur les affaires administratives dont l'examen lui est déféré par des dispositions législatives ou réglementaires ; 2° sur le contentieux administratif ; 3° sur les conflits d'attributions entre l'autorité administrative et l'autorité judiciaire. Il est nécessairement appelé à donner son avis sur tous les décrets portant règlement d'administration publique ou qui doivent être rendus dans la forme de ces règlements.

Il connaît des affaires de haute police administrative à l'égard des fonctionnaires dont les actes sont déférés à sa connaissance par le Président de la République.

Enfin, il donne son avis sur toutes les questions qui lui sont soumises par le Président de la République ou par les ministres.

2. Le conseil d'État est composé, 1° d'un vice-président du conseil d'État, nommé par le Président de la République ; 2° de quarante à cinquante conseillers d'État en service ordinaire ; 3° de conseillers d'État en service ordinaire hors sections, dont le nombre ne pourra excéder celui de quinze ; 4° de conseillers d'État en service extraordinaire, dont le nombre ne pourra s'élever au delà de vingt ; 5° de quarante maîtres des requêtes, divisés en deux classes de vingt chacune ; 6° de quarante auditeurs divisés en deux classes de vingt chacune.

Un secrétaire général ayant titre et rang de maître des requêtes est attaché au conseil d'État.

3. Les ministres ont rang, séance et voix délibérative au conseil d'État.

4. Le Président de la République nomme et révoque les membres du conseil d'État.

5. Le conseil d'État est présidé par le Président de la République, ou, en son absence, par le vice-président du conseil d'État. Celui-ci préside également, lorsqu'il le juge convenable, les différentes sections administratives, et l'assemblée du conseil d'État délibérant au contentieux.

6. Les conseillers d'État en service ordinaire et les maîtres des requêtes ne peuvent être sénateurs ni députés au corps législatif ; leurs fonctions sont incompatibles avec toutes autres fonctions publiques salariées. Néanmoins les officiers généraux de l'armée de terre ou de mer peuvent être conseillers d'État en service ordinaire. Dans ce cas, ils sont, pendant toute la durée de leurs fonctions, considérés comme étant en mission hors cadre, et ils conservent leurs droits à l'ancienneté.

7. Les conseillers d'État en service ordinaire hors sections sont choisis parmi les personnes qui remplissent de hautes fonctions publiques.

Ils prennent part aux délibérations de l'assemblée générale du conseil d'État et y ont voix délibérative.

Ils ne reçoivent, comme conseillers d'État, aucun traitement ou indemnité.

8. Le Président de la République peut

conférer le titre de conseiller d'Etat en service extraordinaire aux conseillers d'Etat en service ordinaire ou hors sections qui cessent de remplir ces fonctions.

9. Les conseillers d'Etat en service extraordinaire assistent et ont voix délibérative à celles des assemblées générales du conseil d'Etat auxquelles ils ont été convoqués par un ordre spécial du Président de la République.

TITRE II.—Formes de procéder.

§ Ier.

10. Le conseil d'Etat est divisé en six sections, savoir :

Section de législation, justice et affaires étrangères ;

Section du contentieux ;

Section de l'intérieur, de l'instruction publique et des cultes ;

Section des travaux publics, de l'agriculture et du commerce ;

Section de la guerre et de la marine ;

Section des finances.

Cette division pourra être modifiée par un décret du Pouvoir exécutif.

11. Chaque section est présidée par un conseiller d'Etat en service ordinaire nommé, par le Président de la République, président de section.

12. Les délibérations du conseil d'Etat sont prises en assemblée générale et à la majorité des voix, sur le rapport fait par les conseillers d'Etat pour les projets de loi et les affaires les plus importantes, et par les maîtres des requêtes pour les autres affaires.

Les maîtres des requêtes et les auditeurs de première classe assistent à l'assemblée générale. Néanmoins, les auditeurs de première classe ne peuvent assister qu'en vertu d'une autorisation spéciale aux assemblées générales présidées par le Président de la République.

Les maîtres des requêtes ont voix consultative dans toutes les affaires, et voix délibérative dans celles dont ils font le rapport.

13. Le conseil d'Etat ne peut délibérer qu'au nombre de vingt membres ayant voix délibérative, non compris les ministres.

En cas de partage, la voix du président est prépondérante.

14. Les décrets rendus après délibération de l'assemblée générale du conseil d'état mentionnent seuls : *Le conseil d'Etat entendu.*

Les décrets rendus après délibération d'une ou de plusieurs sections indiquent les sections qui ont été entendues.

15. Le Président de la République désigne trois conseillers d'Etat pour soutenir la discussion de chaque projet de loi présenté au corps législatif ou au sénat.

L'un de ces conseillers peut être pris parmi les conseillers en service ordinaire hors sections.

16. Seront observées, à l'égard des fonctionnaires publics dont la conduite sera déférée au conseil d'Etat, les dispositions du décret du 11 juin 1806.

§ 2. — *Matières contentieuses.*

17. La section du contentieux est chargée de diriger l'instruction écrite et de préparer le rapport de toutes les affaires contentieuses ainsi que des conflits d'attributions entre l'autorité administrative et l'autorité judiciaire.

Elle est composée de six conseillers d'Etat, y compris le président, et du nombre de maîtres des requêtes et d'auditeurs déterminé par le règlement.

Elle ne peut délibérer, si quatre, au moins, de ses membres ayant voix délibérative, ne sont présents.

Les maîtres des requêtes ont voix consultative dans toutes les affaires, et voix délibérative dans celles dont ils sont rapporteurs.

Les auditeurs ont voix consultative dans les affaires dont ils font le rapport.

18. Trois maîtres des requêtes sont désignés par le Président de la République pour remplir au contentieux administratif les fonctions de commissaires du Gouvernement.

Ils assistent aux délibérations de la section du contentieux.

19. Le rapport des affaires est fait au nom de la section, en séance publique de l'assemblée du conseil d'Etat délibérant au contentieux.

Cette assemblée se compose, 1° des membres de la section; 2° de dix conseillers d'Etat désignés par le Président de la République, et pris en nombre égal dans chacune des autres sections. Ils sont, tous les deux ans, renouvelés par moitié.

Cette assemblée est présidée par le président de la section du contentieux.

20. Après le rapport, les avocats des parties sont admis à présenter des observations orales.

Le commissaire du Gouvernement donne ses conclusions dans chaque affaire.

21. Les affaires pour lesquelles il n'y a pas eu constitution d'avocat ne sont portées en séance publique que si ce renvoi est demandé par l'un des conseillers d'Etat de la section ou par le commissaire du Gouver-

nement , auquel elles sont préalablement communiquées, et qui donne ses conclusions.

22. Les membres du conseil d'Etat ne peuvent participer aux délibérations relatives aux recours dirigés contre la décision d'un ministre, lorsque cette décision a été préparée par une délibération de la section à laquelle ils ont pris part.

23. Le conseil d'Etat ne peut délibérer au contentieux, si onze membres au moins, ayant voix délibérative, ne sont présents. En cas de partage, la voix du président est prépondérante.

24. La délibération n'est pas publique.

Le projet de décret est transcrit sur le procès-verbal des délibérations, qui fait mention des noms des membres présents ayant délibéré.

L'expédition du projet est signée par le président de la section du contentieux , et remise par le vice-président du conseil d'Etat au Président de la République.

Le décret qui intervient est contresigné par le garde des sceaux, ministre de la justice.

Si ce décret n'est pas conforme au projet proposé par le conseil d'Etat , il est inséré au *Moniteur* et au *Bulletin des Lois.*

Dans tous les cas, le décret est lu en séance publique.

Dispositions générales.

25. Les traitements sont fixés ainsi qu'il suit :

Le vice-président du conseil d'Etat, quatre-vingt mille francs ;

Les présidents de section , trente-cinq mille francs ;

Les conseillers d'Etat, vingt-cinq mille francs ;

Les maîtres des requêtes de première classe, dix mille francs ;

Les maîtres des requêtes de seconde classe, six mille francs ;

Les auditeurs de première classe, deux mille francs ;

Le secrétaire général du conseil d'Etat, quinze mille francs.

Les auditeurs de seconde classe ne recevront aucun traitement.

26. Un décret déterminera l'ordre intérieur des travaux du conseil, la répartition des affaires entre les sections, les affaires administratives qui doivent être portées à l'assemblée générale du conseil d'Etat, et celles qui peuvent n'être soumises qu'aux sections ; la répartition et le roulement des membres du conseil entre les sections ; enfin toutes les mesures d'exécution non prévues au présent décret.

27. La loi du 3 mars 1849 est abrogée. Toutes les dispositions des lois et règlements antérieurs, qui ne sont pas contraires au présent décret, sont maintenues, etc. (*Bull.* 487, nᵒ 3613.)

Nᵒ 74.—(25 janv. 1852.)—*Décret qui réunit le ministère de l'agriculture et du commerce au ministère de l'intérieur.*

LOUIS-NAPOLÉON, Président de la République,

Décrète :

Le ministère de l'agriculture et du commerce est réuni au ministère de l'intérieur, qui prend le titre de *ministère de l'intérieur, de l'agriculture et du commerce*, etc. (*Bull.* 487, nᵒ 3616.)

Nᵒ 75.—(25 janv. 1852.) — Décret *portant que l'article* 10 *de celui du* 22 *janvier* 1852, *relatif au traitement de la Légion d'honneur, est applicable à tous les officiers de terre et de mer qui seront admis à la retraite à dater de cette époque* (1).

LOUIS-NAPOLÉON, Président de la République,

Considérant que l'article 10 du décret du 22 janvier 1852, tout en ayant pour but d'augmenter l'importance de l'ordre de la Légion d'honneur, n'a pu statuer que pour l'avenir, parce que le fonds supplémentaire de la dotation serait insuffisant pour tous les décorés actuels ;

Que néanmoins il est juste d'en étendre les dispositions aux officiers qui ont rendu d'éminents services,

Décrète :

Art. 1ᵉʳ. L'article 10 du décret du 22 janvier 1852 est applicable à tous les officiers de terre et de mer qui seront admis à la retraite à dater de cette époque.

2. Le ministre de la guerre est chargé de l'exécution du présent décret.—(Bull. 497, nᵒ 3719.)

Nᵒ 76.—(26 janv. 1852.)—Décret *qui ouvre un crédit extraordinaire pour les dépenses d'installation et d'entretien des transportés politiques qui seront dirigés sur l'Algérie.*

LOUIS-NAPOLÉON , Président de la République française ,

Vu le budget des dépenses du département de la guerre voté pour l'exercice 1852, le 12 novembre 1851 ;

Vu le décret du 8 décembre dernier, relatif

---

(1) Voir le décret du 22 janvier.

aux transportés dans les colonies par mesure de sûreté générale ;

Considérant qu'il est urgent de pourvoir aux dépenses d'installation et d'entretien des transportés politiques qui vont être envoyés en Algérie ;

Sur le rapport du ministre de la guerre et l'avis du ministre des finances,

Décrète :

Art. 1er. Il est ouvert au ministre de la guerre un crédit extraordinaire de quinze cent mille francs (1,500,000 fr.), pour les dépenses d'installation et d'entretien des transportés politiques qui seront dirigés sur l'Algérie.

Ce crédit fera l'objet d'un chapitre spécial du budget (XXXVI *bis*), sous le titre de *Colonies pénitentiaires.*

2. Les ministres de la guerre et des finances sont chargés, chacun en ce qui le concerne, de l'exécution du présent décret, etc. (*Bull.* 484, n° 3579.)

N° 77.—(28 janv. 1852.)—Décret *sur l'organisation du Corps des Vétérinaires militaires.*

LOUIS-NAPOLÉON, Président de la République française,

Vu l'ordonnance du 18 mars 1843;

Considérant que la position des vétérinaires militaires n'est plus en rapport avec les études longues et approfondies auxquelles ils sont soumis pour obtenir leur diplôme, ni avec les services importants qu'ils sont appelés à rendre, dans l'intérêt de la conservation des chevaux de l'armée;

Sur le rapport du ministre de la guerre,

Décrète :

Art. 1er. Le cadre constitutif des vétérinaires militaires est fixé, sur le pied de paix, ainsi qu'il suit :

Vétérinaires principaux . . . . . . , .			3
Vétérinaires . . .	{ de 1re classe. 51 }	.	101
	{ de 2e classe. . 50 }		
Aides-vétérinaires .	{ de 1re classe. 74 }	.	148
	{ de 2e classe. . 74 }		
Total.			252

2. Les aides-vétérinaires de deuxième classe sont choisis parmi les vétérinaires ayant obtenu leurs diplômes dans les écoles vétérinaires du Gouvernement, et qui, âgés de moins de trente ans, auront justifié de leur moralité.

3. Les aides-vétérinaires de deuxième classe passent à la première classe, moitié à l'ancienneté, moitié au choix.

4. Les vétérinaires de deuxième classe sont pris au choix parmi les aides-vétérinaires de première classe ayant deux ans de service, au moins, dans cette classe.

Ils passent à la première classe, moitié à l'ancienneté, moitié au choix.

5. Les vétérinaires principaux sont pris, au choix, parmi les vétérinaires de première classe ayant quatre ans de service, au moins, dans cette classe.

6. Nul ne peut passer à la classe supérieure de son grade, s'il n'a accompli une année de service, au moins, dans la classe immédiatement inférieure.

7. Les vétérinaires prennent rang entre eux selon leur grade, les classes étant subordonnées les unes aux autres, suivant les règles de la discipline.

Cette hiérarchie est toute spéciale, et ne comporte ni directement ni par assimilation de grade militaire.

Les vétérinaires sont placés soit dans les corps de troupe, soit dans les états-majors, immédiatement après les officiers de santé.

8. Un règlement ministériel déterminera les attributions des vétérinaires dans les corps et établissements militaires.

9. Les vétérinaires de tous grades sont nommés par le Président de la République, et les dispositions de la loi du 19 mai 1834, sur l'état des officiers, leur sont applicables.

10. L'avancement d'une classe à une autre a lieu d'après une décision du ministre de la guerre, et suivant les prescriptions des articles 3 et 4 ci-dessus.

11. La solde d'activité et les indemnités allouées aux vétérinaires sont fixées conformément au tableau ci-annexé.

12. Les dispositions du décret du 23 décembre dernier, sur la remonte des officiers, sont applicables à tous les vétérinaires militaires.

13. Les pensions auxquelles pourront avoir droit les vétérinaires demeurent régies par la loi du 11 avril 1831 ; leur quotité est fixée ainsi qu'il suit :

	QUOTITÉ DE LA PENSION.		
	Minimum.	Maximum.	
	fr.	fr.	
Vétérinaires principaux	1,200	1,600	Non compris le supplément d'un cinquième dans le cas éventuel de douze ans d'exercice dans le même grade.
Vétérinaires de 1re et de 2e classe. .	800	1,200	
Aides - vétérinaires de 1re et de 2e classe	600	1,000	

14. Pour la première formation du cadre des vétérinaires et des aides-vétérinaires

de la première classe, on choisira, d'abord, ceux des vétérinaires en premier et des aides-vétérinaires actuels qui sont proposés pour l'avancement, et le nombre nécessaire sera complété en prenant les plus anciens parmi les vétérinaires en premier et les aides-vétérinaires.

La deuxième classe des vétérinaires se composera des vétérinaires en premier qui n'auront pas été admis dans la première. La deuxième classe des aides-vétérinaires comprendra les aides qui n'auront pas été admis dans la première classe, et sera complétée par les sous-aides actuels, en commençant par ceux qui sont présentés pour l'avancement et en se réglant ensuite sur le rang d'ancienneté.

15. En cas de guerre ou de nouvelle création de corps ou d'établissement de remonte, il pourra être nommé, sur la proposition du ministre de la guerre, le nombre d'aides-vétérinaires de deuxième classe que les circonstances rendront nécessaires.

16. Les vétérinaires actuels de différents grades qui ne pourraient pas être compris dans le cadre constitutif fixé par le présent décret recevront, en attendant leur admission dans ce cadre, la solde de non-activité par suppression d'emploi fixée aux trois cinquièmes du nouveau traitement d'activité de leur grade. Ils pourront, toutefois, être employés à titre temporaire dans les corps et établissements militaires où leurs services seraient jugés indispensables.

17. A défaut de vacances dans le cadre des aides-vétérinaires de deuxième classe, les élèves militaires actuellement entretenus à l'Ecole d'Alfort aux frais du département de la guerre recevront, à leur sortie de cette Ecole, et lorsqu'ils auront été pourvus de leur diplôme, la solde de congé du grade d'aide-vétérinaire de deuxième classe, jusqu'à ce qu'ils puissent être mis en possession d'un emploi de ce grade, par préférence et nonobstant les dispositions de l'article 2.

18. A l'avenir, nul ne pourra être admis comme élève militaire à l'Ecole d'Alfort, s'il n'est fils de militaire en activité, en retraite ou rentré dans ses foyers après quinze ans de services au moins.

Le nombre des élèves militaires est fixé à quarante.

Les élèves seront appelés à leur sortie de l'Ecole, suivant les dispositions de l'article 2 ci-dessus, à remplir, concurremment avec les autres vétérinaires brevetés, les vacances d'aides-vétérinaires de deuxième classe qui se produiront dans le cadre, et ne seront plus tenus, comme par le passé, à se lier au service par voie d'engagement.

19. Toutes dispositions antérieures contraires au présent décret sont abrogées.

20. Les ministres de la guerre, des finances, et de l'agriculture et du commerce, sont chargés, chacun en ce qui le concerne, de l'exécution du présent décret, etc. (*Bull.* 486, n° 3597.)

N° 78. — (28 janv. 1852.)— DÉCRET *portant que le vice-président du conseil d'Etat est logé aux frais du Gouvernement.*

LOUIS-NAPOLÉON, PRÉSIDENT DE LA RÉPUBLIQUE,

DÉCRÈTE :

Le vice-président du conseil d'Etat est logé aux frais du Gouvernement, etc. (*Bull.* 487, n° 3621.)

N° 79. — (30 janv. 1852.) — DÉCRET *qui règle l'organisation du ministère de la police générale.*

LOUIS-NAPOLÉON, PRÉSIDENT DE LA RÉPUBLIQUE FRANÇAISE,

Vu le décret du 22 janvier 1852, qui crée un ministère de la police générale ;

Vu l'article 4 portant qu'un décret ultérieur réglera l'organisation centrale et les services actifs du nouveau ministère ;

Sur le rapport du ministre de la police générale,

DÉCRÈTE :

L'organisation du ministère de la police générale est réglée ainsi qu'il suit :

SECTION PREMIÈRE. — *Administration centrale.*

ART. 1ᵉʳ. L'administration centrale du ministère se compose de la manière suivante :

Cabinet du ministre. Correspondance confidentielle. — Affaires réservées et non classées. — Personnel. — Récompenses honorifiques.

Première division. Secrétariat général. Arrivée et départ des dépêches, leur enregistrement et les envois dans les bureaux. Recueil et transmission des décisions du ministre. — Renseignements généraux.

Comptabilité. — Opérations et écritures centrales. — Ordonnancement. — Caisse.

Deuxième division. Sûreté générale. Correspondance générale. — Exécution des lois relatives à la police générale, à la sûreté et à la tranquillité intérieure de la République.

Surveillance de la presse, des théâtres et des publications de toute nature. — Surveillance des prisons, maisons d'arrêt et de justice, de détention et de réclusion. — Surveillance légale des condamnés libérés. — Répression de la mendicité et du vagabondage. — Archives du ministère.

Troisième division. Surveillance générale de l'imprimerie et de la librairie.—Brevets des imprimeurs et libraires. — Surveillance de la librairie étrangère. — Contrefaçons en France et à l'étranger. — Propriété littéraire. — Déclaration des diverses publications. — Dépôts de livres, journaux, estampes, gravures, etc., etc., publiés à Paris ou dans les départements.

Police administrative. — Réfugiés étrangers subventionnés. — Recherches dans l'intérêt des familles. — Rapatriement des Français venant de l'étranger. — Surveillance des bourses de commerce.—Sociétés de prévoyance et de secours mutuels entre les travailleurs. — Surveillance du travail des enfants dans les manufactures. — Surveillance des lazarets et des quarantaines. — Correspondance relative à l'état de la santé publique tant en France qu'à l'étranger. — Mesures générales relatives à la salubrité. — Établissements insalubres et incommodes.

SECTION II.

2. Il y aura auprès du ministre trois directeurs généraux, au nombre desquels sera le préfet de police de la Seine. Ils travaille-

ront avec le ministre et seront chargés de la correspondance, de l'instruction et de la suite des affaires, chacun dans les départements qui lui seront assignés, conformément à l'état annexé au présent décret.

3. Indépendamment des audiences du ministre, il y aura chaque jour une audience tenue par l'un des directeurs généraux pour recevoir les réclamations adressées au ministre, et qui lui seront transmises immédiatement après l'audience.

Le préfet de police tiendra ses audiences à la préfecture.

4. En dehors des conférences quotidiennes, les directeurs généraux et le préfet de police de la Seine seront réunis par le ministre au moins une fois par semaine. Ils discuteront devant lui les diverses réclamations qui leur auront été renvoyées.

5. Il sera dressé un procès-verbal des séances, dans lequel chacun pourra consigner son opinion sur tous les objets de police.

L'original de ces procès-verbaux sera porté par le ministre au Prince Président de la République.

6. Le nombre et le traitement des employés de l'administration centrale, ainsi que le traitement des directeurs généraux, seront fixés par un décret spécial quand les services seront complétement établis.

SECTION III. — *Service départemental* (1).

7. L'administration du service départemental comprend

Les inspecteurs généraux,

---

(1) *Circulaire du ministre de la police générale du 14 février 1852.*

Monsieur l'inspecteur général, au moment où vous allez prendre possession des hautes fonctions qui vous sont confiées, il est nécessaire de déterminer la nature et le but de votre mission.

Vous vous êtes déjà pénétré de la pensée qui a présidé à la création du ministère de la police générale. Par la lettre qu'il m'a fait l'honneur de m'adresser le 31 janvier dernier, le Prince Président a pris le soin de la préciser lui-même. Qu'elle reste présente à votre esprit, comme la règle de votre conduite et la lumière la plus sûre à suivre dans l'accomplissement de vos fonctions.

Le ministère de la police, je ne saurais trop vous le répéter, sert à surveiller tous les services sans se mêler en rien d'administration. Il est institué pour recueillir et concentrer auprès du Président de la République tout ce qui, dans un intérêt public, doit parvenir à sa connaissance. Convaincu du véritable but de l'institution, efforcez-vous donc d'éclairer tous les fonctionnaires sur la nature de vos attributions spéciales; calmez les inquiétudes, dissipez les préventions qui auraient pu s'élever.

Afin de tout savoir et d'en faire profiter le Gouvernement, vous pouvez correspondre avec les préfets et leurs subordonnés, avec les magistrats, avec

les officiers de gendarmerie, avec les employés des finances et de l'instruction publique, avec les ingénieurs, sans que cette correspondance, d'un intérêt purement général, puisse, en quoi que ce soit, altérer les rapports de ces différents fonctionnaires avec leurs ministres respectifs, et affaiblir les liens de la hiérarchie ordinaire.

C'est à une époque surtout où quatre ans d'agitations et de luttes incessantes avaient paralysé tout développement de pensées et de projets utiles, allumé tant de passions, déclassé tant d'existences en éveillant tant d'ambitions, c'est à une pareille époque que l'action tutélaire d'un ministère de la police générale devenait indispensable.

Aujourd'hui que la France se relève de son affaissement, il faut se hâter de lui rendre sa force et sa prospérité.

Vous êtes appelé à concourir à cette œuvre de réparation et de salut, et, pour la seconder, votre action doit s'exercer dans une double direction.

Féconder la victoire de l'ordre sur l'anarchie, en garantissant au pays le repos matériel et moral que lui promet le pouvoir protecteur du 2 décembre; paralyser l'esprit de désordre en désarmant surtout son audace par la certitude d'une infaillible répression; lasser son activité malfaisante par votre vigilance et votre inébranlable énergie; le suivre dans ces ténébreuses associations où s'ourdissent les

Les inspecteurs spéciaux,

Les commissaires de police.

8. Les inspecteurs généraux exerceront leurs fonctions sous l'autorité immédiate du ministre de la police générale.

---

plus abominables complots ; combattre l'esprit de parti, quelque drapeau qu'il arbore ; prémunir l'opinion contre les fables inventées par une infatigable malveillance ; rendre aux actes du Gouvernement leur véritable caractère, quand une hostilité perfide travaille à les dénaturer ; encourager les hommes sincèrement dévoués au pouvoir en les signalant à sa sollicitude ; chercher le mérite sans ambition et le faire connaître, tel est, monsieur l'inspecteur général, ce que je puis appeler le côté politique de vos attributions.

Mais, si vous représentez le pouvoir qui observe, qui signale et qui provoque la répression, vous saurez maintenir sa dignité, son autorité morale par le respect scrupuleux des attributions judiciaires. Où commence l'action de la justice celle de la police s'arrête.

Surtout ne détournez jamais les yeux de ces plaies sociales jusqu'ici trop négligées : le vagabondage, source de tous les désordres ; la mendicité, dont vous devez seconder la répression en provoquant les ressources de la bienveillance publique ou privée. Purger le pays de ces publications incendiaires qui pervertissent les populations ; surveiller le colportage et vous assurer de la moralité des associations et du but qu'elles se proposent, ce sont là encore des devoirs dont je vous recommande l'accomplissement.

Au point de vue économique, et c'est là leur second aspect, vos attributions n'ont pas moins d'importance.

Etudier partout les besoins des populations, les améliorations de toutes sortes que l'intérêt public réclame ; tenir compte, pour les recommander à la sollicitude du Gouvernement, des idées utiles et trop souvent enfouies faute d'un moyen de se faire jour ; sonder la pensée des masses sur les innovations politiques ou économiques jetées dans le domaine de la discussion ou de l'étude ; veiller à tout ce qui touche à la santé publique, au bien-être moral et matériel des populations ; y dévouer vos forces, votre intelligence et toutes les ressources que le pouvoir place entre vos mains, tel est, je vous le répète, le côté économique de la haute mission qui vous est confiée.

Si, en d'autres temps, des préventions se sont élevées contre l'institution d'une police générale, c'est, il faut le reconnaître, parce qu'elle avait été détournée de son but essentiellement moral, et qu'en la détournant, on l'avait mise au service des passions politiques et privées. C'est là un écueil contre lequel vous devez vous prémunir sans cesse.

Que votre autorité se renferme donc scrupuleusement dans ces limites, au delà desquelles elle deviendrait oppressive et inquisitoriale.

Si vous savez, comme je l'espère, vous conformer à ces instructions, la police ne sera un sujet d'effroi que pour les méchants ; les citoyens paisibles n'y verront, au contraire, qu'une sauvegarde, et, comme l'a dit le prince lui-même, que le moyen le plus efficace de faire parvenir sans cesse au chef de l'Etat la vérité, qu'on s'efforce trop souvent de tenir éloignée du pouvoir. »

Ils correspondront avec les préfets et les maires, avec les procureurs généraux et les procureurs de la République près les Cours et tribunaux, avec les colonels et officiers de gendarmerie.

Circulaire du ministre de la police générale du 15 avril 1852.

Monsieur l'inspecteur général, par ma circulaire du 14 février dernier, je vous ai expliqué quelle était votre mission. Vous avez dû en conclure que, pour la remplir, il ne suffisait pas de rester en observation au centre de votre circonscription, mais qu'il fallait, par des tournées fréquentes, vous mettre en contact avec elle.

Aujourd'hui qu'après un profond ébranlement l'ordre est rétabli, le premier soin du Gouvernement est de mettre les institutions nouvelles à l'abri de ces tourmentes périodiques qui précipitent insensiblement les Etats vers leur ruine, et le principe de sa force et de sa durée, il veut le puiser surtout dans la connaissance profonde de la situation et des besoins du pays.

Votre institution a précisément pour objet de le seconder dans ce but.

Semblables, à plus d'un titre, à ces éminents magistrats qui, dans la période la plus glorieuse du moyen âge, parcouraient les provinces, s'enquéraient des besoins, scrutaient et redressaient les abus, et laissaient ainsi sur leur passage les témoignages éclatants de la sollicitude du souverain, vous devez, par votre présence, rendre partout sensible la vigilance salutaire du Gouvernement. Vous êtes, entre lui et les masses, un point de communication immédiate et incessante. C'est ce mouvement régulier de l'opinion vers le pouvoir et du pouvoir vers l'opinion qui constitue le véritable, si ce n'est l'unique ressort capable d'entretenir l'équilibre dans la vie sociale, et d'amener les progrès réels et les sages perfectionnements.

Etudier et éclairer, voilà votre double devoir.

Pour recueillir et répandre cette lumière féconde, vous rencontrerez dans les fonctionnaires de tous ordres un concours utile ; votre présence ne sera pas pour eux moins précieuse, vous échangerez réciproquement les résultats de vos recherches et de votre examen. S'ils vous initient d'une manière intime à l'état des fractions de populations sur lesquelles leur administration se trouve concentrée, il vous sera facile, à vous dont l'attention se fixe sur un large horizon, de leur communiquer ces vues d'ensemble, ces aperçus généraux que vous recueillez tous les jours, et d'augmenter, pour ainsi dire, l'expérience locale par celle de toutes les contrées que vous aurez traversées.

Sachez aussi vous entourer de ces hommes qui, sans être fonctionnaires, ont noblement employé leur intelligence et leur fortune à conquérir sur les populations une légitime influence. Vous trouverez souvent en eux un dévouement sincère aux intérêts du pays et beaucoup d'idées judicieuses.

Mais c'est surtout dans les couches inférieures de la société que votre regard doit descendre. C'est dans ces régions trop longtemps inexplorées qu'il faut que le jour se fasse et que la vérité s'apprenne. Sondez-en hardiment toutes les profondeurs, et, pour y parvenir, n'épargnez ni l'activité ni les efforts. Parcourez les usines, les ateliers, visitez les **grands**

Ils auront sous leurs ordres les inspecteurs spéciaux et les commissaires de police.

Ils étendront leur surveillance sur tous les départements compris dans la circonscription qui leur est assignée.

Ils surveilleront particulièrement tout ce qui peut influencer l'esprit public, tout ce qui peut donner cause à des plaintes légitimes.

Ils surveilleront la presse, la librairie et les publications de toute nature, les théâtres, les prisons, l'instruction publique, les associations politiques et industrielles.

Ils rectifieront les fausses nouvelles et, en général, ils fixeront leur attention sur toutes les parties d'administration et de service public, en se conformant aux instructions du ministre de la police générale.

9. Les inspecteurs spéciaux agissent dans le cercle des attributions ci-dessus indiquées, sous l'autorité des inspecteurs généraux ; ils correspondent avec eux ; ils peuvent, dans les cas extraordinaires, correspondre directement avec le ministre. Ils ont également la correspondance avec les fonctionnaires indiqués dans l'article précédent.

Ils ont sous leurs ordres les commissaires de police.

---

centres de travailleurs, interrogez le patron et l'ouvrier, éclairez-les sur leurs intérêts réciproques ; qu'ils trouvent en vous un conseil, au besoin, un conciliateur. Soyez visible et accessible à tous, dans les campagnes comme dans les villes, au riche comme au pauvre, au grand comme au petit. Que toute idée féconde, tout vœu légitime, tout renseignement sérieux trouve chez vous bon accueil, de quelque part qu'il vienne.

Examinez avec soin la marche de toutes ces forces vives dont le développement rend les sociétés puissantes. Le cours des grains, le prix des denrées, le renouvellement des baux, la vente des immeubles, le taux de l'intérêt, tout ce qui concerne le mouvement agricole, industriel et commercial, sollicite votre attention. Qu'elle s'applique aussi aux sociétés de bienfaisance, de secours mutuels, de crédit foncier, aux caisses de retraites et généralement aux institutions utiles et philanthropiques, afin d'apprécier leur développement, leurs effets et les encouragements qu'elles méritent.

Observez surtout ce qui touche à la morale publique. En relevant le principe d'autorité, il faut aussi relever les mœurs dont le relâchement conduit souvent à la décadence. Préoccupez-vous de tout ce qui se rattache aux sentiments religieux, à l'esprit de famille, aux habitudes de travail, à la bonne foi des transactions. Pour cela, rendez-vous compte de l'influence exercée par les théâtres, les cabarets et les lieux publics.

Mais, au milieu de cette continuelle observation de l'esprit et des intérêts du pays, ne perdez jamais de vue ce qui pourrait porter atteinte à sa sécurité.

Au lendemain des scènes de désordres qui l'ont si cruellement inquiétée, il est essentiel de rassurer l'opinion publique. Peut-être craindrait-on qu'un mal dont les racines étaient si profondes ne tendît encore à se déclarer, et de pareilles appréhensions, en paralysant la confiance, retarderaient l'essor des affaires. Faites en sorte que partout on sache que le Gouvernement a pénétré tous les complots, tous les projets anarchiques. Tous les voiles sont déchirés : les associations ténébreuses et la propagande dangereuse n'ont plus de mystères.

Si, néanmoins, monsieur l'inspecteur général, quelques vestiges de ces trames secrètes vous étaient signalés, recherchez-les jusqu'au dernier ; fixez constamment du regard ces soldats épars d'une armée en déroute, désarmez-les par votre vigilance et évitez ainsi au Gouvernement les regrettables nécessités de la répression.

En dehors de ces hommes égarés, le Gouvernement compte d'autres adversaires. Aujourd'hui que, pour avoir l'ordre et le repos, il a fallu mettre un terme aux funestes écarts d'une presse ardente qui ne prenait conseil que de ses passions, dont le dénigrement était la seule arme et le scandale la seule joie, ils travaillent sans elle, mais avec non moins de ténacité et de perfidie. Les fausses nouvelles, les insinuations malveillantes, les interprétations hostiles, les pamphlets, les libelles, les émissaires gagés pour les répandre, tels sont les moyens à l'aide desquels ils cherchent à tromper et aigrir l'esprit public.

Combattez toutes ces manœuvres avec cette assurance que donne la vérité ; désabusez les crédules, et si cette question malfaisante avait sur eux quelque empire, faites appel à l'honnêteté de leur conscience ; montrez-leur les services rendus par le chef de l'Etat, le pays sauvé d'une jacquerie, l'autorité restaurée, la religion remise en honneur, la prospérité renaissante, et en moins de quatre mois tant d'améliorations accomplies, qu'il semblait qu'au sortir de tant de misères, la France devait être chaque jour consolée par un bienfait.

Au milieu de ces rapports et de ces devoirs nombreux, je ne puis trop vous conseiller, monsieur l'inspecteur général, de conserver toujours le calme et l'impartialité ; vos jugements seront d'autant plus sûrs, qu'ils s'élèveront au-dessus des passions pour ne chercher que le juste et le vrai. Apportez aussi un grand esprit de conciliation ; jamais, à aucune époque, un Gouvernement n'a reposé son origine sur des bases aussi larges ; aussi, plus qu'à tout autre, il lui est facile d'oublier les discordes et d'accepter tous les concours. Le chef de l'Etat vient de le proclamer dans une circonstance solennelle ; suivez d'aussi magnanimes inspirations et soyez-en l'interprète. Si les rancunes invétérées et d'une hostilité persistante doivent être énergiquement combattues, les convictions anciennes ne sont pas un titre d'exclusion, pourvu que, honorables, elles s'inclinent loyalement devant la loi commune, la volonté nationale.

Pénétrez-vous, monsieur l'inspecteur général, de ces instructions ; elles dirigeront votre conduite au milieu des contrées que vous allez parcourir. En les mettant à exécution, vous compléterez dignement la haute mission que le Prince Président de la République vous a confiée, et de laquelle il attend de précieux services.

10. Les inspecteurs généraux sont divisés en trois classes quant à leur traitement, qui sera fixé ainsi qu'il suit :

Inspecteurs généraux de 1re classe. 15.000 fr.
Inspecteurs généraux de 2e classe. 12,000
Inspecteurs généraux de 3e classe. 10,000

Les frais de bureaux et de dépenses accessoires seront payés, sur les fonds du ministère de la police, sur des états appuyés des pièces justificatives.

11. Les inspecteurs spéciaux auront un traitement de cinq mille francs, plus mille francs pour les couvrir de leurs frais de bureau.

12. Les frais de voyage et de tournée des inspecteurs généraux et des inspecteurs spéciaux seront réglés par le ministre et payés séparément.

La résidence des commissaires spéciaux pourra varier toutes les fois que le ministre le jugera convenable.

13. Les inspecteurs généraux et les inspecteurs spéciaux seront logés par les villes, et il leur sera fourni un emplacement pour leurs bureaux. Cette dépense sera portée au budget des villes au nombre des dépenses obligatoires.

Les commissaires de police des villes ou communes continueront à être payés sur les revenus municipaux.

14. Les inspecteurs généraux pourront faire faire des arrestations, après s'en être entendus avec le préfet du département dans lequel l'arrestation aura lieu.

En cas d'absence, d'urgence ou de dissentiment, la mesure ordonnée par l'inspecteur divisionnaire serait exécutée provisoirement ; mais, en cas de conflit, il en serait immédiatement référé au ministre de l'intérieur et au ministre de la police générale.

15. Les inspecteurs spéciaux ne pourront, excepté le cas de flagrant délit, faire faire aucune arrestation qu'après en avoir reçu l'ordre de l'inspecteur général, auquel ils rendront compte de toutes leurs opérations.

16. Les inspecteurs généraux et les inspecteurs spéciaux informeront les préfets de leurs arrondissements de tout ce qui pourra intéresser leur département. Ils seront tenus de déférer aux réquisitions qui leur seront adressées par ces fonctionnaires pour le bien du service,

17. Les inspecteurs généraux, les inspecteurs spéciaux et les commissaires de police pourront requérir, pour assurer l'exercice de leurs fonctions, la garde nationale, la gendarmerie et la force armée.

SECTION IV. — *Du nombre, de la résidence des inspecteurs généraux et de leurs arrondissements.*

18. Il y aura neuf inspecteurs généraux, dont les résidences sont fixées à Paris, Lille, Metz, Lyon, Marseille, Toulouse, Bordeaux, Nantes et Bourges.

Le cercle de leurs attributions comprendra, savoir :

Pour l'inspecteur général résidant à Paris, les première et deuxième divisions militaires, excepté le département de la Seine, qui reste dans les attributions exclusives du préfet de police de Paris ;

Pour celui résidant à Lille, les troisième et quatrième divisions militaires ;

Pour celui résidant à Metz, les cinquième et sixième divisions militaires ;

Pour celui résidant à Lyon, les septième et huitième divisions militaires ;

Pour celui résidant à Marseille, les neuvième, dixième et dix-septième divisions militaires ;

Pour celui résidant à Toulouse, les onzième et douzième divisions militaires ;

Pour celui résidant à Bordeaux, les treizième et quatorzième divisions militaires ;

Pour celui résidant à Nantes, les quinzième, seizième et dix-huitième divisions militaires ;

Enfin pour celui résidant à Bourges, les dix-neuvième, vingtième et vingt et unième divisions militaires.

19. Il y aura douze inspecteurs spéciaux dont la résidence sera au chef-lieu de chacune des divisions militaires autres que les neuf villes indiquées ci-dessus. Leur nombre pourra être augmenté si le besoin du service l'exige.

20. Toutes lois, décrets et ordonnances contraires au présent décret sont abrogés.

21. Le ministre de la police générale est chargé de l'exécution du présent décret, etc. (*Bull.* 485, n° 3582.)

N° 80. — (30 janv. 1852.) — DÉCRET *portant règlement intérieur pour le conseil d'État.*

LOUIS-NAPOLÉON, Président de la République,

Sur la proposition du ministre d'État.

Vu l'article 26 du décret du 25 de ce mois, portant qu'un décret déterminera l'ordre intérieur des travaux du conseil d'État, la répartition des affaires entre les sections, les affaires qui doivent être portées à l'assemblée générale du conseil d'État, et celles qui ne peuvent être soumises qu'aux sections,

DÉCRÈTE :

TITRE Ier. — DES SECTIONS.

ART. 1er. Il est tenu dans chaque section deux rôles sur lesquels sont inscrits, d'après leur ordre de date, toutes les affaires, l'un pour les affaires urgentes, l'autre pour les affaires ordinaires.

Le président de la section nomme un rapporteur pour chaque affaire ; néanmoins, cette désignation peut être faite par le vice-président du conseil d'Etat.

Le président de la section désigne celles des affaires qui sont réputées urgentes, soit par leur nature, soit par les circonstances spéciales.

Le président de la section du contentieux distribue également les affaires entre les trois maîtres des requêtes qui remplissent les fonctions du ministère public.

2. La date de la distribution des affaires, avec l'indication de leur nature, est inscrite sur un registre particulier, qui reste à la disposition du président de la section pendant la séance.

3. Les rapporteurs doivent présenter leurs rapports dans le délai le plus bref, et dans l'ordre déterminé par le président de la section. Les affaires portées au rôle comme urgentes sont toujours à l'ordre du jour ; et, si l'instruction est terminée, le rapport doit être prêt, au plus tard, à la deuxième séance qui suit l'envoi des pièces.

Lorsqu'une affaire exige un supplément d'instruction, le rapporteur doit en entretenir la section au commencement de la première séance qui suit la remise du dossier entre ses mains ; après la décision de la section, il prépare la correspondance et remet son travail au secrétaire de la section, chargé de faire expédier.

La correspondance avec les ministres est signée par le président de section ; en matière contentieuse, ainsi que pour les conflits, les actes d'instruction et les *soit communiqué* aux parties sont signés par le président de la section du contentieux.

4. Le secrétaire de chaque section tient note sur un registre spécial des affaires délibérées à chaque séance, et de la décision prise par la section. Il y fait mention de tous les membres présents. Le secrétaire de la section du contentieux remplit également les fonctions de secrétaire à la séance publique du conseil d'Etat délibérant au contentieux, conformément à l'article 19 du décret du 26 janvier.

5. Dans le cas de réunion de plusieurs sections, les lettres de convocation contiennent la notice des affaires qui doivent y être traitées. Le vice-président du conseil d'Etat préside les diverses réunions de sections. En son absence, la réunion est présidée par le président de la section qu'il désigne.

6. Aucune section ne peut délibérer si trois conseillers d'Etat au moins ne sont présents.

En l'absence du président de la section, la présidence appartient au plus ancien, ou, à défaut d'ancienneté, au plus âgé des conseillers d'Etat présents.

7. Les diverses sections administratives sont chargées de l'examen des affaires afférentes aux divers départements ministériels auxquels elles correspondent.

Elles sont également chargées, sur le renvoi du Président de la République, de rédiger les projets de loi qui se rapportent aux matières rentrant dans les attributions de ce département.

Le vice-président du conseil d'Etat peut toujours réunir la section de législation à telle autre section spécialement chargée de la préparation d'une loi ou d'un règlement d'administration publique.

8. En outre des affaires qui lui sont déférées, la section de législation, de justice et des affaires étrangères, est chargée de l'examen des affaires relatives,

1° A l'autorisation des poursuites intentées contre les agents du Gouvernement ;—
2° Aux prises maritimes.

9. Toutes les liquidations de pension sont révisées par la section des finances.

Cette section fait à l'assemblée générale le rapport des projets de règlements relatifs aux caisses de retraite des administrations publiques.

TITRE II. — DE L'ASSEMBLÉE GÉNÉRALE.

10. A l'assemblée générale, tout membre du conseil d'Etat doit être revêtu de son costume ; les conseillers d'Etat portent le petit uniforme.

11. En l'absence du Président de la République, le vice-président du conseil d'Etat dirige les débats et pose les questions à résoudre. A son défaut, l'assemblée générale est présidée par le président de section qu'il désigne pour le remplacer.

Nul ne peut prendre la parole sans l'avoir obtenue.

Les votes ont lieu par assis et levé ou par appel nominal.

12. Le procès-verbal contient les noms des conseillers d'Etat présents.

Les conseillers d'Etat et les maîtres des requêtes qui sont empêchés de se rendre à la séance doivent en prévenir d'avance le vice-président du conseil d'Etat.

En cas d'urgence, les rapporteurs empêchés doivent, de l'agrément du président de la section, remettre l'affaire dont ils sont chargés à un de leurs collègues.

13. Sont portés à l'assemblée générale du conseil d'Etat,

Les projets de lois et les projets de règlements d'administration publique ;

Les projets de décret qui ont pour objet :

1° L'enregistrement des bulles et autres actes du saint-siège ; — 2° Les recours pour abus ; — 3° Les autorisations de congrégations religieuses et la vérification de leurs statuts ; — 4° Les prises maritimes ; — 5° Les concessions de portions du domaine de l'Etat, et les concessions des mines, soit en France, soit en Algérie ; — 6° L'autorisation et la création d'établissements d'utilité publique fondés par les départements, les communes ou les particuliers ; — 7° L'établissement de routes départementales, de canaux et chemins de fer d'embranchement qui peuvent être autorisés par décrets du Pouvoir exécutif ; — 8° La concession de dessèchements ; — 9° La création de tribunaux de commerce et de conseils de prud'hommes, la création ou la prorogation des chambres temporaires dans les Cours ou tribunaux ; — 10° L'autorisation des poursuites intentées contre les agents du Gouvernement ; — 11° Les naturalisations, révocations et modifications des autorisations accordées à des étrangers d'établir leur domicile en France ; — 12° L'autorisation aux établissements d'utilité publique, aux établissements ecclésiastiques, aux congrégations religieuses, aux communes et départements, d'accepter des dons et legs dont la valeur excéderait cinquante mille francs ; — 13° Les autorisations des sociétés anonymes, tontines, comptoirs d'escompte et autres établissements de même nature ; — 14° L'établissement de ponts, avec ou sans péage ; — 15° Le classement des établissements dangereux, incommodes ou insalubres ; la suppression de ces établissements dans les cas prévus par le décret du 10 octobre 1810 ; — 16° Les tarifs des droits d'inhumation dans les communes de plus de cinquante mille âmes ; — 17° Les établissements ou suppressions de tarifs d'octroi et les modifications à ces tarifs ; — 18° L'établissement de droits de voirie dans les communes de plus de vingt-cinq mille âmes ; — 19° Les caisses de retraites des administrations publiques départementales ou communales ; — 20° Les diverses affaires qui, n'étant pas désignées dans le présent article, sont, après examen par une section, renvoyées à l'assemblée générale par ordre du Président de la République ; — 21° Enfin les affaires qu'à

raison de leur importance les présidents de section, d'office ou sur la demande de la section, croient devoir renvoyer à l'examen de ladite assemblée, ainsi que celles sur lesquelles le Gouvernement demande qu'elle soit appelée à délibérer.

14. Il est dressé par le secrétaire général, pour chaque séance, un rôle des affaires qui doivent être délibérées en assemblée générale.

Ce rôle est divisé en deux parties, sous les noms de *grand ordre* et *petit ordre*.

Il mentionne le nom du rapporteur, contient la notice de chaque affaire.

Cette notice est rédigée par le rapporteur, communiquée au président de la section au nom de laquelle le rapport doit être fait, et transmise immédiatement au secrétaire général du conseil d'Etat par le secrétaire de la section.

15. Le rôle du *grand ordre* comprend, 1° Les projets de lois et de règlements d'administration publique ; — 2° Les affaires désignées dans les n°ˢ 1, 2, 3, 4, 5, 6, 7, 8, 9, 10, 11, 12 et 13, de l'article 13 ; — 3° Les affaires qui, après examen fait par une section, sont renvoyées à l'assemblée générale par ordre du Président de la République ; — 4° Les affaires comprises au n° 21 de l'art. 13, lorsque le président de la section ou le Gouvernement demande qu'elles soient inscrites sur le rôle du *grand ordre*, — 5° Les affaires du *petit ordre* pourront également, sur la demande du président d'une section, être portées au *grand ordre*.

Le rôle du *petit ordre* comprend toutes les autres affaires portées à l'assemblée générale.

16. Le rôle du *grand ordre* est imprimé et adressé aux conseillers d'Etat, aux maîtres des requêtes et aux auditeurs, deux jours au moins avant la séance.

Sont imprimés et distribués en même temps que le rôle du grand ordre, s'ils n'ont pu l'être antérieurement, les projets de lois et de règlements d'administration publique rédigés par les sections, les amendements et avis proposés par les sections, enfin les documents à l'appui desdits projets dont l'impression aura été jugée nécessaire par les sections.

Les documents non imprimés sont déposés au secrétariat général du conseil d'Etat le jour où a lieu la distribution du rôle et des impressions. Ils y sont tenus à la disposition des membres du conseil.

Il n'est dérogé aux règles qui précèdent que dans les cas d'urgence.

TITRE III. — DU CONSEIL D'ÉTAT DÉLIBÉRANT AU CONTENTIEUX.

17. Le rôle de chaque séance publique du conseil d'Etat est proposé par le commissaire du Gouvernement chargé de porter la parole dans la séance; il est arrêté par le président.

Ce rôle, imprimé et contenant sur chaque affaire une notice sommaire rédigée par le rapporteur, est distribué quatre jours au moins avant la séance à tous les conseillers d'Etat *de service au conseil délibérant au contentieux*, ainsi qu'aux maîtres des requêtes et auditeurs de la section du contentieux.

Il est également remis aux avocats dont les affaires doivent être appelées.

18. Les membres du conseil d'Etat doivent se rendre à la séance publique ¡à l'heure indiquée par le rôle, et en costume.

Le secrétaire tient note des conseillers d'Etat présents et dont les noms doivent être inscrits au bas du décret à la délibération duquel ils ont pris part.

19. Tous les rapports au contentieux sont faits par écrit.

Les questions posées par les rapports sont communiquées, sans déplacement, aux avocats des parties quatre jours avant la séance.

Sont applicables à la tenue des séances publiques du conseil d'Etat les dispositions des articles 88 et suivants du Code de procédure civile.

20. Le procès-verbal des séances mentionne l'accomplissement des dispositions des articles 17, 18, 19, 20, 21, 22, 23 et 24 du décret organique du 26 janvier.

Dans les cas où ces dispositions n'ont pas été observées, le décret qui intervient peut être l'objet d'un recours en révision, lequel est introduit dans les formes de l'article 33 du règlement du 22 juillet 1806.

21. Les décrets rendus après délibération du conseil d'Etat délibérant au contentieux portent :

Le conseil d'Etat au contentieux entendu...

Les décrets rendus après délibération de la section du contentieux, conformément aux dispositions de l'article 21, mentionnent que la section a été entendue.

Au commencement de chaque séance, le secrétaire lit les décrets délibérés dans les séances précédentes et approuvés par le Président de la République. Ils sont déposés au secrétariat général, où les avocats et les parties sont admis à en prendre communication sans déplacement.

DISPOSITIONS GÉNÉRALES.

22. Le vice-président du conseil d'Etat nomme et révoque tous les employés du conseil d'Etat. Ceux qui font partie du secrétariat sont nommés sur la proposition du secrétaire général.

23. Le secrétaire général signe seul et certifie les expéditions des actes, décrets, avis du conseil d'Etat délivrés aux personnes qui ont qualité pour les réclamer.

24. La bibliothèque du conseil d'Etat est placée sous la direction du vice-président du conseil d'Etat.

25. Sont maintenus les dispositions des décrets, ordonnances ou règlements antérieurs qui ne sont pas contraires au présent décret.

26. Le ministre d'Etat est chargé de l'exécution du présent décret, etc. (*Bull.* 487, n° 3623.)

———

N° 81. — (30 janv. 1852.) — DÉCRET *portant que le président du Sénat, le premier vice-président et le grand référendaire, sont logés aux frais de l'Etat.*

·LOUIS-NAPOLÉON, PRÉSIDENT DE LA RÉPUBLIQUE,

Sur la proposition du ministre d'Etat,

DÉCRÈTE :

ARTICLE UNIQUE. Le président du Sénat,
Le premier vice-président,
Le grand référendaire,
sont logés aux frais de l'Etat, etc., (*Bull.* 487, n° 3624.)

———

N° 82.—(30 janv. 1852.) — DÉCRET *qui accorde amnistie pour tous délits et contraventions commis en matière de police de navigation et de pêche maritimes.*

LOUIS-NAPOLÉON, PRÉSIDENT DE LA RÉPUBLIQUE FRANÇAISE,

Sur le rapport du ministre secrétaire d'Etat de la marine et des colonies,

DÉCRÈTE :

ART. 1er. Amnistie pleine et entière est accordée pour tous délits et contraventions en matière de police de navigation et de pêche maritimes, commis antérieurement à la publication du présent décret.

2. L'amnistie n'est pas applicable aux frais de poursuite et d'instance; elle ne pourra, en aucun cas, être opposée aux droits des tiers. Il ne sera point fait remise des sommes acquittées à la date de ce jour.

3. Les ministres de la marine et des colonies, et des finances, sont chargés, chacun

en ce qui le concerne, de l'exécution du présent décret, qui sera inséré au *Bulletin des Lois* et au *Bulletin officiel de la Marine,* etc. (*Bull.* 488, n° 3641.)

N° 83. — (30 janv. 1852.) — DÉCRET *qui ouvre un crédit complémentaire au budget spécial de la Caisse des invalides de la marine (exercice 1850).*

LOUIS-NAPOLÉON, PRÉSIDENT DE LA RÉPUBLIQUE FRANÇAISE,

Vu la loi de finances en date du 15 mai 1850, dans laquelle le budget de la caisse des invalides figure pour ordre, avec une évaluation de neuf millions quarante-six mille francs, tant à la dépense qu'à la recette;

Sur le rapport du ministre de la marine et des colonies;

Considérant, d'une part, que les évaluations de la dépense ont été dépassées à concurrence de cent quatorze mille six cent soixante-trois francs soixante et un centimes, et, d'autre part, qu'il y a lieu de reporter à l'exercice 1851 la somme non employée et qui provient des exercices antérieurs,

DÉCRÈTE:

ART. 1er. Il est ouvert au budget spécial de la caisse des invalides, sur l'exercice 1850, un crédit complémentaire de quatre cent soixante et quinze mille deux cent quarante francs cinq centimes, lequel est réparti entre les chapitres ci-après :

	fr. c.
Chapitre 1er. Pensions dites demi-soldes.	20,613 72
Chapitre v. Remboursements sur les anciens dépôts de soldes, parts de prises, successions de marins, etc.	69,525 08
Chapitre vi. Remboursements sur les produits de bris et naufrages.	15,724 97
Chapitre vii. Versement au trésor public pour remboursement de la retenue de trois centimes par franc exercée sur d'anciens marchés pour achat de matériel.	8,799 84
	114,663 61
Chapitre ix. Transport à l'exercice 1851 de l'excédant de recettes des fonds non employés et provenant des exercices antérieurs	360,576 44
Ensemble.	475,240 05

2. Le ministre de la marine et des colonies, et le ministre des finances, sont chargés, chacun en ce qui le concerne, de l'exécution du présent décret, etc. (*Bull.* 489, n° 3647.)

N° 84. — (30 janv. 1852.) — DÉCRET *qui règle l'organisation du service de la justice pour Mayotte et Nossi-bé, et pour l'île Sainte-Marie.*

LOUIS-NAPOLÉON, PRÉSIDENT DE LA RÉPUBLIQUE FRANÇAISE,

Vu l'ordonnance du 16 août 1847 concernant l'organisation judiciaire de Mayotte et dépendances;

Considérant que l'expérience a démontré la nécessité de combler diverses lacunes et de modifier certaines dispositions de cette ordonnance;

Considérant que la situation respective des îles de Sainte-Marie et de Mayotte rend à la fois lentes et rares les communications entre ces deux îles, et que les rapports entre Sainte-Marie et la Réunion n'offrent pas les mêmes difficultés;

Attendu que les prévisions nécessaires à ces dispositions nouvelles sont comprises au budget des établissements de Mayotte et dépendances, pour l'exercice 1852;

Sur le rapport du ministre secrétaire d'Etat de la marine et des colonies, et de l'avis du garde des sceaux, ministre secrétaire d'Etat de la justice,

DÉCRÈTE :

ART. 1er. L'organisation du service de la justice sera réglée ainsi qu'il suit, et distinctement, 1° pour Mayotte et Nossi-bé; 2° pour l'île Sainte-Marie.

TITRE I.er — MAYOTTE ET NOSSI-BÉ.

2. Lorsque le conseil de justice aura à statuer sur les crimes spéciaux dont la connaissance lui est dévolue, la condamnation sera valable à la majorité de cinq voix sur sept.

3. Un tribunal de première instance est institué à Mayotte. Il se compose d'un seul juge, qui devra être licencié en droit.

Ce juge unique connaît,

Comme tribunal civil et commercial :

En dernier ressort, lorsque la valeur de la demande en principal n'excède pas mille francs, à charge d'appel devant la Cour de la Réunion; au delà de cette limite, des contestations civiles et commerciales autres que celles où les deux parties seraient indigènes;

Comme tribunal correctionnel :

1° Des délits commis par les indigènes au préjudice de Français ou d'étrangers; — 2° Des délits commis par des Français ou des étrangers, soit entre eux, soit contre des indigènes;

Comme tribunal de police :

Des contraventions de police, infractions

aux règlements faits par l'autorité administrative.

Les décisions du juge ne sont jamais sujettes à l'appel, 1° en matière de simple police; 2° en matière correctionnelle, si l'emprisonnement prononcé ne doit pas s'élever à plus d'une année, et l'amende à plus de mille francs.

4. Un greffier est institué auprès du tribunal de première instance; il y remplit toutes les fonctions déléguées en France à ces officiers publics, et il doit remplir les mêmes conditions d'aptitude.

En cas d'absence ou d'empêchement du greffier titulaire, il est remplacé par la personne que désigne le juge.

5. L'aide-commissaire chargé de la comptabilité exercera provisoirement, au chef-lieu, les fonctions de procureur de la République.

A Nossi-bé, ces fonctions seront remplies par le commis d'administration.

6. Les fonctions d'huissier sont exercées par les agents de la force publique, désignés et requis à cet effet par le juge.

7. Le juge du tribunal de première instance est chef du service judiciaire à Mayotte et Nossi-bé.

Indépendamment des fonctions qui lui sont départies, comme juge de première instance, par le Code civil, le Code de procédure civile et par l'article 3 du présent décret, il est chargé, à Mayotte,

1° D'employer sa médiation, comme amiable compositeur, pour concilier, autant que possible, les parties; — 2° De remplir les fonctions et de faire les actes tutélaires attribués aux juges de paix, tels que les appositions et levées de scellés, les avis de parents, les actes de notoriété et autres actes qui sont dans l'intérêt des familles; — 3° De faire les actes attribués, par le Code de commerce et par les règlements particuliers, aux présidents des tribunaux de commerce; — 4° De faire les actes d'instruction en matière criminelle.

Dans ce dernier cas, une fois les procédures terminées, le juge remet les pièces, ainsi que les accusés, à la disposition du commandant supérieur, qui est chargé de prescrire les mesures nécessaires pour leur envoi devant la cour de la Réunion.

8. Le conseil de justice établi à Mayotte pour juger, en dernier ressort, les crimes de rébellion et d'attentat à la sûreté de la colonie, sera composé ainsi qu'il suit :

Le commandant de la station, président;
Le magistrat chef du service judiciaire de Mayotte et Nossi-bé;
Le capitaine d'artillerie;
L'enseigne de vaisseau, commandant la marine locale;
Un chirurgien de première classe;
Deux lieutenants.

9. En cas d'absence ou d'empêchement quelconque des membres composant le conseil de justice, le commandant supérieur de Mayotte pourvoira à leur remplacement provisoire.

Il pourvoira également au remplacement du président du conseil de justice, du juge du tribunal de première instance et du procureur de la République. Dans ce cas, il devra prendre préalablement l'avis du conseil d'administration, sans être tenu d'ailleurs de s'y conformer.

10 Le commandant particulier de Nossi-bé, indépendamment des fonctions qui lui sont confiées par l'article 16 de l'ordonnance judiciaire du 26 août 1847, remplira celles qui sont attribuées, par l'article 3 et les paragraphes 2 et suivants de l'article 7 du présent décret, au juge du tribunal de première instance de Mayotte, sauf l'appel de ses sentences en matière civile et de commerce devant la Cour d'appel de la Réunion, lorsque la valeur de la demande en principal excédera cinq cents francs.

Toutefois, les actes d'instruction en matière criminelle sont réservés aux juges du tribunal du chef-lieu.

TITRE II. — ILE SAINTE-MARIE.

11. Le commandant particulier de Sainte-Marie remplira les fonctions judiciaires déterminées, quant au commandement particulier de Nossi-bé, par l'article 10 du présent décret.

A l'égard des actes d'instruction criminelle, il y sera pourvu, à Sainte-Marie, sur la requête du procureur de la République, par un magistrat délégué par le procureur général de la Réunion, où seront jugés tous les crimes commis à Sainte-Marie, et de quelque nature qu'ils soient.

12. Les fonctions de procureur de la République seront remplies par le commis d'administration, conformément à ce qui est établi pour Nossi-bé par l'article 5, paragraphe 2.

13. Sont abrogées les dispositions de l'ordonnance du 26 août 1847, sur l'organisation judiciaire de Mayotte et dépendances, en tout ce qu'elles ont de contraire au présent décret.

14. Le ministre secrétaire d'Etat de la marine et des colonies est chargé de l'exécution du présent décret, etc. (*Bull.* 490, n° 3655.)

Nº 85. — (31 janv. 1852.) — DÉCRET *sur les congrégations et communautés religieuses de femmes.*

LOUIS-NAPOLÉON, Président de la République française,

Sur le rapport du ministre de l'instruction publique et des cultes ;

Vu les décrets des 18 février 1809 et 26 décembre 1810 ;

Vu la loi du 2 janvier 1817 ;

Vu la loi du 24 mai 1825 ;

Considérant qu'il importe, dans l'intérêt du peuple, de faciliter aux congrégations religieuses de femmes qui se consacrent à l'éducation de la jeunesse et au soulagement des malades pauvres, les moyens d'obtenir leur reconnaissance légale ;

Considérant d'ailleurs qu'il est équitable d'appliquer à toutes les communautés religieuses de femmes qui se trouvent dans des conditions analogues les règles précédemment adoptées pour plusieurs établissements de même nature,

DÉCRÈTE :

ART. 1er. Les congrégations et communautés religieuses de femmes pourront être autorisées par un décret du Président de la République,

1º Lorsqu'elles déclareront adopter, quelle que soit l'époque de leur fondation, des statuts déjà vérifiés et enregistrés au conseil d'Etat et approuvés pour d'autres communautés religieuses ; 2º Lorsqu'il sera attesté par l'évêque diocésain que les congrégations qui présenteront des statuts nouveaux au conseil d'Etat existaient antérieurement au 1er janvier 1828 ; — 3' Lorsqu'il y aura nécessité de réunir plusieurs communautés qui ne pourraient plus subsister séparément ; — 4º Lorsqu'une association religieuse de femmes, après avoir été d'abord reconnue comme communauté régie par une supérieure locale, justifiera qu'elle était réellement dirigée, à l'époque de son autorisation, par une supérieure générale, et qu'elle avait formé, à cette époque, des établissements sous sa dépendance.

2. Les modifications des statuts vérifiés et enregistrés au conseil d'Etat pourront être également approuvées par un décret.

3. Dans les cas prévus par les articles précédents, l'autorisation ne sera accordée aux congrégations religieuses de femmes qu'après que le consentement de l'évêque diocésain aura été représenté et que les formalités prescrites par les art. 5 et 2 de la loi du 24 mai 1825 auront été remplies.

4. Le ministre de l'instruction publique et des cultes est chargé de l'exécution du présent décret, etc. (*Bull.* 486, nº 3600.)

Nº 86.—(31 janv. 1852.)—DÉCRET *qui rapporte l'article 2 de celui du 14 janvier 1852, par lequel un crédit a été ouvert pour les dépenses du palais de l'Assemblée législative.*

LOUIS-NAPOLÉON, Président de la République française ,

Vu le décret du 14 janvier 1852, qui ouvre au ministre des finances, sur l'exercice 1852, un crédit de quatre-vingt-dix-sept mille cent soixante francs, pour les dépenses du palais de l'Assemblée législative ;

Vu l'article 2 de ce décret, portant : « La « régularisation de ce crédit sera ultérieu- « rement soumise à la législature ; »

Sur le rapport du ministre des finances,

DÉCRÈTE :

ART. 1er. L'article 2 du décret du 14 janvier 1852 est rapporté.

2. Le ministre des finances est chargé de l'exécution du présent décret , etc. (*Bull.* 488, nº 3642.)

Nº 87.—(31 janv. 1852.)— DÉCRET *qui rapporte l'article 2 de celui du 22 janvier 1852, par lequel un crédit a été ouvert pour les dépenses de la Cour des comptes.*

LOUIS-NAPOLÉON , Président de la République française,

Vu le décret du 22 janvier 1852, qui ouvre au ministre des finances, sur l'exercice 1852, un crédit de vingt mille cent cinquante-six francs pour les dépenses de la Cour des comptes ;

Vu l'article 2 de ce décret, portant : « La « régularisation de ce crédit sera soumise « ultérieurement à la législature ; »

Sur le rapport du ministre des finances,

DÉCRÈTE :

ART. 1er. L'article 2 du décret du 22 janvier 1852 est rapporté.

2. Le ministre des finances est chargé de l'exécution du présent décret, etc. (*Bull.* 488, nº 3643.)

Nº 1. — (1er fév. 1852.) — DÉCRET *qui approuve le budget du ministère de la police générale, exercice 1852, et ouvre au ministre de ce département des crédits provisoires pour les dépenses de février et de mars.*

LOUIS-NAPOLÉON , Président de la République française ,

Vu les décrets des 22 et 30 janvier, relatifs à l'organisation du ministère de la police générale ;

Vu le budget des dépenses du ministère de l'intérieur pour l'exercice 1852;

Vu le budget dressé par le ministre de la police générale comprenant le total des dépenses de son département pour le même exercice;

Voulant pourvoir aux besoins du service pendant l'année courante;

Sur le rapport du ministre de la police générale;

Considérant que le ministère de la police générale reçoit une partie des attributions du ministère de l'intérieur et que déjà les besoins du service relatif à ces attributions ont motivé des allocations de fonds au budget de ce ministère, qui deviennent désormais sans objet;

Considérant qu'en ouvrant des crédits au ministère de la police générale pour les mêmes besoins, il convient d'annuler les crédits qui ne trouveront plus d'emploi sur le budget du ministère de l'intérieur,

Décrète :

Art. 1er. Le budget du ministère de la police générale, s'élevant à la somme de deux millions neuf cent cinquante-cinq mille quatre cents francs (2,955,400 fr.), est approuvé.

En conséquence, il est ouvert au ministre de ce département, pour les dépenses des mois de février et de mars, des crédits provisoires montant à la somme totale de quatre cent quatre-vingt-douze mille cinq cent soixante-six francs soixante-quatre centimes, répartis par chapitres, conformément au tableau ci-annexé.

2. Les crédits alloués au budget du ministère de l'intérieur sur les chapitres I, II, V, X, XXV, XXVI, XXIX et XXXI, sont annulés dans les proportions énoncées au tableau ci-après, jusqu'à concurrence d'une somme totale de deux millions trois cent douze mille francs.

3. Il sera pourvu aux dépenses autorisées par le présent décret au moyen des ressources du budget de 1852.

4. Le ministre de la police générale et le ministre des finances sont chargés, chacun en ce qui le concerne, de l'exécution du présent décret, etc. (*Bull.* 485, n° 3583.)

N° 2.—(1er fév. 1852.) — Décret *relatif à la forme de la décoration de la Légion d'honneur.*

LOUIS-NAPOLÉON, Président de la République française,

Sur la proposition du grand chancelier de la Légion d'honneur,

Décrète ce qui suit :

Art. 1er. La forme de la décoration des membres de la Légion d'honneur est rétablie telle qu'elle avait été adoptée par l'Empereur.

2. Le grand chancelier de l'ordre de la Légion d'honneur est chargé de l'exécution du présent décret, etc. (*Bull.* 487, n° 3626.)

N° 3. — (2 fév. 1852.) — Décret *organique pour l'élection des députés au Corps législatif.*

LOUIS-NAPOLÉON, Président de la République.

Sur le rapport du ministre secrétaire d'Etat au département de l'intérieur,

Décrète :

TITRE Ier.— DU CORPS LÉGISLATIF.

Art. 1er. Chaque département aura un député à raison de trente-cinq mille électeurs ; néanmoins, il est attribué un député de plus à chacun des départements dans lesquels le nombre excédant des électeurs s'élève à vingt-cinq mille. En conséquence, le nombre total des députés au prochain Corps législatif est de deux cent soixante et un.

L'Algérie et les colonies ne nomment pas de député au Corps législatif.

2. Chaque département est divisé, par un décret du Pouvoir exécutif, en circonscriptions électorales égales en nombre aux députés qui lui sont attribués par le tableau annexé à la présente loi.

Ce tableau sera révisé tous les cinq ans.

Chaque circonscription élit un seul député.

3. Le suffrage est direct et universel.

Le scrutin est secret.

Les électeurs se réunissent au chef-lieu de leur commune.

Chaque commune peut néanmoins être divisée, par arrêté du préfet, en autant de sections que le rend nécessaire le nombre des électeurs inscrits ; l'arrêté pourra fixer le siège de ces élections hors du chef-lieu de la commune.

4. Les colléges électoraux sont convoqués par un décret du Pouvoir exécutif. L'intervalle entre la promulgation du décret et l'ouverture des colléges électoraux est de vingt jours au moins.

5. Les opérations électorales sont vérifiées par le Corps législatif, qui est seul juge de leur validité.

6. Nul n'est élu ni proclamé député au Corps législatif, au premier tour de scrutin, s'il n'a réuni, 1° la majorité absolue des

suffrages exprimés; 2° un nombre égal au quart de celui des électeurs inscrits sur la totalité des listes de la circonscription électorale.

Au second tour de scrutin, l'élection a lieu à la majorité relative, quel que soit le nombre des votants; dans le cas où les candidats obtiendraient un nombre égal de suffrages, le plus âgé sera proclamé député.

7. Le député élu dans plusieurs circonscriptions électorales doit faire connaître son option au président du Corps législatif dans les dix jours qui suivront la déclaration de la validité de ces élections.

8. En cas de vacances par option, décès, démission ou autrement, le collége électoral qui doit pourvoir à la vacance est réuni dans le délai de six mois.

9. Les députés ne pourront être recherchés, accusés ni jugés en aucun temps pour les opinions qu'ils auront émises dans le sein du Corps législatif.

10. Aucune contrainte par corps ne peut être exercée contre un député durant la session et pendant les six semaines qui l'auront précédée ou suivie.

11. Aucun membre du Corps législatif ne peut, pendant la durée de la session, être poursuivi ni arrêté en matière criminelle, sauf le cas de flagrant délit, qu'après que le Corps législatif aura autorisé la poursuite.

TITRE II. — DES ÉLECTEURS ET DES LISTES ÉLECTORALES.

12. Sont électeurs, sans condition de cens, tous les Français, âgés de vingt et un ans accomplis, jouissant de leurs droits civils et politiques.

13. La liste électorale est dressée, pour chaque commune, par le maire. Elle comprend, par ordre alphabétique,

1° Tous les électeurs habitant dans la commune depuis six mois au moins; — 2° Ceux qui n'ayant pas atteint, lors de la formation de la liste, les conditions d'âge et d'habitation, doivent les acquérir avant la clôture définitive.

14. Les militaires en activité de service et les hommes retenus par le service des ports ou de la flotte, en vertu de leur immatriculation sur les rôles de l'inscription maritime, seront portés sur les listes des communes où ils étaient domiciliés avant leur départ.

Ils ne pourront voter pour les députés au Corps législatif que lorsqu'ils seront présents, au moment de l'élection, dans la commune où ils seront inscrits.

15. Ne doivent pas être inscrits sur les listes électorales,

1° Les individus privés de leurs droits civils et politiques par suite de condamnation, soit à des peines afflictives ou infamantes, soit à des peines infamantes seulement; — 2° Ceux auxquels les tribunaux, jugeant correctionnellement, ont interdit le droit de vote et d'élection, par application des lois qui autorisent cette interdiction; — 3° Les condamnés pour crimes à l'emprisonnement, par application de l'article 463 du Code pénal; — 4° Ceux qui ont été condamnés à trois mois de prison par application des articles 318 et 423 du Code pénal; — 5° Les condamnés pour vol, escroquerie, abus de confiance, soustraction commise par les dépositaires des deniers publics, ou attentats aux mœurs, prévus par les articles 330 et 334 du Code pénal, quelle que soit la durée de l'emprisonnement auquel ils ont été condamnés; — 6° Les individus qui, par application de l'article 8 de la loi du 17 mai 1819 et de l'article 3 du décret du 11 août 1848, auront été condamnés pour outrage à la morale publique et religieuse ou aux bonnes mœurs, et pour attaque contre le principe de la propriété et les droits de la famille; — 7° Les individus condamnés à plus de trois mois d'emprisonnement en vertu des articles 31, 33, 34, 35, 36, 38, 39, 40, 41, 42, 45, 46, de la présente loi; — 8° Les notaires, greffiers et officiers ministériels destitués en vertu de jugements ou décisions judiciaires; — 9° Les condamnés pour vagabondage ou mendicité; — 10° Ceux qui auront été condamnés à trois mois de prison au moins, par application des articles 439, 443, 444, 445, 446, 447 et 452 du Code pénal; — 11° Ceux qui auront été déclarés coupables des délits prévus par les articles 410 et 411 du Code pénal et par la loi du 21 mai 1836, portant prohibition des loteries; — 12° Les militaires condamnés au boulet ou aux travaux publics; — 13° Les individus condamnés à l'emprisonnement par application des articles 38, 41, 43 et 45 de la loi du 21 mars 1832 sur le recrutement de l'armée; — 14° Les individus condamnés à l'emprisonnement par application de l'article 1er de la loi du 27 mars 1851; — 15° Ceux qui ont été condamnés pour délit d'usure; — 16° Les interdits; — 17° Les faillis non réhabilités dont la faillite a été déclarée soit par les tribunaux français, soit par jugements rendus à l'étranger, mais exécutoires en France.

16. Les condamnés à plus d'un mois d'emprisonnement pour rébellion, outrages et violences envers les dépositaires de l'autorité ou de la force publique, pour outrages publics envers un juré à raison de ses fonctions, ou envers un témoin à raison de sa

déposition, pour délits prévus par la loi sur les attroupements et la loi sur les clubs, et pour infractions à la loi sur le colportage, ne pourront pas être inscrits sur la liste électorale pendant cinq ans, à dater de l'expiration de leur peine.

17. Les listes électorales qui ont servi au vote des 20 et 21 décembre 1851 sont déclarées valables jusqu'au 31 mars 1853.

18. Les listes électorales sont permanentes.

Elles sont l'objet d'une révision annuelle.

Un décret du Pouvoir exécutif déterminera les règles et les formes de cette opération.

19. Lors de la révision annuelle, et dans les délais qui seront réglés par les décrets du Pouvoir exécutif, tout citoyen omis sur la liste pourra présenter sa réclamation à la mairie.

Tout électeur inscrit sur l'une des listes de la circonscription électorale pourra réclamer la radiation ou l'inscription d'un individu omis ou indûment inscrit.

Le même droit appartient aux préfets et aux sous-préfets.

Il sera ouvert, dans chaque mairie, un registre sur lequel les réclamations seront inscrites par ordre de date. Le maire devra donner récépissé de chaque réclamation.

L'électeur dont l'inscription aura été contestée en sera averti, sans frais, par le maire, et pourra présenter ses observations.

20. Les réclamations seront jugées par une commission composée, à Paris, du maire et de deux adjoints; partout ailleurs, du maire et de deux membres du conseil municipal désignés par le conseil.

21. Notification de la décision sera, dans les trois jours, faite aux parties intéressées par le ministère d'un agent assermenté.

Elles pourront interjeter appel dans les cinq jours de la notification.

22. L'appel sera porté devant le juge de paix du canton; il sera formé par simple déclaration au greffe; le juge de paix statuera dans les dix jours, sans frais ni forme de procédure, et sur simple avertissement, donné trois jours à l'avance à toutes les parties intéressées.

Toutefois, si la demande portée devant lui implique la solution préjudicielle d'une question d'Etat, il renverra préalablement les parties à se pourvoir devant les juges compétents, et fixera un bref délai dans lequel la partie qui aura élevé la question préjudicielle devra justifier de ses diligences.

Il sera procédé, en ce cas, conformément aux articles 855, 856 et 858 du Code de procédure.

23. La décision du juge de paix est en dernier ressort, mais elle peut être déférée à la Cour de cassation.

Le pourvoi n'est recevable que s'il est formé dans les dix jours de la notification de la décision.

Il n'est pas suspensif.

Il est formé par simple requête, dénoncée aux défendeurs dans les dix jours qui suivent; il est dispensé de l'intermédiaire d'un avocat à la Cour, et jugé d'urgence, sans frais ni consignation d'amende.

Les pièces et mémoires fournis par les parties sont transmis, sans frais, par le greffier de la justice de paix au greffier de la Cour de cassation.

La chambre des requêtes de la Cour de cassation statue définitivement sur le pourvoi.

24. Tous les actes judiciaires sont, en matière électorale, dispensés du timbre et enregistrés gratis.

Les extraits des actes de naissance nécessaires pour établir l'âge des électeurs sont délivrés gratuitement, sur papier libre, à tout réclamant. Ils portent en tête de leur texte l'énonciation de leur destination spéciale et ne peuvent servir à aucune autre.

25. L'élection est faite sur la liste révisée pendant toute l'année qui suit la clôture de la liste.

TITRE III. — DES ÉLIGIBLES.

26. Sont éligibles, sans condition de domicile, tous les électeurs âgés de vingt-cinq ans.

27. Sont déclarés indignes d'être élus les individus désignés aux articles 15 et 16 de la présente loi.

28. Sera déchu de la qualité de membre du Corps législatif tout député qui, pendant la durée de son mandat, aura été frappé d'une condamnation emportant, aux termes de l'article précédent, la privation du droit d'être élu.

La déchéance sera prononcée par le Corps législatif sur le vu des pièces justificatives.

29. Toute fonction publique rétribuée est incompatible avec le mandat de député au Corps législatif.

Tout fonctionnaire rétribué, élu député au Corps législatif, sera réputé démissionnaire de ses fonctions par le seul fait de son admission comme membre du Corps législatif, s'il n'a pas opté avant la vérification de ses pouvoirs.

Tout député au Corps législatif est réputé démissionnaire par le seul fait de l'acceptation de fonctions publiques salariées.

30. Ne pourront être élus dans tout ou partie de leur ressort, pendant les six mois qui suivraient leur destitution, leur démission ou tout autre changement de leur position, les fonctionnaires publics ci-après indiqués :

Les premiers présidents, les procureurs généraux;

Les présidents des tribunaux civils et les procureurs de la République;

Le commandant supérieur des gardes nationales de la Seine;

Le préfet de police, les préfets et les sous-préfets;

Les archevêques, évêques et vicaires généraux;

Les officiers généraux commandant les divisions et subdivisions militaires;

Les préfets maritimes.

TITRE IV. — DISPOSITIONS PÉNALES.

31. Toute personne qui se sera fait inscrire sur la liste électorale sous de faux noms ou de fausses qualités, ou aura, en se faisant inscrire, dissimulé une incapacité prévue par la loi, ou aura réclamé et obtenu une inscription sur deux ou plusieurs listes, sera punie d'un emprisonnement d'un mois à un an et d'une amende de cent à mille francs.

32. Celui qui, déchu du droit de voter, soit par suite d'une condamnation judiciaire, soit par suite d'une faillite non suivie de réhabilitation, aura voté, soit en vertu d'une inscription sur des listes antérieures à sa déchéance, soit en vertu d'une inscription postérieure, mais opérée sans sa participation, sera puni d'un emprisonnement de quinze jours à trois mois et d'une amende de vingt à cinq cents francs.

33. Quiconque aura voté dans une assemblée électorale, soit en vertu d'une inscription obtenue dans les deux premiers cas prévus par l'article 31, soit en prenant faussement les noms et qualités d'un électeur inscrit, sera puni d'un emprisonnement de six mois à deux ans, et d'une amende de deux cents francs à deux mille francs.

34. Sera puni de la même peine tout citoyen qui aura profité d'une inscription multiple pour voter plus d'une fois.

35. Quiconque étant chargé, dans un scrutin, de recevoir, compter ou dépouiller les bulletins contenant les suffrages des citoyens, aura soustrait, ajouté ou altéré des bulletins, ou lu un nom autre que celui inscrit, sera puni d'un emprisonnement d'un an à cinq ans et d'une amende de cinq cents francs à cinq mille francs.

36. La même peine sera appliquée à tout individu qui, chargé par un électeur d'écrire son suffrage, aura inscrit sur le bulletin un nom autre que celui qui lui était désigné.

37. L'entrée dans l'assemblée électorale avec armes apparentes est interdite. En cas d'infraction, le contrevenant sera passible d'une amende de seize à cent francs.

La peine sera d'un emprisonnement de quinze jours à trois mois et d'une amende de cinquante francs à trois cents francs, si les armes étaient cachées.

38. Quiconque aura donné, promis ou reçu des deniers, effets ou valeurs quelconques, sous la condition soit de donner ou de procurer un suffrage, soit de s'abstenir de voter, sera puni d'un emprisonnement de trois mois à deux ans et d'une amende de cinq cents francs à cinq mille francs.

Seront punis des mêmes peines ceux qui, sous les mêmes conditions, auront fait ou accepté l'offre ou la promesse d'emplois publics ou privés.

Si le coupable est fonctionnaire public, la peine sera du double.

39. Ceux qui, soit par voies de fait, violences ou menaces contre un électeur, soit en lui faisant craindre de perdre son emploi ou d'exposer à un dommage sa personne, sa famille ou sa fortune, l'auront déterminé à s'abstenir de voter, ou auront influencé un vote, seront punis d'un emprisonnement d'un mois à un an et d'une amende de cent francs à mille francs; la peine sera du double si le coupable est fonctionnaire public.

40. Ceux qui, à l'aide de fausses nouvelles, bruits calomnieux, ou autres manœuvres frauduleuses, auront surpris ou détourné des suffrages, déterminé un ou plusieurs électeurs à s'abstenir de voter, seront punis d'un emprisonnement d'un mois à un an et d'une amende de cent francs à deux mille francs.

41. Lorsque, par attroupements, clameurs ou démonstrations menaçantes, on aura troublé les opérations d'un collège électoral, porté atteinte à l'exercice du droit électoral ou à la liberté du vote, les coupables seront punis d'un emprisonnement de trois mois à deux ans, et d'une amende de cent francs à deux mille francs.

42. Toute irruption dans un collège électoral consommée ou tentée avec violence, en vue d'empêcher un choix, sera punie d'un emprisonnement d'un an à cinq ans,

et d'une amende de mille francs à cinq mille francs.

43. Si les coupables étaient porteurs d'armes, ou si le scrutin a été violé, la peine sera la réclusion.

44. Elle sera des travaux forcés à temps si le crime a été commis par suite d'un plan concerté pour être exécuté soit dans toute la République, soit dans un ou plusieurs départements, soit dans un ou plusieurs arrondissements.

45. Les membres d'un collége électoral qui, pendant la réunion, se seront rendus coupables d'outrages ou de violences, soit envers le bureau, soit envers l'un de ses membres, ou qui, par voies de fait ou menaces, auront retardé ou empêché les opérations électorales, seront punis d'un emprisonnement d'un mois à un an, et d'une amende de cent francs à deux mille francs.

Si le scrutin a été violé, l'emprisonnement sera d'un an à cinq ans, et l'amende de mille à cinq mille francs.

46. L'enlèvement de l'urne contenant les suffrages émis et non encore dépouillés sera puni d'un emprisonnement d'un an à cinq ans, et d'une amende de mille à cinq mille francs.

Si cet enlèvement a été effectué en réunion et avec violence, la peine sera la réclusion.

47. La violation du scrutin faite, soit par les membres du bureau, soit par les agents de l'autorité préposés à la garde des bulletins non encore dépouillés, sera punie de la réclusion.

48. Les crimes prévus par la présente loi seront jugés par la Cour d'assises, et les délits par les tribunaux correctionnels; l'article 463 du Code pénal pourra être appliqué.

49. En cas de conviction de plusieurs crimes ou délits prévus par la présente loi et commis antérieurement au premier acte de poursuite, la peine la plus forte sera seule appliquée.

50. L'action publique et l'action civile seront prescrites après trois mois, à partir du jour de la proclamation du résultat de l'élection.

51. La condamnation, s'il en est prononcé, ne pourra, en aucun cas, avoir pour effet d'annuler l'élection déclarée valide par les pouvoirs compétents, ou dûment définitive par l'absence de toute protestation régulière formée dans les délais voulus par les lois spéciales.

52. Les lois antérieures sont abrogées en ce qu'elles ont de contraire aux dispositions de la présente loi.

TITRE V. — DISPOSITIONS GÉNÉRALES.

53. Pour l'élection du Président de la République, une loi spéciale réglera le mode de votation de l'armée.

54. Un décret réglementaire, rendu en exécution des dispositions de l'article 6 de la Constitution, fixera, 1° les formalités administratives pour la révision annuelle des listes; 2° toutes les dispositions relatives à la composition, aux attributions et aux opérations des colléges électoraux, etc. (*Bull.* 488, n° 3636.)

N° 4.—(2 fév. 1852.)—DÉCRET *réglementaire pour l'élection au Corps législatif.*

LOUIS-NAPOLÉON, PRÉSIDENT DE LA RÉPUBLIQUE,

Vu l'article 6 de la Constitution;

Vu les articles 18, 19 et 56 du décret organique pour l'élection des représentants;

Sur le rapport du ministre secrétaire d'Etat au département de l'intérieur,

DÉCRÈTE :

TITRE 1er. — RÉVISION ANNUELLE DES LISTES ÉLECTORALES.

ART. 1er. La révision annuelle des listes électorales s'opère conformément aux règles qui suivent :

Du 1er au 10 janvier de chaque année, le maire de chaque commune ajoute à la liste les citoyens qu'il reconnaît avoir acquis les qualités exigées par la loi, ceux qui acquerront les conditions d'âge et d'habitation avant le 1er avril et ceux qui auraient été précédemment omis.

Il en retranche,

1° Les individus décédés;—2° Ceux dont la radiation a été ordonnée par l'autorité compétente; — 3° Ceux qui ont perdu les qualités requises par la loi;—4° Ceux qu'il reconnaît avoir été indûment inscrits, quoique leur inscription n'ait point été attaquée. Il tient un registre de toutes ces décisions et y mentionne les motifs et les pièces à l'appui.

2. Le tableau contenant les additions et retranchements faits par le maire à la liste électorale est déposé au plus tard le 15 janvier au secrétariat de la commune.

Ce tableau sera communiqué à tout requérant, qui pourra le recopier et le reproduire par la voie de l'impression. Le jour même de ce dépôt, avis en sera donné par affiches aux lieux accoutumés.

3. Une copie du tableau et du procès-verbal constatant l'accomplissement des formalités prescrites par l'article précédent sera en même temps transmise au sous-préfet de l'arrondissement, qui l'adressera, dans les deux jours, avec ses observations, au préfet du département.

4. Si le préfet estime que les formalités et les délais prescrits par la loi n'ont pas été observés, il devra, dans les deux jours de la réception du tableau, déférer les opérations du maire au conseil de préfecture du département, qui statuera dans les trois jours, et fixera, s'il y a lieu, le délai dans lequel les opérations annulées devront être refaites.

5. Les demandes en inscriptions ou en radiation devront être formées dans les dix jours à compter de la publication des listes.

6. Le juge de paix donnera avis des infirmations par lui prononcées au préfet et au maire, dans les trois jours de la décision.

7. Le 31 mars de chaque année, le maire opère toutes les rectifications régulièrement ordonnées, transmet au préfet le tableau de ces rectifications et arrête définitivement la liste électorale de la commune.

La minute de la liste électorale reste déposée au secrétariat de la commune : le tableau rectificatif transmis au préfet reste déposé avec la copie de la liste électorale au secrétariat général du département.

Communication en doit toujours être donnée aux citoyens qui la demandent.

8. La liste électorale reste, jusqu'au 31 mars de l'année suivante, telle qu'elle a été arrêtée, sauf néanmoins les changements qui y auraient été ordonnés par décision du juge de paix, et sauf aussi la radiation des nom des électeurs décédés ou privés des droits civils et politiques par jugement ayant force de chose jugée.

TITRE II. — DES COLLÉGES ÉLECTORAUX.

9. Les colléges électoraux devront être réunis, autant que possible, un dimanche ou un jour férié.

10. Les colléges électoraux ne peuvent s'occuper que de l'élection pour laquelle ils sont réunis.

Toutes discussions, toutes délibérations leur sont interdites.

11. Le président du collége ou de la section a seul la police de l'assemblée.

Nulle force armée ne peut, sans son autorisation, être placée dans la salle des séances, ni aux abords du lieu où se tient l'assemblée.

Les autorités civiles et les commandants militaires sont tenus de déférer à ses réquisitions.

12. Le bureau de chaque collége ou section est composé d'un président, de quatre assesseurs et d'un secrétaire choisi par eux parmi les électeurs.

Dans les délibérations du bureau, le secrétaire n'a que voix consultative.

13. Les colléges et sections sont présidés par les maires, adjoints et conseillers municipaux de la commune ; à leur défaut, les présidents sont désignés par le maire, parmi les électeurs sachant lire et écrire.

A Paris, les élections sont présidées, dans chaque arrondissement, par le maire, les adjoints ou les électeurs désignés par eux.

14. Les assesseurs sont pris, suivant l'ordre du tableau, parmi les conseillers municipaux sachant lire et écrire ; à leur défaut, les assesseurs sont les deux plus âgés et les deux plus jeunes électeurs présents sachant lire et écrire.

A Paris, les fonctions d'assesseurs sont remplies, dans chaque section, par les deux plus âgés et les deux plus jeunes électeurs sachant lire et écrire.

15. Trois membres du bureau au moins doivent être présents pendant tout le cours des opérations du collége.

16. Le bureau prononce provisoirement sur les difficultés qui s'élèvent touchant les opérations du collége ou de la section.

Ses décisions sont motivées.

Toutes les réclamations et décisions sont inscrites au procès-verbal ; les pièces ou bulletins qui s'y rapportent y sont annexés, après avoir été parafés par le bureau.

17. Pendant toute la durée des opérations électorales, une copie officielle de la listes des électeurs, contenant les noms, domicile et qualification de chacun des inscrits, reste déposée sur la table autour de laquelle siége le bureau.

18. Tout électeur inscrit sur cette liste a le droit de prendre part au vote.

Néanmoins, ce droit est suspendu pour les détenus, pour les accusés contumaces, et pour les personnes non interdites, mais retenues, en vertu de la loi du 30 juin 1858, dans un établissement public d'aliénés.

19. Nul ne peut être admis à voter s'il n'est inscrit sur la liste.

Toutefois, seront admis au vote, quoique non inscrits, les citoyens porteurs d'une décision du juge de paix ordonnant leur inscription, ou d'un arrêt de la Cour de cassation annulant un jugement qui aurait prononcé une radiation.

20. Nul électeur ne peut entrer dans le collége électoral s'il est porteur d'armes quelconques.

21. Les électeurs sont appelés successivement par ordre alphabétique.

Ils apportent leur bulletin préparé en dehors de l'assemblée.

Le papier du bulletin doit être blanc et sans signes extérieurs.

22. A l'appel de son nom, l'électeur remet au président son bulletin fermé.

Le président le dépose dans la boîte du scrutin, laquelle doit, avant le commencement du vote, avoir été fermée à deux serrures, dont les clefs resteront l'une entre les mains du président, l'autre entre celles du scrutateur le plus âgé.

23. Le vote de chaque électeur est constaté par la signature ou le parafe de l'un des membres du bureau, apposé sur la liste, en marge du nom du votant.

24. L'appel étant terminé, il est procédé au réappel de tous ceux qui n'ont pas voté.

25. Le scrutin reste ouvert pendant deux jours : le premier jour, depuis huit heures du matin jusqu'à six heures du soir ; et le second jour, depuis huit heures du matin jusqu'à quatre heures du soir.

26. Les boîtes du scrutin sont scellées et déposées pendant la nuit au secrétariat ou dans la salle de la mairie.

Les scellés sont également apposés sur les ouvertures de la salle où les boîtes ont été déposées.

27. Après la clôture du scrutin, il est procédé au dépouillement de la manière suivante :

La boîte du scrutin est ouverte et le nombre des bulletins vérifié.

Si ce nombre est plus grand ou moindre que celui des votants, il en est fait mention au procès-verbal.

Le bureau désigne parmi les électeurs présents un certain nombre de scrutateurs sachant lire et écrire, lesquels se divisent par tables de quatre au moins.

Le président répartit entre les diverses tables les bulletins à vérifier.

A chaque table, l'un des scrutateurs lit chaque bulletin à haute voix et le passe à un autre scrutateur ; les noms portés sur les bulletins sont relevés sur des listes préparées à cet effet.

28. Le président et les membres du bureau surveillent l'opération du dépouillement.

Néanmoins, dans les colléges ou sections où il se sera présenté moins de trois cents votants, le bureau pourra procéder lui-même, et sans l'intervention de scrutateurs supplémentaires, au dépouillement du scrutin.

29. Les tables sur lesquelles s'opère le dépouillement du scrutin sont disposées de telle sorte que les électeurs puissent circuler alentour.

30. Les bulletins blancs, ceux ne contenant pas une désignation suffisante, ou dans lesquels les votants se font connaître, n'entrent point en compte dans le résultat du dépouillement, mais ils sont annexés au procès-verbal.

31. Immédiatement après le dépouillement, le résultat du scrutin est rendu public, et les bulletins autres que ceux qui, conformément aux articles 16 et 30, doivent être annexés au procès-verbal, sont brûlés en présence des électeurs.

32. Pour les colléges divisés en plusieurs sections, le dépouillement du scrutin se fait dans chaque section. Le résultat est immédiatement arrêté et signé par le bureau ; il est ensuite porté par le président au bureau de la première section, qui, en présence des présidents des autres sections, opère le recensement général des votes et en proclame le résultat.

33. Les procès-verbaux des opérations électorales de chaque commune sont rédigés en double.

L'un de ces doubles reste déposé au secrétariat de la mairie ; l'autre double est transmis au sous-préfet de l'arrondissement, qui le fait parvenir au préfet du département.

34. Le recensement général des votes, pour chaque circonscription électorale, se fait au chef-lieu du département, en séance publique.

Il est opéré par une commission composée de trois membres du conseil général.

A Paris, le recensement est fait par une commission de cinq membres du conseil général, désignés par le préfet de la Seine.

Cette opération est constatée par un procès-verbal.

35. Le recensement général des votes étant terminé, le président de la commission en fait connaître le résultat.

Il proclame député au Corps législatif celui des candidats qui a satisfait aux deux conditions exigées par l'article 6 du décret organique.

36. Si aucun des candidats n'a obtenu la majorité absolue des suffrages, et le vote en sa faveur du quart au moins des électeurs inscrits, l'élection est continuée au deuxième dimanche qui suit le jour de la proclamation du résultat du scrutin.

37. Aussitôt après la proclamation du résultat des opérations électorales, les procès-verbaux et les pièces y annexées sont transmis, par les soins des préfets et l'intermé-

diaire du ministre de l'intérieur, au Corps législatif, etc. (*Bull.* 488, n° 3637.)

N° 5.—(2 fév. 1852.)—DÉCRET *portant convocation des colléges électoraux pour l'élection des députés au Corps législatif.*

LOUIS-NAPOLÉON, PRÉSIDENT DE LA RÉPUBLIQUE FRANÇAISE,

Sur le rapport du ministre secrétaire d'Etat au département de l'intérieur, de l'agriculture et du commerce;

Vu l'article 46 de la Constitution;

Vu le décret organique, en date de ce jour, pour l'élection des députés au Corps législatif,

DÉCRÈTE:

ART. 1er. Les colléges électoraux sont convoqués pour le 29 février présent mois, à l'effet d'élire les députés au Corps législatif, conformément au tableau annexé à la loi électorale susvisée.

2. Un décret spécial déterminera les circonscriptions électorales de chaque département.

3. Le ministre de l'intérieur, de l'agriculture et du commerce est chargé de l'exécution du présent décret, etc. (*Bull.* 488, n° 3638.)

N° 6. — (2 fév. 1852.) — DÉCRET *qui ouvre un crédit supplémentaire et un crédit extraordinaire au budget de la Légion d'honneur, exercice* 1850.

LE PRÉSIDENT DE LA RÉPUBLIQUE,

Vu l'article 17 de la loi du 9 juillet 1836;

Vu la loi du 15 mai 1850, portant fixation du budget des dépenses de l'exercice 1850;

Sur la proposition du grand chancelier de l'ordre de la Légion d'honneur,

DÉCRÈTE:

ART. 1er. Il est ouvert au budget de l'ordre de la Légion d'honneur, sur l'exercice 1850, un crédit supplémentaire de cinquante-six mille quatre cent trente-trois francs treize centimes (56,433 f. 13 c.), applicable au chapitre XIX (*Remboursement à la Caisse des dépôts et consignations*), sur les avances qu'elle a faites à la Légion d'honneur, conformément à la loi du 21 juin 1845.

2. Il est également ouvert au budget de l'ordre de la Légion d'honneur, sur l'exercice 1850, un crédit extraordinaire de six mille cent trente-trois francs quatre-vingt-cinq centimes (6,133 f. 85 c.), appli-

cable aux remboursements à divers de sommes versées à charge de restitution et virements.

3. Le garde des sceaux, ministre de la justice, et le grand chancelier de l'ordre de la Légion d'honneur, sont chargés, chacun en ce qui le concerne, de l'exécution du présent décret, qui sera inséré au *Bulletin des Lois*, etc. (*Bull.* 492, n° 3673.)

N° 7.—(2 fév. 1852.) — DÉCRET *qui ouvre au budget de la Légion d'honneur, exercice* 1850, *trois chapitres destinés à recevoir l'imputation des paiements faits pour rappels d'arrérages de traitement, de suppléments de traitement et de pensions qui se rapportent à des exercices clos.*

LE PRÉSIDENT DE LA RÉPUBLIQUE,

Vu l'article 9 de loi du 8 juillet 1837, lequel est ainsi conçu:

« Pour le service de la dette viagère et
« des pensions, et pour celui de la solde et
« autres dépenses payables sur revues, la
« dépense servant de base au règlement
« des crédits de chaque exercice ne se
« composera que des paiements effectués
« jusqu'à l'époque de sa clôture. Les rappels
« d'arrérages payés sur ces mêmes
« exercices, d'après les droits ultérieurement
« constatés, continueront d'être imputés
« sur les crédits de l'exercice courant,
« mais, en fin d'exercice, le transport
« en sera effectué à un chapitre spécial
« au moyen d'un virement de crédit autorisé
« chaque année par une ordonnance
« royale qui sera soumise à la sanction des
« chambres, avec la loi de règlement de
« l'exercice expiré; »

Vu l'article 102 de l'ordonnance du 31 mai 1838, portant règlement général sur le comptabilité publique;

Considérant qu'il y a lieu, en ce qui concerne les traitements et suppléments de traitement des membres de la Légion d'honneur et les pensions diverses, d'appliquer les dispositions ci-dessus à l'exercice 1850, qui atteint le terme de la clôture, et dont le règlement définitif doit être proposé à l'Assemblée nationale;

Sur la proposition du grand chancelier de l'ordre de la Légion d'honneur,

DÉCRÈTE ce qui suit:

ART. 1er. Il est ouvert au budget de la grande chancellerie de la Légion d'honneur, pour l'exercice 1850, trois nouveaux chapitres spécialement destinés à recevoir l'imputation des paiements faits pendant cet exercice pour rappels d'arrérages de traitement des membres de l'ordre, de supplément de traitement des membres de l'ordre et de pensions diverses qui se rapportent à des exercices clos.

Ces chapitres prendront le titre de

Rappels d'arrérages de traitement des membres de l'ordre, des exercices clos ;

Rappels d'arrérages de supplément de traitement des membres de l'ordre, des exercices clos ;

Rappels d'arrérages de pensions diverses, des exercices clos.

2. Les paiements effectués pour ces rappels d'arrérages et montant, d'après le tableau ci-annexé, à quatre-vingt-huit mille cinq cent trente et un francs cinquante-cinq centimes (88,531 f. 55 c.), sont déduits des chapitres ordinaires ouverts au budget de l'exercice 1850 pour les traitements des membres de l'ordre de la Légion d'honneur, les suppléments au traitement des membres de l'ordre et les pensions diverses, et appliqués comme suit aux nouveaux chapitres désignés par l'article précédent.

Rappels d'arrérages de traitement des membres de l'ordre, des exercices clos. .	85,326 fr.	65 c.
Rappels d'arrérages de supplément de traitement des membres de l'ordre, des exercices clos. .	3,054	90
Rappels d'arrérages de pensions diverses, des exercices clos. . .	150	00
	88,531	55

3. Les crédits ouverts par la loi de finances pour le service des traitemens des membres de l'ordre, du supplément au traitement des membres de l'ordre, et des pensions diverses pendant l'année 1850, sont réduits de la somme ci-dessous de quatre-vingt-huit mille cinq cent trente et un francs cinquante-cinq centimes, qui demeure provisoirement appliquée aux trois nouveaux chapitre susindiqués, savoir :

Traitements des membres de l'ordre	85,326 fr.	65 c.
Supplément au traitement des membres de l'ordre.	3,054	90
Pensions diverses. . . .	150	00
	88,531	55

4. Le présent décret sera annexé au projet de loi portant règlement définitif du budget de l'exercice 1850.

5. Le garde des sceaux, ministre de la justice, et le grand chancelier de l'ordre de la Légion d'honneur, sont chargés, chacun en ce qui le concerne, de l'exécution du présent décret, qui sera inséré au *Bulletin des Lois*, etc. (*Bull.* 492, n° 3674.)

Nº 8.—(3 fév. 1852.) — DÉCRET *qui ouvre au Ministre d'Etat un crédit provisoire sur l'exercice* 1852.

LOUIS-NAPOLÉON, PRÉSIDENT DE LA RÉPUBLIQUE FRANÇAISE,

Sur le rapport du ministre d'État et du ministre des finances,

DÉCRÈTE :

ART. 1ᵉʳ. Un crédit de quatre-vingt mille francs (80,000 fr.) est ouvert , à titre provisoire, au ministre d'État , sur l'exercice 1852,

Ce crédit sera divisé ainsi qu'il suit, savoir :

Chap. Iᵉʳ. Personnel. . . .	40,000 fr.
Chap. II. Matériel	40,000

2. Le montant de ce crédit sera ultérieurement compris dans la fixation définitive du budget du ministère d'Etat.

3. Il sera pourvu à cette dépense au moyen des ressources du budget de l'exercice 1852.

4. Le ministre d'État et le ministre des finances sont chargés, chacun en ce qui le concerne, de l'exécution du présent décret, etc. (*Bull.* 485, n° 3584.)

Nº 9.—(3 fév. 1852.) — DÉCRET *relatif à la désignation de membres du conseil d'État, soit pour faire partie d'un comité ou d'une commission, soit pour prendre part, à un titre quelconque, à l'exécution d'une loi.*

LOUIS-NAPOLÉON, PRÉSIDENT DE LA RÉPUBLIQUE FRANÇAISE,

Sur la proposition du ministre d'État,

DÉCRÈTE :

ART. 1ᵉʳ. Lorsqu'il y a lieu, aux termes d'une loi ou d'un règlement d'administration publique, de désigner un ou plusieurs membres du conseil d'Etat, soit pour faire partie d'un comité ou d'une commission, soit pour prendre part, à un titre quelconque, à l'exécution d'une loi, cette désignation sera faite directement par un décret rendu par le Président de la République.

Toute loi ou disposition contraire est abrogée.

2. Le ministre d'Etat est chargé de l'exécution du présent décret. (*Bull.* 487, n° 3627.)

N° 10. — (6 fév. 1852.) — Décret *portant qu'il y aura douze conseils de révision pour toutes les divisions militaires de l'intérieur et de l'Algérie.*

LOUIS-NAPOLÉON, Président de la République française,

Vu la loi du 18 vendémiaire an VI, qui crée un conseil permanent de révision dans chaque division de troupes de l'intérieur ;

Vu le décret du 3 mai 1848, contenant organisation des parquets militaires ;

Vu le décret du 26 décembre 1851, contenant l'organisation des nouvelles divisions et subdivisions militaires ;

Considérant que la plupart des conseils de révision ont à juger annuellement un très-petit nombre d'affaires, et qu'ainsi les frais de justice militaire auxquels donnent lieu ces tribunaux ne sont pas en proportion avec le travail qui leur est imposé ; que le nombre des conseils de révision, pourrait en conséquence, être réduit sans nuire aux besoins des services, et que cette réduction procurerait une économie importante ;

Sur le rapport du ministre de la guerre,

Décrète :

Art. 1er. Il y aura douze conseils de révision pour toutes les divisions militaires de l'intérieur et de l'Algérie.

2. Ces douze conseils de révision siégeront dans les villes ci-après désignées, savoir : Paris, Lille, Metz, Lyon, Marseille, Toulouse, Bordeaux, Rennes, Bourges, Alger, Oran, Constantine. Ils prendront le nom de la ville où ils seront établis.

3. La juridiction des conseils de révision est fixée conformément au tableau ci-annexé.

4. Pour les armées en campagne, il continuera d'y avoir un conseil de révision pour chaque division d'armée.

5. Sont abrogées les dispositions de la loi du 18 vendémiaire an VI, contraires au présent décret.

6. Le ministre de la guerre est chargé de l'exécution du présent décret, etc. (*Bull.* 492, n° 3675.)

N° 11. — (6 fév. 1852.) — Décret *relatif à l'exploitation des minerais de fer d'alluvion et des mines de fer, en Algérie.*

LOUIS-NAPOLÉON, Président de la République française,

Vu l'arrêté du chef du Pouvoir exécutif du 19 octobre 1848, portant, article 1er, que « l'article 3 de la loi du 21 avril 1810, en « ce qui concerne les minerais de fer dits « d'alluvion, et les articles 59 à 69 inclusi- « vement de la même loi, relatifs aux mine- « rais de fer d'alluvion et aux mines de fer « en filons ou en couches exploitab'es à « ciel ouvert, ne sont pas applicables en « Algérie ; » article 2, que « les minerais « d'alluvion et les mines de fer en filons ou « en couches exploitables à ciel ouvert sont « assujettis, de même que les mines de fer « exploitables par travaux souterrains, au « régime établi pour les diverses substances « minérales énoncées en l'article 2 de la loi « de 1810, et qui, conformément à l'article « 5, ne peuvent être exploitées qu'en vertu « d'un acte de concession ; »

Vu la loi du 16 juin 1851, sur la propriété en Algérie ;

Considérant que de graves embarras en fait d'exploitation de mines, et préjudiciables à l'intérêt public, avaient disparu par l'effet de l'arrêté du 9 octobre 1848 susvisé ;

Vu l'avis du comité consultatif de l'Algérie ;

Sur le rapport du ministre de la guerre,

Décrète :

Art. 1er. Les dispositions de l'arrêté du chef du Pouvoir exécutif du 9 octobre 1848 continueront à ressortir leur plein et entier effet.

2. Toutes dispositions contraires sont abrogées.

3. Le ministre de la guerre est chargé de l'exécution du présent décret, qui sera inséré au *Bulletin des Lois*, au *Moniteur universel*, au *Moniteur algérien* et au *Bulletin officiel des actes du gouvernement de l'Algérie*, etc. (*Bull.* 492, n° 3676.)

N° 12. — (6 fév. 1852.) — Décret *qui fixe le budget des dépenses administratives des caisses d'amortissement et des dépôts et consignations, pour l'exercice 1852.*

LOUIS-NAPOLÉON, Président de la République française,

Vu l'état présenté par le directeur général des caisses d'amortissement et des dépôts et consignations, en exécution de l'article 37 de l'ordonnance du 22 mai 1816, pour servir à la fixation des dépenses administratives de ces deux établissements applicables à l'exercice 1852 ;

Vu l'avis motivé de la commission de surveillance instituée près desdites caisses par la loi du 28 avril 1816 et par le décret du 25 octobre 1848 ;

Sur le rapport du ministre des finances,

Décrète :

Art. 1er. Le budget des dépenses administratives des caisses d'amortissement et des dépôts et consignations est fixé, pour l'exercice 1852, conformément à l'état ci-annexé, à la somme de cinq cent quatre-vingt-douze mille deux cents francs (482,200 fr.).

2. Un crédit supplémentaire de trois mille francs (3,000 fr.) est ouvert au budget de 1851, pour indemnité temporaire à l'agent de change chargé des achats de rente au compte des déposants.

3. Une somme de soixante et un mille neuf cent cinquante et un francs soixante-neuf centimes (61,951 f. 69 c.), restée sans emploi sur les crédits de l'exercice 1851, est annulée aux chapitres ci-après :

	fr. c.	fr. c.
Chapitre ii. Chefs, sous-chefs et commis . . .	9,991 74	
Chap. iii. Agents de comptoir et gens de service . .	778 44	11,582 18
Chap. v. Indemnité pour travaux extraordinaires et travaux du dimanche. . .	812 00	
Chap. viii. Avances pour la confection de 300,000 livrets.	50,369 51	
Ensemble. . . .	61,951 69	

4. Le ministre des finances est chargé de l'exécution du présent décret, etc. (*Bull.* 492, n° 3677.)

N° 13.—(6 fév. 1852).—Décret *qui ouvre un crédit pour le service du palais législatif pendant le mois de février* 1852.

LOUIS-NAPOLÉON, Président de la République française,

Vu le décret du 2 décembre 1851, qui a prononcé la dissolution de l'Assemblée nationale ;

Vu l'état de répartition du crédit provisoire de trois cent soixante-neuf millions ouvert aux ministres par décret du 11 décembre dernier, pour les dépenses des trois premiers mois de 1852 ;

Vu l'état des dépenses du palais législatif pour le mois de février ;

Considérant qu'il est nécessaire de pourvoir à l'acquittement de ces dépenses en ce qui concerne les services administratifs ;

Sur le rapport du ministre des finances,

Décrète :

Art. 1er. Il est ouvert au ministre des finances, sur l'exercice 1852, pour le service du palais législatif, pendant le mois de février de cette année, un crédit de la somme de quarante-quatre mille huit cent dix francs (44,810 fr.), applicable aux dépenses ci-après :

Personnel. (Service ordinaire).	32,460 f.	
Personnel. (Service extraord.).	400	35,130 f.
Secours annuels.	270	
Matériel et dépenses diverses.	9,650	
Impressions et Moniteur . .	2,050	11,680
Somme pareille.		4,4810

2. Le ministre des finances est chargé de l'exécution du présent décret, qui sera inséré au *Bulletin des Lois,* etc. (*Bull.* 492, n° 3678.)

N° 14.—(6 fév. 1852.)—Décret *qui ouvre un crédit extraordinaire pour travaux de réparations à l'Hôtel des monnaies de Bordeaux.*

LOUIS-NAPOLÉON, Président de la République française,

Vu la loi du 29 juillet 1830, portant fixation du budget des dépenses de l'exercice 1851 ;

Vu la loi du 26 décembre 1849, qui a ouvert au ministre des finances, sur l'exercice 1849, un crédit de neuf mille francs pour réparations à faire à l'hôtel des monnaies de Bordeaux ;

Considérant que ce crédit est resté sans emploi à la clôture de l'exercice 1849, et que les travaux auxquels il a été affecté n'ayant été terminés qu'en 1851, il importe de pourvoir de nouveau à leur acquittement ;

Vu l'état des travaux montant en définitive à neuf mille cent soixante et onze francs vingt-cinq centimes ;

Sur le rapport du ministre des finances,

Décrète :

Art. 1er. Il est ouvert au ministre des finances, sur l'exercice 1851, un crédit extraordinaire de neuf mille cent soixante et onze francs vingt-cinq centimes (9,171 fr. 25 c.), pour travaux de réparations à l'hôtel des monnaies de Bordeaux. (*Service des établissements monétaires. — Chapitre* xxxi. *—Matériel.*)

2. Le ministre des finances est chargé de l'exécution du présent décret, etc. (*Bull.* 492, n° 3679.)

N° 15.—(6 fév. 1852.)—Décret *concernant le dépôt temporaire, à Saint-Pierre-de-Terre-Neuve, des produits de pêche des navires expédiés de France, et non assujettis au minimum d'équipage.*

LOUIS-NAPOLÉON, Président de la République française,

Sur le rapport du ministre secrétaire d'État de la marine et des colonies ;

Vu l'article 2 de la loi du 22 juillet 1851, relative aux grandes pêches maritimes ;

Considérant qu'un règlement d'administration publique, rendu en exécution des paragraphes 3 et 4 dudit article, aurait nécessairement pour effet de prononcer des pénalités dont l'application doit être réservée à la juridiction correctionnelle ;

Qu'il est de principe que les peines ne peuvent être instituées que par un acte ayant force de loi ;

La commission consultative entendue,

DÉCRÈTE :

ART. 1er. Le dépôt temporaire, à Saint-Pierre de-Terre-Neuve, des produits de pêche des navires expédiés de France, et non assujettis au minimum d'équipage, ne pourra être autorisé en vertu des dispositions de l'article 2 de la loi du 22 juillet 1851, que dans les cas suivants :

1° Lorsque les avaries survenues aux navires pêcheurs les mettront hors d'état de conserver à bord les produits de leur pêche sans les exposer à une détérioration certaine ;—2° Lorsque les moyens de transbordement viendront à manquer par suite des retards éprouvés dans leur navigation par les navires de transport ;

D'avaries qui ne permettraient pas à ces navires de prendre charge sans être réparés;

De leur condamnation pour innavigabilité ou de leur perte totale.

2. Les cas d'avaries et le manque de moyens de transbordement énoncés à l'article précédent seront constatés par une commission composée de la manière suivante :

Le commissaire de l'inscription maritime,

Le côntroleur colonial,

Le capitaine de port.

Cette commission émettra, en outre, son opinion sur la suite à donner aux demandes de dépôt : le commandant des îles Saint-Pierre et Miquelon statuera, en tenant compte des conclusions de la commission, dans la mesure qu'il jugera convenable.

3. La commission constatera, par un procès-verbal, le nombre et le poids des morues débarquées à titre de dépôt. Ces morues ne pourront, en aucun cas, être séchées, consommées, vendues ou échangées dans la colonie, et devront, au contraire, être expédiées pour France à l'état de *morues vertes.*

4. Lorsque le dépôt aura lieu par suite d'avaries survenues au navire pêcheur, les morues mises à terre seront rembarquées à bord du même navire dès qu'il aura reçu les réparations nécessaires.

Si le dépôt a été autorisé à raison du manque de moyens de transbordement, les morues devront être expédiées en France dès que le navire de transport sera arrivé dans la colonie et mis en état de prendre charge.

Dans le cas de perte ou de condamnation des navires pêcheurs ou de transport, les morues seront envoyées en France sous le plus bref délai par les soins des parties intéressées.

5. Au moment du rembarquement des morues admises en dépôt, la commission en constatera le nombre et le poids par un procès-verbal. Elle confrontera ce procès-verbal avec celui qui aura été dressé à l'époque du débarquement de la même cargaison, et s'assurera, par tous les moyens en son pouvoir, qu'il n'y a été pratiqué ni soustraction, ni échange pendant la durée du dépôt.

Si la commission ne reconnaît pas l'identité des morues, elle constatera le fait par un procès-verbal énonçant la fraude commise.

6. Les armateurs des navires admis à déposer des morues à Saint-Pierre-de-Terre-Neuve, en vertu du présent décret, qui enfreindront les dispositions de l'article 4, seront punis d'une amende de vingt francs par quintal métrique de morue illicitement séchée, consommée, vendue ou échangée dans la colonie.

Le rembarquement des morues qui auront donné lieu à la contravention sera suspendu jusqu'à l'acquittement du montant de l'amende encourue.

7. Le tribunal correctionnel des îles Saint-Pierre et Miquelon connaîtra des infractions de l'espèce, dont la poursuite aura lieu sur la plainte du commandant de cette colonie.

8. Le montant des amendes prononcées en vertu de l'article 7 du présent décret sera versé dans la caisse des invalides de la marine.

9. Les ministres de la marine et des colonies, de l'intérieur, de l'agriculture et du commerce, et des finances, sont chargés, chacun en ce qui le concerne, de l'exécution du présent décret, qui sera inséré au *Bulletin des Lois* et au *Bulletin officiel de la marine,* etc. (*Bull.* 495, n° 3712.)

N° 16.—(6 fév. 1852.)—RAPPORT et DÉCRET *sur l'allocation au ministre de la marine et des colonies d'un crédit extraordinaire pour les dépenses des services militaires des colonies (Personnel), exercice* 1849.

RAPPORT AU PRINCE PRÉSIDENT DE LA RÉPUBLIQUE FRANÇAISE.

Monseigneur,

Le travail de règlement définitif des dépenses faites aux colonies sur l'exercice 1849 a donné lieu de reconnaître que les paiements faits sur le chapitre XXIV du budget de la marine de cet exercice, consacré à l'acquittement des dépenses des *services militaires (Personnel)*, ont excédé les crédits de quatre-vingt-trois mille six cent soixante-trois francs quatre-vingts centimes.

Cet excédant provient de diverses causes. Les principales ont été, d'une part, le maintien aux colonies pendant quelque temps, et à cause des circonstances politiques, d'un effectif militaire plus considérable que celui prévu au budget, et, de l'autre, le transport à 1849 de la valeur d'un excédant de vivres restant en magasin à la Guadeloupe.

Il résulte de la loi du 16 mai 1851 que l'exercice doit être réglé sans recourir à une demande de crédits complémentaire faite dans le projet de loi des comptes. Après m'être concerté à ce sujet avec M. le ministre des finances, j'ai l'honneur de vous proposer de vouloir bien ouvrir au département de la marine un crédit extraordinaire de quatre-vingt-trois mille six cent soixante-trois francs quatre-vingts centimes, qui permettra de balancer les crédits avec les dépenses. Je soumets à votre signature un projet de décret dans ce sens.

Décret.

LOUIS-NAPOLÉON, Président de la République française,

Sur le rapport du ministre secrétaire d'État de la marine et des colonies;

Considérant que les dépenses du chapitre XXIV, *Services militaires des colonies (Personnel)*, exercice 1849, dépassent les crédits accordés, et qu'il y a lieu de régulariser cet état de choses,

Décrète :

Art. 1er. Il est ouvert au ministre de la marine et des colonies, sur le chapitre XXIV, exercice 1849, un crédit extraordinaire de quatre-vingt-trois mille six cent soixante-trois francs quatre-vingts centimes (83,663 fr. 80 c.).

2. Le ministre de la marine et des colonies, et le ministre des finances, sont chargés de l'exécution du présent décret, etc. (*Bull.* 497, n° 3720.)

N° 17. – (7 fév. 1852.) — Décret *relatif à la concession des bourses nationales, départementales et communales.*

LOUIS-NAPOLÉON, Président de la République française,

Sur le rapport du ministre de l'instruction publique et des cultes ;

Considérant que l'institution des bourses nationales a eu surtout pour objet de récompenser les services rendus à l'État par les fonctionnaires civils et militaires ;

Considérant que l'article 33 de la loi du 11 floréal an 10 avait affecté à la rémunération de ces services deux mille quatre cents bourses ;

Que le nombre des bourses nationales actuellement entretenues dans les lycées dépasse à peine le chiffre mille ;

Qu'en vertu de la loi du 17 novembre 1848, les fils des citoyens qui ne justifient pas de services rendus pouvant obtenir par voie de concours la moitié des bourses nationales, la part réservée aux serviteurs de l'État se trouve ainsi injustement réduite ;

Considérant que le concours, par ses chances aléatoires, n'offre pas le moyen le plus efficace d'arriver à une bonne répartition des bourses nationales, départementales et communales ;

Considérant néanmoins qu'il importe de s'assurer, par un examen préalable, de l'aptitude des candidats et d'empêcher ainsi que les sacrifices de l'État, des départements et des communes, ne soient faits en pure perte,

Décrète :

Art. 1er. Les candidats aux bourses nationales, départementales et communales, devront justifier, par un examen préalable, qu'ils sont en état de suivre la classe correspondant à leur âge.

Une commission chargée d'examiner les candidats et dont les membres seront désignés par le ministre de l'instruction publique se réunira au chef-lieu du département.

Le ministre déterminera l'époque et la forme de ces examens.

2. Les boursiers nationaux sont nommés, sur la proposition du ministre de l'instruction publique, par le président de la République, à raison des services de leurs parents.

Les services militaires sont constatés par des états dûment certifiés, les services civils par les préfets ou par les ministres compétents.

Les boursiers nationaux reçoivent une bourse entière, trois quarts de bourse ou une demi-bourse, suivant la position de fortune de leur famille, laquelle est établie par un rapport du préfet.

3. Le préfet du département confère, sous la confirmation du ministre de l'instruction publique, les bourses départemen-

tales et communales, ces dernières d'après une liste dressée par les conseils municipaux.

Les dispositions du troisième paragraphe de l'article 2 ci-dessus sont applicables aux bourses départementales et communales.

4. Le ministre, pour les boursiers nationaux, le préfet, pour les boursiers départementaux ainsi que pour les boursiers communaux, peuvent accorder des promotions de bourse aux élèves qui auront mérité cette faveur par leur bonne conduite et leurs progrès.

5. En cas de fautes graves, le chef de l'établissement peut rendre provisoirement un boursier à sa famille, sauf à en référer immédiatement à l'autorité supérieure.

La déchéance définitive des boursiers est prononcée par le ministre.

6. Sont et demeurent rapportées les dispositions des lois, décrets, ordonnances et règlements contraires au présent décret.

7. Le ministre de l'instruction publique et des cultes est chargé de l'exécution du présent décret, qui sera inséré au *Bulletin des Lois,* etc. (*Bull.* 497, n° 3721.)

N° 18.—(8 fév. 1852.) — DÉCRET *qui concède à la ville de Paris les bâtiments et dépendances de l'ancienne Sorbonne.*

LOUIS-NAPOLÉON, PRÉSIDENT DE LA RÉPUBLIQUE FRANÇAISE,

Sur le rapport du ministre de l'instruction publique et des cultes ;

Vu l'ordonnance du 16 mai 1821, qui dispose que les bâtiments de l'ancienne Sorbonne, à l'exception de la partie où devait être placée l'école normale, seront concédés par l'Université à la ville de Paris aux clauses et conditions y stipulées ;

Vu l'ordonnance du 6 novembre 1839, qui approuve le projet de règlement, du 1er juin 1838, déterminant les charges respectives de l'Université et de la ville de Paris, pour l'entretien et la réparation des bâtiments affectés au service des établissements universitaires de ladite ville ;

Vu l'ordonnance du 21 août 1845, qui a résolu en faveur de l'Université la question de propriété des bâtiments et dépendances de l'ancienne Sorbonne, portée par M. le ministre des finances devant le conseil d'État ;

Vu pareillement la décision du ministre des finances, en date du 13 décembre 1845, qui autorise, en conséquence, l'envoi définitif de l'Université en possession desdits bâtiments ;

Vu la délibération de la commission départementale et municipale de la Seine, en date du 7 novembre 1850 ;

Vu les articles 14 et 15 de la loi de finances du 7 août 1850 ;

Le comité de l'intérieur, de la justice, de l'instruction publique et des cultes de la commission consultative entendu,

DÉCRÈTE :

ART. 1er. Les bâtiments et dépendances de l'ancienne Sorbonne, y compris ceux qui sont situés de l'autre côté de l'église, sont concédés à la ville de Paris pour en jouir en toute propriété, à la condition d'y conserver, à perpétuité, le chef-lieu de l'Académie de la Seine, ainsi que les facultés de théologie, des sciences et des lettres, d'approprier lesdits bâtiments à l'usage exclusif de ces établissements et de pourvoir à leur entretien annuel.

2. Le ministre de l'instruction publique et des cultes est chargé de l'exécution du présent décret, etc. (*Bull.* 497, n° 3722.)

N° 19.—(8 fév. 1852).—DÉCRET *relatif au régime commercial de la colonie du Sénégal et dépendances.*

LOUIS-NAPOLÉON, PRÉSIDENT DE LA RÉPUBLIQUE FRANÇAISE,

Sur le rapport du ministre secrétaire d'Etat de la marine et des colonies, et de l'avis des ministres de l'intérieur et des finances ;

Vu la loi du 24 avril 1833, sur le régime législatif des colonies ;

Vu l'ordonnance du 7 septembre 1840, sur le gouvernement du Sénégal et dépendances ;

Vu l'acte de navigation du 21 septembre 1793, l'arrêté consulaire du 25 frimaire an X, les décisions royales du 7 janvier 1822 et du 17 août 1825, les ordonnances royales du 12 juillet 1831 et du 26 août 1833 ;

Considérant qu'il est devenu nécessaire de modifier sur plusieurs points les conditions du régime commercial de la colonie du Sénégal et dépendances, telles qu'elles ont été réglées par les actes ci-dessus mentionnés,

DÉCRÈTE :

Importations.

ART. 1er. (Sénégal.) Les marchandises françaises de toute nature et les marchandises étrangères dénommées au tableau ci-joint seront admises au port de Saint-Louis (Sénégal) au droit de deux pour cent de la valeur, lorsqu'elles seront importées par navires français des ports ou des entrepôts de France exclusivement.

Néanmoins, les bois, les fers et aciers non ouvrés, les tabacs et les poudres pourront aussi être introduits au port de Saint-Louis, par extraction de l'entrepôt de Gorée et par navires français, moyennant le même droit de deux pour cent de la valeur.

Les toiles bleues de l'Inde, dites *guinées*, continueront à n'être admises au Sénégal, sous le paiement du droit susdit de deux pour cent de la valeur, qu'après avoir fait escale dans les entrepôts de France.

Les vins de Madère et de Ténériffe importés directement sous le pavillon français paieront soixante francs par hectolitre de liquide.

Les fruits, les légumes frais et les pierres de Canaries importés directement par navires français seront admis en franchise de tous droits.

Exportations.

2. Les produits du Sénégal ne pourront être exportés du port de Saint-Louis que par navire français et pour aucune autre destination que les ports de France ou des colonies françaises.

Ces exportations continueront à être soumises à un droit de deux pour cent de la valeur.

Importations et exportations.

3. (Gorée.) Les marchandises de toute espèce et de toute provenance (à l'exception des guinées, dont le régime spécial est réglé par l'article 1er du présent décret) pourront être importées à l'île de Gorée et en être exportées par navires de tout pavillon, en franchise de droit de douane.

Navigation.

4. (Sénégal et Gorée.) La navigation entre la France et le Sénégal (y compris l'île de Gorée) et les rapports entre ces établissements et les autres possessions françaises d'Asie, d'Afrique et d'Amérique, continueront d'avoir lieu exclusivement par navires français.

Les navires étrangers paieront un droit unique de navigation à raison de quatre francs par tonneau et non passible du décime additionnel.

Seront exempts de ce droit les navires qui reprendront la mer sans avoir effectué aucun chargement ni déchargement de marchandises.

5. Sont abrogées toutes les dispositions contraires à celles qui précèdent.

6. Le ministre de la marine et des colonies est chargé de l'exécution du présent décret, qui sera inséré au *Bulletin des Lois.* (*Bull.* 495, n° 3713.)

N° 20.—(9 fév. 1852.)— DÉCRET *qui ouvre un crédit sur l'exercice 1852, pour les dépenses du service des tabacs.*

LOUIS-NAPOLÉON , PRÉSIDENT DE LA RÉPUBLIQUE FRANÇAISE,

Vu le décret du 11 décembre 1851, qui ouvre aux ministres, sur l'exercice 1852, un crédit provisoire de trois cent soixante-neuf millions pour les services de leurs départements jusqu'au 1er avril ;

Vu l'état de répartition de ce crédit ;

Vu l'état des paiements à faire pour achats de tabacs pendant le premier trimestre 1852 ;

Sur le rapport du ministre des finances,

DÉCRÈTE :

ART. 1er. Il est ouvert au ministre des finances, sur l'exercice 1852, au delà des allocations fixées par le décret du 11 décembre 1851 , un crédit de quatre millions trois cent mille francs (4,300,000 fr.), pour les dépenses du service des tabacs, (Chapitre LXIII. — *Achats et transports de tabacs.*)

2. Le ministre des finances est chargé de l'exécution du présent décret, etc, (*Bull.* 492, n° 3680.)

N° 21.—(9 fév. 1852.)—DÉCRET *qui ouvre, sur l'exercice 1852, un crédit extraordinaire pour le service de l'emprunt grec.*

LOUIS-NAPOLÉON , PRÉSIDENT DE LA RÉPUBLIQUE FRANÇAISE ,

Vu la loi du 14 juin 1833 , qui a autorisé le ministre des finances à garantir l'emprunt contracté par le Gouvernement grec;

Vu l'ordonnance du 9 juillet 1833, rendue pour l'exécution et qui engage le trésor public envers les porteurs de titres, à défaut de paiement par le Gouvernement grec ;

Vu la lettre de MM. *de Rothschild* frères, du 31 janvier 1852, par laquelle ces banquiers font connaître que le Gouvernement grec ne leur a point fourni les fonds nécessaires au service du semestre à échoir le 1er mars prochain;

Sur le rapport du ministre des finances,

DÉCRÈTE :

ART. 1er. Il est ouvert au ministre des finances, sur l'exercice 1852, un crédit extraordinaire de cinq cent vingt-deux mille dix-neuf francs quatre-vingt-trois centimes (522,019 fr. 83 c.), nécessaire pour le remboursement des intérêts et de l'amortissement exigible au 1er mars 1852 de la partie afférente à la garantie de la France, sur l'emprunt négocié en 1833 par le Gouvernement grec.

2. Les paiements qui seront faits en vertu de l'article précédent auront lieu sur les ressources de la dette flottante du trésor, à titre d'avances à recouvrer sur le Gouvernement de la Grèce.

3. Le ministre des finances est chargé de l'exécution du présent décret, etc. (*Bull.* 492, n° 3681.)

N° 22.—(9 fév. 1852.)—DÉCRET *relatif au paiement des condamnations judiciaires prononcées contre la ville de Saint-Etienne, en exécution de la loi du 10 vendémiaire an 4* (1).

LOUIS-NAPOLÉON, PRÉSIDENT DE LA RÉPUBLIQUE FRANÇAISE,

Sur le rapport du ministre de l'intérieur, de l'agriculture et du commerce ;

Vu la délibération du conseil municipal de Saint-Etienne (Loire), en date du 25 octobre 1850 ;

La consultation de trois avocats ;

L'avis du conseil de préfecture et celui du préfet ;

Le décret du 23 décembre 1851 ,

DÉCRÈTE :

ART. 1er. Est approuvée, pour sortir son plein et entier effet, la transaction consentie suivant acte sous seings privés du 25 octobre 1850, entre la ville de Saint-Etienne (Loire), représentée par son maire, d'une part, et la dame *Madelaine Arssac*, agissant tant en son nom que comme mandataire des dames de la communauté dite *de l'Instruction*, au sujet de l'indemnité de quatre-vingt-dix mille francs allouée à ces religieuses par jugement du tribunal civil de Saint-Etienne, du 10 juin 1850, pour le préjudice qui leur a été causé par suite de la dévastation de leur couvent en 1848 ;

Il sera passé acte public de cette transaction, dont une expédition demeurera annexée au présent décret.

La ville de Saint-Etienne (Loire) est autorisée à emprunter, et à un taux d'intérêt qui ne pourra dépasser cinq pour cent, la somme de trois cent cinquante-cinq mille francs, destinée à concourir au paiement des condamnations judiciaires prononcées contre elle en exécution de la loi du 10 vendémiaire an 4.

Il sera imposé d'office sur la même ville vingt centimes additionnels au principal des quatre contributions directes , pendant un nombre d'années suffisant pour assurer le remboursement dudit emprunt, en capital et intérêts, et l'acquittement du surplus des susdites condamnations.

Par application de l'article 9, titre V, de la loi du 10 vendémiaire an 4, le rôle de cette imposition ne comprendra que les domiciliés à Saint-Etienne au moment où les faits qui ont motivé lesdites condamnations ont eu lieu.

Le présent projet de loi a été délibéré et adopté par la section d'administration de la Commission consultative, dans sa séance du 14 janvier 1852.

2. Le ministre de l'intérieur, de l'agriculture et du commerce, est chargé de l'exécution du présent décret, etc. (*Bull.* 492, n° 3685.)

N° 23.—(9 fév. 1852.)—DÉCRET *qui reporte au budget des finances le crédit ouvert au ministre de la justice pour le paiement, en 1852, des secours annuels et viagers accordés aux anciens militaires de la République et de l'Empire.*

LOUIS-NAPOLÉON, PRÉSIDENT DE LA RÉPUBLIQUE FRANÇAISE,

Vu l'article 4 du décret du 14 décembre 1851, qui ouvre au ministère de la justice un crédit de deux millions sept cent mille francs pour le paiement, en 1852, des secours annuels et viagers accordés par ledit décret aux anciens militaires de la République et de l'Empire ;

Considérant que ces secours doivent constituer une charge de la dette publique ;

Sur le rapport du ministre la justice et l'avis conforme du ministre des finances,

DÉCRÈTE :

ART. 1er. Le crédit de deux millions sept cent mille francs, ouvert au ministre de la justice pour le paiement, en 1852, des secours annuels et viagers aux anciens militaires de la République et de l'Empire, est reporté au budget des finances, première partie, quatrième section, Dette viagère, où il formera un article distinct.

2. Les conditions de jouissance et de paiement desdits secours sont les mêmes que celles qui régissent les pensions militaires, sauf les exceptions qui seront dé-

---

(1) Quoique ce décret soit d'intérêt local, on a cru devoir le rapporter dans ce Recueil, parce qu'il renferme une nouvelle application des sages dispositions de la loi du 10 vendémiaire an 4, contre laquelle plusieurs villes ou communes réclamèrent avec instance. Même dans les temps et dans les circonstances où l'autorité eût pu sans difficulté céder à des considérations purement locales ou de circonstance, les principes tutélaires de la loi de vendémiaire an 4 ont été maintenus.

terminées par un règlement spécial concerté entre les deux départements ministériels, lequel règlera en même temps l'intervention nécessaire du grand chancelier de la Légion d'honneur dans la concession, la distribution et le retrait, lorsqu'il y aura lieu, des secours alloués conformément au décret précité du 14 décembre 1851.

3. Les ministres de la justice et des finances sont chargés, chacun en ce qui le concerne, de l'exécution du présent décret, etc. (*Bull.* 492, n° 3686.)

N° 24.—(10 fév. 1852.)—Décret *qui abroge l'ordonnance du 8 décembre 1830, portant création de bataillons et de compagnies d'ouvriers militaires de la marine.*

LOUIS-NAPOLÉON, Président de la République française,

Sur le rapport du ministre secrétaire d'Etat de la marine et des colonies;

Vu l'ordonnance du 8 décembre 1830, portant création de bataillons et de compagnies d'ouvriers militaires dans les ports et arsenaux de la marine;

Vu le décret du 11 janvier 1852, qui dissout toutes les gardes nationales de la République;

Considérant que les bataillons et les compagnies d'ouvriers militaires dans les ports n'ont jamais été, en réalité, que la réunion en garde nationale maritime de la population ouvrière employée au service de la marine, qui les avait maintenus ainsi sous son autorité immédiate,

Décrète :

Art. 1er. L'ordonnance du 8 décembre 1830, portant création de bataillons et de compagnies d'ouvriers militaires de la marine, est et demeure rapportée.

2. Le ministre de la marine et des colonies est chargé de l'exécution du présent décret, qui sera inséré au *Bulletin officiel de la marine*, etc. (*Bull.* 497, n° 3723.)

N° 25.—(11 fév. 1852.)—Décret *qui réunit le service des bâtiments civils au ministère de l'intérieur* (1).

LOUIS-NAPOLÉON, Président de la République française,

Décrète :

Art. 1er. Le service des bâtiments civils

est distrait du ministère des travaux publics, pour être réuni au ministère de l'intérieur.

2. Les ministres d'Etat, de l'intérieur et des travaux publics, sont chargés, chacun en ce qui le concerne, de l'exécution du présent décret, etc. (*Bull.* 487, n° 3628.)

N° 26.—(11 fév. 1852.)—Décret *qui ouvre un crédit provisoire pour les dépenses personnelles du chef de l'Etat.*

LOUIS-NAPOLÉON, Président de la République française,

Sur le rapport du ministre des finances,

Décrète :

Art. 1er. Il est ouvert au ministre des finances un crédit provisoire de trois cent mille francs (300,000 fr.), applicable aux dépenses personnelles du chef de l'Etat.

Ce crédit est ouvert, à titre d'avance, sur la somme qui devra être ultérieurement allouée au Prince Président de la République par un sénatus-consulte, conformément à l'article 15 de la Constitution.

2. Il sera pourvu à la présente dépense au moyen des ressources du budget de l'exercice 1852.

3. Le ministre des finances est chargé de l'exécution du présent décret. (*Bull.* 490, n° 3660.)

N° 27.—(11 fév. 1852.)—Décret *relatif au paiement des secours annuels et viagers accordés aux anciens militaires de la République et de l'Empire.*

LOUIS-NAPOLÉON, Président de la République française,

Vu les décrets des 14 décembre 1851 et 9 février 1852;

Vu l'état dressé et arrêté par M. le maréchal grand chancelier de la Légion d'honneur, qui accorde aux anciens militaires octogénaires des secours annuels et viagers montant à cent soixante-deux mille francs;

Considérant que, en appliquant à la distribution des secours dont il s'agit les formes déterminées pour les pensions militaires, le paiement n'en peut être effectué qu'au 1er avril, et qu'il importe qu'un soulagement immédiat soit apporté à la situation des ayants droit;

Sur le rapport du ministre des finances,

Décrète :

----

(1) Les travaux publics faisaient originairement partie du ministère de l'intérieur. Ils en furent détachés pour en former un ministère à part; mais les bâtiments civils restèrent à l'intérieur jusqu'à une ordonnance ultérieure qui les a réunis au ministère des travaux publics. Le décret qui précède ne fait donc que rétablir l'ancien état de choses.

Art. 1er. Une provision sera immédiatement payée aux anciens militaires de la République et de l'Empire compris dans l'état de concession susvisé.

Cette provision sera du quart du secours annuel, et sera précomptée sur les arrérages dudit secours.

2. Le ministre des finances est chargé de l'exécution du présent décret, etc. (*Bull.* 492, n° 3687.)

N° 28. — (11 fév. 1852.) — DÉCRET *relatif à la remonte des colonels et lieutenants-colonels des troupes à cheval* (1).

LOUIS-NAPOLÉON, PRÉSIDENT DE LA RÉPUBLIQUE FRANÇAISE,

Sur le rapport du ministre de la guerre,

DÉCRÈTE :

ART. 1er. Les dispositions de l'article 11 du décret du 23 décembre 1851, qui autorisent les chefs d'escadron et les capitaines à choisir leurs montures parmi les chevaux disponibles des corps, sont rendues applicables aux colonels et lieutenants-colonels des troupes à cheval.

2. Les ministres de la guerre et des finances sont chargés, chacun en ce qui le concerne, de l'exécution du présent décret, etc. (*Bull.* 492, n° 3688.)

N° 29. — (12 fév. 1852.) — DÉCRET *relatif à la remonte des officiers indigènes des régiments de spahis.*

LOUIS-NAPOLÉON, PRÉSIDENT DE LA RÉPUBLIQUE FRANÇAISE,

Sur le rapport du ministre de la guerre,

DÉCRÈTE :

ART. 1er. Les dispositions du décret du 23 décembre dernier, relatif à la remonte des officiers des corps de troupes à cheval, sont rendues applicables aux officiers indigènes des régiments de spahis.

2. Le sous-officier indigène promu sous-lieutenant pourra conserver, dans ce nouveau grade, le cheval d'escadron avec lequel il se trouvera monté, à ses frais, au moment de sa nomination, si ce cheval réunit, toutefois, les conditions exigées pour les montures d'officier. Le prix lui en sera remboursé d'après une estimation contradictoirement faite entre l'officier intéressé et le conseil d'administration du régiment assisté du vétérinaire ; ou d'une

---

(1) Les dispositions de ce décret sont rapportées par le décret du 29 mars 1852. (*Bull.* 519, n° 3965, ci-après.)

commission spéciale composée d'au moins trois officiers.

3. Le ministre de la guerre est chargé de l'exécution du présent décret, etc. (*Bull.* 492, n° 3689.)

N° 30. — (12 fév. 1852.) — DÉCRET *portant que les communes autres que les chefs-lieux de canton recevront, à l'avenir, en échange du* Bulletin des Lois, *une feuille contenant les lois, les décrets et les instructions du Gouvernement.*

LOUIS-NAPOLÉON, PRÉSIDENT DE LA RÉPUBLIQUE FRANÇAISE,

Sur le rapport du ministre secrétaire d'Etat au département de l'intérieur ;

Considérant que le *Bulletin des Lois*, établi par la loi du 14 frimaire an 2, ne remplit pas, dans sa forme actuelle, le but que le législateur s'est proposé ; que ce recueil, enfoui presque partout dans les archives des mairies, laisse ignorés des populations les lois et les actes du Gouvernement qu'elles ont intérêt à connaître ;

Considérant qu'il importe d'établir un système de publicité plus complet et mieux approprié aux besoins des habitants des campagnes, sans imposer aux communes des charges nouvelles ;

DÉCRÈTE :

ART. 1er. A partir de la publication du présent décret, les communes autres que les chefs-lieux de canton cesseront de recevoir le *Bulletin des Lois.*

2. Elles recevront en échange une feuille rédigée par les soins et sous la surveillance du ministre de l'intérieur, et contenant les lois, les décrets et les instructions du Gouvernement, ou une analyse sommaire de ces divers actes.

3. Cette publication officielle sera divisée en deux parties, dont l'une restera déposée aux archives de la mairie et dont l'autre sera placardée dans la commune au lieu le plus apparent.

4. Le prix en sera acquitté par les communes et remplacera, comme dépense obligatoire, l'abonnement au *Bulletin des Lois.*

5. Le *Bulletin des Lois* continuera à être envoyé aux communes chefs-lieux de canton et aux diverses autorités qui le reçoivent aux termes des règlements en vigueur.

6. Les ministres secrétaires d'Etat aux départements de l'intérieur et de la justice sont chargés, chacun en ce qui le concerne, de l'exécution du présent décret, etc. (*Bull.* 492, n° 3690.)

N° 31.—(12 fév. 1852,) — DÉCRET *qui autorise la concession directe du chemin de fer de Dijon à Besançon, avec l'embranchement sur Gray* (1).

LOUIS-NAPOLÉON, PRÉSIDENT DE LA RÉPUBLIQUE FRANÇAISE,

Sur le rapport du ministre des travaux publics,

DÉCRÈTE :

ART. 1er. Le ministre des travaux publics est autorisé à concéder directement le chemin de fer de Dijon à Besançon, avec embranchement sur Gray, aux clauses et conditions du cahier des charges ci-annexé.

2. Le ministre des travaux public est chargé de l'exécution du présent décret, etc. (*Bull.* 494, n° 3703.)

N° 32,—(12 fév. 1852.) — DÉCRET *qui approuve la convention passée, le 12 février 1852, pour la concession du chemin de fer de Dijon à Besançon, avec embranchement sur Gray* (2).

LOUIS-NAPOLÉON, PRÉSIDENT DE LA RÉPUBLIQUE FRANÇAISE,

Sur le rapport du ministre des travaux publics ;

Vu le décret en date de ce jour, et spécialement l'art. 1er, ainsi conçu :

« Le ministre des travaux publics est au-« torisé à concéder le chemin de fer de Di-« jon à Besançon, avec embranchement sur « Gray, aux clauses et conditions du cahier « des charges ci-annexé ; »

Vu l'art. 60 dudit cahier des charges, ainsi conçu :

« Les conventions à passer avec le mi-« nistre des travaux publics en vertu du « présent acte devront être réglées par des « décrets du Président de la République ; »

Vu la convention provisoire passée le 12 février 1852, entre le ministre des travaux publics, agissant au nom de l'État, et les personnes ci-dessous dénommées ;

Vu le certificat délivré par le directeur général de la caisse des dépôts et consignations constatant le dépôt, à titre de cautionnement, d'une somme de un million, en conformité de l'article 65 du cahier des charges ;

DÉCRÈTE :

ART. 1er. La convention passée, le 12 février 1852, entre le ministre des travaux publics, agissant au nom de l'État, et MM. *Bouchot, Convers, Brétillot, Veil-Picard, de Vaulchier, Jacquard, Chalandre, Amet, Déprez, Mairot, Gérard, Zeltner, Renouard de Bussières, Papillon, de Sainte-Agathe, Robbe, Longchamps, Seguin de Jallerang, Nicaud, Mareschal de Longueville, Goguely père, Édouard Henry, Remy, Charnaux, Racine* et *Alix*, est approuvée.

2. La convention ci-dessus mentionnée sera annexée au présent décret.

3. Le ministre des travaux publics est chargé de l'exécution du présent décret, etc. (*Bull.* 494, n° 3704.)

N° 33. — (12 fév. 1852.) — DÉCRET *qui autorise la concession directe du chemin de fer de Dole à Salins* (3).

LOUIS-NAPOLÉON, PRÉSIDENT DE LA RÉPUBLIQUE FRANÇAISE,

Sur le rapport du ministre des travaux publics,

DÉCRÈTE :

ART. 1er. Le ministre des travaux publics est autorisé à concéder directement le chemin de fer de Dole à Salins, aux clauses et conditions du cahier des charges ci-annexé.

2. Le ministre des travaux publics est chargé de l'exécution du présent décret, etc. (*Bull.* 494, n° 3705.)

N° 34.—(12 fév. 1852.) — DÉCRET *qui approuve la convention passée, le 12 février 1852, pour la concession du chemin de fer de Dole à Salins* (4).

LOUIS-NAPOLÉON, PRÉSIDENT DE LA RÉPUBLIQUE FRANÇAISE,

Sur le rapport du ministre des travaux publics ;

Vu le décret en date de ce jour et spécialement l'art. 1er, ainsi conçu :

« Le ministre des travaux publics est au-« torisé à concéder le chemin de fer de Dole « à Salins, aux clauses et conditions du ca-« hier des charges ci-annexé ; »

Vu l'art. 64 dudit cahier des charges, ainsi conçu :

« Les conventions à passer avec le mi-« nistre des travaux publics, en vertu du pré-

---

(1) Voir le décret suivant qui porte approbation de la concession de ce chemin.

(2) Voir le décret précédent portant autorisation de faire cette concession.

(3) Voir le décret qui suit et qui porte appro-

bation de la convention passée pour la concession de ce chemin.

(4) Voir le décret précédent qui autorise la concession.

« sent acte, devront être réglées par des dé-
« crets du Président de la République. »

Vu la convention provisoire passée, le 12 février 1852, entre le ministre des travaux publics, agissant au nom de l'Etat, et M. *de Grimaldi;*

Vu le certificat délivré par le directeur général de la caisse des dépôts et consignations, constatant le dépôt, à titre de cautionnement, d'une somme de cinq cent mille francs, en conformité de l'art. 63 du cahier des charges,

DÉCRÈTE :

ART. 1er. La convention passée, le 12 février 1852, entre le ministre des travaux publics, agissant au nom de l'Etat, et M. *de Grimaldi,* administrateur général des anciennes salines nationales de l'Est, est approuvée.

2. La convention ci-dessus mentionnée sera annexée au présent décret.

3. Le ministre des travaux publics est chargé de l'exécution du présent décret, etc. (*Bull.* 494, n° 3706.)

N° 35.—(13 fév. 1852.) —DÉCRET *qui convoque, pour les 28 et 29 février 1852, les colléges électoraux des circonscriptions comprises dans le département du Calvados.*

LOUIS-NAPOLÉON, PRÉSIDENT DE LA RÉPUBLIQUE FRANÇAISE,

Sur le rapport du ministre de l'intérieur ;
Vu le décret du 2 de ce mois, portant convocation des colléges électoraux ;
Considérant qu'une des foires annuelles de la ville de Caen a lieu le 1er mars ;
Que, par suite de cette circonstance, un grand nombre d'électeurs, occupés de leurs intérêts commerciaux, pourraient difficilement prendre part au scrutin ouvert les 29 février et 1er mars suivant ;
Voulant prévenir toute abstention et faciliter, autant que possible, aux citoyens l'accomplissement de leurs devoirs électoraux,

DÉCRÈTE :

ART. 1er. Les colléges électoraux des circonscriptions comprises dans le département du Calvados sont convoqués pour les 28 et 29 février, présent mois.

2. Le ministre de l'intérieur est chargé de l'exécution du présent décret, etc. (*Bull.* 488, n° 3640.)

N° 36.—(13 fév. 1852.) — DÉCRET *qui établit, au profit de la caisse des invalides,* une retenue de 1 1/2 pour cent sur les dépenses inscrites au budget de la marine et des colonies, poar achats du matériel.

LOUIS-NAPOLÉON, PRÉSIDENT DE LA RÉPUBLIQUE FRANÇAISE,

Sur le rapport du ministre secrétaire d'Etat de la marine et des colonies ;
Le conseil d'amirauté entendu ;
Vu la loi du 13 mai 1791, l'arrêté du 27 nivôse an 9 et les lois des 2 août 1829, 18 avril 1831 et 11 juin 1842 ;
Considérant que depuis l'année 1848 il a été liquidé sur la caisse des invalides une masse extraordinaire de pensions par le triple effet,
1° De la suppression du cadre de réserve des officiers généraux de la marine ; — 2° Des réductions opérées dans les cadres des divers corps militaires et civils du département ; — 3° Et des nombreux congédiements qui ont eu lieu parmi les officiers mariniers et marins, ainsi que parmi les ouvriers des ports et des forges et fonderies, à la suite des diminutions successives du budget de la marine et des colonies ;
Considérant, d'autre part, qu'il serait impossible d'arrêter, ni même de suspendre, le mouvement ordinaire des mises en réforme ou en retraite, sans nuire à la juste émulation qu'il importe d'entretenir dans les corps, et, par là même, sans porter préjudice au service ainsi qu'au trésor public.
Voulant pourvoir tout ensemble à ce qu'exigent les besoins des divers corps de la marine et des colonies, et à ce que réclame la caisse des invalides :
1° Pour supporter les charges extraordinaires qui lui ont été imposées ; — 2° Pour subvenir, en outre, au paiement des pensions à liquider pour tous les services du département de la marine et des colonies,

DÉCRÈTE :

ART. 1er. Il est établi au profit de la caisse des invalides une retenue de *un et demi pour cent* sur les dépenses inscrites au budget de la marine et des colonies pour achats du matériel.
Cette retenue sera mentionnée dans tous les marchés à passer désormais pour les divers services de ce département.
Les marches en cours d'exécution continueront d'avoir leur effet aux clauses et conditions qui y sont stipulées.

2. Le ministre de la marine et des colonies, et le ministre des finances, sont chargés, chacun en ce qui le concerne, de l'exécution du présent décret, etc. (*Bull.* 492, n° 3691.)

Nº 37. —(13 fév. 1852.) — Décret *qui ouvre au ministère de l'intérieur, de l'agriculture et du commerce, un crédit supplémentaire pour des créances constatées sur des exercices clos.*

LOUIS-NAPOLÉON, Président de la République française,

Sur le rapport du ministre de l'agriculture et du commerce,

Décrète :

Art. 1er. Il est ouvert au ministère de l'intérieur, de l'agriculture et du commerce, en augmentation des restes à payer des exercices 1849 et 1850, un crédit supplémentaire de quatre-vingt-quatre mille cent soixante et onze francs trente-sept centimes (84,171 fr. 37 c.), montant de nouvelles créances constatées sur ces exercices dans l'état ci-annexé.

Le ministre de l'intérieur, de l'agriculture et du commerce, est, en conséquence, autorisé à ordonnancer ces créances sur le chapitre spécial ouvert pour les dépenses des exercices clos, aux budgets des exercices courants, en exécution de l'art. 8 de la loi du 23 mai 1834.

2. Le crédit affecté à l'exercice 1851 pour le service de l'enseignement professionnel de l'agriculture est réduit de la somme de quatre-vingt-quatre mille cent soixante et onze francs trente-sept centimes (84,171 fr. 37 c.), égale à celle énoncée dans l'article précédent, et demeure, par conséquent, fixé à deux millions quatre cent quinze mille soixante et dix-huit francs soixante-trois centimes (2,415,078 fr. 63 c).

3. Le ministre de l'intérieur, de l'agriculture et du commerce, et le ministre des finances, sont chargés, chacun en ce qui le concerne, de l'exécution du présent décret, etc. (*Bull.* 492, nº 3692.)

Nº 38. —(13 fév. 1852.)—Décret *relatif à la formation de deux nouveaux régiments de zouaves, au complément d'organisation des bataillons de tirailleurs indigènes, et à l'augmentation de l'effectif des escadrons de spahis.*

LOUIS-NAPOLÉON, Président de la République française,

Considérant que les services rendus par les troupes qui font partie de l'armée d'Afrique à titre permanent sont dus à la solidité particulière et à l'esprit de corps que leur donne l'habitude du climat et de la guerre ;

Considérant que l'application, dans une sage mesure, du principe de la permanence, est le plus sûr moyen d'arriver progressivement, et sans péril pour les intérêts de la conquête, à une réduction de l'effectif de l'armée d'Afrique et, par suite, à un allégement des charges que son entretien fait peser sur le pays ;

Voulant réaliser les divers avantages qui résulteraient de l'extension de ce principe à un plus grand nombre de corps français, et d'une constitution définitive et plus solide des troupes indigènes auxiliaires ;

Sur le rapport du ministre de la guerre,

Décrète :

Art. 1er. Il sera formé trois régiments de zouaves, qui prendront les dénominations de premier, deuxième et troisième régiments de zouaves.

Chacun des trois bataillons du régiment actuel deviendra le noyau d'un des trois de nouvelle formation.

2. Les régiments de zouaves seront organisés d'après les bases posées par l'ordonnance du 8 septembre 1841, et constitués sur le type du régiment existant.

3. Pour la formation des cadres des régiments de zouaves, et par dérogation aux dispositions de l'ordonnance du 16 mars 1838, les officiers des corps d'infanterie pourront, sur la désignation du ministre, passer avec leur grade dans ces régiments.

Afin d'assurer à tous les corps d'infanterie une part égale dans le bénéfice de la présente formation, les vacances de lieutenants et de capitaines ouvertes dans ces corps par le passage dans les régiments de zouaves d'officiers de ces deux grades seront dévolues à l'ancienneté ou au choix sur toute l'arme, dans la proportion déterminée par la loi, à des sous-lieutenants et lieutenants en activité.

4. Les trois bataillons de tirailleurs indigènes seront formés chacun de huit compagnies, conformément aux dispositions de l'ordonnance constitutive du 7 décembre 1841.

Leur organisation sera complétée comme suit :

Par bataillon,

Un capitaine major ;

Un lieutenant ou sous-lieutenant, faisant fonctions d'officier d'habillement et d'armement ;

Un sergent secrétaire du trésorier ;

Un sergent français garde-magasin ;

Un caporal français pour la fanfare ;

Deux sergents et deux caporaux français par compagnie ;

Une place d'enfant de troupe par compagnie.

Les bataillons de tirailleurs indigènes

pourront, en outre, recevoir des so'dats français jusqu'à concurrence de trente par bataillon.

Un quart de l'effectif de chacun de ces trois bataillons (soldats et clairons) pourra être de première classe. Les soldats passeront à la première classe aux conditions déterminées pour l'admission dans les compagnies d'élite dans les corps d'infanterie.

5. Les cadres des compagnies à organiser dans les bataillons de tirailleurs indigènes seront formés d'après les prescriptions de l'art. 3 du présent décret concernant les officiers d'infanterie passant avec leur grade dans les nouveaux régiments de zouaves.

Des officiers des autres armes qui se seraient appliqués à l'étude de la langue arabe et de l'administration indigène pourront, à titre d'exception, être admis dans ces compagnies. Ils subiront, dans ce cas, l'application du paragraphe 2 de l'article 56 de l'ordonnance précitée du 10 mars 1838.

6. L'effectif des escadrons de spahis dans chaque régiment sera élevé à

Deux cents cavaliers, dans la province de Constantine,

Cent quatre-vingts dans celle d'Alger ;

Cent soixante et quinze dans celle d'Oran.

7. Les officiers actuellement détachés des régiments de l'intérieur, dans les bureaux arabes, entreront dans les corps formant la portion permanente de l'armée d'Afrique, à laquelle devront, autant que possible, à l'avenir, appartenir les militaires investis de ces fonctions spéciales.

8. Les officiers appartenant aux corps employés en permanence en Algérie ne pourront y être l'objet de plus de deux promotions consécutives, sans être astreints à la condition de rentrer dans un corps de l'intérieur.

Toutefois, cette disposition ne sera pas applicable aux officiers qui, s'étant livrés avec succès à l'étude de la matière arabe et parlant la langue du pays, seraient susceptibles d'être appelés à remplir des emplois spéciaux, ou dont le maintien en Algérie serait déterminé par des circonstances exceptionnelles.

9. Après six ans de séjour en Algérie, les officiers que le climat aurait éprouvés, que l'âge ou des raisons particulières engageraient à demander leur retour en France, rentreront dans les corps de l'intérieur par voie de permutation facultative, ouvrant droit aux indemnités attribuées aux officiers permanents d'office.

10. Après huit ans de séjour en Algérie, les sous-officiers, caporaux, brigadiers et soldats appartenant à la portion permanente

de l'armée d'Afrique, qui en feront la demande, seront rappelés en France et remplacés par des militaires de leur grade pris dans les régiments de l'intérieur.

11. Il sera statué par des règlements ultérieurs sur toutes les questions de solde et d'administration qui se rattachent aux dispositions du présent décret.

12. Le ministre de la guerre est chargé de l'exécution du présent décret, etc. (*Bull.* 493, n° 3697.)

N° 39.—(13 fév. 1852.)—DÉCRET *relatif à l'Immigration des Travailleurs dans les Colonies, aux Engagements de travail et aux Obligations des travailleurs et de ceux qui les emploient, à la Police rurale et à la répression du Vagabondage.*

LOUIS-NAPOLÉON, PRÉSIDENT DE LA RÉPUBLIQUE,

Sur le rapport du ministre secrétaire d'Etat de la marine et des colonies;

Vu l'avis exprimé par le conseil d'Etat dans ses séances des 24 juin et 10 juillet 1851 ;

Considérant qu'il est utile d'encourager l'immigration des travailleurs dans les colonies et d'établir les conditions et les garanties de cette immigration;

Considérant que, depuis l'abolition de l'esclavage, l'expérience a fait reconnaître la nécessité de régler, dans un mutuel intérêt, les rapports des propriétaires avec les travailleurs, et de déterminer, d'une manière plus précise et plus efficace, leurs obligations réciproques;

Considérant que la police rurale et la répression du vagabondage aux colonies réclament, dans l'intérêt de l'ordre et du travail, diverses mesures conciliables avec la liberté,

DÉCRÈTE :

TITRE PREMIER. — DE L'IMMIGRATION AUX COLONIES.

ART. 1er. Les émigrants, cultivateurs ou ouvriers qui seront engagés pour les colonies, pourront y être conduits soit aux frais, soit avec l'assistance du trésor public ou des fonds du service local.

Les conditions auxquelles les allocations de passage pourront être accordées seront déterminées par un règlement spécial.

2. Après l'expiration du nombre d'années de travail qui sera déterminé pour chaque colonie par le règlement à intervenir, l'immigrant introduit, soit aux frais, soit avec l'assistance du trésor public ou de la colonie, aura droit, lorsqu'il n'aura encouru au-

cune condamnation correctionnelle ou criminelle, au passage de retour pour lui, sa femme et ses enfants non adultes.

Il aura, pendant l'année qui suivra l'expiration du délai fixé, la faculté d'opter entre la jouissance de ce droit et une prime d'une somme équivalente aux frais de son rapatriement personnel. Cette prime ne sera allouée qu'après justification d'un rengagement ou de l'exercice d'une industrie dans la colonie.

Cette dépense sera à la charge de la colonie qui aura reçu les immigrants. Elle sera comprise dans son budget parmi les dépenses obligatoires.

3. Il sera perçu dans chaque colonie, pour le compte du service local,

1° Un droit d'enregistrement sur l'engagement de chaque immigrant introduit aux frais ou avec l'assistance de l'Etat ou de la colonie, et sur chaque transfert ou renouvellement dudit engagement.

Ce droit sera le même, soit que l'engagement concerne un seul individu, soit qu'il s'applique à une famille ;

2° Un droit proportionnel au montant du salaire de l'immigrant.

Ces droits seront payés par le propriétaire ou patron envers qui l'immigrant se sera engagé. Ils cesseront d'être perçus, à l'égard de chaque immigrant, à l'expiration du délai qui aura été fixé pour le rapatriement, en vertu de l'article 2.

Le droit d'enregistrement est fixé provisoirement à trente francs pour la Martinique, la Guadeloupe et la Réunion, et à vingt francs pour la Guyane ; et le droit proportionnel sur les salaires est fixé au vingtième.

TITRE II.—DES ENGAGEMENTS DE TRAVAIL ET DES OBLIGATIONS DES TRAVAILLEURS ET DE CEUX QUI LES EMPLOIENT.

4. Les contrats d'engagement de travail pourront être passés devant les maires ou devant les greffiers de justice de paix.

5. A l'égard des immigrants, le contrat d'engagement de travail pourra, pendant les six premiers mois de leur arrivée, être transféré à un tiers sans l'approbation de l'administration.

6. A défaut de conventions contraires, l'engagé subira, pour chaque jour d'absence ou de cessation de travail sans motif légitime, indépendamment de la privation de salaire pour cette journée, la retenue d'une seconde journée de salaire à titre de dommages-intérêts, sauf le recours au juge en cas de contestation.

7. Quiconque ne fournira pas exactement aux travailleurs engagés par lui, soit les prestations en nature, soit les salaires promis par le contrat d'engagement, pourra, après deux condamnations au civil encourues pour ce fait dans la même année, être puni d'une amende de police, dans les limites déterminées par l'article 466 du Code pénal colonial.

Pourra être condamné à la même amende tout ouvrier, cultivateur ou autre, qui aura subi, dans le cours de trois mois, trois fois la retenue prescrite par l'article 6 de la présente loi.

En cas de récidive, l'emprisonnement pourra être prononcé dans les limites déterminées par l'article 465 du Code pénal colonial.

La récidive existera lorsque, dans le cours de la même année, il y aura lieu d'appliquer une seconde fois, dans les conditions posées par les paragraphes précédents, une amende de police.

8. Lorsqu'un engagement aura été concerté entre deux parties, sans intention sérieuse de s'obliger et en vue de s'assurer frauduleusement les avantages attachés par la loi aux contrats d'engagement, les parties contractantes seront punies d'un emprisonnement d'un mois à un an, et d'une amende de cent un francs à cinq cents francs.

L'engagement sera déclaré nul.

9. Les juges de paix continueront à connaître, soit en dernier ressort, soit à charge d'appel, dans les limites déterminées par la loi, de toutes les contestations relatives aux obligations respectives des cultivateurs, ouvriers et gens de service, et de ceux qui les emploient.

Ils connaîtront également des contestations qui pourraient s'élever,

Sur la tenue et l'entretien du cheptel, des cases et des jardins en dépendant ;

Sur le défaut de contenance ou sur l'état d'inculture du terrain dont la jouissance aura été accordée au cultivateur ;

Sur l'insuffisance ou le défaut des fournitures des plants et semences, des outils ou machines nécessaires à l'exploitation de la terre ou à l'exercice de l'industrie.

10. Dans toutes les causes mentionnées en l'article 9, excepté celles où il y aurait péril en la demeure et celles dans lesquelles le défendeur serait domicilié hors du ressort de la justice de paix, le juge de paix pourra interdire aux huissiers de sa résidence de donner aucune citation en justice, sans qu'au préalable il ait appelé sans frais les parties devant lui.

11. Est abrogé le décret du Gouvernement provisoire du 27 avril 1848, portant institution de jurys cantonaux dans les colonies.

12. Tout individu travaillant pour autrui, soit à la tâche ou à la journée, soit en vertu d'un engagement de moins d'une année, tout individu attaché à la domesticité doit être muni d'un livret.

Un règlement spécial déterminera les droits et les obligations résultant des livrets.

La forme des livrets et les règles à suivre pour leur délivrance seront déterminées, dans chaque colonie, par des arrêtés du gouverneur en conseil privé.

13. Toute personne ayant conclu avec des ouvriers ou travailleurs un contrat d'apprentissage ou de louage, d'association de fermage ou de colonage, d'une durée d'un an au moins, est tenue de faire à la mairie de la commune, dans les dix jours, une déclaration faisant connaître la date et la durée de la convention, et portant état nominatif des ouvriers ou travailleurs attachés à l'établissement, à l'exploitation ou aux ouvrages entrepris.

Lorsque le contrat d'engagement a été passé hors de la colonie, il doit être déclaré au maire, dans les dix jours de l'arrivée de l'immigrant dans la commune, par le propriétaire, patron ou chef de l'établissement ou de l'exploitation où sera placé l'engagé.

Toute mutation dans le personnel des ouvriers ou travailleurs, tout renouvellement, toute résiliation du contrat donnera lieu à une pareille déclaration dans le même délai de dix jours.

Quiconque, se trouvant dans le cas prévu par le présent article, n'aura pas fait, dans les formes et dans les délais déterminés, les déclarations prescrites, sera puni d'une amende de seize francs à cent francs.

TITRE III.—DISPOSITIONS DE POLICE ET DE SURETÉ.

14. Quiconque aura sciemment engagé à son service des travailleurs qui ne seraient pas libres de tout engagement sera puni de l'amende, et, selon les circonstances, de l'emprisonnement prononcés par les articles 475 478 et 478 du Code pénal colonial.

15. Quiconque, par dons, promesses, menaces ou mauvais conseils, aura déterminé ou excité des gens de travail à abandonner, pendant le cours de leur engagement, l'exploitation ou l'atelier auquel ils étaient attachés, sera puni d'un emprisonnement d'un an au moins et de cinq ans au plus, et pourra, en outre, être condamné à une amende de cent un francs à cinq cents francs.

16. Les vagabonds ou gens sans aveu sont ceux qui, n'ayant pas de moyens de subsistance, et n'exerçant habituellement ni métier, ni profession, ne justifient pas d'un travail habituel par un engagement d'une année au moins ou par leur livret.

17. Quiconque sera trouvé dans une réunion de vagabonds pourra être puni des peines prononcées contre le vagabondage.

18. Est abrogé l'article 1er du décret du 27 avril 1848, concernant la répression du vagabondage et de la mendicité aux colonies. Seront appliquées, à l'avenir, aux faits de vagabondage et de mendicité, les peines prononcées par le Code pénal colonial.

19. Tout fait tendant à troubler l'ordre ou le travail dans les ateliers, chantiers, fabriques ou magasins, tout manquement grave des ouvriers ou travailleurs envers le propriétaire ou chef d'industrie, ou de ce dernier envers ceux qu'il emploie, sera puni d'une amende de cinq à cent francs, sans préjudice des peines plus fortes qui auraient été encourues à raison des circonstances du délit.

20. Quiconque aura volé ou tenté de voler des récoltes ou autres productions utiles de la terre, non encore détachées du sol, dans des cas et avec des circonstances autres que ceux qui sont prévus à l'article 388 du Code pénal colonial, sera puni des peines prononcées par les articles 465 et 466 dudit Code. Le maximum sera appliqué lorsque le vol aura été commis par deux ou plusieurs personnes.

21. Quiconque se sera introduit dans une habitation ou dans un atelier, contrairement à la volonté du propriétaire, de son représentant ou du chef d'atelier, sera puni d'une amende de cinq francs à cent francs.

La peine sera, en outre, d'un emprisonnement de cinq jours à quinze jours, si le coupable se trouve dans l'un des cas indiqués ci-après :

S'il était porteur d'armes ;

S'il a provoqué au désordre ou à l'abandon du travail ;

S'il a adressé des injures au propriétaire, à sa famille ou à ses préposés.

L'amende sera de cent un francs à quatre cents francs, et l'emprisonnement de seize jours à deux ans,

Si l'introduction a eu lieu en réunion de deux ou plusieurs personnes ;

Ou s'il a été fait usage des armes ;

Ou s'il y a eu menace de s'en servir ;

Ou si les provocations ont été suivies d'effet.

Le tout sans préjudice des peines plus graves qui, à raison des circonstances du délit, seraient prononcées par le Code pénal.

TITRE IV.—DISPOSITIONS GÉNÉRALES.

22. Les individus condamnés à l'emprisonnement, soit pour les faits prévus par les

articles qui précèdent, soit pour fait de mendicité, seront soumis, pendant la durée de leur peine, dans les geoles ou dans les ateliers de discipline, à des travaux dont le régime et les conditions seront réglés par des arrêtés du gouverneur en conseil privé.

23. A défaut de paiement, après les premières poursuites, les amendes prononcées en vertu de la présente loi, ainsi que les condamnations aux frais et dépens, seront de droit converties en journées de travail pour le compte de la colonie ou des communes, d'après le taux et les conditions qui seront déterminés par des arrêtés du gouverneur en conseil privé. Faute d'y satisfaire, les condamnés seront tenus d'acquitter leurs journées de travail dans les ateliers de discipline.

24. L'article 463 du Code pénal colonial est applicable aux cas prévus par les articles 8, 15 et 21 du présent décret.

25. Les dispositions du présent décret ne sont applicables qu'aux colonies de la Martinique, de la Guadeloupe, de la Réunion et de la Guyane.

26. Le ministre secrétaire d'Etat de la marine et des colonies est chargé de l'exécution du présent décret, etc. (*Bull.* 497, n° 3724.)

N° 40.—(13 fév. 1852.)—DÉCRET *qui détermine le rang que prendront, dans les cérémonies publiques, les inspecteurs généraux et inspecteurs spéciaux de police.*

LOUIS-NAPOLÉON, PRÉSIDENT DE LA RÉPUBLIQUE FRANÇAISE,

Sur la proposition du ministre de la police générale;

Vu le décret du 23 messidor an 12;

Vu celui du 30 janvier 1852, portant création de directeurs généraux attachés au ministères de la police générale, d'inspecteurs généraux et spéciaux de la police,

DÉCRÈTE :

ART. 1er. Les inspecteurs généraux de police prendront, dans les cérémonies publiques, le rang assigné, dans le décret du 24 messidor an 12, aux commissaires généraux de police, c'est-à-dire immédiatement après les évêques.

2. Les inspecteurs spéciaux prendront rang après les présidents des tribunaux de première instance.

3. A leur arrivée dans le chef-lieu de leur résidence, les inspecteurs généraux et spéciaux devront faire visite à tous les fonctionnaires désignés avant eux dans le décret, et les fonctionnaires d'un rang inférieur aux inspecteurs généraux et inspecteurs spéciaux leur devront la première visite.

Les visites seront rendues dans les vingt-quatre heures.

4. Le ministre de la police générale est chargé de l'exécution du présent décret, etc. (*Bull.* 528, n° 4042.)

N° 41. — 14 fév. 1852.— DÉCRET *qui règle l'organisation intérieure du ministère d'État.*

LOUIS NAPOLÉON, PRÉSIDENT DE LA RÉPUBLIQUE FRANÇAISE,

Vu le décret du 22 janvier 1852, portant création du ministère d'Etat ;

Sur le rapport du ministre d'Etat,

DÉCRÈTE :

ART. 1er. L'organisation intérieure du ministère d'Etat est réglée ainsi qu'il suit :

Cabinet du ministre. Ouverture des dépêches, enregistrement. — Transmission aux divisions et aux différents départements ministériels. — Suite à donner. — Classement. — Demandes d'audiences. — Affaires réservées.—Relations avec le *Moniteur*.

Secrétariat général. Relations avec les grands corps de l'Etat et avec les ministères. —Affaires générales. — Procès-verbaux. — Etudes de toutes les questions portées devant le conseil d'Etat. — Etudes des questions générales ordonnées par le chef de l'Etat. — Lecture et résumé des journaux français et étrangers. — Relations avec la presse périodique.—Archives du ministère d'Etat.—Matériel.—Impressions. — Demandes d'emplois. — Personnel du ministère, des palais et des manufactures.—Cautionnements.—Décorations.—Retraites.—Renseignements.

Direction des palais et manufactures. Etude et rédaction des projets de construction, administration et surveillance des palais, parcs et jardins. —Administration et surveillance des manufactures.—Exécution des travaux neufs et des travaux d'entretien. —Conservation du mobilier national.—Révision des devis et mémoires.—Fixation des prix de base qui doivent servir au règlement des comptes ; examen des réclamations.—Liquidation des dépenses. — Contrôle des travaux.

Direction de la comptabilité. Préparation du budget général. — Répartition des crédits.—Vérification des pièces de dépense.— Ordonnancement du ministre.—Délivrance des mandats.—Caisse centrale du ministère

2. Le ministre d'Etat est chargé de l'exé-

cution du présent décret, etc. (*Bull.* 489, n° 3648.)

N° 42.—(14 fév. 1852.) — DÉCRET *relatif à l'importation temporaire des fontes destinées à être converties en ouvrages de fonte moulée.*

LOUIS-NAPOLÉON, PRÉSIDENT DE LA RÉPUBLIQUE,

Sur le rapport du ministre de l'intérieur, de l'agriculture et du commerce,
Vu l'article 5 de la loi du 5 juillet 1836 ;
Vu le décret du 8 septembre 1851,

DÉCRÈTE :

ART. 1er. Les dispositions du décret du 8 septembre 1851, concernant l'importation temporaire des fontes brutes destinées à être converties en machines et mécaniques pour la réexportation, sont étendues, sous les mêmes conditions et formalités, aux fontes importées de l'étranger, pour être réexportées après conversion en ouvrage de fonte moulée.

2. Les ministres de l'intérieur, de l'agriculture et du commerce, et des finances, sont chargés de l'exécution du présent décret, etc. (*Bull.* 501, n° 3770.)

N° 43.— (14 fév. 1852.) — DÉCRET *qui désigne les bureaux de douane ouverts à l'importation et au transit des livres en langue portugaise.*

LOUIS-NAPOLÉON, PRÉSIDENT DE LA RÉPUBLIQUE FRANÇAISE,

Sur le rapport du ministre de l'intérieur, de l'agriculture et du commerce ;
Vu l'article 3 de la loi du 6 mai 1841 ;
Vu la loi du 30 juin 1851, qui approuve la convention littéraire conclue entre la France et le Portugal, le 12 avril précédent ;
Vu les articles 11 et 12 de ladite convention, relatifs à la désignation des bureaux d'importation,

DÉCRÈTE :

ART. 1er. Les livres en langue portugaise ne pourront être importés en France, soit pour l'acquittement des droits, soit pour le transit, que par les bureaux ci-après désignés :
Lille, Valenciennes, Strasbourg, les Rousses, Pont-de-Beauvoisin, Marseille, Bayonne, Bordeaux, Nantes, le Havre et Bastia (Corse).

2. Le ministre de l'intérieur, de l'agriculture et du commerce, et le ministre des finances, sont chargés, chacun en ce qui

le concerne, de l'exécution du présent décret. (*Bull.* 501, n° 3771.)

N° 44.—(14 fév. 1852.) — DÉCRET *qui autorise l'établissement d'un entrepôt réel et général des sels au port de Dahouet (Côtes-du-Nord).*

LOUIS-NAPOLÉON, PRÉSIDENT DE LA RÉPUBLIQUE FRANÇAISE,

Sur le rapport du ministre de l'intérieur, de l'agriculture et du commerce, et l'avis du ministre des finances ;
Vu la loi du 8 floréal an 11, la loi du 24 avril 1806 et le décret du 11 juin de la même année,

DÉCRÈTE :

ART. 1er. Un entrepôt réel et général des sels pourra être établi au port de Dahouet (Côtes-du-Nord), sous l'accomplissement des conditions prescrites par les lois et règlements en vigueur.

2. Les ministres de l'intérieur, de l'agriculture et du commerce, et des finances, sont chargés de l'exécution du présent décret, etc. (*Bull.* 501, n° 3772.)

N° 45.— (15 fév. 1852.) — DÉCRET *relatif à la promulgation de la convention de poste conclue entre la France et les Pays-Bas.*

LOUIS-NAPOLÉON, PRÉSIDENT DE LA RÉPUBLIQUE FRANÇAISE,

Sur le rapport du ministre des affaires étrangères,

DÉCRÈTE :

ART. 1er. La Convention de poste conclue, le 1er novembre 1851, entre la France et les Pays-Bas, ayant été ratifiée par nous, le 18 janvier dernier, et les actes de ratifications des deux Gouvernements ayant été échangés le 29 janvier de la présente année, ladite Convention, dont la teneur suit, recevra sa pleine et entière exécution.

CONVENTION.

Le Président de la République française et Sa Majesté le Roi des Pays-Bas, également animés du désir d'améliorer, au moyen d'une nouvelle Convention, le service des correspondances entre la France et les Pays-Bas, ont nommé pour leurs plénipotentiaires à cet effet, savoir :
Le Président de la République française, M. *Jean-Marie-Armand d'André*, officier de l'ordre national de la Légion d'honneur, etc., etc., envoyé extraordinaire et ministre plénipotentiaire de la République fran-

çaise près Sa Majesté le roi des Pays-Bas;

Et Sa Majesté le Roi des Pays-Bas, M. *Pierre-Philippe Van Boss*, commandeur de son ordre du Lion néerlandais, etc., etc., son ministre des finances,

Lesquels, après s'être communiqué leurs pleins pouvoirs respectifs, trouvés en bonne et due forme, sont convenus des articles suivants :

ART. 1er. Il y aura, au moins une fois par jour, un échange de dépêches entre l'administration des postes de France et l'administration des postes des Pays-Bas, par l'intermédiaire des postes belges.

Lesdites administrations des postes de France et des Pays-Bas se transmettront aussi réciproquement des dépêches par la voie de la Prusse rhénane, dans le cas où des correspondances adressées de l'un des deux pays dans l'autre pourraient être dirigées avec avantage par cette dernière voie.

2. Indépendamment des dépêches qui seront échangées entre les administrations des postes des deux pays par les voies indiquées dans l'article précédent, ces administrations pourront s'expédier réciproquement des dépêches par la voie des paquebots à vapeur du commerce, naviguant entre les ports français et les ports néerlandais.

3. Les frais résultant du transport, entre la frontière de France et la frontière des Pays-Bas, des dépêches désignées dans les deux articles précédents, seront supportés par l'administration des postes de France.

4. Les prix de port dont l'administration des postes de France et l'administration des postes des Pays-Bas auront à se tenir réciproquement compte, sur les lettres que ces deux administrations se livreront de part et d'autre à découvert, seront établis, lettre par lettre, d'après l'échelle de progression de poids ci-après :

Seront considérées comme lettres simples celles dont le poids n'excédera pas sept grammes et demi.

Les lettres pesant de sept grammes et demi à quinze grammes inclusivement supporteront deux fois le port de la lettre simple.

Celles de quinze à vingt-deux grammes et demi inclusivement, trois fois le port de la lettre simple, et ainsi de suite, en ajoutant, de sept grammes et demi en sept grammes et demi, un port simple en sus.

5. Les personnes qui voudront envoyer des lettres ordinaires, c'est-à-dire non chargées, soit de la France, de l'Algérie et des parages de la Méditerranée où la France possède des établissements de poste, pour le royaume des Pays-Bas, soit du royaume des Pays-Bas pour la France, l'Algérie et les parages de la Méditerranée où la France possède des établissements de poste, pourront, à leur choix, laisser le port desdites lettres à la charge des destinataires ou payer ce port d'avance jusqu'à destination.

6. Le prix du port des lettres ordinaires adressées de l'un des deux États dans l'autre sera de soixante centimes ou trente cents par lettre simple.

Ce prix sera réparti entre les administrations des postes des deux pays dans la proportion des deux tiers au profit de l'administration des postes de France, et d'un tiers au profit de l'administration des postes des Pays-Bas.

7. Le prix du port des lettres ordinaires expédiées du royaume des Pays-Bas pour les parages de la Méditerranée où la France entretient des bureaux de poste, et *vice versâ*, sera d'un franc ou cinquante cents par lettre simple.

Ce prix sera réparti entre les administrations des postes des deux pays dans la proportion de quatre cinquièmes au profit de l'administration des postes de France, et d'un cinquième au profit de l'administration des postes des Pays-Bas.

Les prix de port à recevoir de part et d'autre, en vertu du présent article, sur les lettres originaires ou à destination des parages de la Méditerranée, pourront être modifiés d'un commun accord entre l'administration des postes de France et l'administration des postes des Pays-Bas.

8. Les lettres qui seront dirigées de la France sur les Pays-Bas pour être envoyées dans les colonies ou autres pays d'outre-mer, au moyen des bâtiments de l'État ou du commerce partant par les ports des Pays-Bas pour les pays d'outre-mer, devront être affranchies jusqu'au port d'embarquement.

L'administration des postes de France paiera à l'administration des postes des Pays-Bas la somme de dix cents par lettre simple pour prix du transit desdites lettres sur le territoire des Pays-Bas.

9. Le port des lettres qui seront expédiées des colonies néerlandaises pour la France, au moyen des bâtiments naviguant entre lesdites colonies et les Pays-Bas, sera acquitté par les destinataires de ces lettres.

L'administration des postes de France paiera à l'administration des postes des Pays-Bas la somme de quarante cents par lettre simple, pour le port colonial, le port de voie de mer et le prix du transit sur le territoire des Pays-Bas des lettres ci-dessus désignées.

10. Dans le cas où l'administration des postes de France pourrait ultérieurement recevoir ou expédier avec avantage, par l'intermédiaire des postes néerlandaises, des correspondances originaires ou à destination des divers Etats de l'Allemagne, du Danemark, de la Suède et de la Norwége, les deux administrations des postes de France et des Pays-Bas fixeront, d'un commun accord, les conditions auxquelles ces correspondances seront échangées entre les deux administrations.

11. Les lettres expédiées à découvert par la voie de la France, soit des Etats mentionnés au tableau A annexé à la présente Convention pour les Pays-Bas, soit des Pays-Bas pour lesdits Etats, seront échangées entre l'administration des postes de France et l'administration des postes des Pays-Bas, aux conditions énoncées dans ledit tableau.

Il est convenu que, dans le cas où les conventions qui règlent les relations de la France avec les pays étrangers portés au tableau A susmentionné viendraient à être modifiées de manière à influer sur les conditions d'échange fixées par la présente convention pour les correspondances transmises par la voie de la France, ces modifications seront appliquées de plein droit auxdites correspondances.

Il est également convenu que, dans le cas où l'administration des postes des Pays-Bas pourrait ultérieurement recevoir ou expédier avec avantage, par l'intermédiaire des postes de France, des correspondances originaires ou à destination d'autres pays étrangers que ceux désignés dans ledit tableau, les deux administrations des postes de France et des Pays-Bas fixeront, d'un commun accord, les conditions auxquelles ces correspondances seront échangées entre les deux administrations.

12. L'administration des postes de France pourra livrer à l'administration des postes néerlandaises des lettres chargées à destination des Pays-Bas.

De son côté, l'administration des postes néerlandaises pourra livrer à l'administration des postes de France des lettres chargées à destination tant de la France, de l'Algérie et des parages de la Méditerranée où la France possède des établissements de poste, que des pays étrangers pour lesquels les Pays-Bas peuvent expédier, par la voie de la France, des lettres ordinaires affranchies jusqu'à destination.

Le port des lettres chargées devra toujours être acquitté d'avance jusqu'à destination. Il sera double de celui des lettres ordinaires.

13. Dans le cas où quelque lettre chargée viendrait à être perdue, celle des deux administrations sur le territoire de laquelle la perte aura eu lieu paiera à l'autre administration, à titre de dédommagement, soit pour le destinataire, soit pour l'envoyeur, suivant le cas, une indemnité de cinquante francs ou de vingt-cinq florins, dans le délai de deux mois à dater du jour de la réclamation ; mais il est entendu que les réclamations ne seront admises que dans les six mois qui suivront la date du dépôt ou de l'envoi des chargements ; passé ce terme, les deux administrations ne seront tenues, l'une envers l'autre, à aucune indemnité.

14. Les taxes dont l'administration des postes de France et l'administration des postes des Pays-Bas auront à se tenir réciproquement compte sur les journaux, gazettes et ouvrages périodiques que ces deux administrations se livreront de part et d'autre à découvert, seront calculées en raison du poids brut de chaque paquet portant une adresse particulière, conformément à l'échelle de progression ci-après :

Seront considérés comme simples les paquets dont le poids n'excédera pas quarante-cinq grammes.

Les paquets pesant de quarante-cinq à quatre-vingt-dix grammes inclusivement paieront deux fois le port du paquet simple.

Ceux de quatre-vingt-dix à cent trente-cinq grammes, trois fois le port du paquet simple ; et ainsi de suite, en ajoutant de quarante-cinq grammes en quarante-cinq grammes, un port simple en sus.

Il est convenu toutefois que, dans le cas où plusieurs numéros, soit d'une même ou de différentes publications, seraient réunis dans un seul paquet, il ne pourra être perçu moins d'un port simple pour chaque numéro.

15. Les taxes dont l'administration des postes de France et l'administration des postes des Pays-Bas auront à se tenir réciproquement compte sur les livres brochés, brochures, papiers de musique, catalogues, prospectus, annonces et avis divers imprimés, lithographiés ou autographiés, que ces deux administrations se livreront de part et d'autre à découvert, seront calculées en raison du poids brut de chaque paquet portant une adresse particulière, conformément à l'échelle de progression ci-après :

Seront considérés comme simples les paquets dont le poids n'excédera pas vingt-cinq grammes ;

Les paquets pesant de vingt-cinq à cinquante grammes paieront deux fois le port du paquet simple ;

Ceux de cinquante à soixante et quinze

grammes, trois fois le port du paquet simple, et ainsi de suite, en ajoutant de vingt-cinq grammes en vingt-cinq grammes un port simple en sus.

16. Les journaux, gazettes, ouvrages périodiques, livres brochés, brochures, papiers de musique, catalogues, prospectus, annonces et avis divers imprimés, lithographiés ou autographiés publiés en France, en Algérie et dans les parages de la Méditerranée où la France entretient des bureaux de poste, qui seront adressés dans les Pays-Bas, et réciproquement, les objets de même nature publiés dans les Pays-Bas qui seront adressés en France, en Algérie et dans les parages de la Méditerranée où la France entretient des établissements de poste, devront être affranchis jusqu'à destination.

17. La taxe d'affranchissement des journaux et autres imprimés expédiés de France et d'Algérie pour les Pays-Bas, et *vice versâ*, sera perçue à raison de huit centimes ou quatre cents par paquet simple.

Les taxes perçues en vertu du présent article seront réparties entre les administrations des postes des deux pays, dans la proportion de trois quarts au profit de l'administration des postes de France, et d'un quart au profit de l'administration des postes néerlandaises.

18. La taxe d'affranchissement des journaux et autres imprimés expédiés des Pays-Bas pour les parages de la Méditerranée où la France entretient des bureaux de poste, et *vice versâ*, sera perçue à raison de douze centimes ou six cents par paquet simple.

Les taxes perçues en vertu du présent article seront réparties entre les deux administrations dans la proportion de cinq sixièmes au profit de l'administration des postes de France, et d'un sixième au profit de l'administration des postes néerlandaises.

19. Les journaux et autres imprimés qui seront échangés entre la France et les pays d'outre-mer, par la voie des Pays-Bas, devront être affranchis jusqu'au port néerlandais d'embarquement ou de débarquement.

L'administration des postes de France paiera à l'administration des postes des Pays-Bas la somme d'un cent par paquet simple pour prix de transit desdits journaux et autres imprimés sur le territoire des Pays-Bas.

20. Les journaux et autres imprimés expédiés à découvert par la voie de la France, soit des Etats empruntant l'intermédiaire des postes françaises pour les Pays-Bas, soit des Pays-Bas pour les Etats empruntant l'intermédiaire des postes françaises, seront échangés entre l'administration des postes de France et l'administration des postes néerlandaises, aux conditions énoncées dans le tableau B annexé à la présente convention.

21. Pour jouir des modérations de port accordées, par les articles 14, 15, 16, 17, 18, 19 et 20 précédents, aux journaux et autres imprimés, ces objets devront être mis sous bandes, non reliés, et ne contenir aucune écriture, chiffre ou signe quelconque à la main, si ce n'est la date et la signature. Les journaux et autres imprimés qui ne réuniraient pas ces conditions seront considérés comme lettres, et taxés en conséquence.

Il est entendu que les dispositions contenues dans les articles susmentionnés n'infirment en aucune manière le droit qu'ont les administrations des postes des deux pays de ne pas effectuer sur leurs territoires respectifs le transport et la distribution de ceux des objets désignés auxdits articles à l'égard desquels il n'aurait pas été satisfait aux lois, ordonnances ou décrets qui règlent les conditions de leur publication et de leur circulation tant en France que dans les Pays-Bas.

22. En considération de la diversité des systèmes monétaires en vigueur dans les deux Etats, et afin d'éviter des fractions, tant dans l'application des taxes que dans les bonifications d'administration à administration, il est convenu que, pour toutes les écritures de comptabilité qui résulteront de l'exécution de la présente convention, le franc sera assimilé à un demi-florin ou cinquante cents, monnaie des Pays-Bas, et, réciproquement, que le florin des Pays-Bas sera assimilé à deux francs, monnaie de France.

23. Le Gouvernement français promet de faire transporter en dépêches closes, avec ses propres correspondances, entre Quiévrain et Alexandrie, les lettres et les journaux que les Pays-Bas échangeront avec l'Inde néerlandaise par la voie de la France et l'isthme de Suez.

L'administration des postes des Pays-Bas paiera à l'administration des postes de France, pour prix du transit à travers la France, et pour port de voie de mer entre Marseille et Alexandrie des lettres et des journaux ci-dessus désignés, savoir :

1° Pour prix du transit à travers la France, la somme de deux francs par trente grammes de lettres, la somme de cinq centimes par chaque journal acheminé au moyen des services ordinaires, et la somme de dix centimes par chaque journal acheminé au moyen du service spécialement affecté au transport sur le territoire français des malles ou pour l'Inde ;

2° Pour prix du transport par mer entre Marseille et Alexandrie, la somme de deux francs par trente grammes de lettres et la somme de cinq centimes par journal.

Dans le cas où des modifications seraient introduites ultérieurement, soit dans les prix de transit que l'office britannique doit payer à l'administration des postes de France pour les malles anglaises provenant ou à destination des Indes-Orientales, soit dans les prix payés à l'office britannique par l'administration des postes de France pour le transport entre Marseille et Alexandrie, par les paquebots anglais, des dépêches que cette dernière administration expédie ou reçoit par la voie de ces paquebots, il est convenu que les prix fixés ci-dessus seront réduits ou augmentés, suivant le cas, conformément auxdites modifications.

24. Les administrations des postes de France et des Pays-Bas dresseront, chaque mois, les comptes résultant de la transmission réciproque des correspondances, et ces comptes, après avoir été débattus et arrêtés contradictoirement par les deux administrations, seront soldés à la fin de chaque trimestre par l'administration qui sera reconnue redevable envers l'autre.

25. Les lettres ordinaires ou chargées, les journaux, gazettes, ouvrages périodiques et imprimés de toute nature, mal adressés ou mal dirigés, seront, sans aucun délai, réciproquement renvoyés par l'intermédiaire des bureaux d'échange respectifs, pour les poids et prix auxquels l'office envoyeur aura livré ces objets en compte à l'autre office.

Les objets de même nature qui auront été adressés à des destinataires ayant changé de résidence seront respectivement livrés ou rendus chargés du port qui aurait dû être payé par les destinataires.

26. Les lettres ordinaires, les lettres chargées, les journaux, gazettes, ouvrages périodiques et imprimés de toute nature, échangés à découvert entre les deux administrations des postes de France et des Pays-Bas, qui seront tombés en rebut pour quelque cause que ce soit, devront être renvoyés, de part et d'autre, à la fin de chaque mois, et plus souvent, si faire se peut. Ceux de ces objets qui auront été livrés en compte seront rendus pour le prix pour lequel ils auront été originairement comptés par l'office envoyeur. Ceux qui auront été livrés affranchis jusqu'à destination ou jusqu'à la frontière de l'office correspondant seront renvoyés sans taxe ni décompte.

27. Les deux administrations des postes de France et des Pays-Bas n'admettront à destination de l'un des deux pays ou des pays qui empruntent leur intermédiaire, aucune lettre qui contiendrait soit de l'or ou de l'argent monnayé, soit des bijoux ou effets précieux, ou tout autre objet passible des droits de douane.

28. Afin de s'assurer réciproquement l'intégralité du produit des correspondances échangées entre les deux pays, les Gouvernements français et néerlandais s'engagent à empêcher, par tous les moyens qui sont en leur pouvoir, que ces correspondances ne passent par d'autres voies que par leurs postes respectives.

29. L'administration des postes de France et l'administration des postes néerlandaises désigneront, d'un commun accord, les bureaux par lesquels devra avoir lieu l'échange des correspondances respectives. Elles régleront aussi la forme des comptes mentionnés dans l'article 24 précédent, la direction des correspondances transmises réciproquement, ainsi que toute autre mesure de détail ou d'ordre nécessaire pour assurer l'exécution des stipulations de la présente convention.

Il est entendu que les mesures désignées ci-dessus pourront être modifiées par les deux administrations toutes les fois que, d'un commun accord, ces deux administrations en reconnaîtront la nécessité.

30. Les conventions qui règlent en ce moment l'échange des correspondances entre la France et les Pays-Bas cesseront d'avoir leur effet à dater du jour où la présente convention recevra son exécution.

31. La présente convention aura force et valeur à partir du jour dont les deux parties conviendront, dès que la promulgation en aura été faite d'après les lois particulières à chacun des deux États, et elle demeurera obligatoire, d'année en année, jusqu'à ce que l'une des deux parties contractantes ait annoncé à l'autre, mais un an à l'avance, son intention d'en faire cesser les effets.

Pendant cette dernière année, la convention continuera d'avoir son exécution pleine et entière, sans préjudice de la liquidation et du solde des comptes entre les administrations des postes des deux pays, après l'expiration dudit terme.

32. La présente convention sera ratifiée, et les ratifications en seront échangées aussitôt que faire se pourra.

En foi de quoi, les plénipotentiaires respectifs ont signé la présente convention et y ont apposé leurs cachets.

Fait à La Haye, en double original, le

premier du mois de novembre de l'an de grâce mil huit cent cinquante et un.

(L. S.) Signé D'ANDRÉ.
(L. S.) Signé VAN BOSS.

2. Le garde des sceaux, ministre de la justice, le ministre des affaires étrangères et le ministre des finances, sont chargés, chacun en ce qui le concerne, de l'exécution du présent décret, etc. (*Bull.* 489, n° 3645.)

N° 46.— (15 fév. 1852.) — DÉCRET *relatif à la promulgation de la convention de poste conclue entre la France et le Grand-Duché de Luxembourg.*

LOUIS-NAPOLÉON, PRÉSIDENT DE LA RÉPUBLIQUE FRANÇAISE,

Sur le rapport du ministre des affaires étrangères,

DÉCRÈTE :

ART. 1er. La convention de poste conclue, le 28 novembre 1851, entre la France et le Grand-Duché de Luxembourg, ayant été ratifiée par nous, le 18 janvier dernier, et les actes de ratifications des deux Gouvernements ayant été échangés le 29 du même mois de janvier, ladite convention, dont la teneur suit, recevra sa pleine et entière exécution.

CONVENTION.

Le Président de la République française et Sa Majesté le Roi des Pays-Bas, Grand-Duc de Luxembourg, voulant régler, au moyen d'une nouvelle convention, l'échange des correspondances entre la France et le Grand-Duché de Luxembourg, d'une manière conforme à l'intimité et à l'activité des relations qui existent entre les deux pays, ont nommé pour leurs plénipotentiaires à cet effet, savoir :

Le Président de la République française, M. *Jean-Marie-Armand d'André,* officier de l'ordre national de la Légion d'honneur, etc., etc., envoyé extraordinaire et ministre plénipotentiaire de la République française près Sa Majesté le Roi des Pays-Bas ;

Et Sa Majesté le Roi des Pays-Bas, Grand-Duc de Luxembourg, M. *Jean-Jacques-Madelaine Wilmar,* administrateur général des affaires étrangères, de la justice et des cultes, président du gouvernement du Grand-Duché de Luxembourg, chevalier de l'ordre du Lion néerlandais, grand'croix de l'ordre royal grand-ducal de la Couronne de Chêne, chevalier de l'ordre de l'Aigle rouge de Prusse de deuxième classe, et grand officier de l'ordre belge de *Léopold,*

Lesquels, après s'être réciproquement communiqué leurs pleins pouvoirs respectifs, trouvés en bonne et due forme, sont convenus des articles suivants :

ART. 1er. Il y aura, entre l'administration des postes de France et l'administration des postes du Grand-Duché de Luxembourg, un échange quotidien de lettres, de journaux et d'imprimés de toute nature, au moyen d'un service par entreprise qui sera entretenu pour cet objet entre Thionville et Luxembourg.

Indépendamment du service destiné à assurer le transport des dépêches entre Thionville et Luxembourg, il pourra en être établi, à la suite d'une entente entre les deux administrations des postes respectives, sur tous autres points du territoire des deux pays pour lesquels des relations directes seraient ultérieurement jugées nécessaires.

Les frais résultant des services établis en vertu des dispositions du présent article seront supportés par moitié par les deux administrations des postes françaises et luxembourgeoises. A cet effet, celle des deux administrations qui acquittera la totalité de ces frais devra fournir à l'autre un double des marchés conclus pour cet objet avec les entrepreneurs.

2. Les prix de port dont l'administration des postes de France et l'administration des postes du Grand-Duché de Luxembourg auront à se tenir réciproquement compte sur les lettres que les deux administrations se livreront de part et d'autre séront établis, lettre par lettre, d'après l'échelle de progression de poids ci-après :

Seront considérées comme lettres simples celles dont le poids n'excédera pas sept grammes et demi.

Les lettres pesant de sept grammes et demi à quinze grammes inclusivement supporteront deux fois le port de la lettre simple ;

Celles de quinze à vingt-deux grammes et demi inclusivement, trois fois le port de la lettre simple, et ainsi de suite, en ajoutant de sept grammes et demi en sept grammes et demi, un port simple en sus.

3. Les personnes qui voudront envoyer des lettres ordinaires, c'est-à-dire non chargées, soit de la France, de l'Algérie et des parages de la Méditerranée où la France possède des établissements de poste, pour le Grand-Duché de Luxembourg, soit du Grand-Duché de Luxembourg pour la France, l'Algérie et les parages de la Méditerranée où la France possède des établissements de poste, pourront, à leur choix, laisser le port desdites lettres à la charge des destinataires ou payer ce port d'avance jusqu'à destination.

10.

4. Les lettres de la France et de l'Algérie pour le Grand-Duché de Luxembourg, et, réciproquement, les lettres du Grand-Duché de Luxembourg pour la France et l'Algérie, ne supporteront dorénavant qu'une taxe uniforme de quarante centimes par lettre simple, dont trente centimes seront perçus au profit de l'administration des postes de France, et dix centimes au profit de l'administration des postes grand-ducales.

Toutefois, la taxe des lettres adressées de l'un des deux pays dans l'autre sera réduite à vingt-cinq centimes par lettre simple, lorsque la distance existant, en ligne droite, entre le bureau d'origine et le bureau de destination, n'excédera pas trente kilomètres. Sur cette taxe de vingt-cinq centimes, il reviendra quinze centimes à l'administration des postes de France, et dix centimes à l'administration des postes du Grand-Duché de Luxembourg.

5. Les lettres du Grand-Duché de Luxembourg pour les parages de la Méditerranée où la France possède des établissements de poste, et, réciproquement, les lettres des parages de la Méditerranée où la France possède des établissements de poste à destination du Grand-Duché de Luxembourg, ne supporteront qu'une taxe uniforme d'un franc par lettre simple, dont quatre-vingt-dix centimes seront perçus au profit de l'administration des postes de France, et dix centimes au profit de l'administration des postes luxembourgeoises.

6. Les lettres du Grand-Duché de Luxembourg pour les pays auxquels la France sert d'intermédiaire, et, réciproquement, les lettres desdits pays pour le Grand-Duché de Luxembourg, seront échangées entre l'administration des postes de France et l'administration des postes grand-ducales, aux conditions énoncées dans le tableau A annexé à la présente convention.

Il est convenu que, dans le cas où les conventions qui règlent les relations de la France avec les pays étrangers, portées au tableau A susmentionné, viendraient à être modifiées de manière à influer sur les conditions d'échange fixées par la présente convention pour les correspondances transmises par la voie de la France, ces modifications seront appliquées de plein droit auxdites correspondances.

7. L'administration des postes de France pourra livrer à l'administration des postes grand-ducales des lettres chargées à destination du Grand-Duché de Luxembourg.

De son côté, l'administration des postes grand-ducales pourra livrer à l'administration des postes de France des lettres chargées à destination, savoir :

1° De la France et de l'Algérie ; — 2° Du Grand-Duché de Bade ; — 3° Du Royaume-Uni de la Grande-Bretagne et d'Irlande ; — 4° Du Royaume de Bavière ; — 5° Des cantons suisses ; — 6° De Malte ; — 7° Des États-Sardes ; — 8° Du Grand-Duché de Toscane ; — 9° De l'Empire d'Autriche et des villes de Belgrade et de Cracovie ; — 10° Du Royaume de Grèce ; — 11° Et de la Moldavie et de la Valachie.

Le port des lettres chargées devra toujours être acquitté d'avance jusqu'à destination ; il sera double de celui des lettres ordinaires.

8. Dans le cas où quelque lettre chargée viendrait à être perdue, celle des deux administrations sur le territoire de laquelle la perte aura eu lieu paiera à l'autre administration, à titre de dédommagement, soit pour le destinataire, soit pour l'envoyeur, suivant le cas, une indemnité de cinquante francs, dans le délai de deux mois à dater du jour de la réclamation ; mais il est entendu que les réclamations ne seront admises que dans les six mois qui suivront la date du dépôt ou de l'envoi des chargements ; passé ce terme, les deux administrations ne seront tenues, l'une envers l'autre, à aucune indemnité.

9. La correspondance exclusivement relative aux différents services publics, adressée d'un État dans l'autre, et dont la circulation en franchise aura été autorisée sur le territoire de l'État auquel appartient le fonctionnaire ou l'autorité de qui émane cette correspondance, sera transmise exempte de tout prix de port.

Si l'autorité ou le fonctionnaire à qui elle est adressée jouit pareillement de la franchise, elle sera délivrée sans taxe ; dans le cas contraire, cette correspondance ne sera passible que de la taxe territoriale du pays de destination.

10. Les journaux, gazettes, ouvrages périodiques, livres brochés, brochures, papiers de musique, catalogues, prospectus, annonces et avis divers imprimés, litthographiés ou autographiés, publiés en France, en Algérie et dans les parages de la Méditerranée où la France entretient des bureaux de poste, qui seront adressés dans le Grand-Duché de Luxembourg, et, réciproquement, les objets de même nature publiés dans le Grand-Duché qui seront adressés en France, en Algérie et dans les parages de la Méditerranée où la France entretient des bureaux de poste, devront être affranchis, de part et d'autre, jusqu'à destination.

11. La taxe d'affranchissement des jour-

naux, gazettes et ouvrages periodiques expédiés de France pour le Grand-Duché de Luxembourg, et *vice versâ*, sera perçue d'après les dimensions réunies des feuillets composant chaque numéro de journal, de gazette ou d'ouvrage périodique, sans égard au nombre ou au format de ces feuillets, à raison de huit centimes par soixante et douze décimètres carrés ou fraction de soixante et douze décimètres carrés.

La taxe d'affranchissement des livres brochés, brochures, papiers de musique, catalogues, prospectus, annonces et avis divers imprimés, lithographiés ou autographiés, expédiés de France pour le Grand-Duché de Luxembourg, et *vice versâ*, sera perçue d'après les dimensions réunies des feuillets existant dans chaque paquet portant une adresse particulière, à raison de huit centimes par trente-deux décimètres carrés ou fraction de trente-deux décimètres carrés.

Les taxes perçues, en vertu du présent article, sur les journaux et autres imprimés échangés entre la France et le Grand-Duché de Luxembourg, seront réparties entre les administrations des postes des deux pays, dans la proportion des trois quarts au profit de l'administration des postes de France, et d'un quart au profit de l'administration des postes grand-ducales.

12. La taxe d'affranchissement des journaux, gazettes et ouvrages périodiques, expédiés des parages de la Méditerranée où la France possède des établissements de poste, pour le Grand-Duché de Luxembourg, et *vice verd*, sera perçue d'après les dimensions réunies des feuillets composant chaque numéro de journal, de gazette ou d'ouvrage périodique, à raison de douze centimes par soixante et douze décimètres carrés ou fraction de soixante et douze décimètres carrés.

La taxe d'affranchissement des livres brochés, brochures, papiers de musique, catalogues, prospectus, annonces et avis divers imprimés, lithographiés et autographiés, expédiés des parages de la Méditerranée où la France possède des établissements de poste pour le Grand-Duché de Luxembourg, et *vice versâ*, sera perçue d'après les dimensions réunies des feuillets existant dans chaque paquet portant une adresse particulière, à raison de douze centimes par trente-deux décimètres carrés ou fraction de trente-deux décimètres carrés.

Les taxes perçues en vertu des dispositions du présent article seront réparties entre les administrations des postes des deux pays, dans la proportion de cinq sixièmes au profit de l'administration des postes de France et d'un sixième au profit de

l'administration des postes grand-ducales.

13. Les taxes revenant tant à l'administration des postes de France qu'à l'administration des postes du Grand-Duché de Luxembourg, sur les journaux, gazettes et ouvrages périodiques publiés dans le Grand-Duché de Luxembourg et adressés à quelque pays étranger que ce soit par la voie de la France, seront perçues d'après les dimensions réunies des feuillets composant chaque numéro de journal, de gazette ou d'ouvrage périodique, conformément à l'échelle de progression ci-après :

Seront considérés comme simples les numéros dont les feuillets réunis n'excéderont pas soixante et douze décimètres carrés.

Les numéros dont les feuillets réunis présenteront une dimension de soixante et douze à cent quarante-quatre décimètres carrés paieront deux fois le port du numéro simple.

Ceux ayant une dimension totale de cent quarante-quatre à deux cent seize décimètres carrés paieront trois fois le port du numéro simple.

Et ainsi de suite, en ajoutant le port du numéro simple pour chaque soixante et douze décimètres carrés ou fraction de soixante et douze décimètres carrés.

Les taxes revenant tant à l'administration des postes de France qu'à l'administration des postes du Grand-Duché de Luxembourg, sur les livres brochés, brochures, papiers de musique, catalogues, prospectus, annonces et avis divers imprimés, lithographiés ou autographiés, publiés dans le Grand-Duché de Luxembourg et adressés à quelques pays étrangers que ce soit par la voie de France, seront perçues d'après les dimensions réunies des feuillets existant dans chaque paquet portant une adresse particulière, conformément à l'échelle de progression ci-après :

Seront considérés comme simples les paquets dont les feuillets réunis n'excéderont pas trente-deux décimètres carrés.

Les paquets dont les feuillets réunis présenteront une dimension de trente-deux à soixante-quatre décimètres carrés paieront deux fois le port du paquet simple.

Et ainsi de suite, en ajoutant le port du paquet simple pour chaque trente-deux décimètres carrés ou fraction de trente-deux décimètres carrés.

14. Les taxes dont l'administration des postes grand-ducales aura à tenir compte à l'administration des postes de France sur les journaux et autres imprimés d'origine étrangère que cette dernière administration sera dans le cas de livrer à l'autre se-

ront calculées en raison du poids brut de chaque paquet portant une adresse particulière, conformément à l'échelle de progression ci-après :

Seront considérés comme simples les paquets dont le poids n'excédera pas vingt-cinq grammes.

Les paquets pesant de vingt-cinq à cinquante grammes paieront deux fois le port du paquet simple ;

Ceux de cinquante à soixante et quinze grammes trois fois le port du paquet simple ; et ainsi de suite, en ajoutant de vingt-cinq grammes en vingt-cinq grammes un port simple en sus.

15. Les journaux et imprimés de toute nature expédiés par la voie de la France, soit des pays empruntant l'intermédiaire des postes françaises pour le Grand-Duché de Luxembourg , soit du Grand-Duché de Luxembourg pour lesdits pays, seront échangés entre l'administration des postes de France et l'administration des postes grand-ducales, aux conditions énoncées au tableau B annexé à la présente convention.

Il est convenu que, dans le cas où les conventions qui règlent les relations de la France avec les pays étrangers désignés audit tableau viendraient à être modifiées de manière à influer sur les conditions d'échange fixées par la présente convention pour les journaux et autres imprimés transmis par la voie de la France, ces modifications seront appliquées de plein droit auxdits journaux et imprimés.

16. Pour jouir des modérations de port accordées par les articles 11, 12 et 15 précédents, aux journaux et autres imprimés, ces objets devront être mis sous bandes, non reliés, et ne contenir aucune écriture, chiffre ou signe quelconque à la main, si ce n'est la date et la signature. Les journaux et autres imprimés qui ne réuniraient pas ces conditions seront considérés comme lettres et taxés en conséquence.

Il est entendu que les dispositions contenues dans les articles susmentionnés n'infirment en aucune manière le droit qu'ont les administrations des postes des deux pays de ne pas effectuer sur leurs territoires respectifs le transport et la distribution de ceux des objets désignés auxdits articles à l'égard desquels il n'aurait pas été satisfait aux lois, ordonnances ou décrets qui règlent les conditions de leur publication et de leur circulation tant en France que dans le Grand-Duché de Luxembourg.

17. Il est formellement convenu entre les deux parties contractantes que les lettres, journaux, gazettes et ouvrages périodiques que l'administration des postes de France et l'administration des postes du Grand-Duché de Luxembourg se livreront réciproquement affranchis jusqu'à destination, conformément aux dispositions de la présente convention, ne pourront, sous aucun prétexte et à quelque titre que ce soit, être frappés dans le pays de destination d'une taxe ou d'un droit quelconque à la charge des destinataires.

18. Le Gouvernement français promet d'interposer ses bons offices auprès des gouvernements des Etats de l'Italie méridionale ou de tous autres Etats dont les administrations de poste sont en relation avec celle de France, afin d'obtenir, avec l'assentiment préalable du Grand-Duché de Luxembourg, en faveur des correspondances originaires de ces Etats, et qui seront adressées dans le Grand-Duché, et *vice versâ*, l'affranchissement libre ou facultatif stipulé au profit des correspondances internationales par l'article 3 de la présente convention, ainsi que toutes les facilités analogues à celles dont jouissent ou pourraient jouir, à l'égard de ces mêmes Etats, les habitants de la France, en vertu des conventions existantes ou qui interviendraient dans la suite.

19. Les administrations des postes de France et du Grand-Duché de Luxembourg dresseront chaque mois les comptes résultant de la transmission réciproque des correspondances, et ces comptes, après avoir été débattus et arrêtés contradictoirement par ces administrations, seront soldés à la fin de chaque trimestre par l'administration qui sera reconnue redevable envers l'autre.

20. Les lettres ordinaires ou chargées, les journaux, gazettes, ouvrages périodiques et imprimés de toute nature mal adressés ou mal dirigés seront, sans aucun délai, réciproquement renvoyés par l'intermédiaire des bureaux d'échange respectifs pour les poids et prix auxquels l'office envoyeur aura livré ces objets en compte à l'autre office.

Les objets de même nature qui auront été adressés à des destinataires ayant changé de résidence seront respectivement livrés ou rendus chargés du port qui aurait dû être payé par les destinataires.

21. Les lettres ordinaires ou chargées, les journaux, gazettes, ouvrages périodiques et imprimés de toute nature échangés entre les deux administrations des postes de France et du Grand-Duché de Luxembourg, qui seront tombés en rebut pour quelque cause que ce soit, devront être renvoyés, de part et d'autre, à la fin de chaque mois, et plus souvent, si faire se peut. Ceux de ces objets qui auront été livrés en compte seront rendus pour le prix pour lequel ils auront

été originairement comptés par l'office envoyeur. Ceux qui auront été livrés affranchis jusqu'à destination ou jusqu'à la frontière de l'office correspondant seront renvoyés sans taxe ni décompte.

22. Les deux administrations des postes de France et du Grand-Duché de Luxembourg n'admettront, à destination de l'un des deux pays ou des pays qui empruntent leur intermédiaire, aucune lettre qui contiendrait, soit de l'or ou de l'argent monnayé, soit des bijoux ou effets précieux ou tout autre objet passible des droits de douane.

23. Afin de s'assurer réciproquement l'intégralité du produit des correspondances adressées de l'un des deux pays dans l'autre, les Gouvernements français et luxembourgeois s'engagent à empêcher, par tous les moyens qui sont en leur pouvoir, que ces correspondances ne passent par d'autres voies que par leurs postes respectives.

24. L'administration des postes de France et l'administration des postes du Grand-Duché de Luxembourg désigneront, d'un commun accord, les bureaux par lesquels devra avoir lieu l'échange des correspondances respectives. Elles régleront aussi la forme des comptes mentionnés dans l'article 18 précédent, la direction des correspondances transmises réciproquement, ainsi que toute autre mesure de détail ou d'ordre nécessaire pour assurer l'exécution des stipulations de la présente convention.

Il est entendu que les mesures désignées ci-dessus pourront être modifiées par les deux administrations, toutes les fois que, d'un commun accord, ces deux administrations en reconnaîtront la nécessité.

25. La présente convention aura force et valeur à partir du jour dont les deux parties conviendront, dès que la promulgation en aura été faite d'après les lois particulières à chacun des deux Etats, et elle demeurera obligatoire d'année en année, jusqu'à ce que l'une des deux parties contractantes ait annoncé à l'autre, mais un an à l'avance, son intention d'en faire cesser les effets.

Pendant cette dernière année, la convention continuera d'avoir son exécution pleine et entière, sans préjudice de la liquidation et du solde des comptes entre les administrations des postes des deux pays, après l'expiration dudit terme.

26. Seront abrogées, à partir du jour de la mise à exécution de la présente convention, toutes stipulations ou dispositions antérieures concernant l'échange des correspondances entre la France et le Grand-Duché de Luxembourg.

27. La présente convention sera ratifiée, et les ratifications en seront échangées aussitôt que faire se pourra.

En foi de quoi les plénipotentiaires respectifs ont signé la présente convention et y ont apposé leurs cachets.

Fait en double original et signé à La Haye, le vingt-huitième jour du mois de novembre de l'an de grâce mil huit cent cinquante et un ; et à Luxembourg, le vingt-sixième jour du même mois.

(L. S.) Signé D'ANDRÉ.
(L. S.) Signé WILMAR.

2. Le garde des sceaux, ministre de la justice, le ministre des affaires étrangères et le ministre des finances, sont chargés, chacun en ce qui le concerne, de l'exécution du présent décret, etc. (*Bull.* 489, n° 3646.)

N° 47.—(15 fév. 1852.)—DÉCRET *qui ouvre un crédit pour frais de personnel de l'administration centrale du ministère d'Etat, et fixe les traitements du ministre d'Etat, du secrétaire général et des directeurs.*

LOUIS-NAPOLÉON, PRÉSIDENT DE LA RÉPUBLIQUE FRANÇAISE,

Vu le décret du 14 du présent mois, qui règle l'organisation intérieure du ministère d'Etat ;

Vu les rapports des ministres d'Etat et des finances,

DÉCRÈTE :

ART. 1er. Un crédit de trois cent soixante-six mille trois cents francs (366,300 fr.) est ouvert au ministre d'Etat pour frais de personnel de l'administration centrale de son ministère.

Ce crédit sera ultérieurement compris dans la fixation définitive du budget de l'exercice 1852 du ministère d'Etat.

2. Le traitement du ministre d'Etat est fixé à quatre-vingt mille francs (80,000 fr.).

Celui du secrétaire général à vingt mille francs (20,000 fr.).

Celui des directeurs à quinze mille francs (15,000 fr.).

Cette disposition remontera au jour de la création du ministère d'Etat.

3. Il sera pourvu à la dépense ci-dessus au moyen des ressources ordinaires du budget de l'exercice 1852.

4. Les ministres d'Etat et des finances sont chargés, chacun en ce qui le concerne, de l'exécution du présent décret. (*Bull.* 489, n° 3649.)

Nº 48.—(15 fév. 1852.)—DÉCRET *qui ouvre un crédit au ministre d'Etat pour travaux d'appropriation aux galeries latérales du Palais des Tuileries.*

LOUIS-NAPOLÉON, PRÉSIDENT DE LA RÉPUBLIQUE FRANÇAISE,

Vu la nécessité de réparer les dégâts causés au palais des Tuileries par suite des événements de février 1848 ;

Vu l'urgence d'approprier certaines dépendances de ce palais à l'installation du ministère d'Etat ;

Sur le rapport des ministres d'Etat et des finances,

DÉCRÈTE :

ART. 1er. Un crédit de deux cent soixante et dix mille francs (270,000 fr.) est ouvert au ministre d'Etat pour travaux d'appropriation aux galeries latérales du palais des Tuileries et à leurs dépendances.

Ce crédit sera ultérieurement compris dans le chapitre du budget du ministère d'Etat ouvert aux constructions et grosses réparations des palais nationaux.

2. Il sera pourvu à la dépense ci-dessus autorisée au moyen des ressources ordinaires du budget de l'exercice 1852.

3. Les ministres d'Etat et des finances sont chargés, chacun en ce qui le concerne, de l'exécution du présent décret, etc. (*Bull.* 489, nº 3650.)

Nº 49.—(15 fév. 1852.) — DÉCRET *portant création d'un musée destiné à recevoir les objets ayant appartenu aux souverains qui ont régné sur la France.*

LOUIS-NAPOLÉON, PRÉSIDENT DE LA RÉPUBLIQUE FRANÇAISE,

Sur le rapport du ministre de l'intérieur ;

Considérant qu'il est d'un grand intérêt pour l'art et pour l'histoire de réunir dans une seule et même collection tous les objets ayant appartenu, d'après constatation authentique, aux différents souverains qui ont régné sur la France ;

Que ces objets, aujourd'hui disséminés dans un grand nombre d'établissements publics, y sont, pour la plupart, peu dignement placés ;

Considérant, en outre, que le nouveau musée s'enrichira encore des dons particuliers que pourront lui faire les possesseurs de semblables objets,

DÉCRÈTE :

ART. 1er. Il est créé à la direction générale des musées un musée spécial destiné à recevoir tous les objets ayant appartenu authentiquement aux souverains qui ont régné sur la France.

2. Le ministre de l'intérieur est autorisé à faire rechercher par le directeur général des musées tous les objets en question, et à les faire retirer des divers musées, bibliothèques, garde-meubles et autres établissements appartenant à l'Etat, pour les réunir au musée du Louvre, dans les salles qui seront spécialement affectées à cette collection.

3. Le ministre de l'intérieur est chargé de l'exécution du présent décret, etc. (*Bull.* 502, nº 3777.)

Nº 50. — (16 fév. 1852.) — DÉCRET *portant qu'à l'avenir l'anniversaire du 15 août sera seul reconnu et célébré comme fête nationale.*

LOUIS-NAPOLÉON, PRÉSIDENT DE LA RÉPUBLIQUE FRANÇAISE,

Considérant que la célébration des anniversaires politiques rappelle le souvenir des discordes civiles, et que parmi les fêtes, c'est un devoir de choisir celle dont la consécration tend le mieux à réunir tous les esprits dans le sentiment commun de la gloire nationale,

DÉCRÈTE :

ART. 1er. A l'avenir, sera seul reconnu et célébré comme fête nationale l'anniversaire du 15 août.

2. Toutes les dispositions des lois antérieures, contraires au présent décret, sont abrogées.

3. Les ministres sont chargés, chacun en ce qui le concerne, de l'exécution du présent décret, etc. (*Bull.* 490, nº 3663.)

Nº 51. — (16 fév. 1852). — DÉCRET *relatif à l'uniforme des officiers et employés du service actif des douanes.*

LOUIS-NAPOLÉON, PRÉSIDENT DE LA RÉPUBLIQUE FRANÇAISE,

Sur le rapport du ministre des finances ;

Vu l'arrêté du 7 frimaire an x (28 novembre 1801), et l'ordonnance du 30 juin 1835, relatifs à l'uniforme des employés des douanes ;

Vu les ordonnances des 31 mai 1831, 11 mai 1832 et 9 septembre suivant, sur l'organisation militaire des brigades de douanes ;

Considérant qu'il convient d'introduire dans l'uniforme et l'équipement de ces brigades différentes modifications dont l'expérience a démontré les avantages dans l'armée,

Décrète :

Art. 1er. La tunique est substituée à l'habit pour les capitaines, lieutenants, brigadiers, sous-brigadiers et préposés des douanes. Elle sera en drap vert, liséré d'un passepoil en drap garance, et à jupe plate.

2. Les patrons, sous-patrons et marins porteront le pantalon de drap de la couleur bleue, adoptée dans la marine de l'Etat.

3. La double buffleterie et la giberne sont remplacées par le ceinturon en cuir noir à cartouchière.

4. Le sac, du modèle en usage dans le corps des chasseurs à pied, est ajouté à l'équipement.

5. Les insignes des capitaines et des lieutenants consisteront, pour les premiers, en trois tresses plates, et, pour les seconds, en deux tresses, en argent, disposées sur la manche en forme de nœud.

Ces officiers porteront également sur l'épaule une torsade à quatre brins en argent cousus ensemble, et à chaque angle du collet un petit écusson, rappelant la broderie spéciale attribuée au service des douanes.

6. Les dispositions de l'arrêté du 28 novembre 1801 et de l'ordonnance du 30 juin 1835, auxquelles il n'est pas dérogé par le présent décret, sont maintenues.

7. Le ministre des finances est chargé de l'exécution du présent décret, qui sera inséré au *Bulletin des Lois*, etc. (*Bull.* 495, n° 3714.)

N° 52.—(16 fév. 1852.)—Décret *relatif au règlement des crédits ouverts, par la loi annuelle des finances, pour les dépenses du service de la fabrication des monnaies et des médailles.*

LOUIS-NAPOLÉON, Président de la République française,

Vu l'article 17 de la loi du 9 juillet 1836 qui a rattaché pour ordre au budget de l'Etat les recettes et les dépenses de divers services spéciaux, entre autres celles de la fabrication des monnaies et des médailles, et qui les soumet à toutes les règles prescrites par les lois de finances pour les crédits supplémentaires et le règlement des budgets ;

Vu l'article 1er de la loi du 16 mai 1851, d'après lequel il ne peut être dérogé aux prévisions normales du budget des dépenses que par des lois portant ouverture de crédits supplémentaires et extraordinaires ;

Vu l'article 10 de la loi du 4 mai 1834, statuant que les crédits ouverts par la loi annuelle des finances, pour les dépenses des départements, des communes et autres services locaux, avec imputation sur des ressources spéciales, seront employés par les ministres ordonnateurs et réglés définitivement d'après le montant des recettes effectuées, sans qu'il y ait lieu, en fin d'exercice, d'opérer des annulations et d'accorder des suppléments de crédits pour les différences entre les produits réalisés et les crédits approximativement ouverts au budget ;

Considérant qu'il existe une parfaite analogie entre les frais de la fabrication des monnaies et des médailles auxquels des produits spéciaux sont affectés, et les dépenses des départements et des communes également imputées sur des ressources spéciales ;

Sur le rapport du ministre des finances,

Décrète :

Art. 1er. Les dispositions de l'article 10 de la loi du 4 mai 1834, concernant le règlement des budgets départementaux et locaux, sont applicables au service spécial de la fabrication des monnaies et des médailles.

En conséquence, les crédits ouverts pour les dépenses de ce service, par la loi annuelle des finances, sont réglés définitivement d'après le produit réel des recettes affectées à leur emploi.

2. Le ministre des finances est chargé de l'exécution du présent décret, etc. (*Bull.* 498, n° 3746.)

N° 53.—(16 fév. 1852.)—Décret *qui modifie la composition du conseil de prud'hommes d'Abbeville.*

LOUIS-NAPOLÉON, Président de la République française,

Sur le rapport du ministre de l'intérieur, de l'agriculture et du commerce ;

Vu la loi du 18 mars 1806, le décret du 11 juin 1809, modifié le 20 février 1810 ; l'ordonnance du 19 mai 1819, et le décret du 27 mai 1848 ;

Vu la délibération de la chambre de commerce d'Abbeville, en date du 24 octobre 1849, et les propositions du préfet de la Somme ;

La section d'administration de la commission consultative entendue,

Décrète :

Art. 1er. Le conseil de prud'hommes établi à Abbeville sera désormais composé ainsi qu'il suit :

INDUSTRIES.	PA-TRONS.	OU-VRIERS.
1re *catégorie*. — Fabricants de soie à tamis, fabricants à métiers, fabricants de bas, filateurs de lin, fabricants de tapis, fabricants de draps	5	3
2e *catégorie*. — Cordiers, fondeurs de fer, fondeurs en cuivre, tourneurs en métaux, lamiers et rotiers.	1	1
5e *catégorie*. — Teinturiers, blanchisseurs, apprêteurs. . .	1	1
4e *catégorie*. — Corroyeurs, tanneurs, mégissiers, meuniers, chapeliers, brasseurs, relieurs, fabricants de savon, fabricants de chandelles, fabricants de cierges, potiers d'étain.	1	1
5e *catégorie*. — Ferblantiers, horlogers, charrons, peintres, vitriers, taillandiers, serruriers, charpentiers, maçons, plafonneurs, constructeurs, ébénistes, menuisiers, selliers, bourreliers, tourneurs en bois, armuriers, marbriers, chaudronniers, bijoutiers, orfévres, doreurs, maréchaux ferrants, vanniers, tailleurs	3	3
	9	9
Total. . . .	18	

2. Le ministre de l'intérieur, de l'agriculture et du commerce, et le ministre de la justice , sont chargés , chacun en ce qui le concerne, de l'exécution du présent décret, qui sera inséré au *Bulletin des Lois* et publié au *Moniteur*. (*Bull.* 502, n° 3778.)

N° 54, — (16 fév. 1852.) — DÉCRET *qui modifie la composition du conseil de prud'hommes de Condé-sur-Noireau.*

LOUIS-NAPOLÉON, PRÉSIDENT DE LA RÉPUBLIQUE FRANÇAISE,

Sur le rapport du ministre de l'intérieur, de l'agriculture et du commerce ;

Vu la loi du 18 mars 1806, le décret du 11 juin 1809, modifié le 20 février 1810, l'ordonnance du 9 janvier 1832, et le décret du 27 mai 1848 ;

Vu la délibération de la chambre consultative des arts et manufactures de Condé-sur-Noireau, en date du 13 mars 1851, celle du conseil de prud'hommes de la même ville, en date du 17 février précédent, et les propositions du préfet du Calvados ;

La commission consultative (section d'administration) entendue ,

DÉCRÈTE :

ART. 1er. Le conseil de prud'hommes de Condé-sur-Noireau sera désormais composé ainsi qu'il suit :

INDUSTRIES.	PA-TRONS.	OU-VRIERS.
1re *catégorie*. — Fabricants de tissus, teinturiers et blanchisseurs	2	2
2e *catégorie*. — Filateurs et constructeurs mécaniciens. . .	1	1
3e *catégorie*. — Charpentiers, menuisiers, maçons, serruriers, forgerons, et autres industries de bâtiment	1	1
4e *catégorie*. — Tanneurs, boulangers, tailleurs et ferblantiers	1	1
	5	5
Total.	10	

2. Le ministre de l'intérieur, de l'agriculture et du commerce, et le ministre de la justice, sont chargés, chacun en ce qui le concerne, de l'exécution du présent décret, qui sera inséré au *Bulletin des Lois* et publié au *Moniteur*. (*Bull.* 502, n° 3779.)

N° 55. — (17 fév. 1852.) — DÉCRET *organique sur la presse.*

LOUIS-NAPOLÉON, PRÉSIDENT DE LA RÉPUBLIQUE FRANÇAISE,

DÉCRÈTE :

CHAPITRE Ier. — *De l'autorisation préalable et du cautionnement des journaux et écrits périodiques.*

ART. 1er. Aucun journal ou écrit périodique traitant de matières politiques ou d'économie sociale , et paraissant soit régulièrement et à jour fixe, soit par livraison et irrégulièrement, ne pourra être créé ou publié sans l'autorisation préalable du Gouvernement.

Cette autorisation ne pourra être accordée qu'à un Français majeur, jouissant de ses droits civils et politiques.

L'autorisation préalable du Gouvernement sera pareillement nécessaire, à raison de tous changements opérés dans le personnel des gérants, rédacteurs en chef, propriétaires ou administrations d'un journal.

2. Les journaux politiques ou d'économie sociale publiés à l'étranger ne pourront circuler en France qu'en vertu d'une autorisation du Gouvernement.

Les introducteurs ou distributeurs d'un

journal étranger dont la circulation n'aura pas été autorisée seront punis d'un emprisonnement d'un mois à un an et d'une amende de cent francs à cinq mille francs.

3. Les propriétaires de tout journal ou écrit périodique traitant de matières politiques ou d'économie sociale sont tenus, avant sa publication, de verser au trésor un cautionnement en numéraire, dont l'intérêt sera payé au taux réglé pour les cautionnements.

4. Pour les départements de la Seine, de Seine-et-Oise, de Seine-et-Marne et du Rhône, le cautionnement est fixé ainsi qu'il suit :

Si le journal ou écrit périodique paraît plus de trois fois par semaine, soit à jour fixe, soit par livraisons irrégulières, le cautionnement sera de cinquante mille francs (50,000 fr.).

Si la publication n'a lieu que trois fois par semaine ou à des intervalles plus éloignés, le cautionnement sera de trente mille francs (30,000 fr.).

Dans les villes de cinquante mille âmes et au-dessus, le cautionnement des journaux ou écrits périodiques paraissant plus de trois fois par semaine sera de vingt-cinq mille francs (25,000 fr.).

Il sera de quinze mille francs dans les autres villes, et, respectivement, de moitié de ces deux sommes pour les journaux ou écrits périodiques paraissant trois fois par semaine ou à des intervalles plus éloignés.

5. Toute publication de journal ou écrit périodique sans autorisation préalable, sans cautionnement ou sans que le cautionnement soit complété, sera punie d'une amende de cent à deux mille francs pour chaque numéro ou livraison publié en contravention, et d'un emprisonnement d'un mois à deux ans.

Celui qui aura publié le journal ou écrit périodique et l'imprimeur seront solidairement responsables.

Le journal ou écrit périodique cessera de paraître.

CHAPITRE II. — *Du timbre des journaux périodiques.*

6. Les journaux ou écrits périodiques et les recueils périodiques de gravures ou lithographies politiques de moins de dix feuilles de vingt-cinq à trente-deux décimètres carrés, ou de moins de cinq feuilles de cinquante à soixante et douze décimètres carrés, seront soumis à un droit de timbre.

Ce droit sera de six centimes par feuille de soixante et douze décimètres carrés et au-dessous, dans les départements de la Seine et de Seine-et-Oise, et de trois centimes pour les journaux, gravures ou écrits périodiques publiés partout ailleurs.

Pour chaque fraction en sus de dix décimètres carrés et au-dessous, il sera perçu un centime et demi dans les départements de la Seine et de Seine-et-Oise, et un centime partout ailleurs.

Les suppléments du journal officiel, quel que soit leur nombre, sont exempts de timbre.

7. Une remise de un pour cent sur le timbre sera accordée aux éditeurs de journaux ou écrits périodiques pour déchets de maculature.

8. Les droits de timbre imposés par la présente loi seront applicables aux journaux et écrits périodiques publiés à l'étranger, sauf les conventions diplomatiques contraires.

Un règlement d'administration publique déterminera le mode de perception de ce droit.

9. Les écrits non périodiques traitant de matières politiques ou d'économie sociale qui ne sont pas actuellement en cours de publication, ou qui, antérieurement à la présente loi, ne sont pas tombés dans le domaine public, s'ils sont publiés en une ou plusieurs livraisons ayant moins de dix feuilles d'impression de vingt-cinq à trente-deux décimètres carrés, seront soumis à un droit de timbre de cinq centimes par feuille.

Il sera perçu un centime et demi par chaque fraction en sus de dix décimètres carrés et au-dessous.

Cette disposition est applicable aux écrits non périodiques publiés à l'étranger. Ils seront, à l'importation, soumis aux droits de timbre fixés pour ceux publiés en France.

10. Les préposés de l'enregistrement, les officiers de police judiciaire et les agents de la force publique sont autorisés à saisir les journaux ou écrits qui seraient en contravention aux présentes dispositions sur le timbre.

Ils devront constater cette saisie par des procès-verbaux, qui seront signifiés aux contrevenants dans le délai de trois jours.

11. Chaque contravention aux dispositions de la présente loi, pour les journaux, gravures ou écrits périodiques, sera punie, indépendamment de la restitution des droits frustrés, d'une amende de cinquante francs par feuille ou fraction de feuille non timbrée. Elle sera de cent francs en cas de récidive. L'amende ne pourra, au total, dépasser le chiffre du cautionnement.

Pour les autres écrits, chaque contravention sera punie, indépendamment de la restitution des droits frustrés, d'une amende égale au double desdits droits.

Cette amende ne pourra, en aucun cas, être inférieure à deux cents francs, ni dépasser en total cinquante mille francs.

12. Le recouvrement des droits de timbre et des amendes de contravention sera poursuivi, et les instances seront instruites et jugées conformément à l'article 76 de la loi du 28 avril 1816.

13. En outre des droits de timbre fixés par la présente loi, les tarifs existant antérieurement à la loi du 16 juillet 1850, pour le transport par la poste des journaux et autres écrits, sont remis en vigueur.

CHAPITRE III.—*Délits et contraventions non prévus par les lois antérieures. — Juridiction. — Exécution des jugements. — Droit de suspension et de suppression.*

14. Toute contravention à l'article 42 de la Constitution sur la publication des comptes rendus officiels des séances du corps législatif sera punie d'une amende de mille à cinq mille francs.

15. La publication ou la reproduction de nouvelles fausses, de pièces fabriquées, falsifiées ou mensongèrement attribuées à des tiers, sera punie d'une amende de cinquante à mille francs.

Si la publication ou reproduction est faite de mauvaise foi, ou si elle est de nature à troubler la paix publique, la peine sera d'un mois à un an d'emprisonnement, et d'une amende de cinq cents à mille francs. Le maximum de la peine sera appliqué si la publication ou reproduction est tout à la fois de nature à troubler la paix publique et faite de mauvaise foi.

16. Il est interdit de rendre compte des séances du Sénat autrement que par la reproduction des articles insérés au journal officiel.

Il est interdit de rendre compte des séances non publiques du conseil d'Etat.

17. Il est interdit de rendre compte des procès pour délits de presse. La poursuite pourra seulement être annoncée; dans tous les cas, le jugement pourra être publié.

Dans toutes affaires civiles, correctionnelles ou criminelles, les Cours et tribunaux pourront interdire le compte rendu du procès. Cette interdiction ne pourra s'appliquer au jugement, qui pourra toujours être publié.

18. Toute contravention aux dispositions des articles 16 et 17 de la présente loi sera punie d'une amende de cinquante francs à cinq mille francs, sans préjudice des peines prononcées par la loi, si le compte rendu est infidèle et de mauvaise foi.

19. Tout gérant sera tenu d'insérer en tête du journal les documents officiels, relations authentiques, renseignements, réponses et rectifications qui lui seront adressés par un dépositaire de l'autorité publique.

La publication devra avoir lieu dans le plus prochain numéro qui paraîtra après le jour de la réception des pièces.

L'insertion sera gratuite.

En cas de contravention, les contrevenants seront punis d'une amende de cinquante francs à mille francs. En outre, le journal pourra être suspendu par voie administrative pendant quinze jours au plus.

20. Si la publication d'un journal ou écrit périodique frappé de suppression ou de suspension administrative ou judiciaire est continuée sous le même titre, ou sous un titre déguisé, les auteurs, gérants ou imprimeurs seront condamnés à la peine d'un mois à deux ans d'emprisonnement, et, solidairement, à une amende de cinq cents francs à trois mille francs, par chaque numéro ou feuille publiée en contravention.

21. La publication de tout article traitant de matières politiques ou d'économie sociale, et émanant d'un individu condamné à une peine afflictive et infamante, ou infamante seulement, est interdite.

Les éditeurs, gérants, imprimeurs qui auront concouru à cette publication, seront condamnés solidairement à une amende de mille à cinq mille francs.

22. Aucuns dessins, aucunes gravures, lithographies, médailles, estampes ou emblèmes, de quelque nature et espèce qu'ils soient, ne pourront être publiés, exposés ou mis en vente sans l'autorisation préalable du ministre de la police à Paris, ou des préfets dans les départements.

En cas de contravention, les dessins, gravures, lithographies, médailles, estampes ou emblèmes, pourront être confisqués, et ceux qui les auront publiés seront condamnés à un emprisonnement d'un mois à un an et à une amende de cent francs à mille francs.

23. Les annonces judiciaires exigées par les lois pour la validité ou la publicité des procédures ou des contrats seront insérées, à peine de nullité de l'insertion, dans le journal ou les journaux de l'arrondissement qui seront désignés, chaque année, par le préfet.

A défaut de journal dans l'arrondissement, le préfet désignera un ou plusieurs journaux du département.

Le préfet réglera en même temps le tarif de l'impression de ces annonces.

24. Tout individu qui exerce le commerce de la librairie sans avoir obtenu le brevet exigé par l'article 11 de la loi du 2 octobre 1814 sera puni d'une peine d'un mois à deux ans d'emprisonnement, et d'une

amende de cent francs à deux mille francs. L'établissement sera fermé.

25. Seront poursuivis devant les tribunaux de police correctionnelle, 1° les délits commis par la voie de la presse ou tout autre moyen de publication mentionné dans l'article 1er de la loi du 17 mai 1819, et qui avaient été attribués par les lois antérieures à la compétence des Cours d'assises ; 2° les contraventions sur la presse prévues par les lois antérieures ; 3° les délits et contraventions édictés par la présente loi.

26. Les appels des jugements rendus par les tribunaux correctionnels sur les délits commis par la voie de la presse seront portés directement, sans distinction de la situation locale de ces tribunaux, devant la chambre correctionnelle de la Cour d'appel.

27. Les poursuites auront lieu dans les formes et délais prescrits par le Code d'instruction criminelle.

28. En aucun cas, la preuve par témoins ne sera admise pour établir la réalité des faits injurieux ou diffamatoires.

29. Dans les trois jours de tout jugement ou arrêt définitif de contravention de presse, le gérant du journal devra acquitter le montant des condamnations qu'il aura encourues ou dont il sera responsable.

En cas de pourvoi en cassation, le montant des condamnations sera consigné dans le même délai.

30. La consignation ou le paiement prescrit par l'article précédent sera constaté par une quittance délivrée en duplicata par le receveur des domaines.

Cette quittance sera, le quatrième jour au plus tard, remise au procureur de la République, qui en donnera récépissé.

31. Faute par le gérant d'avoir remis la quittance dans les délais ci-dessus fixés, le journal cessera de paraître, sous les peines portées par l'article 5 de la présente loi.

32. Une condamnation pour crime commis par la voie de la presse, deux condamnations pour délits ou contraventions commis dans l'espace de deux années, entraînent de plein droit la suppression du journal dont les gérants ont été condamnés.

Après une condamnation prononcée pour contravention ou délit de presse contre le gérant responsable d'un journal, le Gouvernement a la faculté, pendant les deux mois qui suivent cette condamnation, de prononcer soit la suspension temporaire, soit la suppression du journal.

Un journal peut être suspendu par décision ministérielle, alors même qu'il n'a été l'objet d'aucune condamnation, mais après deux avertissements motivés et pendant un temps qui ne pourra excéder deux mois.

Un journal peut être supprimé soit après une suspension judiciaire ou administrative, soit par mesure de sûreté générale, mais par un décret spécial du Président de la République, publié au *Bulletin des Lois*.

CHAPITRE IV. — *Dispositions transitoires.*

33. Les propriétaires de journaux ou écrits périodiques politiques actuellement existants sont dispensés de l'autorisation exigée par l'article 1er de la présente loi. Il leur est accordé un délai de deux mois pour compléter leur cautionnement. A l'expiration de ce délai, si le cautionnement n'est pas complété et si la publication continue, l'article 5 de la présente loi sera appliqué.

34. Les dispositions de la présente loi relatives au timbre des journaux et écrits périodiques ne seront exécutoires qu'à partir du 1er mars prochain.

Les droits de timbre et de poste afférents aux abonnements contractés avant la promulgation de la présente loi seront remboursés aux propriétaires des journaux ou écrits périodiques.

Les réclamations et justifications nécessaires seront faites dans les formes et délais déterminés par le décret réglementaire du 27 juillet 1850.

Cette dépense sera imputée sur le crédit alloué au chapitre LXX du budget des finances, concernant les remboursements sur produits indirects et divers.

35. Un délai de trois mois est accordé pour obtenir un brevet de libraire à ceux qui n'en ont pas obtenu et font actuellement le commerce de la librairie.

Après ce délai, ils seront passibles, s'ils continuent leur commerce, des peines édictées par l'article 24 de la présente loi.

36. La présente loi n'est pas applicable à l'Algérie et aux colonies.

Sont abrogées les dispositions des lois antérieures contraires à la présente loi, et notamment les articles 14 et 18 de la loi du 16 juillet 1850.

37. Les ministres sont chargés, chacun en ce qui le concerne, de l'exécution du présent décret, (*Bull.* 490, n° 3651.)

Nº 56.— (17 fév. 1852.)— DÉCRET *qui ouvre, sur l'exercice 1851, un crédit supplémentaire pour les frais de justice criminelle.*

LOUIS-NAPOLÉON, PRÉSIDENT DE LA RÉPUBLIQUE FRANÇAISE,

Vu la loi de finances du 29 juillet 1850, portant fixation du budget des dépenses de l'exercice 1851;

Sur le rapport du garde des sceaux, ministre de la justice,

DÉCRÈTE :

ART. 1er. Il est ouvert au garde des sceaux, ministre de la justice, sur l'exercice 1851, un crédit supplémentaire de la somme de sept cent cinquante mille francs, applicable aux frais de justice criminelle (chapitre XIII du budget).

2. Il sera pourvu à la dépense au moyen des ressources de l'exercice 1851.

3. Les ministres de la justice et des finances sont chargés, chacun en ce qui le concerne, de l'exécution du présent décret, qui sera inséré au *Bulletin des Lois*. (*Bull.* 490, n° 3665.)

N° 57. — (18 fév. 1852.) — DÉCRET *relatif à la garantie des opérations du sous-comptoir des chemins de fer*.

LOUIS-NAPOLÉON, PRÉSIDENT DE LA RÉPUBLIQUE FRANÇAISE,

Vu les décrets des 7 et 8 mars 1848, relatifs à la création des comptoirs nationaux d'escompte;

Vu le décret du 24 mars suivant, relatif à la création des sous-comptoirs;

Vu les arrêtés du ministre des finances, en date des 28 juin et 26 juillet 1850, relatifs à la création du sous-comptoir des chemins de fer;

Vu la demande formée, le 6 février 1852, par le directeur du comptoir national d'escompte de Paris, au nom dudit comptoir et du sous-comptoir des chemins de fer;

Sur le rapport du ministre secrétaire au département des finances,

DÉCRÈTE :

ART. 1er. Le ministre des finances est autorisé à garantir les opérations du sous-comptoir des chemins de fer, jusqu'à concurrence d'une somme égale à la moitié du capital versé par les actionnaires.

Cette garantie, qui ne pourra excéder un million de francs, sera représentée par un bon du trésor, non négociable.

2. Elle sera affectée à couvrir, concurremment et proportionnellement avec le capital réalisé, les pertes qui pourraient résulter des opérations du sous-comptoir.

3. L'exécution de cette garantie ne pourra être réclamée, le cas échéant, qu'au terme de la société du sous-comptoir des chemins de fer, fixé au 18 mars 1857, ou lors de la liquidation de cette société, si elle avait lieu avant ladite époque.

4. Le ministre des finances est chargé de l'exécution du présent décret. (*Bull.* 498, n° 3747.)

N° 58. — (19 fév. 1852.) — DÉCRET *qui approuve la convention passée, le 19 février 1852, entre le ministre des travaux publics et la compagnie du chemin de fer du Nord*.

LOUIS-NAPOLÉON, PRÉSIDENT DE LA RÉPUBLIQUE FRANÇAISE,

Sur le rapport du ministre des travaux publics;

Vu la loi du 26 juillet 1844 qui a autorisé la concession du chemin de fer d'Amiens à Boulogne, le cahier des charges annexé à cette loi, et l'ordonnance du 24 octobre de la même année, qui a approuvé l'adjudication de cette concession pour une durée de quatre-vingt-dix-huit années et onze mois, à dater dudit jour 24 octobre 1844;

Vu la loi du 15 juillet 1845, qui a autorisé la concession du chemin de fer de Paris à la frontière de Belgique, avec embranchement de Lille sur Calais et Dunkerque, et du chemin de fer de Creil à Saint-Quentin, ainsi que les cahiers des charges A et B, annexés à cette loi;

Vu l'ordonnance du 10 septembre 1845, qui a approuvé l'adjudication de la concession du chemin de fer de Paris à la frontière de Belgique, avec embranchement de Lille sur Calais et Dunkerque, pour une durée de trente-huit ans, à dater de l'époque fixée pour l'achèvement des travaux (10 septembre 1848);

Vu l'ordonnance du 29 décembre 1845, qui a approuvé l'adjudication du chemin de fer de Creil à Saint-Quentin, pour une durée de vingt-quatre ans trois cent trente-cinq jours, à dater de l'époque fixée pour l'achèvement des travaux (29 décembre 1848);

Vu la convention intervenue le 11 août 1848, entre le ministre des finances, stipulant au nom de l'Etat, et la compagnie du Nord relativement au remboursement des dépenses faites par l'Etat pour l'établissement du chemin de ferd du Nord;

Vu les procès-verbaux des délibérations des assemblées générales des actionnaires du chemin de fer du Nord et du chemin de fer d'Amiens à Boulogne, en date du 26 août 1851, autorisant l'adjonction de la concession du chemin de Boulogne à la concession du chemin du Nord;

Vu la convention provisoire, conclue aujourd'hui entre le ministre des travaux publics et la compagnie du chemin de fer du Nord,

DÉCRÈTE :

ART. 1er. La convention provisoire, passée aujourd'hui, entre le ministre des travaux publics et la compagnie du chemin de fer du Nord, est approuvée.

2. Toutes les clauses et conditions qui y sont stipulées, soit à la charge de l'Etat, soit à la charge de la compagnie du chemin de fer du Nord, recevront leur pleine et entière exécution.

Ladite convention restera annexée au présent décret.

3. Le ministre des travaux publics est chargé de l'exécution du présent décret. (*Bull.* 496, n° 3716.)

N° 59.— (19 fév. 1852.)— DÉCRET *concernant les officiers généraux du cadre d'activité nommés sénateurs, et non pourvus de fonctions de commandement.*

LOUIS-NAPOLÉON, PRÉSIDENT DE LA RÉPUBLIQUE,

Vu les articles 20, 21 et 22 de la Constitution, relatifs au sénat ;

Vu la loi du 19 mai 1834, sur l'état des officiers ;

Vu la loi du 4 août 1839, sur l'état-major général de l'armée de terre ;

Vu la loi du 17 juin 1841, sur l'état-major général de l'armée navale ;

Sur le rapport du ministre de la guerre et l'avis conforme du ministre de la marine,

DÉCRÈTE :

ART. 1er. Les officiers généraux du cadre d'activité nommés sénateurs, et non pourvus de fonctions de commandement, seront considérés comme en disponibilité hors cadre, et pourront, dès lors, être remplacés dans le cadre d'activité, selon que les besoins du service l'exigeront.

Néanmoins, ils resteront susceptibles d'être appelés à des commandements actifs et à faire partie du conseil de l'amirauté, du conseil des travaux de la marine et des comités d'armes.

2. Ces dispositions sont applicables à l'état-major général des armées de terre et de mer.

3. Les ministres de la guerre et de la marine et des colonies sont chargés, chacun en ce qui le concerne, de l'exécution du présent décret. (*Bull.* 497, n° 3725.)

N° 60.— (19 fév. 1852.)— DÉCRET *qui modifie celui du 22 décembre 1851, sur l'organisation du corps de la gendarmerie.*

LOUIS-NAPOLÉON, PRÉSIDENT DE LA RÉPUBLIQUE FRANÇAISE,

Vu le décret organique du 22 décembre 1851, portant fixation des cadres de la gendarmerie ;

Considérant qu'il importe de déterminer d'une manière plus précise les divers corps dont se compose la gendarmerie, et de coordonner leur organisation, autant que le permet la spécialité du service de cette armé, avec celle des autres corps de l'armée ;

Sur le rapport du ministre de la guerre,

DÉCRÈTE :

ART. 1er. Le corps de la gendarmerie se compose exclusivement,

1° De vingt-six légions pour le service des départements et de l'Algérie ; — 2° De la gendarmerie coloniale ; — 3° De deux bataillons de gendarmerie mobile ; — 4° De la garde républicaine chargée du service spécial de la ville de Paris ; — 5° De deux compagnies de gendarmes vétérans.

2. Le cadre de la gendarmie départementale, y compris la dix-septième légion et la légion d'Afrique, est fixé conformément au tableau ci-après :

OFFICIERS.

		Hommes.	Chev.
Colonels		19 }	79
Lieutenants-colonels.		7 }	
Chefs d'escadrons commandants de compagnie		90	183
Capitaines..	commandants de compagnie.	3	6
	trésoriers.	27	27
	commandants de lieutenance.	229	232
Lieutenants.	trésoriers.	66	66
	commandants de lieutenance.	193	202
Chirurgien aide-major		1	1
Total des officiers.		635	796

TROUPE.

		Hommes.	Chev.
Arme à cheval.	Adjudants sous-officiers.	26	26
	Maréch. des logis chefs.	65	65
	Maréchaux des logis.	726	726
	Brigadiers.	1,635	1,635
Arme à pied.	Maréch. des logis chefs.	2	»
	Maréchaux des logis.	597	»
	Maréchaux des logis adjoints aux trésoriers.	95	»
	Brigadiers.	736	»
	Maîtres armuriers.	2	»
Enfants de troupe		465	»
Total de la troupe.		4,147	2,452

3. Un maître armurier est affecté à chacun des deux bataillons de gendarmerie mobile.

4. Toutes les dispositions antérieures, contraires aux articles qui précèdent, sont et demeurent abrogées.

5. Le ministre de la guerre est chargé de l'exécution du présent décret. (*Bull.* 497, n° 3726.)

N° 61. — (19 fév. 1852.) — DÉCRET *pour l'exécution de la convention de poste conclue entre la France et le grand-duché de Luxembourg.*

LOUIS-NAPOLÉON, PRÉSIDENT DE LA RÉPUBLIQUE FRANÇAISE,

Vu la convention de poste, conclue et signée les 26 et 28 novembre 1851, entre la France et le Grand-Duché de Luxembourg;

Vu les lois des 14 floréal an x (4 mai 1802) et 30 mai 1838;

Vu le décret du 24 août 1848, les lois des 18 mai et 16 juillet 1850, et le décret du 17 février 1852;

Vu les ordonnances des 29 juillet 1818 et 14 décembre 1836;

Sur le rapport du ministre des finances,

DÉCRÈTE :

ART. 1er. A dater du 1er mars prochain, les personnes qui voudront envoyer de France, d'Algérie et des parages de la Méditerranée où la France possède des établissements de poste, des lettres ordinaires pour le Grand-Duché de Luxembourg, auront le choix de laisser le port entier de ces lettres à la charge des destinataires, ou d'en payer le port d'avance jusqu'à destination ; le tout par réciprocité de la même faculté accordée aux habitants du Grand-Duché de Luxembourg, pour les lettres ordinaires adressées par eux en France, en Algérie et dans les parages de la Méditerranée où la France possède des établissements de poste.

2. Les lettres simples de la France et de l'Algérie pour le Grand-Duché de Luxembourg, et, réciproquement, les lettres simples du Grand-Duché de Luxembourg, pour la France et l'Algérie, ne supporteront dorénavant qu'une taxe uniforme de quarante centimes par lettre.

Toutefois le port des lettres simples adressées de l'un des deux pays dans l'autre sera réduit à vingt-cinq centimes par lettre, lorsque la distance existant en ligne droite, entre le bureau d'origine et le bureau de destination, n'excédera pas trente kilomètres.

3. Les lettres simples du Grand-Duché de Luxembourg pour les parages de la Méditerranée où la France possède des établissements de poste, et, réciproquement, les lettres simples des parages de la Méditerranée où la France possède des établissements de poste, à destination du Grand-Duché de Luxembourg, ne supporteront qu'une taxe uniforme de un franc par lettre.

4. Seront considérées comme lettres simples celles dont le poids n'excédera pas sept grammes et demi;

Les lettres pesant de sept grammes et demi à quinze grammes inclusivement supporteront deux fois le port de la lettre simple;

Celles de quinze à vingt-deux grammes et demi inclusivement, trois fois le port de la lettre simple, et ainsi de suite, en ajoutant de sept grammes et demi en sept grammes et demi un port simple en sus.

5. Le port des lettres ordinaires de la France et de l'Algérie pour le Grand-Duché de Luxembourg pourra être acquitté par les envoyeurs au moyen des timbres d'affranchissement que l'administration des postes est autorisée à faire vendre.

Lorsque les timbres d'affranchissement apposés sur une lettre à destination du Grand-Duché de Luxembourg ne suffiront pas pour acquitter la totalité du port dont cette lettre demeurera passible en vertu des dispositions des articles 2 et 4 précédents, la valeur de ces timbres sera perdue pour l'envoyeur, et la lettre considérée comme non affranchie.

6. Les échantillons de marchandises que l'administration des postes de France et l'administration des postes du Grand-Duché de Luxembourg se transmettront réciproquement, à partir du 1er mars prochain, seront considérés comme lettres et taxés en conséquence.

7. Les habitants de la France et de l'Algérie et des parages de la Méditerranée où la France possède des établissements de poste, et ceux du Grand-Duché de Luxembourg, pourront se transmettre réciproquement des lettres dites *chargées*. Le port de ces lettres devra toujours être acquitté d'avance jusqu'à destination. Il sera double de celui des lettres ordinaires.

8. La correspondance exclusivement relative au service public expédiée du Grand-Duché de Luxembourg pour la France, et dont la circulation en franchise aura été autorisée sur le territoire luxembourgeois, sera délivrée sans taxe au destinataire, si l'autorité ou le fonctionnaire à qui elle est adressée jouit en France de la franchise ; mais, si le destinataire ne jouit pas de la franchise, cette correspondance supportera la taxe territoriale fixée par le premier paragraphe de l'article 13 de la loi du 18 mai 1850, et par l'article 3 du décret du 24 août 1848.

9. Les journaux, gazettes, ouvrages périodiques, livres brochés, brochures, papiers de musique, catalogues, prospectus, annonces et avis divers imprimés, lithographiés ou autographiés publiés en France, en Algérie et dans les parages de la Méditerranée où la France entretient des bu-

reaux de poste, qui seront adressés dans le Grand-Duché de Luxembourg, et, réciproquement, les objets de même nature publiés dans le Grand-Duché de Luxembourg qui seront adressés en France, en Algérie et dans les parages de la Méditerranée où la France entretient des établissements de poste, devront être affranchis, de part et d'autre, jusqu'à destination.

10. La taxe d'affranchissement des journaux, gazettes et ouvrages périodiques expédiés de France et d'Algérie pour le Grand-Duché de Luxembourg, et *vice versâ*, sera perçue d'après les dimensions réunies des feuillets composant chaque numéro de journal, de gazette ou d'ouvrage périodique, sans égard au nombre ou au format de ces feuillets, à raison de huit centimes par soixante et douze décimètres carrés ou fractions de soixante et douze décimètres carrés.

La taxe d'affranchissement des livres brochés, brochures, papiers de musique, catalogues, prospectus, annonces et avis divers imprimés, lithographiés ou autographiés, expédiés de France et d'Algérie pour le Grand-Duché de Luxembourg, et *vice versâ*, sera perçue d'après les dimensions réunies des feuillets existant dans chaque paquet portant une adresse particulière, à raison de huit centimes par trente-deux décimètres carrés ou fraction de trente-deux décimètres carrés.

11. La taxe d'affranchissement des journaux, gazettes et ouvrages périodiques, expédiés des parages de la Méditerranée où la France possède des établissements de poste pour le Grand-Duché de Luxembourg, et *vice versâ*, sera perçue d'après les dimensions réunies des feuillets composant chaque numéro de journal, de gazette ou d'ouvrage périodique, à raison de douze centimes par soixante et douze décimètres carrés ou fraction de soixante et douze décimètres carrés.

La taxe d'affranchissement des livres brochés, brochures, papiers de musique, catalogues, prospectus, annonces et avis divers imprimés, lithographiés ou autographiés, expédiés des parages de la Méditerranée où la France possède des établissements de poste, pour le Grand-Duché de Luxembourg, et *vice versâ*, sera perçue d'après les dimensions réunies des feuillets existant dans chaque paquet portant une adresse particulière ; à raison de douze centimes par trente-deux décimètres carrés ou fraction de trente-deux décimètres carrés.

12. Pour jouir des modérations de port accordées par les articles 10 et 11 précédents, aux journaux et autres imprimés, ces objets devront être mis sous bandes, non reliés, et ne contenir aucune écriture, chiffre ou signe quelconque à la main, si ce n'est la date et la signature. Les journaux et autres imprimés qui ne réuniraient pas ces conditions seront considérés comme lettres et taxés en conséquence.

13. Des journaux et autres imprimés expédiés de la France et de l'Algérie pour le Grand-Duché de Luxembourg, et *vice versâ*, ne seront reçus ou distribués par les bureaux dépendants de l'administration des postes de France qu'autant qu'il aura été satisfait, à leur égard, aux lois, décrets, ordonnances ou arrêtés qui fixent les conditions de leur publication et de leur circulation en France.

14. Les lettres chargées, expédiées de la France, de l'Algérie et des parages de la Méditerranée où la France possède des établissements de poste, pour le Grand-Duché de Luxembourg, ne pourront être admises que sous enveloppe et fermées au moins de deux cachets en cire avec empreinte. Ces cachets devront être placés sur les plis supérieur et inférieur de l'enveloppe, de manière que l'un et l'autre pli se trouvent réunis sous le même cachet.

15. Dans le cas où quelque lettre chargée viendrait à être perdue, il sera payé à l'envoyeur ou au destinataire, suivant le cas, une indemnité de cinquante francs.

Les réclamations concernant la perte des lettres chargées ne seront admises que dans les six mois qui suivront la date du dépôt ou de l'envoi du chargement ; passé ce terme, les réclamants n'auront droit à aucune indemnité.

16. Il ne sera reçu, dans les bureaux dépendants de l'administration des postes de France, aucune lettre ou paquet, à destination du Grand-Duché de Luxembourg, qui contiendrait, soit de l'or ou de l'argent monnayé, soit des bijoux ou effets précieux, ou tout autre objet passible des droits de douane.

17. Sont et demeurent abrogées, en ce qu'elles ont de contraire au présent décret, les dispositions des ordonnances des 29 juillet 1818 et 14 décembre 1836.

18. Le ministre des finances est chargé de l'exécution du présent décret, etc. (***Bull.*** 498, n° 3748.)

N° 62.—(20 fév. 1852.)—**Décret** *sur la presse aux colonies.*

LOUIS-NAPOLÉON, **Président de la République française,**

Sur le rapport du ministre secrétaire d'État de la marine et des colonies ;

Vu le décret organique du 17 février 1852, sur la presse, portant, article 36 : « La présente loi n'est pas applicable à l'Algérie et aux colonies; »

Considérant que les colonies, en attendant que leur constitution spéciale soit réglée par un sénatus-consulte, aux termes de l'article 27 de la Constitution, ne peuvent rester soumises, quant au régime de la presse, au décret du Gouvernement provisoire du 2 mai 1848 et à la loi du 7 août 1850,

DÉCRÈTE :

ART. 1er. Sont abrogés le décret du 2 mai 1848 et la loi du 7 août 1850, sur la presse aux colonies.

Sont remis en vigueur et seront exécutés jusqu'à ce qu'il en soit autrement ordonné, l'article 42 de l'ordonnance du 21 août 1825, sur le gouvernement de la Réunion, l'article 44 de l'ordonnance du 9 février 1827, sur le gouvernement des Antilles, et l'article 43 de l'ordonnance du 27 août 1828, sur le gouvernement de la Guyane française, lesdits articles portant :

« Le gouverneur surveille l'usage de la « presse, commissionne les imprimeurs, « donne les autorisations de publier les « journaux, et les révoque en cas d'abus.

« Aucun écrit autre que les jugements, « arrêts et actes publiés par autorité de « justice, ne peut être imprimé sans sa per- « mission. »

Est maintenue toutefois l'exception prévue, en matière de publication par la voie de la presse aux colonies, dans l'article 16 du décret du 3 février 1851, sur les évêchés coloniaux.

2. Le ministre de la marine et des colonies est chargé de l'exécution du présent décret, etc. (*Bull.* 497, n° 3727.)

N° 63. — (20 fév. 1852.) — DÉCRET *qui ouvre, sur l'exercice* 1851, *un crédit supplémentaire pour le paiement des primes accordées aux grandes pêches maritimes.*

LOUIS-NAPOLÉON, PRÉSIDENT DE LA RÉPUBLIQUE FRANÇAISE,

Sur le rapport du ministre de l'intérieur, de l'agriculture et du commerce;

Vu l'article 9 de la loi du 29 juillet 1850, portant fixation du budget des dépenses de l'exercice 1851,

DÉCRÈTE :

ART. 1er. Il est ouvert au ministère de l'intérieur, de l'agriculture et du commerce, sur l'exercice 1851, un crédit supplémen-

taire de huit cent mille francs (800,000 fr.), applicable au paiement des primes accordées aux grandes pêches maritimes.

2. Il sera pourvu à la dépense autorisée par le présent décret au moyen des ressources affectées à l'exercice 1851 par la loi du 7 août 1850.

3. Le ministre de l'intérieur, de l'agriculture et du commerce, et le ministre des finances, sont chargés, chacun en ce qui le concerne, de l'exécution du présent décret, etc. (*Bull.* 502, n° 3780.)

N° 64.—(20 fév. 1852.)—DÉCRET *sur les indemnités de frais d'établissement accordées aux ambassadeurs, ministres plénipotentiaires, ministres résidents, chargés d'affaires en titre, consuls généraux et consuls.*

LOUIS-NAPOLÉON, PRÉSIDENT DE LA RÉPUBLIQUE,

Sur le rapport du ministre des affaires étrangères,

DÉCRÈTE;

ART. 1er. Les ambassadeurs, ministres plénipotentiaires, ministres résidents, chargés d'affaires en titre, consuls généraux et consuls ont droit à recevoir une indemnité pour frais d'établissement.

2. Cette indemnité est égale au tiers du traitement accordé à l'agent.

3. L'indemnité de frais d'établissement s'acquiert par trois années de résidence. Dans les comptes à intervenir, chaque mois représentera un trente-sixième.

Les fractions de mois seront comptées pour un mois entier en faveur de l'agent.

4. En cas de destitution ou de démission, l'agent doit restituer au trésor le montant des trente-sixièmes qui ne lui sont point acquis.

La restitution a lieu sur la simple demande du ministre des affaires étrangères.

5. En cas de rappel, si l'agent est considéré comme ne devant pas être réemployé, la restitution de la partie de l'indemnité non acquise sera également exigée.

Toutefois, une compensation de dix-huit trente-sixièmes lui sera accordée, si le rappel a eu lieu pour des causes étrangères au mérite de ses services.

L'effet de cette compensation cessera s'il est remis en activité; mais il lui sera alors tenu compte d'un trente-sixième par chaque mois écoulé depuis son rappel.

6. L'agent mis en inactivité continue d'acquérir l'indemnité qu'il a reçue lors de sa dernière nomination.

Après dix-huit mois d'inactivité, elle lui appartient définitivement.

7. Lorsqu'un agent est nommé à un nouveau poste avant d'avoir acquis entièrement l'indemnité qui lui a été accordée, il y a lieu d'imputer, sur l'indemnité nouvelle qu'il reçoit, une somme égale au montant des trente-sixièmes qu'il lui reste à acquérir.

8. Lorsqu'un agent, après avoir reçu l'indemnité allouée pour un poste est remplacé avant son départ,

S'il est nommé à une résidence donnant droit à une indemnité moindre , il doit restituer immédiatement la différence ;

S'il est remplacé sans être envoyé à une destination nouvelle, il reversera au trésor toute la somme qu'il aura reçue.

Toutefois, si son remplacement provient de causes qui ne puissent lui être imputées et qu'il ait déjà fait de bonne foi des dépenses d'établissement , le ministre appréciera la somme qui pourra lui être laissée en compensation de ses pertes. Cette somme ne pourra dépasser les deux cinquièmes de l'indemnité.

9. Après huit ans de résidence consécutive dans le même poste, tout agent politique ou consulaire pourra obtenir une seconde indemnité de frais d'établissement, si le ministre des affaires étrangères juge convenable de le proposer au Président de la République.

La proportion de cette indemnité sera du sixième du traitement. Elle sera soumise aux mêmes conditions de précompte et de restitution que la première.

10. En cas de décès d'un agent, l'indemnité appartient définitivement à sa succession.

11. Sont abrogées toutes dispositions contraires au présent décret.

12. Le ministre des affaires étrangères est chargé de l'exécution du présent décret, etc. (*Bull.* 539, n° 4109.)

N° 65.—(21 fév. 1852)— DÉCRET *de promulgation de la convention additionnelle de commerce et de navigation conclue, le 12 mai 1847, entre la France et le royaume des Deux-Siciles.*

LOUIS-NAPOLÉON, PRÉSIDENT DE LA RÉPUBLIQUE FRANÇAISE,

Considérant que les ratifications respectives de la convention additionnelle de commerce et de navigation, conclue à Naples, le 12 mai 1847, entre la France et le royaume des Deux-Siciles, ont été dûment échangées en leur temps ;

Considérant que les conditions auxquelles avait été subordonnée, dans les deux pays, la mise à exécution de cette convention, ont été remplies de part et d'autre ;

Sur le rapport du ministre des affaires étrangères,

DÉCRÈTE :

ART. 1er. La convention additionnelle de commerce et de navigation, conclue à Naples, le 12 mai 1847, entre la France et le royaume des Deux-Siciles, convention dont la teneur suit, recevra sa pleine et entière exécution à partir du 15 mars prochain.

Il en sera de même de la déclaration, échangée entre le ministre de la République à Naples et le ministre des affaires étrangères du royaume des Deux-Siciles, ayant pour objet d'étendre, pour les bateaux à vapeur respectifs, à l'intercourse indirecte, le traitement national, en ce qui concerne les taxes de douane et de navigation, borné par la convention supplémentaire à l'intercourse directe ; déclaration considérée comme si elle faisait partie de la convention elle-même, et dont la teneur suit également.

CONVENTION ADDITIONNELLE.

Sa Majesté le roi des Français et Sa Majesté le roi du royaume des Deux-Siciles, voulant donner une nouvelle extension aux relations établies entre leurs Etats par le traité de commerce et de navigation du 14 juin 1845 et la déclaration du 18 octobre de la même année, ont, à l'effet d'atteindre ce but, nommé pour leurs plénipotentiaires, savoir :

Sa Majesté le roi des Français, le sieur *Napoléon Lannes,* duc *de Montebello,* pair de France, etc., son ambassadeur près Sa Majesté le roi du royaume des Deux-Siciles ;

Et Sa Majesté le roi du royaume des Deux-Siciles, D. *Justin Fortunato,* chevalier, etc., etc., ministre secrétaire d'Etat de sa majesté, D. *Michel Gravina et Requesenz,* prince *de Comitini,* etc., etc., ministre secrétaire d'Etat de sa majesté, et D. *Antoine Spinelli,* des princes *de Scalea,* commandeur, etc., etc., intendant de la province de Naples ;

Lesquels, après avoir échangé leurs pleins pouvoirs, trouvés en bonne et due forme, sont convenus des articles suivants :

ART. 1er. Toutes les productions du sol ou de l'industrie des deux pays, ou de leurs domaines respectifs, provenant de l'un et pouvant être légalement importées dans l'autre, seront soumises aux mêmes droits et jouiront des mêmes privilèges, qu'elles

11.

soient importées par bâtiments français ou par bâtiments des Deux-Siciles ;

De même toutes les productions qui pourront être légalement exportées ou réexportées de l'un des deux pays dans l'autre seront soumises aux mêmes droits et jouiront des mêmes priviléges, avantages, concessions et restitutions, qu'elles soient exportées ou réexportées par les bâtiments de l'un ou de l'autre pays.

2. Les navires français arrivant dans les ports du royaume des Deux-Siciles, et les navires des Deux-Siciles arrivant de la France, seront traités, dans les deux pays, soit à leur entrée, soit pendant leur séjour, soit à leur sortie, sur le même pied que les bâtiments nationaux, pour tout ce qui concerne les droits de tonnage, de pilotage, de port, de fanal, de quarantaine et autres charges qui pèsent sur la coque du navire, sous quelque dénomination que ce soit, pourvu que ces bâtiments viennent directement de l'un des ports de la France dans un des ports du royaume des Deux-Siciles, et de l'un des ports du royaume des Deux-Siciles dans un des ports de la France, s'ils sont chargés, et pour toute espèce de voyage, s'ils sont sur lest.

3. La durée de la présente convention sera la même que celle du traité conclu, le 14 juin 1845, entre Sa Majesté le roi des Français et Sa Majesté le roi du royaume des Deux-Siciles.

4. La convention sera ratifiée, et les ratifications en seront échangées à Naples, dans le délai de quatre mois, ou plus tôt, si faire se peut.

En foi de quoi, les plénipotentiaires respectifs, l'ont signée et y ont apposé le cachet de leurs armes.

Fait à Naples, le 12 mai de l'an de grâce 1847.

Signé duc DE MONTEBELLO.
Signé GIUSTINO FORTUNATO.
Signé Principe DI COMITINI.
Signé ANTONIO SPINELLI.

DÉCLARATION.

Le soussigné, président du conseil des ministres, chargé du portefeuille des affaires étrangères, a reçu la note que Son Excellence monsieur *Barrot*, envoyé extraordinaire et ministre plénipotentiaire de la République française, lui a adressée, en date du 31 octobre dernier.

Monsieur *Barrot* témoignait, dans cette note, que le Gouvernement français était disposé à adopter la convention supplémentaire signée et ratifiée dès le 12 mai 1847, à condition que le traitement national stipulé dans ladite convention en faveur du commerce direct entre les deux pays fût de plein droit étendu, même dans le cas d'escale intermédiaire, aux bâtiments à vapeur respectifs des deux pays, et particulièrement à ceux de la compagnie à laquelle le Gouvernement français a récemment confié le service postal de la Méditerranée.

Le soussigné s'est empressé de soumettre à Sa Majesté le Roi, son auguste souverain le contenu de la note susmentionnée, et Sa Majesté, voulant saisir cette occasion pour donner une nouvelle preuve de déférence au Gouvernement français, a bien voulu, dans le conseil ordinaire d'Etat du 1er décembre, accéder à la condition demandée pour l'accomplissement de la Convention supplémentaire de 1847, moyennant une parfaite réciprocité, et sous la réserve que l'on maintienne toujours en pleine vigueur ce qui a été établi touchant le commerce de cabotage, auquel, en vertu du traité de commerce et de navigation de 1845, les seuls navires nationaux ont exclusivement droit.

Le soussigné, en ayant l'honneur de faire part de ce qui précède à Monsieur *Barrot*, saisit cette occasion de lui offrir les assurances de sa haute considération.

Naples, 12 décembre 1851.

Signé FORTUNATO.

Pour traduction conforme :
Naples, le 19 décembre 1851.

Signé A. BARROT

2. Le garde des sceaux, ministre de la justice, le ministre des affaires étrangères et le ministre des finances, sont chargés, chacun en ce qui le concerne, de l'exécution du présent décret, etc. (*Bull.* 491, n° 3667.)

N° 66. — (21 fév. 1852.) — RAPPORT *et* DÉCRET *sur la fixation des limites de l'inscription maritime dans les fleuves et rivières affluant à la mer, sur le Domaine public maritime.*

RAPPORT AU PRINCE PRÉSIDENT DE LA RÉPUBLIQUE FRANÇAISE.

Monseigneur,

J'ai l'honneur de soumettre à votre approbation diverses mesures dont la promulgation récente de la loi sur la pêche maritime côtière nécessite l'adoption.

La loi du 15 avril 1829 établit que des ordonnances insérées au *Bulletin des lois* doivent fixer les limites entre les pêches fluviale et maritime dans les rivières affluant à la mer ; que ces limites sont les mêmes que celles de *l'inscription maritime*, mais que la pêche qui se fait en dessus du point où *les eaux sont salées* est soumise aux règles de police et de conservation établies pour la pêche fluviale.

Si l'ordonnance du 10 juillet 1835 a déterminé les divers points de séparation de la pêche libre et de la pêche affermée, aucun acte n'a encore fixé les points à partir desquels doit s'exercer l'action des règlements relatifs à la police des pêches maritime et fluviale.

Cette lacune sera comblée dans les divers décrets à l'élaboration desquels il est actuellement procédé sous ma direction, conformément à l'article 3 de la loi du 9 janvier 1852, et, par suite, il me semble plus normal que la fixation des limites de l'inscription maritime sur les fleuves et rivières affluant directement ou indirectement à la mer, soit désormais confiée à mon département, qui se concerterait préalablement avec l'administration des eaux et forêts.

La nouvelle loi sur la pêche n'a fait que reproduire les principes consacrés par les anciens règlements sur la matière, et il me paraît également plus conforme à la nature des choses, ainsi qu'à l'esprit de cette loi, que le ministre de la marine soit appelé à déterminer à l'avenir, selon la règle posée dans l'article 1er du titre VII, livre IV, de l'ordonnance d'août 1681, les limites du *domaine public maritime* sur tous les points du littoral, excepté, toutefois, dans les ports de commerce et à l'embouchure des fleuves et rivières ; ce qui implique, pour le ministre de la marine, le soin de procéder, dans l'occasion, aux déclarations administratives d'inaliénabilité et d'imprescriptibilité basées sur les articles 538 et 714 du Code civil.

Je m'empresse de faire remarquer que cette disposition ne porte aucune atteinte aux attributions du département des travaux publics, qui a mission de veiller à la conservation du rivage, des ports de commerce et travaux à la mer, ainsi que d'assurer l'exécution des règlements relatifs à la grande voirie.

C'est pour ce motif que je m'abstiens de réclamer la détermination des limites du domaine public maritime dans les ports de commerce. Quant à la délimitation du rivage à l'embouchure des fleuves et rivières, j'adhère aux conclusions d'une décision du conseil d'Etat, en date du 24 janvier 1850, qui, en raison de la multiplicité et du caractère des intérêts engagés, attri-

bue au ministre des finances la direction de cette opération (1).

Je saisis, au reste, cette occasion d'appeler votre attention sur une omission regrettable que présente l'ordonnance du 23 septembre 1825, relative à la concession des lais et relais de mer, c'est-à-dire de portions du *domaine de l'Etat* qui, aux termes des articles 557 du Code civil et 41 de la loi du 16 septembre 1807, sont susceptibles d'appropriation.

Le ministre et l'administration de la marine ne sont point mentionnés dans cet acte parmi les diverses autorités qui doivent être préalablement consultées, bien que des dispositions amiables aient été concertées pour obvier aux conséquences d'une omission préjudiciable aux intérêts maritimes, il me paraît nécessaire de consacrer régulièrement cette modification. Il convient, d'ailleurs, qu'il soit également reconnu que mon département doit, *à fortiori*, être valablement consulté, préalablement à toute autorisation d'établissement de quelque nature que ce soit sur le domaine public maritime.

Tel est, Monseigneur, l'objet du projet de loi que j'ai l'honneur de soumettre à votre sanction et dont l'adoption aura pour résultat, tout en préservant les intérêts considérables que j'ai mission de défendre, de faire disparaître toute occasion de difficultés et de conflits administratifs.

DÉCRET.

LOUIS-NAPOLÉON, Président de la République Française,

Vu l'ordonnance de la marine d'août 1681, livre IV, titre VII, article premier ;
Les articles 538, 557, 714, 2226, 2232 et 2340 du Code civil ;
La loi du 16 septembre 1807, article 41 ;
Le décret du 16 décembre 1811 ;
Le décret du 10 avril 1812 ;
L'ordonnance du 23 septembre 1825 ;
La loi du 15 avril 1829, article 3 :
L'ordonnance du 10 juillet 1835 ;
La loi du 23 mars 1842 ;
La décision du conseil d'Etat en date du 24 janvier 1850 ;
La loi du 9 janvier 1852, articles 2 et 3 ;
Les articles 56 et 58 de la Constitution du 14 janvier 1852 ;

____

(1) Au reste, par suite d'une délibération du conseil d'administration de la direction générale de l'enregistrement et des domaines, en date du 18 juin 1850, le département des finances a remis à celui des travaux publics la direction des opérations de délimitation du rivage à l'embouchure des fleuves et rivières.

Sur le rapport du ministre secrétaire d'Etat de la marine et des colonies ;

Le conseil d'amirauté entendu,

DÉCRÈTE :

ART. 1er. Des décrets du Président de la République, insérés au *Bulletin des lois* et rendus sur la proposition du ministre de la marine, détermineront dans les fleuves et rivières affluant directement ou indirectement à la mer, les limites de l'inscription maritime et les points de cessation de la salure des eaux.

2. Les limites de la mer seront déterminées par des décrets du Président de la République rendus sous forme de règlements d'administration publique, tous les droits des tiers réservés, sur le rapport du ministre des travaux publics, lorsque cette délimitation aura lieu à l'embouchure des fleuves ou rivières, et sur le rapport du ministre de la marine, lorsque cette délimitation aura lieu sur un autre point du littoral.

Dans ce dernier cas, les opérations préparatoires seront indistinctement confiées par le ministre de la marine, soit aux préfets maritimes, soit aux préfets de département.

Quant aux déclarations de domanialité relatives à des portions du domaine public maritime, elles seront faites par des fonctionnaires, dont les arrêtés déclaratifs seront visés par le ministre de la marine.

3. L'avis du ministre de la marine sera réclamé en ce qui concerne la concession des lais et relais de mer, et son assentiment devra être obtenu pour les autorisations relatives à la formation d'établissement de quelque nature que ce soit, sur la mer et ses rivages.

4. Les syndics des gens de mer, gardes maritimes et gendarmes de la marine pourront constater, concurremment avec les fonctionnaires et agents dénommés dans les lois et décrets relatifs à la grande voirie, les établissements irrégulièrement formés sur le domaine public maritime.

Les commissaires de l'inscription maritime donneront, dans ce cas, aux procès-verbaux de ces agents la direction indiquée par l'article 113, titre IX, du décret du 16 décembre 1811, etc. (*Bull.* 497, n° 3728.)

N° 67.—(21 fév. 1852.)—DÉCRET *relatif au paiement des secours annuels et viagers accordés aux anciens militaires de la République et de l'Empire.*

LOUIS-NAPOLÉON, PRÉSIDENT DE LA RÉPUBLIQUE FRANÇAISE.

Vu les décrets du 14 décembre 1851 et 9 février 1852, autorisant la concession de secours annuels et viagers à d'anciens militaires de la République et de l'Empire ;

Vu les états de répartition dressés et arrêtés, par M. le grand chancelier de la Légion d'honneur, au profit des septuagénaires formant la deuxième catégorie des anciens militaires appelés au bénéfice desdits décrets ;

Considérant que, en appliquant à la distribution des secours dont il s'agit les formes déterminées pour les pensions militaires, le paiement n'en peut être effectué qu'au 1er avril, et qu'il importe qu'un soulagement immédiat soit apporté à la situation des ayants droit ;

Sur le rapport du ministre des finances,

DÉCRÈTE :

ART. 1er. Une provision sera immédiatement payée aux anciens militaires de la République et de l'Empire compris dans les états susvisés.

Cette provision sera du quart du secours annuel et sera précomptée sur les arrérages dudit secours.

2. Le ministre des finances est chargé de l'exécution du présent décret, etc. (*Bull.* 498, n° 3749.)

N° 68.—(21 fév. 1852.) — DÉCRET *portant prorogation des pouvoirs des membres des conseils généraux, des conseils d'arrondissement et des conseils municipaux, soumis à la réélection.*

LOUIS-NAPOLÉON, PRÉSIDENT DE LA RÉPUBLIQUE FRANÇAISE,

Sur le rapport du ministre de l'intérieur,

DÉCRÈTE :

ART. 1er. Les pouvoirs des membres des conseils généraux, des conseils d'arrondissement et des conseils municipaux, soumis à la réélection, sont prorogés, pendant trois mois, à dater de ce jour.

2. Le ministre de l'intérieur est chargé de l'exécution du présent décret, etc. (*Bull.* 502, n° 3781.)

N° 69.—(23 fév. 1852.) — DÉCRET *qui affecte au service du département de la guerre, l'hôtel de l'ancien quartier général de l'ex-14e division militaire, situé à Rouen.*

LOUIS-NAPOLÉON, PRÉSIDENT DE LA RÉPUBLIQUE FRANÇAISE,

Vu l'article 4 de la loi de finances du 15 mai 1850 ;

Vu le décret du 26 décembre 1851, qui place à Rouen (Seine-Inférieure) le quartier général de la deuxième division militaire ;

Considérant qu'il y a lieu de rendre à sa première destination l'hôtel de l'ancien quartier général de l'ex-quatorzième division, situé dans cette ville, rue du Moulinet, et que le ministre des finances a donné son assentiment à cette mesure ;

Sur le rapport du ministre de la guerre,

DÉCRÈTE :

ART. 1er. L'hôtel de l'ancien quartier général de l'ex-quatorzième division militaire, situé à Rouen, rue du Moulinet, est affecté au service du département de la guerre, pour le quartier général de la deuxième division.

2. Les ministres de la guerre et des finances sont chargés de l'exécution du présent décret, qui sera inséré au *Bulletin des Lois*, etc. (*Bull.* 497, n° 3729.)

———

N° 70. — (23 fév. 1852.)—DÉCRET *qui institue un prix en faveur de l'auteur de la découverte qui rendra la pile de Volta applicable avec économie, soit à l'industrie comme source de chaleur, soit à l'éclairage, soit à la chimie, soit à la mécanique, soit à la médecine pratique.*

LOUIS-NAPOLÉON, PRÉSIDENT DE LA RÉPUBLIQUE FRANÇAISE,

Sur le rapport du ministre de l'instruction publique et des cultes ;

Considérant que, au commencement du siècle, la pile de Volta a été jugée le plus admirable des instruments scientifiques ;

Qu'elle a donné :

A la chaleur, les températures les plus élevées ;

A la lumière, une intensité qui dépasse toutes les lumières artificielles ;

Aux arts chimiques, une force mise à profit par la galvanoplastie et le travail des métaux précieux ;

A la physiologie et à la médecine pratique, des moyens dont l'efficacité est sur le point d'être constatée ;

Qu'elle a créé la télégraphie électrique ;

Qu'elle est ainsi devenue et tend encore à devenir, comme l'avait prévu l'Empereur, le plus puissant des agents industriels ;

Considérant, dès lors, qu'il est d'un haut intérêt d'appeler les savants de toutes les nations à concourir au développement des applications les plus utiles de la pile de Volta,

DÉCRÈTE :

ART. 1er. Un prix de *cinquante mille francs* est institué en faveur de l'auteur de la découverte qui rendra la pile de Volta applicable, avec économie,

Soit à l'industrie, comme source de chaleur ;

Soit à l'éclairage ;

Soit à la chimie ;

Soit à la mécanique ;

Soit à la médecine pratique.

2. Les savants de toutes les nations sont admis à concourir.

3. Le concours demeurera ouvert pendant cinq ans.

3. Il sera nommé une commission chargée d'examiner la découverte de chacun des concurrents et de reconnaître si elle remplit les conditions requises.

4. Les ministres sont chargés, chacun en ce qui le concerne, de l'exécution du présent décret, etc. (*Bull.* 497, n° 3730.)

———

N° 71.—(23 fév. 1852.) — DÉCRET *qui ouvre, sur l'exercice 1851, un crédit supplémentaire pour frais de tournées extraordinaires des agents de l'inspection générale des finances.*

LOUIS-NAPOLÉON, PRÉSIDENT DE LA RÉPUBLIQUE FRANÇAISE,

Vu la loi du 29 juillet 1850, portant fixation du budget des dépenses de l'exercice 1851 ;

Sur le rapport du ministre des finances,

DÉCRÈTE :

ART. 1er. Il est ouvert au ministre des finances, sur l'exercice 1851, un crédit supplémentaire de neuf mille cent soixante et un francs (9,161 fr.) pour frais de tournées extraordinaires des agents de l'inspection générale des finances.

(Administration centrale.—Chapitre XXIX.—*Dépenses diverses.*)

2. Le ministre des finances est chargé de l'exécution du présent décret, qui sera inséré au *Bulletin des Lois*, etc. (*Bull.* 498, n° 3750).

———

N° 72. — (23 fév. 1852). — DÉCRET *qui accorde des crédits au ministre de la guerre pour des créances appartenant à de exercices périmés et à des exercices clos.*

LOUIS-NAPOLÉON, PRÉSIDENT DE LA RÉPUBLIQUE FRANÇAISE,

Sur le rapport du ministre de la guerre et de l'avis du ministre des finances,

DÉCRÈTE :

ART. 1er. Il est accordé au ministre de la guerre, sur l'exercice 1852, pour le paiement des créances d'exercices périmés, un crédit extraordinaire spécial de quarante-deux mille neuf cent soixante-neuf fran-

quatre-vingt-sept centimes (42,969 f. 87 c.), suivant l'état A ci-annexé.

2. L'ordonnancement de ces créances aura lieu avec imputation au chapitre *Dépenses des exercices périmés*, prescrit par l'article 8 de la loi du 10 mai 1838.

3. Il est en outre accordé au ministre de la guerre, en augmentation des restes à payer des exercices clos 1848 et 1849, des crédits supplémentaires pour la somme totale de quatre-vingt-huit mille quatre cent seize francs trente-sept centimes (88,416 fr. 37 c.), montant des nouvelles créances constatées sur ces deux exercices, suivant l'état B ci-annexé.

4. L'ordonnancement de ces dernières créances aura lieu au titre du chapitre ouvert pour les dépenses des exercices clos aux budgets des exercices courants, en exécution de l'article 8 de la loi du 23 mai 1834, etc. (*Bull.* 502, n° 3782.)

N° 73. — (25 fév. 1852.) — Décret *qui autorise le ministre des travaux publics à concéder le chemin de fer de Strasbourg à la frontière bavaroise, près Wissembourg, et à modifier le cahier des charges de la concession du chemin de fer de Strasbourg à Bâle.*

LOUIS-NAPOLÉON, Président de la République française,

Sur le rapport du ministre des travaux publics,

Décrète :

Art. 1er. Le ministre des travaux publics est autorisé à concéder directement le chemin de fer destiné à relier Strasbourg et la frontière bavaroise près Wissembourg, et à modifier le cahier des charges de la concession du chemin de fer de Strasbourg à Bâle, conformément aux clauses et conditions du cahier des charges ci-annexé.

2. Le ministre des travaux publics est chargé de l'exécution du présent décret, etc. (*Bull.* 499, n° 3759.)

N° 74. — (25 fév. 1852.) — Décret *qui approuve la convention passée, le 25 février 1852, entre le ministre des travaux publics et la compagnie du chemin de fer de Strasbourg à Bâle.*

LOUIS-NAPOLÉON, Président de la République française,

Sur le rapport du ministre des travaux publics ;

Vu le décret en date de ce jour, et, spécialement, l'article 1er, ainsi conçu :

« Le ministre des travaux publics est au-« torisé à concéder le chemin de fer de Stras-« bourg à la frontière bavaroise, près Wis-« sembourg, et à modifier en même temps « le cahier des charges de la concession du « chemin de fer de Strasbourg à Bâle, con-« formément aux clauses et conditions du « cahier des charges ci-annexé ; »

Vu l'article 70 dudit cahier des charges, ainsi conçu :

« Les conventions à passer avec le minis-« tre des travaux publics, en exécution du « présent acte, devront être réglées par des « décrets du Président de la République ; »

Vu la convention provisoire passée, le 25 février 1852, entre le ministre des travaux publics, agissant au nom de l'Etat, et les administrateurs de la compagnie du chemin de fer de Strasbourg à Bâle,

Décrète :

Art. 1er. La convention passée, le 25 février 1852, entre le ministre des travaux publics, agissant au nom de l'Etat, et MM. *West, Coquart, David, Perroty, Gibert, Girard* et *de la Gravière*, agissant comme membres du conseil d'administration de la compagnie anonyme du chemin de fer de Stasbourg à Bâle, et au nom de ladite compagnie, est approuvée.

2. La convention ci-dessus mentionnée sera annexée au présent décret.

3. Le ministre des travaux publics est chargé de l'exécution du présent décret, etc. (*Bull.* 499, n° 3760.)

N° 75. — (25 fév. 1852.) — Décret *relatif à l'achèvement des travaux du chemin de fer de Paris à la frontière d'Allemagne, entre Strasbourg et Hommarting.*

LOUIS-NAPOLÉON, Président de la République française,

Sur le rapport du ministre des travaux publics ;

Vu la loi du 11 juin 1842, le décret du Gouvernement provisoire du 24 avril 1848 et la loi du 7 mai 1850, portant allocation de crédits pour les travaux de la section du chemin de fer de Paris à Strasbourg comprise entre Hommarting et Strasbourg ;

Considérant que, par cette dernière loi, il n'a pas été pourvu à la dépense d'établissement de la gare intérieure de Strasbourg ;

Décrète :

Art. 1er. Une somme de un million six cent mille francs (1,600,000 fr.) est affectée à l'achèvement des travaux à la charge de l'Etat sur la section du chemin de fer de Paris à la frontière d'Allemagne comprise entre Strasbourg et Hommarting.

2. Le solde de la part contributive de la compagnie du chemin de fer de Strasbourg à Bâle dans les frais d'établissement de la gare de Strasbourg est fixé à cinq cent mille francs (500,000 fr.) et sera imputé sur la somme de un million cinquante mille francs formant le dernier douzième du prêt de douze millions six cent mille francs que l'Etat s'est engagé à faire à la compagnie en vertu de la loi du 15 juillet 1840.

3. En exécution des articles 1 et 2 ci-dessus, il est ouvert au ministre des travaux publics,

Sur l'exercice 1852, un crédit de neuf cent mille francs . . . . 900,000 fr.
Et sur l'exercice 1853, un crédit de un million deux cent mille francs. 1,200,000

Total. . . . 2,100,000

4. Les ministres des finances et des travaux publics sont chargés de l'exécution du présent décret, etc. (*Bull.* 499, n° 3761.)

N° 76.—(25 fév. 1852.) — DÉCRET *relatif au travail dans les prisons.*

LOUIS-NAPOLÉON, PRÉSIDENT DE LA RÉPUBLIQUE FRANÇAISE,

Sur le rapport du ministre de l'intérieur;
Vu le décret du 24 mars 1848, qui a suspendu le travail dans les prisons;
Vu la loi du 9 janvier 1849, qui a réglé les conditions de l'organisation du travail dans les maisons centrales de force et de correction et dans les prisons de la Seine;
Considérant que la disposition de l'article 3 de cette loi, portant que les produits du travail des détenus seront consommés par l'Etat, autant que possible, n'a pu recevoir jusqu'à présent qu'une exécution incomplète, malgré les efforts de l'administration;
Que, par suite, une notable partie des condamnés renfermés dans les maisons centrales reste livrée à tous les désordres si graves, si démoralisants de l'oisiveté;
Que cet état de choses, qui offense la morale, est contraire aux articles 31 et 40 du Code pénal;
Considérant que le travail des détenus, réduit à une appréciation exacte, ne présente que des résultats tout à la fois insignifiants relativement à la masse générale de la production et qu'il ne peut fournir les éléments d'une concurrence sérieuse;
Que des mesures administratives peuvent, d'ailleurs, être prises pour prévenir la réduction des prix de main-d'œuvre du travail libre, par l'effet du travail dans les prisons,

DÉCRÈTE :

ART. 1er. La loi du 9 janvier 1849 est abrogée.
2. Le ministre de l'intérieur est autorisé à réorganiser le travail dans les prisons.
3. Les produits du travail des détenus seront, autant que possible, appliqués à la consommation des administrations publiques.
Les condamnés qui ne seront pas employés directement par l'administration à des travaux destinés, soit au service des prisons, soit à des services publics, pourront être employés à des travaux d'industrie privée, sous les conditions déterminées par des règlements administratifs qui seront faits par le ministre de l'intérieur.
4. Le ministre de l'intérieur pourra, à titre d'essai, employer un certain nombre de condamnés à des travaux extérieurs.
5. Le ministre de l'intérieur est chargé de l'exécution du présent décret, etc. (*Bull.* 502, n° 3783.)

N° 77.—(25 fév. 1852.) — DÉCRET *portant que les délits dont la connaissance est actuellement attribuée aux Cours d'assises, et qui ne sont pas compris dans les décrets des 31 décembre 1851 et 17 février 1852, seront jugés par les tribunaux correctionnels.*

LOUIS-NAPOLÉON, PRÉSIDENT DE LA RÉPUBLIQUE,

Sur le rapport du garde des sceaux, ministre secrétaire d'Etat au département de la justice;
Considérant que la règle de compétence posée par l'article 179 du Code d'instruction criminelle forme le droit commun; que déjà la connaissance des délits commis au moyen de la parole ou de la presse a été restituée aux tribunaux de police correctionnelle par les décrets des 31 décembre 1851 et 17 février 1852;
Qu'on ne saurait, sans une véritable anomalie, laisser encore aux Cours d'assises la connaissance de quelques autres délits analogues par leur nature ou assimilés par le législateur à ceux qui sont déjà rentrés dans la règle commune;
Considérant qu'il est de principe que les lois de procédure et de compétence sont immédiatement applicables aux affaires à l'égard desquelles il n'y a pas jugement ou dessaisissement,

DÉCRÈTE :

ART. 1er. Tous les délits dont la connaissance est actuellement attribuée aux Cours d'assises, et qui ne sont pas compris dans les décrets des 31 décembre 1851 et 17 février 1852, seront jugés par les tribunaux correctionnels, sauf les cas pour lesquels il existe des dispositions spéciales à raison des fonctions ou de la qualité des inculpés.

2. Ces juridictions connaîtront de ceux de ces délits qui ont été commis antérieurement au présent décret et sur lesquels il n'aurait pas été statué autrement.

3. Les poursuites seront dirigées selon les formes et les règles prescrites par le Code d'instruction criminelle.

4. Sont et demeurent abrogées toutes dispositions relatives à la compétence, contraires au présent décret, et notamment celles qui résultent de la loi du 8 octobre 1830, en matière de délits politiques ou réputés tels; de l'article 6 de la loi du 10 décembre 1830, relative aux afficheurs et crieurs publics; de l'article 10 du décret du 7 juin 1848, sur les délits d'attroupements; de l'article 16, paragraphe 2, de la loi du 28 juillet 1848, sur les clubs et les sociétés secrètes; de l'article 117 de la loi électorale du 15 mars 1849.

5. Le garde des sceaux, ministre secrétaire d'État au département de la justice, est chargé de l'exécution du présent décret, etc. (*Bull.* 492, n° 3694.)

N° 78.—(25 fév. 1852.) — DÉCRET *qui ouvre, sur l'exercice 1851, un crédit supplémentaire pour le service du matériel du conseil d'État.*

LOUIS-NAPOLÉON, PRÉSIDENT DE LA RÉPUBLIQUE,

Vu la loi des finances du 29 juillet 1850, portant fixation du budget des dépenses de l'exercice 1851;

Sur le rapport du garde des sceaux, ministre de la justice,

DÉCRÈTE :

ART. 1er. Il est ouvert au garde des sceaux, ministre de la justice, sur l'exercice 1851, un crédit supplémentaire de la somme de douze mille cent francs (12,100 francs), applicable au service du matériel du conseil d'État (chapitre IV du budget).

2. Il sera pourvu à la dépense ci-dessus autorisée, au moyen des ressources de l'exercice 1851.

3. Les ministres de la justice et des finances sont chargés, chacun en ce qui le concerne, de l'exécution du présent décret, qui sera inséré au *Bulletin des Lois*, etc. (*Bull.* 492, n° 3695.)

N° 79.—(25 fév. 1852.) — DÉCRET *portant prorogation du délai d'exécution du chemin de fer de la frontière de Belgique à Vireux-sur-Meuse.*

LOUIS-NAPOLÉON, PRÉSIDENT DE LA RÉPUBLIQUE FRANÇAISE,

Sur le rapport du ministre des travaux publics;

Vu l'ordonnance en date du 8 mars 1845, qui autorise l'établissement d'un chemin de fer de la frontière de Belgique à Vireux-sur-Meuse;

Vu le cahier des charges annexé à cette ordonnance, et notamment les articles 1er et 25 ainsi conçus :

« Art. 1er. La compagnie s'engage à exécuter à ses frais, risques et périls, et à terminer dans le courant de quatre années au plus tard, à dater de l'ordonnance de concession, tous les travaux nécessaires à l'établissement et à la confection du chemin de fer de la frontière de Belgique à Vireux-sur-Meuse, et de manière que ce chemin soit praticable dans toutes ses parties à l'expiration du délai ci-dessus fixé.

« Art. 25. Faute par la compagnie d'avoir entièrement exécuté et terminé les travaux du chemin de fer dans les délais fixés par l'article 1er; faute aussi par elle d'avoir rempli les diverses obligations qui lui sont imposées par le présent cahier des charges, elle encourra la déchéance; »

Vu la convention passée, le 31 janvier 1852, à Bruxelles, entre le ministre des travaux publics de Belgique et la compagnie concessionnaire du chemin de fer de l'Entre-Sambre-et-Meuse, et spécialement l'article 4 de cette convention portant :

« Les travaux devront être repris le plus tôt possible, tant sur le tronc principal que sur les embranchements, et en tous cas au printemps prochain au plus tard. Ils devront être terminés, savoir : ceux de la ligne de Walcourt à Vireux, avant le 31 décembre 1854, et ceux des embranchements, avant le 31 décembre 1855; »

Vu la demande formée, le 13 février 1852, par le sieur *Georges Scheward*, représentant la compagnie du chemin de fer de l'Entre-Sambre-et-Meuse, à l'effet d'obtenir que le délai d'exécution du chemin de fer de la frontière de Belgique à Vireux-sur-Meuse soit prolongé jusqu'au 31 décembre 1854;

Considérant que le chemin de fer de la frontière belge à Vireux-sur-Meuse, dont la longueur n'est que de deux kilomètres et demi, forme le prolongement de la ligne de l'Entre-Sambre-et-Meuse qui s'exécute en Belgique, qu'il n'y a aucun intérêt à ce qu'il soit terminé avant que la section belge soit mise en exploitation,

Décrète :

Art. 1er. Le délai d'exécution du chemin de fer de la frontière de Belgique à Vireux-sur-Meuse , qui, d'après l'article 1er du cahier des charges annexé à l'ordonnance du 8 mars 1845 , devait expirer le 8 mars 1849, est prorogé jusqu'au 31 décembre 1854.

En conséquence, la clause de déchéance stipulée par l'article 25 dudit cahier de charges ne sera applicable , pour le cas d'inexécution des travaux, que si , à l'époque ci-dessus indiquée , le chemin n'est pas terminé et praticable dans toutes ses parties.

2. Les autres dispositions du cahier des charges susmentionné sont maintenues.

3. Le ministre des travaux publics est chargé de l'exécution du présent décret, lequel sera inséré au *Bulletin des Lois*, etc. (*Bull.* 497, n° 3731.)

N° 80.—(26 fév. 1852.) — Décret *sur l'organisation des compagnies de cavaliers vétérans, qui prendront le titre de* compagnies de cavaliers de remonte.

LOUIS-NAPOLÉON, Président de la République,

Vu les ordonnances des 10 décembre 1835 et 3 février 1843 , sur l'organisation des compagnies de cavaliers vétérans ;

Vu l'ordonnance du 16 mars 1838 , sur l'avancement dans l'armée ;

Sur le rapport du ministre de la guerre ,

Décrète :

Art. 1er. Les compagnies dites de *cavaliers vétérans*, actuellement affectées au service spécial des établissements de remonte, prendront le titre de *compagnies de cavaliers de remonte,*

Elles conserveront le numéro qu'elles ont aujourd'hui.

2. Le complet de chacune des quatre compagnies est fixé de la manière suivante, savoir :

OFFICIERS.

Capitaine commandant . . .	1	
Lieutenants.	2	5
Sous-lieutenants	2	

TROUPE.

Maréchal des logis chef . . .	1	
Maréchaux des logis . . .	8	
Maréchal des logis fourrier. .	1	
Brigadiers	16	194
Maréchaux ferrants	5	
Trompettes.	4	
Cavaliers. { de 1re classe . .	80	
{ de 2e classe. . .	80	
Enfants de troupe.	2	

Total de l'effectif de chaque compagnie 201

3. Les compagnies de cavaliers de remonte se recrutent dans les corps de cavalerie, parmi les militaires qui ont encore au moins trois ans à passer sous les drapeaux.

Les militaires des troupes à cheval libérés du service par ancienneté peuvent également concourir au recrutement des compagnies de cavaliers de remonte.

4. Les emplois vacants d'officier sont dévolus aux officiers de cavalerie en activité de service , ou en non-activité pour cause de licenciement de corps, de suppression d'emploi, de rentrée de captivité à l'ennemi, ou d'infirmités temporaires, et qui comptent quinze ans de service au moins.

5. Les emplois vacants de maréchal des logis et de brigadier sont conférés par le ministre de la guerre, pour les deux tiers, aux brigadiers et aux cavaliers des compagnies de cavaliers de remonte ; le troisième tiers est réservé aux maréchaux de logis et brigadiers des régiments de cavalerie.

Les maréchaux de logis chefs et les fourriers sont choisis, par avancement, dans les compagnies de cavaliers de remonte, où, à défaut de candidats dans ces compagnies, indistinctement dans les corps de troupes à cheval,

6. Nul militaire en activité de service ne peut être admis dans les compagnies de cavaliers de remonte, quel que soit son grade, s'il n'a été désigné à cet effet à l'inspection générale.

7. La solde des officiers des compagnies de cavaliers de remonte et celle de la troupe restent fixées conformément aux tarifs nos 30, 18 et 33 , annexés à l'ordonnance du 5 décembre 1840.

Les sous-officiers , brigadiers et cavaliers de ces compagnies continuent d'avoir droit à la haute paie d'ancienneté , sous les conditions déterminées par l'ordonnance du 25 décembre 1837. Les cavaliers qui étaient de première classe avant leur admission conservent cette position.

8. Pour tout ce qui concerne l'avancement, la police et la discipline, les compagnies de cavaliers de remonte sont placées sous l'autorité directe des officiers commandant les établissements de remonte.

9. Le commandant de chaque dépôt exerce, à cet égard, et dans toute leur plénitude, les attributions de *chef de corps*, vis-à-vis des officiers, sous-officiers et soldats desdites compagnies, attachés au dépôt ou à ses succursales.

En conséquence , c'est à lui qu'il appartient de prononcer le passage des cavaliers à la première classe ;

D'établir les tableaux d'avancement aux grades et emplois de brigadiers et de sous-officiers ; de donner les notes et de faire les propositions lors des inspections générales;

De diminuer ou d'augmenter les punitions ;

De prononcer la rétrogradation des cavaliers de première classe, la suspension des brigadiers ;

Enfin, de provoquer la cassation de ces derniers et de convoquer les conseils d'enquête et de discipline ;

Le commandant du dépôt délègue pour les détails journaliers du service, à chaque commandant de succursales, son autorité sur les cavaliers de remonte attachés à la succursale; mais le premier centralise, néanmoins, le commandement de toute la compagnie, et prononce, seul, sur tout ce qui touche à l'avancement et aux punitions graves.

10. Lorsqu'une compagnie de cavaliers de remonte se trouve fractionnée entre deux dépôts de remonte, les attributions de chef de corps sont exercées, à l'égard de cette compagnie, par celui des deux commandants de dépôts dans la circonscription duquel réside le capitaine commandant la compagnie, et l'autre commandant de dépôt reste, pour ce qui regarde la fraction placée dans son service, assimilé à un commandant de succursale.

11. Les capitaines commandant les compagnies de cavaliers de remonte, bien que, réduits au rôle de simples chefs de détachement, pour ce qui regarde le commandement, la police et la discipline, conservent leur liberté d'action et leur indépendance, pour tout ce qui concerne l'administration de leurs compagnies.

12. Toutes les dispositions antérieures qui sont contraires au présent décret sont et demeurent abrogées.

13. Le ministre de la guerre est chargé de l'exécution du présent décret, etc. (*Bull.* 497, n° 3732.)

N° 81.—(26 fév. 1852.)—DÉCRET *qui ouvre au département de la marine et des colonies, sur l'exercice 1851, des crédits montant à 317,000 francs, applicables aux chapitres III et XVII, et réduit de 4,500,000 francs le crédit affecté au chapitre X.*

LOUIS-NAPOLÉON, PRÉSIDENT DE LA RÉPUBLIQUE FRANÇAISE ;

Vu la loi de finances du 29 juillet 1850 portant fixation du budget général de l'exercice 1851 ;

Vu les lois ou décrets postérieurs accordant spécialement de nouveaux crédits au département de la marine et des colonies ;

Considérant, d'une part, que l'embarquement d'un nombre d'officiers de vaisseau et d'officiers de santé inférieur à celui qui avait été prévu par le budget laisse un découvert sur le chapitre affecté au paiement des traitements de grade à terre, et qu'un autre découvert a été également reconnu sur le chapitre particulièrement consacré à l'acquittement des dépenses faites à l'extérieur par les bâtiments en cours de campagne ;

Considérant, d'autre part, que, par suite de l'inexécution de certains marchés et l'ajournement à 1852 de livraisons de matières et de munitions navales, le service des approvisionnements généraux laissera sans emploi des crédits dont la remise au trésor public peut être, dès à présent, consommée ;

Sur le rapport du ministre secrétaire d'Etat de la marine et des colonies ,

DÉCRÈTE :

ART. 1er. Il est ouvert au département de la marine et des colonies, sur l'exercice 1851, des crédits supplémentaires montant ensemble à trois cent dix-sept mille francs (317,000 fr.), répartis de la manière suivante, savoir :

Au chapitre III. — Officiers militaires et civils.	70,000 fr.
Au chapitre XVII. — Frais de voyage vacations et dépenses diverses. .	247,000
Somme égale. . .	317,000

2. Il sera pourvu aux dépenses autorisées par l'article précédent au moyen des ressources de l'exercice 1851.

3. Le crédit affecté au chapitre X, *Approvisionnements généraux de la flotte*, par la loi des finances du 29 juillet 1850, est réduit d'une somme de quatre millions cinq cent mille francs (4,500,000 fr.)

4. Le ministre secrétaire d'Etat de la marine et des colonies et le ministre secrétaire d'Etat des finances sont chargés de l'exécution du présent décret, etc. (*Bull.* 503, n° 3798.)

N° 82.—(28 fév. 1852.)—DÉCRET *qui reporte à l'exercice 1852 une portion du crédit ouvert, sur l'exercice 1851, pour les dépenses relatives à l'exposition de Londres.*

LOUIS-NAPOLÉON, PRÉSIDENT DE LA RÉPUBLIQUE FRANÇAISE ,

Sur le rapport du ministre de l'intérieur, de l'agriculture et du commerce,

DÉCRÈTE :

ART. 1er. Une somme de cent quinze mille

sept cent trente-cinq francs cinquante-quatre centimes (115,735 fr. 54 c.) est annulée sur le crédit de six cent trente-huit mille francs ouvert au ministère de l'agriculture et du commerce, par la loi du 27 janvier 1841, pour les dépenses relatives à l'exposition de Londres.

2. Un crédit de cent quinze mille sept cent trente-cinq francs cinquante-quatre centimes (115,735 fr. 54 c.) est ouvert au même ministère, sur l'exercice 1852, pour l'achèvement des travaux et opérations dont il s'agit. Ce crédit formera un chapitre spécial au budget de 1852.

3. Le ministre de l'intérieur, de l'agriculture et du commerce, et le ministre des finances, sont chargés, chacun en ce qui le concerne, de l'exécution du présent décret, etc. (*Bull.* 502, n° 3784.)

N° 83. — (28 fév. 1852.) — DÉCRET *sur les sociétés de crédit foncier.*

LOUIS-NAPOLÉON, PRÉSIDENT DE LA RÉPUBLIQUE FRANÇAISE,

Sur le rapport du ministre de l'intérieur, de l'agriculture et du commerce,

DÉCRÈTE :

TITRE Ier. — DES SOCIÉTÉS DE CRÉDIT FONCIER.

ART. 1er. Des sociétés de crédit foncier, ayant pour objet de fournir aux propriétaires d'immeubles qui voudront emprunter sur hypothèque, la possibilité de se libérer au moyen d'annuités à long terme, peuvent être autorisées par décret du Président de la République, le conseil d'Etat entendu.

Elles jouissent alors des droits et sont soumises aux règles déterminées par le présent décret.

2. L'autorisation est accordée, soit à des sociétés d'emprunteurs, soit à des sociétés de prêteurs.

3. Les sociétés sont restreintes à des circonscriptions territoriales que le décret d'autorisation déterminera.

4. Les sociétés de crédit foncier ont le droit d'émettre des obligations ou lettres de gage.

5. Pour faciliter les premières opérations des sociétés, l'Etat et les départements peuvent acquérir une certaine quantité de ces lettres de gage.

La loi de finances fixera chaque année le maximum des sommes que le trésor pourra affecter à cet emploi.

La répartition en sera faite par le décret d'autorisation de chaque société.

Le même décret déterminera, en outre, la part qui sera attribuée à la société sur le fonds de dix millions affecté à l'établissement des institutions de crédit foncier par l'article 7 du décret du 22 janvier dernier.

TITRE II. — DES PRÊTS FAITS PAR LES SOCIÉTÉS DE CRÉDIT FONCIER.

6. Les sociétés de crédit foncier ne peuvent prêter que sur première hypothèque.

Sont considérés comme faits sur première hypothèque les prêts au moyen desquels tous les créanciers antérieurs doivent être remboursés en capital et intérêts.

Dans ce cas, la société conserve entre ses mains valeur suffisante pour opérer ce remboursement.

7. Le prêt ne peut, en aucun cas, excéder la moitié de la valeur de la propriété ; le minimum du prêt sera fixé par les statuts.

8. Nul prêt ne peut être réalisé qu'après l'accomplissement des formalités prescrites par le titre IV du présent décret pour purger, — 1° Les hypothèques légales, sauf le cas de subrogation par la femme à cette hypothèque ; — 2° Les actions résolutoires ou rescisoires et les privilèges non inscrits.

S'il survient une inscription pendant les délais de la purge, l'acte conditionnel de prêt est nul et non avenu.

9. Lorsque l'hypothèque légale est inscrite, le prêt ne peut être réalisé qu'après la mainlevée donnée, soit par la femme non mariée sous le régime dotal, soit par le subrogé tuteur du mineur ou de l'interdit, en vertu d'une délibération de conseil de famille.

10. L'emprunteur acquitte sa dette par annuité. Il a toujours le droit de se libérer par anticipation, soit en totalité, soit en partie.

11. L'annuité comprend nécessairement, — 1° L'intérêt stipulé, qui ne peut excéder cinq pour cent; — 2° La somme affectée à l'amortissement, laquelle ne peut être supérieure à deux pour cent, ni inférieure à un pour cent du montant du prêt; — 3° Les frais d'administration, ainsi que les taxes déterminées par les statuts.

12. En cas de non-paiement des annuités, la société, indépendamment des droits qui appartiennent à tout créancier, peut recourir aux moyens d'exécution déterminés par le titre de IV du présent décret.

TITRE III. — DES OBLIGATIONS ÉMISES PAR LES SOCIÉTÉS DE CRÉDIT FONCIER.

13. Les obligations ou lettres de gage des sociétés de crédit foncier sont nominatives ou au porteur.

Les obligations nominatives sont transmissibles par voie d'endossement, sans autre garantie que celle qui résulte de l'article 1693 du Code civil.

14. La valeur des lettres de gage ne peut dépasser le montant des prêts.

Elles ne sont émises qu'après avoir été visées par un notaire et enregistrées.

Le visa est donné gratuitement par le notaire dépositaire de la minute de l'acte de prêt.

Il est fait mention sur la minute du nombre et du montant des lettres de gage visées.

Les lettres de gage doivent être enregistrées en même temps que l'acte de prêt.

L'enregistrement des lettres de gage a lieu au droit fixe de dix centimes.

15. Il ne peut être créé de lettres de gage inférieures à cent francs.

16. Les lettres de gage portent intérêt.

Dans le courant de chaque année, il est procédé à leur remboursement au prorata de la rentrée des sommes affectées à l'amortissement.

17. Les porteurs de lettres de gage n'ont d'autre action, pour le recouvrement des capitaux et intérêts exigibles, que celle qu'ils peuvent exercer directement contre la société.

18. Il n'est admis aucune opposition au paiement du capital et des intérêts, si ce n'est en cas de perte de la lettre de gage.

TITRE IV.—DES PRIVILÉGES ACCORDÉS AUX SOCIÉTÉS DE CRÉDIT FONCIER POUR LA SURETÉ ET LE RECOUVREMENT DU PRÊT.

CHAPITRE Ier. — *De la purge.*

19. Lorsque l'emprunteur est tuteur d'un mineur ou d'un interdit, il est tenu d'en faire la déclaration dans le contrat de prêt.

Dans ce cas, la signification énoncée à l'article 21 suivant est faite tant au subrogé tuteur qu'au juge de paix du domicile où la tutelle est ouverte.

Dans la quinzaine de cette signification, le juge de paix convoque le conseil de famille en présence du subrogé tuteur. Ce conseil délibère sur la question de savoir si l'inscription doit être prise. En cas d'affirmative, elle est prise dans la huitaine de la délibération.

Après la délibération, le subrogé tuteur est tenu, sous sa responsabilité, de veiller à l'accomplissement des formalités ci-dessus prescrites.

20. Lorsque la femme mariée est présente au contrat de prêt, elle peut, si elle n'est pas mariée sous le régime dotal, consentir une subrogation à son hypothèque légale jusqu'à concurrence du montant du prêt.

Si elle ne consent pas cette subrogation et sous quelque régime que le mariage ait

été contracté, le notaire l'avertit que, pour conserver vis-à-vis de la société le rang de son hypothèque légale, elle est tenue de la faire inscrire dans le délai de quinzaine.

L'acte fait mention de cet avertissement, sous peine de nullité.

21. Si la femme n'est pas présente au contrat, un extrait de l'acte constitutif d'hypothèque est signifié à sa personne.

Cet extrait contient, sous peine de nullité, la date, les noms, prénoms, profession et domicile de l'emprunteur. La désignation de la nature et de la situation de l'immeuble, ainsi que le montant du prêt.

Cet extrait contient, en outre, l'avertissement qui doit être donné à la femme conformément à l'article précédent.

22. Dans le cas où l'exploit ne peut être remis à la femme en personne, et toutes les fois qu'il s'agit de purger des hypothèques légales inconnues, la signification est faite tant à la femme qu'au procureur de la République près le tribunal du lieu où l'immeuble est situé.

23. Un extrait de l'acte constitutif d'hypothèque est inséré, avec mention des significations dont il est parlé à l'article précédent, dans l'un des journaux désignés pour les publications judiciaires.

Quarante jours après cette insertion, et s'il n'est pas survenu d'inscription d'hypothèques légales, l'immeuble est affranchi de ces hypothèques vis-à-vis de la société.

24. À l'égard des actions résolutoires ou rescisoires et des privilèges non inscrits, la purge a lieu de la manière suivante.

Un extrait de l'acte constitutif d'hypothèque dressé dans la forme indiquée au deuxième paragraphe de l'article 21 est signifié aux précédents propriétaires, soit au domicile réel, soit au domicile élu ou indiqué par les titres.

Cet extrait est publié suivant le mode indiqué au premier paragraphe de l'article 23, et la purge s'opère après le délai de quarante jours écoulé sans qu'il soit survenu d'inscription.

25. La purge opérée par le défaut d'inscription prise dans les délais ci-dessus déterminés a pour effet de faire acquérir à la société de crédit foncier le premier rang d'hypothèque relativement à la femme, au mineur ou à l'interdit.

Elle ne profite point aux tiers qui demeurent assujettis aux formalités prescrites par les articles 2193, 2194 et 2195 du Code civil.

CHAPITRE II. — *Des droits et moyens d'exécution de la société contre les emprunteurs.*

26. Les juges ne peuvent accorder aucun

délai pour le paiement des annuités.

27. Ce paiement ne peut être arrêté par aucune opposition.

28. Les annuités non payées à l'échéance produisent intérêt de plein droit.

Il peut, en outre, être procédé par la société au séquestre et à la vente des biens hypothéqués, dans les formes et aux conditions prescrites par les articles suivants.

§ 1er. — *Du séquestre.*

29. En cas de retard du débiteur, la société peut, en vertu d'une ordonnance rendue sur requête par le président du tribunal civil de première instance, et quinze jours après une mise en demeure, se mettre en possession des immeubles hypothéqués, aux frais et risques du débiteur en retard.

30. Pendant la durée du séquestre, la société perçoit, nonobstant toute opposition ou saisie, le montant des revenus ou récoltes, et l'applique par privilége à l'acquittement des termes échus d'annuités et des frais.

Ce privilége prend rang immédiatement après ceux qui sont attachés aux frais faits pour la conservation de la chose, aux frais de labours et de semences, et aux droits du trésor pour le recouvrement de l'impôt.

31. En cas de contestation sur le compte du séquestre, il est statué par le tribunal comme en matière sommaire.

§ 2. — *De l'expropriation et de la vente.*

32. Dans le même cas de non-paiement d'une annuité et toutes les fois que, par suite de la détérioration de l'immeuble, ou pour toute autre cause indiquée dans les statuts, le capital intégral est devenu exigible, la vente de l'immeuble peut être poursuivie.

S'il y a contestation, il est statué par le tribunal de la situation des biens comme en matière sommaire.

Le jugement n'est pas susceptible d'appel.

33. Pour parvenir à la vente de l'immeuble hypothéqué, la société de crédit foncier fait signifier au débiteur un commandement dans la forme prévue par l'article 673 du Code de procédure civile. Ce commandement est transcrit au bureau des hypothèques de la situation des biens.

À défaut de paiement dans la quinzaine, il est fait dans les six semaines qui suivent la transcription dudit commandement six insertions dans l'un des journaux indiqués par l'article 42 du Code de commerce, et deux appositions d'affiches à quinze jours d'intervalle.

Les affiches seront placées,

Dans l'auditoire du tribunal du lieu où la vente doit être effectuée ;

À la porte de la mairie du lieu où les biens sont situés, et sur la propriété, lorsqu'il s'agit d'un immeuble bâti.

La première apposition est dénoncée dans la huitaine au débiteur et aux créanciers inscrits, au domicile par eux élu dans l'inscription, avec sommation de prendre communication du cahier des charges.

Quinze jours après l'accomplissement de ces formalités il est procédé à la vente aux enchères, en présence du débiteur, ou lui dûment appelé, devant le tribunal de la situation des biens ou de la plus grande partie des biens.

Néanmoins, le tribunal, sur requête présentée par la société avant la première insertion, peut ordonner que la vente aura lieu, soit devant un autre tribunal, soit en l'étude d'un notaire du canton ou de l'arrondissement dans lequel les biens sont situés. Ce jugement n'est pas susceptible d'appel. Il ne peut y être formé d'opposition que dans les trois jours de la signification qui doit en être faite au débiteur, en y ajoutant les délais de distance.

34. À compter du jour de la transcription du commandement, le débiteur ne peut aliéner au préjudice de la société les immeubles hypothéqués, ni les grever d'aucun droit réel.

35. Le commandement, les exemplaires du journal contenant les insertions, les procès-verbaux d'apposition d'affiches, la sommation de prendre communication du cahier des charges et d'assister à la vente, sont annexés au procès-verbal d'adjudication.

36. Les dires et observations doivent être consignés sur le cahier des charges huit jours au moins avant celui de la vente. Ils contiennent constitution d'un avoué, chez lequel domicile est élu de droit, le tout à peine de nullité.

Le tribunal est saisi de la contestation par acte d'avoué à avoué. Il statue sommairement et en dernier ressort, sans qu'il puisse en résulter aucun retard de l'adjudication.

37. Si lors de la transcription du commandement il existe une saisie antérieure pratiquée à la requête d'un autre créancier, la société de crédit foncier peut, jusqu'au dépôt du cahier d'enchères, et après un simple acte signifié à l'avoué poursuivant, faire procéder à la vente d'après le mode indiqué dans les articles précédents.

Si la transcription du commandement n'est requise par la société qu'après le dépôt du cahier d'enchères, celle-ci n'a plus que le droit de se faire subroger dans les poursuites du créancier saisissant, conformément à l'article 722 du Code de procédure civile.

Il n'est accordé, si la société s'y oppose, aucune remise d'adjudication.

En cas de négligence de la part de la société, le créancier saisissant a le droit de reprendre ses poursuites.

38. Dans la huitaine de la vente, l'acquéreur est tenu d'acquitter, à titre de provision, dans la caisse de la société, le montant des annuités dues.

Après les délais de surenchère, le surplus du prix doit être versé à ladite caisse jusqu'à concurrence de ce qui lui est dû, non-obstant toutes oppositions, contestations et inscriptions des créanciers de l'emprunteur, sauf néanmoins leur action en répétition, si la société avait été indûment payée à leur préjudice.

39. Si la vente s'opère par lots ou qu'il y ait plusieurs acquéreurs non coïntéressés, chacun d'eux n'est tenu, même hypothécairement, vis-à-vis de la société, que jusqu'à concurrence de son prix.

40. La surenchère a lieu conformément aux articles 708 et suivants du Code de procédure civile.

Dans le cas de vente devant notaire, elle doit être faite au greffe du tribunal dans l'arrondissement duquel l'adjudication a été prononcée.

41. Lorsqu'il y a lieu à folle enchère, il y est procédé suivant le mode indiqué par les articles 33, 34, 35, 36 et 37 du présent décret.

42. Tous les droits énumérés dans le présent chapitre peuvent être exercés contre les tiers détenteurs, après dénonciation du commandement fait au débiteur.

Les poursuites commencées contre le débiteur sont valablement continuées contre lui, jusqu'à ce que les tiers auxquels il aurait aliéné les immeubles hypothéqués se soient fait connaître à la société. Dans ce cas, les poursuites sont continuées contre les tiers détenteurs sur les derniers errements quinze jours après la mise en demeure.

TITRE V.—DISPOSITIONS GÉNÉRALES.

43. Les sociétés de crédit foncier sont placées sous la surveillance du ministre de l'intérieur, de l'agriculture et du commerce, et du ministre des finances.

Le choix des directeurs est soumis à l'approbation du ministre de l'intérieur, de l'agriculture et du commerce.

44. Il est interdit aux sociétés de faire d'autres opérations que celles prévues par le présent décret.

45. Elles sont admises à déposer leurs fonds libres au trésor, aux conditions déterminées par le Gouvernement.

46. Les fonds des incapables et des communes peuvent être employés en achat de lettres de gage.

Il en est de même des capitaux disponibles appartenant aux établissements publics ou d'utilité publique, dans tous les cas où ces établissements sont autorisés à les convertir en rentes sur l'Etat.

47. Les inscriptions hypothécaires prises au profit des sociétés de crédit foncier sont dispensées, pendant toute la durée du prêt, du renouvellement décennal prescrit par l'article 2154 du Code civil.

48. Les statuts approuvés conformément aux dispositions de l'article 1er indiquent principalement,—1° Le mode suivant lequel il doit être procédé à l'estimation de la valeur de la propriété ;—2° La nature des propriétés qui ne peuvent être admises comme gage hypothécaire et le minimum du prêt qui peut être fait sur chaque nature de propriété ;—3° Le maximum des prêts qui peuvent être faits au même emprunteur ; — 4° Les tarifs pour le calcul des annuités ; — 5° Le mode et les conditions des remboursements anticipés ; — 6° L'intervalle à établir entre le paiement des annuités par les emprunteurs et le paiement des intérêts du capital par la société ;—7° Le mode d'émission et de rachat et le mode de remboursement des lettres de gage avec ou sans primes, ainsi que le mode d'annulation des lettres de gage remboursées ;—8° La constitution d'un fonds de garantie ou d'un fonds de réserve ;—9° Les cas où il y aura lieu à la dissolution de la société, ainsi que les formes et conditions de la liquidation ; — 10° Les cautionnements et autres garanties, à exiger des directeurs, administrateurs et employés de la société, ainsi que le mode de leur nomination.

49. Un règlement d'administration publique détermine notamment ; — 1° Le mode suivant lequel est exercée la surveillance de la gestion et de la comptabilité ;—2° La publicité périodique à donner aux états de situation et aux opérations sociales ; — 3° Le tarif particulier des honoraires dus aux officiers publics appelés à concourir aux divers actes auxquels peut donner lieu l'établissement des sociétés de crédit foncier.

50. Le ministre de l'intérieur, de l'agriculture et du commerce, et le ministre des finances, sont chargés, chacun en ce qui le concerne, de l'exécution du présent décret, etc. (*Bull.* 516, n° 3930).

N° 84. — (29 fév. 1852.) — DÉCRET *portant prorogation du tarif des droits de navigation perçus sur les canaux de*

Berry et latéral de la Loire, de Digoin à Briare.

LOUIS-NAPOLÉON, Président de la République française,

Vu la loi du 14 août 1822, relative à la construction et à l'achèvement de plusieurs canaux ;

Vu le cahier des charges annexé à ladite loi ;

Vu le décret du 29 novembre 1851, qui a maintenu jusqu'au 1er mars prochain le tarif actuel des droits de navigation sur les canaux de Berry et latéral à la Loire, de Digoin à Briare ;

Vu la lettre de la compagnie des Quatre Canaux, en date du 27 février courant, portant consentement au maintien provisoire dudit tarif,

Sur le rapport du ministre des finances,

Décrète :

Art. 1er. Le tarif des droits de navigation qui sont actuellement perçus sur les canaux de Berry et latéral à la Loire, de Digoin à Briare, est prorogé jusqu'au 1er juillet 1852.

2. Le même tarif continuera à être appliqué aux canaux de jonction ouverts à Decize et à Fourchambault, entre la Loire et le canal latéral.

3. Le ministre des finances est chargé de l'exécution du présent décret, etc. (*Bull.* 498, n° 3751.)

N° 85.—(29 fév. 1852.) — Décret *relatif au commandement des compagnies et lieutenances de gendarmerie.*

LOUIS-NAPOLÉON, Président de la République,

Vu les décrets des 22 décembre 1851 et 19 février 1852, portant fixation des cadres de la gendarmerie ;

Vu l'ordonnance du 29 octobre 1820, sur l'organisation et le service de cette arme ;

Vu l'ordonnance du 16 mars 1838 pour l'exécution de la loi sur l'avancement ;

Sur le rapport du ministre de la guerre,

Décrète :

Art. 1er. Les compagnies de la gendarmerie départementale, actuellement commandées par des officiers du grade de capitaine, le seront, à l'avenir, par des chefs d'escadron, à l'exception toutefois,

1° De la deuxième et de la quatrième compagnie de la dix-septième légion de gendarmerie ; — 2° De la deuxième compagnie de la légion d'Afrique.

Ces compagnies, en raison de leur peu d'importance, continueront à être commandées par des capitaines.

2. Le commandement de la lieutenance du chef-lieu des quarante-neuf nouvelles compagnies, à la tête desquelles est placé un chef d'escadron, sera confié à un officier du grade de capitaine.

3. La désignation des autres lieutenances de gendarmerie qui, au nombre de cent vingt-sept, devront être commandées par un officier du grade de capitaine, aura lieu par décrets, sur la proposition du ministre de la guerre.

4. Il sera pourvu aux emplois d'officier, créés par l'article 2 du décret du 22 décembre 1851, dans la gendarmerie départementale conformément aux dispositions de l'ordonnance du 16 mars 1838 et du décret du 20 janvier 1852.

5. Le ministre de la guerre est chargé de l'exécution du présent décret, etc. (*Bull.* 498, n° 3752.)

N° 86. — (29 fév. 1852.) — Décret *relatif à la médaille Militaire instituée par le décret du 22 janvier 1852.*

LOUIS-NAPOLÉON, Président de la République française,

Vu le décret du 22 janvier 1852, article 11, portant création « d'une Médaille militaire « donnant droit à cent francs de rente via- « gère, en faveur des soldats et sous-offi- « ciers des armées de terre et de mer placés « dans les conditions qui seront détermi- « nées par un règlement ultérieur ; »

Sur le rapport du ministre de la guerre et l'avis conforme du ministre de la marine,

Décrète :

Art. 1er. La Médaille militaire, instituée par l'article 11 du décret du 22 janvier 1852, sera en argent et d'un diamètre de vingt-huit millimètres.

Elle portera d'un côté, l'effigie de Louis-Napoléon avec son nom pour exergue, et de l'autre côté, dans l'intérieur du médaillon, la devise : *Valeur et discipline.* Elle sera surmontée d'une aigle.

2. Les militaires et marins qui auront obtenu la médaille la porteront attachée par un ruban jaune avec un liséré vert, sur le côté gauche de la poitrine.

3. La médaille pourra se porter simultanément avec la croix de la Légion d'honneur.

La rente viagère de cent francs attachée à chaque médaille accordée, est, comme le traitement de la Légion d'honneur, incessible et insaisissable.

12

Elle pourra se cumuler avec toute allocation ou pension sur les fonds de l'Etat ou des communes, mais non avec le traitement alloué aux membres de la Légion d'honneur.

4. La Médaille militaire est accordée par le Président de la République, sur la proposition du ministre de la guerre ou de la marine, aux militaires et marins qui réuniront les conditions déterminées ci-après:

5. La médaille pourra être donnée,

1° Aux sous-officiers, caporaux ou brigadiers, soldats ou marins, qui se seront rengagés après avoir fait un congé, ou à ceux qui auront fait quatre campagnes simples; — 2° A ceux dont les noms auront été cités à l'ordre de l'armée, quelle que soit leur ancienneté de service; — 3° A ceux qui auront reçu une ou plusieurs blessures, en combattant devant l'ennemi ou dans un service commandé; — 4° A ceux qui se seront signalés par un acte de courage ou de dévouement méritant récompense.

6. Les dispositions qui précèdent sont applicables à tous les employés, gardes et agents militaires, qui, dans les armées de terre et de mer, ne sont pas traités ou considérés comme officiers.

7. Les ministres de la guerre et de la marine, ainsi que le grand chancelier de la Légion d'honneur, sont chargés, chacun en ce qui le concerne de l'exécution du présent décret, etc. (*Bull.* 502, n° 3785.)

N° **87.**—(29 fév. 1852.)—Décret *sur l'organisation du corps des équipages militaires.*

LOUIS-NAPOLÉON, Président de la République française.

Vu l'ordonnance du 11 janvier 1842 et celle du 16 mars 1838;

Sur le rapport du ministre de la guerre,

Décrète :

Art. 1er. Le service des équipages militaires se compose de deux parties distinctes, savoir :

Le service actif,

Le service des constructions.

Service actif.

Le service actif comprend :

1° L'enlèvement sur le champ de bataille, pendant et après le combat, des blessés et des malades hors d'état de marcher, et leur transport aux ambulances; — 2° Le transport, à la suite des divisions actives, du matériel des ambulances; et, à la suite des quartiers généraux, des réserves de toute nature; — 3° Le transport, en temps de paix et en temps de guerre, du pain ainsi que des denrées et des objets nécessaires à la nourriture et aux besoins divers du soldat, lorsque les troupes ne peuvent aller les prendre aux lieux de distribution.

Service des constructions.

Le service des constructions comprend :

La confection et l'entretien du matériel roulant et du harnachement nécessaires aux troupes des équipages.

2. Un parc principal de construction et des parcs secondaires ou de réparations, soit à l'intérieur, soit à la suite des armées actives, sont affectés à la construction et à l'entretien du matériel des équipages militaires.

Trois compagnies d'ouvriers sont attachées aux parcs pour l'exécution des travaux.

3. Cinq escadrons du train sont employés à la conduite des équipages militaires.

L'organisation de chaque escadron comporte en temps de paix :

Un état-major,

Un peloton hors rang,

Trois compagnies actives;

Une compagnie de dépôt.

En temps de guerre; la force de chaque escadron est portée à huit compagnies, dont une de dépôt, au moyen du doublement des cadres existants.

4. Selon les besoins du service, le ministre de la guerre, détermine le nombre des compagnies du train des équipages qui doivent être affectées à la conduite des voitures, et le nombre de celles qu'il convient d'organiser en compagnies légères pour la conduite des mulets d'ambulance.

Le ministre détermine également, en temps de paix et en temps de guerre, d'après les besoins du service, l'effectif en soldats, en chevaux ou mulets, ainsi que le nombre et l'espèce de voitures à assigner à chacune des compagnies d'ouvriers constructeurs et du train des équipages militaires.

5. Les escadrons du train des équipages sont commandés par des officiers du grade de chef d'escadron; cependant l'un des escadrons peut être commandé par un lieutenant-colonel.

Lorsque plusieurs escadrons ou fractions d'escadrons sont réunis sur un même point, l'officier de l'arme du grade le plus élevé et le plus ancien à grade égal, prend le commandement de toutes les troupes des équipages.

6. A la tête du dépôt de chaque escadron est placé un capitaine major choisi, de préférence, parmi les capitaines commandants.

L'aptitude à cet emploi doit être reconnue par l'intendant divisionnaire dans la circonscription duquel les candidats se trouvent placés, et par l'inspecteur de l'arme, qui propose au ministre les sujets les plus capables et les plus méritants.

7. Le commandement supérieur des parcs et des trois compagnies d'ouvriers est confié à un directeur du grade de colonel ou de lieutenant-colonel.

Sont appelés à concourir à cet emploi,

1° Le lieutenant-colonel commandant l'un des escadrons ; — 2° Les chefs d'escadrons de l'arme proposés pour l'avancement,

Les uns et les autres s'ils proviennent des compagnies d'ouvriers ;

3° A défaut de candidats de cette origine, réunissant toutes les conditions voulues, les lieutenants-colonels ou colonels d'artillerie.

8. Il y a un sous-directeur des parcs employé au parc principal et un autre au parc secondaire ; ces officiers seront du grade de chef d'escadron.

9. Les commandants des parcs secondaires ou de réparations sont choisis parmi les capitaines des compagnies d'ouvriers et parmi les capitaines des compagnies du train des équipages reconnus aptes ou proposés pour cet emploi spécial.

10. Les compagnies d'ouvriers constructeurs et les escadrons du train s'administrent séparément conformément aux prescriptions de l'ordonnance du 10 mai 1844.

L'administration distincte est exercée dans toute compagnie ou fraction de compagnie, d'après les principes posés par la même ordonnance.

Les commandants des compagnies du train sont assistés dans les écritures et les détails relatifs à l'administration dont ils sont chargés, par un lieutenant ou sous-lieutenant de leur compagnie. Cet officier sera choisi par eux, afin que le principe de responsabilité posé par l'article 90 de l'ordonnance précitée ne soit en rien altéré.

La capacité du candidat proposé pour remplir près du capitaine les fonctions d'officiers de détails sera reconnue préalablement par l'intendant divisionnaire ou par un fonctionnaire de l'intendance délégué à cet effet.

11. L'avancement dans le corps des équipages militaires a lieu d'après les règles tracées par les ordonnances des 16 mars 1838 et 11 janvier 1842, sauf les modifications suivantes:

Les lieutenants en premier et en second des compagnies d'ouvriers qui réuniront toutes les conditions voulues pourront concourir indistinctement pour les vacances de capitaines revenant au choix.

Il en sera de même pour les lieutenants de première et de deuxième classe dans les escadrons du train.

La nomination des adjudants sous-officiers sera faite dans les formes prescrites par les articles 12 et 17 de l'ordonnance du 16 mars 1838.

12. La composition du personnel de direction, les cadres des compagnies d'ouvriers et ceux des escadrons du train, tant sur le pied de paix que sur le pied de guerre; sont déterminés par les tableaux annexés au présent décret.

13. Sont rapportées toutes dispositions contraires.

14. Le ministre de la guerre est chargé de l'exécution du présent décret, etc. (*Bull.* 503, n° 3803.)

N° 1.—(1er mars 1852.)—RAPPORT *et* DÉCRET *sur la mise à la retraite et la discipline des magistrats.*

RAPPORT AU PRINCE PRÉSIDENT DE LA RÉPUBLIQUE.

Monseigneur,

L'inamovibilité de la magistrature, que vous avez conservée dans un intérêt social, a besoin, pour que ce but soit atteint, d'être renfermée dans certaines limites, destinées à la préserver de toute exagération.

L'inamovibilité du juge est respectée en France, parce qu'on la considère avec raison comme la garantie d'une bonne justice. Cependant, on ne saurait nier que l'opinion publique, toute favorable qu'elle soit au principe antique et respecté qui fait la force de la magistrature française, ne soit préoccupée depuis longtemps de plusieurs abus dont elle attend le redressement.

Et, en effet, l'inamovibilité n'a pas été donnée au juge à titre de faveur personnelle : elle a été créée pour le seul avantage des justiciables, afin qu'ils aient la certitude que le magistrat, placé au-dessus des influences qui assiégent la fermeté de l'homme, ne dépend que de sa conscience et de la loi, dont il est l'organe et l'esclave. Mais lorsque, au contraire, il arrive que l'inamovibilité cesse de protéger le justiciable pour favoriser uniquement la personne du juge, elle cesse d'être un bienfait : elle devient un embarras pour la bonne administration de la justice ; elle n'a plus sa raison d'être que dans une espèce de culte superstitieux qu'on ne saurait respecter.

12.

C'est d'après ces règles, Monseigneur, que doit être résolue la question que j'ai l'honneur de soumettre à votre décision. Comme il n'y a pas, dans les sociétés humaines, de droits absolus, l'inamovibilité du juge n'est pas plus exempte de restrictions que ne le sont les principes les plus sacrés du droit public et privé : et ces restrictions deviennent nécessaires lorsque le jour arrive où l'intérêt des justiciables est sacrifié aux convenances du juge. Alors l'ordre public et la dignité même de la magistrature commandent une séparation pénible, mais inévitable ; car on remplit sans dignité des fonctions dont on ne peut plus supporter le fardeau ; et l'on compromet les droits des justiciables, lorsque l'âge et la lassitude ont énervé, sinon détruit, l'amour du devoir et la notion précise du juste et de l'injuste.

Ces pensées avaient éveillé l'attention du législateur ; nos lois attestent sa sollicitude à cet égard : des textes précis avaient signalé et attaqué l'abus ; mais l'expérience a démontré l'inefficacité de ces dispositions.

Deux cas, en effet, ont été prévus : 1° celui d'une condamnation prononcée ; 2° celui d'infirmités graves et permanentes.

Dans le premier cas, l'article 59 de la loi du 20 avril 1810 autorise la Cour de cassation à prononcer, s'il y a lieu, la déchéance du magistrat condamné, et déféré à sa juridiction par le garde des sceaux. Dans le second cas, la loi du 16 juin 1824 trace une procédure particulière pour constater l'existence des infirmités et arriver ensuite, selon l'exigence des cas, à la retraite forcée du magistrat.

Mais, dans le premier cas, la loi n'avait été ni assez complète ni assez prévoyante dans ses combinaisons. Dans le second, la mesure adoptée n'a rien d'efficace ; elle ne garantit ni l'intérêt public ni la dignité de la magistrature elle-même. Car ce n'est pas seulement par un jugement de condamnation pour un délit de droit commun qu'un magistrat est atteint dans sa considération. Où la loi pénale se tait, la discipline établie pour l'ordre judiciaire saisit le magistrat qui compromet sa dignité ; elle veille sur lui pour le ramener dans les voies de l'honneur et de la délicatesse, lorsqu'il s'en écarte.

Dans ces cas, la loi du 20 avril 1810 (art. 50 et suivants) autorise la Cour d'appel à suspendre de ses fonctions, sauf approbation du garde des sceaux, tout magistrat de son ressort qui compromet la dignité de son caractère. La Cour de cassation peut aussi, pour causes graves, suspendre les juges de leurs fonctions, en vertu des dispositions du sénatus-consulte du 16 thermidor an **x**. Mais, comme la durée de cette suspension est abandonnée au pouvoir discrétionnaire des juges, il est arrivé plusieurs fois qu'elle a été étendue à de si longues années qu'elle est devenue l'équivalent d'une destitution. Et cependant, tandis que le siége reste vide, que ce vide gêne ou paralyse l'action de la justice, le juge expulsé conserve le pouvoir qu'il ne peut exercer, et attend le jour où il pourra remonter sur ce siége, que nul autre que lui ne peut occuper, et où il ne trouvera peut-être que le mépris.

Une telle situation est-elle tolérable ? La magistrature, jalouse de sa considération, peut-elle conserver dans ses rangs celui qui ne sait pas s'imposer à lui-même la justice volontaire de l'homme d'honneur ? Ne doit-elle pas désirer que dans ce cas la loi soumette malgré lui cet homme opiniâtre aux inflexibles décrets de la justice du pays ? Son inamovibilité ne saurait être un obstacle, puisqu'elle ne sert plus qu'à couvrir moins son indépendance que son indélicatesse.

J'ai donc l'honneur de vous proposer, Monseigneur, d'ajouter aux lois existantes sur la discipline une disposition tendant à autoriser le ministre de la justice à déférer à la Cour de cassation le magistrat frappé de suspension, afin que cette Cour prononce, s'il y a lieu, la déchéance. Le garde des sceaux, qui exerce sur les questions de discipline une direction supérieure, aura l'initiative du renvoi à la Cour de cassation, et ce renvoi sera réservé pour les circonstances où l'éclat et la gravité des faits lui paraîtront nécessiter une mesure suprême. Cette innovation en nécessite une autre qui n'en est que la conséquence : c'est que, dans le cas où la Cour de cassation est appelée, aux termes de l'article 82 du sénatus-consulte du 16 thermidor an **x**, à prononcer la peine de la suspension pour *causes graves*, il faut qu'elle puisse aussi, s'il y a lieu, prononcer directement la déchéance, comme elle le peut lorsque la suspension émanant d'une Cour d'appel, elle est appelée à prononcer sur la destitution du magistrat suspendu : il ne serait pas logique qu'elle n'eût pas le même pouvoir dans des cas identiques, et qu'elle ne pût pas faire directement ce qu'elle est appelée à faire d'une manière indirecte par une suspension indéfinie.

Elle seule sera investie de ce droit.

La haute position qu'elle occupe dans l'organisation judiciaire, les attributions souveraines que lui donne le sénatus-consulte de l'an **x** sur tous les autres corps en matière disciplinaire, tout justifie la nouvelle attribution qui lui sera confiée.

Après avoir ainsi complété le système de la discipline judiciaire, nous sommes, Monseigneur, amenés à résoudre la question capitale du décret que j'ai l'honneur de vous proposer : je veux dire, la limite d'âge posée comme principe de la retraite forcée.

La loi du 16 juin 1824, en prescrivant la mise à la retraite des magistrats atteints d'infirmités graves et permanentes, avait fait un premier pas dans cette voie. Mais, vague dans ses énonciations, inefficace dans les combinaisons adoptées pour atteindre le but proposé, elle n'a en rien remédié au mal qu'elle voulait attaquer. Depuis 1824, un grand nombre de tribunaux ont subi la présence inutile de magistrats que l'âge ou des infirmités rendaient impropres à leurs fonctions, et dans bien peu de cas il a été possible de vaincre la force d'inertie qui s'opposait à toute mesure de sévérité nécessaire. Le sentiment de la confraternité, l'intérêt qui s'attachait à la position personnelle de tel ou tel magistrat honorable, mais impotent, tous ces motifs ont assuré la continuation des abus, et fait tomber presque en désuétude la loi du 16 juin 1824.

Aussi, tout en conservant à cette loi son autorité, tout en la réservant, afin de pourvoir à certaines nécessités qui peuvent encore se présenter, et dans lesquelles un pouvoir juste et fort saura tirer avantage des dispositions de la loi de 1824, j'ai pensé, Monseigneur, qu'il fallait arriver à une mesure plus efficace et plus pratique : réclamée par l'opinion publique, cette mesure est approuvée par tous les magistrats qui, moins préoccupés de leur propre intérêt que de l'intérêt public, feront avec dignité le sacrifice de leur position à l'intérêt bien entendu de la magistrature et de la justice.

Investi par la volonté presque unanime de la nation française, du droit immense de décréter la Constitution du pays, vous avez dû, Monseigneur, examiner la grave question de savoir si la magistrature serait soumise à une nouvelle organisation ou à une nouvelle institution ; une sage appréciation des vrais besoins du pays vous a bientôt fait comprendre que la magistrature française avait conquis, par le respect qu'elle inspire, le droit d'être maintenue en possession de son inamovibilité. Mais l'inamovibilité n'est pas un dogme absolu : elle doit céder à la force des choses. Aussi, usant du pouvoir que vous tenez du Peuple, vous avez dû examiner s'il ne convenait pas de poser une limite que la raison et la connaissance des choses humaines ont déjà indiquée, s'il ne fallait pas imposer par la loi

écrite la retraite au magistrat que la nature même avertit de songer au repos.

Les hommes qui ont conquis le plus de considération et de gloire par leurs travaux ne savent pas toujours s'arrêter à temps ; l'illusion les soutient, leur passé les fascine et les encourage. Il n'appartient qu'aux natures fortes, aux intelligences vigoureuses, de prévoir le moment fatal de leur déclin, et de prévenir par une courageuse résolution le moment si triste de la décadence : épargnons aux magistrats un combat si périlleux pour leur dignité. Par respect même pour leur vieillesse, ne les laissons pas se hasarder trop longtemps sur le terrain où ils ne marchent plus qu'en se survivant à eux-mêmes.

On peut, à la vérité, citer quelques hommes d'élite qui, par une heureuse exception, ont conservé, jusqu'à leur dernière heure et dans un âge très-avancé, les hautes facultés par lesquelles ils avaient brillé dans leurs meilleurs jours. Mais ce sont là de rares privilèges ; et les lois sont faites pour les cas les plus nombreux et non pour les exceptions, pour le commun des hommes et non pour les natures favorisées des dons les plus riches de la Providence.

Si vous adoptez ces idées, Monseigneur, il ne reste plus qu'à déterminer l'âge où la retraite de plein droit sera obligatoire.

J'ai l'honneur de vous proposer de fixer cette limite à soixante et dix ans pour les membres des tribunaux de première instance et des Cours d'appel, et à soixante et quinze ans pour les membres de la Cour de cassation.

Les tribunaux de première instance, dont le personnel est toujours peu nombreux, ont besoin du concours actif de tous leurs membres : quand un seul vient à faiblir, le corps entier est atteint.

Mais le mal est particulièrement sensible, si la direction manque par l'affaiblissement du chef de ces petites compagnies, qui avec peu d'hommes sont appelées à vaquer à beaucoup de devoirs importants. Des exemples trop nombreux ont prouvé combien alors la justice perd de sa promptitude et de son autorité, combien la discipline s'énerve, combien les abus grandissent parmi les officiers ministériels non surveillés.

Les Cours d'appel, quoique plus largement organisées, ne peuvent pas non plus supporter sans de graves inconvénients l'inertie des magistrats qu'affaisse le poids des années. La présidence des chambres, la présidence des assises, la coopération aux affaires correctionnelles, l'examen approfondi des procès dans les affaires civiles, l'étude scrupuleuse des mémoires de frais, les taxes vigilantes et rigides, tous ces devoirs si sérieux, de l'accomplissement desquels dépend la bonne administration de la justice, tant dans les Cours d'appel que dans les tribunaux de première instance, sont, en général, trop lourds pour les magistrats qui ont accompli leur soixante et dixième année. Il faut alors que l'indulgence de leurs collègues vienne au secours de leur défaillance ; et ce n'est qu'en souvenir de leurs services passés qu'on oublie qu'ils ne peuvent plus en rendre de nouveaux.

Ces ménagements sont défendus à la loi, qui place l'intérêt public au-dessus des considérations personnelles. C'est donc à la loi de parler et de faire disparaître ces faiblesses et ces complaisances.

Quant à la Cour de cassation, il m'a semblé qu'une autre limite d'âge devait être préférée : là les travaux prennent, en s'élevant, quelque chose de plus spéculatif. Les débats, dégagés des controverses ardentes du point de fait, se concentrent dans les hautes régions du droit ; pour décider, l'esprit a moins besoin de promptitude et de vivacité que de ce sang-froid qui s'accorde avec les lenteurs de la vieillesse. La Cour de cassation n'a pas, d'ailleurs, à instruire des procédures par des enquêtes ou des descentes sur les lieux ; elle n'a pas à s'armer d'une surveillance incessante pour prévenir les vexations contre les plaideurs, et à réprimer l'exploitation des parties : auprès d'elle la justice a beaucoup moins de ce mouvement qui assiége les tribunaux et les Cours ; et le magistrat placé, malgré ses labeurs, dans une sphère de tranquillité, y voit de plus loin l'agitation des hommes et les luttes des intérêts locaux qui usent les forces et rendent la lassitude précoce.

Il me paraît donc que c'est à soixante et quinze ans que doit être portée la limite d'âge pour les membres de la Cour de cassation ; ce n'est pas un privilége sur les autres juges ; c'est une loi différente, qui s'explique par la différence des devoirs, et j'espère qu'on applaudira à la sagesse d'une mesure qui porte aussi loin que possible la déférence à l'égard d'hommes éminents, dont la magistrature s'honore, et dont elle ne se sépare qu'au moment fatal où eux-mêmes auraient dû la quitter.

Agréez, Monseigneur, l'assurance de mon profond respect.

DÉCRET.

LOUIS-NAPOLÉON, Président de la République,

Sur le rapport du garde des sceaux, ministre secrétaire d'État au département de la justice,

DÉCRÈTE :

TITRE Ier. — DE LA MISE A LA RETRAITE DES MAGISTRATS.

ART. 1er. Sont mis de plein droit à la retraite les membres de la Cour de cassation, à l'âge de soixante et quinze ans accomplis ; les magistrats des Cours d'appel et des tribunaux de première instance, à l'âge de soixante et dix ans accomplis.

2. Les magistrats mis à la retraite à raison de leur âge feront valoir leurs droits à une pension conformément aux lois et ordonnances existantes, sans être tenus de justifier d'infirmités contractées dans l'exercice de leurs fonctions.

3. Les magistrats qui auront atteint l'âge fixé par l'article premier ne cesseront leurs fonctions que lorsqu'ils auront été remplacés.

TITRE II. — DE LA DISCIPLINE.

4. Lorsqu'un magistrat inamovible de Cour d'appel ou de première instance aura été frappé, par mesure disciplinaire, de la suspension provisoire, la décision contre lui rendue sera transmise au garde des sceaux, ministre de la justice, qui dénoncera, s'il y a lieu, le magistrat à la Cour de cassation.

Cette Cour pourra, selon la gravité des faits, et après avoir entendu le magistrat inculpé en la chambre du conseil, le déclarer déchu de ses fonctions.

5. Elle pourra aussi prononcer la peine de la déchéance contre le magistrat traduit directement devant elle dans le cas prévu par l'article 82 du sénatus-consulte du 16 thermidor an X.

6. Le garde des sceaux, ministre secrétaire d'Etat au département de la justice, est chargé de l'exécution du présent décret, etc. (*Bull.* 495, n° 3709).

N° 2. — (1er mars 1852.) — DÉCRET *portant qu'à l'avenir les fonctions de juge d'instruction pourront être conférées aux juges suppléants près les tribunaux de première instance.*

LOUIS-NAPOLÉON, Président de la République française,

Sur le rapport du garde des sceaux, ministre de la justice ;

Vu l'article 55 du Code d'instruction criminelle ;

Considérant que la disposition de cet article qui prescrit de choisir le juge d'instruction parmi les juges du tribunal civil excite depuis longtemps de vives réclamations ;

Qu'il se rencontre trop souvent que, sur un personnel aussi réduit que celui des tribunaux de première instance, les fonctions de juge d'instruction sont nécessairement confiées à des magistrats qui ne réunissent pas toutes les qualités spéciales pour une mission si délicate par sa nature, si importante par son objet, et dont l'accomplissement réclame un dévouement éprouvé ;

Considérant qu'à ces qualités morales un juge d'instruction doit ajouter des conditions d'activité physiques, indispensables surtout dans les pays d'un accès difficile ou dans les arrondissements très-étendus ;

Considérant qu'en conférant les fonctions de juge d'instruction, suivant la nécessité du service , soit à un juge titulaire, soit à l'un des juges suppléants au même tribunal, le concours s'établira sur un plus grand nombre, et les magistrats appelés à remplir ces fonctions offriront à un plus haut degré les garanties que réclame une bonne administration de la justice,

DÉCRÈTE:

ART. 1er. A l'avenir, les fonctions de juge d'instruction pourront être conférées aux juges suppléants près les tribunaux de première instance.

2. Le garde des sceaux, ministre de la justice, est chargé de l'exécution du présent décret, etc. (*Bull.* 495, n° 3710).

N° 3. — (1er mars 1852.) — DÉCRET *relatif au timbre des journaux et écrits périodiques, et des écrits non périodiques traitant de matières politiques ou d'économie sociale, publiés à l'étranger et importés en France.*

LOUIS-NAPOLÉON, PRÉSIDENT DE LA RÉPUBLIQUE FRANÇAISE,

Vu le décret organique sur la presse, du 17 février 1852.

Vu l'ordonnance du 13 décembre 1842, relative à l'importation et au transit de la librairie ;

Sur le rapport du ministre des finances,

DÉCRÈTE :

ART. 1er. Les journaux et écrits périodiques et les écrits non périodiques traitant de matières politiques ou d'économie sociale, désignés dans les articles 8 et 9 du décret du 17 février 1852, publiés à l'étranger et importés en France par la voie de la poste, seront frappés par les agents de l'administration des postes d'un timbre spé-

cial à date, portant, à l'encre rouge, le nom du bureau de poste par lequel ils seront entrés sur le territoire français.

Les droits de timbre exigibles, sauf conventions diplomatiques contraires, seront perçus par addition aux droits de poste.

2. Les expéditeurs, introducteurs ou destinataires d'écrits de ces catégories, adressés en France par une autre voie que celle de la poste, devront faire à un des bureaux de douane désignés pour l'importation des livres et écrits publiés à l'étranger, une déclaration des quantité et dimension des écrits assujettis au timbre. L'exactitude de cette déclaration sera vérifiée par les vérificateurs, inspecteurs de la librairie ou, à défaut de ces agents, par les employés délégués à cet effet par les préfets.

Les écrits ainsi importés seront, après acquittement ou consignation des droits de douane, dirigés sous plombs et par acquits à caution, aux frais des déclarants, sur le chef-lieu du département le plus voisin ou de tout autre chef-lieu de département que les redevables auront indiqué, pour y recevoir l'application du timbre moyennant le paiement des droits dus.

3. A défaut de la déclaration exigée par l'article précédent, les écrits et imprimés passibles du timbre, qui seront importés en France, seront retenus , selon le cas, au bureau des douanes, ou à la préfecture ; la saisie en sera opérée, conformément à l'article 10 du décret du 17 février 1852, par les préposés de l'administration de l'enregistrement, et des poursuites seront exercées pour le recouvrement des droits de timbre, et s'il y a lieu, des droits de douane, ainsi que des amendes contre les introducteurs ou distributeurs.

Les mêmes pénalités seront encourues, à défaut de décharge régulière et du rapport dans les délais fixés, des acquits à caution délivrés en vertu de l'article précédent ; le tout sans préjudice de l'action qui pourrait être intentée en vertu de l'article 2 du décret du 17 février 1852.

4. Les ministres de la police générale et des finances sont, chacun en ce qui le concerne, chargés de l'exécution du présent décret, etc. (*Bull.* 502, n° 3786.)

N° 4.—(1er mars 1852.)—DÉCRET *relatif au costume des fonctionnaires et employés dépendant du ministère de l'intérieur.*

LOUIS-NAPOLÉON, PRÉSIDENT DE LA RÉPUBLIQUE,

Vu les arrêtés des consuls, en date des 17 ventôse, 17 floréal et 8 messidor an

VIII ; les décrets des 28 floréal et 29 messidor an XII ; les ordonnances du 4 juin 1814, relatives aux costumes des corps de l'Etat et hauts fonctionnaires ;

Sur le rapport du ministre de l'intérieur,

DÉCRÈTE :

ART. 1er. Le costume des fonctionnaires administratifs, des employés du ministère de l'intérieur ou des administrations qui en dépendent, est fixé conformément au règlement annexé au présent décret.

2. Le port du costume est obligatoire pour les fonctionnaires de l'ordre administratif dans les cérémonies publiques, et toutes les fois que l'exercice de leurs fonctions peut rendre nécessaire ce signe distinctif de leur autorité.

3. Le port d'un costume officiel pour toute personne qui n'y a pas droit donnera lieu à l'application des peines portées par l'article 259 du Code pénal.

4. Il n'est pas dérogé par le présent décret aux dispositions qui ont réglé précédemment les costumes des différents fonctionnaires ou agents administratifs non compris dans le règlement ci-annexé.

5. Le ministre de l'intérieur est chargé de l'exécution du présent décret, etc. (*Bull.* 502, n° 3787.)

N° 5.—(1er mars 1852.) — DÉCRET *portant que l'introduction en France de poudres à feu sera punie des peines établies pour les importations de marchandises prohibées.*

LOUIS-NAPOLÉON, PRÉSIDENT DE LA RÉPUBLIQUE FRANÇAISE,

Sur le rapport du ministre des finances,

Vu la loi du 13 fructidor an V, article 21, titre II ;

Vu les lois du 22 août 1791, article 1er, titre V ; du 4 germinal an II, article 10, titre II ; du 27 mars 1817, article 15 ; du 28 avril 1816, article 41 et suivants, titre V ; du 21 avril 1818, article 34 ;

Considérant que les réparations purement civiles établies par l'article 21, titre II de la loi du 13 fructidor an V, pour les cas d'importation de poudre de l'étranger en France, ne sont en rapport, ni avec la gravité du délit, ni avec le système général de répression résultant de la législation des douanes, en matière d'introduction prohibée,

DÉCRÈTE :

ART. 1er. L'introduction en France de poudres à feu sera punie des peines portées dans les lois relatives aux importations de marchandises prohibées en général.

2. Le ministre des finances est chargé de l'exécution du présent décret, etc. (*Bull.* 502, n° 3788.)

N° 6.—(1er mars 1852.)—DÉCRET *qui ouvre des crédits au ministre des finances, pour des dépenses de l'exercice 1851 et d'exercices clos.*

LOUIS-NAPOLÉON, PRÉSIDENT DE LA RÉPUBLIQUE FRANÇAISE,

Vu la loi du 29 juillet 1850, portant fixation du budget des dépenses de l'exercice 1851 ;

Vu l'article 100 de l'ordonnance du 31 mai 1838, sur la comptabilité publique, aux termes duquel les créances d'exercices clos, non comprises dans les restes à payer arrêtés par les lois de règlement, ne peuvent être ordonnancées par les ministres qu'au moyen de crédits supplémentaires accordés dans les formes déterminées ;

Sur le rapport du ministre des finances,

DÉCRÈTE :

ART. 1er. Il est ouvert au ministre des finances, sur l'exercice 1851, un crédit supplémentaire de quatre-vingt-dix mille francs (90,000 fr.), pour les dépenses ci-après :

FRAIS DE RÉGIE, DE PERCEPTION ET D'EXPLOITATION DES IMPÔTS ET REVENUS.

Enregistrement et domaines.

Chap. XLV. — Dépenses diverses (frais d'estimation, d'affiches et de vente de mobilier et de domaines de l'Etat) . . . . 40,000 fr.

Remboursements et restitutions.

Chap. LXXII. — Remboursements sur produits indirects et divers (restitutions aux héritiers et paiements aux créanciers de successions en déshérences).. 50,000

Somme égale. . . 90,000

2. Il est ouvert au ministre des finances, en augmentation des restes à payer constatés par les comptes définitifs des exercices 1848, 1849 et 1850, un crédit de la somme de quarante mille huit cent soixante et un francs vingt centimes (40,861 fr. 20 c.), montant de nouvelles créances liquidées à la charge de ces exercices, conformément au tableau ci-annexé.

Le ministre des finances est, en conséquence autorisé à ordonnancer ces créances sur le chapitre spécial ouvert, pour les exercices clos, au budget de l'exercice courant, en exécution de l'article 8 de la loi du 23 mai 1834.

3. Le ministre des finances est chargé de l'exécution du présent décret, etc. (*Bull.* 503, n° 3804.)

Nº 7.—(2 mars 1852.)—Décret *sur les tribunaux de commerce.*

LOUIS-NAPOLÉON, Président de la République française,

Vu le livre IV du Code commerce, le décret du 6 octobre 1809, la loi du 3 mars 1840 et le décret du 28 août 1848 ;

Considérant que le mode d'élection des juges des tribunaux de commerce, établi par le décret du 28 août 1848, a fait naître de sérieuses difficultés, qui ont souvent empêché ou au moins retardé le renouvellement de ces tribunaux ;

Considérant que, loin d'accroître le nombre des votants, il l'a réduit dans de si étroites limites que, dans certaines localités, il ne s'est pas présenté assez d'électeurs pour composer le bureau électoral, et que, dans d'autres, les juges élus ont refusé un mandat dont ils ne se trouvaient pas suffisamment investis ;

Considérant que des intérêts étrangers à ceux de la justice et du commerce n'ont que trop souvent dicté les choix d'une faible minorité d'électeurs ;

Considérant qu'il importe de rendre sans délai aux tribunaux de commerce la considération dont ils doivent être entourés, en remettant en vigueur les dispositions légales qui, pendant long-temps, ont régi leur composition ;

Sur le rapport du garde des sceaux, ministre de la justice,

Décrète ce qui suit :

Art. 1er. Le décret du 28 août 1848, relatif à l'organisation des tribunaux de commerce, est abrogé.

2. Les articles 618, 619, 620, 621 et 629 du Code de commerce, le décret du 6 octobre 1809 et la loi du 3 mars 1840, sont remis en vigueur.

3. Les tribunaux de commerce seront renouvelés conformément aux dispositions citées dans l'article précédent, dans les trois mois à partir de la date du présent décret.

4. Les juges des tribunaux de commerce actuellement en fonctions continueront de siéger jusqu'à leur remplacement.

5. Le garde des sceaux, ministre de la justice, et le ministre de l'intérieur, sont chargés, chacun en ce qui le concerne, de l'exécution du présent décret, etc. (*Bull.* 495, nº 3711.)

Nº 8. — (2 mars 1852.) — Décret *portant prorogation des fonctions des membres des chambres de commerce.*

LOUIS-NAPOLÉON, Président de la République française,

Sur le rapport du ministre de l'intérieur, de l'agriculture et du commerce ;

Considérant qu'il y lieu de réviser le décret du 28 août 1848, sur les élections des tribunaux de commerce ; qu'un projet de loi est préparé dans ce but, et qu'il conviendra d'étendre les effets de cette révision aux chambres de commerce ;

Considérant que le délai fixé par l'article 20 du décret du 3 septembre 1851, pour le renouvellement de ces chambres, est sur le point d'expirer.

Attendu que, jusqu'à ce qu'il puisse être procédé à ce renouvellement dans la forme qui sera ultérieurement déterminée, il est nécessaire de maintenir en fonctions les membres actuellement en exercice,

Décrète :

Art. 1er. Les fonctions des membres des chambres de commerce sont prorogées jusqu'à ce qu'il puisse être procédé à de nouvelles élections, en conformité des dispositions qui seront ultérieurement arrêtées.

2. Le ministre de l'intérieur, de l'agriculture et du commerce est chargé de l'exécution du présent décret, etc. (*Bull.* 502, nº 3789.)

Nº 9.—(2 mars 1852.)—Décret *relatif aux conseils de prud'hommes de Lyon et de Saint-Etienne.*

LOUIS-NAPOLÉON, Président de la République française,

Sur le rapport du ministre de l'intérieur, de l'agriculture et du commerce ;

Considérant que les décrets des 27 mai et 6 juin 1848, qui ont changé les bases de l'administration impériale sur les conseils de prud'hommes, ont rencontré, dans l'exécution, sur plusieurs points essentiels, les plus graves difficultés, et qu'une expérience de trois années a permis de constater des inconvénients qui pourraient compromettre cette utile institution ;

Considérant qu'une enquête se poursuit pour améliorer le régime des conseils de prud'hommes, tout en maintenant les bases que le temps a consacrées ;

Considérant que les décrets de 1848 n'ont pu, même temporairement, s'approprier à la constitution particulière des fabriques de Lyon et de Saint-Etienne ; qu'il importe, sous ce rapport, de régulariser la situation dans ces deux villes, et d'y assurer le cours d'une justice spéciale, si importante pour les populations ouvrières,

Décrète :

Art. 1er. Les conseils de prud'hommes

de Lyon et de Saint-Étienne sont provisoirement replacés sous le régime antérieur aux décrets des 27 mai et 6 juin 1848, tel qu'il résultait de la loi du 18 mars 1806 et des décrets des 3 juillet 1806, 11 juin 1809 et 20 février 1810, jusqu'à ce qu'il intervienne une loi générale.

2. Le ministre de l'intérieur, de l'agriculture et du commerce, et le ministre de la justice, sont chargés, chacun en ce qui le concerne, de l'exécution du présent décret, etc. (*Bull.* 502, n° 3790.)

N° 10. — (2 mars 1852.) — RAPPORT et DÉCRET *sur la police de la pêche de la morue à l'île de Terre-Neuve.*

RAPPORT AU PRINCE PRÉSIDENT DE LA RÉPUBLIQUE FRANÇAISE,

Monseigneur,

L'ordonnance du 24 avril 1842 sur la police de la pêche de la morue à l'île de Terre-Neuve avait besoin d'être complétée et modifiée dans quelques-unes de ses dispositions.

D'un autre côté, le caractère de cet acte n'assurait pas l'exécution des dispositions pénales qu'il édictait.

L'assemblée générale des armateurs, réunis à Saint-Servan, les 5, 6, 7 et 8 janvier 1852, pour le tirage quinquennal des places de pêche aux côtes de Terre-Neuve, a été consultée sur les changements à apporter aux prescriptions de l'ordonnance dont il s'agit.

J'ai examiné avec soin le travail de cette assemblée, et, après avoir révisé et coordonné les articles dont il se compose, je soumets à votre sanction un projet de décret destiné à remplacer l'ordonnance précitée du 24 avril 1842.

Je suis avec le plus profond respect, monseigneur, votre très-humble et très-dévoué serviteur, etc.

DÉCRET.

LOUIS-NAPOLÉON, PRÉSIDENT DE LA RÉPUBLIQUE FRANÇAISE,

Vu l'ordonnance du 24 avril 1842, portant règlement sur la police de la pêche de la morue à l'île de Terre-Neuve,

Vu le procès-verbal de l'assemblée générale des armateurs pour la pêche de la morue réunis, à Saint-Servan, les 5, 6, 7 et 8 janvier 1852;

Sur le rapport du ministère secrétaire d'État de la marine et des colonies,

Le conseil d'amirauté entendu,

DÉCRÈTE :

ART. 1er. Les havres et places, avec les graves qui en dépendent aux côtes de l'île de Terre-Neuve, continueront de n'être pas au choix du premier arrivé ni du premier occupant.

La répartition en sera faite entre les armateurs tous les cinq ans, par voie d'un tirage au sort et au moyen d'un état indicatif des havres situés sur la partie des côtes de ladite île, où, d'après les traités, les capitaines français peuvent s'établir pour la pêche.

Cet état fera connaître, suivant le plan topographique des côtes, et en commençant par le premier havre de la côte de l'ouest :

Les noms des havres;

Les numéros et les noms des places comprises dans chaque havre;

Le nombre de bateaux que chacune des places peut contenir;

La situation de la grave correspondant à chaque place.

La nomenclature des places sera divisée, sur ledit état, en trois séries établies de la manière suivante, d'après le nombre des bateaux auquel chaque place peut suffire, savoir :

Première série (place pouvant contenir), quinze bateaux et au-dessus;

Deuxième série (place pouvant contenir), de dix à quinze bateaux exclusivement;

Troisième série (place pouvant contenir), neuf bateaux et au-dessous.

2. Tous les cinq ans, les armateurs des différents ports de France qui se proposent d'envoyer des navires à la pêche sur les côtes de Terre-Neuve feront, au chef du service de la marine, à Saint-Servan, la déclaration du nombre de navires qu'ils doivent armer pour la pêche, avec l'indication du tonnage de ces navires.

3. Ces armateurs ou leurs correspondants, spécialement autorisés, se réuniront à Saint-Servan, le 5 janvier, sous la présidence du chef du service de la marine, afin qu'il soit procédé, ainsi qu'il suit, à la répartition des places que leurs navires devront occuper.

Les déclarations faites conformément à l'article 2, seront comprises dans un relevé général présentant, eu égard au tonnage des navires et à la force de l'équipage, le classement des navires en trois séries, savoir :

Première série. — Cent cinquante-huit tonneaux et au-dessus, cinquante hommes d'équipage au moins.

Deuxième série. — Cent à cent cinquante-huit tonneaux exclusivement, trente hommes d'équipage.

Troisième série. — Au-dessous de cent tonneaux, vingt hommes d'équipage si le navire ne doit pas armer une seine, et vingt-cinq hommes s'il doit en faire usage.

Toutefois, les navires qui ont déjà concouru aux précédents tirages conserveront, pour leur classement par série, les avantages qu'ils pouvaient devoir à leur ancien jeaugeage.

Il sera donné lecture de ce relevé à l'assemblée, après quoi le tirage au sort aura lieu par série, en commençant par la première et en descendant de celle-ci à la seconde, puis à la troisième jusqu'à épuisement.

A cet effet, il sera disposé autant de bulletins qu'il y aura de navires dans une même série, et chacun des bulletins portera le nom de chacun des navires.

Ces bulletins seront ensuite mis dans une urne, d'où ils seront successivement tirés en présence de tous les armateurs réunis.

Au fur et à mesure qu'un bulletin sortira, l'armateur du navire désigné par le bulletin choisira une place dans la série à laquelle ce bâtiment appartient.

Si la série des places se trouve épuisée avant la série correspondante des navires, les bâtiments excédants seront réunis à ceux de la série inférieure.

Dans le cas contraire, après le choix fait par les armateurs des navires compris dans la première série, les places qui s'y trouveront encore disponibles pourront être choisies par les armateurs de la deuxième série, concurremment avec les places appartenant à cette série. Les armateurs de la troisième auront également la faculté de faire choix des places vacantes dans les séries supérieures.

4. Il pourra, après le tirage général, être concédé des places sur la côte de l'île de Terre-Neuve aux armateurs qui expédieront leurs navires à la pêche sur le grand banc ou sur les banquereaux, avec l'intention de faire sécher à la côte de l'île, la morue prise par ces bâtiments.

Mais ces armateurs, pour être admis au tirage des places entre eux, seront tenus, comme les autres armateurs, à une déclaration préalable, à défaut de laquelle leurs navires ne pourront s'établir que sur les points de la côte qui ne seront point occupés.

5. La répartition des saumoneries continuera d'avoir lieu par la voie du sort entre les armateurs concessionnaires des havres auxquels, d'après leur position, ces saumoneries correspondent.

L'opération du tirage sera constatée par un procès-verbal; l'assemblée sera ensuite dissoute.

6. Les résultats du tirage, effectué conformément aux articles précédents, seront énoncés dans un tableau de répartition dressé par les soins du chef de service de la marine.

Ce tableau devra présenter,

Les noms des havres;

Les numéros et les noms des places comprises dans chaque havre;

Le nombre des bateaux que chaque place peut contenir;

Les noms des armateurs concessionnaires;

Les villes où ces armateurs sont domiciliés;

Les noms des navires;

Le port en tonneaux de ces navires;

Le nom et l'âge des capitaines;

La force des équipages;

Le port d'où chacun de ces bâtiments doit être expédié.

7. Le tableau de répartition, rédigé à la suite du procès-verbal du tirage des places, et arrêté par le chef du service de la marine à Saint-Servan, sera adressé au ministre de la marine et des colonies; il sera imprimé et rendu public.

8. Chaque armateur conservera pendant cinq ans la jouissance du havre et de la place qui lui auront été assignés, tant qu'il continuera d'expédier le même nombre de navires, de même série, pour la pêche de la morue à la côte et d'y faire occuper effectivement les places dont il sera concessionnaire.

Il conservera pendant le même temps la jouissance des chaufauds, dépendances et graves qu'il aura fait réparer.

A la fin de la cinquième année de jouissance, chaque capitaine constatera, par un procès-verbal, signé de deux capitaines voisins, l'état de l'établissement qu'il aura formé et occupé, lequel consistera dans le chaufaud, ses orgages et ses tenailles, les cabanes et leurs portes, les étaux, lavoirs et garde-poissons; il laissera ledit établissement dans la situation où il se trouvera.

Quant aux autres objets, tels que cajots, traîneaux, bateaux, avirons et autres ustensiles, le capitaine pourra les enlever, afin que l'armateur propriétaire en dispose à son gré.

9. Les cinq années expirées, il sera procédé par la voie du sort, conformément aux dispositions de l'article 3, au renouvellement général du partage des places entre les armateurs déjà concessionnaires, concurremment avec ceux qui se présenteront pour la première fois, mais après que les uns et les autres auront fait les déclarations prescrites par l'article 2.

10. Le chef du service de la marine à

Saint-Servan adressera, chaque année, aux administrateurs des ports d'où les navires devront être expédiés :

1º Un état de répartition des places de la côte est de la côte ouest ; — 2º Un état des navires dont les armateurs auront déclaré vouloir faire pêche dans les baies communes.

11. Les commissaires de l'inscription maritime dans les ports d'armement ne délivreront de rôles d'équipage aux navires destinés pour la pêche à l'île de Terre-Neuve qu'après s'être assurés que les armateurs ont droit à une place ou à exploiter la pêche dans les baies communes.

Aucun navire ne pourra aller pêcher sur les côtes de l'île de Terre-Neuve, s'il ne lui a été délivré un bulletin de mise en possession pour la place dont il est concessionnaire, ou un bulletin d'autorisation de pêche dans les baies communes.

Ces bulletins, établis par les commissaires de l'inscription maritime d'après les états prescrits par le précédent article, seront conformes aux modèles nºˢ 1 et 2 annexés au présent décret.

Chaque capitaine sera tenu d'exhiber son bulletin de mise en possession, ou d'autorisation de pêche, aux capitaines prud'hommes des havres ou des baies où il devra faire la pêche.

12. Aucun armateur ne pourra obtenir, pour le même navire, la concession simultanée de places sur les côtes est et ouest de l'île.

13. Tout armateur qui, dans l'année du tirage général des places, et à moins qu'il n'y soit contraint par force majeure, n'expédiera pas le navire dont l'armement annoncé par lui aura déterminé, à son égard, une concession de place par la voie du sort, perdra ses droits à la jouissance de cette place, et sera, en outre, condamné à l'une des amendes suivantes, savoir :

Quatre mille francs pour les navires de première série ;

Trois mille francs pour les navires de deuxième série ;

Deux mille francs pour les navires de troisième série.

L'amende sera de 1,000 francs pour les armateurs des navires banquiers admis au tirage spécial, dans le cas prévu par l'article 4, qui, dans l'année de ce tirage, n'expédieront pas les navires, pour lesquels ils auront obtenu la concession d'une place à la côte de Terre-Neuve, ou qui, ayant expédié leurs navires sur le banc ou sur les banquereaux, se sont abstenus de faire occuper à la côte la place de sécherie dont ils auront été déclarés concessionnaires.

Ces amendes seront prononcées par le chef du service de la marine à Saint-Servan. Lorsque les parties croiront devoir appeler de cette décision, l'affaire sera soumise à l'examen de trois arbitres désignés par les armateurs réunis en assemblée générale ; si leur décision n'est pas conforme à celle du chef de service, le ministre de la marine statuera définitivement, après avoir pris communication des rapports du chef de service et des arbitres.

Tout armateur auquel il aura été concédé une place sera tenu de la faire occuper, la première année du tirage, par le navire concessionnaire ou un autre de même série au moins, dans le cas où ce navire aurait été condamné pour avaries de mer depuis le tirage. S'il est vendu, l'acquéreur sera tenu aux mêmes obligations, sous la responsabilité du vendeur.

Les chafauds, leurs dépendances et graves, tels qu'ils se trouveront à l'arrivée des navires sur la côte, appartiendront au navire auquel la place aura été assignée d'après la répartition réglée par les articles 2, 3 et 6 du présent décret, ou à un autre navire armé, en remplacement, par le même armateur, pourvu qu'il appartienne à la même série.

Si, dans les années qui suivront celle où le partage général des places aura été effectué, ledit armateur expédie un navire de moindre série, il y aura lieu au partage de la grave, seulement en raison de la différence de la série.

Toute place qui, pendant une saison de pêche, et sauf le cas de force majeure dûment constatée, n'aura pas été occupée par le navire concessionnaire, sera réputée vacante ; elle pourra être mise à la disposition de tout autre armateur, suivant les formes prescrites, sans que le premier concessionnaire qui l'aura abandonnée puisse y conserver aucun droit ni prétendre à aucune indemnité.

On entend par occuper une place y déposer le nombre d'hommes d'équipage voulu par la série à laquelle le navire appartient ; faire pêche effective dans le havre ; trancher et saler à la place les produits de la pêche ; y former et entretenir l'établissement complet de pêche. Cette explication, toutefois, ne concerne que les places de la côte est. Toute place, sur cette côte, qui ne sera point ainsi occupée perdra ses droits à l'armement des seines.

Aucun armateur ne pourra revendiquer la jouissance d'un terrain non occupé, mais qu'un autre armateur concessionnaire aura défriché à neuf, et disposé pour faciliter et étendre l'exploitation de sa pêche, à moins que ce terrain ne reste inoccupé pendant deux saisons.

14. Les places portées pour mémoire au tableau indicatif étant en dehors du tirage, le choix qui en sera fait par les armateurs, pendant l'opération du tirage, n'exceptera pas ceux-ci du paiement de l'amende, si toutes les places habitables portées au tableau ne sont pas épuisées avant ce choix.

15. Dans les quatre années qui suivront celle du tirage général, il sera fait chaque année, le 5 janvier, un tirage partiel des places vacantes, de la manière prescrite pour le tirage général.

A la suite du tirage général, y compris le tirage spécial pour les banquiers, comme de chacun des tirages partiels, y compris le tirage spécial pour les banquiers, les places demeurées disponibles seront concédées aux armateurs qui en feront la demande, depuis l'époque du tirage jusqu'au 30 juin.

Les armateurs qui, postérieurement au tirage général, obtiendront des places, n'en jouiront que pendant le temps restant à s'écouler jusqu'au terme marqué pour le renouvellement intégral.

Ces concessions particulières seront inscrites sur le tableau de répartition, et le chef du service de la marine, à Saint-Servan en rendra compte au ministre de la marine et des colonies.

16. Le capitaine le plus âgé remplira les fonctions de prud'homme dans tous les havres et dans toutes les baies communes ; mais les capitaines au long cours auront toujours la priorité sur les maîtres au cabotage.

17. Le capitaine prud'homme est spécialement chargé de maintenir la discipline, la police et le bon ordre dans les havres et les baies communes ; d'assurer à chaque capitaine la jouissance du havre, de la grave ou du mouillage qui lui sont assignés ; d'inspecter les filets, de veiller à la sûreté des mouillages et rades; de recevoir les plaintes des capitaines pêcheurs et d'y faire droit, lorsqu'il est compétent pour les juger, après avoir toutefois vérifié les faits et acquis des preuves, autant qu'il lui est possible.

Il préside toutes les réunions de capitaines qui peuvent avoir lieu dans les havres et les baies ; il termine, comme prud'homme arbitre, et sans frais, les contestations qui peuvent s'élever entre les capitaines ; il ne peut exiger aucune rétribution ni émoluments des capitaines pêcheurs ; il garde minute des décisions qu'il prend ; il constate, par des procès-verbaux, toutes les contraventions au présent décret commises pendant la durée de la pêche ; il signe ces procès-verbaux et les fait signer par les offi-

ciers et le maître d'équipage, et, à son retour, il remet lesdits procès-verbaux et décisions aux commissaires de l'inscription maritime dans le port d'où il est parti.

Il remet, en outre, audit commissaire un rapport détaillé sur la navigation et sur tout ce qui peut intéresser l'amélioration de la pêche.

18. Si le capitaine prud'homme est lui-même intéressé dans une contestation, ou s'il est absent, l'affaire sera portée et soumise au jugement du prud'homme du havre le plus voisin.

19. Le capitaine prud'homme est tenu de remettre aux commandants des bâtiments de la station, lorsqu'ils font l'inspection des havres, un état spécifiant pour chaque place en particulier, si elle est ou non occupée comme le règlement le prescrit, et si la légalité en toutes choses y est observée.

Tout délit contre la discipline, toute contravention aux règles établies en ce qui concerne le régime de la pêche et le mode d'occupation des places, seront par lui dénoncés aux commandants desdits bâtiments qui ont mission de les réprimer et de maintenir partout le bon ordre et l'observation du présent décret.

20. S'il est commis des délits qui, en France, sont du ressort des tribunaux, le capitaine prud'homme remplit les fonctions de juge de paix ; il forme la première instruction ; il veille à ce que le prévenu ne puisse s'évader et soit remis au commandant de la station, avec les pièces constatant le délit.

21. Les navires pêcheurs ne pourront obtenir la remise de leurs papiers de bord ;

Avant le 1er mars, pour les bancs et pour la côte ouest de Terre-Neuve ;

Avant le 20 avril, pour la côte est.

Tout capitaine de navire qui appareillera et fera route avant ces époques sera passible d'une amende de mille francs, dont l'armateur sera solidairement responsable.

La même peine sera prononcée contre tout capitaine qui expédiera des bateaux sur la côte, si le navire en est éloigné de plus d'un myriamètre, et même d'une moindre distance, s'il y a banquise formée, ce qui sera constaté par les journaux des capitaines et des officiers.

Par exception aux dispositions ci-dessus, tout navire précédemment concessionnaire d'une place à la côte de l'ouest, qui deviendra concessionnaire d'une place à la côte de l'est, pourra partir le 20 mars, à l'effet de faire en temps utile le transport de son matériel.

22. Aucun capitaine ne pourra établir son navire, pour faire pêche ou sécherie dans

un havre autre que celui qui lui aura été assigné par le bulletin de mise en possession, sous peine de cinq cents francs d'amende, indépendamment d'une interdiction de commandement.

Les seuls bateaux à la ligne, expédiés en dégrat, seront admis à pêcher, trancher, saler dans tous les havres, et même à sécher sur les terrains vacants desdits havres.

Toutefois, la défense portée par le premier paragraphe du présent article est sans préjudice des arrangements qui pourront être faits à l'amiable entre les armateurs ou capitaines pour l'occupation réciproque, par leurs navires, des havres et des places qui leur auront été respectivement affectés sur l'une et l'autre côte, et elle ne s'étend pas aux havres absolument inoccupés, où les bâtiments pourront se placer, et auront la faculté de conserver la place en faisant, au retour du voyage, l'abandon de celle déjà concédée.

Il ne pourra, dans l'intervalle d'un tirage général à l'autre, être créé de nouvelles places, à moins que toutes celles soumises au tirage n'aient été concédées.

23. Le mode de pêcher dit *en défilant le golfe* est autorisé à la côte ouest de Terre-Neuve, et la pêche pourra être tout à la fois nomade et sédentaire sur cette partie du littoral, depuis la baie de Port-à-Port inclusivement jusqu'au cap Normand.

La pêche est réservée et demeure, comme à la côte est, le privilége exclusif des navires occupants, dans tous les havres portés sur le tableau de répartition, où il est créé des places qui sont concédées par les voies du tirage.

La pêche est libre, au contraire, pour tous les navires pêcheurs, sans exception, expédiés à la côte ouest, dans toutes les baies où il n'est pas créé de places particulières, et qui sont désignées sur le tableau de répartition des places, comme affectées à l'exploitation commune de la pêche. Ces baies sont celles de Port-à-Port avec ses divers mouillages, celle des Iles avec toutes les rades qui en dépendent, celle de Bonne-Baie et celle de Sainte-Marguerite, avec l'anse du nouveau Férolle.

Dans le cas où toutes les places du tableau de répartition se trouveraient épuisées, il pourra être délivré aux armateurs qui voudront néanmoins expédier des navires à la côte ouest des bulletins d'autorisation de pêche (modèle n° 2).

Tout capitaine pourvu d'un bulletin de mise en possession pour la côte ouest a le droit de s'établir et de faire pêche, non-seulement dans le havre particulier où une place lui a été attribuée, mais encore dans toutes les baies où il n'existe pas de concession particulière, et qui, assimilées à des ports neutres, demeurent ouvertes à l'exploitation commune.

Tout capitaine pourvu d'un bulletin d'autorisation de pêche à la côte ouest a le droit d'établir son navire et de pêcher dans toutes les baies affectées à l'exploitation commune.

Les goëlettes des îles Saint-Pierre et Miquelon jouissent également de cette dernière faculté.

Les bateaux appartenant à des navires qui ne sont pas concessionnaires de places dans Petit-Port seront admis à pêcher sur tous les fonds extérieurs qui en dépendent; mais les produits de leur pêche ne pourront être tranchés ni salés dans l'intérieur de ce havre.

Les agrégations y sont absolument interdites. Aucun navire autre que les concessionnaires ne pourra y mouiller.

On entend par occuper une place à la côte ouest, mouiller au moins une fois dans le havre où l'on est concessionnaire. Il suffit de paraître parmi les pêcheurs du golfe, si l'on est pourvu d'un bulletin d'autorisation de pêche.

24. Chaque capitaine expédié pour les côtes de l'île de Terre-Neuve devra, indépendamment du bulletin de mise en possession ou d'autorisation de pêche, être muni d'un exemplaire du présent décret et du tableau de répartition prescrit par l'article 6.

25. Il est défendu à tout capitaine, sous peine de cinq cents francs d'amende, de jeter du lest dans les havres, de s'emparer des sels, des huiles et des autres objets qui auraient pu être laissés l'année précédente ; de rompre, transporter, dégrader ou laisser tomber en ruines les chaufauds, cabanes et dépendances de la place dont il est concessionnaire. Il est, en outre, expressément recommandé à tout capitaine d'améliorer la place qu'il occupe.

26. Il est interdit à tout capitaine de s'emparer des chaloupes et des bateaux échoués sur la côte, sans un pouvoir spécial des propriétaires de ces embarcations, à peine d'en payer le prix, ainsi que cinquante francs d'amende.

Mais, si les propriétaires des chaloupes et des bateaux ne s'en servent pas ou n'en ont pas disposé, ceux qui en auront besoin pourront, avec la permission du capitaine prud'homme, en faire usage pour leur pêche, à condition qu'à leur retour ils en paieront le loyer aux propriétaires.

Les capitaines qui voudront employer ces chaloupes et ces bateaux seront tenus de remettre au prud'homme du havre, et, en son absence, à un capitaine voisin, un état indiquant le nombre de chaloupes et de bateaux qu'ils comptent prendre pour leur service, avec la soumission d'en payer le loyer et de les remettre au propriétaire, s'il arrive à la côte, ou à tout autre ayant pouvoir du propriétaire.

Si les chaloupes et les bateaux ne sont pas remis au propriétaire pendant la durée de la pêche, les capitaines qui les auront employés seront tenus de les faire échouer en lieu de sûreté : cette circonstance devra être constatée par un certificat que le capitaine prud'homme, et, en son absence, un autre capitaine, délivrera.

Les bateaux, les sels, et les autres objets laissés à la côte, et qui n'auront pas été enlevés par le propriétaire, du 1er au 10 septembre de la seconde année, à partir de l'époque de l'abandon, seront vendus à l'encan, à la diligence du prud'homme, au profit du propriétaire, à la charge par l'acquéreur de les enlever dans la quinzaine qui suivra la vente.

27. Les capitaines seront tenus de procurer aux commandants des bâtiments employés en station sur les côtes de l'île de Terre-Neuve, tous les renseignements et détails que ces officiers leur demanderont sur l'exploitation de la pêche, sur la police observée par les pêcheurs, sur le nombre et l'état de leurs navires, de leurs bateaux et de leurs équipages.

28. Il sera embarqué un chirurgien sur tout navire destiné à la pêche de la morue, dont l'équipage sera de quarante hommes et plus, non compris les mousses.

Un chirurgien sera affecté au service sanitaire dans tout havre où ne se trouvera pas un bâtiment de première série, lorsque les navires concessionnaires de ce havre auront ensemble cinquante hommes d'équipage les mousses compris.

29. Il est interdit à tous les pêcheurs français établis sur les côtes de Terre-Neuve d'avoir des établissements couverts en plan, ou de faire usage de cette écorce, pour quoi que ce soit.

30. L'usage de filets appelés *hallopes* est prohibé dans toute l'étendue des pêcheries françaises à la côte de Terre-Neuve.

31. L'usage des lignes de fond ou *harouelles* est autorisé, tant à la côte ouest qu'à la côte est de Terre-Neuve. Elles ne pourront être employées tant que les seines seront armées.

Les bateaux pêchant avec des harouelles n'auront pas le droit de faire lever les bateaux pêchant à la ligne, et réciproquement.

32. Pour prendre les poissons appelés *capelans* et *lançons*, servant d'appât à la morue, il ne pourra être employé que des seines ayant huit à neuf cents mailles de hauteur, et trente brasses de longueur, lorsqu'elles seront montées.

33. Il est défendu de se servir des seines à capelan et à lançon autrement qu'au moulinet, et sans jamais déborder à terre.

34. Il est défendu de couler entièrement les seines, ou d'en ajouter deux ensemble.

35. L'usage des seines à morue est maintenu.

36. Leur étendue sera à la volonté de l'armateur, tant en hauteur qu'en longueur ; mais la maille n'aura pas moins de quarante-huit millimètres entre nœuds, au carré.

Les seines à morue dont la maille sera plus petite que quarante-huit millimètres entre nœuds, au carré, seront, sur l'ordre du capitaine prud'homme, ou sur celui d'un des officiers de la station en service, désarmées et séquestrées pendant la saison de pêche.

La vérification des seines sera faite en mesurant vingt mailles allongées, qui devront porter un mètre neuf cent vingt millimètres.

37. Il est défendu de se servir de seines à morue autrement qu'au moulinet, et sans jamais déborder à terre.

38. Les bateaux de seine ont le droit de choisir les places où il leur plaît de déborder.

Si un ou plusieurs bateaux pêchant à la ligne se trouvent, mouillés dans le circuit d'un bateau de seine, ils seront tenus de se déranger et de lui céder la place après que le bateau de seine les aura prévenus qu'il va déborder et qu'effectivement il aura commencé à jeter son filet à la mer.

Dans le cas où l'un des bateaux à la ligne refuserait de se déranger après en avoir été sommé par le bateau de seine, il sera tenu de payer à celui-ci une amende de mille morues.

39. Sous peine de donner également mille morues au bateau pêchant à la seine, le bateau pêchant à la ligne ou tout autre bateau de seine devra s'abstenir de mouiller dans le circuit de la seine et d'en gêner les mouvements, une fois que le bateau de seine aura prévenu qu'il va déborder et qu'il aura effectivement commencé à jeter son filet à la mer.

Si des maîtres de seine se rendent à l'avance sur certains points pour y attendre le poisson, ils ne pourront y mouiller qu'avec leurs grappins et, dans ce cas, ils seront tenus de quitter la place, si un autre maître de seine commence à déborder avant eux.

Le fait de stationner sur son grappin ne constituera à un bateau de seine aucun droit de priorité, lorsqu'il s'agira de déborder.

40. Les seines à morues sont affectées aux places, et dépendent du rang de série des navires occupants.

Les places de première série occupées par des navires de même série pourront armer deux seines.

Toute place de première série occupée par un navire de série inférieure ne pourra armer qu'une seine.

Les places de deuxième et de troisième série ne pourront, en aucun cas, armer qu'une seine.

Il ne peut y avoir pour chaque place qu'un seul navire concessionnaire, qui doit être spécifié sur le bulletin de mise en possession.

Tout autre navire adjoint au concessionnaire de la place constitue une agrégation. Les agrégations ne pourront jamais donner lieu à augmenter le nombre des seines, quels que soient la série de la place et le nombre des agrégés.

Tout navire agrégé à un autre, concessionnaire d'une place à la côte de Terre-Neuve, recevra de l'administrateur de la marine, dans le port où il sera expédié, un bulletin d'agrégation qui spécifiera le navire et la place auxquels il sera adjoint.

Tout navire allant à la pêche sur le grand banc, puis à la côte, n'aura le droit d'armer une seine que s'il a vingt-cinq hommes au moins déposés à la côte, et s'il occupe effectivement la place qui lui a été concédée en vertu de l'article 4.

Il ne pourra être fait usage de la seine ou des seines d'un navire dont une partie de l'équipage aura été envoyée comme passagers sur un autre bâtiment, qu'après l'arrivée du premier dans son havre, ou l'avis de sa perte en route.

Les bâtiments pêcheurs, après avoir pris possession de leurs places à la côte, pourront relever pour le banc, et continueront de jouir de la faculté d'armer leurs seines, pourvu qu'ils laissent sur lesdites places le nombre d'hommes exigé pour l'armement de ces filets par le numéro de la série à laquelle ils appartiennent.

Ils seront d'ailleurs tenus, comme les autres navires côtiers, de laisser à leurs places, la première année du tirage, le nombre d'hommes voulu par leur rang de série pour l'occupation effective.

41. Les bateaux de seine ne pourront seiner près de Belle-Isle-du-Sud et de Groix, à moins qu'ils n'appartiennent à un navire mouillé dans une de ces îles.

42. La pêche du saumon ne pourra se faire qu'au moyen de barrages pratiqués dans les ruisseaux ou rivières.

43. L'embarquement des provisions particulières de boissons spiritueuses à bord des bâtiments faisant la pêche de la morue est formellement interdit.

L'administration de la marine concertera avec celle des douanes les mesures à prendre pour empêcher l'embarquement des spiritueux, et même celui des fûts vides propres à en contenir.

Le ministre de la marine et des colonies retirera la lettre de commandement, pour un temps dont sa décision fixera la durée, à tout capitaine qui aura vendu ou laissé vendre à son bord des boissons spiritueuses.

Une amende de 500 francs sera encourue par tout armateur qui fera vendre de ces boissons pour son compte aux équipages de ses navires.

44. Toute demande en indemnité pour les faits prévus par les articles ci-dessus sera jugée sommairement, et sans appel, par les autres capitaines du havre non intéressés aux bâtiments en contestation. Ces capitaines seront convoqués et présidés par le prud'homme, et, si celui-ci est intéressé ou absent, par le capitaine le plus âgé après le prud'homme.

45. Toutes contraventions, soit de la part des armateurs, soit de celle des capitaines de navire, seront punies conformément au présent décret.

Les procès-verbaux constatant lesdites contraventions seront, à cet effet, remis, par les prud'hommes, aux commissaires de l'inscription maritime, pour que, à la diligence de ces administrateurs, les poursuites de droit soient exercées devant les tribunaux ordinaires.

46. Le produit des amendes sera versé dans la caisse des invalides de la marine.

47. L'ordonnance du 24 avril 1842, portant règlement sur la police de la pêche de la morue à l'île de Terre-Neuve, est abrogée.

48. Le ministre secrétaire d'Etat de la marine et des colonies est chargé de l'exécution du présent décret, qui sera inséré au *Bulletin des lois* et au *Bulletin officiel de la marine*. (*Bull.* 503, n° 3805.)

N° 11. — (3 mars 1852.) — DÉCRET *qui approuve le traité passé, le 3 mars 1852, entre le trésor et la banque de France.*

LOUIS-NAPOLÉON, PRÉSIDENT DE LA RÉPUBLIQUE FRANÇAISE,

Vu les lois du 24 germinal an XI, du 22 avril 1806 ;

Le décret organique du 16 janvier 1808, la loi du 17 mai 1834 ;

L'ordonnance réglementaire du 15 juin même année ;

La loi du 30 juin 1840 ;

Le traité passé entre le trésor et la banque, le 30 juin 1848, sanctionné par le décret du 5 juillet suivant ;

La loi du 6 août 1850 ;

Vu la délibération du conseil général de la banque en date du 3 de ce mois ;

Sur le rapport du ministre des finances ,

DÉCRÈTE :

ART. 1er. Sont approuvées les clauses et conditions énoncées dans le traité ci-annexé, passé le 3 de ce mois, entre le ministre des finances et la banque de France.

2. La faculté accordée à la banque par l'article 3 de la loi du 17 mai 1834, de faire des avances sur effets publics français , est étendue aux actions et aux obligations de chemins de fer français.

Le conseil général de la banque déterminera la quotité des avances qui pourront être faites sur chacun des titres qu'il admettra à leur service de gage, ainsi que le montant des couvertures à fournir par les emprunteurs en cas de baisse du cours desdits effets pendant la durée de l'emprunt.

Les dispositions des articles 1er, 3 et 5 de l'ordonnance réglementaire du 15 juin 1834, rendue en exécution de l'article 3 de la loi du 17 mai même année, relative aux avances sur fonds publics français, seront applicables aux avances sur les actions et sur les obligations de chemins de fer français.

3. Toutes dérogations soit aux statuts de la banque de France, soit aux dispositions de la législation existante, qui résulteraient de l'autorisation mentionnée en l'article 2 du présent décret ou des clauses et conditions du traité ci-annexé, sont approuvées.

Le paragraphe 2 de l'article 1er de la loi du 30 juin 1840 est abrogé.

La publication des situations hebdomadaires de la banque de France, prescrite par l'article 6 du décret du 15 mars 1848 , sera désormais remplacée par les publications trimestrielles et semestrielles ordonnées par l'article 5 de la loi du 30 juin 1840.

4. Le ministre des finances est chargé de l'exécution du présent décret, etc. (*Bull.* 502, n° 3791.)

N° 12.—(3 mars 1852.) — DÉCRET *portant concession de logements dans les bâtiments du conservatoire national des arts et métiers.*

LOUIS-NAPOLÉON, PRÉSIDENT DE LA RÉPUBLIQUE FRANÇAISE,

Sur le rapport du ministre de l'intérieur, de l'agriculture et du commerce.

Vu l'article 12 de la loi du 23 avril 1833, portant fixation du budget des dépenses ,

DÉCRÈTE :

ART. 1er. Seront logés dans les bâtiments du conservatoire national des arts et métiers:

Le professeur administrateur,

L'agent comptable,

Le conservateur des collections,

Le bibliothécaire,

Le concierge,

Le portier,

Deux gardiens, dont un mécanicien.

2. Le ministre de l'intérieur, de l'agriculture et du commerce est chargé de l'exécution du présent décret , qui sera inséré au *Bulletin des lois* et publié au *Moniteur.* (*Bull.* 502, n° 3792.)

N° 13.—(3 mars 1852.)—DÉCRET *sur l'organisation de l'administration centrale du département de la marine et des colonies.*

LOUIS-NAPOLÉON, PRÉSIDENT DE LA RÉPUBLIQUE FRANÇAISE,

Vu l'arrêté du 8 juin 1848, portant organisation de l'administration centrale du département de la marine et des colonies ;

Considérant que, dans l'intérêt du service et pour la prompte expédition des affaires, il est devenu urgent d'introduire dans cette organisation les simplifications que l'expérience a fait reconnaître nécessaires ;

Sur le rapport du ministre secrétaire d'Etat de la marine et des colonies,

DÉCRÈTE :

ART. 1er. L'administration centrale du département de la marine et des colonies est constituée ainsi qu'il suit :

Le ministre,

L'état-major du ministre,

Cabinet du ministre :

Le chef d'état-major du ministre, directeur.

Premier bureau. Ouverture et enregistrement des dépêches.—Leur répartition dans les divers services.—Centralisation du travail avec le chef de l'Etat.—Expédition des affaires secrètes et réservées.—Affaires qui ne rentrent dans les attributions d'aucun bureau.—Audiences.—Correspondance particulière du ministre.

Deuxième bureau. Mouvement des forces navales et opérations maritimes. — Armements et désarmements.—Instructions aux inspecteurs généraux de tous les services, aux commandants des forces navales et aux officiers envoyés extraordinairement en mission par le ministre.

1re DIRECTION. — *Personnel.*

Premier bureau. Personnel militaire et civil.

Deuxième bureau. Corps organisés.

Troisième bureau. Inscription maritime, police de la navigation et des pêches.

Quatrième bureau. Justice maritime.

Cinquième bureau. Solde, habillement et revues.

2e DIRECTION. — *Matériel.*

Premier bureau. Constructions navales et travaux hydrauliques.

Deuxième bureau. Artillerie.

Troisième bureau. Approvisionnements généraux.

Quatrième bureau. Subsistances, hôpitaux et chiourmes.

3e DIRECTION. — *Colonies.*

Premier bureau. Régime politique et commerce.

Deuxième bureau. Législation et administration.

Troisième bureau. Personnel et services militaires.

Quatrième bureau. Finances et approvisionnements.

4e DIRECTION.—*Comptabilité générale.*

Premier bureau. Fonds et ordonnances.

Deuxième bureau. Dépenses d'outre mer.

Troisième bureau. Comptabilité centrale des fonds.

Quatrième bureau. Comptabilité des matières.

Cinquième bureau. Service intérieur.

Sixième bureau. Archives et bibliothèques.

Le service central de la marine comprend, en outre : — 1° L'établissement des invalides ; — 2° Le contrôle central.

L'établissement des invalides, composé de deux bureaux et d'un trésorier général, est dirigé par un fonctionnaire prenant le titre d'*administrateur.*

Le contrôle central est exercé par un contrôleur en chef de la marine conservant son titre, et ayant sous ses ordres des officiers et agents du corps du contrôle.

2. Un arrêté ministériel déterminera les attributions de chacun des dix-neuf bureaux composant, aux termes de l'article qui précède, les quatre directions de l'administration centrale de la marine.

3. Les traitements annuels du personnel de l'administration centrale de la marine sont fixés ainsi qu'il suit :

Directeurs	15,000 fr.
Chefs de bureaux. . .	5,000 à 7,000 fr.
Sous-chefs de bureau.	4,000 à 5,000
Commis principaux. .	3,500
Commis de 1re classe. .	2,700 et 3,000
Commis de 2e classe. .	2,100 et 2,400
Commis de 3e classe. .	1,500 et 1,800

Surnuméraires (sans traitement ; leur nombre ne peut excéder celui de deux par direction).

4. L'administrateur de l'établissement des invalides reçoit un traitement annuel de douze mille francs. Le traitement de cet administrateur, ainsi que celui des chefs et employés placés sous ses ordres, sont, aux termes de la loi du 13 mai 1791, imputés sur les fonds de la caisse des invalides.

Le traitement des officiers et agents du corps du contrôle employés à Paris est imputé sur les fonds généraux de la solde.

5. Les directeurs sont nommés, par le Président de la République, sur la proposition du ministre de la marine et des colonies, qui pourvoit directement à tous les autres emplois.

Nul ne peut être admis dans les bureaux, s'il n'a été employé pendant trois ans au moins dans l'un des services du département de la marine et des colonies, ou s'il n'a travaillé, pendant deux ans au moins, dans l'administration centrale, en qualité de surnuméraire.

Un second arrêté ministériel déterminera les conditions de l'avancement dans le personnel de l'administration centrale de la marine.

Ces conditions seront communes aux chefs et employés des deux bureaux de l'administration des invalides.

6. Toutes dispositions contraires au présent décret sont et demeurent abrogées.

7. Le ministre de la marine et des colonies est chargé de l'exécution du présent décret, etc. (*Bull.* 503, n° 3806.)

N° 14. — (4 mars 1852.) — DÉCRET *relatif à l'engagement des marins du commerce, et à l'application des dispositions non abrogées des anciennes ordonnances de la marine.*

LOUIS-NAPOLÉON, PRÉSIDENT DE LA RÉPUBLIQUE,

Sur le rapport du ministre secrétaire d'Etat de la marine et des colonies ;

Le conseil d'amirauté entendu,

DÉCRÈTE :

ART. 1er. Sont considérées comme dispositions d'ordre public auxquelles il est interdit de déroger par des conventions particulières, les prescriptions des actes çi-dessous indiqués ; savoir :

Articles 262, 263, 265 et 270 du Code de commerce ;

Ordonnance du 1er novembre 1745 ;

Article 37 de celle du 17 juillet 1816 ;

Articles 1, 5 et 8 de l'arrêté du 5 germinal an XII, et 252, paragraphe 5, du Code de commerce ;

Paragraphes 2 et 3 de l'article 3 de l'ordonnance du 9 octobre 1837.

Toutefois, le bénéfice des articles 262 et 263 du Code de commerce n'est point acquis à tout marin délaissé, à compter du jour où il embarque avec salaire sur un autre navire.

Les dispositions de l'ordonnance du 1er novembre 1745 seront appliquées à tout marin faisant partie de l'équipage d'un navire du commerce.

2. Les ordonnances, règlements et arrêts du conseil, concernant la marine, antérieurs à 1789, et auxquels il n'a point été dérogé, seront appliqués sans qu'il soit nécessaire d'administrer la preuve de leur enregistrement. La production par le ministre de la marine, le cas échéant, d'une copie authentique de l'un de ces actes, suffira pour en assurer la validité.

3. Le ministre de la marine est chargé de l'exécution du présent décret, qui sera inséré au *Bulletin des lois* et au *Bulletin officiel de la marine*. (*Bull.* 503, n° 3807.)

———

N° 15. — (5 mars 1852.) — Décret *portant que les délits d'attroupements dont la connaissance est actuellement attribuée aux Cours d'assises des colonies seront jugés par les tribunaux correctionnels.*

LOUIS-NAPOLÉON, Président de la République ,

Considérant qu'il importe d'appliquer aux colonies, par les mêmes motifs qui l'ont dictée pour la métropole, la disposition du décret du 25 février dernier, qui attribue aux tribunaux correctionnels la connaissance de délits politiques déférés auparavant aux Cours d'assises ;

Vu le décret du 22 janvier dernier, qui a déclaré exécutoire aux colonies la loi du 7 juin 1848, sur les attroupements ;

Sur le rapport du ministre secrétaire d'Etat de la marine et des colonies,

Décrète :

Art. 1er. Les délits d'attroupements dont la connaissance est actuellement attribuée aux Cours d'assises des colonies seront jugés par les tribunaux correctionnels.

2. Sont et demeurent abrogées les dis-

positions relatives à la compétence qui résultent de l'article 10 du décret du 7 juin 1848, sur les délits d'attroupements.

3. Le ministre secrétaire d'Etat de la marine et des colonies est chargé de l'exécution du présent décret, etc. (*Bull.* 505, n° 3833.)

———

N° 16. — (5 mars 1852.)— Décret *relatif à l'importation de l'acide arsénieux.*

LOUIS-NAPOLÉON, Président de la République,

Sur le rapport du ministre de l'intérieur, de l'agriculture et du commerce ;

Vu l'article 10 de l'ordonnance du 29 octobre 1846 ;

Vu l'avis du comité d'hygiène,

Décrète :

Art. 1er. Les importateurs d'acide arsénieux seront tenus de prendre, au bureau de douane par lequel aura lieu l'introduction, un acquit-à-caution indiquant les quantités importées, ainsi que le nom et le lieu de résidence du ou des destinataires. Cet acquit-à-caution devra être rapporté dans un délai de trois mois, revêtu d'un certificat de décharge de l'autorité municipale du lieu de résidence du ou des destinataires, sous peine de saisie ou de confiscation de la marchandise, ou du paiement de sa valeur, et d'une amende de cinq cents francs.

2. Le ministre de l'intérieur, de l'agriculture et du commerce, et le ministre des finances, sont chargés, chacun en ce qui le concerne, de l'exécution du présent décret, etc. (*Bull.* 505, n° 3834.)

———

N° 17. — (5 mars 1852.) — Décret *relatif aux décisions rendues par les commissions départementales sur les individus qui ont pris part aux troubles du mois de décembre dernier.*

LOUIS-NAPOLÉON, Président de la République française,

Sur le rapport du ministre de la police générale ;

Vu la circulaire du 3 février dernier, des ministres de la justice, de l'intérieur et de la guerre ;

Vu les états des affaires sur lesquelles il a été définitivement statué par les commissions départementales et la commission de révision instituée pour la première division militaire ;

Considérant que les décisions rendues par ces commissions en vertu de la circu-

13.

laire susénoncée ont besoin d'être revêtues d'une sanction pénale ,

DÉCRÈTE :

ART. 1er. Les individus placés, par les commissions départementales ou par la commission de révision de la première division militaire , dans la catégorie de ceux qui doivent être traduits devant les conseils de guerre ou devant les tribunaux correctionnels, seront immédiatement renvoyés devant le tribunal compétent.

2. Les individus compris dans la catégorie de ceux qui doivent être transportés à la Guyane française ou en Algérie seront mis à la disposition du ministre de la marine pour être transportés à la Guyane française, et à la disposition du ministre de la guerre pour être transportés en Algérie.

3. Les individus compris dans la catégorie de ceux qui doivent être expulsés ou éloignés momentanément du territoire seront mis à la disposition du ministre de la police générale pour être conduits à la frontière.

4. Les individus compris dans la catégorie de ceux qui doivent être internés se rendront et fixeront leur résidence dans le lieu qui leur aura été assigné par le ministre de la police générale.

Le ministre indiquera aussi aux individus placés sous sa surveillance les lieux dont la résidence leur sera interdite.

5. Tout individu transporté en Algérie qui aura quitté sans autorisation le lieu qui lui aura été fixé pour résidence pourra être, par mesure administrative , transporté à la Guyane française.

6. Tout individu expulsé ou éloigné momentanément du territoire, qui sera rentré en France sans autorisation, pourra être, par mesure administrative, transporté en Algérie ou à la Guyane française.

7. Tout individu interné, qui aura quitté sans autorisation le lieu qui lui aura été fixé pour sa résidence, pourra être, par mesure administrative, éloigné du territoire.

8. Tout individu placé sous la surveillance du ministère de la police générale, qui sera trouvé dans un des lieux dont la résidence lui aura été interdite, pourra être interné par mesure administrative.

9. Les ministres de la justice, de la guerre, de la marine et de la police générale, sont chargés, chacun en ce qui le concerne, de l'exécution du présent décret, etc. (*Bull.* 508, n° 3849.)

N° 18.—(5 mars 1852.) —DÉCRET *qui modifie le tarif d'entrée pour les laines en masse et le suif brut.*

LOUIS-NAPOLÉON, PRÉSIDENT DE LA RÉPUBLIQUE FRANÇAISE,

Sur le rapport du ministre de l'intérieur, de l'agriculture et du commerce;

Vu l'article 34 de la loi du 17 décembre 1814 ,

DÉCRÈTE :

ART. 1er. Le tarif d'entrée pour les marchandises ci-après désignées est établi ou modifié ainsi qu'il suit :

Laines en masse.	Par navires français,	des pays situés au delà des caps Horn et de Bonne-Espérance, 15 p. 100 de la valeur.	
		d'ailleurs	droits
	Par navires étrangers et par terre		actuels.
Suif brut.	Par navires français,	des pays situés au delà des caps Horn et de Bonne-Espérance. . . 6f	
		d'ailleurs. . . 10	les
	Par navires étrangers et par terre 13		100 kil.

2. Le ministre de l'intérieur, de l'agriculture et du commerce, et le ministre des finances; sont chargés, chacun en ce qui le concerne , de l'exécution du présent décret, (*Bull.* 517, n° 3943.)

N° 19. — (6 mars 1852.) — DÉCRET *portant convocation du Sénat et du Corps législatif.*

LOUIS-NAPOLÉON, PRÉSIDENT DE LA RÉPUBLIQUE FRANÇAISE,

Vu les articles 24 et 46 de la Constitution,

DÉCRÈTE :

ART. 1er. Le Sénat et le Corps législatif sont convoqués pour le 29 mars courant.

2. Le ministre d'Etat est chargé de l'exécution du présent décret, etc. (*Bull.* 498, n° 3745.)

N° 20.—(8 mars 1852.)—DÉCRET *relatif au serment des ministres, des membres des grands corps de l'Etat , des officiers de terre et de mer, des magistrats et des fonctionnaires.*

LOUIS-NAPOLÉON, PRÉSIDENT DE LA RÉPUBLIQUE FRANÇAISE,

Sur le rapport du garde des sceaux, ministre de la justice;

Vu l'article 14 de la Constitution;

Considérant qu'aux termes de cet article le serment est le préliminaire essentiel de l'exercice de toute fonction publique;

Qu'il est la condition indispensable de l'institution du magistrat et du fonctionnaire, l'acte par lequel se complète le caractère de l'homme public;

Considérant que le refus ou le défaut de serment équivaut à une démission, sans qu'il y ait lieu de distinguer, sous ce rapport, entre les fonctions publiques proprement dites et celles qui sont le résultat de l'élection,

DÉCRÈTE :

ART. 1er. Le refus ou le défaut de serment sera considéré comme une démission.

2. Le serment ne pourra être prêté que dans les termes prescrits par l'article 14 de la Constitution. Toute addition, modification, restriction ou réserve sera considérée comme refus de serment et produira le même effet.

3. Des décrets spéciaux détermineront le mode de la prestation de serment des ministres, des membres des grands corps de l'Etat, des officiers de terre et de mer, des magistrats et des fonctionnaires, ainsi que les délais dans lesquels le serment devra être prêté.

4. Le garde des sceaux, ministre secrétaire d'Etat au département de la justice, est chargé de l'exécution du présent décret, etc. (*Bull.* 497, n° 3718).

N° 21. — (8 mars 1852.) — DÉCRET *qui crée une quatrième chambre civile à la Cour d'appel de Paris.*

LOUIS-NAPOLÉON, PRÉSIDENT DE LA RÉPUBLIQUE FRANÇAISE,

Sur le rapport du garde des sceaux, ministre secrétaire d'Etat, au département de la justice ;

Vu les articles 4 et 5 du décret du 20 avril 1810 ;

Considérant que la chambre temporaire formée en la Cour d'appel de Paris, par l'ordonnance du 20 août 1843, a été, depuis cette époque, prorogée d'année en année ;

Considérant que, si l'on a pu espérer, dans l'origine, que l'établissement de cette chambre serait purement provisoire, et qu'il serait possible de la supprimer lorsqu'elle aurait eu pour résultat de ramener l'expédition des affaires à un état normal, il est démontré aujourd'hui que les besoins du service en réclament impérieusement le maintien;

Qu'il y a donc lieu, vu le nombre toujours croissant des affaires, de convertir la chambre temporaire en une chambre définitive et permanente ;

Considérant que l'adoption de cette mesure rend nécessaires certaines modifications dans le personnel de la Cour,

DÉCRÈTE :

ART. 1er. Une quatrième chambre civile est créée à la Cour d'appel de Paris.

La chambre temporaire établie près cette Cour formera la quatrième chambre civile.

2. La Cour d'appel de Paris sera composée, à l'avenir, ainsi qu'il suit :

Un premier président,
Six présidents de chambre,
Cinquante-neuf conseillers,
Un procureur général,
Six avocats généraux,
Onze substituts.

3. Le garde des sceaux, ministre secrétaire d'Etat au département de la justice, est chargé de l'exécution du présent décret, etc. (*Bull.* 497, n° 3733.)

N° 22.—(8 mars 1852.)—DÉCRET *qui affecte des terrains domaniaux au service du département des travaux publics.*

LOUIS-NAPOLÉON, PRÉSIDENT DE LA RÉPUBLIQUE,

Sur le rapport du ministre des travaux publics,

DÉCRÈTE :

ART. 1er. Sont affectées au service du département des travaux publics, telles qu'elles sont limitées sur les plans annexés au présent décret, les parcelles de terrain désignées dans le tableau ci-après :

DÉPAR-TEMENTS.	DÉSIGNATION des terrains.	VOIES de COMMUNICATION auxquelles les terrains sont destinés.
Manche. .	Terrains provenant des fortifications de l'ancienne place de Carentan..... 55 ares 38 dont : affectés à titre définitif . . 33 58 affectés à titre provisoire.. 21 80	Route nationale n° 13.
Pas-de-Calais.	Corps de garde et dépendances provenant des anciennes fortification d'Hesdin (12 ares)............	Route nationale n° 28.

DÉPAR-TEMENTS.	DÉSIGNATION des terrains.	VOIES de COMMUNICATION auxquelles les terrains sont destinés.
Seine. . .	Terrains dépendants du bois de Vincennes (55ᵐ 62)	Route nationale n° 34.
Ille-et-Vilaine	Portion de la cour d'une caserne à Rennes (3ᵐ 98)	Route nationale n° 163.
Haute-Garonne.	Terrain domanial sis commune de Castelnau - d'Estretefonds (6ᵃʳᵉˢ 15)	Canal latéral à la Garonne.
Gironde. .	Terrain dépendant de la poudrière de Lormont (8ᵐ)	Chemin de fer de Tours à Bordeaux.
Seine-et-Oise.	Terrain dépendant du domaine de Rambouillet (196ᵐ 35)	Chemin de fer de l'Ouest.

2. Indépendamment du terrain ci-dessus indiqué, dépendant du domaine de Rambouillet, une prise d'eau est affectée, sur le même domaine, au service du chemin de fer de l'Ouest.

Lorsque l'administration des domaines jugera nécessaire de lever les vannes de retenue des eaux des canaux, pour les réparations, pour la pêche ou pour quelque cause que ce soit, elle en préviendra, huit jours à l'avance, l'administration du chemin de fer, qui devra, sans pouvoir réclamer aucune indemnité, prendre immédiatement les mesures nécessaires pour s'alimenter d'eau par d'autres moyens.

3. *Les ministres des travaux publics et des finances sont, chacun en ce qui le concerne, chargés de l'exécution du présent décret, qui sera inséré au* Bulletin des Lois, *etc.* (Bull. 503, n° 3808.)

N° 23. — (9 mars 1852.) — DÉCRET *sur l'instruction publique* (1).

LOUIS-NAPOLÉON, Président de la République française,

Considérant qu'en attendant qu'il soit

Décret sur l'enseignement.

LOUIS-NAPOLÉON, Président de la République française, .

Sur le rapport du ministre de l'instruction publique et des cultes,

Vu l'art. 7 du décret du 9 mars 1852,

Le conseil supérieur de l'instruction publique entendu,

DÉCRÈTE :

ART. 1ᵉʳ. Indépendamment de la division élémentaire qui sera établie, s'il y a lieu, pour préparer les enfants à l'enseignement secondaire, les lycées comprennent nécessairement deux divisions : la division de grammaire, commune à tous les élèves, et la division supérieure, où les lettres et les sciences forment la base de deux enseignements distincts.

ART. 2. Après un examen constatant qu'ils sont en état de suivre les classes, les élèves sont admis dans la division *de grammaire*, qui embrasse les trois années de sixième, de cinquième et de quatrième.

Chacune de ces trois années est consacrée, sous la direction du même professeur :

1° A l'étude des grammaires française, latine et grecque; — 2° A l'étude de la géographie et de l'histoire de France.

L'arithmétique est enseignée, en quatrième, une fois par semaine, à l'heure ordinaire des classes.

A l'issue de la quatrième, les élèves subissent un examen appelé examen *de grammaire*, dont le résultat est constaté par un certificat spécial, indispensable pour passer dans la division supérieure.

ART. 3. La division supérieure est partagée en deux sections.

L'enseignement de la première section a pour objet la culture littéraire, et ouvre l'accès des facultés des lettres et des facultés de droit.

L'enseignement de la seconde section prépare aux professions commerciales et industrielles, aux écoles spéciales, aux facultés des sciences et de médecine.

Les études littéraires et historiques embrassent, comme par le passé, les classes de troisième, de seconde et de rhétorique.

Les études scientifiques ont lieu pendant trois années correspondantes.

Les langues vivantes sont enseignées pendant les trois années dans les deux sections.

Les programmes indiqueront les autres études qui pourront être communes aux deux enseignements.

Une dernière année, dite *de logique*, obligatoire pour les deux catégories d'élèves, a particulièrement pour objet l'exposition des opérations de l'entendement et l'application des principes généraux de l'art de penser à l'étude des sciences et des lettres.

ART. 4. Des conférences sur la religion et sur la morale, correspondant aux différentes divisions, sont faites par l'aumônier ou sous sa direction. Elles font nécessairement partie du plan d'étude des lycées. Le programme en est dressé directement par l'évêque diocésain.

Des mesures analogues sont prescrites pour les élèves des cultes non catholiques reconnus.

ART. 5. L'école normale supérieure prépare aux grades de licencié ès-lettres, de licencié ès-sciences et à la pratique des meilleurs procédés d'enseignement et de discipline scolaire.

Cette école est essentiellement littéraire et scientifique; la philosophie y est enseignée comme une méthode d'examen pour connaître les procédés de l'esprit humain dans les lettres et dans les sciences.

Les élèves de l'École normale supérieure qui auront subi avec succès les *examens de sortie* seront chargés de cours dans les lycées.

ART. 6. Pour obtenir le titre de professeur dans

pourvu par une loi à la réorganisation de l'enseignement public, il importe d'appliquer dès aujourd'hui des principes propres à rétablir l'ordre et la hiérarchie dans le corps enseignant ;

Sur le rapport du ministre de l'instruction publique et des cultes,

Décrète :

Chapitre Ier. — *De l'autorité supérieure de l'enseignement public.*

Art. Ier. Le Président de la République, sur la proposition du ministre de l'instruction publique, nomme et révoque les membres du conseil supérieur, les inspecteurs généraux, les recteurs, les professeurs des facultés, du Collége de France, du Muséum d'histoire naturelle, de l'École des langues orientales vivantes, les membres du Bureau des longitudes et de l'Observatoire de Paris et de Marseille, les administrateurs et conservateurs des bibliothèques publiques.

2. Quand il s'agit de pourvoir à la nomination d'un professeur titulaire dans une faculté, le ministre propose au Président de la République un candidat choisi soit parmi les docteurs âgés de trente ans au moins, soit sur une double liste de présentation, qui est nécessairement demandée à la faculté où la vacance se produit et au conseil académique.

Le même mode de nomination est suivi dans les facultés des lettres, des sciences, de droit, de médecine et dans les écoles supérieures de pharmacie.

En cas de vacance d'une chaire au Collége de France, au Muséum d'histoire naturelle, à l'École des langues orientales vivantes, ou d'une place au Bureau des longitudes, à l'Observatoire de Paris et de Marseille, les professeurs ou membres de ces établissements présentent deux candidats ; la classe correspondante de l'Institut en présente également deux. Le ministre peut en outre proposer au choix du Président de la

---

un lycée, il faut être agrégé à la suite d'une épreuve publique.

Art. 7. Il y a deux sortes d'agrégation, l'une pour les lettres, l'autre pour les sciences.

Les candidats doivent être âgés de vingt-cinq ans, avoir fait la classe pendant cinq ans et être pourvus du diplôme de licencié ès lettres ou de deux au moins des trois diplômes de licencié ès sciences.

Ils doivent produire, en outre, une autorisation ministérielle.

Les trois années passées à l'École normale seront comptées pour deux années de classe ; il en sera de même du diplôme de docteur ès lettres ou de docteur ès sciences.

Les examens de l'agrégation portent uniquement sur les matières qui font l'objet des études secondaires et ont pour but de constater la capacité des candidats et leur expérience dans les fonctions de l'enseignement.

Art. 8. L'examen du baccalauréat ès lettres est divisé en deux parties :

1° L'épreuve écrite, qui consiste en deux compositions ; — 2° L'épreuve orale, qui comprend l'explication des auteurs grecs, latins et français désignés chaque année par le ministre en conseil supérieur, et les questions posées par les membres du jury sur tous les objets de l'enseignement de la section littéraire des lycées.

Des programmes nouveaux indiqueront sommairement les matières sur lesquelles ces questions devront porter.

Art. 9. Il y a un seul baccalauréat ès sciences.

Les candidats sont dispensés de produire le diplôme de bachelier ès lettres

Les épreuves sont de deux sortes :

1° Deux compositions écrites ; — 2° Questions orales embrassant tout ce qui fait l'objet de l'enseignement de la section scientifique des lycées.

Art. 10. Les candidats, soit au baccalauréat ès lettres, soit au baccalauréat ès sciences, qui n'ont pas satisfait à l'épreuve écrite, ne sont pas admis à l'épreuve orale.

Art. 11. Les parties les plus élevées des mathématiques, de la physique, de la chimie et de l'histoire naturelle, qui étaient comprises dans les anciens programmes du baccalauréat ès sciences mathématiques et du baccalauréat ès sciences physiques sont reportées à l'examen des trois licences ès sciences mathématiques, ès sciences physiques et ès sciences naturelles, qui demeurent distinctes.

Art. 12. Les étudiants des facultés de médecine et des écoles supérieures de pharmacie sont dispensés de produire le diplôme de bachelier ès lettres. Ils doivent produire le diplôme de bachelier ès sciences avant de prendre la première inscription.

Art. 13. Chaque année, les étudiants des facultés de droit doivent se faire inscrire à deux cours de la faculté des lettres.

Art. 14. Les programmes détaillés des cours professés dans les facultés des lettres sont soumis annuellement par le recteur, avec l'avis de la faculté, à l'approbation du ministre de l'instruction publique.

Art. 15. Les professeurs des facultés de droit, de médecine, des lettres, des sciences et des écoles supérieures de pharmacie s'assureront, par des appels, ou par tout autre moyen, de l'assiduité de leurs auditeurs.

Art. 16. Les nouveaux programmes d'études et d'examen prévus par le présent décret seront soumis au conseil supérieur dans sa prochaine session.

Art. 17. Les anciens agrégés de grammaire, des classes supérieures, des lettres, d'histoire et de philosophie sont aptes à recevoir le titre de professeurs des lettres.

Les anciens agrégés de mathématiques et de physique sont aptes à recevoir le titre de professeurs des sciences.

Art. 18. Le présent décret sera mis à exécution à partir du 1er octobre prochain.

Art. 19. Le ministre de l'instruction publique et des cultes est chargé de l'exécution du présent décret, etc.

République un candidat désigné par ses travaux.

3. Le ministre, par délégation du Président de la République, nomme et révoque les professeurs de l'École nationale des chartes, les inspecteurs d'académie, les membres des conseils académiques qui procédaient précédemment de l'élection, les fonctionnaires et professeurs des écoles préparatoires de médecine et de pharmacie, les fonctionnaires et professeurs de l'enseignement secondaire public, les inspecteurs primaires, les employés des bibliothèques publiques, et généralement toutes les personnes attachées à des établissements d'instruction publique appartenant à l'État.

Il prononce directement et sans recours, contre les membres de l'enseignement secondaire public,

La réprimande devant le conseil académique ;

La censure devant le conseil supérieur ;

La mutation ;

La suspension des fonctions, avec ou sans privation totale et partielle de traitement ;

La révocation.

Il peut prononcer les mêmes peines contre les membres de l'enseignement supérieur, à l'exception de la révocation, qui est prononcée, sur sa proposition, par un décret du Président de la République.

4. Les recteurs, par délégation du ministre, nomment les instituteurs communaux, les conseils municipaux entendus, d'après le mode prescrit par les deux premiers paraphes de l'article 31 de la loi du 15 mars 1850.

Chapitre II. — *Du conseil supérieur de l'instruction publique.*

5. Le conseil supérieur se compose,

De trois membres du Sénat ;

De trois membres du conseil d'État ;

De cinq archevêques ou évêques ;

De trois membres des cultes non catholiques ;

De trois membres de la Cour de cassation ;

De cinq membres de l'Institut ;

De huit inspecteurs généraux ;

De deux membres de l'enseignement libre.

Les membres du conseil supérieur sont nommés pour un an.

Le ministre préside le conseil et détermine l'ouverture des sessions, qui auront lieu au moins deux fois par an.

Chapitre III. — *Des inspecteurs généraux de l'Instruction publique.*

6. Huit inspecteurs généraux de l'enseignement supérieur,

Trois pour les lettres,

Trois pour les sciences,

Un pour le droit,

Un pour la médecine,

sont chargés, sous l'autorité du ministre, de l'inspection des facultés, des écoles supérieures de pharmacie, des écoles préparatoires de médecine et de pharmacie, et des établissements scientifiques et littéraires, ressortissant au ministère de l'instruction publique.

Ils peuvent être chargés de missions extraordinaires dans les lycées nationaux et dans les établissements d'instruction secondaire libres.

Six inspecteurs généraux de l'enseignement secondaire,

Trois pour les lettres,

Trois pour les sciences,

sont chargés, sous l'autorité du ministre, de l'inspection des lycées nationaux, des collèges communaux les plus importants et des établissements d'instruction secondaire libres.

Deux inspecteurs généraux de l'enseignement primaire sont chargés des mêmes attributions en ce qui concerne l'instruction de ce degré.

Le ministre peut appeler au conseil supérieur, pour les questions spéciales, avec voix consultative, des inspecteurs généraux qui n'auraient pas été désignés pour en faire partie.

Chapitre IV. — *Dispositions particulières.*

7. Un nouveau plan d'études sera discuté par le conseil supérieur dans sa prochaine session.

8. En cas d'urgence, les recteurs peuvent, par mesure administrative, suspendre un professeur de l'enseignement public secondaire ou supérieur, à la charge d'en rendre compte immédiatement au ministre, qui maintient ou lève la suspension.

9. Les professeurs, les gens de lettres, les savants et les artistes dépendants du ministère de l'instruction publique ne peuvent cumuler que deux fonctions rétribuées sur les fonds du trésor public.

Le montant des traitements cumulés tant fixes qu'éventuels pourra s'élever à vingt mille francs.

10. A l'avenir, la liquidation des pensions de retraite des fonctionnaires de l'instruction publique n'aura lieu qu'après avis de la section des finances du conseil d'État.

11. Sont maintenues les dispositions de la loi du 15 mars 1850 qui ne sont pas contraires au présent décret.

12. Le ministre de l'instruction publique et des cultes est chargé de l'exécution du présent décret, qui sera inséré au *Bulletin des Lois*, etc. (*Bull.* 520, n° 3966.)

N° 24. — (9 mars 1852.) — Décret *qui fixe le traitement des inspecteurs généraux de l'instruction publique.*

LOUIS-NAPOLÉON, Président de la République française,

Sur le rapport du ministre de l'instruction publique et des cultes,

Décrète :

Art. 1er. Le traitement des inspecteurs généraux est fixé ainsi qu'il suit :

Inspecteurs généraux de l'enseignement
supérieur . . . . 12,000 fr.
Inspecteurs de l'enseignement secondaire 10,000
Inspecteurs de l'enseignement primaire. 8,000

2. Le ministre de l'instruction publique et des cultes est chargé de l'exécution du présent décret, etc. (*Bull.* 520, n° 3967.)

N° 25. — (10 mars 1852.) — Décret *qui ouvre un crédit pour le service du palais législatif pendant le mois de mars 1852.*

LOUIS-NAPOLÉON, Président de la République française,

Vu le décret du 2 décembre 1851, qui a prononcé la dissolution de l'Assemblée nationale ;

Vu l'état de répartition du crédit provisoire de trois cent soixante-neuf millions, ouvert aux ministres par décret du 11 décembre dernier, pour les dépenses des trois premiers mois de 1852 ;

Vu l'état des dépenses du palais législatif pour le mois de mars ;

Considérant qu'il est nécessaire de pourvoir à l'acquittement de ces dépenses, en ce qui concerne les services administratifs ;

Sur le rapport du ministre des finances,

Décrète :

Art. 1er. Il est ouvert au ministre des finances sur l'exercice 1852, pour le service du palais législatif pendant le mois de mars de cette année, un crédit de la somme de quarante-cinq mille six cent trente francs (45,630 fr.), applicables aux dépenses ci-après :

Personnel. (Service ordinaire). 32,460 f. ⎫
Personnel. (Service extraord.).   400 ⎬ 33,130 f.
Secours annuels. . . . .   270 ⎭
Matériel et dépenses diverses. 12,000 ⎫
Impressions . . . . . .   500 ⎬ 12,500

Somme pareille.   45,630

2. Le ministre des finances est chargé de l'exécution du présent décret, etc. (*Bull.* 503, n° 3809.)

N° 26. — (10 mars 1852.) — Décret *concernant les Français servant actuellement dans l'armée à titre de musiciens gagistes, et qui sont mariés ou veufs avec enfants.*

LOUIS-NAPOLÉON, Président de la République,

Sur le rapport du ministre de la guerre,

Décrète :

Art. 1er. Les Français servant actuellement dans l'armée à titre de musiciens gagistes, et qui sont mariés ou veufs avec enfants, seront admis, par exception à l'article 32 de la loi du 21 mars 1832, sur le recrutement, et quel que soit leur âge, à contracter des engagements volontaires, s'ils réunissent d'ailleurs les autres conditions d'aptitude déterminées tant par ledit article que par les ordonnances en vigueur, sur les engagements.

2. Ceux de ces musiciens qui se refuseront à contracter un engagement ne pourront rester à leurs corps au delà du terme des conventions particulières qu'ils ont faites avec les conseils d'administration de ces corps, etc. (*Bull.* 503, n° 3816.)

N° 27. — (10 mars 1852.) — Décret *qui reporte à l'exercice 1852 une portion du crédit ouvert, sur l'exercice 1851, pour l'achèvement des bâtiments de la Cour d'appel de Rouen.*

LOUIS-NAPOLÉON, Président de la République française,

Sur le rapport du ministre de l'intérieur ;

Vu l'article 1er de la loi du 9 juillet 1847, qui ouvre au ministre de l'intérieur, sur l'exercice de 1847, par addition au budget de ce département, chapitre xxxv, un crédit extraordinaire de deux cent vingt-cinq mille deux cent quatre-vingt-dix-sept francs quatre-vingt-dix-huit centimes affecté à la dépense des travaux d'achèvement des bâtiments de la Cour d'appel de Rouen ;

Les divers décrets et lois qui ont successivement reporté de 1847 à 1851 les reliquats du crédit primitif, à la clôture de chaque exercice ;

Considérant qu'il n'a été employé sur le crédit de quatre-vingt-cinq mille deux cent onze francs soixante et onze centimes, reporté à l'exercice 1851 par une loi du 6 août dernier, qu'une somme de soixante-six mille six cent trois francs trente-huit centimes, et qu'il convient d'assurer, pour l'année 1852, l'emploi de l'excédant disponible,

DÉCRÈTE :

ART. 1er. Il est ouvert au ministre de l'intérieur, sur l'exercice 1852, un crédit extraordinaire de dix-huit mille six cent huit francs trente-trois centimes (18,608 f. 33 c.), représentant la portion non employée, en 1851, du crédit de quatre-vingt-cinq mille deux cent onze francs soixante et onze centimes reporté sur ledit exercice par la loi du 6 août dernier, pour les travaux d'achèvement des bâtiments de la Cour d'appel de Rouen (Seine-Inférieure).

En conséquence, le crédit de l'exercice de 1851 est réduit d'égale somme de dix-huit mille six cent huit francs trente-trois centimes.

2. Les ministres de l'intérieur et des finances sont chargés, chacun en ce qui le concerne, de l'exécution du présent décret, etc. (*Bull.* 505, n° 3835.)

———

N° 28.—(10 mars 1852.) — DÉCRET *relatif au concours de l'État dans la dépense à faire par la ville de Paris pour l'ouverture d'une rue destinée à mettre l'embarcadère du chemin de fer de Strasbourg en communication directe avec le boulevard Saint-Denis.*

LOUIS-NAPOLÉON, PRÉSIDENT DE LA RÉPUBLIQUE FRANÇAISE,

Sur le rapport du ministre des travaux publics ;

Vu la demande de l'administration municipale de Paris tendant à obtenir le concours de l'État pour l'ouverture d'une rue destinée à mettre l'embarcadère du chemin de fer de Strasbourg en communication directe avec le boulevard Saint-Denis ;

Considérant que l'insuffisance du débouché actuel par les rues des faubourgs Saint-Denis et Saint-Martin est une cause permanente d'embarras pour la circulation, et que cette insuffisance se révèle par de nombreux et déplorables accidents ; que l'unique moyen de remédier à ce fâcheux état des choses consiste dans l'ouverture d'une nouvelle et large voie de communication partant de l'embarcadère du chemin de fer et

débouchant sur le boulevard Saint-Denis ;

Considérant que l'établissement d'une rue de trente mètres (30m) de largeur aura pour résultats immédiats non-seulement d'assurer la sécurité de la circulation, mais encore d'augmenter, dans une notable proportion, la valeur des propriétés riveraines, d'assainir ce quartier populeux, d'y développer le commerce et l'industrie, et de donner du travail à de nombreux ouvriers ; que tous ces avantages ont été appréciés par les propriétaires, qui ont offert l'abandon gratuit d'une partie des terrains à occuper par la rue projetée.

Considérant enfin que si l'opération est avant tout d'intérêt municipal, la rue qu'il s'agit de percer peut, jusqu'à un certain point, être considérée comme une annexe des routes nationales, qui pénètrent dans Paris, par les rues des Faubourgs-Saint-Denis et Saint-Martin, et qu'à ce titre il est juste que l'État supporte le tiers de la dépense, dont le montant total est évalué à cinq millions,

DÉCRÈTE :

ART. 1er. Une somme de un million six cent soixante et dix mille francs est affectée comme concours de l'État dans la dépense à faire par la ville de Paris pour l'ouverture d'une rue de trente mètres de largeur destinée à mettre l'embarcadère du chemin de fer de Strasbourg en communication directe avec le boulevard Saint-Denis.

2. Sur cette allocation il est ouvert un crédit de cinq cent mille francs sur l'exercice 1852.

3. Il sera pourvu aux dépenses autorisées par le présent décret au moyen des ressources des exercices 1852 et suivants.

4. Le ministre des travaux publics est chargé de l'exécution du présent décret, etc. (*Bull.* 508, n" 3861.)

———

N° 29.—(10 mars 1852.)—DÉCRET *qui augmente le nombre des gardes d'artillerie et maîtres artificiers.*

LOUIS-NAPOLÉON, PRÉSIDENT DE LA RÉPUBLIQUE FRANÇAISE,

Vu l'ordonnance du 1er novembre 1845, qui détermine le nombre des employés de l'artillerie ;

Vu le décret du 15 janvier 1852, qui a créé l'école d'artillerie de Bourges ;

Considérant que, par suite de la création de cette école, le nombre actuel des employés nécessaires au service des écoles, directions et autres établissements d'artillerie, n'est plus en rapport avec les besoins du service, et qu'il y a lieu de l'augmenter de :

1 garde de 1re classe, ci . .   1
1 garde de 2e classe, ci. .   1
1 maître artificier, ci . . .   1
         Total. . . .   3

Sur le rapport du ministre de la guerre,

DÉCRÈTE :

ART. 1er. Le nombre des gardes d'artillerie de première classe est porté de quatre-vingt-dix à quatre-vingt-onze ;

Celui des gardes de deuxième classe, de deux cent vingt-cinq à deux cent vingt-six ;

Et celui des maîtres artificiers, de seize à dix-sept.

2. Le ministre de la guerre est chargé de l'exécution du présent décret, etc. (*Bull.* 512, n° 3892.)

N° 30.—(12 mars 1852.)—DÉCRET *relatif à la réunion des palais du Louvre et des Tuileries.*

LOUIS-NAPOLÉON, PRÉSIDENT DE LA RÉPUBLIQUE FRANÇAISE,

Considérant que la réunion du palais du Louvre à celui des Tuileries, commencée sous le règne de Louis XIV, et continuée par l'Empereur *Napoléon*, est une œuvre nationale qu'il importe d'achever ;

Considérant que l'Assemblée législative a préparé et facilité l'exécution de ce projet en rendant la loi du 16 octobre 1849, qui a affecté une somme de six millions quatre cent mille francs à l'achat et à la démolition des maisons situées entre le Louvre et les Tuileries, la ville de Paris ayant pris à sa charge un tiers de la dépense ;

Que les abords de ces monuments et la place du Carrousel sont déjà presque entièrement dégagés, et que rien ne s'oppose à la continuation de l'aile septentrionale des Tuileries qui joindra ce palais au Louvre ;

Considérant que le plan projeté offre l'avantage de réunir dans la même enceinte, indépendamment d'un local destiné aux expositions annuelles de peinture, plusieurs des auxiliaires essentiels du pouvoir, les ministères de l'intérieur et de la police générale, les télégraphes, l'imprimerie nationale et des forces militaires suffisantes ;

Que la dépense sera atténuée par le produit de la vente des hôtels qu'occupent aujourd'hui ces divers établissements ;

Considérant que les constructions nouvelles exigeront le déplacement de l'orangerie actuellement située au rez-de-chaussée de la galerie du musée;

Le conseil des bâtiments entendu,

DÉCRÈTE :

ART. 1er. Les palais du Louvre et des Tuileries seront réunis.

2. Sont approuvés les plans et devis qui ont été dressés pour les travaux nécessaires à la jonction du Louvre aux Tuileries et qui sont annexés au présent décret.

Ces plans et devis seront déposés aux archives du ministère d'Etat.

3. Une allocation totale de vingt-cinq millions six cent soixante et dix-neuf mille quatre cent cinquante-trois francs (25,679,453 f.) est affectée à l'exécution du projet dont il s'agit, et à la construction d'une orangerie en remplacement de celle de la galerie du musée.

Ce crédit sera réparti entre les cinq exercices 1852, 1853, 1854, 1855 et 1856 dans les proportions suivantes :

Exercices 1852. . . .	2,000,000 fr.
— 1853. . . .	6,000,000
— 1854. . . .	6,000,000
— 1854. . . .	6,000,000
— 1856. . . .	5,679,453

4. Un crédit de deux millions (2,000,000 f.) est ouvert au ministère d'Etat sur l'exercice 1852.

Il sera pourvu à cette dépense au moyen des ressources du budget de cet exercice.

5. Le ministre d'Etat et le ministre des finances sont chargés, chacun en ce qui le concerne, de l'exécution du présent décret, etc. (*Bull.* 502, n° 3795.)

N° 31.—(12 mars 1852.)—DÉCRET *qui ouvre sur l'exercice 1851, un crédit supplémentaire pour les dépenses du personnel des cultes protestants.*

LOUIS-NAPOLÉON, PRÉSIDENT DE LA RÉPUBLIQUE,

Vu la loi de finances du 29 juillet 1850, portant fixation du budget des dépenses de l'exercice 1851 ;

Sur le rapport du ministre de l'instruction publique et des cultes,

DÉCRÈTE :

ART. 1er. Il est ouvert au ministre de l'instruction publique et des cultes (*Service des cultes*), sur l'exercice 1851, un crédit supplémentaire de douze mille quatre cent soixante-deux francs (12,462 fr.), applicable aux *Dépenses du personnel des cultes protestants*, chapitre XV du budget des cultes.

2. Les ministres de l'instruction publique et des cultes, et des finances, sont chargés, chacun en ce qui le concerne, de l'exécution du présent décret, qui sera inséré au *Bulletin des lois*, etc. (*Bull.* 502, n° 3796).

No 32.—(12 mars 1852.)—DÉCRET *qui autorise l'exécution de divers travaux pour l'amélioration de Port-Vendres.*

LOUIS-NAPOLÉON, PRÉSIDENT DE LA RÉPUBLIQUE,

Vu la loi du 19 juillet 1845, ouvrant à la marine un crédit de deux millions cinq cent mille francs pour l'amélioration de Port-Vendres ;

Considérant que des travaux complémentaires sont indispensables pour prévenir l'encombrement de la darse de ce port, résultant des terres et graviers qui y sont charriés par les cours d'eau des ravins environnants ;

Considérant qu'il résulte de la situation financière du crédit dont il s'agit, qu'une somme suffisante pour leur exécution restera disponible après l'achèvement prochain des travaux ;

Sur le rapport du ministre de la marine et des colonies,

DÉCRÈTE :

ART. 1er. La dépense qu'occasionnera l'exécution de barrages sur le cours d'eau du Val-de-Pintes et de Lagrange, près Port-Vendres, et d'un aqueduc de dérivation, est autorisée et sera imputée sur la somme portée au budget de 1852 pour l'amélioration de Port-Vendres ;

2. Le ministre de la marine et des colonies est chargé de l'exécution du présent décret, etc. (*Bull.* 505, no 3836).

No 33. — (13 mars 1852). — DÉCRET *relatif à la formule exécutoire des arrêts, jugements, mandats de justice, contrats, et autres actes.*

LOUIS-NAPOLÉON, PRÉSIDENT DE LA RÉPUBLIQUE FRANÇAISE,

Sur le rapport du garde des sceaux, ministre secrétaire d'Etat au département de la justice ;

Vu les articles 7 et 58 de la Constitution, et le décret du 6 mars 1852,

DÉCRÈTE :

ART. 1er. A partir du 29 de ce mois, les expéditions des arrêts, jugements, mandats de justice, ainsi que les grosses et expéditions de contrats et de tous autres actes susceptibles d'exécution forcée, seront intitulées ainsi qu'il suit :

« LOUIS-NAPOLÉON, PRÉSIDENT DE LA « RÉPUBLIQUE FRANÇAISE,

« A tous présents et à venir, SALUT, »
Pour les arrêts et jugements,
« La Cour d'appel *ou* le tribunal de . . .

« a rendu l'arrêt *ou* le jugement . . . . . . »
(*Copier la décision judiciaire.*)

Pour les actes notariés et autres,
(*Transcrire la teneur de l'acte.*)

2. Lesdits arrêts, jugements, mandats de justice et autres actes seront terminés ainsi :

« MANDONS ET ORDONNONS à tous huissiers « sur ce requis de mettre ledit arrêt (*ou* ledit « jugement, etc.) à exécution ; aux procureurs « reurs généraux et aux procureurs de la « République, d'y tenir la main ; à tous « commandants et officiers de la force pu« blique, d'y prêter main-forte, lorsqu'ils « en seront légalement requis.

« En foi de quoi, le présent arrêt (*ou* jugement, etc.) a été signé par . . . . .

3. Les porteurs des expéditions des arrêts et jugements et des grosses et expéditions des actes, délivrées avant le 29 de ce mois, qui voudraient les faire mettre à exécution, devront préalablement les présenter, soit aux greffiers des Cours et tribunaux, s'il s'agit d'expéditions d'arrêts et de jugements, soit à un notaire, s'il s'agit d'expéditions d'actes notariés, et ce, afin que la formule indiquée ci-dessus soit ajoutée à celles dont elles étaient revêtues précédemment.

4. Ces additions seront faites sans frais.

5. Le garde des sceaux, ministre secrétaire d'Etat au département de la justice, est chargé de l'exécution du présent décret, etc. (*Bull.* 501, no 3769.)

No 34.—(13 mars 1852.)—DÉCRET *qui ouvre, sur l'exercice 1851, un crédit extraordinaire pour construction, appropriation et ameublement du Conservatoire anatomique de la faculté de médecine de Montpellier.*

LOUIS-NAPOLÉON, PRÉSIDENT DE LA RÉPUBLIQUE FRANÇAISE,

Sur le rapport du ministre de l'instruction publique et des cultes :

Vu les lois des 20 juin 1847 et 12 mai 1849 ;

Vu le décret du 25 août 1851,

DÉCRÈTE :

ART. 1er. Il est ouvert au ministère de l'instruction publique et des cultes, sur l'exercice 1851, un crédit extraordinaire de vingt et un mille huit cent dix francs cinquante-neuf centimes (21,810 f. 59 c.), destiné à acquitter les travaux à exécuter pendant ledit exercice pour construction, appropriation et ameublement du Conservatoire anatomique de la faculté de médecine de Montpellier, et entrepris en vertu de la loi du 20 juin 1847.

2. Les ministres des finances et de l'instruction publique et des cultes sont chargés, chacun en ce qui le concerne, de l'exécution du présent décret, qui sera inséré au *Bulletin des lois*, etc. (*Bull.* 520, n° 3968.)

N° 35. — (14 mars 1852.) — Décret *relatif à la conversion des rentes 5 pour cent en rentes 4 1/2 pour cent.*

LOUIS-NAPOLÉON, Président de la République française,

Sur le rapport du ministre des finances,

Décrète :

Art. 1er. Le ministre des finances est autorisé à effectuer le remboursement des rentes 5 p. 0/0 inscrites aux grand-livre de la dette publique, à raison de 100 fr. par chaque 5 fr. de rente, ou à en opérer la conversion en nouvelles rentes 4 1/2 p. 0/0.

Tout propriétaire de rentes qui, dans les délais ci-après fixés, n'aura pas demandé le remboursement, recevra, en échange de son inscription, un autre titre à raison de 4 fr. 50 c. de cette rente nouvelle pour chaque 5 fr. de rente ancienne.

Pour ce nouveau fonds de 4 1/2 p. 0/0, l'exercice du droit de remboursement est suspendu pendant dix années jusqu'au 22 mars 1862.

Les rentes converties jouiront des intérêts à 5 p. 0/0 jusqu'au 22 mars courant.

2. La demande de remboursement devra être produite dans le délai de vingt jours à compter de la date du présent décret.

Ce délai sera porté à deux mois pour les propriétaires de rente qui se trouveraient hors de France, mais en Europe ou en Algérie, et à un an pour ceux qui se trouveraient hors d'Europe ou d'Algérie, sans que cette exception puisse entraîner la prolongation des termes fixés par les deux derniers paragraphes de l'article 1er.

3. Les remboursements qui seraient demandés pourront être effectués par séries.

4. En ce qui concerne les propriétaires de rentes qui n'ont pas la libre et complète administration de leurs biens, l'acceptation de la conversion sera assimilée à un acte de simple administration et sera dispensée d'autorisation spéciale et de toute autre formalité judiciaire.

5. Pour les rentes grevées d'usufruit, la demande de remboursement devra être faite par le nu propriétaire et l'usufruitier conjointement. Si elle est faite par l'un d'eux seulement, le trésor sera valablement libéré en déposant à la caisse des dépôts et consignations le capital de la rente.

Si ce dépôt résulte du fait de l'usufruitier, celui-ci n'aura droit, jusqu'à l'emploi, qu'aux intérêts que la caisse est dans l'usage de servir. S'il résulte du fait du nu propriétaire, ce dernier sera tenu de bonifier à l'usufruitier la différence entre le taux des intérêts payés et celui de 4 1/2 p. 0/0. Toutefois il n'est porté aucune atteinte aux stipulations particulières qui règlent les droits du nu propriétaire et de l'usufruitier.

6. Pour les rentes affectées à des majorats, si le remboursement en est demandé par les titulaires, le capital en sera déposé à la caisse des consignations pour le remploi en être fait conformément à la législation spéciale des majorats.

7. Le ministre des finances est autorisé, pour effectuer les remboursements de rentes 5 p. 0/0 qui seraient demandés,

1° A négocier des bons du trésor ;—2° A faire inscrire, s'il en était besoin, sur le grand-livre de la dette publique, des rentes dont la négociation devrait être faite avec publicité et concurrence.

8. La part d'amortissement attribuée aux rentes 5 p. 0/0 qui seront converties ou remboursées sera transportée aux rentes 4 1/2 p. 0/0, qui leur seront subtituées.

9. Tous titres ou expéditions à produire pour le remboursement ou la conversion des rentes 5 p. 0/0, en tant qu'ils serviraient uniquement aux opérations nécessitées par le présent décret, seront visés pour timbre et enregistrés gratis, pourvu que que cette destination soit exprimée.

10. Le ministre des finances est chargé de l'exécution du présent décret, etc. (*Bull.* 500, n° 3765.)

N° 36.—(15 mars 1852.)—Décret *qui affecte une somme de 300,000 francs à la dépense des travaux de construction de la Cour d'appel de Bastia.*

LOUIS-NAPOLÉON, Président de la République française,

Sur le rapport du ministre de l'intérieur,

Décrète :

Art. 1er. Une somme de trois cent mille francs (300,000 f.) est affectée à la dépense des travaux de construction de la Cour d'appel de Bastia.

2. Sur cette somme, il est ouvert au ministère de l'intérieur, sur l'exercice 1852, un crédit de cent mille francs (100,000 fr.)

3. Les ministres de l'intérieur et des finances sont chargés, chacun en ce qui le concerne, de l'exécution du présent décret, etc. (*Bull.* 522, n° 3994.)

N° 37.—(16 mars 1852.)—DÉCRET *organique de la Légion d'honneur.*

LOUIS-NAPOLÉON, PRÉSIDENT DE LA RÉPUBLIQUE FRANÇAISE,

Vu l'ordonnance du 26 mars 1816 et les décrets des 24 mars 1851, 22 janvier 1852, 25 janvier 1852, 29 février 1852,

Considérant que l'ordonnance précitée n'a pas été abrogée, bien qu'elle soit en partie tombée en désuétude;

Qu'il est nécessaire de réunir dans un seul décret organique les statuts de la Légion d'honneur, afin de coordonner l'ordonnance de 1816 avec les lois et décrets subséquents;

Sur la proposition du maréchal grand chancelier de la Légion d'honneur,

DÉCRÈTE:

TITRE Iᵉʳ.—ORGANISATION ET COMPOSITION DE L'ORDRE.

ART. 1ᵉʳ. La Légion d'honneur est instituée pour récompenser les services civils et militaires.

2. Le Président de la République est chef souverain et grand maître de l'ordre.

3. La Légion d'honneur est composée de chevaliers, d'officiers, de commandeurs, de grands-officiers et de grands-croix.

4. Les membres de l'ordre sont à vie.

5. Le nombre des chevaliers n'est pas limité, néanmoins, comme ce nombre est aujourd'hui trop considérable, il ne sera fait dans le civil qu'une promotion sur deux extinctions jusqu'en 1856.

Le nombre des officiers est fixé à quatre mille; celui des commandeurs, à mille; celui des grands-officiers, à deux cents; celui des grands-croix, à quatre-vingts.

6. Le nombre des grands-officiers, commandeurs et officiers dépassant les limites fixées, il ne sera fait dans ces divers grades, tant au civil qu'au militaire, qu'une nomination ou promotion sur deux vacances, jusqu'à ce que l'on soit rentré dans le cadre.

7. Les étrangers seront admis et non reçus; ils ne prêtent aucun serment, et ne figurent pas dans le cadre fixé.

TITRE II. — FORME DE LA DÉCORATION ET MANIÈRE DE LA PORTER.

8. La décoration de la Légion d'hon-neur est, comme sous l'Empire, une étoile à cinq rayons doubles surmontés d'une couronne.

Le centre de l'étoile, entouré de branches de chêne et de lauriers, présente d'un côté l'effigie de Napoléon avec cet exergue, *Napoléon, empereur des Français,* et de l'autre côté, l'aigle avec la devise *Honneur et patrie.*

9. L'étoile, émaillée de blanc, est en argent pour les chevaliers et en or pour les officiers, commandeurs, grands-officiers et grands-croix.

Le diamètre est de quarante millimètres pour les chevaliers et officiers, et de soixante pour les commandeurs.

10. Les chevaliers portent la décoration attachée par un ruban moitié rouge, sans rosette, sur le côté gauche de la poitrine.

Les officiers la portent à la même place et avec le même ruban, mais avec une rosette.

Les commandeurs portent la décoration en sautoir attachée par un ruban moiré rouge plus large que celui des officiers et chevaliers.

Les grands-officiers portent sur le côté droit de la poitrine une plaque ou étoile à cinq rayons doubles diamantée tout argent, du diamètre de quatre-vingt-dix millimètres; le centre représente l'aigle avec l'exergue *Honneur et Patrie*; ils portent, en outre, la croix d'officier.

Les grands-croix portent un large ruban, moiré rouge, en écharpe, passant sur l'épaule droite, et au bas duquel est attachée une croix semblable à celle des commandeurs, mais ayant soixante et dix millimètres de diamètre. De plus, ils portent sur le côté gauche de la poitrine une plaque semblable à celle des grands-officiers.

TITRE III. — ADMISSION ET AVANCEMENT DANS L'ORDRE.

11. En temps de paix, pour être admis dans la Légion d'honneur, il faut avoir exercé pendant vingt ans, avec distinction, des fonctions civiles ou militaires.

12. Nul ne peut être admis dans la Légion d'honneur qu'avec le premier grade de chevalier.

13. Pour être nommé à un grade supérieur, il est indispensable d'avoir passé dans le grade inférieur, savoir:

1° Pour le grade d'officier, quatre ans dans celui de chevalier;—2° Pour le grade de commandeur, deux ans dans celui d'officier;—3° Pour le grade de grand-officier, trois ans dans celui de commandeur; — 4° Pour le grade de grand-croix, cinq ans dans celui de grand-officier.

14. Chaque campagne est comptée double aux militaires dans l'évaluation des années exigées par les articles **11** et **13**, mais on ne peut jamais compter qu'une campagne par année, sauf les cas d'exception qui doivent être déterminés par un décret spécial.

15. En temps de guerre, les actions d'éclat et les blessures graves peuvent dispenser des conditions exigées par les articles **11** et **13** pour l'admission ou l'avancement dans la Légion d'honneur.

16. En temps de paix, comme en temps de guerre, les services extraordinaires, dans les fonctions civiles ou militaires, les sciences et les arts, peuvent également dispenser de ces conditions, mais sous la réserve expresse de ne franchir aucun grade.

17. Pour donner lieu aux dispenses mentionnées dans les articles précédents, les actions d'éclat, blessures ou services extraordinaires doivent être dûment constatés.

Les propositions devront expliquer avec détail le fait pour lequel on demande la décoration; elles seront transmises, par la voie hiérarchique, au ministre compétent, qui les présentera au Chef de l'Etat.

18. Sauf les cas extraordinaires mentionnés aux précédents articles, il n'y aura de nominations et promotions dans l'ordre qu'au 1er janvier et au 15 août.

19. Dans le mois qui précède chacune de ces époques, le grand chancelier arrêtera, en conseil de l'ordre, le tableau des vacances, conformément à l'article **6**, et prendra les ordres du Chef de l'Etat pour la répartition à faire entre les différents ministères.

20. Sur l'avis que le grand chancelier leur donnera, les ministres lui adresseront les listes des personnes qu'ils jugeront avoir mérité cette distinction.

21. De la réunion de ces listes, le grand chancelier formera un corps de décrets qu'il soumettra à l'approbation du Chef de l'Etat.

22. Les ministres, après chaque nomination ou promotion, expédient des lettres d'avis à toutes les personnes nommées dans leurs ministères.

Ces lettres d'avis leur prescrivent de se pourvoir auprès du grand chancelier pour obtenir l'autorisation nécessaire de se faire recevoir, d'être décoré, et l'expédition du brevet.

23. Toutes demandes de nomination ou de promotion qui seront adressées ou soumises au Président de la République, par quelque personne que ce soit autre que les ministres, seront renvoyées au grand chancelier, qui en fera le rapport et présentera des projets de décrets, s'il y a lieu.

24. A l'avenir, nul ne pourra porter la décoration du grade auquel il aura été nommé ou promu qu'après sa réception, à moins que cette décoration ne lui soit remise directement par le Chef de l'Etat.

TITRE. IV. — Mode de réception des membres de l'ordre et du serment.

25. Les grands-croix et les grands-officiers prêtent serment entre les mains du Chef de l'Etat, et reçoivent de lui leur décoration.

26. En cas d'empêchement, le grand chancelier ou un grand fonctionnaire du même rang dans l'ordre sera délégué pour recevoir le serment et procéder aux réceptions. Dans l'un et l'autre cas, le grand chancelier prendra les ordres du Chef de l'Etat.

27. Le grand chancelier désigne, pour procéder aux réceptions des chevaliers, officiers et commandeurs, un membre de l'ordre d'un grade au moins égal à celui du récipiendaire.

28. Les militaires de tout grade et de toutes armes de terre et de mer, les membres des administrations qui en dépendent, seront reçus à la parade.

29. Le récipiendaire prête le serment ci-après :

« Je jure fidélité au Président de la Ré-
« publique, à l'honneur et à la patrie; je
« jure de me consacrer tout entier au bien
« de l'Etat, et de remplir les devoirs d'un
« brave et loyal chevalier de la Légion
« d'honneur. »

30. L'officier chargé de la réception d'un militaire, après avoir reçu son serment, le frappe du plat de l'épée sur chaque épaule, et, en lui remettant son brevet ainsi que sa décoration, au nom du Président de la République, lui donne l'accolade.

31. Il ne pourra être porté cumulativement avec l'ordre de la Légion d'honneur aucun ordre étranger, sans l'autorisation du Chef de l'Etat, transmise par le grand chancelier.

32. Il est adressé au grand chancelier un procès-verbal de chaque réception. Des réglements particuliers déterminent les modèles de procès-verbaux de réception.

TITRE V. — Pensions, brevets et prérogatives.

33. Tous les officiers, sous-officiers et soldats de terre et de mer en activité de service, nommés ou promus dans l'ordre de la Légion d'honneur postérieurement au décret du 22 janvier 1852, recevront, selon leur grade dans la Légion, l'allocation annuelle suivante :

Les légionnaires.	250 fr.
Les officiers	500
Les commandeurs	1,000
Les grands-officiers.	2,000
Les grands-croix	5,000

La valeur des décorations sera imputée sur la première annuité.

34. Les mêmes pensions sont accordées à tous les officiers de terre et de mer, membres de la Légion d'honneur, mis en retraite après le 22 janvier 1852.

35. Des brevets, revêtus de la signature du Président de la République et contresignés du grand chancelier, seront délivrés à tous les membres de la Légion d'honneur nommés ou promus à l'avenir.

36. On porte les armes aux officiers et chevaliers ; on les présente aux grands-croix et grands-officiers et aux commandeurs.

37. Les grands-croix et les grands-officiers recevront les mêmes honneurs funèbres et militaires que les généraux de division et les généraux de brigade non employés, et, s'ils sont officiers généraux, ils seront considérés comme morts dans l'exercice de leur commandement.

Les commandeurs sont assimilés aux colonels ;

Les officiers aux chefs de bataillon ;

Les chevaliers aux lieutenants.

Dans l'ordre civil, les honneurs funèbres et militaires seront rendus par la garde nationale aux commandeurs, officiers et chevaliers.

TITRE VI. — DISCIPLINE DES MEMBRES DE L'ORDRE.

38. La qualité de membre de la Légion d'honneur se perd par les mêmes causes que celles qui font perdre la qualité de citoyen français.

39. L'exercice des droits et des prérogatives des membres de la Légion d'honneur est suspendu par la même cause que celles qui suspendent les droits de citoyen français.

40. Les ministres de la justice, de la guerre et de la marine transmettent au grand chancelier des copies de tous les jugements en matière criminelle, correctionnelle et de police, relatifs à des membres de l'ordre.

41. Toutes les fois qu'il y aura eu recours en cassation contre un jugement rendu en matière criminelle, correctionnelle ou de police, relatif à un légionnaire, le procureur général auprès de la Cour de cassation en rend compte, sans délai, au ministre de la justice, qui en donne avis au grand chancelier de la Légion d'honneur.

42. Les procureurs généraux auprès des Cours d'appel et les rapporteurs auprès des conseils de guerre ne peuvent faire exécuter aucune peine infamante contre un membre de la Légion qu'il n'ait été dégradé.

43. Pour cette dégradation, le président de la Cour d'appel, sur le réquisitoire de l'avocat général, ou le président du conseil de guerre, sur le réquisitoire du rapporteur, prononce immédiatement après la lecture du jugement, la formule suivante :

« Vous avez manqué à l'honneur : je déclare, au nom de la Légion, que vous avez cessé d'en être membre. »

44. Les chefs militaires de terre et de mer rendent aux ministres de la guerre et la marine un compte particulier de toutes les peines graves de discipline qui ont été infligées à des légionnaires sous leurs ordres.

Ces ministres transmettent des copies de ce compte au grand chancelier.

45. La cassation d'un chevalier de la Légion, sous-officier en activité, et le renvoi d'un soldat ou d'un marin chevalier de la Légion d'honneur, ne peuvent avoir lieu que d'après l'autorisation des ministres de la guerre et de la marine. Ces ministres ne peuvent donner cette autorisation qu'après en avoir informé le grand chancelier, qui prendra les ordres du Président de la République.

46. Le Chef de l'Etat peut suspendre, en tout ou en partie, l'exercice des droits et prérogatives, ainsi que le traitement attaché à la qualité de membre de la Légion d'honneur, et même exclure de la Légion, lorsque la nature du délit et la gravité de la peine prononcée correctionnellement paraissent rendre cette mesure nécessaire.

TITRE VII. — ADMINISTRATION DE L'ORDRE.

47. L'administration de l'ordre est confiée à un grand chancelier, qui travaille directement avec le Chef de l'Etat ; il entre au conseil des ministres toutes les fois que le Président juge convenable de l'y appeler pour discuter les intérêts de l'ordre.

48. Un secrétaire général, nommé par le Président de la République, est attaché à la grande chancellerie ; il a la signature en cas d'absence ou de maladie du grand chancelier, et le représente.

49. Le grand chancelier est dépositaire du sceau de l'ordre.

50. Tous les ordres étrangers sont dans

les attributions du grand chancelier de la Légion d'honneur.

51. Les décrets relatifs à la Légion d'honneur sont contresignés par le ministre d'Etat, et visés par le grand chancelier pour leur exécution.

52. Le grand chancelier présente au chef de l'Etat :

1° Les rapports, projets de décrets, règlements et décisions concernant la Légion d'honneur et les ordres étrangers ;—2° Les candidats présentés par les ministres, par d'autres personnes ou par lui, pour les nominations ou promotions ;— 3° Il prend ses ordres à l'égard des ordres étrangers conférés à des Français ;—4° Il transmet l'autorisation de les porter ; — 5° Il soumet à l'approbation du chef de l'Etat le travail relatif aux gratifications extraordinaires des membres de l'ordre, ainsi qu'a l'admission et à la révocation des élèves pensionnaires et gratuites dans les maisons d'éducation de l'ordre ; — 6° Il dirige et surveille toutes les parties de l'administration de l'ordre, ses établissements, la perception des revenus, les paiements et dépenses ; — 7° Il présente annuellement les projets de budget, préside les assemblées de canaux, etc.

53. La Cour des comptes est chargée de l'apurement et règlement des comptes et dépenses annuels de la Légion d'honneur.

54. Un conseil de l'ordre est établi près du grand chancelier, qui le réunit tous les mois.

Le conseil de l'ordre se compose comme suit :

Le grand chancelier, président ;

Le secrétaire général, vice-président ;

Dix membres de l'ordre ;

Plus un secrétaire à la nomination du grand chancelier et aux appointements de six mille francs.

55. Les membres du conseil sont nommés par le Président de la République.

Le conseil sera renouvelé par moitié tous les deux ans.

Les membres sortants pourront être renommés.

Lors du premier renouvellement, les membres sortants seront désignés par le sort.

56. Le grand chancelier et le conseil veilleront à l'observation des statuts et règlements de l'ordre et des établissements qui en dépendent.

Le conseil donnera son avis,

1° Sur la répartition des nominations et promotions dans la Légion d'honneur entre les divers ministères et la grande chancellerie ; — 2° Sur l'établissement du budget de la Légion d'honneur et sa répartition entre les diverses branches du service de la grande chancellerie ;— 3° Sur le règlement des comptes de recettes et dépenses de ces services ; — 4° Sur les mesures de discipline à prendre envers les membres de l'ordre ; — 5° Sur toutes questions pour lesquelles le grand chancelier jugera utile de provoquer son avis.

57. Il sera publié tous les ans, par les soins et sous la direction de la grande chancellerie, un annuaire de l'ordre de la Légion d'honneur.

58. Toutes les dispositions antérieures, contraires à celles du présent décret, sont abrogées.

59. Les ministres et le grand chancelier de la Légion d'honneur sont chargés, chacun en ce qui le concerne, de l'exécution du présent décret, etc. (*Bull.* 503, n° 3797.)

N° 38. —(16 mars 1852.)— DÉCRET *sur l'uniforme de la Garde nationale.*

LOUIS-NAPOLÉON, Président de la République française,

Sur le rapport du ministre de l'intérieur,

Décrète :

L'habillement, la coiffure, l'équipement et l'armement des corps d'infanterie et de cavalerie de la garde nationale sont déterminés ainsi qu'il suit :

INFANTERIE. — Gardes nationaux.
Habillement.

Art. 1er. Tunique. En drap bleu, boutonnant droit sur la poitrine au moyen de neuf gros boutons, et tombant à cent millimètres au-dessus du genou ; passe-poil écarlate. Collet droit, en drap bleu, passe-poil écarlate, fermé par trois agrafes ; brandebourg appliqué sur le milieu et de chaque côté du collet, en galon cul-de-dé de douze millimètres et demi de large, espacé de deux millimètres ; largeur totale, vingt-sept millimètres, et longueur, quatre-vingt-dix millimètres ; macaron du diamètre de vingt-trois millimètres, en cordonnet de fil blanc ; frange en fil sortant du dessous du macaron, de vingt millimètres, posé sur chaque brandebourg à son extrémité. Parements en drap bleu ; passe-poil écarlate, ouvrant sur le côté au moyen d'une fente de cent vingt millimètres, avec passe-poil écarlate, fermant par deux petits boutons, dont l'un traverse le parement au-dessous du passe-poil et l'autre à vingt-deux millimètres, obliquement, au-dessus du parement. Ce parement présente une pointe sur le milieu de la manche ; hauteur courante du parement, cinquante-cinq millimètres, et à la pointe, cent cinquante millimètres. Poches en long, à deux pointes, figurées par un passe-poil écarlate, avec un gros bouton sur chaque pointe. Boutons de métal blanc, bombés, entourés d'un filet, portant une aigle déployant ses ailes et empiétant un foudre, la tête tournée à droite ; au-dessous, une petite étoile ; diamètre des gros, vingt-deux millimètres ; des petits, quinze millimètres ; le bouton est pour tous les grades. Brides d'épaulettes, à fond bleu sur doublure en drap bleu, larges de douze millimètres. Epaulettes, en fil blanc, doublées en bleu avec ressorts et agrafes, bouton à aigle fixé sur la boutonnière ; longueur de patte, cent ving-cinq millimètres ; largeur de patte, soixante millimètres ; écusson bombé ; largeur, cent cinq millimètres ; hauteur, quarante-huit millimètres ; tournantes roulées, avec une guipure au milieu et à trois franges, de quatre-vingt-dix millimètres ; grosseur, deux millimètres ; grosseur du bouton, quinze millimètres. Pantalon . Drap bleu, coupé droit et large, tombant naturellement sur les cous-de-pied, rond par le bas et sans ouverture, bande en drap écarlate de quarante millimètres de large.

Coiffure.

Shako en drap bleu ; hauteur, du devant, cent cinquante-sept millimètres ; de derrière, deux cents millimètres. Calot en cuir verni ; diamètre, cent trente-cinq millimètres ; bord supérieur du shako garni d'un galon écarlate de trente millimètres ; passe-poil en soutache rouge de deux millimètres de large ; visière droite en cuir verni, à jonc saillant ; plaque de shako en métal jaune ; hauteur, cent vingt-sept millimètres ; largeur, cent trente-cinq millimètres, représentant une aigle aux ailes éployées, la tête tournée à droite, les serres posées sur une boule portant le numéro du bataillon ; cocarde en métal de cinquante millimètres, représentant les couleurs nationales disposées comme il suit : le centre bleu, la zone intermédiaire blanche ; la zone extérieure écarlate ; bourdalouc en cuir verni de vingt-cinq millimètres de hauteur ; pompon rouge.

Equipement.

Ceinturon. En buffle blanc, piqué, de soixante millimètres de hauteur. Plaque en métal jaune, à aigle, avec verrou et agrafe, contre-sanglon de cent dix millimètres. Porte-sabre et porte-baïonnette ; fourreau de baïonnette.

Giberne. Coffre de cent quatre-vingt-dix millimètres de largeur prise en dehors, quatre-vingt-dix millimètres d'épaisseur. Patte-lette en cuir verni ou ciré, deux cent dix millimètres de longueur sur deux cents millimètres de largeur. Passe de la giberne, cent millimètres de largeur. Boucle étamée sans rouleau.

Sac. En toile croisée, vernie, noire, montée sur une carcasse en bois, s'ouvrant sur le côté au moyen d'un crochet, le dos recouvert en basane et fortifié à l'intérieur d'une toile rayée. Rouleau en bois recouvert d'une toile rayée bleu et blanc. Courroies blanches, en buffle ; boucles, étamage anglais. Facos du rouleau en toile vernie noire, avec grenades blanches au centre.

Armement.

Fusil d'infanterie avec bretelle en buffle, piquée, blanche, large de trente-cinq millimètres, longue de neuf cents millimètres, avec bouton portant le nom du garde national. Epinglette jaune de cent quatre-vingt-dix-millimètres de longueur, attachée au bouton de la tunique.

Sabre d'infanterie.

CAPORAUX.

Habillement, coiffure, équipement et armement des gardes nationaux. Signes distinctifs du grade, comme dans l'armée, c'est-à-dire, galon blanc de vingt-deux millimètres de largeur, sur quatre-vingts millimètres de longueur, traversé d'une raie noire, en chevron.

SERGENTS-FOURRIERS ET SERGENTS.

Habillement, coiffure, équipement et armement des gardes nationaux. Signes distinctifs des grades, comme dans l'armée, c'est-à-dire, galons en chevrons, en argent lézardé, larges de vingt-deux millimètres, avec passe-poil écarlate d'un millimètre de largeur.

SERGENTS-MAJORS.

Habillement des gardes nationaux ; brides d'épaulettes et ornements du collet de la tunique comme les sous-lieutenants. Epaulette et contre-épaulette du grade de sous-lieutenant. Le corps de l'une et de l'autre traversé, en longueur, d'une raie en soie ponceau de dix millimètres, tissée dans le galon.

Coiffure. Shako garni au bord supérieur d'un galon d'argent de vingt millimètres, coupé, au centre, d'un fil de soie ponceau de la largeur d'un millimètre. Pompon rouge. Armement. Sabre d'officier, ceinturon noir.

SOUS-LIEUTENANTS , LIEUTENANTS , CAPITAINES.

Habillement comme celui des gardes nationaux. Brides d'épaulettes en trait d'argent, de dix millimètres de large, garnies en drap bleu. Brandebourg brodé en argent mat, composées de huit branches séparées par un intervalle de deux millimètres, la première et la troisième branche mat, et la deuxième et quatrième mat et paillettées.

Épaulettes du grade en argent mat.

Hausse-col d'uniforme portant, en relief, une aigle.

Pantalon conforme à celui des gardes nationaux, avec dessous de pieds.

Coiffure. Galon d'agent au bord supérieur du shako, de vingt millimètres pour les sous-lieutenants, de vingt-cinq millimètres pour les lieutenants, de trente millimètres pour les capitaines, sans aucun autre ornement. Plaque du shako dorée au mat, pompon comme les gardes nationaux.

Armement. Sabre conforme au modèle déterminé pour l'infanterie légère de l'armée. Dragonne de l'infanterie légère.

Ceinturon, grande tenue, se compose d'une bande et de deux bélières, argent et bleu ; largeur pour la bande de ceinture, quarante-deux millimètres, présentant quatre bandes de métal de neuf millimètres chacune, séparées par trois raies en soie bleue, bon teint, de deux millimètres, tissées dans le galon. Ce galon est monté sur une bande en cuir d'une force suffisante et doublé en maroquin noir, formant passepoil sur les bords. Largeur totale de la bande, y compris les passe-poils, quarante-cinq millimètres. Les bélières sont doublées et montées de la même manière. Le galon d'argent a vingt-deux millimètres de largeur, avec une raie bleue de deux millimètres au milieu. Largeur totale des bélières, y compris les passe-poils, vingt-cinq millimètres.

Plaque de ceinturon en cuivre doré à l'or moulu, portant en relief une aigle en argent. Hauteur de la plaque, soixante millimètres ; largeur développée, soixante millimètres ; flèche de la cambrure, cinq millimètres ; longueur des pans coupés, quatre millimètres.

Ceinturon de petite tenue. En cuir noir verni avec bélières ; même plaque que pour la grande tenue.

ÉTAT-MAJOR DES BATAILLONS ET DES LÉGIONS.—Adjudant sous-officier.

Habillement des gardes nationaux. Épaulette en or sur l'épaule gauche, contre-épaulette sur l'épaule droite, mêmes dimensions, forme et travail que pour les lieutenants et sous-lieutenants. Le corps de l'épaulette et celui de la contre-épaulette sont traversés dans toute leur longueur

d'une raie en soie ponceau de dix millimètres tissée dans le galon. La frange de l'épaulette est de l'espèce dite *à torsade*.

Armement des officiers. Shako garni, au bord supérieur, d'un galon d'argent de vingt millimètres de hauteur, coupé au centre par un fil de soie ponceau de la largeur d'un millimètre. Pompon d'état - major , sphère bleue, flamme blanche extérieurement, écarlate à l'intérieur.

PORTE-DRAPEAU.

Tenue conforme à celle des sous-lieutenants. Pompon d'état-major.

Officiers rapporteurs et secrétaires près les conseils de discipline.

Tenue des officiers de compagnie, suivant le grade. Pompon d'état-major.

Adjudants-majors.

Habillement comme celui des gardes nationaux ; brandebourg d'argent au collet de la tunique. Epaulettes en or du grade de capitaine et à petites torsades ; brides d'épaulettes en argent ; hausse-col d'uniforme.

Coiffure. Shako semblable à celui des capitaines. Pompon d'état-major.

Armement. Comme les officiers des compagnies.

Chirurgiens-majors et aides-majors.

Tenue conforme à celle des grades correspondants dans la troupe de ligne, sauf les broderies, qui seront en argent.

Majors, chefs de bataillon, lieutenants-colonels, colonels.

Habillement des gardes nationaux. Brandebourg d'argent au collet de la tunique, frange des macarons à grosse torsade. Epaulettes du grade en argent, à grosses torsades, au mat, et corps uni. Epaulettes à corps en or pour les lieutenants-colonels. Brides d'épaulettes brodées en canuetille et en argent, doublées de bleu.

Chaussures. Bottes avec éperons plaqués en argent, vissés au talon, à tige droite et carrée portant quarante millimètres.

Coiffure. Shako d'uniforme garni au bord supérieur, savoir : pour le chef de bataillon, d'un galon d'argent de trente-cinq millimètres lézardé ; pour le lieutenant-colonel d'un semblable galon, mais en or, placé à la distance d'un millimètre d'un deuxième galon en argent de la largeur de quinze millimètres ; pour le colonel, les deux galons ci-dessus, mais l'un et l'autre en argent. Cocarde en métal, plaque conforme au modèle déterminé pour les gardes nationaux ; aigrette en plumes de héron blanc, de deux cent cinquante millimètres de hauteur, y compris cinquante millimètres de trois rangées de petites plumes de coq présentant les trois couleurs nationales, rangées horizontalement, le bleu à la base, le rouge en haut ; olive en torsade d'argent de vingt-sept millimètres de hauteur formée de quinze torsades. Petite tenue : pompon d'état-major ; hausse-col d'uniforme.

Armement. Sabre à lame droite de l'infanterie légère, se portant avec bélières ; ceinturon du modèle déterminé pour les officiers.

ÉQUIPEMENT DU CHEVAL DES OFFICIERS SUPÉRIEURS.

Selle anglaise avec étriers en plaqué ; tapis en drap bleu à pointes bordé d'un galon soubise en argent, de la largeur du grade pour le chef de bataillon et le major, et des galons du grade pour le lieutenant-colonel et le colonel ; fontes de pistolets recouvertes en peau de tigre, bride anglaise avec mors droit uni en plaqué.

SERVICES SPÉCIAUX.—TAMBOURS.

Tunique, pantalon, épaulettes et shako des gardes nationaux ; galons en laine tricolore de vingt-cinq millimètres au collet et aux parements de la tunique.

TAMBOURS-MAÎTRES.

Habillement conforme à celui des tambours, avec galons aux manches du grade de sergent ; les galons du collet et des manches sont en argent.

Coiffure. Kolback haut, du devant, de deux cent quatre-vingt-dix millimètres, et de la partie opposée, de trois cent dix millimètres, du diamètre, au sommet, de deux cent cinquante millimètres, avec flamme en drap blanc de la longueur de quatre cent cinquante millimètres, gland de laine blanche de cinquante-cinq millimètres ; plumet tricolore, avec olive en laine blanche ; pompon d'état-major.

Armement. Sabre-briquet suspendu à un baudrier ; canne d'uniforme.

TAMBOURS-MAJORS, SAPEURS PORTE-HACHE, MUSIQUE.

La tenue sera réglée dans le département de la Seine par le conseil d'administration, sous l'approbation du commandant supérieur ; dans les autres départements, sous l'approbation du maire, pour les légions et bataillons communaux, et du sous-préfet pour les corps cantonaux. Toutefois, il est interdit de donner aux tambours-majors des épaulettes semblables à celles qui sont déterminées pour les officiers.

GARDES NATIONAUX, SOUS-OFFICIERS, SOUS-LIEUTENANTS, LIEUTENANTS, CAPITAINES.

Col noir ; gants de coton, blancs.

OFFICIERS SUPÉRIEURS.

Col noir ; gants de daim, blancs.

CAVALERIE.—GARDES.

Habillement.

2. Tunique en drap bleu, boutonnée au milieu avec jupe collante, portant en longueur la moitié de la hauteur du corsage, prise des boutons de la taille au sommet du collet. Passe-poils écarlates au dos et sur le devant. Trois rangs de boutons semi-sphériques, plaqués en argent, quinze de chaque côté et treize au milieu ; les deux derniers du bas sont plats. Au bas de la taille, quatre boutons portés sur une soubise. Brides d'épaulettes en drap bleu à passe-poil rouge, et une patte du côté du sabre pour soutenir le ceinturon.

Collet écarlate fermé de trois agrafes, avec brandebourgs de soixante millimètres de longueur formant boutonnières, et macarons avec franges ; le tout en fil blanc. Le galon du brandebourg est de cinquante millimètres de large.

Manches avec passe-poils écarlates depuis la couture du dos jusqu'aux poignets. Parements écarlates à pointes, de cinquante millimètres sur les côtés et de quatre-vingt-sept millimètres à la pointe, bordés d'un passe-poil blanc et fermés de deux petits boutons.

Pantalon en drap bleu avec bande de drap écarlate de soixante millimètres de largeur.

Épaulettes en fil blanc, avec agrafe et ressort, doublées et bordées en drap rouge ; le corps de soixante et dix millimètres au milieu ; l'écusson de cent quatre-vingt-douze millimètres de longueur en dedans et de soixante et dix-huit millimètres de largeur, non compris les tournantes. Trois tournantes, façon suisse, la frange de cent millimètres et à graines.

Fourragère en fil blanc, garnie de trois coulants et de deux glands à poires grappées et coquillées en point de Milan, frangée à graines de cinquante-cinq millimètres, le gland de la manchette, quarante-deux millimètres. La longueur de la fourragère est, par derrière, de sept cent cinquante millimètres, non compris le porte-mousqueton, ni la tresse pendante en guirlande sur la poitrine d'une épaule à l'autre. Cette tresse a cinquante millimètres de largeur à son milieu. Les glands sont portés à gauche au bouton supérieur.

Col noir sans liséré blanc.

Bottes avec éperons en fer poli, à tige ronde et droite de cinquante millimètres.

Gants blancs en peau.

Schabska en drap bleu gaufré, soutaché en rouge, galon de laine rouge de quarante millimètres de largeur autour de la forme, chaînette ou jugulaire en plaqué doublée en drap rouge, rosette festonnée à tête de lion en plaqué, en avant, plaque à rayon en plaqué avec aigle dorée au milieu, visière cerclée en plaqué. Point de couvre-nuque. Hauteur totale par derrière de l'angle du pavillon au bas du schabska deux cent vingt millimètres, même hauteur par devant y compris la visière, le pavillon de deux cents millimètres sur chaque côté.

Plumet rouge tombant de trois cents millimètres de hauteur, en grandes plumes de coq.

Pompon en cordonnet, forme demi-sphérique, de couleur différente pour chaque escadron.

Equipement.

Giberne, porte-giberne en buffle blanc piqué, de soixante-trois millimètres de largeur, boucle, sabot, coulant en cuivre bruni, épinglette au milieu, coffret en cuir noir verni avec aigle dorée au milieu, le couvercle du coffret de cent soixante et dix-sept millimètres, les côtés en cuivre de quatre-vingt-dix millimètres de hauteur et quarante-cinq millimètres d'épaisseur.

Ceinturon porté sur la tunique, soixante millimètres de largeur, agrafe par devant au moyen d'une plaque en cuivre jaune de soixante et dix millimètres sur soixante millimètres, avec aigle estampée. Les bélières avec boutons doubles sont, ainsi que le ceinturon, en buffle blanc piqué.

Dragonne en buffle blanc piqué de vingt-huit millimètres de largeur.

Armement.

Le sabre de cavalerie, lame droite de huit cent soixante millimètres évidée, monture en fer poli, poignée en chagrin noir, fourreau en acier poli.

Harnachement du cheval.

Selle à la hussarde avec fontes en cuir, sangles en laine bleue, croupière et poitrail en cuir noir, plaque de fausse martingale ronde, plaquée à miroir avec aigle dorée au milieu, trois courroies de charge en cuir noir avec boucles en plaqué, courroies de paquetage en cuir noir, étrivières en cuir jaune avec coulants, étriers en fer poli.

Schabraque en drap bleu, bordée d'un galon en fil blanc de quarante millimètres de largeur, le siége également en drap bleu ; aux deux pans de la schabraque une aigle découpée, drap blanc, avec le numéro de l'escadron au-dessous ; les pans sont arrondis.

Porte-manteau en drap bleu de quatre cent soixante et dix millimètres de longueur sur cent trente millimètres de diamètre, au fond ; passe-poils et rosaces blancs avec une toile au milieu.

Le surfaix est remplacé par une sangle en laine bleue avec contre-sangles.

Bride en cuir noir, dessus de tête avec gourmette, sous-gorge avec croissant plaqué, mors en fer poli, branches à col de cygne, bossettes en cuivre à rosaces unies, cerclées.

Filet en cuir noir, boucles en plaqué, mors en fer poli.

Licol en cuir noir, longe en cuir noir.

SOUS-OFFICIERS ET BRIGADIERS.

Galons du grade comme dans l'armée.

ADJUDANTS SOUS-OFFICIERS.

Pantalon avec bande d'argent.

Schabska. Galon de la forme en argent de trente-cinq millimètres rayé de deux filets rouges, soutache en argent.

Plumet. Modèle des gardes.

Pompon. Cordonnet rouge et argent sur le fond cramoisi.

Fourragère en argent.

Giberne. Porte-giberne, galon d'argent à filets rouges, coffret en cuir noir verni à baguettes dorées, avec aigle.

Sabre pareil à celui des gardes.

Dragonne. Tresse en cuir noir, gland en or.

Selle et schabraque. Galon argent avec filets rouges.

Porte-manteau. Le fond garni d'un galon argent avec filets rouges et d'un cordonnet en argent, étoile au milieu.

OFFICIERS DE TOUS GRADES.

Pantalon avec bande d'argent.

Plumet conforme à celui des gardes avec touffe blanche au sommet.

Epaulettes du grade, comme dans l'armée.

Giberne. Coffret en cuir noir verni à baguettes dorées avec aigle dorée. Porte-giberne, galon d'argent à filets rouges.

Dragonne. Tresse en cuir noir, le gland suivant la distinction du grade et en or.

Sabre pareil à celui des gardes.

Ceinturon de sabre en galon d'argent à filet rouge comme le porte-giberne.

Selle et schabraque comme les gardes, mais garnies en argent.

· Porte-manteau. Le fond garni d'un galon et d'un cordonnet en argent ; étoile au milieu.

Bride. Comme les gardes, mais en cuir verni et garnie de chaînettes plaquées d'argent.

SOUS-LIEUTENANTS, LIEUTENANTS ET CAPITAINES.

Schabska. Galon de la forme de quarante millimètres en argent, soutache en argent.

Pompon. Cordonnet d'argent sur fond de la couleur de l'escadron pour les officiers d'escadron, et sur fond cramoisi pour officier d'état-major.

Fourragère.

CAPITAINES ADJUDANTS-MAJORS.

Les épaulettes comme dans l'armée.

CHEFS D'ESCADRON ET MAJOR.

Schabska. Galon de la forme de cinquante millimètres en argent, accompagné de deux soutaches dentelées de sept millimètres. Au-dessous, un deuxième galon avec dentelure de vingt-sept millimètres.

Pompon. Les torsades d'argent sur velours cramoisi.

Fourragère en argent avec glands à torsades.

LIEUTENANT-COLONEL.

Schabska. Comme le chef d'escadron, en remplaçant le second galon de la forme par un galon en or.

Pompon. Les torsades en or sur velours cramoisi.

Fourragère en argent avec glands à torsades.

COLONEL.

Schabska. Comme le chef d'escadron, en substituant une broderie d'argent au galon de cinquante millimètres.

Pompon comme le chef d'escadron.

Fourragère en argent avec glands à torsades.

3. Le ministre de l'intérieur est chargé de l'exécution du présent décret, etc. (*Bull.* 508, n° 3850.)

N° 39. — (17 mars 1852.) — DÉCRET *portant fixation du budget général des dépenses et des recettes de l'exercice* 1852 (1).

---

(1) 15 avril (*Bull.* 521, n° 5982, p. 1111), décret qui reporte au budget de la dette publique le crédit ouvert par le décret du 17 mars 1852 au budget du ministère d'État pour les dotations du sénat.

LOUIS-NAPOLÉON, PRÉSIDENT DE LA RÉPUBLIQUE FRANÇAISE,

Sur le rapport du ministre des finances,

DÉCRÈTE :

TITRE Ier. — BUDGET GÉNÉRAL.

ART. 1er. Des crédits sont ouverts aux ministres pour les dépenses ordinaires de l'exercice 1852, conformément à l'état général A ci-annexé.

Ces crédits s'appliquent :

A la dette publique et aux services généraux des ministères, constituant effectivement les charges de l'État, pour la somme d'un milliard un million huit cent cinquante-cinq mille sept cent six francs.... ○... 1,001,855,706 f.

Aux dépenses d'ordre et aux frais inhérents à la perception des impôts, pour la somme de quatre cent vingt-huit millions cinq cent sept mille cinq cent trente-huit francs. . 428,507,538

Total général conforme à l'état général A ci-annexé .... 1,430,363,244 f.

2. Des crédits sont ouverts, jusqu'à concurrence de soixante-treize millions trente-cinq mille six cent deux francs (73,035,602 francs), pour les travaux extraordinaires de l'exercice 1852, conformément au même état A ci-annexé.

3. Continuera d'être faite, pour 1852, au profit de l'État, des départements, des communes, des établissements publics, des communautés d'habitants dûment autorisées, la perception, conformément aux lois existantes, des divers droits, produits et revenus énoncés au tableau B ci-annexé.

4. Les voies et moyens du budget de l'exercice 1852 sont évalués à la somme totale d'un milliard quatre cent quarante-neuf millions quatre cent treize mille six cent quatre francs (1,449,413,604 fr.), conformément à l'état C ci-annexé, savoir :

Recettes d'ordre dont l'emploi ou la restitution figure au budget des dépenses....... 431,840,871 f.

Recettes applicables aux charges réelles de l'État . 1,017,572,734

Total général .. 1,449,413,604 f.

5. Les dépenses ordinaires et extraordinaires, d'après les articles 1 et 2 ci-dessus, s'élevant :

	Budget total.	Recettes et dépenses d'ordre.	Charges et ressources de l'État.
	fr.	fr.	fr.
A	1,503,398,846	431,840,871	1,071,557,975
Et les voies et moyens, d'après l'article 4, à. . . .	1,449,413,604	431,840.871	1,017,572,733
Le budget de l'exercice 1852 présente un excédant de dépense qui est arrêté provisoirement à la somme de			53,985,242

TITRE II. — SERVICES SPÉCIAUX.

6. Les services spéciaux rattachés *pour ordre au budget de l'État* sont fixés , en recette et en dépense, pour l'exercice 1852, à la somme de vingt et un millions quatre cent cinquante-six mille six cent cinquante francs (21,456,650 fr.), conformément au tableau D ci-annexé.

7. L'affectation aux dépenses du service départemental des ressources spécialement attribuées à ce service par la loi du 10 mai 1838, et compris dans les voies et moyens généraux de 1852, pour cent cinq millions neuf cent quatre-vingt-treize mille quatre cent quarante francs (105,993,440 fr.), est réglée par sections spéciales, conformément au tableau E annexé au présent décret.

8. L'affectation aux dépenses du service colonial, comprises dans le budget général de 1852 pour vingt et un millions trois cent cinquante-six mille sept cent quatre-vingt-neuf francs (21,356,789 fr.), des ressources spéciales de ce service et des fonds généraux de l'État qui doivent y être appliqués, est réglée conformément au tableau F annexé au présent décret.

TITRE III. — DISPOSITIONS SPÉCIALES A QUELQUES NATURES D'IMPOTS ET REVENUS.

Forêts.

9. Le ministre des finances est autorisé à aliéner les bois de l'État jusqu'à concurrence de quinze millions. Ces bois ne pourront être pris que parmi ceux portés au tableau annexé à la loi du 7 août 1850.

Contributions des portes et fenêtres.

10. La commission municipale de la ville de Paris est autorisée , conformément au vœu émis par elle le 10 novembre dernier, à établir, pour la répartition de son contingent dans la contribution des portes et fenêtres, un tarif spécial combiné de manière à tenir compte à la fois de la valeur locative et du nombre des ouvertures.

Sel.

11. A partir du 1er mai 1852 , il sera perçu un droit de dix francs par cent kilogrammes sur les sels destinés à la fabrication des soudes. Ce droit sera dû sur les sels qui se trouveront dans les fabriques à cette époque.

12. Les produits similaires de ceux obtenus de la décomposition du chlorure de sodium, dans les fabriques de soude , qui seront fabriqués sur les marais salants mêmes, soit pour l'emploi des eaux mères, soit pour tout autre procédé, seront assujettis à une taxe correspondante à celle établie par l'article 11 ci-dessus sur les sels employés dans les fabriques de soude.

13. Les raffineurs de sels bruts, dits *sels neufs*, ou de sels impurs de toutes espèces et provenances, et les fabricants de salpêtre libres, par licence, ou commissionnés, seront soumis , comme les fabricants de produits chimiques, aux obligations énumérées en l'article 11 de la loi du 17 juin 1840.

Boissons.

14. Les droits d'entrée actuellement établis sur les vins, cidres , poirés et hydromels , dans les communes ayant quatre mille âmes de population agglomérée et au-dessus, seront réduits de moitié, conformément au tarif annexé au présent décret.

15. Les taxes d'octroi qui sont actuellement, et celles qui, après l'exécution de la loi du 11 juin 1842, demeureront supérieures aux droits d'entrée dont le tarif est annexé au présent décret, seront, de plein droit, réduites au taux de ce dernier tarif, dans un délai de trois ans, à partir du 1er janvier 1853.

Une prolongation de délai pourra être accordée, en la forme déterminée par l'article 8 de la loi du 11 juin 1842, aux seules communes qui, suivant des stipulations formelles d'emprunts régulièrement contractés ou autorisés antérieurement au présent décret, auront affecté exclusivement le produit de leurs taxes actuelles d'octroi sur les boissons au service des intérêts et de l'amortissement de ces emprunts.

16. Les quantités de vins, cidres, poirés et hydromels de vingt-cinq litres et au-dessus, tant en cercles qu'en bouteilles, expédiées à des consommateurs par les marchands en gros ou par les récoltants, seront soumises au droit de circulation.

Les quantités inférieures paieront le droit de détail.

17. La déduction accordée sur les quantités manquantes au compte des proprié-

taires récoltants, jouissant, quant au droit d'entrée, de l'entrepôt pour les vins, cidres et poirés de leur récolte, sera calculée, à raison de dix pour cent (10 p. 0/0), d'après la quantité totale formant les charges d'entrepôt, sans avoir égard à la durée du séjour des vins, cidres et poirés en magasins.

18. Le droit à la vente en détail des vins, cidres, poirés et hydromels, sera perçu à raison de quinze pour cent (15 p. 0/0) du prix de vente.

19. Dans les villes où, sur la demande des conseils municipaux, et par application des lois du 21 avril 1832 et du 25 juin 1841, les droits d'entrée et de détail sur les vins, cidres, poirés et hydromels sont convertis en une taxe unique aux entrées, le tarif de cette taxe unique sera révisé, conformément à la loi précitée du 21 avril 1832, et en raison combinée des dispositions du présent décret, portant réduction du droit d'entrée et augmentation du droit de détail.

La taxe aux entrées de Paris, en remplacement des droits sur les vins, cidres, poirés et hydromels, sera perçue conformément au tarif annexé au présent décret.

20. L'exemption accordée, quant au droit de circulation, par l'article 15 de la loi du 25 juin 1841, est restreint aux transports, que, dans les cas déterminés par ledit article, les propriétaires, colons partiaires ou fermiers effectueront dans l'étendue du canton où la récolte aura été faite, et des communes limitrophes de ce canton, que celles-ci soient ou non du même département.

L'article 16 de la loi du 25 juin 1841 sera applicable aux vins, cidres et poirés de leur récolte, que les propriétaires feront transporter au delà de ces limites.

21. Les eaux-de-vie versées sur les vins ne seront affranchies de droits (établis sur les eaux-de-vie) que dans les départements des Pyrénées-Orientales, de l'Aude, du Tarn, de l'Hérault, du Gard, des Bouches-du-Rhône et du Var. La quantité ainsi employée en franchise ne dépassera pas un maximum de cinq litres d'alcool par hectolitre de vin; et après la mixtion, qui ne pourra être faite qu'en présence des préposés de la régie, les vins ne devront pas contenir plus de dix-huit centièmes d'alcool.

Lorsque des vins contiendront plus de dix-huit centièmes d'alcool, et pas au delà de vingt et un centièmes, ils seront imposés comme vins, et paieront, en outre, les doubles droits de consommation, d'entrée

et d'octroi pour la quantité d'alcool comprise entre dix-huit et vingt et un centièmes.

Les vins contenant plus de vingt et un centièmes d'alcool ne seront pas imposés comme vins, et seront soumis, pour leur quantité totale, aux mêmes droits de consommation, d'entrée et d'octroi que l'alcool pur.

Les vins destinés aux pays étrangers ou aux colonies françaises pourront, dans tous les départements, et seulement au port d'embarquement ou au point de sortie, recevoir, en franchise des droits, une addition d'alcool supérieure au maximum déterminé par le paragraphe premier du présent article, pourvu que le mélange soit opéré en présence des employés de la régie et que l'embarquement ou l'exportation ait lieu sur-le-champ.

22. Les soumissionnaires d'acquits-à-caution s'obligeront à payer, à défaut de justification de la décharge de ces acquits, le double du droit de consommation pour les eaux-de-vie, esprits, liqueurs et fruits à l'eau-de-vie, et pour les vins, cidres, poirés et hydromels, le sextuple du droit de circulation.

23. Le produit des trempes données pour un brassin pourra excéder de vingt pour cent (20 p. 0/0) la contenance de la chaudière déclarée pour la fabrication du brassin. La régie des contributions indirectes est autorisée à régler, en raison des procédés de fabrication et de la durée ou de la violence de l'ébullition, le moment auquel le produit des trempes devra être rentré dans la chaudière.

24. Les dispositions des articles 14, 16, 17, 18, 19, 20, 21, 22 et 23 qui précèdent, seront mises à exécution à partir du premier mai prochain.

Octrois.

25. A dater du 1er mai prochain, le prélèvement de dix pour cent attribué au trésor public sur le produit net des octrois sera supprimé.

Les taxes quelconques d'octroi, autres que les taxes additionnelles et temporaires dont le produit est maintenant affranchi du prélèvement de dix pour cent, seront simultanément et de plein droit réduites d'un dixième.

Relativement aux octrois affermés, les dispositions qui précèdent ne seront appliquées que lors de l'expiration ou de la résiliation des baux actuellement en vigueur.

TITRE IV. — DISPOSITIONS DIVERSES ET MOYENS DE SERVICE.

26. Le ministre des finances est autorisé à créer, pour le service de la trésorerie et les négociations avec la banque de France, des bons du trésor portant intérêt et payables à échéance fixe.

Les bons du trésor en circulation ne pourront excéder cent cinquante millions de francs. Ne sont pas compris dans cette limite les bons délivrés à la caisse d'amortissement, en vertu de la loi du 10 juin 1833, ni les bons déposés en garantie à la banque de France et aux comptoirs d'escompte; n'y sont pas non plus compris les bons qu'il serait nécessaire de créer pour l'exécution du décret du 14 mars 1852.

27. L'effectif à entretenir en Algérie, au delà duquel il y aura lieu à l'application du deuxième paragraphe de l'article 4 de la loi de finances du 11 juin 1842, est fixé, pour l'année 1852, à soixante et dix mille neuf cent soixante-six hommes, et quatorze mille six cent quinze chevaux.

28. Il sera rendu un compte spécial et distinct de l'emploi des crédits ouverts à chacun des paragraphes des chapitres XXII, XXVI et XXXVII du budget de la guerre, pour travaux extraordinaires, civils et militaires à exécuter, en 1852, sur divers points de l'Algérie.

Ces crédits ne pourront recevoir aucune autre affectation.

29. Il est ouvert au ministre de la guerre un crédit de deux millions (2,000,000 fr.), pour l'inscription, au trésor public, des pensions militaires à liquider dans le cours de l'année 1852, et y compris ceux de cinq cent mille francs et d'un million qui ont été ouverts à titre provisoire, par les décrets des 15 décembre 1851 et 14 janvier 1852.

30. Les dispositions de l'article 17 de la loi du 10 mai 1838, en ce qui concerne la portion du fonds commun distribuée à titre de secours, afin de compléter les moyens de pourvoir aux dépenses pour constructions neuves, ne recevront pas leur application pour les budgets départementaux de 1852.

31. Sera rayée du grand-livre de la dette publique la somme de quatre millions trois cent huit mille francs (4,308,000 fr.) de rentes cinq pour cent inscrites au trésor, au nom de la caisse d'amortissement, et qui n'ont pas été comprises dans les annulations prononcées par la loi du 4 décembre 1849.

Cette rente sera définitivement annulée en capital et arrérages, à dater du 22 mars 1852, et les bons du trésor remis à la caisse d'amortissement en paiement desdits arrérages cesseront de lui être délivrés à la même époque.

32. Dorénavant, le compte particulier de l'emploi des crédits ouverts pour dépenses secrètes sera réglé définitivement par le chef de l'État, à la fin de chaque exercice et à l'expiration de chaque gestion du ministre ordonnateur.

Les dispositions de l'article 3 du décret en date du 10 juillet 1848 sont abrogées.

33. L'article 14 de la loi du 15 mai 1850, concernant les vacances d'emploi, est abrogé.

TITRE V. — DISPOSITIONS GÉNÉRALES.

34. Toutes contributions directes ou indirectes autres que celles autorisées par le présent décret, à quelque titre et sous quelque dénomination qu'elles se perçoivent, sont formellement interdites, à peine contre les autorités qui les ordonneraient, contre les employés qui confectionneraient les rôles et tarifs, et ceux qui en feraient le recouvrement, d'être poursuivis comme concussionnaires, sans préjudice de l'action en répétition pendant trois années, contre tous receveurs, percepteurs ou individus qui auraient fait la perception, et sans que, pour exercer cette action devant les tribunaux, il soit besoin d'une autorisation préalable. Il n'est pas, néanmoins, dérogé à l'exécution de l'article 4 de la loi du 2 août 1829, relatif aux centimes que les conseils généraux sont autorisés à voter pour les opérations cadastrales, non plus qu'aux dispositions des lois du 10 mai 1838, sur les attributions départementales du 18 juillet 1837, sur l'administration communale, du 21 mai 1836, sur les chemins vicinaux, et du 28 juin 1833, sur l'instruction primaire, etc. (*Bull.* 502, n° 3773.)

N° 40. — (17 mars 1852.) — DÉCRET *portant que les budgets et comptes de la Légion d'honneur seront annexés, à l'avenir, à ceux du ministère d'État.*

LOUIS-NAPOLÉON, PRÉSIDENT DE LA RÉPUBLIQUE FRANÇAISE,

Vu la loi du 9 juillet 1836, portant règlement définitif du budget de l'exercice 1833;

Vu l'article 51 du décret organique de la Légion d'honneur, en date du 16 du présent mois;

Sur le rapport du garde des sceaux, ministre secrétaire d'État au département de la justice,

DÉCRÈTE :

Art. 1er. Les budgets et comptes de la Légion d'honneur, qui, en exécution de l'article 17 de la loi susvisée du 9 juillet 1836, ont été annexés à ceux du ministère de la justice, le seront, à l'avenir, à ceux du ministère d'Etat.

2. Les ministres d'Etat, de la justice, et des finances, sont chargés, chacun en ce qui le concerne, de l'exécution du présent décret, etc. (*Bull.* 505, n° 3837.)

N° 41. — (17 mars 1852.) — Décret *qui affecte un terrain au service du département de la guerre, pour l'agrandissement du champ de manœuvres dit de Satory, à Versailles.*

LOUIS-NAPOLÉON, Président de la République française,

Vu le décret du 20 mars 1850, qui affecte au service du département de la guerre le champ de manœuvres dit *de Satory*, à Versailles (Seine-et-Oise), ainsi que la bande de terrain qui le sépare de la forêt du côté du sud;

Considérant qu'il y a nécessité, pour l'instruction de la cavalerie, de réunir à ce champ de manœuvres le terrain qui se trouve à l'ouest et qui dépend de l'institut agronomique, tel que ce terrain est désigné par une teinte rose et vert pâle sur un plan ci-annexé, depuis et y compris le chemin du Haut-Buc jusqu'au chemin de Dampierre, moins le jardin entouré de murs, indiqué sur le plan par la lettre *a* ;

Considérant que l'approche de la saison des manœuvres rend cette mesure urgente ;

Sur le rapport du ministre de la guerre,

Décrète :

Art. 1er. Le terrain ci-dessus mentionné est affecté au service du département de la guerre, pour l'agrandissement du champ de manœuvres.

2. Les ministres de la guerre, des finances, et de l'intérieur, de l'agriculture et du commerce, sont chargés, chacun en ce qui le concerne, de l'exécution du présent décret, etc. (*Bull.* 508, n° 3863.)

N° 42. — (18 mars 1852.) — Décret *portant que les dépôts à la caisse de retraites pour la vieillesse peuvent être effectués en inscriptions de rente cinq pour cent.*

LOUIS-NAPOLÉON, Président de la République française,

Sur le rapport du ministre des finances,

Décrète :

Art. 1er. Les dépôts à la caisse de retraites pour la vieillesse autorisée par la loi du 18 juin 1850 peuvent être effectués en inscriptions de rente cinq pour cent. Ces rentes seront reçues au pair de cent.

2. Les rentes nominatives seront transférées au nom de la caisse de retraites pour la vieillesse, et remises à cette caisse avec un certificat émanant de la dette inscrite, et constatant les noms et prénoms du titulaire de la rente.

3. Dans le cas où le déposant ne pourrait produire immédiatement l'acte de naissance et les autres pièces qui doivent, le cas échéant, accompagner la déclaration du premier versement, il lui sera remis un récépissé provisoire qui sera plus tard, et lors de la production desdites pièces, échangé contre un livret de la caisse des retraites.

4. Les rentes viagères afférentes à ces dépôts effectués en rentes, et comportant jouissance immédiate, seront inscrites au grand-livre de la dette publique, et les arrérages en seront servis dès le premier trimestre qui suivra le versement.

5. Le ministre des finances est chargé de l'exécution du présent décret, etc. (*Bull.* 508, n° 3851.)

N° 43. — (19 mars 1852.) — Décret *concernant les raffineries de sels et les salpêtreries soumises, par la loi du 17 mars 1852, aux obligations énumérées en l'article 11 de la loi du 17 juin 1840.*

LOUIS NAPOLÉON, Président de la République française,

Vu l'article 13 de la loi de finances du 17 mars 1852;

Sur le rapport du ministre secrétaire d'Etat au département des finances,

Décrète :

Art. 1er. Les raffineries de sel et les salpêtreries soumises, par l'article 13 de la loi de finances du 17 mars 1852, aux obligations énumérées en l'article 11 de la loi du 17 juin 1840, seront surveillées par les agents des douanes ou des contributions indirectes.

Cette surveillance s'exercera dans un rayon de quinze kilomètres des usines.

2. Les raffineurs de sel, un mois au moins avant de commencer leurs travaux, seront tenus de faire, au plus prochain bureau des douanes, lorsque leurs établissements seront situés dans les quinze kilomètres des côtes ou dans les vingt kilomètres des frontières de terre, et au bureau le plus prochain des contributions indirectes, lorsque

ces établissements seront situés dans l'intérieur , une déclaration de l'intention où ils seront d'entreprendre le raffinage des sels. Ils indiqueront la nature des sels (sels neufs ou sels impurs) qu'ils compteront employer.

Tout raffineur de sel qui voudra cesser de se livrer à cette industrie devra en faire la déclaration au même bureau, pareillement un mois à l'avance.

3. Les raffineurs seront tenus de déclarer au receveur de l'un ou l'autre des bureaux mentionnés en l'article précédent toutes les quantités de sels neufs ou impurs qu'ils introduiront dans leurs usines, et cela, au plus tard, dans les vingt-quatre heures de l'arrivée de ces sels.

4. Après reconnaissance desdits sels par les agents des douanes et des contributions indirectes, ils seront pris en charge, savoir : les sels neufs pour leur poids effectif, les sels impurs pour la quantité de sel pur (chlorure de sodium) qu'ils représenteront, laquelle sera évaluée de gré à gré par les raffineurs et les agents chargés de la surveillance. En cas de désaccord, elle sera réglée au moyen d'une expertise faite par les commissaires experts institués par l'article 19 de la loi du 27 juillet 1822.

5. Les sels neufs que les raffineurs recevront dans leurs usines ne pourront provenir que des salines ou marais salants, de l'étranger ou des entrepôts. Ils devront être présentés en sacs plombés du poids uniforme de cent kilogrammes, et accompagnés d'expéditions régulières des douanes et des contributions indirectes constatant que les droits ont été payés.

Toute quantité de sel sortant des raffineries en excédant de celles dont le paiement antérieur de l'impôt aura été justifié ainsi qu'il vient d'être indiqué sera passible de la taxe de consommation. En cas de fraude le contrevenant sera, en outre, passible des peines prononcées par l'article 10 de la loi du 17 juin 1840.

Est interdite toute introduction dans une raffinerie, ou ses dépendances, de matières salifères autres que des sels neufs ou sels impurs proprement dits.

6. Les déficits qui seront reconnus dans les raffineries lors des recensements et inventaires seront immédiatement soumis au paiement de la taxe.

Quant aux excédants, on se bornera à les prendre en charge au compte des raffineurs, toutes les fois qu'il ne s'élèvera aucun soupçon de fraude.

7. Aucune quantité de sel ne pourra être expédiée hors de l'usine qu'en vertu d'une expédition délivrée par le receveur des douanes ou par le receveur des contributions indirectes.

8. Les agents chargés de la surveillance procéderont à des recensements à l'effet de s'assurer de la régularité des opérations.

Ils pourront pénétrer, en tout temps, même la nuit, si l'établissement est en activité, dans les ateliers et magasins et autres locaux dépendants des raffineries.

La vérification des sels par le mesurage ou la pesée sera faite aux frais des propriétaires ou gérants, à toute réquisition des employés.

9. Les dispositions de l'article 7 de la loi du 10 mars 1819, relatives au maximum de rendement en sel (chlorure de sodium), imposé aux fabricants de salpêtre, sont modifiées ainsi qu'il suit : les quantités à prendre en charge pourront, sur la demande des fabricants, être réglées au minimum par un abonnement qui sera calculé d'après les quantités de salpêtre produites, et en tenant compte du mode de fabrication.

10. Les chlorures de sodium, soit purs, soit mélangés d'autres matières, obtenus dans les fabriques de salpêtre, ne pourront être admis dans la consommation, même sous le paiement de la taxe, que sur la représentation d'un certificat constatant que ces chlorures de sodium ne contiennent aucune substance nuisible à la santé publique.

Le mode de délivrance de ces certificats sera le même que celui adopté relativement aux sels dit *sels marins* que l'on obtient dans les fabriques de produits chimiques.

11. Aucune quantité de sels bruts ou raffinés, de sels impurs ou de matières salifères quelconques, ne pourra circuler dans le rayon de quinze kilomètres des raffineries de sel, des salpêtres ou des fabriques de produits chimiques, sans être accompagnée d'une expédition indiquant la provenance, la destination, le mode de transport et la route à suivre.

Les voituriers ou conducteurs seront tenus d'exhiber cette expédition à toute réquisition des employés dans ce rayon de quinze kilomètres.

12. Toute contravention aux dispositions du présent décret sera punie des peines prononcées par l'article 10 de la loi du 17 juin 1840.

13. Le ministre secrétaire d'État au département des finances est chargé de l'exécution du présent décret, etc. (*Bull.* 503, n° 3818.)

N° 44. —(19 mars 1852.) — Décret *portant que les juges suppléants, non officiers ministériels, peuvent être chargés de la confection des ordres et des distributions par contribution.*

LOUIS NAPOLÉON, Président de la République française,

Sur le rapport du garde des sceaux, ministre secrétaire d'Etat au département de la justice ;

Vu les articles 658 et 751 du Code de procédure civile ;

Considérant que le nombre des procédures d'ordre et de distribution par contribution s'est progressivement accru, au point qu'il existe généralement dans cette partie du service un arriéré qui laisse en souffrance les plus légitimes intérêts, et retient en dehors de la circulation des capitaux considérables ;

Considérant que le concours des juges suppléants est un moyen puissant de hâter le règlement de ces procédures, et qu'il importe de faire cesser les doutes qui se sont élevés sur la légalité de ce concours,

Décrète :

Art. 1er. Les juges suppléants, non officiers ministériels, peuvent être chargés de la confection des ordres et des distributions par contribution.

Ils font, dans ce cas, le rapport des contestations relatives aux affaires pour lesquelles ils ont été commis, et prennent part au jugement avec voix délibérative.

2. Le garde des sceaux, ministre secrétaire d'Etat au département de la justice, est chargé de l'exécution du présent décret, etc. (*Bull.* 504, n° 3829.)

N° 45.—(19 mars 1852.) — Décret *sur la mise à la retraite et la discipline des membres de la Cour des comptes.*

LOUIS-NAPOLÉON, Président de la République française,

Considérant que les motifs qui servent de base au décret du 1er mars courant 1852, relatif à la retraite de plein droit des magistrats inamovibles de l'ordre judiciaire, doivent déterminer des dispositions analogues pour les membres de la Cour des comptes ;

Sur le rapport du ministre des finances ,

Décrète :

Art. 1er. Les dispositions du décret du 1er mars 1852 relatives à la mise à la retraite de plein droit des membres de la Cour de cassation sont applicables au premier président de la Cour des comptes, aux présidents de chambre et aux conseillers maîtres près la même Cour.

Les dispositions de ce décret relatives à la retraite de plein droit des membres des Cours d'appel et tribunaux sont applicables aux conseillers référendaires.

2. Les dispositions des articles 2 et 3 du décret précité du 1er mars sont applicables à la Cour des comptes.

3. La Cour des comptes peut d'office, ou sur la réquisition du procureur général, prononcer contre ceux de ses membres qui auraient manqué aux devoirs de leur état ou compromis la dignité de leur caractère : 1° la censure ; 2° la suspension des fonctions; 3° la déchéance.

4. Les délibérations de la Cour prononçant la déchéance ne seront exécutoires qu'en vertu d'un décret du Président de la République rendu sur le rapport du ministre des finances.

5. Le ministre des finances est chargé de l'exécution du présent décret, etc. (*Bull.* 508, n° 3852.)

N° 46.—(19 mars 1852.) — Décret *qui fixe les traitements des membres de la Cour des comptes.*

LOUIS-NAPOLÉON , Président de la République française,

Vu le décret du 17 mars 1852 portant fixation du budget des dépenses de l'Etat pour l'exercice 1852 ;

Sur le rapport du ministre des finances ,

Décrète :

Art. 1er. Les traitements des membres de la Cour des comptes sont fixés ainsi qu'il suit :

Le premier président.	35,000 fr.
Les présidents de chambre.	18,000
Le procureur général.	35,000
Les conseillers maîtres.	15,000
Le greffier en chef.	15,000
Les conseillers référendaires de 1re classe	6,000
Les conseillers référendaires de 2e classe.	2,400

2. Le ministre des finances est chargé de l'exécution du présent décret , qui sera inséré au *Bulletin des Lois*, et qui recevra son application à partir du 1er avril 1852. (*Bull.* 508, n° 3853.)

N° 47.—(19 mars 1852.)—Décret *pour l'exécution de la convention de poste conclue, le 1er novembre 1851, entre la France et les Pays-Bas.*

LOUIS-NAPOLÉON , Président de la République française,

Vu la convention de poste conclue et signée à La Haye, le 1er novembre 1851, entre la France et les Pays-Bas ;

Vu les lois des 14 floréal an x (4 mai 1802) et 30 mai 1838 ;

Vu le décret du 24 août 1848 et la loi du 18 mai 1850 ;

Vu les ordonnances des 29 juillet 1818 et 14 décembre 1836 ;

Sur le rapport du ministre des finances ,

DÉCRÈTE :

ART. 1er. A dater du 1er avril prochain, les lettres ordinaires, les journaux et imprimés de toute nature expédiés de France pour les Pays-Bas pourront, au choix des envoyeurs, être dirigés, soit par la voie de terre, soit par la voie de mer, au moyen des paquebots à vapeur naviguant entre les ports français et les ports néerlandais. Les lettres, journaux et imprimés qui ne porteront sur l'adresse aucune indication de direction seront, exclusivement acheminés par la voie de terre.

A partir de la même époque, les habitants de la France et de l'Algérie pourront adresser des lettres ordinaires, des journaux et des imprimés de toute nature dans les pays d'outre-mer, sans distinction de parages, par la voie des bâtiments de l'Etat ou du commerce partant des ports des Pays-Bas pour lesdits pays d'outre-mer. Les lettres, journaux et imprimés que les envoyeurs voudront faire transporter par ces bâtiments devront porter, en tête de l'adresse, les mots *voie des Pays-Bas.*

2. Les personnes qui voudront envoyer de France, d'Algérie et des parages de la Méditerranée où la France possède des établissements de poste, des lettres ordinaires pour les Pays-Bas , auront le choix de laisser le port entier de ces lettres à la charge des destinataires, ou d'en payer le port d'avance jusqu'à destination ; le tout, par réciprocité de la même faculté accordée aux habitants des Pays-Bas pour les lettres ordinaires adressées par eux en France, en Algérie et dans les parages de la Méditerranée où la France possède des établissements de poste.

3. Le port à percevoir, tant en France qu'en Algérie, sur les lettres pour les Pays-Bas affranchies jusqu'à destination, ainsi que sur les lettres non affranchies provenant des Pays-Bas, sera de soixante centimes par lettre simple.

4. Le port à percevoir par les bureaux de poste français établis en Turquie , en Syrie et en Egypte, tant sur les lettres affranchies déposées dans ces bureaux , à destination des Pays-Bas, que sur les lettres non affranchies provenant des Pays-Bas, sera d'un franc par lettre simple.

5. Les lettres que les habitants de la France et de l'Algérie voudront adresser dans les pays d'outre-mer, par la voie des bâtiments de l'Etat ou du commerce, partant des ports des Pays-Bas, devront être affranchies jusqu'au port néerlandais d'embarquement.

La taxe d'affranchissement desdites lettres sera de soixante centimes par lettre simple.

6. Les habitants des colonies néerlandaises pourront expédier des lettres ordinaires pour la France et l'Algérie par la voie des bâtiments de l'Etat ou du commerce naviguant entre ces colonies et les Pays-Bas.

La taxe desdites lettres sera acquittée par les destinataires. Cette taxe sera d'un franc vingt centimes par lettre simple.

7. Seront considérées comme lettres simples celles dont le poids n'excédera pas sept grammes et demi ;

Les lettres pesant de sept grammes et demi à quinze grammes inclusivement supporteront deux fois le port de la lettre simple ;

Celles de quinze à vingt-deux grammes et demi inclusivement, trois fois le port de la lettre simple ; et ainsi de suite, en ajoutant, de sept grammes et demi en sept grammes et demi, un port simple en sus.

8. Le port des lettres ordinaires de la France et de l'Agérie pour les Pays-Bas pourra être acquitté par les envoyeurs au moyen des timbres d'affranchissement que l'administration des postes est autorisée à faire vendre.

Lorsque les timbres d'affranchissement apposés sur une lettre à destination des Pays-Bas ne suffiront pas pour acquitter la totalité du port dont cette lettre demeurera passible, en vertu des dispositions des articles 3 et 7 précédents, la valeur de ces timbres sera perdue pour l'envoyeur et la lettre considérée comme non affranchie.

9. Les échantillons de marchandises que l'administration des postes de France et l'administration des postes des Pays-Bas se transmettront réciproquement, à partir du 1er avril prochain, seront considérés comme lettres et taxés en conséquence.

10. Les habitants de la France, de l'Algérie et des parages de la Méditerranée où la France possède des établissements de poste, et ceux des Pays-Bas, pourront se transmettre réciproquement des lettres dites *chargées.* Le port de ces lettres devra toujours être acquitté d'avance jusqu'à destination. Il sera double de celui des lettres ordinaires.

11. Les journaux, gazettes, ouvrages périodiques, livres brochés, brochures, papiers de musique, catalogues, prospectus, annonces et avis divers imprimés, lithographiés ou autographiés, publiés en France, en Algérie et dans les parages de la Méditerranée où la

France entretient des bureaux de poste, qui seront adressés dans les Pays-Bas, et réciproquement, les objets de même nature, publiés dans les Pays-Bas, qui seront adressés en France, en Algérie et dans les parages de la Méditerranée où la France entretient des bureaux de poste, devront être affranchis, de part et d'autre, jusqu'à destination.

12. Le port des journaux, gazettes et ouvrages périodiques expédiés, soit de la France, de l'Algérie et des parages de la Méditerranée où la France entretient des bureaux de poste pour les Pays-Bas, soit des Pays-Bas pour la France, l'Algérie et les parages de la Méditerranée où la France entretient des bureaux de poste, sera perçu d'après le poids brut de chaque paquet portant une adresse particulière, conformément à l'échelle de progression ci-après :

Seront considérés comme simples les paquets dont le poids n'excédera pas quarante-cinq grammes ;

Les paquets pesant de quarante-cinq à quatre-vingt-dix grammes inclusivement paieront deux fois le port du paquet simple;

Ceux de quatre-vingt-dix à cent trente-cinq grammes inclusivement, trois fois le port du paquet simple ; et ainsi de suite, en ajoutant, de quarante-cinq grammes en quarante-cinq grammes, un port simple en sus.

Toutefois, lorsque plusieurs numéros d'une même ou de différentes publications périodiques seront réunis dans un seul paquet, il sera perçu, pour chaque numéro dont le poids n'atteindrait pas quarante-cinq grammes, la même taxe que s'il était envoyé isolément.

13. Le port des livres brochés, brochures, papiers de musique, catalogues, prospectus, annonces et avis divers imprimés, lithographiés ou autographiés, expédiés, soit de la France, de l'Algérie et des parages de la Méditerranée où la France entretient des bureaux de poste pour les Pays-Bas, soit des Pays-Bas pour la France, l'Algérie et les parages de la Méditerranée où la France entretient des bureaux de poste, sera perçu d'après le poids brut de chaque paquet portant une adresse particulière, conformément à l'échelle de progression ci-après :

Seront considérés comme simples les paquets dont le poids n'excédera pas vingt-cinq grammes ;

Les paquets pesant de vingt-cinq à cinquante grammes paieront deux fois le port du paquet simple ;

Ceux de cinquante à soixante et quinze grammes, trois fois le port du paquet simple et ainsi de suite, en ajoutant, de vingt-cinq grammes en vingt-cinq grammes, un port simple en sus.

14. Le port des journaux, gazettes, ouvrages périodiques, livres brochés, brochures, papiers de musique, catalogues, prospectus, annonces et avis divers imprimés, lithographiés ou autographiés, expédiés de la France et de l'Algérie pour les Pays-Bas, sera perçu, par l'administration des postes de France, à raison de huit centimes par paquet simple.

15. Le port des journaux, gazettes, ouvrages périodiques, livres brochés, brochures, papiers de musique, catalogues, prospectus, annonces et avis divers imprimés, lithographiés ou autographiés, expédiés des bureaux de poste français établis en Turquie, en Syrie et en Egypte pour les Pays-Bas, sera perçu à raison de douze centimes par paquet simple.

16. Les journaux, gazettes, ouvrages périodiques, livres brochés, brochures, papiers de musique, catalogues, prospectus, annonces et avis divers imprimés, lithographiés ou autographiés, qui seront expédiés de la France et de l'Algérie pour les colonies et autres pays d'outre-mer par la voie des Pays-Bas, devront être affranchis jusqu'au port néerlandais d'embarquement, et le port en sera acquitté par les envoyeurs, conformément aux articles 12, 13 et 14 du présent décret.

Les objets de même nature expédiés des pays d'outre-mer pour la France et l'Algérie, par la voie des Pays-Bas, supporteront aussi les taxes fixées par les articles susmentionnés, et ces taxes seront acquittées par les destinataires.

17. Pour jouir des modérations de port accordées par les articles 12, 13, 14, 15, 16, précédents, aux journaux et autres imprimés, ces objets devront être mis sous bandes, non reliés, ne contenir aucune écriture, chiffre ou signe quelconque à la main, si ce n'est la date et la signature.

Les journaux et autres imprimés qui ne réuniraient pas ces conditions seront considérés comme lettres et taxés en conséquence.

18. Les journaux et autres imprimés expédiés de la France et de l'Algérie pour les Pays-Bas, et *vice versà*, ne seront reçus ou distribués par les bureaux dépendants de l'administration des postes de France, qu'autant qu'il aura été satisfait à leur égard aux lois, décrets, ordonnances ou arrêtés qui fixent les conditions de leur publication et de leur circulation en France.

19. Les lettres chargées, expédiées de la France, de l'Algérie et des parages de la Méditerranée où la France entretient des bureaux de poste pour les Pays-Bas, ne pourront être admises que sous enveloppe et fermées au moins de deux cachets en cire avec empreinte. Ces cachets devront être placés sur les plis supérieur et inférieur de l'enveloppe, de manière que l'un et l'autre pli se trouvent réunis sous le même cachet.

20. Dans le cas où quelque lettre chargée viendrait à être perdue, il sera payé à l'envoyeur ou au destinataire, suivant le cas, une indemnité de cinquante francs.

Les réclamations concernant la perte des lettres chargées ne seront admises que dans les six mois qui suivront la date du dépôt ou de l'envoi du chargement. Passé ce terme, les réclamants n'auront droit à aucune indemnité.

21. Il ne sera reçu dans les bureaux dépendants de l'administration des postes de France aucune lettre ou paquet à destination des Pays-Bas, qui contiendrait, soit de l'or ou de l'argent monnayé, soit des bijoux ou effets précieux, ou tout autre objet passible des droits de douane.

22. Sont et demeurent abrogées les dispositions des ordonnances des 29 juillet 1818 et 14 décembre 1836, concernant les lettres ordinaires ou chargées, les échantillons de marchandises, les journaux et imprimés de toute nature échangés entre l'administration des postes de France et l'administration des postes des Pays-Bas.

23. Le ministre des finances est chargé de l'exécution du présent décret, etc. (*Bull.* 508, n° 3854.)

N° 48. — (19 mars 1852.) — Décret *relatif aux traitements des membres de la Cour de cassation.*

LOUIS-NAPOLÉON, Président de la République,

Vu le décret en date du 17 mars 1852, portant fixation du budget des dépenses de l'État pour l'exercice 1852;

Sur le rapport du garde des sceaux, ministre de la justice,

Décrète :

Art. 1er. A compter du 1er avril prochain, les traitements des membres de la Cour de cassation seront rétablis aux taux fixés par l'ordonnance du 7 novembre 1837.

Celui du premier président et du procureur général sera fixé à trente-cinq mille francs (35,000 fr.).

2. Les ministres de la justice et des finances sont chargés, chacun en ce qui le concerne, de l'exécution du présent décret, etc. (*Bull.* 510, n° 3870.)

N° 49. — (19 mars 1852.) — Décret *relatif aux traitements des premiers présidents et procureurs généraux des Cours d'appel, des membres de la Cour d'appel de Paris et des membres du tribunal de première instance de la Seine.*

LOUIS-NAPOLÉON, Président de la République,

Vu le décret en date du 17 mars 1852, portant fixation du budget des dépenses de l'État pour l'exercice 1852;

Sur le rapport du garde des sceaux, ministre de la justice,

Décrète :

Art. 1er. A compter du 1er avril prochain, seront rétablis aux taux fixés par l'ordonnance du 2 novembre 1846, — 1° Les traitements des premiers présidents et des procureurs généraux près les Cours d'appel, à l'exception de ceux de Paris, qui auront trente mille francs (30,000 fr.); — 2° Ceux des autres membres de la Cour d'appel de Paris; — 3° Ceux des membres du tribunal de première instance de la Seine.

2. Les frais de secrétariat du parquet de la Cour d'appel de Paris sont fixés à la somme de vingt-cinq mille francs (25,000 f.).

3. Le ministre de la justice et des finances sont chargés, chacun en ce qui le concerne, de l'exécution du présent décret, etc. (*Bull.* 510, n° 3871.)

N° 50. — (19 mars 1852.) — Décret *qui rend applicable à l'Algérie la loi du 10 décembre 1850, relative au mariage des indigents.*

LOUIS-NAPOLÉON, Président de la République française,

Vu l'avis du conseil de gouvernement de l'Algérie;

Vu l'avis du comité consultatif de l'Algérie;

Sur le rapport du ministre de la guerre,

Décrète :

Art. 1er. La loi du 10 décembre 1850, relative au mariage des indigents, sera promulguée en Algérie, et y recevra son exécution sous les modifications suivantes.

2. Les attributions conférées aux maires par ladite loi seront remplies, en territoire civil, par les commissaires civils dans les localités non érigées en communes, et en territoire militaire, par les commandants de place ou les officiers qui remplissent les fonctions de maire.

3. Toute demande en rectification ou inscription des actes de l'état civil, en homologation d'actes de notoriété et générale-

ment toutes procédures nécessaires au mariage des indigents domiciliés en territoire militaire, seront portées devant le tribunal civil le plus rapproché de la province.

4. Les procureurs de la République agiront, en ce qui concerne le territoire militaire, comme il est dit aux articles 1, 2 et 3 de la loi.

5. La délivrance du certificat d'indigence n'est subordonnée à la production d'aucun extrait du rôle ou certificat de contributions.

L'extrait de rôle ou certificat de contributions sera remplacé par une déclaration constatant que le demandeur est indigent, déclaration faite par deux témoins en présence du commissaire de police, et dans les localités où il n'existe pas de commissaire de police, en présence du maire ou de l'officier qui en remplit les fonctions.

Le commissaire de police ou, à son défaut, le maire ou l'officier qui en remplit les fonctions, délivrera le certificat d'indigence, qui devra, en outre, être visé par le juge de paix en territoire civil, et par le commandant supérieur du cercle, en territoire militaire.

6. Le certificat d'indigence délivré comme il est dit à l'article précédent suppléera au certificat prescrit par l'article 6 de la loi, même pour assurer aux indigents fixés en Algérie le bénéfice de l'exécution de l'article 4 dans la métropole, toutes les fois qu'ils auront besoin d'y recourir pour l'obtention des pièces et l'accomplissement des formalités et des actes indiqués à l'article 4.

7. Le dépôt préalable de l'extrait du rôle ou du certificat négatif du percepteur prescrit par le dernier paragraphe de l'article 8 pour la célébration du mariage ne sera pas exigible en Algérie.

8. Les dispositions de la loi du 10 décembre 1850 et celle du présent décret sont applicables aux israélites et aux étrangers, pour tous actes, formalités, productions de pièces et décisions judiciaires émanant de l'autorité administrative ou judiciaire de l'Algérie.

9. Le ministre de la guerre est chargé de l'exécution du présent décret, etc. (*Bull.* 512, n° 3893.)

N° 51.—(19 mars 1852.)—RAPPORT *et* DÉCRET *concernant le rôle d'équipage et les indications des bâtiments et embarcations exerçant une navigation maritime.*

RAPPORT AU PRINCE PRÉSIDENT DE LA RÉPUBLIQUE FRANÇAISE.

Monseigneur,

La Cour de cassation a reconnu, par ses arrêts des 17 janvier 1850 et 22 août 1851, que l'obligation du rôle d'équipage pour les bâtiments et embarcations de mer résulte implicitement des articles

10 et 16, titre Ier, livre II de l'ordonnance d'août 1681 ;

18 et 22, titre Ier, livre VIII de l'ordonnance du 15 avril 1689 ;

1er et 3 du règlement du 8 mars 1722 ;

1er et 3 du règlement du 31 août suivant, spécial aux bateaux de pêche ;

5, 8, 14 et 16 du règlement du 23 janvier 1727, spécial à la Guyenne, la Saintonge, l'Aunis, le Poitou et îles dépendantes ;

7 de la déclaration du 18 décembre 1728 ;

4, titre X, 1 et 15, titre XIV, de l'ordonnance du 31 octobre 1784,

Et explicitement des articles 4 et 14 du règlement du 13 août 1726, spécial à la Provence et au Languedoc.

Confirmée, d'ailleurs, par l'ordonnance du 18 octobre 1740 sur la navigation du petit cabotage (articles 9, 10 et 11), ainsi que par l'article 226 du Code de commerce, cette obligation a été sanctionnée depuis par la pénalité qu'édictent les articles 13 du règlement international du 23 juin 1843 et 6 de la loi du 23 juin 1846, pénalité spéciale aux bateaux de pêche exerçant leur industrie dans la portion de mer située entre les côtes de France et d'Angleterre.

Cette obligation, sur laquelle j'insiste, n'a rien que de normal, si l'on considère que le rôle d'équipage peut seul constater valablement la navigation donnant lieu à l'inscription des gens de mer et leur ouvrant des droits à la pension dite *demi-solde ;* les conventions passées entre eux et les armateurs (article 10, titre Ier, livre II de l'ordonnance de 1681 ; 9, titre XIV, de celle du 31 octobre 1784 ; 192 et 250 du Code de commerce); que cette pièce acquiert plus d'importance encore en ce qu'elle offre un supplément aux registres de l'état civil pour tout individu embarqué, et un contrôle signalétique de toutes les personnes confiées au capitaine et dont il doit compte à l'État.

Or, la multiplicité des actes que j'ai mentionnés, et dont certaines dispositions sont rédigées en termes peu précis, il faut le reconnaître, le caractère spécial de plusieurs d'entre eux par rapport au genre de navigation ou aux limites territoriales de leur application, toutes ces causes ont produit de fréquentes difficultés judiciaires, par suite desquelles sont intervenues, pour des délits semblables, des condamnations différentes.

Il importe, dans un intérêt d'humanité tout autant que de bonne administration, de faire cesser un état de choses aussi regrettable : car, si l'arrêt de cassation du 13 février 1852 et le décret du 4 mars suivant mettent maintenant à l'abri de toute contestation l'emploi des diverses dispositions non abrogées de l'ordonnance du 31 octobre 1784, le département de la marine hésite naturellement à réclamer, en matière d'embarquements et de débarquements clandestins, contre de pauvres marins, patrons de chétives embarcations, l'application d'une amende aussi élevée que celle (trois cents francs) édictée par les articles 1er et 15, titre XIV, de l'ordonnance précitée.

Une circonstance survenue tout récemment nécessite, au reste, la révision immédiate de ce point essentiel de notre législation maritime.

S'appuyant sur une interprétation peut-être trop littérale de certains termes de l'article 4, titre X, de l'*ordonnance concernant les classes*, lesquels ne constituent point, à mon avis, la reconnaissance d'un droit, mais seulement la mention d'une tolérance administrative, la Cour de cassation, dans un arrêt du 19 février dernier, a admis que les bâtiments naviguant exclusivement sur les rivières, même situées dans les limites de l'inscription maritime, ne sont point soumis, en ce qui concerne le rôle d'équipage, à l'obligation résultant des prescriptions du règlement du 23 janvier 1727 et de l'ordonnance du 18 octobre 1740.

Cette doctrine est de nature à porter une trop grave atteinte au service de police et de surveillance qui incombe à mon département pour que j'hésite à soumettre à votre approbation le décret ci-joint, qui, en établissant nettement le caractère obligatoire du rôle d'équipage pour tout bâtiment ou embarcation accomplissant une navigation maritime, permettra néanmoins le maintien de certaines dispositions administratives, depuis longtemps en vigueur, qui concilient les nécessités d'ordre public et les intérêts individuels.

En ce qui touche le renouvellement des rôles des navires armés au long cours, on n'entend point apporter de modifications aux conditions particulières qui, dans l'article 194 du Code de commerce, déterminent le voyage de mer ; le mot *voyage* a, dans l'article 2 du présent décret, la même signification que dans les articles 11 de la loi du 27 vendémiaire an II, et 5, no 1, de la loi du 3 brumaire an IV. On comprend, par cette locution purement administrative, le temps qui s'écoule entre le départ d'un navire expédié de France pour une destination de long cours et son retour dans un port de la métropole.

L'article 6 du décret maintient les dispositions de l'article 21 de la loi du 6 mai 1841,

exigeant l'apposition, à l'arrière des bâtiments et embarcations, de leur nom et port d'attache ; mais, comme pour le rôle d'équipage, il réduit et proportionne les pénalités.

Voici, d'ailleurs, pourquoi les préposés de l'administration des douanes figurent parmi les agents habiles à constater les infractions de l'espèce.

L'article 21 de la loi du 6 mai 1841 a abrogé, en les remplaçant, les articles 4 et 19 de celle du 27 vendémiaire an II. Bien que ces deux lois concernent principalement les intérêts confiés au département des finances, cependant les articles ci-dessus énoncés offraient, pour la police de la pêche et de la navigation maritimes, un moyen d'action trop naturel et trop efficace pour que l'emploi en fût négligé par le département de la marine, sur la poursuite duquel de nombreuses condamnations ont été depuis longtemps prononcées.

Si la répression des infractions dont il s'agit intéresse le département des finances, elle intéresse encore plus le service que je dirige, en raison de son caractère particulier d'ordre et de sûreté publics. On concilie toutes les nécessités en maintenant aux agents des douanes la faculté de verbaliser à cet égard ; seulement, afin de faire disparaître les divergences d'application, la répression des infractions de l'espèce ne sera plus poursuivie, comme pour celles en matière de douane, devant les tribunaux de paix, mais bien devant les tribunaux correctionnels.

Après ces observations indispensables, je soumets à votre approbation le décret ci-joint, qui doit assurer un facile exercice à l'un des services les plus importants du département de la marine, etc.

DÉCRET.

LOUIS-NAPOLÉON, Président de la République française,

Sur le rapport du ministre secrétaire d'Etat de la marine et des colonies ;
Le conseil d'amirauté entendu,

DÉCRÈTE :

ART. 1er. Le rôle d'équipage est obligatoire pour tous bâtiments ou embarcations exerçant une navigation maritime.

La navigation est dite *maritime*, sur la mer, dans les ports, sur les étangs et canaux où les eaux sont salées, et, jusqu'aux limites de l'inscription maritime, sur les fleuves et rivières affluant directement ou indirectement à la mer.

2. Le rôle d'équipage est renouvelé à chaque voyage pour les bâtiments armés au

long cours, et tous les ans pour ceux armés au cabotage ou à la petite pêche.

3. Tout capitaine, maître ou patron, ou tout individu qui en fait fonctions, est tenu, sur la réquisition de qui de droit, d'exhiber son rôle d'équipage, sous peine d'une amende de cinq cents francs si le bâtiment est armé au long cours, de deux cents francs si le bâtiment ou embarcation est armé au cabotage, de cent francs s'il est armé à la petite pêche.

4. L'embarquement de tout individu qui ne figure pas sur le rôle d'équipage est punissable, par chaque individu embarqué, d'une amende de trois cents francs, si le bâtiment est armé au long cours ;

De cinquante à cent francs, si le bâtiment ou embarcation est armé au cabotage ;

De vingt-cinq à cinquante francs, s'il est armé à la petite pêche.

5. Est punissable des peines portées à l'article 4, et sous les mêmes conditions, le débarquement, sans l'intervention de l'autorité maritime ou consulaire, de tout individu porté à un titre quelconque sur un rôle d'équipage.

6. Le nom et le port d'attache de tout bâtiment ou embarcation exerçant une navigation maritime seront marqués à la poupe, en lettres blanches de huit centimètres au moins de hauteur, sur fond noir, sous peine d'une amende de cent à trois cents francs, s'il est armé au long cours ;

De cinquante à cent francs, s'il est armé au cabotage ;

De dix à cinquante francs, s'il est armé à la petite pêche.

Défense est faite, sous les mêmes peines, d'effacer, altérer, couvrir ou masquer lesdites marques.

7. Les commissaires de l'inscription maritime, consuls et vice-consuls de France, officiers et officiers mariniers commandant les bâtiments ou embarcations de l'Etat, les syndics des gens de mer, gardes maritimes et gendarmes de la marine, concourront à la recherche et à la constatation des infractions prévues dans le présent décret.

Les agents de l'administration des douanes concourront seulement à la constatation de celle que prévoit l'article précédent.

8. Ces infractions, auxquelles ne seront point appliquées les dispositions de l'article 365, paragraphe 2, du Code d'instruction criminelle, seront poursuivies, en France et dans les colonies françaises, devant le tribunal correctionnel du lieu où elles auront été constatées.

Si la constatation a eu lieu en pays étranger, le procès-verbal dressé par le consul ou l'officier commandant un bâtiment de l'Etat sera transmis au tribunal correctionnel dans le ressort duquel est situé le port d'attache du navire en contravention.

Cette transmission aura lieu par l'intermédiaire du commissaire de l'inscription maritime compétent, qui consignera sur le procès-verbal la date de sa réception.

9. Les procès-verbaux feront foi jusqu'à inscription de faux ; ils devront être signés ; ils devront, en outre, et à peine de nullité, être affirmés dans les trois jours de la clôture desdits procès-verbaux par devant le juge de paix du canton ou l'un de ses suppléants, ou par devant le maire ou l'adjoint, soit de la résidence de l'agent instrumentaire, soit de celle où le délit a été constaté.

Ne sont point, toutefois, soumis à l'affirmation les procès-verbaux dressés par les commissaires de l'inscription maritime, consuls et vice-consuls de France, officiers et officiers mariniers commandant les bâtiments ou embarcations de l'Etat.

10. Les poursuites ont lieu à la diligence du ministère public et aussi des commissaires de l'inscription maritime. Ces officiers, dans ce cas, ont droit d'exposer l'affaire devant le tribunal et d'être entendus à l'appui de leurs conclusions.

Les poursuites seront intentées dans les trois mois qui suivront le jour où la contravention aura été constatée ou celui de la réception d'un procès-verbal dressé en pays étranger.

A défaut de poursuites intentées dans ce délai, l'action publique est prescrite.

11. Toutes les amendes appliquées en vertu du présent décret seront prononcées solidairement tant contre les capitaines, maîtres ou patrons, que contre les armateurs des bâtiments ou embarcations.

Le montant de ces amendes sera attribué à la caisse des invalides de la marine, et le cinquième en sera dévolu aux syndics des gens de mer, gardes maritimes, gendarmes de la marine et agents des douanes qui auront constaté la contravention.

Cette allocation ne pourra, toutefois, excéder vingt-cinq francs pour chaque infraction.

12. Les receveurs de l'administration de l'enregistrement et des domaines sont chargés du recouvrement des amendes prononcées en vertu du présent décret. Ils verseront les fonds en provenant dans les mains des trésoriers des invalides de la marine.

13. Sont et demeurent abrogées toutes dispositions contraires au présent décret.

14. Le ministre de la marine et des colonies est chargé de l'exécution du présent décret, qui sera inséré au *Bulletin des Lois* et au *Bulletin officiel de la Marine*. (*Bull.* 519, n° 3951.)

N° 52. — (20 mars 1852.) — Rapport *et* Décret *sur la navigation dite au bornage.*

Rapport au Prince Président de la République française.

Monseigneur,

L'édit de mars 1584 (article 86), les ordonnances d'août 1681 (livre II, titre 1er, article 1er), du 27 janvier 1688, du 15 avril 1689 (livre VIII, titre Ier, article 11), du 27 mai 1716, du 12 décembre 1724, le règlement du 15 août 1725, l'ordonnance du 18 octobre 1740 (article 6), le règlement du 1er janvier 1786 (articles 30 à 40), la loi du 10 août 1791 (titres IV et V), le décret du 3 brumaire an iv (articles 9 et 13), l'arrêté du 11 thermidor an x, et enfin l'ordonnance du 7 août 1825, ont successivement établi les conditions d'âge, de navigation, de services à l'État et d'aptitude exigées des capitaines, maîtres ou patrons exerçant le commandement des navires du commerce armés au *long cours*, au *grand* ou au *petit cabotage.*

D'un autre côté, le règlement du 20 août 1673 (article 1er), l'ordonnance d'août 1681 (livre III, titre VI, article 59), les règlements des 13 août 1726 (articles 1 et 2) et 23 janvier 1727 (articles 1 et 2), la déclaration du 21 octobre 1727 (article 11), l'ordonnance du 18 octobre 1740 (articles 1, 2, 3 et 4), l'arrêté du 14 ventôse an xi, l'article 377 du Code de commerce, et l'ordonnance du 12 février 1815, ont déterminé les limites de ces trois navigations distinctes.

Aux termes des articles 1 et 2, titre Ier, livre II, de l'ordonnance d'août 1681, l'exercice du commandement d'un navire par un marin ou individu non breveté entraîne l'application d'une double amende de trois cents francs contre ce marin et l'armateur qui l'emploie.

Par un arrêt du 14 septembre 1850, la Cour de cassation a reconnu que cette pénalité devait être appliquée à un maître au cabotage exerçant le commandement d'un navire expédié pour une destination de long cours; elle doit, au reste, être également appliquée aux maîtres au cabotage ou marins qui contreviennent aux prescriptions des articles 5, 6 et 13 de la loi du 22 juillet 1851, relatives aux pêches de la baleine et de la morue.

Je saisis, d'ailleurs, cette occasion de faire remarquer que l'exception consacrée par l'article 6 précité a été adoptée contrairement au vœu formellement exprimé par le département de la marine.

L'exercice irrégulier du commandement d'un navire pour une destination de *cabotage* est passible de l'amende (100 francs) édictée par l'article 8 de l'ordonnance du 18 octobre 1740. Je dis dans ce cas de *cabotage,* et non point de *petit cabotage,* attendu que l'ordonnance du 25 novembre 1827, en réunissant en une seule classe les maîtres au grand et au petit cabotage, a autorisé ces derniers à commander pour les deux navigations indifféremment.

Je termine cet exposé, nécessaire à l'intelligence de ce rapport, en mentionnant la loi du 21 juin 1836, par laquelle les priviléges de capitaine au long cours ont été amoindris en faveur des maîtres au cabotage, qui peuvent aujourd'hui commander les navires expédiés à la pêche de la morue.

Au retour de la paix, c'est-à-dire bien avant l'adoption de ces deux dispositions, qui ont eu pour résultat d'élever les prétentions de ces derniers navigateurs, et de les éloigner, par suite, du commandement des navires d'un faible tonnage, l'un de mes prédécesseurs avait dû prendre en considération les observations de l'intendant de la marine à Rochefort.

Cet administrateur signalait l'insuffisance du nombre des maîtres brevetés dans les quartiers du quatrième arrondissement maritime; les besoins de l'approvisionnement des îles voisines, en bois de chauffage et denrées de première nécessité; le refus fait par les maîtres de prendre des commandements d'un rapport aussi minime; enfin l'appréhension de compromettre les intérêts de la population du littoral et de notre inscription maritime par une application rigoureuse des règlements, qui eût amené le désarmement de quatre-vingts navires ou bateaux employés alors à ces sortes d'expéditions.

Une décision ministérielle du 28 novembre 1816 autorisa, par suite, l'intendant de la marine à Rochefort à user, dans son arrondissement, d'une certaine tolérance en matière de commandement des navires armés au *bornage,* c'est-à-dire pour une navigation inférieure encore à celle du petit cabotage.

Depuis, des réclamations analogues s'étant produites, à diverses reprises, sur d'autres points du littoral, des décisions ministérielles spéciales déléguèrent aux préfets maritimes la faculté d'autoriser, sous certaines conditions, le commandement, par des marins non brevetés, d'embarcations refusées par les maîtres au cabotage, et destinées au transport, dans des limites restreintes, d'objets d'approvisionnement, de produits locaux, de sable pour le lestage des navires, de matériaux nécessaires à des constructions maritimes, etc.

En admettant même l'utilité d'une mesure, l'action administrative ne doit pas être substituée à l'action de la loi ; aujourd'hui, les commandements de cette nature s'élèvent à huit cents environ, répartis dans les cinq arrondissements maritimes. L'accroissement de ces autorisations exceptionnelles, auxquelles on a, en général, attribué une étendue de parcours trop considérable, ce qui a donné lieu à des réclamations très-vives, et, il faut le reconnaître, très-fondées, de la part des capitaines du commerce ; la divergence des dispositions adoptées par les autorités maritimes, et plusieurs autres inconvénients qui se sont produits, démontrent surabondamment la nécessité d'une réglementation uniforme, et surtout légale, de la navigation dite *au bornage*.

Tel est l'objet du décret que j'ai l'honneur de vous soumettre : cet acte, sans atteindre sérieusement les droits des capitaines du commerce, régularisera l'état de choses actuel, et donnera une légitime satisfaction à des nécessités locales, en même temps qu'il mettra un terme aux spéculations de certains maîtres au cabotage, éloignés de la navigation par l'inconduite ou la paresse, et qui cèdent à prix d'argent leur renonciation à des commandements de peu d'importance.

Cette nouvelle réglementation présentera, au point de vue de la police de la navigation, l'avantage de prévenir le retour d'une irrégularité que plusieurs administrateurs sont contraints de tolérer par la force des choses, et qui consiste dans la délivrance de *rôles de pêche* à des navires qui font en réalité une navigation de cabotage.

Les anciens règlements ne présentent, relativement au commandement des bateaux de pêche, aucune disposition prescrivant, pour les patrons, l'accomplissement de conditions d'âge, de navigation, de service, ni d'aptitude nautique. Le silence, trop complet à mon avis, de la loi sur ce point, s'explique, entre autres motifs, par la nécessité de n'apporter aucune entrave au développement de la pêche côtière, élément considérable de notre inscription maritime.

On trouve une preuve à l'appui de cette assertion dans une dépêche du 19 juillet 1713, du ministre *Pontchartrain*, relative à la prétention émise par un administrateur de la marine d'assujettir les maîtres de bateaux pêcheurs de la Hougue et de Saint-Waast à prendre, au prix de treize livres, des lettres de maîtrise.

« Il a paru à Sa Majesté (dit le ministre)
« qu'il n'y a aucune ordonnance ni exem-
« ple qui autorise cette prétention, et Sa
« Majesté l'a fort désapprouvée, d'autant
« plus qu'elle serait très-préjudiciable au
« public, qui a intérêt qu'il y ait un grand
« nombre de pêcheurs. Aussi Sa Majesté
« m'a ordonné de défendre au sieur *Jac-
« quemin* de poursuivre, à l'avenir, les pê-
« cheurs pour les obliger à prendre des let-
« tres de maîtrise, estimant qu'il doit leur
« suffire de prendre des congés de M. l'a-
« miral, et de faire déposer au greffe de
« l'amirauté une liste des équipages des ba-
« teaux sans frais. »

On remarque dans l'ordonnance du 31 octobre 1784 une disposition qui témoigne de l'intention constante du Gouvernement de favoriser, par tous les encouragements et immunités compatibles avec les nécessités du service, le développement de la pêche côtière. Aux termes de l'article 8, titre XII de cette ordonnance, les patrons commandant depuis plus d'un an des bateaux de pêche, montés de huit hommes au moins, ne figuraient pas sur les rôles ordinaires de levée et n'étaient appelés à servir sur les bâtiments de l'Etat qu'en vertu d'un ordre particulier du ministre de la marine.

Il résulte de l'article 38 du règlement du 1er janvier 1786 qu'à cette époque aucune modification n'avait été apportée à l'état de choses qui subsiste encore aujourd'hui. Bien que les bateaux de pêche ne soient commandés que par des marins définitivement inscrits, un commissaire de l'inscription maritime ne pourrait se refuser légalement à porter comme patron sur un rôle un novice, mousse ou tout autre individu qui lui en ferait la demande. C'est là une lacune qu'il m'a paru utile de combler.

Mais la faculté attribuée à tout marin de commander un bateau de pêche n'implique point, à mon avis, celle de se livrer au transport habituel des marchandises et des passagers, ce qui constitue une opération particulièrement commerciale, une navigation de cabotage, et le patron pêcheur qui s'y livre encourt l'amende édictée par l'article 8 de l'ordonnance du 18 octobre 1740.

J'adhère à cet égard à l'opinion exprimée par *Valin* dans les notes de l'article 3, titre X, livre 1er de l'ordonnance d'août 1681 :

« Il y a aussi les congés pour la pêche
« journalière du poisson frais ; mais ceux-
« là durent un an, suivant l'article 3, titre
« 1er, livre V, ci-après confirmé par l'arti-
« cle 7 du règlement du 31 août 1722. Ce-

« pendant, si un maître de barque pêcheur
« chargeait des marchandises pour quelque
« endroit, il serait sujet à déclaration et à
« prendre un congé particulier pour re-
« mettre en mer. En cette partie, les sar-
« dines salées et les huîtres sont au rang
« des marchandises; ainsi, ceux qui les
« achètent des pêcheurs et qui les appor-
« tent à vendre sont sujets aux droits com-
« me les maîtres des autres bâtiments mar-
« chands. »

Le savant commentateur poursuit en ces
termes, dans les notes placées à la suite de
l'article 3, titre Iᵉʳ, livre V, de la même ordonnance :

« Il est entendu, néanmoins, qu'ils (les
« bateaux pêcheurs) ne feront que la pê-
« che sans aucune sorte de commerce;
« autrement, pour chaque voyage de com-
« merce qu'ils feront, ne fût-ce qu'en ache-
« tant du poisson pour le porter revendre,
« ils seront tenus de prendre un congé or-
« dinaire, comme il a été observé sur l'ar-
« ticle 3, titre X, livre Iᵉʳ. »

Ainsi donc, on peut admettre avec un
autre commentateur que la navigation d'un
bateau armé pour la pêche, lorsque cette
navigation a pour but le transport direct du
poisson frais ou coquillage, etc., du lieu de
pêche au marché où il est mis en vente,
est un accessoire de la pêche, et que ce
transport ne saurait être entravé, puisque
l'industrie du pêcheur ne peut être exercée
s'il ne jouit point de la faculté d'aller porter
là où ils peuvent être vendus les produits de
sa pêche.

J'admets encore qu'au retour le pêcheur
peut être autorisé à rapporter à son bord
de menues denrées de première nécessité et
destinées à son usage personnel; mais il
accomplit un acte en dehors de sa profession quand il transporte des marchandises
destinées à être vendues sur un autre
point, lorsqu'il embarque, à prix d'argent,
des passagers; il empiète alors sur une autre industrie et fait une opération de cabotage.

On objecterait vainement que l'article 3
du règlement du 31 août 1722 contient implicitement pour les patrons pêcheurs l'autorisation de se livrer au transport des passagers. J'y vois seulement que le législateur,
admettant la possibilité de l'embarquement
accidentel d'un passager sur un bateau de
pêche, a confirmé, à cet égard, comme
pour les embarquements de marins, la nécessité de l'intervention de l'autorité maritime.

L'article 3 précité est, au reste, du nombre des dispositions abrogées par le décret du 19 mars 1852 sur le rôle d'équipage.

Il ne serait pas plus concluant d'objecter
que le pêcheur ne se livre à des transports
de marchandises et de passagers qu'à l'occasion de l'exercice de sa profession de pêcheur; il n'en est pas moins vrai que cette
profession ne comporte pas nécessairement
ce genre d'opérations, et la question se réduit à savoir si le cumul de deux industries
autorise celui qui les exerce à se dispenser
de l'accomplissement des obligations imposées à l'une ou à l'autre.

Ainsi posée, la question me semble résolue : je crois, d'ailleurs, avoir démontré
que, d'après les prescriptions constantes
de notre législation, la faculté de commander les bâtiments et embarcations de mer,
les bateaux de pêche exceptés, doit être subordonnée à certaines conditions imposées
en vue de protéger la vie des hommes, la
sécurité de la navigation et la conservation
des nombreux intérêts confiés au capitaine.

En ce qui concerne la navigation res-
treinte dont il est ici question, je pense
avoir atteint le but que je viens d'indiquer
dans le projet de décret que je soumets à
votre sanction, etc.

DÉCRET.

LOUIS-NAPOLÉON, PRÉSIDENT DE LA
RÉPUBLIQUE FRANÇAISE,

Sur le rapport du ministre secrétaire
d'État, de la marine et des colonies;

Le conseil d'amirauté entendu,

DÉCRÈTE :

Art. 1ᵉʳ. Tout marin âgé de vingt-quatre
ans au moins et réunissant soixante mois
de navigation, dont douze sur les bâtiments
de l'État, pourra commander au bornage.

2. On entend par bornage la navigation
faite par une embarcation jaugeant vingt-
cinq tonneaux au plus, avec faculté d'escales
intermédiaires entre son port d'attache et
un autre point déterminé, mais qui n'en
doit pas être distant de plus de quinze lieues
marines.

Les chiffres de tonnage et de limite de
parcours peuvent toutefois être élevés,
mais seulement pour les chalans, allèges,
panelles et autres bâtiments naviguant sur
les fleuves et rivières au moyen du remor-
quage ou du halage.

3. Le rôle d'équipage de tout bâtiment
ou embarcation armé au bornage mention-
nera ce genre de navigation; il sera renouvelé annuellement; il sera assimilé au
rôle des bâtiments ou embarcations armés
au cabotage, en ce qui touche le décomp-
tage des services et la prestation des invalides.

4. Les bâtiments et embarcations armés au bornage seront assimilés à ceux qui sont armés au cabotage relativement aux infractions en matière de rôle d'équipage, d'indications à l'arrière, d'embarquements et de débarquements irréguliers.

5. Tout individu non autorisé qui aura exercé le commandement d'une embarcation armée au bornage sera puni d'une amende de cent francs.

Sera puni de la même peine tout patron au bornage qui aura exercé le commandement d'une embarcation de plus de vingt-cinq tonneaux, ou qui aura franchi la limite de parcours indiquée sur le rôle d'équipage.

6. Sera également puni d'une amende de cent francs tout patron pêcheur qui aura effectué un transport de marchandises ou de passagers.

7. Le commandement d'une embarcation armée à la petite pêche ne pourra être exercé que par un marin définitivement inscrit.

8. Les infractions prévues par le présent décret, et auxquelles sont applicables les dispositions des articles 8, 9, 10, 11 et 12 du décret du 19 mars 1852, seront recherchées et constatées par les commissaires de l'inscription maritime, consuls et vice-consuls de France, officiers et officiers mariniers commandant les bâtiments ou embarcations de l'État, les syndics des gens de mer, garde maritimes et gendarmes de la marine.

9. Le ministre de la marine et des colonies est chargé de l'exécution du présent décret, qui sera inséré au *Bulletin des Lois* et au *Bulletin officiel de la Marine*, etc. (*Bull.* 519, n° 3952.)

N° 53.—(20 mars 1852.)—DÉCRET *qui reporte à l'exercice 1852 une portion des crédits ouverts, sur l'exercice 1851, pour l'exécution de divers travaux à l'École vétérinaire de Lyon, au nouvel hôtel du timbre et au dépôt d'étalons de Saint-Lô.*

LOUIS-NAPOLÉON, PRÉSIDENT DE LA RÉPUBLIQUE FRANÇAISE,

Sur le rapport du ministre de l'intérieur, de l'agriculture et du commerce;

Vu les lois des 28 janvier et 30 juin 1851, qui ont accordé au ministre des travaux publics des crédits pour l'exécution de divers travaux à l'école vétérinaire de Lyon, au dépôt d'étalons de Saint-Lô et au nouvel hôtel du timbre;

Considérant que, ces crédits n'ayant pu être dépensés en totalité dans le cours de l'exercice 1851, il importe de reporter à l'exercice 1852 les portions disponibles, afin de terminer les travaux;

Vu le décret du 11 février 1852, qui place le service des bâtiments civils dans les attributions du ministre de l'intérieur,

DÉCRÈTE:

ART. 1er. Une somme de cent quarante-cinq mille francs (145,000 fr.) est annulée au budget du ministère des travaux publics pour l'exercice 1851, savoir:

CHAPITRE XXI.

Sur le crédit affecté à l'agrandissement de l'École vétérinaire de Lyon. . .	15,000 fr.

CHAPITRE XXI *bis.*

Sur le crédit affecté aux constructions du nouvel hôtel du timbre. . . .	50,000
Sur le crédit affecté aux constructions du dépôt d'étalons de Saint-Lô . .	80,000

2. Il est ouvert au ministre de l'intérieur, en augmentation du chapitre XXVI du budget de 1852, et à titre de remplacement du crédit annulé sur 1851, un crédit de cent quarante-cinq mille francs (145,000 fr.), réparti ainsi qu'il suit:

École vétérinaire de Lyon	15,000 fr.
Hôtel du timbre.	50,000
Dépôt d'étalons de Saint-Lô. . .	80,000

3. Les ministres de l'intérieur et des finances sont chargés, chacun en ce qui le concerne, de l'exécution du présent décret, etc. (*Bull.* 526, n° 4036.)

N° 54.—(21 mars 1852.)—DÉCRET *portant qu'à partir du 1er avril 1852 la taxe de plombage cessera d'être perçue à l'égard des marchandises expédiées d'un port à un autre port de France, sous le régime du cabotage, des mutations d'entrepôt et des transbordements.*

LOUIS-NAPOLÉON, PRÉSIDENT DE LA RÉPUBLIQUE FRANÇAISE,

Vu la loi du 2 juillet 1836;

Vu le décret du 17 mars courant, portant fixation du budget général des dépenses et des recettes de l'exercice 1852;

Sur le rapport du ministre des finances,

DÉCRÈTE:

ART. 1er. La taxe de plombage, à raison de cinquante centimes par plomb, cessera d'être perçue à l'égard des marchandises expédiées d'un port à un autre port de France, sous le régime du cabotage, des mutations d'entrepôt et des transbordements, bien que ces marchandises demeurent assujetties à la formalité du plombage dans les cas déterminés par la loi du 2 juillet 1836 (articles 20 et 21).

2. Cette disposition recevra son exécution à partir du 1er avril 1852.

3. Le ministre des finances est chargé de l'exécution du présent décret, qui sera inséré au *Bulletin des Lois*, etc. (*Bull.* 504, n° 3830.)

N° 55.—(21 mars 1852.)—DÉCRET *qui ouvre, sur l'exercice 1851, un crédit extraordinaire pour dépenses de sûreté générale.*

LOUIS-NAPOLÉON, PRÉSIDENT DE LA RÉPUBLIQUE FRANÇAISE,

Vu la loi du 29 juillet 1850, portant fixation du budget de l'exercice 1851 ;

Sur la proposition du ministre secrétaire d'État de l'intérieur, de l'agriculture et du commerce, et de l'avis du conseil des ministres,

DÉCRÈTE :

ART. 1er. Il est ouvert au ministre de l'intérieur, de l'agriculture et du commerce, sur l'exercice 1851, un crédit extraordinaire de quatre cent mille francs (400,000 fr.), pour dépenses de sûreté générale.

2. Les ministres de l'intérieur, de l'agriculture et du commerce, et des finances, sont chargés, chacun en ce qui le concerne, de l'exécution du présent décret, qui sera inséré au *Bulletin des Lois*, etc. (*Bull.* 517, n° 3944.)

N° 56.—(22 mars 1852.)—DÉCRET *relatif à la prestation de serment des magistrats.*

LOUIS-NAPOLÉON, PRÉSIDENT DE LA RÉPUBLIQUE FRANÇAISE,

Sur le rapport du garde des sceaux, ministre secrétaire d'État au département de la justice ;

Vu les articles 14 et 58 de la Constitution, l'article 3 de la loi du 8 août 1849 et les décrets des 6 et 8 mars 1852,

DÉCRÈTE :

ART. 1er. Dans le délai d'un mois à partir du 29 courant, les membres de la Cour de cassation, des Cours d'appel, des tribunaux de première instance, des tribunaux de commerce et des justices de paix, prêteront individuellement le serment prescrit par l'article 14 de la Constitution.

2. Le Prince Président de la République recevra le serment des membres de la Cour de cassation, des premiers présidents et des procureurs généraux des Cours d'appel.

Ces magistrats lui seront présentés par le garde des sceaux, ministre de la justice.

3. Les premiers présidents et procureurs généraux des Cours d'appel prêteront serment avant le 10 avril.

Le garde des sceaux pourra, sur leur demande, autoriser ceux de ces magistrats qui, pour des causes graves, seraient empêchés de se rendre à Paris, à prêter serment en audience publique, comme il est dit en l'article suivant.

4. Les membres des Cours d'appel prêteront serment devant leurs compagnies respectives, en audience publique, toutes chambres assemblées.

L'admission au serment sera requise par le procureur général.

5. Les Cours d'appel délégueront un ou plusieurs magistrats du siège pour recevoir le serment des membres des tribunaux de première instance du ressort et des tribunaux de commerce.

Chaque tribunal convoquera ensuite, à l'effet de recevoir leur serment, les juges de paix, leurs suppléants et les greffiers des justices de paix.

6. Il sera dressé le procès-verbal des prestations de serment.

Ces procès-verbaux seront transmis par le procureur général au garde des sceaux, ministre de la justice.

7. Les procureurs généraux et les présidents des Cours d'appel séant aux colonies prêteront serment entre les mains des gouverneurs délégués à cet effet par le présent décret.

Néanmoins, le serment sera prêté entre les mains du Prince Président de la République par ceux desdits procureurs généraux et présidents qui se trouveraient accidentellement à Paris.

8. A l'avenir, le serment professionnel exigé des magistrats avant d'entrer en fonctions devra être prêté à la suite de celui qui est prescrit par la Constitution.

La formule de serment sera ainsi conçue :

« Je jure obéissance à la Constitution et « fidélité au président.

« Je jure aussi et promets de bien et fi- « dèlement remplir mes fonctions, de gar- « der religieusement le secret des délibé- « rations, et de me conduire en tout comme « un digne et loyal magistrat. »

9. Le garde des sceaux, ministre secrétaire d'État au département de la justice, est chargé de l'exécution du présent décret, etc. (*Bull.* 506, n° 3838.)

N° 57.—(22 mars 1852.) — DÉCRET *relatif aux Élections du Barreau.*

LOUIS-NAPOLÉON, PRÉSIDENT DE LA RÉPUBLIQUE,

Sur le rapport du garde des sceaux, ministre secrétaire d'Etat au département de la justice ;

Considérant qne les formes tracées par l'ordonnance du 27 août 1830, pour les diverses élections du barreau, ont donné lieu à de justes réclamations, et n'offrent point une suffisante garantie de la sincérité du choix,

DÉCRÈTE :

ART. 1er. Les conseils de discipline des avocats exerçant près les Cours et tribunaux continueront d'être élus directement par l'assemblée générale des avocats inscrits au tableau. L'élection se fera par scrutin de liste, mais à la majorité absolue des suffrages des membres présents.

2. Le bâtonnier de l'ordre sera élu par le conseil de discipline, à la majorité absolue des suffrages. Il ne pourra être choisi que parmi les membres du conseil.

3. A l'avenir, l'avocat auquel sera appliquée l'une des peines disciplinaires énoncées dans l'article 18 de l'ordonnance du 20 novembre 1822 pourra, suivant les circonstances et par la même décision, être privé du droit de faire partie du conseil de discipline pendant un espace de temps qui n'excédera pas dix ans.

4. Ne pourront être élus membres du conseil de discipline : à Paris, les avocats qui n'auront point été inscrits au tableau pendant dix ans ; et dans les autres villes, chefs-lieux de Cour d'appel, ceux qui n'auront point été inscrits au tableau pendant cinq ans.

5. Les secrétaires de la conférence des avocats, à Paris, seront désignés par le conseil de l'ordre, sur la présentation du bâtonnier. Les avocats stagiaires frappés de peines disciplinaires sont exclus du concours.

6. Sont maintenues les dispositions des ordonnances du 20 novembre 1822 et du 27 août 1830 qui ne sont pas contraires au présent décret.

7. Le garde des sceaux, ministre secrétaire d'Etat au département de la justice, est chargé de l'exécution du présent décret, etc. (*Bull.* 506, n° 3839.)

N° 58. — (22 mars 1852.) — DÉCRET *sur l'exercice et la profession d'Imprimeur en taille-douce, la possession ou l'usage des presses de petite dimension, et la vente des machines et ustensiles servant à imprimer* (1).

LOUIS-NAPOLÉON, PRÉSIDENT DE LA RÉPUBLIQUE FRANÇAISE,

Vu le décret du 5 février 1810 ;
Vu les articles 11, 12, 13, 14, 15 et 16 de la loi du 21 octobre 1814 ;

---

(1) *Rapport du ministre de la police générale.*

Monseigneur,

Le décret du 5 février 1810 et la loi du 21 octobre 1814 ont constitué un régime particulier auquel est soumis l'exercice des professions d'imprimeur et de libraire, et, suivant l'article 49 de ce décret, il devait être statué par des règlements particuliers, qui n'ont jamais été faits, sur quelques autres professions se rattachant à la typographie.

Au nombre de ces professions restées jusqu'à ce jour en dehors du régime général de l'imprimerie figure implicitement celle d'imprimeur en taille-douce. Les lois n'ont cependant établi aucune distinction entre les différents moyens à l'aide desquels on peut imprimer ; que l'impression soit obtenue par une forme typographique, une pierre écrite, une planche gravée, ou tout autre procédé, la législation est applicable.

L'ordonnance du 8 octobre 1817, qui déclare les procédés lithographiques soumis aux règles prescrites par la loi du 21 octobre 1814, est d'ailleurs fondée sur cette interprétation que la jurisprudence a consacrée. Ces règles peuvent donc, sans aucun doute, être appliquées aussi aux procédés de la taille-douce, et il serait superflu de démontrer que l'ordre et la morale sont intéressés à ce qu'il en soit ainsi.

Il n'est pas moins important de soumettre à des formalités particulières la possession ou l'usage des presses de petite dimension que les progrès de l'industrie ont notamment améliorées et multipliées, ainsi que la fabrication et la vente des machines et ustensiles servant à imprimer. La tolérance dont on a usé jusqu'à présent a engendré de graves abus.

En effet, dans l'état actuel, il n'est pas impossible de se munir furtivement d'une imprimerie et de fabriquer des impressions frauduleuses. De là, indépendamment des publications subversives et immorales, le nombre assez considérable des contrefaçons indigènes qui sont répandues en France et font aux éditions originales une concurrence ruineuse ; de là aussi la difficulté de découvrir la source de ces publications coupables.

Dans cette situation, il convient, premièrement, d'exiger de tout détenteur de presse qu'il se pourvoie d'une autorisation spéciale, toujours révocable s'il y a lieu, et secondement, d'obliger les fabricants et marchands d'ustensiles d'imprimerie à inscrire sur un livre coté et parafé par le maire les ventes qu'ils auront effectuées, avec indication des noms, qualités et domiciles des acquéreurs. Ils devront, en outre, transmettre copie de cette inscription à l'autorité, dont la surveillance sera ainsi moins exposée à s'égarer.

Telles sont, Monseigneur, les mesures qui m'ont paru nécessaires pour remédier à des inconvénients depuis longtemps signalés et qu'il est du devoir du Gouvernement de faire cesser.

Ces mesures, qui ne sont que le développement partiel du germe déposé dans l'art. 49 du décret du 5 février 1840, font l'objet du décret ci-joint.

Je suis, etc.

Vu les articles 2 et 3 de l'ordonnance du 24 octobre 1814 ;

Vu l'ordonnance du 8 octobre 1817 ;

Sur le rapport du ministre de la police générale,

DÉCRÈTE :

ART. 1er. Nul ne sera imprimeur en taille-douce s'il n'est breveté et assermenté.

2. Nul ne pourra, pour des impressions privées, être possesseur ou faire usage de presses de petite dimension, de quelque nature qu'elles soient, sans l'autorisation préalable du ministre de la police générale, à Paris, et des préfets, dans les départements.

Cette autorisation pourra toujours être révoquée s'il y a lieu.

3. Les contrevenants seront punis des peines édictées par l'article 13 de la loi du 21 octobre 1814.

4. Les fondeurs de caractères, les clicheurs ou stéréotypeurs, les fabricants de presses de tous genres, les marchands d'ustensiles d'imprimerie, seront tenus d'avoir un livre coté et parafé par le maire, sur lequel seront inscrites, par ordre de date, les ventes par eux effectués, avec les noms, qualités et domiciles des acquéreurs. Au fur et à mesure de chaque livraison, ils auront à transmettre, sous forme de déclaration, au ministère de la police générale, à Paris, et à la préfecture, dans les départements, copie de l'inscription faite au registre.

Chaque infraction à l'une de ces dispositions sera punie d'une amende de cinquante à deux cents francs.

5. Les maires, les commissaires inspecteurs de la librairie et les commissaires de police constateront les contraventions par des procès-verbaux.

6. Un délai de trois mois est accordé aux imprimeurs en taille-douce, aux détenteurs de presses et aux industriels mentionnés dans l'article 4, pour se conformer aux obligations ci-dessus relatées.

Après ce délai, ils seront passibles des peines édictées par le présent décret, lequel n'est applicable ni à l'Algérie, ni aux colonies.

7. Le ministre de la police générale est chargé de l'exécution du présent décret, etc. (*Bull.* 512, n° 3878.)

N° 59.—(22 mars 1852.)—DÉCRET *portant qu'à l'avenir les brevets d'imprimeur et de libraire seront conférés par le ministre de la police générale.*

LOUIS-NAPOLÉON, PRÉSIDENT DE LA RÉPUBLIQUE,

Vu les articles 5, 9, 29 et 30 du décret du 5 février 1810 ;

Vu les articles 1er des décrets des 2 février 1811 et 11 juillet 1812 ;

Vu l'article 11 de la loi du 21 octobre 1814, portant que nul ne sera imprimeur ni libraire s'il n'est breveté par le roi et assermenté ;

Vu l'article 1er de l'ordonnance du 8 octobre 1817, concernant les impressions lithographiques ;

Sur le rapport du ministre de la police générale,

DÉCRÈTE :

ARTICLE UNIQUE. A l'avenir, les brevets d'imprimeur en lettres, d'imprimeur lithographe et de libraire seront conférés par le ministre de la police générale, qui demeure chargé de l'exécution du présent décret, etc. (*Bull.* 512, n° 3879.)

N° 60.—(22 mars 1852.) — DÉCRET *qui règle les rapports du Sénat et du Corps législatif avec le Président de la République et le conseil d'Etat, et établit les conditions organiques de leurs travaux.*

LOUIS-NAPOLÉON, PRÉSIDENT DE LA RÉPUBLIQUE FRANÇAISE,

Vu l'article 4 de la Constitution ;

Considérant qu'au moment où le Sénat et le Corps législatif vont entrer dans leur première session, il importe de régler leurs rapports avec le Président de la République et le conseil d'Etat, et d'établir, conformément à l'esprit de la Constitution, les conditions organiques de leurs travaux,

DÉCRÈTE :

TITRE Ier. — DU CONSEIL D'ÉTAT.

ART. 1er. Les projets de loi et de sénatus-consultes, les règlements d'administration publique préparés par les différents départements ministériels, sont soumis au Président de la République, qui les remet directement ou les fait adresser par le ministre d'Etat au vice-président du conseil d'Etat.

2. Les ordres du jour des séances du conseil d'Etat sont envoyés à l'avance au ministre d'Etat, et le vice-président du conseil d'Etat pourvoit à ce que ce ministre soit toujours avisé en temps utile de tout ce qui concerne l'examen et la discussion des projets de loi, des sénatus-consultes et des règlements d'administration publique envoyés à l'élaboration du conseil.

3. Les projets de loi ou de sénatus-consultes, après avoir été élaborés au conseil d'Etat, conformément à l'article 50 de la

Constitution, sont remis au Président de la République par le vice-président du conseil d'Etat, qui y joint les noms des commissaires qu'il propose pour en soutenir la discussion devant le Corps législatif ou le Sénat.

4. Un décret du Président de la République ordonne la présentation du projet de loi au Corps législatif, ou du sénatus-consulte au Sénat, et nomme les conseillers d'Etat chargés d'en soutenir la discussion.

5. Ampliation de ce décret est transmise avec le projet de loi ou de sénatus-consulte au Corps législatif ou au Sénat par le ministre d'Etat.

TITRE II. — DU SÉNAT.

CHAPITRE Ier. — *Réunion du Sénat, formation des bureaux.*

6. Pendant la durée des sessions, le Sénat se réunit sur la convocation de son président.

Quand la session est close, les réunions du Sénat ne peuvent avoir lieu qu'en vertu d'un décret spécial du Président de la République.

7. Le Sénat se divise par la voie du sort en cinq bureaux.

Ces bureaux examinent les propositions qui leur sont renvoyées, et élisent les commissions qu'il y a lieu de nommer.

CHAPITRE II. — *Des projets de loi.*

8. Les projets de loi adoptés par le Corps législatif et qui doivent être soumis au Sénat en exécution de l'article 25 de la Constitution sont, avec les décrets qui nomment les conseillers d'Etat chargés de soutenir la discussion, transmis, par le ministre d'Etat, au président du Sénat, qui en donne lecture en séance générale.

9. Le Sénat décide immédiatement, par assis et levé, s'il est nécessaire de renvoyer le projet de loi à la discussion des bureaux et à l'examen d'une commission, où s'il peut être, sans cet examen préliminaire, passé outre à la délibération en séance générale.

10. Le Sénat n'ayant à statuer que sur la question de la promulgation, son vote ne comporte la présentation d'aucun amendement.

11. Au jour indiqué pour la délibération en séance générale, le Sénat, après la clôture de la discussion prononcée par le président, vote sur la question de savoir s'il y a lieu de s'opposer à la promulgation.

12. Le vote n'est pas secret.

Il est pris à la majorité absolue par un nombre de votants supérieur à la moitié de celui des membres du Sénat, sinon, il est nul et doit être recommencé.

13. Le vote est recensé par le secrétaire du Sénat assisté de deux secrétaires élus pour chaque session.

14. Le président du Sénat proclame en ces termes le résultat du scrutin : Le Sénat s'oppose, ou : Le Sénat ne s'oppose pas à la promulgation.

15. Le résultat de la délibération est transmis au ministre d'Etat par le président du Sénat.

CHAPITRE III. — *Des sénatus-consultes.*

16. Les sénatus-consultes, réglant les objets énumérés dans l'article 27 de la Constitution, seront délibérés, soit sur la proposition du Président de la République, soit sur celle d'un ou plusieurs sénateurs.

17. Les projets de sénatus-consultes proposés par le Président de la République seront portés et lus au Sénat par les conseillers d'Etat à ce commis, discutés dans les bureaux et examinés par la commission, qui en fera rapport en séance générale.

Ceux provenant de l'initiative des sénateurs ne seront lus en séance générale qu'autant que la prise en considération en aura été autorisée par trois au moins des cinq bureaux.

Dans ce cas, le texte en sera immédiatement transmis, par le président du Sénat, au ministre d'Etat, et une commission sera nommée comme il est dit en l'article précédent.

18. Les amendements proposés sur le projet de sénatus-consulte seront, jusqu'à l'ouverture de la délibération en séance générale, renvoyés par le président du Sénat à la commission, qui exprimera son avis, soit dans son rapport principal, soit dans un rapport supplémentaire.

Les amendements produits pendant la délibération en séance générale ne seront lus et développés qu'autant qu'ils seront appuyés par cinq membres.

Le texte en sera toujours, et à l'avance, communiqué aux commissaires du Gouvernement.

La commission a le droit de demander qu'avant le vote l'amendement lui soit renvoyé.

19. Le vote, soit sur les articles du projet de sénatus-consulte, soit sur son ensemble, a lieu conformément aux articles 12 et 13 du présent décret.

Le président en proclame le résultat en ces termes :

Le Sénat a adopté, ou : Le Sénat n'a pas adopté.

20. Le résultat de la délibération est porté au Président de la République par le prési-

dent du Sénat ou par deux vice-présidents qu'il délègue.

Chapitre IV. — *Actes dénoncés au Sénat comme inconstitutionnels.*

21. Lorsqu'un acte est déféré comme inconstitutionnel par le Gouvernement au Sénat, le décret qui saisit le Sénat et qui nomme les conseillers d'État devant prendre part à la discussion est transmis par le ministre d'État au président du Sénat.

Les bureaux examinent cette demande et nomment une commission, sur le rapport de laquelle il est procédé au vote, conformément aux articles 12 et 13 du présent décret.

Le président proclame le résultat en ces termes :

Le Sénat maintient, ou : Annule.

22. Si l'inconstitutionnalité est dénoncée par une pétition, il est procédé de la même manière.

Toutefois, et préalablement, la pétition est lue en séance générale : la question préalable peut alors être proposée, et, si elle est admise, le président prononce qu'il n'y a lieu à plus ample informé.

Si la question préalable n'est pas admise, le président du Sénat en avise le ministre d'État, la pétition est renvoyée dans les bureaux et il est procédé comme en l'article précédent.

23. La décision du Sénat est transmise, par les soins du président, au ministre d'État.

Chapitre V. — *Rapports au Président de la République sur les bases des projets de loi d'un grand intérêt national.*

24. Tout sénateur peut proposer de présenter au Président de la République un rapport posant les bases d'un projet de loi d'un grand intérêt national.

La proposition est motivée par écrit, remise au président du Sénat, imprimée, distribuée et renvoyée dans les bureaux.

25. Si trois bureaux au moins sont d'avis de la prise en considération, le président du Sénat en avise le ministre d'État.

Une commission est nommée dans les bureaux, et cette commission rédige le projet de rapport à envoyer au Président de la République.

26. Ce projet de rapport, imprimé, distribué, et transmis à l'avance au ministre d'État, est discuté en séance générale.

Il peut être amendé dans les formes prévues par l'article 18 du présent décret.

27. Le vote sur l'adoption ou le rejet du projet de rapport a lieu conformément aux articles 12 et 13 du présent décret.

Le président du Sénat proclame le résultat en ces termes : Le rapport est adopté, ou : Le rapport n'est pas adopté.

28. S'il y a adoption, le rapport est envoyé par le président du Sénat au ministre d'État.

Chapitre VI. — *Des propositions de modifications à la Constitution.*

29. Toute proposition de modification à la Constitution, autorisée par l'article 31 de la Constitution, ne peut être déposée par des membres du Sénat qu'autant qu'elle est signée par dix sénateurs au moins.

Quand une proposition est déposée dans ces conditions, il est procédé conformément aux articles 17, deuxième et troisième paragraphes, 18 et 19 du présent décret.

Le résultat de la délibération est porté par le président du Sénat au Président de la République, qui avise, conformément à l'article 31 de la Constitution.

Chapitre VII. — *Pétitions.*

30. Les pétitions adressées au Sénat, conformément à l'article 45 de la Constitution, sont examinées par des commissions nommées chaque mois dans les bureaux.

Le feuilleton des pétitions est toujours communiqué à l'avance au ministre d'État.

Il est fait rapport des pétitions en séance générale, et le vote porte sur l'ordre du jour pur et simple, le dépôt au bureau des renseignements ou le renvoi au ministre compétent.

Si le renvoi au ministre compétent est prononcé, la pétition et un extrait de la délibération sont, par les ordres du président du Sénat, transmis au ministre d'État.

Chapitre VIII. — *Proclamations du Président de la République au Sénat.*

31. Les proclamations du Président de la République portant ajournement, prorogation ou clôture de la session, sont portées au Sénat par les ministres ou les conseillers d'État à ce commis ; elles sont lues, toute affaire cessante, et le Sénat se sépare à l'instant.

Chapitre IX. — *Dispositions communes aux chapitres précédents.*

32. Dans toute délibération du Sénat, le Gouvernement a le droit d'être représenté par des conseillers d'État à ce commis par des décrets spéciaux.

Les ordres du jour des séances sont toujours envoyés à l'avance au ministre d'État, et le président du Sénat veille à ce que tous les avis et communications nécessaires lui soient transmis en temps utile.

33. Les commissaires du Gouvernement

ne sont point assujettis au tour de parole.

Ils obtiennent la parole quand ils la demandent.

CHAPITRE X. — *Administration du Sénat.*

34. Le président du Sénat a la haute direction de tout ce qui concerne ce corps.

Il le représente dans ses rapports avec le chef de l'État et dans les cérémonies publiques.

Il préside les séances du Sénat quand il le juge convenable.

35. En l'absence du président du Sénat, la présidence est exercée par le premier vice-président.

36. Le grand référendaire est chargé, sous l'autorité du président du Sénat, de la direction des services administratifs et de la comptabilité.

Il ordonnance les dépenses sur la délégation des crédits qui lui est faite par le ministre d'État.

Cette comptabilité est vérifiée et arrêtée pour chaque exercice par une commission de cinq membres élus chaque année dans les bureaux.

Il délivre les certificats et les passe-ports.

Il fait expédier les convocations pour les cérémonies.

37. Le secrétaire du Sénat est, sous l'autorité du président, chargé du service législatif.

Il dirige la rédaction des procès-verbaux, dont il est responsable, et qu'il présente, après chaque séance, à la signature du président ou du vice-président qui aura tenu la séance.

Il a la garde du sceau du Sénat et l'appose d'après les ordres du président.

Il est chargé de l'ampliation officielle des sénatus-consultes et autres décisions du Sénat et de l'enregistrement des décrets du Président de la République portant nomination des sénateurs.

Il expédie les convocations pour les séances ordinaires et extraordinaires.

Il transmet aux commissions élues, pour les examiner, les pétitions adressées au Sénat.

38. Le président du Sénat en nomme tous les employés sur la présentation qui lui est faite, — 1° par le premier vice-président, pour le secrétariat de la présidence ; — 2° par le grand référendaire, pour les employés attachés aux bureaux de ce dernier et à l'administration intérieure, dont il est chargé, ainsi que pour tous les gens de service ; — 3° par le secrétaire du Sénat, pour les employés placés sous les ordres de ce dernier.

39. Le palais du grand et du petit Luxembourg, la maison de la rue d'Enfer, le mobilier qui les garnit, les jardins réservés et la bibliothèque, sont affectés au Sénat.

Toutefois, le service du commandant militaire du palais, des adjudants et surveillants placés sous ses ordres, ainsi que le service des jardins ouverts au public, reste dans les attributions de l'administration des palais nationaux.

Le musée du Luxembourg est maintenu dans les attributions du ministre de l'intérieur.

Disposition transitoire.

40. Les nominations faites par le président du Sénat avant la promulgation du présent décret sont maintenues.

TITRE III. — DU CORPS LÉGISLATIF.

CHAPITRE Iᵉʳ.—*Réunion du Corps législatif, formation et organisation des bureaux, vérification des pouvoirs.*

41. Le Corps législatif se réunit au jour indiqué par le décret de convocation.

42. A l'ouverture de la première séance, le président du Corps législatif assisté des quatre plus jeunes membres présents, lesquels rempliront pendant toute la durée de la session les fonctions de secrétaires, procède, par la voie du tirage au sort, à la division de l'assemblée en sept bureaux.

43. Ces sept bureaux, ainsi formés pour toute la durée de la session, sont présidés par le doyen d'âge de chaque bureau, le plus jeune membre présent faisant les fonctions de secrétaire.

44. Ils procèdent sans délai à l'examen des procès-verbaux d'élection qui leur sont répartis par le président du Corps législatif, et chargent un ou plusieurs de leurs membres d'en faire le rapport en séance publique.

45. L'Assemblée statue sur ce rapport ; si l'élection est déclarée valable, l'élu prête, séance tenante, ou, s'il est absent, à la première séance à laquelle il assiste, le serment prescrit par l'article 14 de la Constitution, et le président du Corps législatif prononce ensuite son admission.

Le député qui n'a pas prêté serment dans la quinzaine du jour où son élection a été déclarée valable est réputé démissionnaire.

En cas d'absence, le serment peut être prêté par écrit, et doit être, en ce cas, adressé par le député au président du Corps législatif dans le délai ci-dessus déterminé.

46. Après la vérification des pouvoirs, et sans attendre qu'il ait été statué sur les élections contestées ou ajournées, le président du Corps législatif fait connaître au Président de la République que le Corps législatif est constitué.

CHAPITRE II. — *Présentation, discussion, vote des projets de loi.*

47. Les projets de loi présentés par le Président de la République sont apportés et lus au Corps législatif par les conseillers d'Etat commis à cet effet, ou transmis, sur les ordres du Président de la République, par le ministre d'Etat, au président du Corps législatif, qui en donne lecture en séance publique.

Ces projets sont imprimés, distribués et mis à l'ordre du jour des bureaux, qui les discutent, et nomment, au scrutin secret et à la majorité, une commission de sept membres chargée d'en faire rapport.

48. Tout amendement provenant de l'initiative d'un ou plusieurs membres est remis au président, et transmis par lui à la commission.

Toutefois, aucun amendement n'est reçu après le dépôt du rapport fait en séance publique.

49. Les auteurs de l'amendement ont le droit d'être entendus dans la commission.

50. Si l'amendement est adopté par la commission, elle en transmet la teneur au président du Corps législatif, qui le renvoie au conseil d'Etat, et il est sursis au rapport de la commission jusqu'à ce que le conseil d'Etat ait émis son avis.

51. Si l'avis du conseil d'Etat, transmis à la commission par l'intermédiaire du président du Corps législatif, est favorable, ou qu'une nouvelle rédaction admise au conseil d'Etat soit adoptée par la commission, le texte du projet de loi à discuter en séance publique sera modifié conformément à la nouvelle rédaction adoptée.

Si cet avis est défavorable, ou que la nouvelle rédaction admise au conseil d'Etat ne soit pas adoptée par la commission, l'amendement sera considéré comme non avenu.

52. Le rapport de la commission sur le projet de loi par elle examiné est lu en séance publique, imprimé et distribué vingt-quatre heures au moins avant la discussion.

53. A la séance fixée par l'ordre du jour, la discussion s'ouvre et porte d'abord sur l'ensemble de la loi, puis sur les divers articles ou chapitres, s'il s'agit de lois de finances.

Il n'y a jamais lieu de délibérer sur la question de savoir si l'on passera à la discussion des articles; mais les articles sont successivement mis aux voix par le président.

Le vote a lieu par assis et levé; si le bureau déclare l'épreuve douteuse, il est procédé au scrutin.

54. S'il intervient sur un article un vote de rejet, l'article est renvoyé à l'examen de la commission.

Chaque député peut alors, dans la forme prévue par les articles 48 et 49 du présent décret, présenter tel amendement qu'il juge convenable.

Si la commission est d'avis qu'il y a lieu de faire une proposition nouvelle, elle en transmet la teneur au président du Corps législatif, qui la renvoie au conseil d'Etat.

Il est alors procédé conformément aux articles 51, 52 et 53 du présent décret, et le vote qui intervient au scrutin public est définitif.

55. Après le vote sur les articles, il est procédé au vote sur l'ensemble du projet de loi.

Le vote a lieu au scrutin public et à la majorité absolue.

Le scrutin est dépouillé par les secrétaires et proclamé par le président.

La présence de la majorité des députés est nécessaire pour la validité du vote.

Si le nombre des votants n'atteint pas cette majorité, le président déclare le scrutin nul, et ordonne qu'il y soit procédé de nouveau.

Les propositions de loi relatives à des intérêts communaux ou départementaux qui ne donnent lieu à aucune réclamation seront votées par assis et levé, à moins que le scrutin ne soit réclamé par dix membres au moins.

56. Le Corps législatif ne motive ni son acceptation ni son refus; sa décision ne s'exprime que par l'une de ces deux formules :

Le Corps législatif a adopté, ou : Le Corps législatif n'a pas adopté.

57. La minute du projet de loi adoptée par le Corps législatif est signée par le président et les secrétaires, et déposée dans les archives.

Une expédition revêtue des mêmes signatures est portée par le président et les secrétaires au Président de la République.

CHAPITRE III. — *Messages et proclamations adressés au Corps législatif par le Président de la République.*

58. Les messages et proclamations que le Président de la République adresse au Corps législatif sont apportés et lus en séance par les ministres ou les conseillers d'Etat commis à cet effet.

Ces messages et proclamations ne peuvent être l'objet d'aucune discussion ni d'aucun vote, à moins qu'ils ne contiennent une proposition sur laquelle il doive être voté.

59. Les proclamations du Président de la République portant ajournement, prorogation ou dissolution du Corps législatif, sont lues en séance publique, toute affaire cessante, et le Corps législatif se sépare à l'instant.

Chapitre IV.—*Tenue des séances.*

60. Le président du Corps législatif fait l'ouverture et annonce la clôture des séances. Il indique à la fin de chacune, après avoir consulté l'Assemblée, l'heure d'ouverture de la séance suivante et l'ordre du jour, lequel sera affiché dans la salle. Cet ordre du jour est immédiatement envoyé au ministre d'Etat, et le président du Corps législatif veille à ce que tous les avis et communications nécessaires lui soient transmis en temps utile.

61. Aucun membre ne peut prendre la parole sans l'avoir demandée et obtenue du président, ni parler d'ailleurs que de sa place.

62. Les membres du conseil d'Etat chargés de soutenir, au nom du Gouvernement, la discussion des projets de loi, ne sont point assujettis au tour d'inscription, et obtiennent la parole quand ils la réclament.

63. Le membre rappelé à l'ordre pour avoir interrompu ne peut obtenir la parole.

Si l'orateur s'écarte de la question, le président l'y rappelle. Le président ne peut accorder la parole sur le rappel à la question.

Si l'orateur, deux fois rappelé à la question dans le même discours, continue à s'en écarter, le président consulte l'Assemblée pour savoir si la parole ne sera pas interdite à l'orateur, pour le reste de la séance, sur la même question. La décision a lieu par assis et levé, sans débats.

64. Le président rappelle seul à l'ordre l'orateur qui s'en écarte. La parole est accordée à celui qui, rappelé à l'ordre, s'y est soumis et demande à se justifier. Il obtient seul la parole.

Lorsqu'un orateur a été rappelé deux fois à l'ordre dans le même discours, le président, après lui avoir accordé la parole pour se justifier, s'il le demande, consulte l'Assemblée pour savoir si la parole ne sera pas interdite à l'orateur, pour le reste de la séance, sur la même question. La décision a lieu par assis et levé, sans débats.

65. Toute personnalité, tout signe d'approbation ou d'improbation sont interdits.

66. Si un membre du Corps législatif trouble l'ordre, il y est rappelé nominativement par le président; s'il persiste, le président ordonne d'inscrire au procès-verbal le rappel à l'ordre. En cas de résistance, l'Assemblée, sur la proposition du président, prononce, sans débat, l'exclusion de la salle des séances pendant un temps qui ne peut excéder cinq jours. L'affiche de

cette décision dans le département où a été élu le membre qu'elle concerne peut être ordonnée.

67. Si l'Assemblée devient tumultueuse et si le président ne peut la calmer, il se couvre. Si le trouble continue, il annonce qu'il va suspendre la séance. Si le calme ne se rétablit pas, il suspend la séance pendant une heure, durant laquelle les députés se réunissent dans leurs bureaux respectifs. L'heure expirée, la séance est reprise; mais, si le tumulte renaît, le président lève la séance et la renvoie au lendemain.

68. Les réclamations d'ordre du jour, de priorité et de rappel au règlement, ont la préférence sur la question principale et en suspendent la discussion.

Les votes d'ordre du jour ne sont jamais motivés.

La question préalable, c'est-à-dire celle qu'il n'y a lieu à délibérer, est mise aux voix avant la question principale. Elle ne peut être demandée sur les propositions faites par le Président de la République.

69. Les demandes de comité secret autorisées par l'article 14 de la Constitution sont signées par les membres qui les font, et remises aux mains du président, qui en donne lecture, y fait droit et les fait consigner au procès-verbal.

70. Lorsque l'autorisation exigée par l'article 11 de la loi du 2 février 1852 sera demandée, le président indiquera seulement l'objet de la demande, et renverra immédiatement cette demande dans les bureaux, qui nommeront une commission pour examiner s'il y a lieu d'autoriser les poursuites.

Chapitre V.—*Procès-verbaux.*

71. La rédaction des procès-verbaux des séances est placé sous la haute direction du président du Corps législatif, et confiée à des rédacteurs spéciaux nommés par lui et qu'il peut révoquer. Les procès-verbaux contiennent les noms des membres qui ont pris la parole et le résumé de leurs opinions.

72. Les procès-verbaux sont signés du président, lus par l'un des secrétaires à la séance suivante, et transcrits sur deux registres signés également du président.

73. Le président du Corps législatif règle par un arrêté spécial le mode de communication du procès-verbal aux journaux conformément à l'article 42 de la Constitution.

74. Tout membre peut, après en avoir obtenu l'autorisation de l'Assemblée, faire imprimer et distribuer à ses frais le discours qu'il a prononcé.

L'impression et la distribution non autorisées seront punies d'une amende de cinq cents à cinq mille francs contre les imprimeurs, et de cinq à cinq cents francs contre les distributeurs.

CHAPITRE VI.—*Installation et administration intérieure.*

75. Le palais de l'ancienne Assemblée nationale et l'hôtel de la présidence de cette assemblée, avec leurs mobiliers et dépendances, sont affectés au Corps législatif.

76. Le président du Corps législatif habite dans l'intérieur du palais, il a la haute administration de ce corps.

77. Il règle, par des arrêtés spéciaux, l'organisation de tous les services et l'emploi des fonds affectés aux dépenses du Corps législatif.

78. Il est assisté de deux questeurs nommés pour l'année par le Président de la République.

Les questeurs ordonnancent, conformément aux arrêtés pris par le président et sur les délégations de crédit faites par le ministre d'État, les dépenses du personnel et du matériel. Le président peut leur déléguer tout ou partie de ses pouvoirs administratifs. Les questeurs habitent au palais législatif et reçoivent un traitement.

79. Le président du corps législatif pourvoit à tous les emplois et prononce les révocations quand il y a lieu.

80. Une commission de sept membres nommés par les bureaux à chaque session annuelle procède à l'apurement et au jugement des comptes du trésorier du Corps législatif, et transmet son arrêt au président de ce corps, qui en assure l'exécution.

La commission nommée au commencement de la prochaine session jugera les comptes du trésorier de l'ancienne Assemblée pour l'exercice 1851 et pour les premiers mois de 1852.

CHAPITRE VII.—*De la police intérieure du Corps législatif.*

81. Le président du Corps législatif a la police des séances et celle de l'enceinte du palais.

82. Nul étranger ne peut, sous aucun prétexte, s'introduire dans l'enceinte où siégent les députés.

83. Toute personne qui donne des marques d'improbation ou d'approbation, ou qui trouble l'ordre, est sur-le-champ exclue des tribunes par les huissiers, et traduite, s'il y a lieu, devant l'autorité compétente.

CHAPITRE VIII.—*Congés.*

84. Aucun membre du Corps législatif ne peut s'absenter sans un congé obtenu de l'Assemblée.

Les passe-ports sont signés par le président du Corps législatif qui, sauf les cas d'urgence, ne peut les délivrer qu'après le congé obtenu.

CHAPITRE IX.—*Dispositions générales.*

85. Le président pourvoit, par des arrêtés réglementaires, à tous les détails de la police et de l'administration du Corps législatif.

TITRE IV.

86. La garde militaire du Sénat et du Corps législatif est sous les ordres du ministre de la guerre, qui s'entend à ce sujet avec le président du Sénat et avec le président du Corps législatif.

Pendant la session, une garde d'honneur rend les honneurs militaires aux présidents de ces deux Corps lorsqu'ils se rendent aux séances, etc. (*Bull.* 514, n° 3900.)

N° 61. — (22 mars 1852.) — DÉCRET *qui établit une communauté de prêtres pour desservir l'église Sainte-Geneviève, à Paris.*

LOUIS-NAPOLÉON, PRÉSIDENT DE LA RÉPUBLIQUE FRANÇAISE,

Sur le rapport du ministre de l'instruction publique et des cultes;

Vu le décret du 6 décembre 1851, qui a rendu au culte catholique l'ancienne église de Sainte-Geneviève de Paris;

Vu l'article 10 du décret impérial du 20 février 1806, ainsi conçu:

« Le chapitre métropolitain de Notre-« Dame, augmenté de six membres, sera « chargé de desservir l'église de Sainte-« Geneviève. La garde de cette église sera « spécialement confiée à un archiprêtre « choisi parmi les chanoines; »

Considérant qu'il importe d'approprier aux besoins actuels du service les dispositions énoncées audit article;

Considérant qu'il convient de régler l'exercice du culte dans cette église,

DÉCRÈTE:

ART. 1er. Une communauté de prêtres est établie pour desservir l'église de Sainte-Geneviève, à Paris.

2. Cette communauté sera composée de six membres, qui prendront le titre de *chapelains de Sainte-Geneviève*, et d'un doyen;

3. Les chapelains de Sainte-Geneviève sont institués,

1° Pour prier Dieu pour la France et pour les morts qui auront été inhumés dans les caveaux de l'église; — 2° Pour se former à la prédication.

4. Le doyen est nommé directement par l'archevêque de Paris, et agréé par le Président de la République.

5. Il sera nommé pour cinq ans, et ne pourra être renommé qu'après cinq autres années révolues.

6. Il sera chargé de la direction du culte et du personnel dans l'église de Sainte-Geneviève.

7. Les chapelains de Sainte-Geneviève seront nommés pour trois ans.

8. La place de chapelain sera donnée au concours dans les formes qui seront réglées par l'archevêque de Paris.

9. Tous les prêtres français âgés de moins de trente-cinq ans, et autorisés par l'évêque de leur diocèse, pourront être admis à concourir.

10. Le traitement du doyen sera de quatre mille francs, et celui des chapelains de deux mille cinq cents francs.

Il sera alloué, en outre, une somme annuelle de cinq mille francs pour le bas-chœur de l'église et les autres frais du culte.

La dépense résultant de cette organisation sera imputée sur le crédit ouvert au chapitre v du budget des cultes. (*Traitements et indemnités des membres des chapitres et du clergé paroissial.*)

11. Le ministre de l'instruction publique et des cultes est chargé de l'exécution du présent décret, etc. (*Bull.* 514, n° 3903.)

N° 62.—(22 mars 1852.)—Décret *qui ouvre un crédit extraordinaire pour les frais d'exécution du monument à élever à la mémoire du maréchal Ney.*

LOUIS-NAPOLÉON, Président de la République française,

Sur le rapport du ministre de l'intérieur, de l'agriculture et du commerce, et de l'avis du conseil des ministres;

Vu le rapport du ministre de l'intérieur, en date du 20 février 1850, relatif à un monument à élever à la mémoire du maréchal Ney, et approuvé par le Président de la République,

Décrète :

Art. 1er. Il est ouvert au ministre de l'intérieur, de l'agriculture et du commerce, sur l'exercice 1852, un crédit extraordinaire de cinquante mille francs (50,000 fr.), applicable aux frais d'exécution du monument à élever au maréchal Ney.

2. La portion dudit crédit qui n'aura pas été employée pendant l'exercice 1852 pourra être reportée sur les exercices 1853 et suivants.

3. Il sera pourvu à la dépense autorisée par le présent décret, au moyen des ressources affectées aux besoins de l'exercice 1852.

4. Le ministre de l'intérieur, de l'agriculture et du commerce, et le ministre des finances, sont chargés, chacun en ce qui le concerne, de l'exécution du présent décret. (*Bull.* 514, n° 3904.)

N° 63. — (22 mars 1852.) — Décret *qui abroge le règlement d'administration publique du 27 mars 1851, relatif aux commissaires et sous-commissaires de surveillance administrative des chemins de fer.*

LOUIS-NAPOLÉON, Président de la République française,

Sur le rapport du ministre des travaux publics ;

Vu le règlement d'administration publique rendu sur l'avis du conseil d'État, le 27 mars 1851, et qui détermine le mode et les conditions de nomination et d'avancement des commissaires et sous-commissaires de surveillance administrative des chemins de fer ;

Considérant que ce règlement, en attribuant à des commissions d'examen le droit de déclarer l'admissibilité des candidats sans contrôle préalable du ministre, restreint l'initiative qui lui appartient pour la désignation des agents dont il s'agit ;

Considérant que l'aptitude et le savoir ne sauraient être les seuls éléments du choix des fonctionnaires publics, que des garanties d'un autre ordre doivent être offertes par les candidats, et que leur appréciation est du domaine exclusif de l'autorité qui nomme et révoque les agents ;

Attendu que le délai précité crée, à cet égard, des entraves à l'exercice du pouvoir ministériel, et constitue ainsi une atteinte à ses prérogatives,

Décrète :

Art. 1er. Le règlement d'administration publique du 27 mars 1851, relatif aux commissaires et sous-commissaires de surveillance administrative des chemins de fer, est et demeure abrogé.

2. Le ministre des travaux publics est chargé de l'exécution du présent décret, etc. (*Bull.* 528, n° 4044.)

N° 64.— (23 mars 1852.) — Décret *sur les commissions administratives des hospices et hôpitaux.*

---

(1) Un décret du 17 juin 1852 (*Bull.* 545,

LOUIS-NAPOLÉON, Président de la République française,

Vu l'article 6 de la loi du 7 août 1851, portant qu'un règlement d'administration publique déterminera la composition des commissions administratives des hospices et hôpitaux;

Sur le rapport du ministre de l'intérieur, de l'agriculture et du commerce;

Le conseil d'Etat entendu,

Décrète :

Art. 1er. Les commissions administratives des hospices et hôpitaux sont composées de cinq membres nommés par le préfet et du maire de la commune.

La présidence appartient au maire; il a voix prépondérante en cas de partage.

En cas d'absence du maire, la présidence appartient au plus ancien des membres présents, et, à défaut d'ancienneté, au plus âgé.

Les fonctions des commissions administratives sont gratuites.

2. Les commissions administratives sont renouvelées chaque année par cinquième.

Le renouvellement est déterminé par le sort pendant les quatre premières années, et ensuite par l'ancienneté.

Les membres sortants sont rééligibles.

En cas de remplacement dans le cours d'une année, les fonctions du nouveau membre expirent à l'époque où auraient cessé celles du membre qui l'a remplacé.

3. Les commissions administratives peuvent être dissoutes par le ministre de l'intérieur, de l'agriculture et du commerce, sur la proposition ou l'avis du préfet.

Les membres de ces commissions peuvent être individuellement révoqués dans la même forme.

4. Le nombre des membres des commissions administratives peut, en raison de l'importance des établissements ou de circonstances locales, être porté à plus de cinq, par des décrets spéciaux, rendus sur l'avis du conseil d'Etat.

5. Il n'est point dérogé, par le présent décret, aux ordonnances, décrets et autres actes du pouvoir exécutif en vertu desquels l'administration de certains hospices et hôpitaux est organisée d'une manière spéciale.

6. Le ministre de l'intérieur, de l'agriculture et du commerce, est chargé de l'exécution du présent décret, qui sera inséré

---

n° 4166) déclare applicables aux commissions administratives des bureaux de bienfaisance les dispositions du décret ci-dessus.

au *Bulletin des Lois*, etc. (*Bull.* 510 , n° 3873.)

N° 65.—(23 mars 1852.)—Décret concernant les novices et les mousses.

LOUIS-NAPOLÉON , Président de la République française,

Vu l'édit d'août 1673;

L'ordonnance du 15 avril 1689, livre VIII, titre 1er, articles 31, 33 et 34;

Le règlement du 31 août 1722, spécial à la pêche du poisson frais, articles 8 et 9;

Le règlement du 23 janvier 1727, spécial au petit cabotage.

L'ordonnance du 10 janvier 1730;

L'ordonnance du 18 octobre 1740, article 7;

L'ordonnance du 23 juillet 1745, ensemble l'ordonnance du 17 juillet 1784;

L'ordonnance du 12 décembre 1759, spéciale aux novices des bâtiments de guerre;

L'ordonnance du 31 octobre 1784, titre X, articles 2 et 3;

La loi du 3 brumaire an 4, articles 2 et 3;

La décision royale du 3 juin 1835;

Considérant qu'il importe de prendre des mesures qui concilient l'intérêt de l'humanité avec les nécessités du service de l'inscription maritime.

Sur le rapport du ministre secrétaire d'Etat de la marine et des colonies, le conseil d'amirauté entendu,

Décrète :

Art. 1er. Sera porté comme mousse sur les registres de l'inscription maritime, et sur les rôles d'équipage des bâtiments de l'Etat ou du commerce, tout individu âgé de dix à seize ans révolus.

Sera porté comme novice sur les registres de l'inscription maritime, et sur les rôles d'équipage des bâtiments de l'Etat ou du commerce, tout individu âgé de seize ans et plus qui ne réunira point les conditions d'âge et de navigation exigées par l'article 5 de la loi du 3 brumaire an 4 pour être définitivement inscrit comme matelot.

2. Il sera embarqué un mousse à bord de tout bâtiment ou embarcation employé à la navigation ou à la pêche maritime ayant plus de deux hommes d'équipage.

L'embarquement d'un second mousse sera obligatoire à bord de tout bâtiment ou embarcation ayant vingt hommes d'équipage, non compris le premier mousse.

Il sera embarqué un troisième mousse à bord de tout bâtiment ayant trente hommes d'équipage, non compris les deux premiers mousses, et ainsi de suite en continuant de calculer par dizaine d'hommes complète.

3. Il pourra être embarqué à bord de tout bâtiment armé pour le long cours, le grand cabotage ou les grandes pêches, en remplacement des mousses, et dans la proportion déterminée par l'article 2 du présent décret, des novices ayant acquis dix-huit mois de navigation avant l'âge de seize ans.

4. Sont et demeurent abrogées les dispositions des lois et règlements contraires au présent décret.

5. Le ministre secrétaire d'Etat de la marine et des colonies est chargé de l'exécution du présent décret, qui sera inséré au *Bulletin des Lois* et au *Bulletin officiel de la Marine*, etc. (*Bull.* 519, n° 3953.)

N° 66.—(23 mars 1852.)—Rapport *et* Décret *sur l'organisation du corps de santé de l'armée de terre.*

Rapport au Prince Président de la République française.

Monseigneur,

De toutes les parties de notre constitution militaire, il n'en est pas qui appelle, en ce moment, une plus sérieuse attention que l'organisation du service de santé.

De notables perfectionnements ont été successivement introduits dans le matériel de ce service; mais des améliorations, non moins essentielles, sont justement réclamées en ce qui concerne le personnel des officiers de santé.

La nature de ces améliorations et la possibilité de les accomplir préoccupaient, depuis plusieurs années, l'administration de la guerre, lorsque, le 3 mai 1848, un décret du Gouvernement provisoire voulut les réaliser.

Cet acte, conçu dans une pensée de modifications radicales, rendit nécessaire un nouveau règlement sur le service des hôpitaux.

La commission chargée de le rédiger soumit son travail au ministre de la guerre, le 28 septembre 1848.

Ce règlement dut être, de la part du ministre, l'objet d'un examen et d'une étude préalables, afin de prévoir les obstacles et d'aplanir les difficultés que l'exécution de ses dispositions diverses devait amener dans le service.

Pendant que cette étude se poursuivait, l'Assemblée législative décida, le 7 février 1849, qu'il y avait lieu de renvoyer le décret du 3 mai 1848 et le règlement d'exécution de ce décret à l'examen du conseil d'Etat.

Depuis, quatre nouveaux projets se sont produits pour arriver à la solution de la question des officiers de santé, qui marchait ainsi, se compliquant chaque jour d'incidents nouveaux. Aucun de ces projets n'ayant pu la résoudre, j'ai dû me préoccuper des graves inconvénients de cette situation anormale pour le service hospitalier.

D'après mes instructions, la question a été de nouveau mise à l'étude, pour être examinée dans tous ses détails et définitivement résolue.

Un projet d'organisation, résultat de ce travail, ayant été l'objet de divergences d'opinions entre le conseil de santé et l'administration, j'ai désiré m'éclairer de l'avis d'une haute commission, étrangère aux préventions de l'esprit de corps, et seulement préoccupée de l'intérêt du service général.

Cette commission, présidée par M. le maréchal *Vaillant*, et offrant toutes les garanties désirables de lumières, d'expérience et d'impartialité, à émis, sur les dissentiments qui se sont élevés entre le conseil de santé et l'administration, des avis dont voici l'analyse :

« 1° Sur la fusion des professions de médecine et de chirurgie, celle de pharmacie restant isolée, la commission est d'avis, à l'unanimité, que les deux sections du nouveau corps de santé, bien que distinctes, doivent recevoir la même constitution hiérarchique et participer aux mêmes avantages de toute nature;

« 2° Sur la hiérarchie des officiers de santé et sur l'assimilation de leurs grades avec ceux des autres corps de l'armée, la commission repousse à l'unanimité les demandes et observations émises par le conseil de santé;

« 3° Sur la subordination des officiers de santé, la commission émet, à l'unanimité, l'avis que les principes consacrés par l'article 63 de l'ordonnance du 12 août 1836 doivent être maintenus;

« 4° Sur les propositions pour l'avancement et les récompenses, la commission présente un ensemble de mesures qui, tout en consacrant la juste intervention de l'autorité scientifique dans l'appréciation du mérite des candidats, réservent à l'autorité du commandement et à celle de l'administration leur légitime part d'influence dans la rémunération des services des officiers de santé;

« 5° Sur l'institution des inspecteurs de santé divisionnaires, la commission émet, à l'unanimité, l'avis que la création de ce grade et de cet emploi est sans utilité

« réelle ; qu'elle réduirait aux travaux pu-
« rement spéculatifs du cabinet un nombre
« considérable de médecins principaux qu'il
« est dans l'intérêt pratique et bien enten-
« du du service d'appliquer à la direction
« médicale des établissements hospitaliers;
« Que, par tous ces motifs, cette institu-
« tion doit être repoussée ;
« 6° La commission a adopté, pour l'ef-
« fectif des divers grades, des fixations qui
« assurent aux officiers de santé des chan-
« ces d'avancement au moins égales à cel-
« les dont jouissent les officiers des corps
« spéciaux de l'armée. »

Ces propositions justes et rationnelles
concilient les intérêts des personnes et ceux
du service ; elles sont justifiées par une lu-
mineuse discussion dont je ne saurais mieux
vous faire connaître l'esprit qu'en reprodui-
sant les considérations par lesquelles la
haute commission consacre et sanctionne
son remarquable travail :

« Ici se termine, Monsieur le ministre,
« l'exposé motivé des résolutions que la
« commission a prises sur les différentes
« questions soumises à son arbitrage.

« Pour répondre, autant qu'il était en
« elle, aux vues qui vous avaient conduit
« à lui confier cette mission délicate, elle
« a pensé qu'elle devait se considérer com-
« me un jury, étranger, par sa composition
« même, aux divers intérêts en discussion,
« et appelé conséquemment à se prononcer
« dans des conditions d'impartialité parti-
« culière.

« Pleine des plus cordiales sympathies
« pour le corps des officiers de santé, dont
« elle apprécie le dévouement, et qui sont,
« dans sa pensée, membres essentiels de
« la famille militaire, elle est entrée dans
« le débat avec le vif désir de contribuer
« pour sa part à consacrer et à développer
« le progrès dont leur carrière est suscep-
« tible.

« Ce progrès, elle a reconnu que les dis-
« positions vraiment libérales du projet de
« décret soumis à son examen le réalisaient.
« Aller au delà serait dépasser le but et at-
« teindre, sous prétexte d'améliorations
« dans la condition des personnes, le prin-
« cipe d'autorité qui sauvegarde l'existence
« des choses.

« C'est sur ce terrain, au-dessus des sus-
« ceptibilités individuelles ou collectives,
« des froissements, des luttes passées et
« présentes, que la commission a trans-
« porté la discussion. Elle s'est rappelée
« que les institutions militaires nées dans
« la paix, au milieu des conflits d'amour-
« propre et du choc des petits intérêts, sa-
« tisfont rarement aux grandes nécessités

« de la guerre. A ce point de vue, il lui a
« paru que l'indépendance réclamée pour
« le corps de santé, vis-à-vis du corps du
« contrôle, qui seul possède les moyens
« matériels, financiers et d'administration
« à l'aide desquels les services hospitaliers
« s'organisent et fonctionnent sur le champ
« de bataille, était le contraire du vrai.

« Dans l'opinion de la commission, le
« décret du 3 mai 1848, qui a surexcité au
« plus haut degré, dans le corps des offi-
« ciers de santé, les tendances vers une
« émancipation absolue, est d'origine révo-
« lutionnaire, c'est-à-dire qu'il appartient à
« une de ces époques où le trouble pénètre
« dans les esprits, dans les faits, dans les
« institutions, et où le principe d'autorité se
« fausse et s'énerve.

« La commission s'est préoccupée de ce
« danger, et elle a l'espoir qu'il lui suffira
« de l'avoir signalé pour qu'il soit prévenu,
« et pour que tous les bons esprits se ral-
« lient, dans une pensée commune d'ordre
« et de conservation, aux appréciations
« qu'elle a exprimées. »

Le projet de décret qui accompagne le
présent rapport écarte ce péril et réalise ce
vœu ; je le soumets avec confiance à votre
approbation, etc.

DÉCRET.

LOUIS-NAPOLÉON, Président de la
République française,

Vu les ordonnances des 12 août 1836, 6
février 1839, 24 mars 1840, la décision
royale du 17 décembre 1840, l'ordonnance
du 19 octobre 1841 et le décret du 3 mai
1848.

Considérant qu'il y a urgence de statuer
sur l'organisation du corps de santé de l'armée de terre ;

Sur le rapport du ministre de la guerre,

Décrète :

Ire SECTION. — institution du corps et
du conseil de santé de l'armée de
terre.

Art. 1er. *Institution du corps de santé
de l'armée de terre.* — Institution des officiers de santé militaire.—Il est institué un
corps d'officiers de santé militaire comprenant :

1° Les médecins chargés, sans distinction
de profession, de l'exercice de la médecine
et de la chirurgie dans les corps de troupe,
dans les hôpitaux et dans les ambulances;—
2° Les pharmaciens chargés de l'exercice
de la pharmacie dans les dépôts de médicaments, dans les hôpitaux et dans les ambulances.

L'action de ce corps s'accomplit aux armées et dans l'intérieur, sous l'autorité du ministre de la guerre, déléguée, suivant le cas, soit aux officiers chargés du commandement, soit aux fonctionnaires de l'intendance militaire.

Institution des officiers de santé auxiliaires.—Lorsque les ressources du cadre normal des officiers de santé militaires ne suffisent pas pour assurer l'exécution du service sanitaire dans les corps de troupe et dans les établissements hospitaliers, il peut être nommé des officiers de santé auxiliaires, qui sont commissionnés par le ministre ou requis par les intendants militaires.

2. *Institution du conseil de santé de l'armée de terre.*—Il est institué un conseil de santé composé de trois ou de cinq inspecteurs, désignés, chaque année, par le ministre de la guerre.

Un officier de santé du grade de principal ou de major est attaché au conseil en qualité de secrétaire.

IIᵉ SECTION. — HIÉRARCHIE DES OFFICIERS DE SANTÉ.

3. *Hiérarchie des officiers de santé militaires.*—La hiérarchie des médecins militaires comprend les grades ci-après : Médecin inspecteur. — Médecin principal de première classe. — Médecin principal de deuxième classe.— Médecin-major de première classe.—Médecin-major de deuxième classe. — Médecin aide-major de première classe. — Médecin aide-major de deuxième classe. — Cette hiérarchie forme une série distincte ; elle ne comporte aucune assimilation avec les grades de la hiérarchie militaire proprement dite.

La hiérarchie des pharmaciens militaires comprend les grades ci-après : Pharmacien inspecteur.—Pharmacien principal de première classe. — Pharmacien principal de deuxième classe. — Pharmacien-major de première classe. — Pharmacien-major de deuxième classe.— Pharmacien aide-major de première classe.—Pharmacien aide-major de deuxième classe. — Cette hiérarchie se définit dans les mêmes termes que celle des médecins.

4. *Hiérarchie des officiers de santé auxiliaires.*—Les médecins et les pharmaciens auxiliaires ne forment point de hiérarchie ; ils sont classés à la suite du cadre de la profession à laquelle ils appartiennent.

IIIᵉ SECTION. — SUBORDINATION DES OFFICIERS DE SANTÉ.

5. *Subordination des officiers de santé hors de leur hiérarchie.* — En ce qui concerne la discipline générale, tous les officier de santé sont soumis à l'autorité des officiers généraux.

En ce qui concerne le service des places, tous les officiers de santé sont soumis à l'autorité des commandants de place.

En ce qui concerne le service dans les corps de troupe, les officiers de santé attachés à un régiment sont subordonnés au colonel et au lieutenant-colonel ou à l'officier qui les remplace intérimairement.

Les officiers de santé attachés à un bataillon ou à un escadron formant corps sont subordonnés au chef de corps, ou à l'officier qui le remplace intérimairement.

L'officier de santé chargé du service sanitaire près d'une partie de corps détachée est subordonné à l'officier qui commande le détachement.

L'officier de santé qui fait un service de semaine est subordonné à l'officier supérieur de semaine.

En ce qui concerne le service dans les hôpitaux, les officiers de santé des deux professions employés dans les hôpitaux, dans les ambulances, dans les dépôts de convalescents, dans les postes sédentaires et dans les dépôts de médicaments, sont subordonnés, en matière de discipline, d'exécution des règlements et de police des hôpitaux, aux officiers de l'intendance militaire chargés de la direction administrative de ces établissements.— On entend par police des hôpitaux les ordres à donner pour maintenir l'exactitude dans les visites, les pansements, les distributions ; la propreté dans les salles et dans les cours ; le bon ordre et la tranquillité parmi les officiers de santé, les officiers d'administration et les infirmiers, ainsi que parmi les malades et blessés en traitement.

Tout officier de santé employé dans un établissement hospitalier qui croit avoir à se plaindre d'un abus d'autorité de la part de ses chefs adresse directement sa plainte au sous-intendant militaire, et, subsidiairement, à l'intendant de la direction ou du corps d'armée. Il s'adresse directement à ce dernier, si l'abus d'autorité vient du sous-intendant militaire.

Si la réclamation parvenue à ce degré de la hiérarchie administrative n'est pas accueillie, ou si l'abus d'autorité vient de l'intendant militaire, l'officier de santé a le droit de recourir au général commandant la division ou le corps d'armée.

6. *Subordination des officiers de santé dans leur hiérarchie.* — Les médecins employés dans un même corps de troupe, ou dans un même hôpital, sont soumis au principe de la subordination du grade inférieur au grade supérieur, en ce qui concerne

l'art de guérir et l'exécution du service. A grade égal, l'autorité immédiate est exercée par l'officier de santé le plus ancien de grade.

La subordination directe des pharmaciens militaires et auxiliaires se définit dans les mêmes termes que celle des médecins. — Les rapports entre les médecins et les pharmaciens sont déterminés par le règlement sur le service des hôpitaux.

IV⁰ SECTION. — ENSEIGNEMENT DE LA MÉDECINE ET DE LA PHARMACIE.

7. *Institution de l'Ecole spéciale de médecine et de pharmacie militaires.* — Il est institué une école dans laquelle sont réunis les élèves des facultés qui se destinent au corps de santé de l'armée de terre.

8. *Régime intérieur de l'Ecole spéciale de médecine et de pharmacie militaires.* — Les conditions d'admission dans cet établissement et son régime intérieur sont déterminés par un règlement spécial.

V⁰ SECTION. — FIXATION DU CADRE DES OFFICIERS DE SANTÉ MILITAIRES.

9. *Fixation du cadre des officiers de santé militaires en temps de paix.* — Cadre des médecins militaires. — Le cadre des médecins militaires est fixé, pour le temps de paix, par le tableau qui suit :

Médecins inspecteurs	7
Médecins principaux de 1ʳᵉ classe.	40
Médecins principaux de 2ᵉ classe.	40
Médecins-majors de 1ʳᵉ classe.	100
Médecins-majors de 2ᵉ classe.	220
Médecins aides-majors de 1ʳᵉ classe.	340
Médecins aides-majors de 2ᵉ classe.	340

Cadre des pharmaciens militaires. — Le cadre des pharmaciens militaires est fixé, pour le temps de paix, par le tableau qui suit :

Pharmacien inspecteur.	1
Pharmaciens principaux de 1ʳᵉ classe.	5
Pharmaciens principaux de 2ᵉ classe.	5
Pharmaciens-majors de 1ʳᵉ classe	15
Pharmaciens-majors de 2ᵉ classe.	30
Pharmaciens aides-majors de 1ʳᵉ classe.	45
Pharmaciens aides-majors de 2ᵉ classe.	45

10. *Fixation du cadre des officiers de santé militaires en temps de guerre.* — Le cadre des médecins et des pharmaciens militaires est le même en temps de guerre qu'en temps de paix.

Les fixations de l'effectif de chaque grade ne peuvent être modifiées que par un décret du chef de l'Etat.

VI⁰ SECTION. — FIXATION DU CADRE DES OFFICIERS DE SANTÉ AUXILIAIRES.

11. *Fixation du cadre des officiers de santé auxiliaires en temps de paix.* — Le cadre des médecins et pharmaciens civils commissionnés par le ministre de la guerre ou requis par les intendants militaires varie selon les besoins du service sanitaire dans les corps de troupe et dans les établissements de l'intérieur.

12. *Fixation du cadre des officiers de santé auxiliaires en temps de guerre.* — Ce cadre varie pareillement selon les besoins du service sanitaire des armées en campagne.

VII⁰ SECTION. — ADMISSION DANS LE CADRE DES OFFICIERS DE SANTÉ MILITAIRES.

13. *Admission d'origine dans le cadre des officiers de santé militaires.* — Les élèves de l'école spéciale de médecine militaire sont nommés médecins aides-majors de deuxième classe aux conditions suivantes : 1° Avoir passé à l'école de médecine militaire le temps qui sera déterminé par le règlement spécial sur le régime intérieur de cet établissement, et avoir satisfait aux examens de sortie ; 2° posséder le titre universitaire de docteur.

Les élèves de l'école spéciale de médecine militaire sont nommés pharmaciens aides-majors de deuxième classe aux mêmes conditions que les médecins, avec la différence que le titre de docteur en médecine doit être remplacé par celui de maître en pharmacie. Il sera tenu compte de la possession du titre de docteur en médecine.

14. *Admission latérale dans le cadre des officiers de santé militaires.* — Les médecins civils commissionnés par le ministre, conformément à l'article 15 du présent décret, ont droit au quart des emplois de médecin aide-major de deuxième classe, sous les conditions suivantes : 1° Avoir accompli deux ans de service et fait une campagne ; — 2° Posséder le titre de docteur en médecine.

Les pharmaciens civils commissionnés par le ministre, conformément à l'article 15 du présent décret, ont droit au quart des emplois de pharmacien aide-major de deuxième classe, sous l'accomplissement des mêmes conditions que celles imposées pour l'admission latérale des médecins, avec cette différence que le titre de maître en pharmacie remplace celui de docteur en médecine.

VIII⁰ SECTION. — ADMISSION DANS LE CADRE DES OFFICIERS DE SANTÉ AUXILIAIRES.

15. *Admission des officiers de santé auxiliaires commissionnés par le ministre.* — Les élèves en médecine pourront être commissionnés médecins aides-majors de deuxième classe, aux conditions suivantes :

1° Être Français ou naturalisé;—2° Avoir satisfait à la loi de recrutement;—3° Posséder le titre de docteur en médecine;—4° Produire un certificat du doyen de la faculté de médecine dans laquelle les épreuves pour le doctorat ont été passées, et constatant que l'élève a obtenu la note *satisfait*. Ce certificat devra, en outre, attester la moralité et la bonne conduite du candidat pendant la scolarité;—5° Justifier de vingt-six ans d'âge, au plus, au 1er janvier de l'année où la demande a été présentée; — 6° Satisfaire aux épreuves d'un examen dont le mode sera déterminé par une instruction spéciale; — 7° N'être atteint d'aucune infirmité qui rende impropre au service.

Les élèves en pharmacie pourront être commissionnés pharmaciens aides-majors de deuxième classe aux mêmes conditions que celles prescrites par l'alinéa précédent pour les élèves en médecine commissionnés médecins aides-majors, avec cette différence que le titre de maître en pharmacie remplacera celui de docteur-médecin.

16. *Admission des officiers de santé auxiliaires requis par les intendants militaires.* — Les médecins civils employés accidentellement dans les hôpitaux militaires ou dans les ambulances sont requis, par les intendants militaires, sur la proposition du sous-intendant militaire constatant l'insuffisance numérique des médecins appartenant au cadre normal; leur aptitude est préalablement constatée par le médecin militaire chef du service médical dans l'hôpital militaire du lieu. — Quand les médecins civils sont requis pour être employés ailleurs que dans les hôpitaux militaires ou dans les ambulances, ils sont choisis parmi ceux que la notoriété publique désigne comme ayant l'aptitude convenable.

Les pharmaciens civils sont requis par les intendants militaires aux mêmes conditions et sous l'accomplissement des mêmes formalités que celles prescrites par l'alinéa précédent pour la réquisition des médecins civils.

IXe SECTION.— FONCTIONS DES MÉDECINS.

17. *Fonctions des médecins inspecteurs.* —Fonctions des médecins inspecteurs agissant collectivement.—Les médecins inspecteurs désignés par le ministre font partie du conseil de santé des armées.

Le conseil est chargé, sous l'autorité du ministre de la guerre, de surveiller et de diriger, en ce qui concerne l'art de guérir, toutes les branches du service de santé et d'éclairer le ministre sur toutes les questions qui s'y rapportent.

Il entretient une correspondance suivie avec les officiers de santé des hôpitaux et des corps de troupe, et avec les officiers de santé en chef des armées, et en tout ce qui est relatif à la science et à l'art de guérir.

Il donne un avis consultatif sur la désignation des officiers de santé pour les divers emplois du service sanitaire : les notes ou rapports sur le personnel des deux professions, et les épreuves subies par les médecins-majors à l'effet de constater leur aptitude spéciale aux fonctions de la médecine ou de la chirurgie, sont les éléments de ce travail.

Il concourt, dans la commission mixte instituée par l'article 24, au classement des propositions pour l'avancement au tour du choix.

Fonctions des médecins inspecteurs agissant isolément.—Les médecins inspecteurs sont chargés des inspections médicales annuelles ou extraordinaires, pour lesquelles ils reçoivent des instructions.

Ils pourront être employés à la direction du service médical des armées et aux missions spéciales que le ministre leur confiera.

18. *Fonctions des médecins principaux, majors et aides-majors.*—Fonctions des médecins principaux. — Les médecins principaux peuvent être attachés aux corps d'armée en campagne; ils y remplissent, auprès de l'intendant d'armée, des fonctions analogues à celles du conseil de santé auprès du ministre.

Ils sont employés comme chefs du service médical dans les établissements hospitaliers militaires ou civils : leurs attributions, dans cette fonction, sont déterminées par le règlement sur le service des hôpitaux.

Fonctions des médecins-majors. — Les médecins-majors de première et de deuxième classe sont employés comme médecins traitant dans les établissements hospitaliers, et comme chefs du service de santé dans les corps de troupe.

Leur aptitude à l'exercice des fonctions de la médecine ou de la chirurgie dans les hôpitaux est préalablement constatée par des épreuves dont le programme est rédigé par le conseil de santé.

Fonctions des médecins aides-majors. — Les deux classes des médecins aides-majors sont divisées chacune en deux sections : cette division s'opère par rang d'ancienneté, elle n'a d'autre but que de rendre possible le roulement de ces officiers de santé du service hospitalier au service régimentaire, et réciproquement, de manière à supprimer le séjour prolongé d'une partie du cadre dans les corps de troupe.

Les médecins aides-majors compris dans la deuxième section de la deuxième classe sont employés dans les corps de troupe à leur sortie de l'école de médecine militaire.

Les médecins aides-majors compris dans la première section de la deuxième classe sont employés dans les établissements hospitaliers.

Les médecins aides-majors compris dans la deuxième section de la première classe sont employés dans les corps de troupe.

Les médecins aides-majors compris dans la première section de la première classe sont employés dans les établissements hospitaliers.

Fonctions des médecins auxiliaires. — Les médecins auxiliaires, commissionnés par le ministre de la guerre ou requis par les intendants militaires, sont employés dans les fonctions d'aide-major ; ils ne peuvent être chargés des fonctions de médecin-major qu'à défaut d'officiers de santé militaire.

Xe SECTION. — FONCTIONS DES PHARMACIENS.

19. *Fonctions du pharmacien inspecteur.* — Le pharmacien inspecteur participe aux travaux et aux attributions du conseil de santé ; il peut être chargé de faire des inspections, en ce qui concerne spécialement le service pharmaceutique, lorsque le ministre de la guerre le juge utile.

20. *Fonctions des pharmaciens principaux, majors et aides-majors.* — Fonctions des pharmaciens principaux. — Les pharmaciens principaux peuvent être attachés aux armées comme chefs du service pharmaceutique.

Ils sont employés dans les dépôts de médicaments et dans les hôpitaux les plus importants.

Fonctions des pharmaciens-majors et aides-majors. Les pharmaciens majors et aides-majors des deux classes sont employés dans les dépôts de médicaments, dans les hôpitaux militaires et dans les ambulances actives.

XIe SECTION. — CONDITIONS DE L'AVANCEMENT.

21. *Temps d'ancienneté exigé pour l'avancement aux divers grades dans les professions de médecine et de pharmacie.* — Fixation normale du temps d'ancienneté. — Nul ne peut être nommé aide-major de deuxième classe s'il ne réunit les conditions prescrites par les articles 13 et 14 du présent décret, selon qu'il s'agit d'une admission d'origine ou d'une administration latérale.

Nul ne peut être nommé aide-major de première classe s'il n'a servi au moins deux ans dans le grade d'aide-major de deuxième classe.

Nul ne peut être nommé major de deuxième classe s'il n'a servi au moins deux ans dans le grade d'aide-major de première classe.

Nul ne peut être nommé major de première classe s'il n'a servi au moins quatre ans dans le grade de major de deuxième classe.

Nul ne peut être nommé principal de deuxième classe s'il n'a servi au moins trois ans dans le grade de major de première classe.

Nul ne peut être nommé principal de première classe s'il n'a servi au moins deux ans dans le grade de principal de deuxième classe.

Nul ne peut être nommé inspecteur s'il n'a servi au moins trois ans dans le grade de principal de première classe.

L'ancienneté pour l'avancement aux divers grades de la hiérarchie des officiers de santé est déterminé selon les prescriptions des articles 15, 16 et 17 de la loi du 14 avril 1832 sur l'avancement dans l'armée.

Fixation exceptionnelle du temps d'ancienneté. — Le temps d'ancienneté exigé pour passer d'un grade à un autre pourra être réduit de moitié à la guerre ou dans les colonies.

Il ne pourra être dérogé aux conditions d'ancienneté imposées par le présent article, pour passer d'un grade à un autre, si ce n'est,

1° Pour acte de dévouement ou de courage dûment justifié et mis à l'ordre du jour de l'armée ou de la division ; — 2° Lorsqu'il ne sera pas possible de pourvoir autrement au remplacement des vacances.

22. *Tours de l'avancement réservés à l'ancienneté et au choix.* — Avancement au grade d'aide-major de deuxième classe.

Les trois quarts des emplois vacants dans le grade d'aide-major de deuxième classe sont attribués, dans l'ordre de classement résultant des examens de sortie, aux élèves de l'école de médecine militaire réunissant les conditions prescrites par l'article 13.

Le dernier quart de ces emplois est attribué, quand il y a lieu, aux aides-majors commissionnés par le ministre et réunissant les conditions prescrites par l'art. 14. Cette proportion peut être dépassée quand l'école de médecine militaire ne peut fournir le nombre de sujets nécessaires pour le recrutement du cadre normal.

Avancement au grade d'aide-major de première classe. — Les deux premiers tiers des emplois vacants dans le grade d'aide-major de première classe sont attribués au tour de l'ancienneté. Le dernier tiers de ces emplois est attribué au tour du choix.

Avancement au grade de major de deuxième classe.—Les deux premiers tiers des emplois vacants dans le grade de major de deuxième classe sont attribués au tour de l'ancienneté. Le dernier tiers de ces emplois est attribué au tour du choix.

Avancement au grade de major de première classe. — La moitié des emplois vacants dans le grade de major de première classe est attribué au tour de l'ancienneté. L'autre moitié de ces emplois est attribuée au tour du choix.

Avancement aux grades supérieurs à celui de major de première classe. — La totalité des emplois vacants dans les grades de médecin et de pharmacien principal des deux classes et dans celui de médecin et de pharmacien inspecteur est attribuée au tour du choix.

XIIᵉ SECTION. — PROPOSITIONS POUR L'AVANCEMENT.

23. *Mode des propositions des officiers de santé pour l'avancement au tour du choix.* — Propositions périodiques. — Dans les corps de troupes, l'initiative des propositions d'avancement concernant les médecins aides-majors appartient au médecin-major, sous la réserve de l'acceptation du chef du corps : cette initiative appartient au chef de corps, en ce qui concerne le médecin-major.

Dans les établissements hospitaliers, l'initiative des propositions d'avancement concernant les officiers de santé qui ne sont pas chefs de service appartient au chef de service de chaque profession, sous la réserve de l'acceptation du sous-intendant militaire chargé de la direction administrative de l'établissement : cette initiative appartient au sous-intendant militaire en ce qui concerne le médecin et le pharmacien chefs de service.

Les chefs de corps remettent aux inspecteurs médicaux, à l'époque de leurs inspections, les mémoires de proposition qu'ils ont établis en faveur des médecins-majors, ainsi que les mémoires de proposition qu'ils ont acceptés en faveur des médecins aides-majors.

Les sous-intendants militaires procèdent d'après les mêmes principes pour les mémoires de proposition établis en faveur des officiers de santé des deux professions employées dans les établissements hospitaliers.

Les inspecteurs médicaux, ayant recueilli les renseignements propres à les fixer sur le mérite des candidats, émettent leur avis motivé sur chacun des mémoires de proposition qu'ils transmettent aux inspecteurs généraux d'armes, en ce qui concerne les officiers de santé employés dans les corps de troupe, et aux intendants militaires inspecteurs, en ce qui concerne les officiers de santé employés dans les hôpitaux. Ils ont la faculté d'établir des mémoires de proposition en faveur des candidats dont les titres ne leur paraîtraient pas avoir été suffisamment appréciés. Ces mémoires de proposition reçoivent la même destination que les précédents.

Les inspecteurs généraux d'armes, ou les intendants militaires inspecteurs, selon la catégorie du personnel, émettent un avis motivé sur les divers mémoires de proposition qu'ils transmettent, sans augmentation ni diminution, au ministre, avec le travail d'inspection.

Propositions exceptionnelles.—En temps de guerre, et dans toutes les circonstances où il y a lieu d'accorder de l'avancement aux officiers de santé hors de la période des inspections médicales, les mémoires de proposition sont établis selon les mêmes règles que pour les propositions périodiques, mais ils sont adressés directement, par les chefs de corps ou par les sous-intendants militaires, soit aux officiers généraux investis de l'autorité supérieure du commandement, soit aux intendants militaires chargés de la direction supérieure des services administratifs.

24. *Classement des propositions pour l'avancement au tour du choix.*—Composition de la commission de classement. — Les propositions pour l'avancement à chaque grade sont classées par une commission instituée au ministère de la guerre et composée de

Un général de division, président ;

Deux intendants militaires ;

Trois médecins inspecteurs.

Des médecins inspecteurs qui ont été chargés d'inspections médicales peuvent prendre part, avec voix consultative, aux délibérations de la commission, quand le ministre de la guerre le juge utile.

Mode du classement des propositions. — Les propositions pour l'avancement au choix sont classées pour chaque grade, jusqu'à celui de médecin principal de première classe inclus, suivant l'ensemble des titres de chacun des officiers de santé qu'elles concernent, et d'après l'examen comparatif de tous les renseignements mis à la disposition de la commission de classement. La commission applique ensuite, à chaque grade, la limitation numérique arrêtée par le ministre, et forme le tableau d'avancement définitif.

XIIIe SECTION. — DES DÉCORATIONS ACCORDÉES AUX OFFICIERS DE SANTÉ.

25. *Mode des propositions pour l'admission ou l'avancement dans l'ordre de la Légion d'honneur.* — Les propositions périodiques et les propositions exceptionnelles, pour l'admission ou l'avancement dans l'ordre de la Légion d'honneur, sont établies d'après les mêmes principes et soumises aux mêmes formalités que les propositions pour l'avancement dans la hiérarchie.

26. *Classement des propositions pour l'admission ou l'avancement dans l'ordre de la Légion d'honneur.*—Ces propositions sont classés dans chaque grade de l'ordre, par la même commission et d'après les mêmes principes que les propositions pour l'avancement dans la hiérarchie.

XIVe SECTION.—HONNEURS ET PRÉSÉANCES ATTRIBUÉS AUX OFFICIERS DE SANTÉ.

27. *Honneurs militaires attribués aux officiers de santé.* — Honneurs rendus par les sentinelles.—Les médecins et les pharmaciens inspecteurs reçoivent le salut des sentinelles par la présentation de l'arme.

Les médecins et les pharmaciens principaux, les médecins et pharmaciens-majors et aides-majors reçoivent le salut des sentinelles par le port de l'arme.

Les médecins et les pharmaciens commissionnés reçoivent le même salut que les aides-majors du cadre constitutif.

Honneurs funèbres. — Les médecins et les pharmaciens inspecteurs reçoivent les honneurs funèbres par trois détachements quand ils décèdent en activité, et par deux détachements quand ils décèdent en retraite.

Les médecins et pharmaciens principaux reçoivent les honneurs funèbres par deux détachements quand ils décèdent en activité, et par un détachement quand ils décèdent en retraite.

Les médecins et les pharmaciens-majors reçoivent les honneurs funèbres par un détachement, quelle que soit leur position au jour de leur décès.

Les médecins et les pharmaciens aides-majors reçoivent les honneurs funèbres par un demi-détachement, quelle que soit leur position au jour de leur décès.

Les médecins et pharmaciens commissionnés par le ministre reçoivent les mêmes honneurs funèbres que les aides-majors du cadre normal.

28. *Rang de préséance attribué aux officiers de santé.* — Les officiers de santé militaires et auxiliaires, employés dans les corps de troupe, prennent leur rang de préséance à la suite de l'état-major du corps auquel ils sont attachés.

Les officiers de santé militaires et auxiliaires, employés dans les hôpitaux, prennent leur rang de préséance à la suite des officiers des états-majors particuliers de l'artillerie et du génie.

Les médecins et les pharmaciens principaux, chefs du service de santé d'une armée, lorsqu'ils se trouvent dans une réunion dont font partie d'autres officiers de santé, prennent leur rang de préséance à la suite des état-majors particuliers de l'artillerie et du génie. Les mêmes, lorsqu'ils se trouvent isolés, prennent leur rang de préséance à l'état-major général et à la suite des officiers de l'intendance militaire.

Les médecins et les pharmaciens inspecteurs prennent leur rang de préséance à la même place que les médecins et les pharmaciens principaux, chefs du service de santé d'une armée.

XVe SECTION. — UNIFORME DES OFFICIERS DE SANTÉ.

29. *Uniforme des officiers de santé militaires.* — La section de la médecine est distinguée par le collet et les parements de l'habit en velours cramoisi pour tous les grades.

La section de pharmacie est distinguée par le collet et les parements de l'habit en velours vert clair.

Aucun changement n'est apporté à la forme des broderies actuellement en usage pour la distinction des grades ; les médecins et les pharmaciens-majors de première classe ajouteront seuls une baguette aux parements de l'habit.

30. *Uniforme des officiers de santé auxiliaires.* — Les médecins et les pharmaciens civils commissionnés par le ministre portent le même uniforme que les aides-majors de leur profession respective.

Les médecins et les pharmaciens civils requis par les intendants militaires ne portent point d'uniforme ; ils accomplissent leurs fonctions, soit dans les corps de troupe, soit dans les établissements hospitaliers, en tenue de ville.

XVIe SECTION. — TENUE DES OFFICIERS DE SANTÉ.

31. *Obligation de la tenue pour les officiers de santé militaires.* — Les officiers de santé militaires employés dans les corps de troupe sont obligés, dans le service comme hors du service, de porter la tenue prescrite par le chef du corps auquel ils appartiennent.

Les officiers de santé employés dans les établissements sont obligés d'être en tenue dans le service, soit intérieur, soit extérieur. Ils en sont dispensés hors du service.

32. *Obligation de la tenue pour les officiers de santé auxiliaires.* — Les officiers de santé commissionnés par le ministre sont soumis aux mêmes obligations de tenue que les officiers de santé militaires, selon qu'ils sont employés dans un corps de troupe ou dans un établissement hospitalier.

Les officiers de santé requis par les intendants militaires ne sont soumis, dans aucun cas, aux obligations de la tenue.

XVIIe SECTION. — DES PRESTATIONS EN DENIERS ET EN NATURE.

33. *Des prestations en deniers allouées aux officiers de santé.* —Les prestations en deniers allouées aux officiers de santé militaires et auxiliaires sont fixées par le tarif n° 1 annexé au présent décret.

34. *Des prestations en nature allouées aux officiers de santé.* — Les prestations allouées aux officiers de santé en vivres, chauffage et fourrages, sont fixées par le tarif n° 2 annexé au présent décret.

XVIIIe SECTION. — DES PENSIONS DE RETRAITE ET DE RÉFORME.

35. *Des pensions de retraite ou de réforme attribuées aux officiers de santé militaire.* — Des pensions de retraite des officiers de santé militaires. — Les pensions de retraite des médecins et des pharmaciens militaires sont liquidées aux mêmes conditions et d'après les mêmes formalités que celles prescrites par la loi du 11 avril 1831, et les ordonnances d'exécution de cette loi, sauf les modifications suivantes :

1° Il sera compté aux médecins et aux pharmaciens, pour la retraite, cinq années de service, à titre d'études préliminaires, antérieurement à leur admission dans le corps des officiers de santé dans le grade de médecin ou de pharmacien aide-major de deuxième classe, conféré suivant la teneur des articles 13, 14, 12 et 25 ; — 2° Les médecins et les pharmaciens réunissant les conditions réglementaires pour l'obtention de leur pension de retraite, à titre d'ancienneté de service, seront admis d'office à la retraite quand ils auront atteint les limites d'âge ci-après fixées :

Médecins et pharmaciens inspecteurs, soixante-quatre ans ;

Médecins et pharmaciens principaux des deux classes, soixante ans ;

Médecins et pharmaciens-majors de première classe, cinquante-huit ans ;

Médecins et pharmaciens - majors de deuxième classe, cinquante-six ans ;

Médecins et pharmaciens aides-majors des deux classes, cinquante ans.

3° Les tarifs des pensions de retraite annexés à la loi du 11 avril 1831 sont appliqués aux officiers de santé comme il suit :

DÉSIGNATION DES GRADES.	QUOTITÉ DE LA PENSION de retraite.	
	Minimum.	Maximum.
	fr.	fr.
Médecins et pharmaciens inspecteurs.	3,000	4,000
Médecins et pharmaciens principaux de 1re classe.	2,400	3,000
Médecins et pharmaciens principaux de 2e classe.	1,800	2,400
Médecins et pharmaciens-majors de 1re classe.	1,500	2,000
Médecins et pharmaciens-majors de 2e classe.	1,200	1,600
Médecins et pharmaciens aides-majors de 1re classe.	800	1,200
Médecins et pharmaciens aides-majors de 2e classe.	600	1,000

Des pensions de réforme des officiers de santé militaires. — Les traitements et les pensions de réforme acquis aux officiers de santé appartenant au cadre normal sont concédés et tarifés conformément aux prescriptions des articles 18, 19, 20 et 21 de la loi du 19 mai 1834.

36. *Des pensions de retraite ou de réforme attribuées aux officiers de santé auxiliaires.* — Des pensions attribuées aux officiers de santé auxiliaires commissionnés par le ministre. — En ce qui concerne les pensions pour ancienneté de service, le temps accompli par les officiers de santé auxiliaires commissionnés par le ministre de la guerre ne leur est compté, pour l'obtention d'une pension de retraite ou de réforme, que sous l'expresse condition qu'ils seront ultérieurement admis dans le cadre normal. Dans ce cas, les droits sont constatés d'après les mêmes formalités, et les pensions sont liquidées d'après le même tarif que pour les officiers de santé militaires appartenant au cadre normal.

En ce qui concerne les pensions pour blessures ou infirmités, les droits acquis par les officiers de santé auxiliaires commissionnés sont constatés et liquidés d'après les mêmes règles que pour les officiers de santé appartenant au cadre normal.

Des pensions attribuées aux officiers de santé auxiliaires requis par les intendants militaires. — En ce qui concerne les pensions pour ancienneté de service, le temps accompli par les officiers de santé auxiliaires requis par les intendants militaires ne leur donne aucun droit à l'obtention d'une pension de retraite ou de réforme, alors même qu'ils seraient ultérieurement admis dans le cadre normal.

En ce qui concerne les pensions pour blessures ou infirmités, le droit ne peut être concédé que par une disposition législative spéciale.

XIXe SECTION. — ÉTAT CIVIL DES OFFICIERS DE SANTÉ.

37. *État civil des officiers de santé du cadre normal.* — Les actes de l'état civil des officiers de santé du cadre normal sont régis par la loi commune aux officiers des autres corps de l'armée, selon qu'ils se trouvent sur le territoire ou hors du territoire national.

En ce qui concerne les mariages, ces officiers sont soumis aux obligations du décret du 16 juin 1808 et aux actes ultérieurs qui en ont confirmé ou développé les dispositions.

38. *État civil des officiers de santé du cadre auxiliaire.* — L'état civil des officiers de santé commissionnés et des officiers de santé requis est réglé par la loi civile, sans qu'il leur soit fait application du décret du 16 juin 1808 en ce qui concerne le mariage.

XXe SECTION. — ÉTAT MILITAIRE DES OFFICIERS DE SANTÉ.

39. *État militaire des officiers de santé du cadre normal.* — Le grade des médecins et des pharmaciens militaires est conféré, sur la proposition du ministre de la guerre, par décret du chef de l'État ; sa possession est consacrée par la loi du 19 mai 1834.

L'emploi des médecins et des pharmaciens militaires est conféré par décision du ministre de la guerre, il peut être retiré,

1° Par l'admission de son titulaire à la non-activité ou à la réforme, selon les formalités prescrites par la loi du 19 mai 1834 ;
— 2° Par l'admission de son titulaire à la retraite, sous l'accomplissement des formalités réglementaires et dans les limites d'âge déterminées par l'article 35 du présent décret.

40. *État militaire des officiers de santé du cadre auxiliaire.* — Les fonctions des médecins et des pharmaciens auxiliaires ne leur confèrent pas de grade militaire dans l'armée.

L'emploi des médecins et des pharma

ciens civils commissionnés par le ministre est conféré par lettre ministérielle, et sous l'accomplissement des formalités prescrites par l'article 15 du présent décret. Cet emploi ne conférant pas un grade militaire, les médecins civils qui en sont titulaires sont licenciés quand les circonstances qui ont motivé leur admission ont cessé.

L'emploi des médecins et des pharmaciens civils requis par les intendants militaires est conféré par lettre de ces fonctionnaires ; il cesse avec les circonstances qui ont motivé la réquisition.

XXIe SECTION. — DISPOSITIONS TRANSITOIRES.

41. *Dispositions transitoires en ce qui concerne la profession de la médecine.* — Les dispositions transitoires, en ce qui concerne la fusion des professions actuelles de médecine et de chirurgie, et le passage de l'ancienne organisation à la nouvelle, seront réglées par le ministre de la guerre, sous la réserve, néanmoins, des droits acquis par les officiers de santé appartenant aujourd'hui à la section de médecine, qui, jusqu'à promotion à un nouveau grade, resteront attachés au service des hôpitaux, ambulances et postes sédentaires, nonobstant le classement par rang d'ancienneté de ces officiers de santé dans la deuxième section du grade d'aide-major de première classe.

Les chirurgiens sous-aides actuels qui seront classés dans la section de médecine ne seront admis à jouir du bénéfice du présent décret, en ce qui concerne l'avancement dans la hiérarchie et la solde, qu'autant qu'ils auront justifié de la possession du diplôme de docteur en médecine, et satisfait à des épreuves d'aptitude analogues à celles exigées jusqu'à présent pour la promotion au grade d'aide-major. Ceux qui ne rempliront pas cette condition resteront dans leur position actuelle et seront comptés en déduction de l'effectif du grade d'aide-major de deuxième classe pendant un délai d'un an, à l'expiration duquel un décret du chef de l'État statuera sur leur position.

42. *Dispositions transitoires en ce qui concerne la profession de la pharmacie.* — Le titre de maître en pharmacie n'est pas obligatoire pour l'inscription, dans les nouveaux cadres, des pharmaciens militaires aujourd'hui pourvus du titre de docteur en médecine.

Les chirurgiens sous-aides actuels qui seront classés dans la section de la pharmacie seront soumis aux mêmes obligations que les sous-aides classés dans la section de la médecine, avec la différence que le diplôme de maître en pharmacie remplacera celui de docteur en médecine.

43. Dispositions transitoires en ce qui concerne les pensions.—Les officiers de santé pourvus, à l'époque de la promulgation du présent décret, des grades de médecin ordinaire de deuxième classe ; de chirurgien et de pharmacien-major de deuxième classe ; de chirurgien et de pharmacien aide-major de deuxième classe, conserveront, en cas d'admission à la retraite de ces grades, les droits à la pension déterminée par le tarif annexé à la loi du 11 avril 1831.

La date de nomination aux grades ci-dessus spécifié sera prise en considération pour l'attribution du supplément du cinquième en sus à ceux des officiers qui seraient retraités dans ces grades, ou à ceux qui complèteraient, dans les nouveaux grades de major ou d'aide-major de première classe, la période de douze ans déterminée par l'article 11 de la loi du 11 avril 1831.

XXIIᵉ SECTION. — DISPOSITIONS FINALES.

44. Abrogation de la législation antérieure. — Toutes dispositions antérieures contraires à la teneur du présent décret sont et demeurent abrogées.

45. Exécution du décret. — Le ministre de la guerre est chargé de l'exécution du présent décret, etc. (*Bull.* 520, nº 3969.)

Nº 67. — (24 mars 1852.) — DÉCRET *qui abroge l'article 4 de la loi du 18 mai 1850, portant que l'affectation d'un immeuble national à un service public ne pourra être faite que par une loi.*

LOUIS-NAPOLÉON, PRÉSIDENT DE LA **RÉPUBLIQUE FRANÇAISE,**

Vu la loi du 18 mai 1850, portant que l'affectation d'un immeuble national à un service public ne pourra être faite que par une loi ;

Considérant que les nécessités des services sont souvent urgentes, et que l'affectation d'un immeuble à un service public n'altère en rien son caractère domanial,

DÉCRÈTE :

ARTICLE UNIQUE. L'article 4 de la loi du 18 mai 1850 est abrogé, etc. (*Bull.* 506, nº 3840.)

Nº 68.—(24 mars 1852.)—DÉCRET *relatif à la commune de Lyon.*

LOUIS-NAPOLÉON, PRÉSIDENT DE LA **RÉPUBLIQUE FRANÇAISE,**

Sur le rapport du ministre de l'intérieur ;

Le conseil d'Etat entendu,

DÉCRÈTE :

ART. 1er. Les communes de la Guillotière, la Croix-Rousse et Vaise, sont réunies à la commune de Lyon.

2. Il sera statué par une loi spéciale sur la proposition et le mode de nomination des membres du conseil municipal de Lyon.

Provisoirement, une commission municipale de trente membres, nommée par le président de la République, remplit les fonctions du conseil municipal. Elle est présidée par un de ses membres, désigné par le Président de la République.

3. Le préfet du Rhône administre la commune de Lyon ; il assiste aux séances de la commission municipale.

La commission municipale ne s'assemble que sur la convocation du préfet. Elle ne peut délibérer que sur les questions que lui soumet le préfet et lorsque la majorité de ses membres assiste à la séance.

4. La commune de Lyon est divisée en cinq arrondissements municipaux, conformément au plan annexé au présent décret.

5. Dans chacun des arrondissements municipaux de la commune de Lyon, il y aura un maire et deux adjoints.

Ils seront chargés de la tenue des registres de l'état civil ; leurs autres attributions seront déterminées par un règlement d'administration publique.

6. Les communes réunies par l'article premiers ci-dessus conservent provisoirement les rayons actuels de leurs octrois et les tarifs d'après lesquels ils sont perçus actuellement.

Les contributions directes et indirectes dont le taux est déterminé à raison de la population continueront provisoirement à être établies, dans ces communes, d'après la population particulière de chacune d'elles.

7. Les autres conditions de la réunion seront déterminées par un décret, conformément au titre 1er de la loi du 18 juillet 1837.

8. Les communes de Villeurbane, Vaux, Bron et Venissieux, sont distraites du département de l'Isère et réunies au département du Rhône.

Elles feront partie du canton de la Guillotière.

9. Les dispositions de l'article premier de la loi du 19 juin 1851, sur l'agglomération lyonnaise, sont applicables aux communes de Saint-Rambert, Villeurbane, Vaux, Bron et Venissieux.

10. Les dispositions des lois antérieures, et notamment de la loi du 19 juin 1851, qui

seraient contraires au présent décret, sont abrogées.

11. Les ministres de l'intérieur et des finances sont chargés, chacun en ce qui le concerne, de l'exécution du présent décret, etc. (*Bull.* 510, n° 3874.)

N° 69.—(24 mars 1852.)—Décret *qui autorise le cumul en faveur des officiers et sous-officiers employés dans l'administration des palais nationaux.*

LOUIS-NAPOLÉON, Président de la République française,

Décrète :

Art. 1er. Les officiers et sous-officiers employés dans l'administration des palais nationaux pourront cumuler leur traitement militaire, ou pension de retraite, avec leur traitement d'activité comme employés des palais nationaux, et ne seront pas soumis à la retenue pour cumul, exigée par le décret du 12 août 1848.

2. Le ministre d'État et le ministre des finances sont chargés, chacun en ce qui concerne, de l'exécution du présent décret, etc. (*Bull.* 513, n° 3896.)

N° 70.—(24 mars 1852.)—Décret *sur l'administration du Mont-de-Piété de Paris.*

LOUIS-NAPOLÉON, Président de la République française,

Sur le rapport du ministre de l'intérieur, de l'agriculture et du commerce,

Décrète :

Art. 1er. L'administration du mont-de-piété de Paris est placée sous l'autorité du préfet de la Seine et du ministre de l'intérieur ;

Elle est confiée à un directeur responsable, sous la surveillance d'un conseil dont les attributions sont ci-après déterminées (1).

2. Le directeur est nommé par le ministre de l'intérieur sur une liste triple de candidats présentés par le préfet de la Seine.

3 Le directeur exerce son autorité sur les services intérieurs et extérieurs ;

Il prépare les budgets, ordonnance toutes les dépenses et présente le compte de son administration ;

Il représente le mont-de-piété en justice, soit en demandant, soit en défendant.

4. Le conseil de surveillance institué par l'article 1er est composé ainsi qu'il suit :

Le préfet de la Seine, président ;

Le préfet de police ;

Trois membres du conseil municipal ;

Trois membres pris, soit dans le conseil de surveillance de l'assistance publique, soit parmi les administrateurs des bureaux de bienfaisance ;

Trois citoyens domiciliés dans Paris (2).

5. Les membres du conseil de surveillance, autres que les préfets de la Seine et de police, sont choisis par le ministre de l'intérieur, sur des listes triples présentées par le préfet de la Seine (3).

6. Les membres du conseil, à l'exception des deux préfets, sont renouvelés par tiers tous les deux ans ;

Le renouvellement des deux premiers tiers a lieu par la voie du sort ;

Le membre qui sera nommé par suite de vacance provenant de décès ou de toute autre cause sortira du conseil au moment où serait sorti le membre qu'il aura remplacé ;

Les membres sortants sont rééligibles (4).

7. Le conseil est présidé par le préfet de la Seine, et, à son défaut, par un vice-président choisi par le conseil dans son sein, et élu tous les ans ;

---

(1) Sous l'empire du règlement du 8 thermidor an 13, le directeur du mont-de-piété était tout à la fois ordonnateur et comptable tant en recettes qu'en dépenses. Les règles nouvelles de la comptabilité publique ne permettant plus de cumuler les fonctions d'ordonnateur et de comptable, le directeur ne pouvait plus être chargé du maniement des fonds (*Ordonn.* du 12 janv. 1831, art. 3). Conséquemment, il n'était plus responsable des décisions et n'avait plus de cautionnement.

Le décret du 24 mars 1852 (*art.* 1er) le déclare responsable. Mais il ne s'agit que de la responsabilité qui incombe à tout ordonnateur. Ainsi aucun changement n'est apporté à ce qui existait : car le directeur n'a jamais cessé d'être responsable de ses ordonnancements.

Le mont-de-piété était régi par un directeur, sous la surveillance du conseil d'administration (*Ordonn.* du 3 nov. 1831, art. 1er). L'administration en est con-

fiée à un directeur responsable, sous la surveillance d'un conseil. Le conseil n'est plus appelé qu'à donner des avis (*Art.* 8 *du décret*).

(2) Le conseil d'administration était composé de huit membres, pris, savoir : quatre membres dans le conseil général des hospices, deux dans le conseil général de la Seine, un membre de la chambre du commerce et un régent de la banque de France (*Art.* 1er *de l'ordonn. du* 12 janv. 1831).

(3) Les membres du conseil d'administration étaient nommés par le ministre de l'intérieur sur des listes triples présentées par les différents corps dont ils devaient être tirés (*Art.* 2 *de l'Ordonn. du* 12 janv.).

(4) Les fonctions des membres du conseil d'administration duraient quatre ans Ils étaient renouvelés chaque année par quart. Ils ne pouvaient être réélus qu'après une année d'intervalle (*Art.* 2 *de l'Ordonn. du* 12 janv.).

En cas de partage, la voix du président est prépondérante ;

L'un des inspecteurs remplit les fonctions de secrétaire du conseil ;

Le préfet convoque le conseil au moins une fois chaque mois ;

Le conseil se réunit plus souvent, s'il y a lieu, sur la convocation du préfet (1).

8. Le conseil de surveillance est appelé à donner son avis sur les objets ci-après énoncés :

1° Les budgets et les comptes ; — 2° Les projets de travaux neufs, de grosses réparations ou de démolition ; — 3° L'acceptation ou la répudiation des dons et legs faits au mont-de-piété ; — 4° Les actions judiciaires et les transactions ; — 5° La fixation du taux de l'intérêt des prêts et des emprunts ; — 6° Les règlements du service ; — 7° Les cahiers des charges des adjudications de travaux et fournitures ;

Et en général, tous les actes de propriété et de gestion qui intéressent l'établissement.

9. Le directeur de l'administration du mont-de-piété assiste aux séances du conseil de surveillance.

10. Le directeur a sous ses ordres tout le personnel de l'administration.

11. Les employés de tout grade sont nommés par le préfet, sur une liste triple de candidats présentés par le directeur.

Le directeur nomme les surveillants et gens de service.

Les révocations sont prononcées par l'autorité à laquelle est attribuée la nomination (2).

12. Toutes les dispositions législatives ou réglementaires contraires au présent décret sont rapportées.

13. Le ministre de l'intérieur, de l'agriculture et du commerce, est chargé de l'exécution du présent décret, qui sera inséré au *Bulletin des Lois*, etc. (*Bull.* 514, n° 3907.)

N° 71.—(24 mars 1852.) — DÉCRET *relatif aux dotations qui peuvent être allouées aux membres du Sénat* (3).

LOUIS-NAPOLÉON, PRÉSIDENT DE LA RÉPUBLIQUE FRANÇAISE,

Vu l'article 22 de la Constitution,

DÉCRÈTE :

ART. 1er. Les dotations qui peuvent être allouées aux membres du Sénat, en vertu de l'article 22 de la Constitution, seront constituées par décrets individuels au nom des titulaires.

2. Les dotations sont payées par semestre, en vertu de mandats individuels délivrés par le grand référendaire sur le trésorier du Sénat.

3. Ces dotations sont incessibles et insaisissables ; elles ne sont pas soumises aux lois du cumul qui régissent les appointements, traitements, pensions ou retraites, à moins qu'il n'en soit autrement ordonné par le décret d'institution.

4. Le ministre d'État et le ministre des finances sont chargés, chacun en ce qui le concerne, de l'exécution du présent décret, etc. (*Bull.* 518, n° 3946.)

N° 72. — (24 mars 1852.) — DÉCRET *ayant pour objet de faciliter le mariage des Français qui résident aux îles de la Société et dans les autres établissements français de l'Océanie.*

LOUIS-NAPOLÉON, PRÉSIDENT DE LA RÉPUBLIQUE FRANÇAISE,

Vu la situation faite aux Français qui résident aux îles de la Société dans l'Océanie, par le protectorat de la France établi dans ces possessions lointaines ;

Considérant qu'il y a lieu de donner à nos nationaux, dans ces contrées, des facilités pour contracter des mariages réguliers ;

Sur le rapport du ministre de la marine et des colonies, et de l'avis du garde des sceaux, ministre de la justice,

DÉCRÈTE :

ART. 1er. Les personnes résidant aux îles de la Société et dans les autres établissements français de l'Océanie, dont la famille est domiciliée en France et qui se trouvent

---

(1) A défaut du préfet, le conseil d'administration était présidé par le membre le plus ancien de ceux qui étaient présents, et, à l'ancienneté égale, par le plus âgé.

Les décisions étaient prises à la majorité des membres présents. En cas de partage, la question était renvoyée à une autre séance.

(2) Les directeur, sous-directeur, premier inspecteur, chef de la comptabilité, caissier et chefs des magasins, étaient nommés par le ministre de l'intérieur.

Tous les autres agents, préposés et employés, étaient nommés par le préfet, sur deux listes de candidats pour chaque place, présentées, l'une par le conseil d'administration et l'autre par le directeur (*Art.* 3 *de l'Ordonn. du* 3 *nov.* 1831, modifié par l'*art.* 1er *de* celle du 19 *mai* 1838). Quel que fût leur grade, ils ne pouvaient être révoqués que par une décision ministérielle.

(3) Voir l'article 22 de la Constitution et les notes sur cet article.

dans les cas prévus par les articles 151, 152 et 153 du Code civil, sont dispensées des obligations imposées par lesdits articles.

Le consentement de la famille sera remplacé par celui du conseil du gouvernement de la colonie, sans lequel les officiers de l'état civil ne pourront procéder au mariage.

2. Il sera justifié des conditions d'âge, de célibat ou de veuvage, exigées par les articles 144 et 147 du Code civil, de la manière suivante :

1° Pour ce qui concerne les militaires et marins de tous grades, fonctionnaires et autres agents au service de l'État, par les matricules du corps et les rôles d'équipage ; — 2° Pour les autres résidents, par pièces dont le conseil appréciera la valeur et l'authenticité avant d'accorder son consentement; et, à défaut de pièces, par un acte de notoriété dressé sur les lieux en la forme ordinaire.

3. Les publications faites avec l'autorisation du conseil de gouvernement, et affichées devant la porte du bureau de l'état civil, seront, dans tous les cas, suffisantes pour la régularité du mariage.

4. Le ministre de la marine et des colonies est chargé de l'exécution du présent décret, etc. (*Bull.* 510, n° 3954.)

N° 73. —(24 mars 1852.) — DÉCRET *portant qu'avant d'entrer en fonctions les directeurs des banques coloniales justifieront de la propriété d'un certain nombre d'actions.*

LOUIS-NAPOLÉON, PRÉSIDENT DE LA RÉPUBLIQUE FRANÇAISE,

Vu la loi du 11 juillet 1851, sur l'organisation des banques coloniales ;

Vu les statuts annexés à ladite loi;

Considérant qu'aucune disposition des statuts précités n'impose aux agents qui doivent être chargés de la direction des établissements de crédit à fonder aux colonies, l'obligation de se rendre porteurs d'un certain nombre d'actions représentatives du capital ; que cependant cette participation au fonds social, qui est d'ailleurs imposée aux membres du conseil d'administration par l'article 53 des statuts, entre dans les règles ordinaires des établissements de banque ;

Considérant, d'un autre côté, que de la combinaison des articles 40 et 53 des statuts ressort, pour les trésoriers des colonies, qui doivent, en leur qualité, faire de droit partie du conseil d'administration des banques, l'obligation de se rendre porteurs d'un certain nombre d'actions, comme garantie de la gestion qui leur est ainsi imposée, et que cette obligation ne peut être équitablement maintenue ;

Sur le rapport du ministre de la marine et des colonies, et de l'avis du ministre des finances ;

La commission de surveillance des banques coloniales entendue,

DÉCRÈTE :

ART. 1er. Avant d'entrer en fonctions, les directeurs des banques de la Martinique, de la Guadeloupe et de la Réunion, justifieront de la propriété de vingt actions.

Le directeur de la banque de la Guyane justifiera de la propriété de quinze actions.

2. Ces actions doivent être libres et demeurent inaliénables pendant la durée de la gestion du directeur.

3. L'article 53 des statuts des banques coloniales n'est pas applicable aux trésoriers des colonies, appelés en cette qualité à faire partie du conseil d'administration de ces établissements.

4. Le ministre de la marine et des colonies est chargé de l'exécution du présent décret, etc. (*Bull.* 519, n° 3955.)

N° 74. — (24 mars 1852). — RAPPORT *au Prince-Président de la République, suivi d'un* DÉCRET *disciplinaire et pénal pour la marine marchande.*

RAPPORT.

Monseigneur,

Parmi les causes qui entravent le développement de notre marine marchande, base essentielle de la puissance navale du pays, l'indiscipline des équipages n'est pas la moins sérieuse.

Les rapports des capitaines constatent journellement leur impuissance à réprimer les excès des marins placés sous leurs ordres ; les plaintes des armateurs contre un esprit de révolte si préjudiciable au succès de leurs entreprises se multiplient de plus en plus ; enfin les doléances unanimes des chambres de commerce de nos ports prouvent combien il est urgent de remédier à un mal trop ancien déjà, qui, en frappant la fortune commerciale, atteint, par contre-coup, la fortune publique, et menace dans son principe vital la force maritime de l'État.

La loi est la base de l'autorité du chef et de l'obéissance du subordonné ; elle est la source naturelle de l'ordre dans toute réunion d'hommes. Ce principe, d'une vérité générale, s'applique particulièrement à la grande famille des marins.

La vie de l'homme de mer est une vie

d'exception. Renfermé entre les étroites murailles du navire qui le transporte d'un point à l'autre du globe, à travers les solitudes de l'Océan, au milieu de dangers de tous genres, le marin ne peut sortir victorieux de cette lutte incessante s'il n'obéit aveuglément aux ordres du capitaine. L'ascendant moral ne suffit pas toujours pour obtenir cette obéissance si nécessaire; il faut que la loi assure au chef des moyens de répression en rapport avec les impérieuses exigences de sa situation difficile.

Il n'est pas de nation maritime qui n'ait compris cette nécessité et qui ne s'y soit soumise. A toutes les époques et chez tous les peuples les lois maritimes ont eu pour base commune des juridictions spéciales, des pénalités exceptionnelles.

Aussi longtemps que la France est restée dans cette voie, la discipline strictement maintenue parmi les équipages des navires du commerce a prévenu les déplorables excès dont ces navires sont aujourd'hui si fréquemment le théâtre.

L'ordonnance de la marine du mois d'août 1681 avait réglé l'action des juges d'amirauté dont la compétence s'étendait à « tous cri- « mes et délits commis sur la mer, ses ports, « havres et rivages. »

Cette juridiction spéciale atteignait immédiatement, et par conséquent d'une manière efficace, les gens de mer employés dans la marine marchande.

La même ordonnance a, en outre, investi les capitaines de navires d'un droit de juridiction disciplinaire envers les hommes de leur équipage, et les a autorisés « à faire « donner la cale, mettre à la boucle, et pu- « nir d'autres semblables peines, pendant le « cours du voyage, les matelots mutins, « ivrognes, désobéissants et ceux qui mal- « traitent leurs camarades... »

Le 7 septembre 1790, l'Assemblée constituante enleva aux juges d'amirauté la connaissance du contentieux administratif, et, le 13 août 1791, supprimant ces juges spéciaux, elle répartit leurs diverses attributions entre les tribunaux de commerce, les juges de paix et les tribunaux ordinaires. La loi du 22 août 1790, concernant l'armée navale, régla la discipline et la pénalité particulières aux bâtiments de la flotte, mais n'y assujettit point les équipages des navires marchands.

Toutefois, l'article 61 de cette loi ne s'appliquant qu'à la marine militaire et ne s'étendant point aux autres lois maritimes, les Cours de la République ont maintenu, en ce qui concerne les marins du commerce, le droit de correction disciplinaire inscrit à l'article 22 précité de l'ordonnance de 1681.

Un décret impérial du 22 juillet 1806, abrogeant le titre Ier de la loi du 22 août 1790, créa des conseils de justice et des conseils de guerre pour la flotte. Le 12 novembre 1806, un autre décret fit pour les arsenaux ce que celui du 22 juillet de la même année avait fait pour l'armée navale; mais tous les deux s'abstinrent de prescrire aucune disposition relative à la marine marchande.

Le décret du 15 août 1851, qui a remplacé l'ordonnance du 31 octobre 1827, sur le service à bord des bâtiments de l'Etat, enjoint, il est vrai, aux commandants de ces bâtiments de veiller au maintien de l'ordre et de la discipline à bord des navires du commerce; mais c'est là un simple droit de surveillance et non un droit de juridiction.

En résumé, avant 1790, la législation de la France concernant la marine marchande était complète et très-efficace; elle procurait à une classe d'hommes voués à l'existence la plus exceptionnelle, ayant des mœurs, des habitudes toutes spéciales, des juges compétents pour apprécier leurs actes en pleine connaissance de cause. L'Assemblée constituante, en supprimant, le 13 août 1791, cette précieuse juridiction pour faire rentrer les gens de mer dans le droit commun, a porté un coup fatal à la discipline, sans laquelle toute marine est impossible.

Les capitaines des navires du commerce n'ont plus d'action sur leurs équipages; ils ne peuvent user du droit correctionnel que leur réserve l'ordonnance de 1681, parce que les pénalités qui le sanctionnent sont ou trop rigoureuses pour l'époque actuelle ou inexécutables à bord de navires montés par un petit nombre d'hommes, et que, d'ailleurs, ce droit est limité à quelques fautes et délits commis pendant le cours du voyage. Dans les ports de France, ainsi que dans les ports étrangers, il y a absence totale de moyens de répression : car, depuis l'arrêt de cassation du 13 décembre 1828, le pouvoir des commissaires de l'inscription maritime est borné à la punition des fautes relatives au service de l'Etat et à la police des classes, et ne s'étend plus aux manquements qui intéressent la marine marchande.

Et pourtant, à bord d'un navire de commerce comme sur un bâtiment de l'Etat, la vie de l'équipage et des passagers dépend de l'ensemble et de la précision des manœuvres, de l'obéissance ponctuelle aux ordres donnés, de la soumission absolue envers celui qui commande, et la vindicte publique ne doit pas laisser impunis des actes qui compromettent la fortune et la vie des citoyens.

En mer, les moindres fautes sont graves par les funestes conséquences qu'elles peuvent entraîner. Si ces fautes ne sont pas réprimées sur-le-champ, la punition est illusoire ; elle équivaut à l'impunité, qui devient un encouragement pour l'insubordination. De là résulte l'inefficacité de poursuites judiciaires tardives devant les tribunaux ordinaires pour des faits qui, le plus souvent, se passent à des distances lointaines, dans des parages étrangers et presque toujours sans que l'on puisse produire des témoins au retour ; pour des faits, d'ailleurs, qui ne sont point prévus par le Code pénal ordinaire et que les capitaines préfèrent laisser impunis , plutôt que d'entamer une affaire dont la lenteur est incompatible avec leur mission commerciale.

En présence de ce désastreux état de choses, votre Gouvernement, Monseigneur, ne peut demeurer spectateur indifférent. Il lui appartient de rajeunir une législation réduite à l'impuissance, de combler les lacunes nombreuses qu'elle présente, de répondre aux vœux du commerce maritime , qui a si longtemps attendu déjà et qui compte principalement sur votre haut esprit de justice pour obtenir un remède aux maux dont il souffre.

L'un de mes prédécesseurs, M. l'amiral Duperré, pénétré, comme je le suis moi-même, de l'urgente nécessité d'une réforme dans les lois applicables à la marine marchande , fit élaborer, en 1834 et en 1836 , deux projets d'un Code disciplinaire et pénal qui, malheureusement, n'obtinrent pas l'adhésion du conseil d'Etat. En 1850, le ministre de la marine confia la même tâche à une commission dont l'œuvre , après avoir été communiquée aux chambres de commerce de nos principaux ports, a servi de base au décret que j'ai l'honneur de soumettre à votre sanction, et qui résume le fruit de vingt années d'études.

Pour concilier autant que possible les exigences du droit commun avec les nécessités auxquelles il fallait impérieusement pourvoir, ce décret a laissé à la justice ordinaire son action dans un grand nombre de cas et , notamment, dans ceux qui sont de nature à entraîner l'application de peines afflictives ou infamantes. Il ne s'est écarté de cette règle générale que pour la répression des actes purement maritimes, rangés dans la catégorie des fautes ou des délits contre la discipline.

La plupart de ces actes ne sont, en effet, ni des contraventions, ni des délits ordinaires ; il faut, pour les définir, avoir recours à un langage inusité dans la loi commune, qui ne les a pas prévus, qui ne pouvait pas les prévoir, parce que ce ne sont en réalité que des faits maritimes, échappant naturellement

à la connaissance des tribunaux correctionnels pour tomber dans le domaine d'un pouvoir disciplinaire exercé par des hommes parfaitement aptes à en apprécier la nature et l'importance. Les tribunaux maritimes commerciaux institués par le décret dont il s'agit présenteront, sous ce rapport, toutes les garanties désirables. Quant à la sanction pénale des dispositions réglementaires que contient cet acte, elle est empruntée tout à la fois au Code et à celles des dispositions de nos lois maritimes restées en harmonie avec les mœurs du siècle et conformes aux justes exigences de l'humanité.

Les faits à réprimer constituent des fautes de discipline , des délits maritimes ou des crimes. Tout ce qui compromet l'ordre du service ou la sûreté du navire n'est pas, on le répète, du domaine de la justice ; tout délit commun non prévu par le décret appartient aux tribunaux ordinaires ; la connaissance des crimes est sans exception laissée au jury.

Ainsi le décret ne soumet à une juridiction spéciale que les faits purement maritimes contre lesquels les tribunaux ordinaires sont impuissants.

Les dispositions préliminaires renferment quelques règles générales relatives à la classification des infractions prévues et aux diverses catégories de personnes assujetties à la police du bord.

Les infractions sont classées suivant les pénalités qu'elles entraînent, à l'instar du système adopté dans le Code pénal de 1810.

Les personnes inscrites sur le rôle d'équipage et employées à bord à quelque titre que ce soit, les marins naufragés, déserteurs ou délaissés que l'on rapatrie, les passagers mêmes sont soumis aux règles d'ordre et de discipline du bord.

Ces dispositions se justifient seules : tant que dure le voyage, le pouvoir du capitaine doit être scrupuleusement respecté. Les passagers ne sauraient être affranchis de cette obligation essentielle ; mais il a été apporté à leur égard d'équitables tempéraments dans la nature ainsi que dans le mode d'application des peines.

En ce qui touche quelques-unes des matières restées dans le domaine des tribunaux ordinaires, il a paru opportun soit de déterminer une pénalité sanctionnant certains cas prévus par le Code de commerce et qui, jusqu'à ce jour, ont échappé à la justice, soit d'adoucir des peines déjà portées contre plusieurs actes de baraterie, par la loi du 10 avril 1825, dont la sévérité n'a que trop souvent engendré des acquittements regrettables.

Après ce rapide exposé des considérations générales destinées à faire saisir dans son ensemble l'économie du décret, il me reste, Monseigneur, à appeler votre attention sur les plus importantes des prescriptions de détail qu'il renferme.

Outre les dispositions préliminaires, il est divisé en quatre titres, savoir :

1. De la juridiction.
2. De la forme de procéder.
3. De la pénalité.
4. Dispositions diverses.

Le premier titre se décompose en quatre chapitres :

Le chapitre 1er règle l'ordre des juridictions pour l'exercice du pouvoir disciplinaire.

Dans les ports, sur les rades de France et dans les ports des colonies françaises, ce pouvoir appartient au commissaire de l'inscription maritime.

Sur les rades des colonies françaises, ainsi que dans les ports et rades des pays étrangers, le droit de discipline appartient au commandant supérieur du bâtiment de l'Etat présent sur les lieux, ou, en son absence, soit au commissaire de l'inscription maritime, soit au consul de France.

En mer et dans les localités où il ne se trouve aucune de ces autorités, le même droit incombe naturellement aux capitaines de navires, qui sont tenus toutefois de rendre compte, à la première occasion, des peines de discipline par eux prononcées.

Ils sont dispensés néanmoins de cette obligation en ce qui concerne les trois pénalités légères prévues par l'article 53, qu'ils ont la faculté d'appliquer en quelque lieu qu'ils se trouvent.

Cette reconstitution du pouvoir disciplinaire est l'une des mesures les plus utiles du décret, et sera suivie des meilleurs résultats.

Le chapitre II institue le tribunal maritime commercial et renvoie devant cette juridiction toute personne prévenue d'un délit maritime.

La nécessité de cette création ressort suffisamment des considérations générales qui précèdent, et je crois superflu d'insister à cet égard.

Le chapitre III détermine l'organisation du tribunal maritime commercial, qui doit toujours être composé de cinq membres. Il est présidé, suivant le lieu où il siège, par un commissaire de l'inscription maritime, le commandant d'un bâtiment de l'Etat ou un consul de France. En aucun cas la présidence ne peut être confiée à un vice-consul ni à un agent consulaire.

Le tribunal compte toujours un maître d'équipage parmi ses membres, à moins qu'il ne se trouve pas sur les lieux d'autre

navire du commerce que celui où le prévenu est embarqué.

Bien que le tribunal ne puisse être permanent, la composition n'en est pas laissée à l'arbitraire : le grade, l'ancienneté ou l'âge régleront, en effet, le choix des personnes appelées à en faire partie.

Les mesures protectrices des intérêts de l'inculpé ne se bornent pas là.

Le capitaine qui a porté plainte et la personne offensée, lésée ou plaignante, ne peuvent siéger dans le tribunal.

Quant aux autres causes d'incompatibilité et de récusation énoncées aux articles 20 et 21, elles sont empruntées au Code de procédure civile.

Le chapitre IV dispose que les crimes prévus ou non par le décret restent dans le domaine des tribunaux ordinaires.

Le titre II se subdivise en trois chapitres qui déterminent les mesures de précaution à prendre pour assurer la constatation des faits et la marche des diverses juridictions appelées à statuer.

S'il s'agit d'un fait de discipline, le capitaine le constate, ainsi que la décision qu'il a rendue.

S'il s'agit d'un délit de la compétence du tribunal maritime commercial, le capitaine le constate également, en dresse procès-verbal, entend les témoins, porte plainte à l'autorité appelée à présider ce tribunal.

Lorsque les faits sont de la compétence des tribunaux correctionnels ou des Cours d'assise, le capitaine les constate encore et accomplit les premiers actes de l'instruction.

Les décisions rendues en matière de fautes de discipline sont sans appel, et les jugements des tribunaux maritimes commerciaux en matière de délits, également sans appel, ne peuvent motiver un pourvoi en cassation.

Dans le premier cas, il s'agit d'une pénalité légère qui atteint instantanément le coupable.

Dans le second cas, les éléments nécessaires pour former un tribunal de révision feraient presque toujours défaut. On ne peut, d'une autre part, accorder dans l'espèce le droit de pourvoi qui entraîne la suspension de l'exécution, sans perdre le salutaire exemple d'une punition immédiate. Cette disposition essentielle pour le maintien de la discipline est une des nécessités qui dominent la législation maritime.

Toutefois le ministre de la marine pourra, dans les cas prévus par l'article 441 du Code d'instruction criminelle, transmettre au ministre de la justice, pour être déférés à la Cour de cassation dans l'intérêt de la loi, les jugements qui violeraient les dispositions du

décret relatives à la composition du tribunal, à la publicité des séances, à la prestation de serment, à la défense et à la rédaction des procès-verbaux. Les tribunaux maritimes auront ainsi un régulateur et leurs actes n'échapperont pas à tout contrôle.

Les peines prononcées contre les capitaines en cours de voyage ne pourront être subies par eux qu'à leur retour en France. Cette exception est indispensable pour sauvegarder les intérêts considérables confiés aux navigateurs qui commandent les navires du commerce.

Le titre III, traitant de la pénalité, se subdivise en deux chapitres. Le chapitre 1er détermine les peines applicables aux fautes de discipline, aux délits maritimes et aux crimes.

C'est dans l'ordonnance de 1681, dans la loi du 22 août 1790 et dans un décret du 16 nivôse an II, qu'on a surtout puisé les pénalités en matière de fautes de discipline et de délits. Les peines pour les crimes ont été empruntées, sauf quelques modifications reconnues nécessaires, au Code pénal de 1810 et à la loi du 10 avril 1825.

Les peines disciplinaires varient suivant qu'elles frappent les matelots, les officiers du bord ou les passagers. Les positions différentes de ces trois catégories ne permettent pas de leur appliquer des pénalités communes. Certaines punitions très-convenables pour les matelots auraient l'inconvénient grave de porter atteinte à la dignité de l'officier et seraient trop sévères pour les passagers. D'autres châtiments, efficaces envers les passagers et les officiers, sont inapplicables aux matelots. De là les distinctions dans les pénalités que nécessite la nature même des choses.

Ce n'est pas sans regrets que l'on a dû comprendre au nombre des peines l'embarquement sur un bâtiment de l'État pour une campagne plus ou moins longue; mais l'expérience prouve que le service de la flotte, qui devrait être pour les marins un objet d'ambition, inspire encore au plus grand nombre une appréhension très-vive. Quoi qu'il en soit, la pénalité résidera surtout dans les réductions de solde infligées aux gens de mer levés disciplinairement. Il est naturel, d'ailleurs, d'assujettir à des règles de stricte obéissance celui qui a manqué à ses devoirs et de lui donner ainsi, pour l'avenir, l'habitude de s'y conformer.

L'interdiction ou la suspension de la faculté de commander est l'une des peines les plus efficaces qui puissent frapper les capitaines des navires du commerce; elle devait, à ce titre, figurer dans le décret qui, s'il protége ces navigateurs contre l'esprit d'in-

discipline de leurs équipages, n'a pas entendu assurer l'impunité à leurs propres délits.

Le chapitre II traite des infractions. La première section de ce chapitre énumère les fautes de discipline et comprend les déviations auxquelles le marin est le plus enclin.

La récidive communique à ces fautes un caractère assez grave pour les faire classer au nombre des délits énoncés à la deuxième section du même chapitre. La nécessité reconnue d'assurer le maintien de la discipline et de l'obéissance parmi les équipages des navires du commerce a dicté la définition des actes punissables de peines correctionnelles; il serait trop long d'en reproduire ici la nomenclature, et je me bornerai à mentionner ceux qui méritent une attention particulière.

Le Code pénal (articles 376 et 471) punit l'injure simple d'une amende de 1 à 5 fr. Dans la vie ordinaire, à terre, cette pénalité peut suffire; mais il n'en est pas de même à bord d'un navire, où l'injure adressée par un matelot à son capitaine ou à un officier emprunte à la situation une incontestable gravité. Ce délit, très-fréquent aujourd'hui, appelle impérieusement une répression énergique.

Il en est ainsi de la menace verbale, contre laquelle la loi commune ne porte aucune punition; les marins abusent de cette lacune pour braver leurs capitaines.

L'article 61 du décret permettra de remédier à ces abus.

L'article 309 du Code pénal prononce la réclusion quand il est résulté des voies de fait une incapacité de travail de plus de vingt jours. La difficulté de constater à bord d'un navire, en l'absence d'un chirurgien, la durée véritable de la maladie, et surtout l'incapacité de travail provenant de sévices, m'a déterminé à élever à trente le terme de vingt jours prévu par le Code pénal. J'ai cédé en cela aux vœux unanimes des capitaines et des armateurs.

La désertion blesse à la fois l'ordre public et les intérêts du commerce : l'ordre public, parce que le marin déserteur se soustrait, pendant toute la durée de son absence illégale, aux obligations que lui impose le régime des classes; les intérêts des armateurs, par la perturbation qu'elle jette dans les équipages qu'il est souvent très-difficile et très-onéreux de compléter, lorsque surtout le navire se trouve dans les colonies françaises ou à l'étranger.

La loi du 22 août 1790, en maintenant en vigueur les dispositions de l'ordonnance du 31 octobre 1784 contre la désertion, a substitué aux campagnes extraordinaires, avec

17.

solde réduite, des campagnes à la basse paie, et elle a chargé de prononcer cette peine un conseil composé de fonctionnaires de la marine. Quant à la peine de l'emprisonnement que portait aussi l'ordonnance de 1784, l'application devrait en être faite par les tribunaux ordinaires que la loi du 13 août 1791 a investis de cette attribution, autrefois dévolue aux amirautés. Mais le ministère de la justice a refusé de reconnaître ce droit aux tribunaux de première instance; d'où il résulte que les marins des navires du commerce, n'ayant à redouter qu'une punition insuffisante, se font un jeu de violer leurs engagements, et cet abus est l'un de ceux dont les armateurs réclament la répression avec le plus d'instances. Les peines prévues par le décret sont graduées suivant la gravité de chaque fait de désertion; quoique peu sévères, elles suffiront, je pense, pour remédier au mal dans la limite du possible.

La rébellion est prévue par le Code pénal, mais seulement envers les agents de la force publique. Il est rationnel sans doute d'assimiler à ces agents le capitaine d'un navire; mais, comme en matière pénale tout est de droit étroit, il y avait nécessité d'exprimer formellement cette assimilation.

De même que le Code pénal, le décret distingue la rébellion armée de celle qui ne l'est pas, et punit l'une plus sévèrement que l'autre. La rébellion armée de plus du tiers de l'équipage constitue un crime qui est de la compétence des tribunaux ordinaires.

Les délits commis par les officiers et les capitaines ne doivent pas, je le répète, échapper plus que les autres à une juste punition. Les articles 74 à 87 du décret renferment spécialement à cet égard des dispositions propres à maintenir dans le devoir ceux dont l'exemple exerce naturellement une grande influence sur les hommes qu'ils commandent. L'abus de l'autorité est un élément destructeur de l'ordre et de la discipline : le décret a voulu qu'il ne restât pas impuni.

L'ivrognerie est un vice malheureusement trop commun dans la marine marchande, et surtout parmi les équipages des navires qui fréquentent les climats froids : ce vice prend des proportions très-dangereuses quand il se manifeste chez les personnes chargées de la conduite du navire; des pénalités sévères contribueront à les en préserver.

Les délits contre lesquels le décret ne porte pas une peine déterminée sont punis, au choix du juge, de l'une des pénalités prévues par l'article 55.

La même latitude a été laissée pour les fautes disciplinaires, afin que l'on puisse tenir compte, dans une certaine mesure, des circonstances du délit ou de la faute de discipline, et pour que la pénalité prononcée soit toujours exécutable. C'est là encore une nécessité résultant de la spécialité de la matière.

La section 3 prévoit les crimes maritimes dont les capitaines, officiers et marins peuvent se rendre coupables, et que les tribunaux ordinaires sont appelés à juger par continuation.

Les dispositions de la loi du 10 avril 1825, en matière de baraterie, avaient besoin d'être complétées; les pénalités portées par cette loi demandaient à être adoucies : le décret y a pourvu.

Le titre IV renferme diverses dispositions qui définissent l'autorité du capitaine sur les gens de l'équipage et sur les passagers; lui permettent d'employer la force pour que l'auteur d'un crime soit mis hors d'état de nuire; énoncent qu'en cas de révolte de l'équipage la résistance du capitaine sera considérée comme un acte de légitime défense et fixent à cinq années les délais de prescription de l'action publique et de l'action civile pour les délits prévus par le décret.

Telle est, Monseigneur, l'analyse d'un acte qui, j'ose l'espérer, corrigera les marins sans les frapper de peines trop sévères, les contiendra dans les limites d'une juste subordination, tout en les protégeant contre les abus de l'arbitraire, et, en restituant la sécurité à la marine marchande, rendra au pays un immense service, etc.

DÉCRET.

LOUIS-NAPOLÉON, **Président de la République française**;

Sur le rapport du ministre secrétaire d'Etat de la marine et des colonies;

Le conseil d'amirauté entendu,

DÉCRÈTE :

Dispositions préliminaires.

ART. 1er. Les infractions que le présent décret punit de peines disciplinaires sont des fautes de discipline.

Les infractions qu'il punit de peines correctionnelles sont des délits.

Les infractions qu'il punit de peines afflictives ou infamantes sont des crimes.

2. Les fautes de discipline et les délits énoncés dans le présent décret seront jugés et punis conformément aux dispositions qu'il renferme.

Seront jugés par les tribunaux ordinaires, et punis conformément aux dispositions du présent décret, les crimes y énoncés.

Seront jugés et punis conformément aux lois ordinaires les contraventions, délits ou crimes non énoncés dans le présent décret.

3. Les dispositions du présent décret sont applicables à tous les navires et bateaux français, appartenant à des particuliers ou à des administrations publiques, qui se livrent à la navigation ou à la pêche dans les limites de l'inscription maritime. Toutefois, sont exceptées les embarcations des douanes à manœuvres basses.

Restent soumis aux mêmes dispositions les équipages des navires et bateaux qui ne sortent que momentanément des limites de l'inscription maritime.

Sont, en conséquence, soumises aux règles d'ordre, de service, de discipline et de police établies sur les navires et bateaux marchands, et passibles des peines déterminées par le présent décret, pour les fautes de discipline, les délits et crimes y énoncés, toutes les personnes embarquées, employées ou reçues à bord de ces navires et bateaux, à quelque titre que ce soit, à partir du jour de leur inscription au rôle d'équipage ou de leur embarquement en cours de voyage, jusques et y compris le jour de leur débarquement administratif.

4. Les personnes mentionnées dans l'article précédent continueront d'être placées sous le régime qu'il prescrit en cas de perte du navire par naufrage, chance de guerre ou toute autre cause, jusqu'à ce qu'elles aient pu être remises à une autorité française.

Toutefois, cette disposition n'est pas applicable aux passagers autres que les marins naufragés, déserteurs ou délaissés, qui, sur l'ordre d'une autorité française, auront été embarqués pour être rapatriés, à moins que ces passagers ne demandent à suivre la fortune de l'équipage.

TITRE Ier. — DE LA JURIDICTION.

Chapitre 1er. — *De la juridiction en matière de discipline.*

5. Le droit de connaître des fautes de discipline et de prononcer les peines qu'elles comportent est attribué sans appel ni recours en révision ou cassation,

1° Aux commissaires de l'inscription maritime ; — 2° Aux commandants des bâtiments de l'Etat ; — 3° Aux consuls de France ; — 4° Aux capitaines de navires du commerce commandant sur les rades étrangères (1) ; — 5° Aux capitaines de navires.

6. Ce droit s'exerce de la manière suivante :

Lorsque le navire se trouve dans un port ou sur une rade de France, ou dans un port d'une colonie française, le droit de discipline appartient au commissaire de l'inscrip-

tion maritime à qui la plainte est adressée par le capitaine.

Sur les rades d'une colonie française, le droit de discipline appartient au commandant du bâtiment de l'Etat présent sur les lieux, ou, en l'absence de celui-ci, au commissaire de l'inscription maritime.

Le capitaine du navire adresse sa plainte à l'un ou à l'autre, suivant le cas.

Les gouverneurs des colonies françaises détermineront par un arrêté les limites entre la rade et le port. — Cet arrêté sera soumis à l'approbation du ministre de la marine.

Dans les ports et rades des pays étrangers, le droit de discipline appartient au commandant du bâtiment de l'Etat, ou, à son défaut, au consul de France.

Le capitaine adresse sa plainte à l'un ou à l'autre, suivant le cas.

En l'absence de bâtiments de l'Etat et à défaut de consul, le droit de discipline appartient au plus âgé des capitaines de navire.

Les capitaines au long cours auront toujours, à cet égard, la priorité sur les maîtres au cabotage.

En mer et dans les lieux où il ne se trouve aucune des autorités mentionnées ci-dessus, le capitaine du navire prononce et fait appliquer les peines de discipline, sauf à en rendre compte dans le premier port où il aborde, soit au commissaire de l'inscription maritime, soit au commandant du bâtiment de l'Etat, soit au consul.

7. Dans tous les cas, et en quelque lieu que se trouve le navire, le capitaine, maître ou patron, peut infliger les peines de discipline prévues par l'article 53 du présent décret, sans en référer préalablement à l'une des autorités énoncées en l'article 5, mais à charge par lui de leur en rendre compte dans le plus bref délai possible.

8. En cas de conflit sur la compétence en matière de discipline, il sera statué dans les ports et rades de France par le préfet maritime de l'arrondissement, et dans les ports et rades d'une colonie française par le gouverneur.

L'autorité saisie du conflit renverra l'affaire devant le fonctionnaire qui devra en connaître.

Chapitre II. — *De la juridiction en matière de délits maritimes.*

9. Il est institué des tribunaux maritimes commerciaux.

Ces tribunaux connaissent des délits maritimes prévus dans le présent décret.

10. Lorsque le navire se trouve dans un port ou sur une rade de France, ou dans un port d'une colonie française, la connaissance des délits appartient au tribunal ma-

---

(1) Art. 23, § 3, du décret du 15 août 1851.

ritime commercial présidé par le commissaire de l'inscription maritime du lieu.

Sur les rades des colonies françaises, la connaissance des délits appartient au tribunal maritime commercial présidé par le commandant du bâtiment de guerre présent sur les lieux, et, en son absence, au tribunal présidé par le commissaire de l'inscription maritime.

Dans les ports et sur les rades des pays étrangers, la connaissance des délits appartient au tribunal maritime commercial présidé par le commandant du bâtiment de l'Etat présent sur les lieux, et, en son absence, au tribunal présidé par le consul.

En cas de conflit sur la compétence, il sera statué comme il est dit à l'article 8.

11. La connaissance des délits communs non prévus par le présent décret appartient au tribunal correctionnel de l'arrondissement où se trouve le navire, ou du premier port français où il aborde.

Chapitre III.—*Organisation des tribunaux maritimes commerciaux.*

12. Sur un bâtiment de l'Etat, le tribunal maritime commercial est composé de cinq membres, savoir :

Le commandant du bâtiment, président ;

Juges.
L'officier de vaisseau le plus élevé en grade après le second, ou, à défaut, le second lui-même,
Le plus âgé des capitaines, \
Le plus âgé des officiers, } des navires du commerce présents sur les lieux.
Et le plus âgé des maîtres d'équipage, /

Le tribunal ne se réunit qu'avec l'autorisation du commandant de la rade.

13. S'il n'y a pas sur les lieux d'autre navire du commerce que celui à bord duquel se trouve l'inculpé, le tribunal sera composé de la manière suivante, savoir :

Le commandant du bâtiment de l'Etat, président ;

Juges.
Les deux plus anciens officiers de vaisseau après le commandant,
Le plus ancien second maître,
Un officier ou un matelot du navire où le délit a été commis.

14. Dans un port de France ou d'une colonie française, le tribunal maritime commercial sera composé de cinq membres, savoir :

Le commissaire de l'inscription maritime, président ;

Juges.
Un juge du tribunal de commerce, ou, à défaut, le juge de paix,
Le capitaine, le lieutenant ou le maître du port,
Le plus âgé des capitaines au long cours valides présents sur les lieux,
Le plus âgé des maîtres d'équipage des navires du commerce, ou, à défaut, le plus âgé des marins valides présents sur les lieux, et ayant rempli ces fonctions.

Le juge du tribunal de commerce sera désigné par le président de ce tribunal.

Dans les colonies où le capitaine de port sera supérieur en grade au commissaire de l'inscription maritime, ou plus ancien que lui dans le même grade, ce capitaine sera remplacé par l'agent qui le suivra immédiatement dans l'ordre du service.

Le capitaine au long cours et le maître d'équipage seront désignés par le commissaire de l'inscription maritime.

Le tribunal ne se réunit qu'avec l'autorisation du chef du service maritime présent sur les lieux.

15. Dans un port étranger et en l'absence d'un bâtiment de guerre français, le tribunal maritime commercial sera composé de cinq membres, savoir :

Le consul de France, président ;

Juges.
Le plus âgé des capitaines au long cours présents sur les lieux,
Le plus âgé des officiers des navires du commerce présents sur les lieux,
Un négociant français désigné par le consul,
Le plus âgé des maîtres d'équipage des navires du commerce présents sur les lieux.

16. Le président désigne le membre du tribunal qui doit remplir les fonctions de rapporteur.

17. Les fonctions de greffier sont remplies, sur un bâtiment de l'Etat, par l'officier d'administration ;

Dans un port de France ou d'une colonie française, par le commis, ou, à défaut, par l'écrivain de marine le plus ancien ;

Dans un port étranger, par le chancelier, ou, à défaut, par un employé du consulat.

18. Ne peuvent faire partie d'un tribunal maritime commercial,

1° Le capitaine qui a porté la plainte ; — 2° Toute autre personne embarquée sur le navire, si elle est offensée, lésée ou partie plaignante.

19. Le président du tribunal maritime commercial devra être âgé de vingt-cinq ans, et les autres membres de vingt et un ans au moins.

20. Les parents ou alliés, jusqu'aux degrés d'oncle et de neveu inclusivement, ne peuvent être membres du même tribunal maritime commercial.

21. La parenté, aux degrés fixés par l'article précédent, de l'un des membres du tribunal avec le prévenu ou l'un des prévenus, est une cause de récusation.

Chapitre IV. — *De la juridiction en matière de crimes maritimes.*

22. Les tribunaux ordinaires connaissent des crimes maritimes prévus par le présent décret.

TITRE II. — De la forme de procéder.

CHAPITRE 1er.—*De la forme de procéder en matière de fautes de dicipline.*

23. Le capitaine tiendra un livre spécial, dit *livre de punition,* sur lequel toute faute de discipline sera mentionnée par lui ou par l'officier de quart.

L'autorité qui aura statué inscrira sa décision en marge.

Le capitaine annotera de la même manière, sur le livre de punition, toutes les peines de discipline infligées pendant le cours du voyage.

Le livre de punition sera coté et paraphé par le commissaire de l'inscription maritime du port d'armement du navire. Il sera remis au commissaire de l'inscription maritime du port où le navire sera désarmé administrativement.

Le livre de punition sera présenté au visa du commissaire de l'inscription maritime ou du consul, suivant le cas, lorsqu'une faute de discipline aura été commise dans l'intervalle compris entre le dernier départ et l'arrivée ou la relâche.

CHAPITRE II.—*De la forme de procéder en matière de délits maritimes.*

24. Aussitôt qu'un délit a été commis à bord, le rapport en est fait au capitaine par le second ou l'officier de quart.

Si le délit a été commis hors du bord, le second en fait le rapport au capitaine.

Si le délit a été commis en présence du capitaine et en l'absence du second et de l'officier de quart, ou s'il parvient à la connaissance du capitaine sans qu'il lui ait été signalé par un rapport de l'un de ces deux officiers, il constate lui-même ce délit.

Les circonstances du délit sont toujours mentionnées sur le livre de punition.

25. Le capitaine, assisté, s'il y a lieu, de l'officier qui a fait le rapport et qui remplit les fonctions de greffier, procède ensuite à une instruction sommaire, reçoit la déposition des témoins à charge et à décharge, et dresse procès-verbal du tout.

Le procès-verbal est signé des témoins, du capitaine et de l'officier faisant fonctions de greffier.

Mention de ce procès-verbal est faite sur le livre de punition.

26. Si les faits se sont passés dans un port ou sur une rade de France, ou dans un port d'une colonie française, le capitaine adresse sa plainte et les pièces du procès au commissaire de l'inscription maritime, dans les trois jours qui suivent celui où le délit a été constaté ; s'ils se sont passés sur la rade d'une colonie française, il l'adresse dans le même délai au commandant du bâtiment de l'Etat présent sur les lieux, ou, en l'absence de celui-ci, au commissaire de l'inscription maritime ; s'ils se sont passés à l'étranger, il l'adresse au commandant du bâtiment de l'Etat présent sur les lieux, ou, à défaut, au consul de France. Si le délit a été commis soit en mer, soit dans une localité étrangère où il n'y ait ni bâtiment de l'Etat ni consul de France, le capitaine remet sa plainte, dans le premier port où il aborde, soit au commissaire de l'inscription maritime, soit au commandant du bâtiment de l'Etat, soit au consul, suivant qu'il y a lieu, en se conformant aux dispositions du présent article.

Lorsque les faits rentrent dans la catégorie des délits communs non prévus par le présent décret, et sont en conséquence réservés aux tribunaux ordinaires, le commissaire de l'inscription maritime ou le commandant du bâtiment de l'Etat qui a reçu la plainte la transmet au procureur de la République du lieu.

27. Lorsque le prévenu d'un des délits énoncés dans le présent décret sera le capitaine du navire, les poursuites auront lieu, soit sur la plainte des officiers et marins de l'équipage ou des passagers, soit d'office.

Dans le premier cas, la plainte sera portée dans les délais prescrits par l'article **26** au commissaire de l'inscription maritime, au commandant du bâtiment de l'Etat ou au consul, suivant les circonstances prévues par cet article.

28. L'autorité saisie de la plainte nomme le tribunal maritime commercial qui doit en connaître, désigne le rapporteur, qu'elle charge de prendre immédiatement les informations nécessaires, et convoque le tribunal dès que l'affaire est suffisamment instruite.

29. Les séances des tribunaux maritimes commerciaux sont publiques. Leur police appartient au président.

A terre, le tribunal s'assemble, soit au bureau de l'inscription maritime, soit au bureau de la chancellerie, suivant qu'il y a lieu.

A bord, le tribunal se réunit dans le local affecté aux séances du conseil de guerre.

30. A l'ouverture de la séance, le président fait déposer sur le bureau un exemplaire du précédent décret.

Il dit ensuite à haute voix aux membres du tribunal, qui sont comme lui debout et découverts :

« Nous jurons devant Dieu de remplir nos fonctions au tribunal maritime commercial avec impartialité. »

Chaque membre répond : « Je le jure. »

- Mention de cette formalité est faite au procès-verbal.

31. Le président fait donner lecture par le rapporteur de la plainte et des différentes pièces de la procédure, tant à charge qu'à décharge.

L'accusé est ensuite introduit devant le tribunal ; il y comparaît libre et assisté, s'il le désire, d'un défenseur à son choix.

32. Le président fait connaître à l'accusé, après constatation de son identité, le délit pour lequel il est traduit devant le tribunal.

Il l'avertit, ainsi que son défenseur, qu'il lui est permis de dire tout ce qu'il jugera utile à sa défense, sans s'écarter toutefois des bornes de la décence et de la modération, ou du respect dû au principe d'autorité.

33. Le président est investi d'un pouvoir discrétionnaire pour la direction des débats et la découverte de la vérité.

L'accusé peut faire appeler toutes les personnes qu'il désire faire entendre. Toutefois, le retard d'un témoin ne peut arrêter les débats.

34. Le président interroge l'accusé et reçoit les dépositions des témoins.

Ne peuvent être reçues les dépositions des ascendants et descendants, des frères ou sœurs ou des alliés au même degré, du conjoint de l'accusé ou de l'un des accusés du même fait.

Chacun des membres du tribunal est autorisé à poser des questions à l'accusé comme aux témoins, après en avoir fait la demande au président.

L'accusé présente sa défense, soit par lui-même, soit par l'organe de son défenseur.

Le président, après avoir demandé à l'accusé s'il n'a rien à ajouter dans l'intérêt de sa défense, résume les faits sans exprimer son opinion personnelle.

35. Après la clôture des débats, le président fait retirer l'accusé ainsi que l'auditoire pour délibérer.

Les membres du tribunal opinent dans l'ordre inverse des classifications mentionnées aux articles 12, 13, 14 et 15. Le président émet son opinion le dernier.

36. Toutes les questions de culpabilité posées par le président sont résolues à la majorité des voix.

Si l'accusé est déclaré coupable, le tribunal délibère sur l'application de la peine.

37. Le tribunal, si le fait lui paraît rentrer dans la catégorie des fautes de discipline, peut prononcer seulement une des peines prévues par l'article 52 du présent décret.

38. Si le tribunal reconnaît que le fait est de la compétence des tribunaux ordinaires, il déclare et motive son incompétence.

Dans ce cas, on applique les dispositions du chapitre III du présent titre.

La déclaration du tribunal est jointe au dossier de l'affaire.

39. Le jugement est rédigé en trois expéditions, dont une servant de minute, par le greffier, et signée par le président et par les membres du tribunal.

Il mentionne l'observation des dispositions prescrites par les articles 12 à 21, et par les articles 30, 31, 32 et 36 du présent décret.

Il indique, s'il y a lieu, les quartiers et numéros d'inscription de l'accusé.

40. Le président écrit au bas du jugement : « soit exécuté selon la forme et teneur, » et il prend les mesures nécessaires pour en assurer l'exécution.

41. Lorsque le jugement est rendu en France et emporte la peine d'emprisonnement, le coupable est remis sans délai, par le président du tribunal, avec une expédition du jugement, à la disposition du procureur de la République du lieu, qui fait exécuter la sentence.

La peine d'emprisonnement prononcée hors de France est toujours subie dans la métropole lorsque la durée de cette peine excède trois mois. Dans ce cas, le coupable est renvoyé le plus promptement possible et remis, à son arrivée dans un port français, au procureur de la République du lieu, par l'autorité maritime locale.

Lorsque la peine d'emprisonnement prononcée hors de France n'excède pas trois mois, le coupable peut la subir, soit en France, soit dans la colonie française, soit dans le pays étranger où le jugement a été rendu.

42. Les peines prononcées hors de France contre les capitaines de navires ne seront subies par eux qu'à leur retour dans la métropole.

Les jugements portant ces pénalités seront inscrits, à cet effet, sur le livre de punition, par le président du tribunal maritime commercial qui aura rendu la sentence. Mention en sera faite en outre sur le rôle d'équipage du navire.

43. Le paiement des amendes prononcées en vertu du présent décret est poursuivi, dans les formes ordinaires, par le receveur des domaines du lieu où désarme le navire à bord duquel le coupable est embarqué ou du lieu d'inscription du délinquant. Cette poursuite est faite à la requête de l'autorité maritime locale.

Si le coupable est débarqué en cours de voyage, le paiement des amendes est poursuivi par le receveur des domaines du lieu où le débarquement s'opère.

Si le débarquement s'effectue à l'étranger, le consul est chargé de poursuivre le paiement des amendes.

Les poursuites peuvent aussi avoir lieu, dans tous les cas, par voie administrative, à la diligence des commissaires de l'inscription maritime ou des consuls.

44. Une expédition du jugement est adressée au ministre de la marine.

45. Les jugements des tribunaux maritimes commerciaux ne sont sujets à aucun recours en révision ni en cassation.

Toutefois, le ministre de la marine pourra, dans les cas prévus par l'article 441 du Code d'instruction criminelle, transmettre au ministre de la justice, pour être déférés à la Cour de cassation, dans l'intérêt de la loi, les jugements des tribunaux maritimes commerciaux qui seraient susceptibles d'être annulés pour violation des articles 12 à 20, 29, 30, 31 et 35 du présent décret.

46. La procédure devant les tribunaux maritimes commerciaux ne donne lieu à la perception d'aucuns frais ni d'aucunes taxes quelconques.

47. Le greffier mentionne au bas du jugement si la sentence a ou non reçu son exécution. Le capitaine fait transcrire le jugement sur le livre de punition, auquel il reste annexé pour être remis au commissaire de l'inscription maritime du port de désarmement. La transcription ainsi faite est certifiée par le greffier.

48. Le capitaine, maître ou patron qui aura négligé de se conformer aux prescriptions des chapitres I et II du titre II, sera puni d'une amende de vingt-cinq à trois cents francs.

CHAPITRE III.—*De la forme de procéder en matière de crimes maritimes.*

49. Aussitôt qu'un crime a été commis à bord d'un navire, le capitaine, maître ou patron, se conforme, pour constater les faits et pour procéder à l'instruction, aux articles 24 et 25 ci-dessus.

Il saisit, en outre, les pièces de conviction et fait arrêter le prévenu.

50. Immédiatement après son arrivée dans un port ou sur une rade de France ou d'une colonie française, le capitaine, maître ou patron, remet le prévenu et les pièces du procès au commissaire de l'inscription maritime du lieu.

Ce fonctionnaire complète au besoin l'instruction, transmet les pièces dans les vingt-quatre heures au procureur de la République de l'arrondissement, et pourvoit au transport du prévenu devant l'autorité judiciaire.

51. Si le navire aborde dans un port étranger, le capitaine, maître ou patron, remplit envers le consul français les dispositions prescrites par le premier paragraphe de l'article précédent.

Le consul complète au besoin l'instruction dans le plus bref délai possible, et, s'il le juge nécessaire, fait débarquer le prévenu pour l'envoyer au port d'armement avec les pièces du procès.

A défaut du consul, le capitaine, maître ou patron, agit de la même manière à l'égard du commandant du bâtiment de l'Etat présent sur les lieux. Celui-ci procède comme l'eût fait le consul.

TITRE III. — DE LA PÉNALITÉ.

CHAPITRE Ier. — *Des peines.*

52. Les peines applicables aux fautes de discipline sont,

Pour les hommes de l'équipage,

1° La consigne à bord pendant huit jours au plus ; — 2° le retranchement de la ration de boisson fermentée pour trois jours au plus ; — 3° la vigie sur les barres de perroquet, dans la hune, sur une vergue ou au bossoir pendant une demi-heure au moins et quatre heures au plus ; — 4° la retenue de un à trente jours de solde, si l'équipage est engagé au mois, ou de deux à cinquante francs, s'il est engagé à la part ; — 5° la prison pendant huit jours au plus ; — 6° l'amarrage à un bas mât sur le pont, dans l'entre-pont ou dans la cale, pendant un jour au moins et trois jours au plus, à raison d'une heure au moins et de quatre heures au plus par jours ; — 7° la boucle aux pieds pendant cinq jours au plus ; — 8° le cachot pendant cinq jours au plus.

La boucle et le cachot peuvent être accompagnés du retranchement de la ration de boisson fermentée, ou même de la mise au pain et à l'eau.

S'il s'agit d'un homme dangereux ou en prévention de crime, la peine de la boucle ou du cachot peut être prolongée aussi longtemps que la nécessité l'exige : mais, dans ce cas, il n'y a lieu qu'au retranchement de boisson fermentée ;

Pour les officiers,

1° La retenue de dix à quarante jours de solde, s'il sont engagés au mois, ou de vingt à cent cinquante francs, s'ils sont engagés à la part ; — 2° les arrêts simples pendant quinze jours au plus avec continuation de service ; — 3° les arrêts forcés dans la chambre pendant dix jours au plus ; — 4° la suspension temporaire des fonctions, avec exclusion de la table du capitaine et suppression de solde ; — 5° la déchéance de l'emploi d'officier, avec obligation de faire le service de matelot à la paie de ce grade jusqu'à l'époque du débarquement;

Pour les passagers de chambre,

1° L'exclusion de la table du capitaine ;—2° les arrêts dans la chambre;

Pour les passagers d'entre-pont,

La privation de monter sur le pont pendant plus de deux heures par jour.

Ces peines ne pourront être appliquées plus de huit jours consécutifs.

53. Les peines que peut infliger le capitaine, maître ou patron, aux termes de l'article 7 du présent décret, sont :

1° La consigne pendant huit jours ;—2° le retranchement de boisson fermentée pour trois repas ; — 3° la vigie pour une heure ou la boucle pour un jour.

54. Les officiers et les passagers de chambre ou d'entre-pont qui, condamnés à une peine disciplinaire, refuseront de s'y soumettre, pourront être mis aux arrêts forcés pendant dix jours au plus.

Ces peines pourront être prolongées autant que la nécessité l'exigera, s'il s'agit d'un homme dangereux ou en prévention de crime.

55. Les peines correctionnelles applicables aux délits sont :

1° L'amende de seize à trois cents francs ; —2° la boucle pendant vingt jours au plus, avec ou sans retenue d'une partie de la solde qui ne pourra en excéder la moitié ; — 3° l'embarquement sur un bâtiment de l'Etat, à moitié solde de leur grade pour les officiers mariniers, ou à deux tiers de solde pour les quartiers-maîtres et les matelots.—La durée de cet embarquement correctionnel ne comptera ni pour l'avancement, ni pour les examens de capitaine du commerce ; 4° la perte ou la suspension de la faculté de commander ; — 5° l'emprisonnement pendant six jours au moins et cinq ans au plus.

56. Les peines en matière criminelle sont les mêmes que celles qui sont énoncées dans les lois ordinaires, sauf les cas prévus par le présent décret.

57. Sont compris sous la dénomination d'officiers,

Le capitaine, maître ou patron ;

Le second ;

Le lieutenant.

Le subrécargue et le chirurgien sont assimilés aux officiers pour l'application des peines seulement.

Chapitre ii. — *Des infractions et de leur punition.*

Section 1re.—*Des fautes de discipline.*

58. Sont considérés comme fautes de discipline,

1° La désobéissance simple ;—2° la négligence à prendre son poste, où à s'acquitter d'un travail relatif au service du bord ; — 3° le manque au quart, ou le défaut de vigilance pendant le quart ; — 4° l'ivresse sans désordre ; — 5° les querelles ou disputes, sans voie de fait, entre les hommes de l'équipage ou les passagers ; — 6° l'absence du bord sans permission, quand elle n'excède pas trois jours ; — 7° le séjour illégal à terre, moins de trois jours après l'expiration d'un congé ;—8° le manque de respect aux supérieurs ; — 9° le fait d'avoir allumé une première fois des feux sans permission, ou d'avoir circulé dans des lieux où cela est interdit à bord avec des feux, une pipe ou un cigare allumé ; — 10° le fait de s'être endormi une première fois, étant à la barre, en vigie ou au bossoir ;—11° enfin, et généralement, tous les faits de négligence ou de paresse qui ne constituent qu'une faute légère ou un simple manquement à l'ordre ou au service du navire, ou aux obligations stipulées dans l'acte d'engagement.

Ces fautes seront punies de l'une des peines spécifiées à l'article 52, au choix des autorités désignées par l'article 5 du présent décret.

Seront également considérées comme fautes de discipline les infractions au décret du 9 janvier 1852 et des règlements sur la pêche côtière, qu'en raison de leur peu de gravité les commissaires de l'inscription maritime ne croiront pas devoir déférer aux poursuites du ministère public.

Ces officiers d'administration prononceront, dans ce cas, contre les délinquants, un emprisonnement ou une interdiction de pêche d'un à cinq jours.

59. Les marins qui, pendant la durée de la peine de la prison, de la boucle ou du cachot prononcée en matière de discipline, sont remplacés dans le service à bord du navire auquel ils appartiennent, supportent, au moyen d'une retenue sur leurs gages, les frais de ce remplacement.

Section 2. — *Des délits maritimes.*

60. Les délits maritimes sont,

1° Les fautes de discipline réitérées ; — 2° la désobéissance, accompagnée d'un refus formel d'obéir ; — 3° la désobéissance avec injures ou menaces ; — 4° les rixes ou voies de fait entre les hommes de l'équipage, lorsqu'elles ne donnent pas lieu à une maladie ou à une incapacité de travail de plus de trente jours; — 5° l'ivresse avec désordre ; — 6° l'emploi, sans autorisation, d'une embarcation du navire ; — 7° la dégradation d'objets à l'usage du bord ; — 8°

l'altération des vivres ou marchandises par le mélange de substances non malfaisantes ; — 9° le détournement ou le gaspillage des vivres ou des liquides à l'usage du bord ; — 10° l'embarquement clandestin d'armes à feu, d'armes blanches, de poudre à tirer, de matières inflammables ou de liqueurs spiritueuses.

Ces objets seront saisis par le capitaine et, suivant qu'il y aura lieu d'après leur nature comme d'après les circonstances, détruits ou séquestrés dans sa chambre, pour être, dans ce dernier cas, confisqués au profit de la caisse des invalides de la marine à l'expiration du voyage.

11° Le vol commis par un officier marinier, un matelot, un novice ou un mousse, quand la valeur de l'objet n'excède pas dix francs, et qu'il n'y a pas eu effraction ; — 12° la désertion ; — 13° les voies de fait contre un supérieur, lorsqu'elles ne donnent pas lieu à une maladie ou à une incapacité de travail de plus de trente jours ; — 14° la rébellion envers le capitaine ou l'officier commandant le quart, lorsqu'elle a lieu en réunion d'un nombre quelconque de personnes, sans excéder le tiers des hommes de l'équipage, y compris les officiers.

Ces délits seront punis des peines énoncées dans l'article 53, au choix du juge, excepté dans les cas prévus par les articles suivants.

61. Tout marin coupable d'outrages par paroles, gestes ou menaces, envers son capitaine ou un officier du bord, sera puni d'un emprisonnement de six jours à un an, auquel il pourra être joint une amende de seize à cent francs.

62. Tout officier coupable du même délit envers son supérieur sera puni d'un emprisonnement d'un mois à deux ans et d'une amende de cinquante à trois cents francs.

63. Toute personne coupable de voies de fait envers le capitaine ou un officier du bord sera punie d'un emprisonnement de trois mois à trois ans.

Une amende de vingt-cinq à cinq cents francs sera en outre prononcée.

Si les voies de fait ont déterminé une maladie ou une incapacité de travail de plus de trente jours, les coupables seront punis conformément à l'article 309 du Code pénal.

64. Tout marin qui aura formellement refusé d'obéir aux ordres du capitaine ou d'un officier du bord pour assurer la manœuvre sera puni de six jours à six mois de prison.

Une amende de seize à cent francs pourra être jointe à cette peine.

Toute personne qui aura formellement refusé d'obéir aux ordres donnés pour le salut du navire ou de la cargaison, ou pour le maintien de l'ordre, sera punie d'un emprisonnement de trois mois à cinq ans. Une amende de cent à trois cents francs pourra, en outre, être prononcée.

65. Les gens de mer qui, dans un port de France, s'absentent sans permission pendant trois fois vingt-quatre heures de leur navire ou du poste où ils ont été placés, ou laissent partir le navire sans se rendre à bord après avoir contracté un engagement, sont réputés déserteurs et punis de six jours de prison.

Cette peine sera de quinze jours à deux mois pour les novices et les mousses.

Les officiers mariniers et les matelots sont, en outre, levés pour le service de l'État et embarqués pour une campagne extraordinaire de six mois à un an, comme il est dit à l'article 55.

Toutefois, le capitaine, maître ou patron du navire sur lequel le déserteur était embarqué, pourra obtenir sa réintégration à bord, en cas d'arrestation opérée avant le départ du navire ; mais alors ses gages seront réduits de moitié à partir du jour de la désertion jusqu'à l'expiration de l'engagement.

66. Sont également réputés déserteurs, punis d'un mois de prison et condamnés à faire une campagne d'un à deux ans sur un bâtiment de l'État, comme il est dit à l'article 55, les officiers mariniers et matelots qui, sur une rade étrangère ou dans un port étranger, s'absentent sans permission, pendant deux fois vingt-quatre heures, de leur navire, ou du poste auquel ils ont été placés.

Les novices et les mousses seront condamnés à un emprisonnement d'un à trois mois.

Si le déserteur est arrêté et remis au capitaine, il achève le voyage à demi-gages ; mais il n'en est pas moins passible des peines portées ci-dessus.

67. Tout inscrit maritime trouvé sur un navire appartenant à une puissance étrangère, s'il ne peut présenter une permission en règle d'une autorité française, ou prouver que son embarquement est résulté d'un cas de force majeure, sera puni conformément aux dispositions de l'article précédent.

Les gens de mer coupables de désertion dans les colonies françaises seront punis des mêmes peines.

68. Sont aussi réputés déserteurs, punis de deux à six mois de prison et tenus de faire une campagne de trois ans sur un bâtiment de l'État, comme il est dit à l'ar-

ticle 55, les officiers, mariniers et matelots de la marine marchande trouvés à bord d'un navire de commerce naviguant sous pavillon d'une puissance en guerre avec la France.

Dans ce cas, les novices et les mousses seront condamnés à six mois de prison.

69. Tout déserteur perd de droit la solde par lui acquise sur le bâtiment auquel il appartient au jour du délit. La moitié de cette solde retourne à l'armement ; l'autre moitié est versée à la caisse des invalides de la marine.

Si le déserteur est redevable envers l'armement à l'époque de sa désertion, il sera pourvu à l'acquittement de cette dette par voie de retenues sur sa solde au service de l'Etat.

70. Les gens de mer complices de la désertion sont punis des mêmes peines que le déserteur.

Les autres personnes également complices sont punies d'un amende de seize à cinq cents francs et d'un emprisonnement de dix jours à trois mois.

71. Les gens de mer qui, à l'insu du capitaine, maître ou patron, embarquent ou débarquent des objets dont la saisie constitue l'armement en frais et dommages, sont punis d'un mois à un an de prison, indépendamment de l'amende par eux encourue à raison de la saisie et sans préjudice de l'indemnité due à l'armement pour les frais que la saisie a pu lui occasionner.

72. Tout officier qui, hors le cas de nécessité absolue, maltraite ou frappe un marin ou un passager, est puni d'un emprisonnement de six jours à trois mois.

La peine pourra être doublée s'il s'agit d'un novice ou d'un mousse.

Si les voies de fait ont occasionné une maladie ou une incapacité de travail de plus de trente jours, le coupable sera puni conformément à l'article 309 du Code pénal.

73. Tout officier qui s'enivre habituellement ou pendant qu'il est de quart est puni de quinze jours à un mois de prison et d'une amende de cinquante à trois cents francs.

74. Tout capitaine, maître, patron ou officier qui, volontairement, détruit, dégrade ou vend un objet utile à la navigation, à la manœuvre ou à la sûreté du navire, est puni de quinze jours à trois mois de prison.

75. Est puni de la même peine tout capitaine, maître, patron ou officier qui, hors le cas de force majeure, a volontairement altéré les vivres, boissons et autres objets de consommation destinés aux passagers et à l'équipage, lorsqu'il n'y a pas eu mélange de substances malfaisantes.

Une amende de seize à trois cents francs pourra, en outre, être prononcée.

76. Tout capitaine, maître ou patron, qui, hors le cas de force majeure, prive l'équipage de l'intégralité de la ration stipulée avant le départ, ou, à défaut de convention, de la ration équivalente à celle que reçoivent les marins de la flotte, est tenu de payer, à titre de dommages-intérêts, cinquante centimes par jour pendant la durée du retranchement à chaque personne composant l'équipage, et peut, en outre, être puni de cinquante à cinq cents francs d'amende.

Les cas de force majeure sont constatés par procès-verbaux signés du capitaine, maître ou patron, et des principaux de l'équipage, et alors même il est dû à chaque homme une indemnité représentative du retranchement auquel il a été soumis.

77. Est puni de trois mois de prison tout capitaine, maître ou patron, qui, en faisant ou autorisant la contrebande, donne lieu à une amende de moins de mille francs à la charge de l'armement.

La peine de la prison sera de trois mois à un an, indépendamment de la suspension de commandement pendant deux ans au moins et trois ans au plus, sans préjudice de l'action civile réservée à l'armateur, si la contrebande donne lieu soit à la confiscation du navire ou de tout ou partie de la cargaison, soit à une amende de plus de mille francs.

78. Tout capitaine, maître ou patron qui s'enivre pendant qu'il est chargé de la conduite du navire, est puni d'un emprisonnement de quinze jours à un an. Il peut, en outre, être interdit de tout commandement pendant un intervalle de six mois à deux ans.

En cas de récidive, l'interdiction de commander peut être définitive.

79. Tout capitaine, maître ou patron qui se permet ou tolère à son bord des abus de pouvoir, ou qui, hors le cas de nécessité absolue, exerce des voies de fait envers son inférieur ou un passager, est puni de six jours à trois mois de prison.

Le coupable peut, en outre, être privé de commander pendant six mois au moins et deux ans au plus.

La peine pourra être doublée s'il s'agit d'un novice ou d'un mousse.

Si les voies de fait ont entraîné une maladie ou une incapacité de travail de plus de trente jours, le coupable sera puni conformément à l'article 309 du Code pénal.

80. Tout capitaine qui, en présence d'un péril quelconque, abandonne son navire à la mer, hors le cas de force majeure dûment

constaté par les officiers et principaux de l'équipage, ou qui, ayant pris leur avis, néglige de sauver l'argent ou les marchandises précieuses avant d'abandonner le navire, est puni d'un emprisonnement d'un mois à un an(1).

La même peine peut être prononcée contre le capitaine, maître ou patron qui, forcé d'abandonner son navire, ne reste pas à bord le dernier.

Dans l'un et l'autre cas, l'interdiction de commandement peut, en outre, être prononcée pour un à cinq ans.

81. Tout capitaine, maître ou patron qui, hors le cas d'un danger quelconque, rompt son engagement et abandonne son navire avant d'avoir été dûment remplacé, est puni, si le navire se trouvait en sûreté dans un port, d'un emprisonnement de six mois à deux ans ; si le navire était en rade foraine, la peine d'emprisonnement sera d'un an au moins et de trois ans au plus.

Dans l'un et l'autre cas, le coupable peut, en outre, être privé de commander pendant un an au moins et trois ans au plus.

82. Tout capitaine ou maître qui favorise par son consentement l'usurpation de l'exercice du commandement à son bord, en ce qui touche la manœuvre et la direction nautique du navire, et consent ainsi à n'être que porteur d'expéditions, est puni d'un emprisonnement de quinze jours à trois mois, et de l'interdiction de commandement pendant un an au moins et deux ans au plus.

En cas de récidive, l'interdiction de commandement peut être définitive.

La même peine d'emprisonnement sera prononcée contre toute personne qui aura indûment pris le commandement du navire. Le coupable sera de plus passible d'une amende de cent à cinq cents francs.

83. Est puni d'une amende de vingt-cinq à trois cents francs tout capitaine, maître ou patron qui ne se conforme point aux mesures prescrites par les articles 224, 225 et 227 du Code de commerce (2).

La même peine peut être appliquée au capitaine, maître ou patron qui, hors le cas d'impossibilité absolue, vingt-quatre heures après son arrivée dans un port français, dans une colonie française ou dans un port étranger où réside un consul de France, ne dépose pas son rôle d'équipage, soit au bureau de la marine, soit à la chancellerie du consulat (3).

84. Est puni d'une amende de vingt-cinq francs à cent francs, à laquelle il peut être joint un emprisonnement de six jours à un mois,

Tout capitaine, maître ou patron qui, à moins de légitimes motifs d'empêchement, s'abstient, à son arrivée sur une rade étrangère ou à son départ, de se rendre à bord du bâtiment de guerre français commandant la rade ;

Tout capitaine, maître ou patron qui, sans empêchement légitime, ne se conforme pas aux règles établies pour la police de la rade, après qu'il lui en a été donné connaissance.

85. Est puni d'une amende de cinquante à trois cents francs, à laquelle peut être ajouté un emprisonnement de dix jours à six mois,

Tout capitaine, maître ou patron qui refuse d'obéir aux ordres relatifs à la police de la navigation émanant des autorités militaires de la marine, des commissaires de l'inscription maritime, des consuls, des syndics et autres agents maritimes, ou qui outrage ces officiers, fonctionnaires et agents, par paroles, gestes ou menaces, dans l'exercice de leurs fonctions ou à l'occasion de cet exercice.

86. Tout capitaine, maître, patron ou officier qui refuse ou néglige de remplir les formalités prescrites aux titres Ier et II du présent décret, est puni d'une amende de cinquante francs à cinq cents francs.

Il pourra, en outre, être prononcé un emprisonnement de six jours à un an.

87. Indépendamment des cas de suspension ou de retrait de la faculté de commander, prévus par le présent décret, le ministre de la marine peut, par continuation, infliger cette même peine, lorsqu'il le juge nécessaire, après une enquête contradictoire, dans laquelle le capitaine est entendu.

88. Toutes les sommes provenant des amendes et des réductions de solde ou de rations prononcées aux termes du présent décret seront versées dans la caisse des invalides de la marine.

Le prix de la ration retranchée sera déterminé par le commissaire de l'inscription maritime du port de désarmement.

SECTION III. — *Des crimes.*

89. Tout individu inscrit sur le rôle d'équipage qui, volontairement, et dans une intention criminelle, échoue, perd ou détruit par quelque moyen que ce soit, autre que celui du feu ou d'une mine, le navire sur lequel il est embarqué, est puni de dix à vingt ans de travaux forcés.

Si le coupable était, à quelque titre que

____

(1) Code de commerce, art. 241.

(2) 224, livre timbré ; 225, visite du navire ; 227, présence du capitaine à bord à l'entrée et à la sortie des ports.

(3) Art. 242 et 244 du Code de commerce.

ce soit, chargé de la conduite du navire, il lui sera appliqué le maximum de la peine.

S'il y a eu homicide ou blessures par le fait de l'échouement, de la perte ou de la destruction du navire, le coupable sera, dans le premier cas, puni de mort, et, dans le second, puni des travaux forcés à temps.

90. Tout capitaine, maître ou patron qui, dans une intention frauduleuse, détourne à son profit le navire dont la conduite lui est confiée, est puni de vingt ans de travaux forcés, sans préjudice de l'action civile réservée à l'armateur.

91. Est puni des travaux forcés à temps tout capitaine, maître ou patron qui, volontairement et dans une intention criminelle, fait fausse route, ou jette à la mer ou détruit sans nécessité tout ou partie du chargement, des vivres ou des effets du bord.

92. Est puni de la réclusion tout capitaine, maître ou patron qui, dans une intention frauduleuse, se rend coupable de l'un des faits énoncés à l'article 236 du Code de commerce, ou vend, hors le cas prévu par l'article 237 du même Code, le navire dont il a le commandement, ou opère des déchargements en contravention à l'article 248 dudit Code (1).

93. Les vols commis à bord de tout navire par les capitaines, officiers, subrécargues ou passagers, sont punis de la réclusion.

La même peine est prononcée contre les officiers mariniers, marins, novices et mousses, quand la valeur de l'objet volé excède dix francs, ou quand le vol a été commis avec effraction.

94. Sont punies de la même peine toutes personnes embarquées, à quelque titre que ce soit, qui altèrent volontairement les vivres, boissons ou autres objets de consommation, par le mélange de substances malfaisantes.

95. Tout acte de rébellion commis par plus du tiers de l'équipage est puni de la réclusion.

Si les rebelles étaient armés, la peine des travaux forcés à temps sera prononcée.

Les rebelles sont réputés armés s'il se trouve parmi eux un ou plusieurs hommes porteurs d'une arme ostensible.

Les couteaux de poche entre les mains des rebelles sont réputés armes par le fait seul du port ostensible.

96. Tout complot ou attentat contre la sûreté, la liberté ou l'autorité du capitaine, maître ou patron, est puni de la réclusion.

La peine des travaux forcés à temps sera prononcée contre tout officier impliqué dans le complot ou l'attentat.

On entend par complot la résolution d'agir concertée et arrêtée entre deux personnes au moins, embarquées à bord d'un navire.

TITRE IV. — DISPOSITIONS DIVERSES.

97. Le capitaine, maître ou patron a, sur les gens de l'équipage et sur les passagers, l'autorité que comportent la sûreté du navire, le soin des marchandises et le succès de l'expédition.

98. Le capitaine, maître ou patron, est autorisé à employer la force pour mettre l'auteur d'un crime hors d'état de nuire, mais il n'a pas juridiction sur le criminel, et il doit procéder à son égard suivant les prescriptions des articles 49, 50 et 51 ci-dessus.

Les marins de l'équipage sont tenus de prêter main-forte au capitaine pour assurer l'arrestation de tout prévenu, sous peine d'un mois à un an de prison, indépendamment d'une retenue de solde d'un à trois mois.

99. En cas de mutinerie ou de révolte, la résistance du capitaine et des personnes qui lui restent fidèles est considérée comme un acte de légitime défense.

100. Dans les cas prévus par le présent décret, l'action publique et l'action civile se prescrivent après cinq années révolues, à compter du jour où le délit a été commis.

La prescription pour les crimes reste soumise aux règles du droit commun.

101. Sont et demeurent abrogées toutes dispositions contraires à celles du présent décret.

102. Le ministre secrétaire d'Etat de la marine et des colonies et le garde des sceaux, ministre secrétaire d'Etat de la justice, sont chargés, chacun en ce qui le concerne, de l'exécution du présent décret, qui sera inséré au *Bulletin des Lois* et au *Bulletin officiel de la marine*, etc. (*Bull.* 524, n° 4006.)

N° 75.—(25 mars 1852.)—DÉCRET *qui fixe le droit à l'importation des soudes et des natrons.*

LOUIS-NAPOLÉON, PRÉSIDENT DE LA RÉPUBLIQUE FRANÇAISE,

Sur le rapport du ministre de l'intérieur, de l'agriculture et du commerce;

----

(1) 236, emprunts sans nécessité; 237, défense de vendre le navire hors le cas d'innavigabilité; 248, défense de décharger le navire hors le cas de péril imminent.

Vu le décret du 17 mars courant, qui soumet à l'impôt de consommation de dix francs pour cent kilogrammes le sel employé à la fabrication de la soude ;

Considérant que le droit actuellement établi à l'entrée des soudes et des natrons ne tient pas compte de la nouvelle charge qui va peser sur les fabriques de soude ;

Considérant que, pour maintenir celle-ci en possession de l'approvisionnement du marché intérieur, il est urgent d'augmenter le droit de douane de toute la quotité d'impôt afférente aux sels employés à la fabrication de la soude,

DÉCRÈTE :

ART. 1er. Le droit à l'importation des soudes de toute sorte et des natrons est fixé ainsi qu'il suit :

Soudes de toutes sortes.   26 fr. 50 c. } les 100 kil.
Natrons. 21   50

2. Des décrets ultérieurs régleront le tarif d'entrée des autres produits à base de soude, ainsi que le drawback à allouer à l'exportation des produits analogues sortant des fabriques françaises.

3. Le ministre de l'intérieur, de l'agriculture et du commerce, et le ministre des finances, sont chargés, chacun en ce qui le concerne, de l'exécution du présent décret, etc. (*Bull.* 505, nᵒ 3831.)

Nᵒ 76. — (25 mars 1852.) — DÉCRET *sur la décentralisation administrative.*

LOUIS-NAPOLÉON, PRÉSIDENT DE LA RÉPUBLIQUE FRANÇAISE,

Considérant que, depuis la chute de l'Empire, des abus et des exagérations de tout genre ont dénaturé le principe de notre centralisation administrative, en substituant à l'action prompte des autorités locales les lentes formalités de l'administration centrale;

Considérant qu'on peut gouverner de loin, mais qu'on n'administre bien que de près; qu'en conséquence, autant il importe de centraliser l'action gouvernementale de l'Etat, autant il est nécessaire de décentraliser l'action purement administrative ;

Sur le rapport du ministre de l'intérieur ;
Le conseil des ministres entendu,

DÉCRÈTE :

ART. 1er. Les préfets continueront de soumettre à la décision du ministre de l'intérieur les affaires départementales et communales qui affectent directement l'intérêt général de l'Etat, telles que l'approbation des budgets départementaux, les impositions extraordinaires et les délimitations territoriales ; mais ils statueront désormais sur toutes les autres affaires départementales et communales qui, jusqu'à ce jour, exigeaient la décision du chef de l'Etat ou du ministre de l'intérieur, et dont la nomenclature est fixée par le tableau A ci-annexé.

2. Ils statueront également, sans l'autorisation du ministre de l'intérieur, sur les divers objets concernant les subsistances, les encouragements à l'agriculture, l'enseignement agricole et vétérinaire, les affaires commerciales et la police sanitaire et industrielle, dont la nomenclature est fixée par le tableau B ci-annexé.

3. Les préfets statueront en conseil de préfecture, sans l'autorisation du ministre des finances, mais sur l'avis ou la proposition des chefs de service, en matière de contributions indirectes, en matières domaniales et forestières, sur les objets déterminés par le tableau C ci-annexé.

4. Les préfets statueront également, sans l'autorisation du ministre des travaux publics, mais sur l'avis ou la proposition des ingénieurs en chef, et conformément aux règlements ou instructions ministérielles, sur tous les objets mentionnés dans le tableau D ci-annexé.

5. Ils nommeront directement, sans l'intervention du Gouvernement et sur la présentation des divers chefs de service, aux fonctions et emplois suivants :

1ᵒ Les directeurs des maisons d'arrêt et des prisons départementales ; — 2ᵒ Les gardiens desdites maisons et prisons ; — 3ᵒ Les membres des commissions de surveillance de ces établissements ; — 4ᵒ Les médecins et comptables des asiles publics d'aliénés ; — 5ᵒ Les médecins des eaux thermales dans les établissements privés ou communaux ; — 6ᵒ Les directeurs et agents des dépôts de mendicité ; — 7ᵒ Les architectes départementaux ; — 8ᵒ Les archivistes départementaux ; — 9ᵒ Les administrateurs, directeurs et receveurs des établissements de bienfaisance ; — 10ᵒ Les vérificateurs des poids et mesures ; — 11ᵒ Les directeurs et professeurs des écoles de dessin et les conservateurs des musées des villes ; — 12ᵒ Les percepteurs surnuméraires ; — 13ᵒ Les receveurs municipaux des villes dont le revenu ne dépasse pas trois cent mille francs ; — 14ᵒ Les débitants de poudres à feu ; — 15ᵒ Les titulaires des débits de tabac simples, dont le produit ne dépasse pas mille francs ; — 16ᵒ Les préposés en chef des octrois des villes ; — 17ᵒ Les lieutenants de louveterie ; — 18ᵒ Les directeurs des bureaux de poste aux lettres dont le produit n'excède pas mille francs ; — 19ᵒ Les distributeurs et facteurs des postes ; — 20ᵒ Les gardes forestiers des départements, des communes et des établissements publics ;—21° Les gardes champêtres ; — 22° Les commissaires de police des villes de six mille âmes et au-dessous ; — 23° Les membres des jurys médicaux ; — 24° Les piqueurs des ponts et chaussées et cantonniers du service des routes ; — 25° Les gardes de navigation, cantonniers, éclusiers, barragistes et pontonniers ; — 26° Les gardiens de phares, les canotiers du service des ports maritimes de commerce, baliseurs et surveillants de quais.

6. Les préfets rendront compte de leurs actes aux ministres compétents dans les formes et pour les objets déterminés par les instructions que ces ministres leur adresseront.

Ceux de ces actes qui seraient contraires aux lois et règlements, ou qui donneraient lieu aux réclamations des parties intéressées, pourront être annulés ou réformés par les ministres compétents.

7. Les dispositions des articles 1, 2, 3, 4 et 5, ne sont pas applicables au département de la Seine.

8. Les ministres de l'intérieur, des finances, des travaux publics, de l'instruction publique et de la police générale, sont chargés, chacun en ce qui le concerne, de l'exécution du présent décret, etc. (*Bull.* 508, n° 3855.)

N° 77.—(25 mars 1852.) — DÉCRET *portant qu'il pourra être accordé des pensions et indemnités temporaires aux membres non replacés de l'ancien conseil d'État.*

LOUIS-NAPOLÉON, PRÉSIDENT DE LA RÉPUBLIQUE FRANÇAISE,

Vu le décret du 2 mai 1848 ;

Vu l'article 31 de la loi du 19 mai 1849 ;

Sur le rapport du ministre des finances,

DÉCRÈTE :

ART. 1er. Il pourra être accordé des pensions et indemnités temporaires aux membres non replacés de l'ancien conseil d'État : les pensions après vingt ans de services ; les indemnités temporaires pour les services qui n'atteindront pas vingt ans, et pour un temps égal à la durée de ces services.

Ces pensions et indemnités temporaires seront liquidées d'après les dispositions du décret du 2 mai 1848, et concédées seulement dans le cas d'insuffisance de fortune.

2. Le ministre des finances est chargé de l'exécution du présent décret, etc. (*Bull.* 508, n° 3856.)

N° 78.—(25 mars 1852.)—DÉCRET *qui ouvre, sur l'exercice 1851, un crédit supplémentaire pour les intérêts de la dette flottante, et pour le service des monnaies.*

LOUIS-NAPOLÉON, PRÉSIDENT DE LA RÉPUBLIQUE FRANÇAISE,

Vu la loi du 29 juillet 1850, portant fixation du budget des dépenses de l'exercice 1851 ;

Sur le rapport du ministre des finances,

DÉCRÈTE :

ART. 1er. Il est ouvert au ministre des finances, sur l'exercice 1851, un crédit supplémentaire de six cent mille huit cent quatre-vingt-onze francs quatre-vingt-quinze centimes (600,891 fr. 95 c.), pour les dépenses ci-après :

Intérêts de capitaux remboursables à divers titres.

	fr.	c.
Chapitre IX. Intérêts de la dette flottante du Trésor	600,000	00

Monnaies et médailles.

	fr.	c.
Chapitre XXXII. Dépenses diverses (perte sur les tolérances en fort). .	891	95
Total. . .	600,891	95

2. Le ministre des finances est chargé de l'exécution du présent décret, etc. (*Bull.* 508, n° 3857.)

N° 79.—(25 mars 1852.) — DÉCRET *qui fait concession, à la ville de Carentan, de terrains et bâtiments provenant des anciennes fortifications.*

LOUIS-NAPOLÉON, PRÉSIDENT DE LA RÉPUBLIQUE FRANÇAISE,

Vu le décret du 31 août 1850, qui a retranché du nombre des postes militaires la ville de Carentan, département de la Manche ;

Vu la demande présentée par le conseil municipal de Carentan à l'effet d'obtenir, dans l'intérêt de cette commune et de son hospice, l'abandon à la ville de la totalité des terrains provenant des fortifications, à la charge par celle-ci de supporter les frais d'amélioration nécessaires pour le nivellement, et de payer, en outre, s'il y a lieu, l'excédant de la valeur de ces terrains ;

Considérant que les motifs que le conseil municipal a fait valoir à l'appui de sa demande intéressent essentiellement l'industrie, le commerce et les développements de la prospérité de la ville de Carentan ;

Sur le rapport des ministres de l'intérieur, de l'agriculture et du commerce, et des finances,

DÉCRÈTE :

ART. 1er. Il est fait concession à la ville de Carentan de tous les terrains et bâtiments provenant des anciennes fortifications, qui ne seront pas jugés nécessaires soit au service de la guerre, soit au service des ponts et chaussées.

2. Il sera procédé à une estimation con-

tradictoire, tant de la valeur des terrains et bâtiments qui devront être définitivement abandonnés à la ville, que des frais de démolition et de nivellement qui seront mis à sa charge. Les résultats de cette estimation serviront à fixer la plus-value des terrains cédés, et, par suite, le montant des sommes que la ville pourra avoir à verser dans les caisses du domaine, sans que, en aucun cas, elle puisse prétendre, contre l'État, à une indemnité quelconque.

3. Le ministre de l'intérieur, de l'agriculture et du commerce, les ministres des finances, de la guerre et des travaux publics, sont chargés, chacun en ce qui le concerce, de l'exécution du présent décret, etc. (*Bull.* 508, n° 5866.)

N° 80. — (25 mars 1852.) — DÉCRET *qui abroge celui du 28 juillet 1848 sur les clubs, à l'exception de l'article 13, et déclare applicables aux réunions publiques les articles 291, 292 et 294 du Code pénal, et les articles 1, 2 et 3 de la loi du 10 avril 1834.*

LOUIS-NAPOLÉON, PRÉSIDENT DE LA RÉPUBLIQUE,

Vu les articles 291 et suivants du Code pénal, qui prononcent les peines applicables à ceux qui font partie des associations ou réunions illicites;

Vu la loi du 10 avril 1834, sur les associations;

Vu le décret du 28 juillet 1848, sur les clubs;

Sur le rapport du ministre de la police générale;

Considérant que le droit d'association et de réunion doit être réglementé de manière à empêcher le retour des désordres qui se sont produits sous le régime d'une législation insuffisante pour les prévenir;

Qu'il est du devoir du Gouvernement d'apprécier et de prendre les mesures nécessaires pour qu'il puisse exercer sur toutes les réunions publiques une surveillance qui est la sauvegarde de l'ordre et de la sûreté de l'État;

Considérant que la loi du 22 juin 1849, suspensive du décret du 28 juillet 1848, ayant déjà reconnu le danger des clubs, avait décidé qu'un projet de loi serait présenté à l'Assemblée pour interdire les clubs et régler l'exercice du droit de réunion,

DÉCRÈTE:

ART. 1er. Le décret du 28 juillet 1848, sur les clubs, est abrogé, à l'exception toutefois de l'article 13 de ce décret, qui interdit les sociétés secrètes.

2. Les articles 291, 292 et 294 du Code pénal, et les articles 1, 2 et 3 de la loi du 10 avril 1834, seront applicables aux réunions publiques, de quelque nature qu'elles soient.

3. Le ministre de la police générale est chargé de l'exécution du présent décret, etc. (*Bull.* 512, n° 3880.)

N° 81. — (25 mars 1852.) — DÉCRET *relatif à l'importation et au transit des livres en langue anglaise.*

LOUIS-NAPOLÉON, PRÉSIDENT DE LA RÉPUBLIQUE,

Sur le rapport du ministre de la police générale;

Vu l'article 8 de la loi du 6 mai 1841;

Vu le décret du 22 janvier 1852, qui rend exécutoire la convention conclue, le 3 novembre 1851, entre la France et le Royaume-Uni de la Grande-Bretagne et l'Irlande, pour la garantie réciproque de la propriété des œuvres de littérature et d'art;

Vu les articles 6 et 7 de ladite convention,

DÉCRÈTE:

ART. 1er. Les livres en langue anglaise ne pourront être importés en France, pour l'acquittement des droits ou pour le transit, que par les bureaux ouverts à l'entrée des livres en langue française, et par les bureaux de Bordeaux, Nantes, Saint-Malo, Grandville, Dieppe, Boulogne, Calais et Dunkerque.

2. Tous les livres en langue anglaise illégalement reproduits dans des pays tiers, présentés à l'importation ou au transit, seront saisis et détruits, et les individus coupables de ces contraventions seront passibles des peines et poursuites prescrites par nos lois.

3. Le présent décret aura son effet à partir du 15 avril 1852.

4. Le ministre de la police générale et le ministre des finances sont chargés, chacun en ce qui le concerne, d'en assurer l'exécution, etc. (*Bull.* 512, n° 3881.)

N° 82. — (25 mars 1852.) -- DÉCRET *relatif au chapitre de Saint-Denis.*

LOUIS-NAPOLÉON, PRÉSIDENT DE LA RÉPUBLIQUE FRANÇAISE,

Sur le rapport du ministre de l'instruction publique et des cultes;

Vu le décret impérial du 20 février 1806, qui institue le chapitre de Saint-Denis;

Vu l'ordonnance du 23 décembre 1816;

Vu l'ordonnance du 17 décembre 1839;

Considérant que la réduction opérée par la loi de finances de 1832 sur les traitements affectés aux canonicats du chapitre de Saint-Denis est un obstacle à la réalisation complète de la pensée du fondateur,

DÉCRÈTE :

ART. 1er. Le traitement de chacun des six canonicats du premier ordre du chapitre de Saint-Denis est porté à dix mille francs ;

Le traitement de chacun des huit canonicats du second ordre est porté à deux mille cinq cents francs.

2. La cure de la ville de Saint-Denis (Seine) est réunie au chapitre de la basilique ; le service paroissial y sera transféré.

3. Celui des chanoines qui sera nommé par l'ordinaire et agréé par nous pour remplir les fonctions de curé prendra le titre de doyen du chapitre du second ordre. Dans le cas où il serait privé de ce titre, il demeurera toujours membre du chapitre.

4. Les chanoines du second ordre seront expressément tenus à la résidence. Ceux qui s'absenteront sans autorisation subiront une retenue dont la quotité sera déterminée, suivant les cas, par une décision ministérielle.

5. Il sera pourvu, pour l'exercice 1852, aux augmentations fixées par le présent décret, au moyen d'une imputation sur le crédit ouvert au chapitre VIII du budget des cultes (*Secours à des ecclésiastiques forcés par l'âge ou les infirmités de cesser leurs fonctions*).

6. Le ministre de l'instruction publique et des cultes est chargé de l'exécution du présent décret, etc. (*Bull.* 514, n° 3908.)

N° 83.—(25 mars 1852.)—DÉCRET *sur l'organisation des chambres consultatives et du conseil général d'agriculture.*

LOUIS-NAPOLÉON, PRÉSIDENT DE LA RÉPUBLIQUE FRANÇAISE,

Sur le rapport du ministre de l'intérieur, de l'agriculture et du commerce ;

Vu la loi du 20 mars 1851 ;

Considérant que, si cette loi a satisfait, en principe, au vœu généralement exprimé d'une représentation officielle de l'agriculture, elle offre néanmoins, dans l'application, des difficultés très-graves, tant sous le rapport du mode de l'élection que sous celui des atteintes qu'elle porte à la liberté d'action des sociétés d'agriculture et des comices agricoles ;

Considérant qu'il importe aux besoins de l'agriculture de rendre plus faciles et moins onéreuses les réunions de ses représentants, en rapprochant de leurs travaux et de leurs affaires le siége des chambres consultatives, afin que celles-ci puissent s'assembler aussi souvent que le réclameront les intérêts qui leur sont confiés ;

Considérant qu'il est urgent de procéder à l'organisation de la représentation agricole,

DÉCRÈTE :

TITRE Ier.—DES CHAMBRES CONSULTATIVES D'AGRICULTURE.

ART. Ier. Il y a dans chaque arrondissement une chambre consultative d'agriculture.

2. Les chambres consultatives d'agriculture sont composées d'autant de membres qu'il y a de cantons dans l'arrondissement, sans que le nombre de ces membres puisse être inférieur à six.

3. Le préfet désigne dans chaque canton, pour faire partie de la chambre d'agriculture, un agriculteur notable ayant son domicile ou des propriétés dans le canton.

Les membres de la chambre d'agriculture sont nommés pour trois ans. Ils sont toujours rééligibles.

4. Le préfet, au chef-lieu, et les sous-préfets, dans les arrondissements, président la chambre consultative d'agriculture.

Un vice-président, élu à la majorité des voix des membres présents, supplée le préfet ou le sous-préfet, en cas d'absence ou d'empêchement.

Le préfet ou le sous-préfet nomme le secrétaire.

5. Un arrêté du préfet fixe, chaque année, l'époque de la session ordinaire des chambres d'agriculture de son département. Il en détermine la durée et arrête le programme des travaux.

Des sessions ordinaires peuvent avoir lieu sur sa convocation.

6. Les chambres consultatives d'agriculture présentent au Gouvernement leurs vues sur les questions qui intéressent l'agriculture. Leur avis peut être demandé sur les changements à opérer dans la législation, en ce qui touche les intérêts agricoles, et notamment en ce qui concerne les contributions indirectes, les douanes, les octrois, la police et l'emploi des eaux.

Elles peuvent aussi être consultées sur l'établissement des foires et marchés, sur la destination à donner aux subventions de l'État et du département, enfin sur l'établissement des écoles régionales et des fermes-écoles.

Elles sont chargées de la statistique agricole de l'arrondissement.

7. Les chambres consultatives d'agriculture correspondent directement avec les

préfets et les sous-préfets, et, par l'intermédiaire des préfets, avec le ministre de l'intérieur, de l'agriculture et du commerce.

8. Les préfets et les sous-préfets fournissent, au chef-lieu du département ou de l'arrondissement, un local convenable pour la tenue des séances.

Le budget des chambres consultatives d'agriculture est visé par le préfet et présenté au conseil général. Il fait partie des dépenses départementales, et est porté au chapitre VII des dépenses ordinaires.

9. Les inspecteurs généraux de l'agriculture ont entrée aux séances et sont entendus toutes les fois qu'ils le demandent.

10. Les chambres consultatives d'agriculture sont reconnues comme établissements d'utilité publique, et peuvent, en cette qualité, acquérir, recevoir, posséder et aliéner, après y avoir été dûment autorisées.

TITRE II. — DU CONSEIL GÉNÉRAL D'AGRICULTURE.

11. Il y a, près du ministre de l'intérieur, de l'agriculture et du commerce, un conseil général de l'agriculture composé de cent membres, dont

Quatre-vingt-six choisis parmi les membres des chambres d'agriculture, et quatorze autres pris en dehors.

12. Le ministre de l'intérieur, de l'agriculture et du commerce, nomme, chaque année, les membres du conseil général de l'agriculture. Ils sont toujours rééligibles. Le ministre préside le conseil et nomme deux vice-présidents.

Il désigne, en dehors du conseil, les secrétaires qui doivent rédiger les procès-verbaux des séances.

13. Le conseil général de l'agriculture se réunit, chaque année, en une session qui ne peut durer plus d'un mois.

14. Des commissaires du Gouvernement, désignés par le ministre, assistent aux délibérations du conseil général de l'agriculture et prennent part aux discussions.

Ils sont entendus toutes les fois qu'ils le demandent et ont entrée dans les commissions.

15. Le conseil général de l'agriculture peut être saisi de toutes les questions d'intérêt général sur lesquelles les chambres d'agriculture ont été consultées.

Il donne aussi son avis sur toutes celles que le ministre lui soumet.

16. Toutes les lois, ordonnances et décisions contraires au présent décret sont et demeurent abrogées.

17. Le ministre de l'intérieur, de l'agriculture et du commerce est chargé de l'exé-cution du présent décret, etc. (*Bull.* 515, n° 3909.)

N° 84. — (25 mars 1852.) — DÉCRET *sur les bureaux de placement.*

LOUIS-NAPOLÉON, PRÉSIDENT DE LA RÉPUBLIQUE FRANÇAISE,

Considérant qu'il importe, dans l'intérêt des classes laborieuses, de régulariser et de moraliser l'institution des bureaux de placement ;

Sur le rapport du ministre de l'intérieur, de l'agriculture et du commerce,

DÉCRÈTE :

ART. 1er. A l'avenir, nul ne pourra tenir un bureau de placement, sous quelque titre et pour quelques professions, places ou emplois que ce soit, sans une permission spéciale délivrée par l'autorité municipale, et qui ne pourra être accordée qu'à des personnes d'une moralité reconnue.

Les possesseurs actuels de bureaux de placement ont un délai de trois mois pour se pourvoir de ladite permission.

2. La demande à fin de permission doit contenir les conditions auxquelles le requérant se propose d'exercer son industrie.

Il est tenu de se conformer à ces conditions et aux dispositions réglementaires qui seraient prises en vertu de l'article 3.

3. L'autorité municipale surveille les bureaux de placement, pour y assurer le maintien de l'ordre et la loyauté de la gestion.

Elle prend les arrêtés nécessaires à cet effet et règle le tarif des droits qui pourront être perçus par le gérant.

4. Toute contravention à l'article 1er, au second paragraphe de l'article 2 ou aux règlements faits en vertu de l'article 3., sera punie d'une amende de un franc à quinze fr. et d'un emprisonnement de cinq jours au plus, ou de l'une de ces deux peines seulement.

Le maximum des deux peines sera toujours appliqué au contrevenant, lorsqu'il aura été prononcé contre lui, dans les douze mois précédents, une première condamnation pour contravention au présent décret ou aux règlements de police précités.

Ces peines sont indépendantes des restitutions et dommages-intérêts auxquels pourraient donner lieu les faits imputables au gérant.

L'article 463 du Code pénal est applicable aux contraventions indiquées ci-dessus.

5. L'autorité municipale peut retirer la permission,

1° Aux individus qui auraient encouru

18.

ou viendraient à encourir une des condamnations prévues par l'article 15, paragraphes 1er, 3, 4, 5, 6, 14 et 15, et par l'article 16 du décret du 2 février 1852; — 2° Aux individus qui auraient été ou qui seraient condamnés pour coalition; — 3° A ceux qui seraient condamnés à l'emprisonnement pour contravention au présent décret ou aux arrêtés pris en vertu de l'article 3.

6. Les pouvoirs ci-dessus conférés à l'autorité municipale seront exercés par le préfet de police pour Paris et le ressort de sa préfecture, et par le préfet du Rhône pour Lyon et les autres communes dans lesquelles il remplit les fonctions qui lui sont attribuées par la loi du 24 juin 1851.

7. Les retraits de permission et les règlements émanés de l'autorité municipale, en vertu des dispositions qui précèdent, ne sont exécutoires qu'après l'approbation du préfet.

8. Le ministre de l'intérieur, de l'agriculture et du commerce, est chargé de l'exécution du présent décret, etc. (*Bull.* 514, n° 3910.)

N° 85.—(25 mars 1852.)—DÉCRET *portant répartition du crédit accordé par le décret du 17 mars 1852, pour les dépenses du ministère de la justice pendant l'année* 1852.

LOUIS-NAPOLÉON, PRÉSIDENT DE LA RÉPUBLIQUE FRANÇAISE,

Vu le décret du 17 mars 1852 qui a ouvert un crédit de vingt-six millions quatre cent quinze mille six cent trente-quatre francs, pour les dépenses du ministère de la justice pendant l'exercice 1852;

Vu les articles 151 de la loi du 25 mars 1817 et 11 de la loi du 29 janvier 1831;

Vu enfin les articles 35 et 36 de l'ordonnance du 31 mai 1838;

Sur le rapport du garde des sceaux, ministre secrétaire d'État au département de la justice,

DÉCRÈTE:

ART. 1er. Le crédit de vingt-six millions quatre cent quinze mille six cent trente-quatre francs accordé par le décret du 17 mars 1852, pour les dépenses du ministère de la justice, pendant l'année 1852, est réparti ainsi qu'il suit entre les divers articles dont se composent les chapitres spéciaux du budget de ce département, savoir:

CHAPITRE Ier. — *Administration centrale.*
(Personnel.)

Art. 1er. Traitement du garde des sceaux, ministre de la justice, 100,000 fr. — Art. 2. Traitements des chefs et commis des bureaux, 343,276 fr.;

— Indemnité pour travaux extraordinaires, 3,000 fr. — Art. 3. Gages des gens de service, 35,375 fr. — Total, 481,651 fr.

CHAPITRE II. — *Administration centrale.*
(Matériel.)

Article unique. — Entretien des hôtels et du mobilier, habillement des gens de service, chauffage et éclairage, frais d'impressions et fournitures générales de bureau, 94,000 fr.

CHAPITRE II bis. — *Tribunal des conflits.*

Article unique. — Traitement du secrétaire-greffier et menues dépenses du tribunal (par abonnement), 500 fr.

CHAPITRE V. — *Cour de cassation.*

Art. 1er. Traitements des membres de la Cour, 844,000 fr. — Art. 2. Traitements du greffier en chef, de ses commis, et fournitures du greffe, 46,000 fr. — Art. 3. Traitements des secrétaires du parquet et du bibliothécaire, 14,400 fr. — Art. 4. Traitements des huissiers et gages des gens de service, 21,400 fr. — Art. 5. Menues dépenses de la Cour, 12,000 fr. — Total, 937,800 fr.

CHAPITRE VI. — *Cours d'appels.*

Art. 1er. Traitements des membres des Cours, 5,231,538 fr.; — Traitements des greffiers et commis-greffiers, 363,300 fr. — Art. 2. Secrétariat de la première présidence de la Cour d'appel de Paris, 2,000 fr.; — Secrétariat du parquet de la même Cour, 25,000 fr.; — Secrétariat du parquet de la Cour d'appel de Rennes (art. 26 du décret du 30 janvier 1811), 1,200 fr. — Total, 5,623,038 fr.

CHAPITRE VII. — *Cours d'assises.*

Art. 1er. Indemnité accordée aux conseillers délégués pour présider les Cours d'assises autres que celles chefs-lieux de Cour d'appel, 118,000 fr. — Art. 2. Secrétariats de parquet des tribunaux de première instance, chefs-lieux de Cours d'assises, autres que ceux où siègent les cours d'appel, 36,400 fr. — Total, 154,400 fr.

CHAPITRE VIII. — *Tribunaux de première instance.*

Art. 1er. Traitements des membres des tribunaux, 6,771,120 fr.; — Traitements des greffiers et commis-greffiers, 930,150 fr.; — Traitements des membres des chambres temporaires, 38,725 fr. — Art. 2. Secrétariat de la présidence du tribunal de première instance de Paris, 2,000 fr.; — Secrétariat du parquet du même tribunal, 28,800 fr. Total, 7,770,795 fr.

CHAPITRE IX. — *Tribunaux de commerce.*

Art. 1er. Traitements des greffiers de commerce, 178,700 fr. — Art. 2. Secrétariat de la présidence du tribunal de commerce de Paris, 2,000 fr. — Total, 180,700 fr.

CHAPITRE X. — *Tribunaux de police.*

Article unique. — Traitements des greffiers de police, 62,900 fr.

CHAPITRE XI. — *Justices de paix.*

Art. 1er. Traitements des juges de paix, 4,611,100 fr.; — Traitements des greffiers, 1,527,700 fr. — Art. 2. Frais de secrétaires alloués aux juges de paix de Paris, 18,000 fr. — Total, 6,056,800 fr.]

CHAPITRE XII. — *Service de la justice en Algérie.*

Art. 1er. Traitements des officiers de justice, 503,050 fr. — Art. 2. Menues dépenses des Cours et tribunaux, 50,000 fr. — Art. 3. Frais de justice, 80,000 fr. — Art. 4. Frais de passage gratuit des officiers de justice et dépenses imprévues, 6,000 fr.. — Total, 639,050 fr.

CHAPITRE XIII. — *Frais de justice.*

Article unique. — Frais de justice criminelle et des statistiques civile et criminelle, 4,354,000 fr.

CHAPITRE XIV. — *Dépenses diverses.*

Art. 1er. Secours temporaires à d'anciens magistrats et employés de l'administration centrale, à leurs veuves et orphelins n'ayant pas droit à pension ; dépenses extraordinaires et imprévues, 45,000 fr. — Art. 2. Indemnité au *Journal des Savants*, 15,000 fr. — Total, 60,000 fr.

CHAPITRE XV. — *Dépenses des exercices clos.*

Article unique. — Dépenses des exercices clos dont le paiement pourrait être réclamé pendant l'année 1852 (art. 8 de la loi du 23 mai 1834). Mémoire.

CHAPITRE XVI. — *Dépenses des exercices périmés.*

Article unique. — Dépenses des exercices périmés, non frappées de déchéance (art. 8 de la loi du 10 mai 1838). Mémoire.

TOTAL ÉGAL, 26,415,634.

2. Le garde des sceaux, ministre de la justice, et le ministre des finances, sont chargés, chacun en ce qui le concerne, de l'exécution du présent décret, etc. (*Bull.* 518, n° 3947.)

————

N° 86.—(25 mars 1852.) — DÉCRET *portant répartition des crédits accordés au département de la marine et des colonies pour le service de l'exercice 1852.*

LOUIS-NAPOLÉON, PRÉSIDENT DE LA RÉPUBLIQUE FRANÇAISE,

Vu le décret du 17 mars 1852, portant fixation du budget général des dépenses et allouant au département de la marine et des colonies, sur l'exercice 1852, un crédit de cent dix-sept millions deux cent vingt-cinq mille sept cent soixante et dix-huit francs pour les services ordinaires et extraordinaires ;

Vu la loi de finances du 25 mars 1817, article 151 ;

Vu l'ordonnance du 14 septembre 1822, article 2 ;

Vu l'ordonnance du 31 mai 1838, article 35 ;

Sur le rapport du ministre secrétaire d'État de la marine et des colonies,

DÉCRÈTE ce qui suit :

ART. 1er. Les crédits accordés au département de la marine et des colonies par le décret du 17 mars 1852, lesquels crédits s'élèvent à cent dix-sept millions deux cent vingt-cinq mille sept cent soixante et dix-huit francs, sont et demeurent répartis conformément au tableau inséré ci-après. (Voy. *Bull.* 518, n° 3948.)

2. Les ministres secrétaires d'État de la marine et des finances sont chargés, chacun en ce qui le concerne, de l'exécution du présent décret, etc. (*Bull.* 518, n° 3948.)

————

N° 87.—(25 mars 1852.)—DÉCRET *qui approuve la convention passée, le 25 mars 1852, entre le ministre des travaux publics et la compagnie du chemin de fer de Paris à Strasbourg.*

LOUIS-NAPOLÉON, PRÉSIDENT DE LA RÉPUBLIQUE FRANÇAISE,

Sur le rapport du ministre des travaux publics ;

Vu la loi du 19 juillet 1845, qui a autorisé l'adjudication, par la voie de la publicité et de la concurrence, du chemin de fer de Paris à Strasbourg, avec embranchement sur Reims, d'une part, et sur Metz et sur la frontière de Prusse, vers Sarrebruck, d'autre part ;

Vu l'ordonnance du 27 novembre 1845, qui a approuvé l'adjudication passée, le 25 du même mois, pour la concession dudit chemin ;

Vu l'ordonnance du 17 décembre 1845, qui homologue les statuts de la société anonyme du chemin de fer de Paris à Strasbourg ;

Vu la convention provisoire passée aujourd'hui entre le ministre des travaux publics et la compagnie du chemin de fer de Paris à Strasbourg,

DÉCRÈTE :

ART. 1er. La convention passée aujourd'hui entre le ministre des travaux publics et la compagnie du chemin de fer de Paris à Strasbourg est approuvée.

2. Toutes les clauses et conditions qui y sont stipulées, soit à la charge de l'État, soit à la charge de la compagnie du chemin de fer de Paris à Strasbourg, recevront leur pleine et entière exécution.

Ladite convention restera annexée au présent décret.

3. Le ministre des travaux publics est chargé de l'exécution du présent décret, etc. (*Bull.* 521, n° 3917.)

————

N° 88.—(26 mars 1852.)—DÉCRET *qui ouvre un crédit provisoire pour les dépenses personnelles du chef de l'État.*

LOUIS NAPOLÉON, Président de la République française,

Vu le décret du 11 février 1852, qui a ouvert sur l'exercice 1852 un crédit provisoire de trois cent mille francs pour les dépenses personnelles du chef de l'État ;

Sur le rapport du ministre des finances,

DÉCRÈTE :

ART. 1er. Il est ouvert au ministre des finances un crédit provisoire de trois cent mille francs (300,000 fr.), applicable aux dépenses personnelles du chef de l'État.

Ce nouveau crédit est ouvert, à titre d'avance, sur la somme qui devra être ultérieurement allouée au Prince Président de la République, par un sénatus-consulte, conformément à l'article 15 de la Constitution.

2. Il sera pourvu à la présente dépense au moyen des ressources du budget de l'exercice 1852.

3. Le ministre des finances est chargé de l'exécution du présent décret, etc. (*Bull.* 508, n° 3858.)

N° 89. — (26 mars 1852.) — DÉCRET *qui autorise l'établissement d'un entrepôt réel et général des sels au port de la Nouvelle (Aude).*

LOUIS-NAPOLÉON, Président de la République française,

Sur le rapport du ministre de l'intérieur, de l'agriculture et du commerce, et de l'avis du ministre des finances ;

Vu la loi du 24 avril 1806 et le décret du 11 juin de la même année,

DÉCRÈTE :

ART. 1er. Un entrepôt réel et général des sels pourra être établi au port de la Nouvelle (Aude), sous l'accomplissement des conditions prescrites par les lois et règlements en vigueur.

2. Les ministres de l'intérieur, de l'agriculture et du commerce, et des finances, sont chargés, chacun en ce qui le concerne, de l'exécution du présent décret, etc. (*Bull.* 510, n° 3875.)

N° 90. — (26 mars 1852.) — DÉCRET *qui nomme MM. le conseiller d'État* Quentin Bauchart, *le général* Canrobert *et le colonel* Espinasse, *commissaires extraordinaires du Gouvernement pour la révision* des condamnations prononcées par les commissions mixtes.

LOUIS-NAPOLÉON, Président de la République française,

DÉCRÈTE :

ART. 1er. M. *Quentin Bauchart*, conseiller d'État,

M. *Canrobert*, général de brigade, aide de camp du Prince Président,

M. *Espinasse*, colonel, aide de camp du Prince Président,

Sont nommés commissaires extraordinaires du Gouvernement.

2. Chacun d'eux aura le droit de réviser les condamnations qui ont été prononcées par les commissions mixtes et d'ordonner la mise en liberté de tous les détenus pour délit politique qui n'auront pas été renvoyés devant les tribunaux ordinaires, et dont l'élargissement ne lui paraîtra pas dangereux pour la sécurité publique.

Il aura également le droit de commuer la peine qui aura été infligée par ces commissions en une peine d'un degré inférieur.

3. Les ministres sont chargés, chacun en ce qui le concerne, de l'exécution du présent décret, etc. (*Bull.* 512, n° 3882.)

N° 91. — (26 mars 1852.) — DÉCRET *sur les sociétés de secours mutuels.*

LOUIS-NAPOLÉON, Président de la République française,

Sur la proposition du ministre de l'intérieur,

DÉCRÈTE :

TITRE Ier. — ORGANISATION ET BASE DES SOCIÉTÉS DE SECOURS MUTUELS.

ART. 1er. Une société de secours mutuels sera créée par les soins du maire et du curé dans chacune des communes où l'utilité en aura été reconnue.

Cette utilité sera déclarée par le préfet, après avoir pris l'avis du conseil municipal.

Toutefois, une seule société pourra être créée pour deux ou plusieurs communes voisines entre elles, lorsque la population de chacune sera inférieure à mille habitants.

2. Ces sociétés se composent d'associés participants et de membres honoraires, ceux-ci paient les cotisations fixées ou font des dons à l'association, sans participer aux bénéfices des statuts.

3. Le président de chaque société sera nommé par le Président de la République.

Le bureau sera nommé par les membres de l'association.

4. Le président et le bureau prononceront l'admission des membres honoraires. **Le président** surveillera et assurera l'exécution des statuts. Le bureau administrera la société.

5. Les associés participants ne pourront être reçus qu'au scrutin et à la majorité des voix de l'assemblée générale.

Le nombre des sociétaires participants ne pourra excéder celui de cinq cents. Cependant il pourra être augmenté en vertu d'une autorisation du préfet.

6. Les sociétés de secours mutuels auront pour but d'assurer des secours temporaires aux sociétaires malades, blessés ou infirmes, et de pourvoir à leurs frais funéraires.

Elles pourront promettre des pensions de retraite si elles comptent un nombre suffisant de membres honoraires.

7. Les statuts de ces sociétés seront soumis à l'approbation du ministre de l'intérieur pour le département de la Seine, et du préfet pour les autres départements. Ces statuts régleront les cotisations de chaque sociétaire, d'après les tables de maladie et de mortalité confectionnées ou approuvées par le Gouvernement.

TITRE II. — DES DROITS ET DES OBLIGATIONS DES SOCIÉTÉS DE SECOURS APPROUVÉES.

8. Une société de secours approuvée peut prendre des immeubles à bail, posséder des objets mobiliers et faire tous les actes relatifs à ces droits.

Elle peut recevoir, avec l'autorisation du préfet, les dons et legs mobiliers dont la valeur n'excède pas cinq mille francs.

9. Les communes sont tenues de fournir gratuitement aux sociétés approuvées les locaux nécessaires pour leurs réunions, ainsi que les livrets et registres nécessaires à l'administration et à la comptabilité.

En cas d'insuffisance des ressources de la commune, cette dépense est à la charge du département.

10. Dans les villes où il existe un droit municipal sur les convois, il sera fait à chaque société une remise des deux tiers pour les convois dont elle devra supporter les frais aux termes de ses statuts.

11. Tous les actes intéressant les sociétés de secours mutuels approuvées sont exempts des droits de timbre et d'enregistrement.

12. Des diplômes pourront être délivrés par le bureau de la société à chaque sociétaire participant. Ces diplômes leur serviront de passe-port et de livret, sous les conditions déterminées par un arrêté ministériel.

13. Lorsque les fonds réunis dans la caisse d'une société de plus de cent membres excéderont la somme de trois mille francs, l'excédant sera versé à la caisse des dépôts et consignations.

Si la société est de moins de cent membres, ce versement devra être opéré lorsque les fonds réunis dans la caisse dépasseront mille francs.

Le taux de l'intérêt des sommes déposées est fixé à quatre et demi pour cent par an.

14. Les sociétés de secours mutuels approuvées pourront faire aux caisses d'épargne des dépôts de fonds égaux à la totalité de ceux qui seraient permis au profit de chaque sociétaire individuellement.

Elles pourront aussi verser dans la caisse des retraites, au nom de leurs membres actifs, les fonds restés disponibles à la fin de chaque année.

15. Sont nulles de plein droit les modifications apportées à ses statuts par une société, si elles n'ont pas été préalablement approuvées par le préfet.

La dissolution ne sera valable qu'après la même approbation.

En cas de dissolution d'une société de secours mutuels, il sera restitué aux sociétaires, faisant à ce moment partie de la société, le montant de leurs versements respectifs, jusqu'à concurrence des fonds existants et déduction faite des dépenses occasionnées par chacun d'eux.

Les fonds restés libres après cette restitution seront partagés entre les sociétés du même genre ou établissements de bienfaisance situés dans la commune, à leur défaut, entre les sociétés de secours mutuels approuvées du même département au prorata du nombre de leurs membres.

16. Les sociétés approuvées pourront être suspendues ou dissoutes par le préfet pour mauvaise gestion, inexécution de leurs statuts ou violation des dispositions du présent décret.

TITRE III.—DISPOSITIONS GÉNÉRALES.

17. Les sociétés de secours mutuels, déclarées établissements d'utilité publique, en vertu de la loi du 15 juillet 1850, jouiront de tous les avantages accordés par le présent décret aux sociétés approuvées.

18. Les sociétés non autorisées actuellement existantes ou qui se formeraient à l'avenir pourront profiter des dispositions du présent décret en soumettant leurs statuts à l'approbation du préfet.

19. Une commission supérieure d'encouragement et de surveillance des sociétés de secours mutuels est instituée au ministère de l'intérieur, de l'agriculture et du commerce.

Elle est composée de dix membres nommés par le Président de la République.

Cette commission est chargée de provoquer et d'encourager la fondation et le développement des sociétés de secours mutuels, de veiller à l'exécution du présent décret et de préparer les instructions et règlements nécessaires à son application.

Elle propose des mentions honorables, médailles d'honneur et autres distinctions honorifiques, en faveur des membres honoraires ou participants qui lui paraissent les plus dignes.

Elle propose à l'approbation du ministre de l'intérieur les statuts des sociétés de secours mutuels établies dans le département de la Seine.

20. Les sociétés de secours mutuels adresseront chaque année au préfet un compte rendu de leur situation morale et financière.

Chaque année, la commission supérieure présentera au Président de la République un rapport sur la situation de ces sociétés et lui soumettra les propositions propres à développer et à perfectionner l'institution.

21. Le ministre de l'intérieur est chargé de l'exécution du présent décret, etc. (*Bull.* 514, n° 3913.)

N° 92.—(26 mars 1852.) — Décret *relatif aux rues de Paris.*

LOUIS-NAPOLÉON, Président de la République française,

Sur le rapport du ministre de l'intérieur, de l'agriculture et du commerce,

Décrète :

Art. 1er. Les rues de Paris continueront d'être soumises au régime de la grande voirie.

2. Dans tout projet d'expropriation pour l'élargissement, le redressement ou la formation des rues de Paris, l'administration aura la faculté de comprendre la totalité des immeubles atteints, lorsqu'elle jugera que les parties restantes ne sont pas d'une étendue ou d'une forme qui permette d'y élever des constructions salubres.

Elle pourra pareillement comprendre dans l'expropriation des immeubles en dehors des alignements, lorsque leur acquisition sera nécessaire pour la suppression d'anciennes voies publiques jugées inutiles.

Les parcelles de terrain acquises en dehors des alignements, et non susceptibles de recevoir des constructions salubres, seront réunies aux propriétés contiguës, soit à l'amiable, soit par l'expropriation de ces propriétés, conformément à l'article 53 de la loi du 16 septembre 1807.

La fixation du prix de ces terrains sera faite suivant les mêmes formes et devant la même juridiction que celles des expropriations ordinaires.

L'article 58 de la loi du 3 mai 1841 est applicable à tous les actes et contrats relatifs aux terrains acquis pour la voie publique par simple mesure de voirie.

3. A l'avenir, l'étude de tout plan d'alignement de rue devra nécessairement comprendre le nivellement ; celui-ci sera soumis à toutes les formalités qui régissent l'alignement.

Tout constructeur de maisons, avant de se mettre à l'œuvre, devra demander l'alignement et le nivellement de la voie publique au devant de son terrain et s'y conformer.

4. Il devra pareillement adresser à l'administration un plan et des coupes cotés des constructions qu'il projette, et se soumettre aux prescriptions qui lui seront faites dans l'intérêt de la sûreté publique et de la salubrité.

Vingt jours après le dépôt de ces plans et coupes au secrétariat de la préfecture de la Seine, le constructeur pourra commencer ses travaux d'après son plan, s'il ne lui a été notifié aucune injonction.

Une coupe géologique des fouilles pour fondation de bâtiment sera dressée par tout architecte constructeur et remise à la préfecture de la Seine.

5. La façade des maisons sera constamment tenue en bon état de propreté. Elles seront grattées, repeintes ou badigeonnées, au moins une fois tous les dix ans, sur l'injonction qui sera faite au propriétaire par l'autorité municipale.

Les contrevenants seront passibles d'une amende qui ne pourra excéder cent francs.

6. Toute construction nouvelle dans une rue pourvue d'égoûts devra être disposée de manière à y conduire ses eaux pluviales et ménagères.

La même disposition sera prise pour toute maison ancienne en cas de grosses réparations, et, en tout cas, avant dix ans.

7. Il sera statué par un décret ultérieur, rendu dans la forme des règlements d'administration publique, en ce qui concerne la hauteur des maisons, les combles et les lucarnes.

8. Les propriétaires riverains des voies publiques empierrées supporteront les frais de premier établissement des travaux, d'après les règles qui existent à l'égard des propriétaires riverains des rues pavées.

9. Les dispositions du présent décret

pourront être appliquées à toutes les villes qui en feront la demande par des décrets spéciaux rendus dans la forme des règlements d'administration publique.

10. Le ministre de l'intérieur, de l'agriculture et du commerce, est chargé de l'exécution du présent décret, etc. (*Bull.* 514, n° 3914.)

N° 93.—(26 mars 1852.)—Décret *portant que la ligne de télégraphie électrique de Paris à Grenoble sera prolongée jusqu'à la frontière sarde.*

LOUIS-NAPOLÉON, Président de la République française,

Vu l'article 2 du décret du 6 janvier 1852, sur la création de lignes de télégraphie électrique ;

Sur le rapport du ministre de l'intérieur, de l'agriculture et du commerce, le ministre des finances entendu,

Décrète :

Art. 1er. La ligne de télégraphie électrique de Paris à Grenoble sera prolongée jusqu'à la frontière sarde. A cet effet, le ministre de l'intérieur, de l'agriculture et du commerce, est autorisé à prélever sur le crédit de un million sept cent quatre-vingt mille six cent soixante et onze francs affecté à la création de lignes télégraphiques électriques en 1852 une somme de trente mille francs pour être employée à l'établissement de la ligne de Grenoble à la frontière sarde.

2. Le ministre de l'intérieur, de l'agriculture et du commerce, et le ministre des finances, sont chargés, chacun en ce qui le concerne, de l'exécution du présent décret, etc. (*Bull.* 514, n° 3915.)

N° 94.—(26 mars 1852.)—Rapport *et* Décret *sur le régime de la justice maritime.*

Rapport au Prince Président de la République française.

Monseigneur,

L'action des diverses juridictions de la marine se trouve aujourd'hui très-souvent entravée, parfois même annihilée, en raison des lacunes successivement survenues dans le régime de la justice maritime. En attendant qu'il soit possible de réunir dans un même code un ensemble de dispositions propres à régulariser complétement cet important service, il me paraît urgent d'y apporter certaines modifications essentielles sans

lesquelles il n'existe pas de répression efficace.

Tel est, Monseigneur, l'objet du décret que j'ai l'honneur de soumettre à votre approbation, en vue de satisfaire aux exigences les plus pressantes de la justice à bord des vaisseaux ou dans les ports.

Deux modifications y sont apportées au décret impérial du 22 juillet 1806, dont l'exécution éprouve de sérieuses difficultés par suite de la dispersion des forces navales, portant obstacle, dans un grand nombre de cas, à la réunion d'officiers exigée par ledit décret pour former des conseils de guerre ou de justice.

La police de nos arsenaux, gravement compromise au point de vue de la conservation du matériel naval, se trouvera désormais sauvegardée en vertu d'une consécration nouvelle donnée au titre II du décret impérial du 12 novembre 1806, laquelle rendra aux tribunaux maritimes une compétence qui s'était progressivement démembrée en présence de principes tirés de l'interprétation des chartes. Une certaine catégorie de vols passibles de la peine du carcan, et impunis par suite de la suppression de cette peine, trouvera sa répression dans un emprisonnement de six mois à deux ans.

L'abrogation des peines corporelles, décrétée le 12 mars 1848, m'a paru devoir être maintenue ; mais, considérant que ces peines, de trois sortes et d'une application distincte, avaient été remplacées à tort par une seule et même peine, il m'a semblé indispensable de mettre fin à cette fâcheuse confusion et d'établir à bord une pénalité définie et graduée, de nature à assurer une répression efficace sans que les exigences journalières du service maritime puissent en souffrir. Tel est le but que je me suis proposé en fixant les peines édictées aux articles 5 et 6.

Enfin, l'article 3 aura pour effet de rendre possible la mise en jugement, dans les colonies et à bord des vaisseaux, des marins embarqués prévenus de désertion, qui, dans l'état actuel, restaient impunis faute de pouvoir être renvoyés en France.

J'ai l'honneur d'être, etc.

Décret.

LOUIS-NAPOLÉON, Président de la République française,

Vu la loi du 22 août 1790 ;

Vu le décret du 16 nivôse an II (5 janvier 1794) ;

Vu la loi du 13 brumaire an V (3 novembre 1796) ;

Vu l'arrêté des 5 germinal et 1er floréal an XII (26 mars et 21 avril 1804) ;

Vu le décret impérial du 22 juillet 1806 ;

Vu l'ordonnance du 22 mai 1816 ;

Vu le décret impérial du 16 février 1807 ;

Vu la loi du 12 octobre 1791 ;

Vu le décret impérial du 12 novembre 1806 ;

Vu le décret du 12 mars 1848 ;

Considérant que des difficultés se produisent fréquemment pour la composition des conseils de justice et des conseils de guerre à bord des bâtiments de la flotte ;

Considérant qu'il y a lieu, notamment, d'assurer sur ces bâtiments en cours de campagne la répression des faits de désertion ;

Considérant que les peines corporelles de trois sortes et d'une application distincte ont été remplacées par une seule et même peine, et qu'il importe de rétablir, sous ce rapport, une utile gradation en les remplaçant par une pénalité mieux appropriée aux nécessités de la discipline et du service à bord que celle résultant du décret ci-dessus visé du 12 mars 1848 ;

Considérant que divers arrêts, en enlevant aux tribunaux maritimes une partie essentielle de leur compétence, ont porté une grave atteinte à la répression des délits et des crimes commis dans les arsenaux maritimes, et qu'il est urgent d'y remédier ;

Considérant, enfin, que la force de la marine dépend essentiellement de la discipline, de la bonne administration de la justice et de l'action énergique du commandement ;

Sur le rapport du ministre secrétaire d'État de la marine et des colonies ;

Le conseil d'amirauté entendu,

DÉCRÈTE :

ART. 1er. Dans le cas où, sur un bâtiment naviguant isolément, il ne se trouvera pas le nombre d'officiers suffisant pour composer le conseil de justice selon les prescriptions de l'article 23 du décret du 22 juillet 1806, il y sera suppléé en appelant à faire partie dudit conseil un ou deux officiers mariniers.

2. En cas d'insuffisance du nombre d'officiers supérieurs exigé par l'article 39 du décret précité pour la formation du conseil de guerre, il sera suppléé en appelant : 1° des officiers supérieurs des troupes de la marine présents sur les lieux, soit à terre, soit à bord ; 2° des lieutenants de vaisseaux nommés parmi les plus anciens officiers de ce grade.

Toutefois, la présidence du conseil ne pourra être dévolue qu'à un officier géné-

ral de la marine ou à un capitaine de vaisseau, et trois juges, au moins, devront être officiers supérieurs.

Le rapporteur et quatre juges, au moins, devront toujours appartenir au corps des officiers de vaisseau.

3. Les conseils de guerre permanents établis dans les colonies connaîtront du délit de désertion imputé à des marins embarqués, et, dans ce cas, la composition desdits conseils sera modifiée ainsi qu'il est prescrit par l'article 5 de l'ordonnance du 22 mai 1816, pour les conseils de guerre permanents des ports.

Il sera formé sur les escadres ou divisions navales, lorsque la composition du personnel le permettra, des conseils de guerre permanents et un conseil de révision pour connaître des faits de désertion, quand ils ne pourront être jugés à terre. Ces conseils seront composés comme il est prescrit par l'ordonnance précitée du 22 mai 1816, ou, à défaut, d'un nombre suffisant d'officiers des grades déterminés par le décret impérial du 16 février 1807.

Aux termes de l'article 7 de l'ordonnance de 1816, les conseils de guerre permanents, appelés à connaître du délit de désertion imputé à des marins embarqués, se conformeront, soit à terre, soit à bord, pour la procédure comme pour la pénalité, aux dispositions de l'arrêté des 5 germinal et 1er floréal an XII.

4. La compétence des tribunaux maritimes établis par le décret impérial du 12 novembre 1806 est désormais fixée telle qu'elle a été réglée par le titre II dudit décret, ainsi conçu :

« Art. 10. Ces tribunaux connaîtront de « tous les délits commis dans les ports et « arsenaux, qui seront relatifs soit à leur « police ou sûreté, soit au service maritime.

« Art. 11. Ils connaîtront de ces délits « à l'égard de tous ceux qui en seraient au- « teurs, fauteurs ou complices, encore « qu'ils ne fussent pas des gens de guerre « ou attachés au service de la marine.

« Art. 12. Les équipages des bâtiments « en armement seront de même soumis à « leur juridiction pour les délits relatifs au « service maritime commis jusqu'au mo- « ment de la mise en rade, et, au désarme- « ment, depuis la rentrée dans le port jus- « qu'au licenciement de l'équipage.

« Art. 13. Dans les cas où les délits com- « mis dans les ports et arsenaux ne seront « relatifs ni à la police ni à la sûreté desdits « ports et arsenaux, ni au service maritime, « les prévenus seront renvoyés devant les « tribunaux qui en doivent connaître. »

5. La police et la discipline des bâtiments

de l'Etat appartiennent au commandant de ces bâtiments, sous l'autorité du commandant supérieur.

Les peines de discipline applicables par les officiers commandants sont :

Le retranchement de vin ou eau-de-vie pendant huit jours au plus ;

Le piquet pendant huit jours au plus, et chaque jour, pendant deux heures au plus ;

L'escouade de punition pendant huit jours au plus, avec amarrage facultatif dans les haubans ou échelles de revers, de deux à quatre heures par jour ;

La consigne à bord, sans qu'elle puisse excéder dix tours de permission ;

La suppression, pendant trois mois au plus, des suppléments de solde attribués à certaines fonctions, sans que ladite suppression dispense nécessairement l'homme de remplir ces mêmes fonctions ;

La prison ou la boucle simple pendant dix jours au plus, avec ou sans service et avec ou sans vin ou eau-de-vie ;

Le cachot au pain et à l'eau pendant quatre jours au plus.

Les peines correctionnelles applicables par les conseils de justice, en remplacement des peines corporelles abolies par le décret du 12 mars 1848, sont :

1° En remplacement des coups de corde au cabestan, — dix jours de cachot ou de double boucle, au pain et à l'eau ; — 2° En remplacement de la cale, — l'inaptitude à l'avancement pendant un an, avec retenue de trois mois à six mois du tiers de la solde intégrale pour les officiers mariniers et quartiers-maîtres, et du quart pour les autres personnes de l'équipage, et vingt jours de cachot ou de double boucle, au pain et à l'eau, de deux jours l'un, pendant toute la durée de la punition ; — 3° En remplacement de la bouline, — l'inaptitude à l'avancement pendant un an, avec retenue de six mois à un an du tiers de la solde intégrale pour les officiers mariniers et quartiers-maîtres, et du quart pour les autres personnes de l'équipage, et trente jours de cachot ou de double boucle, au pain et à l'eau, comme il est dit au paragraphe précédent.

Le temps passé au cachot par suite de jugement ne sera pas compté dans la durée du service obligé.

6. En appliquant une des peines ci-dessus, le conseil de justice pourra prononcer, en outre, contre le coupable, une ou plusieurs réductions de grade ou de classe, jusqu'au dernier grade ou jusqu'à la dernière classe des marins.

7. La peine du carcan, applicable en vertu de l'article 3, titre III de la loi du 12

octobre 1791, est remplacée par un emprisonnement de six mois à deux ans, sans préjudice des peines accessoires mentionnées audit article.

8. Sont et demeurent abrogées toutes les dispositions contraires au présent décret.

9. Le ministre secrétaire d'Etat de la marine et des colonies est chargé de l'exécution du présent décret, qui sera inséré au *Bulletin des Lois*, etc. (*Bull.* 519, n° 3956.)

———

N° 95. —(26 mars 1852.)—Décret *qui autorise la compagnie du chemin de fer de Paris à Orléans à répartir l'amortissement de la portion de son capital social non encore amortie sur toutes les années restant à courir de sa concession à compter du 1er janvier 1852.*

LOUIS-NAPOLÉON, Président de la République française,

Sur le rapport du ministre des travaux publics ;

Vu la loi du 15 juillet 1840, et spécialement l'article 1er et l'article 2 de cette loi, lesquels sont ainsi conçus :

« Art. 1er. Le ministre des travaux publics « est autorisé à garantir, au nom de l'Etat, « à la compagnie du chemin de Paris à Or- « léans, un minimum d'intérêt de quatre « pour cent, pendant quarante-six ans et « trois cent vingt-quatre jours, à dater du « jour où le chemin de fer sera terminé « et livré à la circulation dans toute « son étendue, à la charge par la com- « pagnie d'employer annuellement un « pour cent à l'amortissement de son « capital.

« Art. 2. Le capital auquel s'appliquera « cette garantie se composera du prix des « travaux et de tous les frais de premier « établissement, sans pouvoir, en aucun « cas, excéder le montant du fonds social « déterminé par les statuts annexés à l'or- « donnance du 13 août 1838 (soit quarante « millions).

« Si, dans l'insuffisance du fonds social « pour achever les travaux et mettre l'en- « treprise en exploitation, la compagnie « contractait un emprunt, les intérêts de « cet emprunt et son amortissement annuel, « dont le taux devra être agréé par le Gou- « vernement, seront prélevés sur le produit « brut du chemin.

« En aucun cas, l'annuité à payer par « l'Etat ne pourra dépasser l'intérêt de « quatre pour cent de quarante millions « (soit un million six cent mille francs) » ;

Vu les ordonnances des 22 octobre 1842 et 20 octobre 1843 ;

Vu la délibération du conseil d'administration de la compagnie, en date du 26 décembre 1851 ;

Considérant que la durée de l'amortissement fixée à quarante-six ans et trois cent vingt-quatre jours par la loi précitée est celle de la garantie d'intérêt accordée par l'Etat, mais que la compagnie d'Orléans demande à répartir son amortissement sur toute la durée de sa concession, sans que le délai pendant lequel l'Etat est garant soit augmenté ;

Que cette proposition est avantageuse à l'Etat, en ce qu'elle diminue les charges annuelles de la compagnie pendant la période sur laquelle porte la garantie ;

Le Conseil d'Etat entendu,

DÉCRÈTE :

ART. 1er. Par dérogation à la disposition finale de l'article 1er de la loi du 15 juillet 1840, la compagnie du chemin de fer de Paris à Orléans aura la faculté de répartir l'amortissement de la portion de son capital social non encore amortie sur toutes les années restant à courir de sa concession, à compter du 1er janvier 1852, l'effet de la garantie à elle accordée par l'Etat cessant, d'ailleurs, à l'expiration du délai de quarante-six ans et trois cent vingt-quatre jours, lequel délai fixé par cette loi a commencé à courir du 1er janvier 1844, conformément à l'ordonnance du 20 octobre 1843.

2. Les modifications qu'il y aura lieu d'introduire, aux termes de l'article précédent, dans les statuts de la compagnie d'Orléans, par suite de l'autorisation qui précède, ne seront valables et définitives qu'après avoir été homologuées par un nouveau décret.

3. Les ministres des travaux publics, et de l'intérieur, de l'agriculture et du commerce, sont chargés, chacun en ce qui le concerne, de l'exécution du présent décret, qui sera inséré au *Bulletin des Lois*, etc. (*Bull.* 520, n° 3970.)

N° 96. — (26 mars 1852.) — DÉCRET *relatif à la contribution spéciale à percevoir en* 1852 *pour les dépenses des chambres et Bourses de commerce.*

LOUIS-NAPOLÉON, PRÉSIDENT DE LA RÉPUBLIQUE FRANÇAISE,

Vu l'article 11 de la loi du 23 juillet 1820 ;
Vu l'article 4 de la loi du 14 juillet 1838, la loi du 25 avril 1844 et celle du 8 août 1851,

DÉCRÈTE :

ART. 1er. Une contribution spéciale, de la somme de cent vingt mille neuf cent six francs (120.906 fr.), nécessaire au paiement des dépenses des chambres et des bourses de commerce, suivant les budgets approuvés d'après les propositions des chambres de commerce, par le ministre de l'intérieur, de l'agriculture et du commerce, plus cinq centimes par franc pour couvrir les non-valeurs, et trois centimes aussi par francs pour subvenir aux frais de perception, sera répartie, en 1852, conformément au tableau annexé au présent décret, sur les patentés désignés par l'article 33 de la loi du 25 avril 1844.

2. Le produit de ladite contribution sera mis, sur les mandats des préfets, à la disposition des chambres de commerce, qui rendront compte de leur gestion au ministre de l'intérieur, de l'agriculture et du commerce.

3. Le ministre de l'intérieur, de l'agriculture et du commerce, et le ministre des finances, sont chargés, chacun en ce qui le concerne, de l'exécution du présent décret, qui sera publié au *Bulletin des Lois*, etc. (*Bull.* 524, n° 4007.)

N° 97. — (26 mars 1852.) — RAPPORT *et* DÉCRET *sur l'organisation des cultes protestants.*

RAPPORT AU PRINCE PRÉSIDENT DE LA RÉPUBLIQUE FRANÇAISE.

Monseigneur,

La situation de l'église réformée et de l'église de la confession d'Augsbourg, principalement en ce qui touche leurs rapports avec le Gouvernement, a donné lieu à de fréquentes réclamations, soit de la part de l'autorité civile, soit de la part des protestants eux-mêmes. Bien qu'on ait essayé, par des décrets particuliers et par des ordonnances, de pourvoir à quelques-uns des besoins les plus urgents, la législation a laissé encore subsister en cette matière des lacunes considérables qu'il importe de combler, autant dans l'intérêt des églises que dans celui de l'Etat.

Après un examen attentif des travaux que l'administration des cultes n'a cessé de continuer sur ce sujet important, on demeure convaincu de la nécessité de définir d'une manière plus nette les pouvoirs des divers ordres, et particulièrement ceux qui doivent entrer en communication directe avec le dépositaire suprême de la puissance publique.

Au-dessus des bases presbytériennes communes aux deux cultes, la confession d'Augsbourg a un système de hiérarchie mixte où se trouvent combinés les principes d'élection et d'autorité. Il s'agissait de donner à ce dernier principe, comme le baron *Cuvier* l'a indiqué dans ses rapports, une action plus forte et plus soutenue sur le régime des églises qui relèvent du consistoire supérieur, où se résument toutes leurs lumières, et du directoire, où se concentrent tous leurs pouvoirs. Cette utile entreprise, réclamée par les églises autant qu'inspirée par les besoins de notre temps, ne saurait, Monseigneur, être menée à bonne fin que par votre autorité souveraine : aussi n'ai-je point hésité à vous proposer de l'accomplir.

Les églises réformées sont régies par le gouvernement presbytérien-synodal : mais ce système, qui depuis longtemps n'a pas fonctionné dans son ensemble, présente des difficultés d'application, et ne permet peut-être pas aux églises d'entrer utilement en rapport avec l'administration. Aussi, depuis cinquante ans, n'a-t-on pas cessé de demander, dans l'intérêt d'une bonne organisation de ce culte, la création d'un consistoire central, analogue à celui qui existe pour le culte israélite. On trouverait dans cette institution un intermédiaire influent entre l'administration et les consistoires généraux, un organe sincère et efficace des intérêts respectifs. Une commission de ce genre fut nommée par le Gouvernement de la Restauration, en 18.9, sur la demande d'un nombre considérable de notables protestants, et rendit de véritables services ; elle fut rétablie accidentellement à diverses époques, notamment en 1839. On a toujours eu lieu de se féliciter des résultats qu'elle a produits. Dès l'origine, l'absence regrettable de ce rouage administratif avait été signalée au conseiller d'État *Portalis*, et le projet d'une commission centrale était au nombre des mesures par lesquelles on se proposait de compléter les premiers essais de l'organisation donnée à l'église réformée.

Afin de remédier, autant que possible, aux graves inconvénients qui résultent de ce défaut de représentation des consistoires, j'ai l'honneur de vous proposer, Monseigneur, d'établir à Paris un conseil central des églises réformées. Pour la première fois, et à l'effet d'imprimer à la mesure l'unité de vues nécessaire, cette assemblée sera constituée par le chef de l'État.

Les dispositions que je vous prie de sanctionner, Monseigneur, sont l'application des grands principes proclamés en 1789 et en 1802 pour assurer à la fois la liberté des cultes et l'action tutélaire de l'autorité. La Constitution que vous avez donnée à la France les a de nouveau confirmés. Il vous appartient de balancer équitablement les intérêts divers dont ils sont la consécration. Vous assurerez ainsi tout ensemble la dignité des églises et la régularité des rapports que l'État a besoin d'entretenir avec elles.

J'ai l'honneur d'être, etc.

DÉCRET.

LOUIS-NAPOLÉON, Président de la République française,

Sur le rapport du ministre de l'instruction publique et des cultes ;

Vu la loi du 18 germinal an x, ensemble les décrets des 30 floréal an xi, 10 brumaire an xiv, 5 mai et 15 août 1806, 25 mars 1807 ;

Vu la discipline ecclésiastique des églises réformées et les règlements et coutumes des églises de la confession d'Augsbourg mentionnés aux articles 5 et 44 de la loi précitée du 18 germinal an x ;

Vu les documents qui ont servi à l'organisation des cultes protestants et les observations et travaux qui ont suivi ;

Considérant que la législation qui régit ces cultes a toujours été reconnue insuffisante, et qu'il importe de la compléter dans l'intérêt de l'ordre à la fois religieux, administratif et politique ,

Considérant que le Gouvernement est en mesure de statuer, avec ensemble et en connaissance de cause, sur les propositions des parties intéressées,

DÉCRÈTE :

CHAPITRE PREMIER. — Dispositions communes aux deux cultes protestants.

Art. 1er. Chaque paroisse ou section d'église consistoriale a un conseil presbytéral composé de quatre membres laïques au moins, de sept au plus, et présidé par le pasteur ou par l'un des pasteurs. Il y a une paroisse partout où l'État rétribue un ou plusieurs pasteurs.

Les conseils presbytéraux administrent les paroisses sous l'autorité des consistoires. Ils sont élus par le suffrage paroissial et renouvelés par moitié tous les trois ans. Sont électeurs les membres de l'église portés sur le registre paroissial.

2. Les conseils presbytéraux des chefs-lieux de circonscriptions consistoriales recevront du Gouvernement le titre de consistoires et les pouvoirs qui y sont attachés.

Dans ce cas, le nombre des membres du conseil presbytéral sera doublé.

Tous les pasteurs du ressort consistorial seront membres du consistoire, et chaque conseil presbytéral y nommera un délégué laïque.

3. Le consistoire est renouvelé tous les trois ans, comme le conseil presbytéral. Après chaque renouvellement, il élit son président parmi les pasteurs qui en sont membres, et l'élection est soumise à l'agrément du Gouvernement.

Le président devra, autant que possible, résider au chef-lieu du ressort.

Lorsqu'il aura atteint l'âge de soixante et dix ans ou qu'il se trouvera empêché par des infirmités, le Gouvernement pourra, après avis du consistoire, lui donner le titre de président honoraire, et le consistoire fera un nouveau choix.

4. Les protestants des localités où le Gouvernement n'a pas encore institué de pasteur seront rattachés administrativement au consistoire le plus voisin.

CHAPITRE II.—DISPOSITIONS SPÉCIALES A L'ÉGLISE RÉFORMÉE.

5. Les pasteurs de l'église réformée sont nommés par le consistoire ; le conseil presbytéral de la paroisse intéressée pourra présenter une liste de trois candidats classés par ordre alphabétique.

6. Il est établi à Paris un conseil central des églises réformées de France.

Ce conseil représente les églises auprès du Gouvernement et du chef de l'Etat. Il est appelé à s'occuper des questions d'intérêt général dont il est chargé par l'administration ou par les églises, et notamment à concourir à l'exécution des mesures prescrites par le présent décret.

Il est composé, pour la première fois, de notables protestants, nommés par le Gouvernement, et des deux plus anciens pasteurs de Paris.

7. Lorsqu'une chaire de professeur de la communion réformée vient à vaquer dans les facultés de théologie, le conseil central recueille les votes des consistoires et les transmet, avec son avis, au ministre.

CHAPITRE III. — DISPOSITIONS SPÉCIALES A L'ÉGLISE DE LA CONFESSION D'AUGSBOURG.

8. Les églises et les consistoires de la confession d'Augsbourg sont placés sous l'autorité du consistoire supérieur ou général et du directoire.

9. Le consistoire supérieur est composé, 1° de deux députés laïques par inspection, qui peuvent être choisis en dehors de la circonscription inspectorale ; 2° de tous les inspecteurs ecclésiastiques ; 3° d'un professeur du séminaire, délégué par ce corps ;

4° du président du directoire, qui est de droit président du consistoire supérieur, et du membre laïque du directoire nommé par le Gouvernement.

10. Le consistoire supérieur est convoqué par le Gouvernement, soit sur la demande du directoire, soit d'office. Il se réunit au moins une fois par an. A l'ouverture de la session, le directoire présente le rapport de sa gestion.

Le consistoire supérieur veille au maintien de la constitution et de la discipline de l'église. Il fait ou approuve les règlements concernant le régime intérieur et juge en dernier ressort les difficultés auxquelles leur application peut donner lieu. Il approuve les livres et formulaires liturgiques qui doivent servir au culte ou à l'enseignement religieux. Il a le droit de surveillance et d'investigation sur les comptes des administrations consistoriales.

11. Le directoire est composé du président, d'un membre laïque et d'un inspecteur ecclésiastique, nommés par le Gouvernement ; de deux députés nommés par le consistoire supérieur.

Le directoire exerce le pouvoir administratif. Il nomme les pasteurs et soumet leur nomination au Gouvernement. Il nomme les suffragants ou vicaires, et propose aux fonctions d'aumônier pour les établissements civils qui en sont pourvus. Il autorise ou ordonne, avec l'agrément du Gouvernement, le passage d'un pasteur d'une cure à une autre. Il exerce la haute surveillance sur l'enseignement et la discipline du séminaire et du collège protestant dit *Gymnase*. Il nomme les professeurs du gymnase, sous l'approbation du Gouvernement, et ceux du séminaire, sur la proposition de ce dernier corps. Il donne son avis motivé sur les candidats aux chaires de la faculté de théologie.

12. Les inspecteurs ecclésiastiques sont nommés par le Gouvernement, sur la présentation du directoire. Ils reçoivent une indemnité pour frais d'administration et de déplacement et pour se faire assister dans leurs fonctions pastorales.

13. Le consistoire supérieur de Strasbourg sera représenté dans la capitale, auprès du Gouvernement et du chef de l'Etat, dans les circonstances officielles, par le consistoire de Paris.

Le directoire pourra désigner spécialement un notable laïque, résidant à Paris, pour le représenter, conjointement avec le consistoire.

CHAPITRE IV.—DISPOSITIONS GÉNÉRALES.

14. Une instruction du ministre des cul-

tes et des règlements approuvés par lui détermineront les mesures et les détails d'exécution du présent décret.

15. Les articles organiques du 18 germinal an X sont confirmés en tout ce qu'ils
n'ont pas de contraire au articles ci-dessus.

16. Le ministre secrétaire d'Etat au département de l'instruction publique et des
cultes est chargé de l'exécution du présent
décret, etc. (*Bull.* 527, n° 4039.)

N° 98.—(26 mars 1852.) — Décret *qui autorise le ministre des travaux publics à
concéder directement le chemin de fer de
Blesmes et Saint-Dizier à Gray.*

LOUIS-NAPOLÉON, Président de la
République française,

Sur le rapport du ministre des travaux
publics,

Décrète :

Art. 1er. Le ministre des travaux publics
est autorisé à concéder directement le chemin de fer de Blesmes et Saint-Dizier à
Gray, aux clauses et conditions du cahier des
charges ci-annexé.

2. Le ministre des travaux publics est
chargé de l'exécution du présent décret, etc.
(*Bull.* 528, n° 4045.)

N° 99.—(26 mars 1852.) — Décret *qui approuve la convention passée, le 26 mars
1852, pour la concession du chemin de
fer de Blesmes et Saint-Dizier à Gray.*

LOUIS-NAPOLÉON, Président de la
République française,

Sur le rapport du ministre des travaux
publics ;

Vu le décret du 26 mars 1852, et spécialement l'article 1er, ainsi conçu :

« Le ministre des travaux publics est au-
« torisé à concéder le chemin de fer de
« Blesmes et de Saint-Dizier à Gray, aux
« clauses et conditions du cahier des char-
« ges ci-annexé ; »

Vu l'article 67 du cahier des charges ainsi
conçu :

« Les conventions à passer avec le minis-
« tre des travaux publics, en exécution du
« présent acte, devront être réglées par des
« décrets du Président de la République; »

Vu la convention provisoire passée, le 26
mars 1852, entre le ministre des travaux publics, agissant au nom de l'Etat, et les personnes ci-dessous dénommées ;

Vu le certificat délivré par le ministre des
finances, constatant le versement, au trésor
public, d'un cautionnement d'un million de

francs, en conformité de l'article 66 du cahier des charges,

Décrète :

Art. 1er. La convention passée, le 26
mars 1852, entre le ministre des travaux publics, agissant au nom de l'Etat,

Et M. *Eugène de Vandeul*, M. *Alfred de
Vandeul*, M. *Jean-Marie de Grimaldi*, M.
Josiah Wilkinson, M. *Georges Burge*, M.
Georges Hennet, M. *James Rhodes*, est ap-
prouvée.

En conséquence, toutes les clauses et conditions stipulées dans ladite convention, tant
à la charge de l'Etat qu'à la charge des autres parties contractantes, recevront leur
pleine et entière exécution.

2. La convention ci-dessus mentionnée
sera annexée au présent décret.

3. Le ministre des travaux publics est
chargé de l'exécution du présent décret, etc.
(*Bull.* 528, n° 4046.)

N° 100.—(27 mars 1852.)—Décret *portant
que le Code civil reprendra la dénomination de* Code Napoléon.

LOUIS-NAPOLÉON, Président de la
République française,

Sur le rapport du garde des sceaux, ministre secrétaire d'Etat au département de
la justice ;

Considérant que c'est à la puissante volonté de l'Empereur *Napoléon* qu'est due
la confection du Code civil par lui promulgué ;

Que c'est lui qui avait choisi les hommes
éminents par lesquels a été préparée et
achevée cette œuvre immortelle ;

Que c'est sous sa présidence au conseil
d'Etat, et sous les inspirations de son génie,
qu'ont été résolues les plus graves questions
de notre droit civil ;

Que la reconnaissance publique avait décoré ce Code du titre de *Code Napoléon ;*

Qu'en rétablissant cette dénomination, on
ne fait que rendre hommage à la vérité historique autant qu'au sentiment national ,

Décrète :

Art. 1er. Le Code civil reprendra la dénomination de *Code Napoléon.*

2. Le garde des sceaux, ministre secrétaire d'Etat au département de la justice,
est chargé de l'exécution du présent décret,
etc. (*Bull.* 508, n° 3859.)

N° 101.—(27 mars 1852.)—Décret *qui ouvre un crédit extraordinaire pour les
frais d'exécution de la conversion des
rentes cinq pour cent.*

LOUIS-NAPOLÉON, Président de la République française,

Vu le décret du 14 mars 1852, relatif à la conversion des rentes cinq pour cent en rentes quatre et demi pour cent ;

Vu le décret du 17 du même mois, portant fixation du budget des dépenses de l'exercice 1852 ;

Sur le rapport du ministre des finances,

Décrète :

Art. 1er. Il est ouvert au ministre des finances, sur l'exercice 1852, au delà des fixations du budget des dépenses de cet exercice, un crédit extraordinaire de deux cent mille francs (200,000 fr.) pour les frais d'exécution de la conversion des rentes cinq pour cent.

Ce crédit sera réparti comme il suit :

Administration centrale des finances.

Chap. xxvi. Personnel . . .	100,000 fr.
Chap. xxvii. Matériel. . . .	100,000
	Total. . .	200,000

2. Le ministre des finances est chargé de l'exécution du présent décret, etc. (*Bull.* 508, n° 3860.)

N° 102.—(27 mars 1852.)—Décret *sur les sucres.*

LOUIS-NAPOLÉON, Président de la République française,

Sur le rapport du ministre de l'intérieur, de l'agriculture et du commerce,

Décrète :

Art. 1er. Le tarif des sucres est établi et modifié comme suit :

Sucre de nuance égale, au plus, au premier type actuel . . . , .	Indigène. 45 fr. Etranger. 57 fr.	les 100 kil.
Sucre de nuance supérieure au premier type actuel	Mêmes droits augmentés de 3 francs par 100 kilogr.	

Le sucre colonial acquittera pendant quatre ans sept francs de moins par cent kilogrammes que le sucre indigène.

Les taxes différentielles, applicables d'après provenances, restent fixées au taux déterminé par l'article 9 de la loi du 13 juin 1851.

Les sucres raffinés dans les fabriques de sucres indigènes et dans les colonies acquitteront dix pour cent en sus du droit applicable au sucre de nuance supérieure au premier type.

Les sucres raffinés à l'étranger continueront d'être prohibés.

Seront considérés comme raffinés les sucres en pain de nuance blanche, les sucres candis, les sucres en poudre, contenant moins d'un pour cent de matière étrangère autre que l'eau.

2. Les dispositions de l'article 6 de la loi du 31 mai 1846 seront appliquées aux raffineries de sucre et aux établissements dans lesquels on extrait le sucre des mélasses, ainsi qu'aux bâtiments et locaux de toute nature enclavés dans la même enceinte que ces raffineries ou ces établissements, ou y adhérant.

3. Tout établissement dans lequel on extrait le sucre des mélasses sera soumis à l'exercice.

Un arrêté du ministre des finances pourra aussi soumettre à l'exercice les raffineries de sucre situées dans le rayon déterminé par l'article 15 de loi du 31 mai 1846.

4. Les contestations relatives à la détermination de la qualité ou de la richesse des sucres indigènes et des matières sucrées de toute nature, provenant des fabriques ou raffineries de sucre et des fabriques de glucoses, seront déférées aux commissaires experts institués par l'article 19 de la loi du 27 juillet 1822.

5. Des règlements d'administration publique détermineront les obligations des fabricants et des raffineurs, et les conditions de l'exercice dans les fabriques, dans les raffineries et dans les établissements où l'on extrait le sucre des mélasses.

Ils fixeront le minimum de rendement obligatoire, le mode de paiement des droits, les conditions et les formalités relatives à l'enlèvement, à la circulation des sucres et des matières sucrées, et détermineront les produits qui pourront être reçus dans les fabriques, raffineries et établissements exercés, ceux qui pourront en être expédiés, ainsi que les caractères distinctifs de ces produits.

Il sera pourvu, par des règlements d'administration publique, à tout ce qui concerne les fabriques de glucoses et les produits en provenant.

6. L'article 16 de la loi du 31 mai 1846 est abrogé.

7. Toute infraction aux dispositions du présent décret et aux règlements d'administration publique qui seront rendus en exécution de l'article 5 ci-dessus donnera lieu à l'application des peines prononcées par l'article 26 de la loi du 31 mai 1846.

Lorsqu'il aura été constaté plus de deux contraventions à la charge d'un fabricant ou d'un raffineur, un arrêté du ministre des finances pourra ordonner la fermeture de l'établissement dans lequel la fraude aura été commise.

8. Le bénéfice de la réfaction des droits résultant des articles 51 à 59 de la loi du 21 avril 1818 cessera d'être appliqué aux sucres avariés.

9. La loi du 13 juin 1851 est abrogée dans toutes les dispositions non maintenues par le présent décret.

Seront également abrogées, à dater de la mise à exécution des règlements d'administration publique prescrits par l'article 5 ci-dessus, les dispositions de la loi du 31 mai 1846 qui seraient contraires à ces règlements.

10. Les ministres de l'intérieur, de l'agriculture et du commerce, et le ministre des finances, sont chargés, chacun en ce qui le concerne, de l'exécution du présent décret, etc. (*Bull.* 509, n° 3868.)

N° 103.—(27 mars 1852.)—DÉCRET *qui autorise la vente de bois de l'Etat jusqu'à concurrence de 35 millions, qui seront affectés aux dotations allouées par les articles 5, 6, 7 et 8 du décret du 22 janvier 1852.*

LOUIS-NAPOLÉON, PRÉSIDENT DE LA RÉPUBLIQUE FRANÇAISE,

Vu les articles 4, 5, 6, 7 et 8 du décret du 22 janvier 1852, portant que les biens faisant retour à l'Etat en vertu de ce décret seront vendus en partie, jusqu'à concurrence d'une somme de trente-cinq millions, pour le produit en être affecté : dix millions aux sociétés de secours mutuels ; dix millions à l'amélioration des logements d'ouvriers ; dix millions à l'encouragement d'institutions de crédit foncier, et cinq millions à la dotation d'une caisse de retraite pour les desservants les plus pauvres ;

Vu l'article 9 du même décret, portant que le surplus des biens sera réuni à la dotation de la Légion d'honneur ;

Vu l'article 12 de la loi du 7 août 1850, autorisant le ministre des finances à aliéner, jusqu'à concurrence de cinquante millions, des bois de l'Etat à prendre parmi ceux qui sont portés sur le tableau annexé à cette loi ;

Considérant qu'entre deux ventes également autorisées, l'Etat doit commencer par celle qui comprend les biens dont la conservation est la plus onéreuse, et que dans cette catégorie se trouvent les forêts désignées au tableau annexé à la loi du 7 août 1850, à cause de leur nature, de leur étendue et de leur situation ;

Considérant que la grande chancellerie de la Légion d'honneur n'est pas organisée de manière à pouvoir administrer des propriétés foncières ;

Sur le rapport du ministre des finances,

DÉCRÈTE :

ART. 1er. Le ministre des finances est autorisé à aliéner, jusqu'à concurrence de trente-cinq millions, des bois de l'Etat à prendre parmi ceux qui sont portés sur le tableau annexé à la loi du 7 août 1850.

2. Les trente-cinq millions provenant de cette vente seront affectés aux dotations allouées par les articles 5, 6, 7 et 8 du décret du 22 janvier 1852.

3. Le ministre des finances est autorisé à faire inscrire au grand-livre de la dette publique une rente de cinq cent mille francs, quatre et demi pour cent.

Cette inscription de rente sera remise à la Légion d'honneur, en remplacement des biens qui lui avaient été attribués par le décret précité.

4. Le château de Rambouillet est affecté, en exécution de l'article 12 du décret du 22 janvier, à l'établissement, sous la direction de la grande chancellerie de la Légion d'honneur, de la maison d'éducation destinée aux filles ou orphelines indigentes des familles dont les chefs auront obtenu la médaille militaire instituée par le même décret.

5. Il sera procédé à la vente des propriétés désignées au tableau ci-annexé.

Le surplus des biens qui ont fait retour à l'Etat en vertu du décret du 22 janvier seront réunis au domaine de l'Etat, sauf à être ultérieurement vendus en vertu du présent décret.

6. Le ministre des finances est chargé de l'exécution du présent décret, etc. (*Bull.* 512, n° 3883.)

N° 104.—(27 mars 1852.) — DÉCRET *relatif à la prestation de serment des membres de la Cour des comptes.*

LOUIS-NAPOLÉON, PRÉSIDENT DE LA RÉPUBLIQUE FRANÇAISE,

Sur le rapport du ministre des finances ;

Vu les articles 14 et 58 de la Constitution, l'article 3 de la loi du 8 août 1849 et les décrets des 6 et 8 mars 1852,

DÉCRÈTE :

ART. 1er. Dans le délai d'un mois à partir du 29 mars courant, les membres de la Cour des comptes prêteront individuellement le serment prescrit par l'article 14 de la Constitution.

2. Le Prince Président de la République recevra le serment du premier président, du procureur général, des présidents de chambre et des conseillers-maîtres.

Ces magistrats lui seront présentés par le ministre des finances.

19

3. Les conseillers référendaires prêteront serment en audience publique de la Cour des comptes.

L'admission au serment sera requise par le procureur général.

4. A l'avenir, le serment professionnel exigé des magistrats avant d'entrer en fonction devra être prêté à la suite de celui qui est prescrit par la Constitution.

La formule du serment sera ainsi conçue :

« Je jure obéissance à la Constitution et « fidélité au Président.

« Je jure aussi et promets de bien et fidè- « lement remplir mes fonctions, de garder « religieusement le secret des délibérations « et de me conduire en tout comme un di- « gne et loyal magistrat. »

5. Le ministre des finances est chargé de l'exécution du présent décret, etc. (*Bull.* 512, n° 3884.)

N° 105.—(27 mars 1852.)—DÉCRET *relatif à la composition de la commission de surveillance des caisses d'amortissement et des dépôts et consignations.*

LOUIS-NAPOLÉON, Président de la République française,

Sur le rapport du ministre des finances ;

Vu la loi du 28 avril 1816 sur les finances, et spécialement les articles 99 et 111 de cette loi, portant institution et organisation de la commission de surveillance des deux caisses d'amortissement et des dépôts et consignations ;

Vu le décret du 25 octobre 1848, relatif à la même commission ;

Considérant qu'il y a lieu de pourvoir à sa réorganisation,

DÉCRÈTE :

ART. 1er. La commission de surveillance des deux caisses d'amortissement et des dépôts et consignations sera composée d'un sénateur, d'un membre du conseil d'Etat, d'un membre du Corps législatif, d'un président de la Cour des comptes, nommés pour trois ans par le Président de la République, du gouverneur de la banque de France, du président de la chambre de commerce de Paris et du directeur du mouvement des fonds au ministère des finances.

2. Le président de la commission sera nommé pour un an par le Président de la République.

3. Le ministre des finances est chargé de l'exécution du présent décret, etc. (*Bull.* 512, n° 3885.)

N° 106.—(27 mars 1852.)—DÉCRET *qui ouvre, sur l'exercice 1851, un crédit supplémentaire pour le service de trésorerie et pour les frais de perception des contributions directes.*

LOUIS-NAPOLÉON, Président de la République française,

Vu la loi du 29 juillet 1850, portant fixation du budget des dépenses de l'exercice 1851 ;

Sur le rapport du ministre des finances ,

DÉCRÈTE :

ART. 1er. Il est ouvert au ministre des finances, sur l'exercice 1851, un crédit supplémentaire de deux cent soixante et quinze mille francs (275,000 fr.), pour les dépenses ci-après :

Service de trésorerie.

Chap. xxxiv. Traitements et frais de service des receveurs généraux et particuliers des finances. . . . . . 130,000 fr.

Frais de perception des contributions directes.

Chap. xlii. Remises aux percepteurs, etc.. 145,000

Total. 265,000

2. Le ministre des finances est chargé de l'exécution du présent décret, etc. (*Bull.* 512, n° 3887.)

N° 107.—(27 mars 1852.)—DÉCRET *qui rattache au ministère d'Etat les bibliothèques des palais nationaux.*

LOUIS-NAPOLÉON, Président de la République française,

Vu le décret en date du 22 janvier 1852, portant la création du ministère d'Etat ,

DÉCRÈTE :

ART. 1er. L'arrêté de la commission du Pouvoir exécutif, en date du 30 mai 1848, est rapporté.

2. Sont rattachées au ministère d'Etat les bibliothèques placées dans l'intérieur des palais dont la nomenclature suit :

Palais des Tuileries,
Palais du Louvre,
Palais de Fontainebleau,
Palais de Compiègne,
Palais de Versailles,
Palais de Trianon,
Palais de Saint-Cloud,
Palais de Meudon,
Palais de l'Elysée,
Château de Pau.

3. Les ministres d'Etat et de l'instruction publique sont chargés, chacun en ce qui le

concerne, de l'exécution du présent décret, etc. (*Bull.* 512, n° 3888.)

N° 108. — (27 mars 1852.) — RAPPORT *et* DÉCRET *sur la levée de l'état de siége dans tous les départements de la France continentale.*

RAPPORT AU PRINCE PRÉSIDENT DE LA RÉPUBLIQUE FRANÇAISE.

Monseigneur,

La Constitution que la confiance du peuple attendait de votre sagesse va être mise en vigueur.

Demain les grands corps de l'Etat commenceront par un serment solennel l'exercice de leurs hautes fonctions.

Le moment est venu de rendre aux lois du droit commun tout leur empire : deux fois consacré par les plus éclatantes manifestations de la volonté nationale, votre Gouvernement puise dans cette volonté même la force de défendre la société, et vous pouvez sans danger suivre les mouvements de votre cœur, en faisant cesser les mesures et les juridictions exceptionnelles qu'avait créées le besoin de sauver l'ordre et la civilisation.

Je viens donc, pour réaliser la pensée que vous m'avez fait l'honneur de m'exprimer, proposer à votre approbation le décret suivant.

DÉCRET.

LOUIS-NAPOLÉON, PRÉSIDENT DE LA RÉPUBLIQUE FRANÇAISE,

Sur le rapport du garde des sceaux, ministre secrétaire d'Etat au département de la justice,

DÉCRÈTE :

ART. 1er. L'état de siége est levé dans tous les départements de la France continentale.

Néanmoins, les individus jugés par les conseils de guerre seront, s'ils se représentent ou sont repris, justiciables des conseils de guerre.

2. A l'avenir, aucune arrestation ne sera faite, aucune poursuite ne sera exercée que conformément aux lois ordinaires.

3. Les commissions départementales mixtes cesseront leurs fonctions à dater de la promulgation du présent décret.

4. La commission des grâces, instituée au ministère de la justice, continuera à statuer sur les recours qui lui seront adressés.

5. Les ministres de la justice, de la guerre, de l'intérieur et de la police générale, sont chargés, chacun en ce qui le con-

cerne, de l'exécution du présent décret, etc. (*Bull.* 513, n° 3895.)

N° 109.—(27 mars 1852.)— DÉCRET *relatif à la construction, dans le grand carré des Champs-Elysées, d'un édifice destiné à recevoir les expositions nationales, et pouvant servir aux cérémonies publiques et aux fêtes civiles et militaires.*

LOUIS-NAPOLÉON, PRÉSIDENT DE LA RÉPUBLIQUE FRANÇAISE,

Considérant qu'il n'existe à Paris aucun édifice propre aux expositions publiques qui puisse répondre à ce qu'exigeraient le sentiment national, les magnificences de l'art et les développements de l'industrie ;

Considérant que le caractère temporaire des constructions qui, jusqu'à présent, ont été affectées aux expositions, est peu digne de la grandeur de la France ;

Sur le rapport du ministre de l'intérieur,

DÉCRÈTE :

ART. 1er. Un édifice destiné à recevoir les expositions nationales, et pouvant servir aux cérémonies publiques et aux fêtes civiles et militaires, sera construit d'après le système du palais de cristal de Londres, et établi dans le grand carré des Champs-Elysées.

2. Le ministre de l'intérieur est chargé de faire étudier le projet énoncé dans l'article 1er, et de nous proposer, d'accord avec la ville de Paris, les moyens les plus propres à arriver à une prompte et économique exécution, etc. (*Bull.* 516, n° 3931.)

N° 110.—(27 mars 1852.)—DÉCRET *qui fixe le traitement du grand chancelier de la Légion d'honneur* (1).

LOUIS-NAPOLÉON, PRÉSIDENT DE LA RÉPUBLIQUE FRANÇAISE,

DÉCRÈTE :

ART. 1er. Le traitement du grand chancelier de la Légion d'honneur est fixé à trente mille francs par an. Cette disposition recevra son exécution à partir du 1er janvier 1852.

2. Le ministre d'Etat est chargé de l'exécution du présent décret, etc. (*Bull.* 516, n° 3932.)

N° 111.—(27 mars 1852.) — DÉCRET *relatif au traitement du grand chancelier de la Légion d'honneur.*

---

(1) Pour l'exécution de ce décret, un autre décret du même jour (*Bull.* 516, n° 3933) opère un virement de crédit entre deux chapitres du budget de la Légion d'honneur pour 1852, sans apporter d'autres modifications à ce budget.

LOUIS-NAPOLÉON, Président de la République française,

Vu le décret en date du 27 de ce mois, qui fixe le traitement du grand chancelier de l'ordre de la Légion d'honneur,

DÉCRÈTE:

ART. 1er. Le chapitre 1er du budget de la Légion d'honneur pour l'exercice 1852 (*Traitement du grand chancelier*) est porté à trente mille francs (30,000 fr.)

2. Le chapitre VI montant à quatre millions cinq cent cinquante-six mille francs (4,556,000 fr.) est diminué d'une somme pareille de trente mille francs.

3. Le ministre d'État est chargé de l'exécution du présent décret, etc. (*Bull.* 516, n° 3933.)

N° 112. — (27 mars 1852.) — DÉCRET *concernant les condamnés aux travaux forcés, actuellement détenus dans les bagnes, et qui seront envoyés à la Guyane française pour y subir leur peine.*

LOUIS-NAPOLÉON, Président de la République française,

Sur le rapport du ministre de la marine et des colonies;

Considérant que, sans attendre la loi qui doit modifier le Code pénal, quant au mode d'application des travaux forcés pour l'avenir, le Gouvernement est dès à présent en mesure de faire passer à la Guyane française, pour y subir leur peine, un certain nombre de condamnés, détenus dans les bagnes,

DÉCRÈTE:

ART. 1er. Les condamnés aux travaux forcés, actuellement détenus dans les bagnes, et qui seront envoyés à la Guyane française pour y subir leur peine, y seront employés aux travaux de la colonisation, de la culture, de l'exploitation des forêts et à tous autres travaux d'utilité publique.

2. Ils ne pourront être enchaînés deux à deux ou assujettis à traîner le boulet, qu'à titre de punition disciplinaire ou par mesure de sûreté.

3. Les femmes condamnées aux travaux forcés pourront être conduites à la Guyane française et placées sur un établissement créé dans la colonie. Elles seront employées à des travaux en rapport avec leur âge et avec leur sexe.

4. Les condamnés des deux sexes qui auront subi deux années au moins de leur peine, tant en France que dans la colonie, et qui se seront rendus dignes d'indulgence par leur bonne conduite ou leur repentir, pourront obtenir:

1° L'autorisation de travailler aux conditions déterminées par l'administration, soit pour les habitants de la colonie, soit pour les administrations locales; — 2° l'autorisation de contracter mariage; — 3° la concession d'un terrain et la faculté de cultiver pour leur propre compte.

Cette concession ne pourra devenir définitive qu'après dix années de possession.

Un règlement déterminera: 1° les conditions sous lesquelles ces concessions pourront être faites, soit à titre provisoire, soit à titre définitif; 2° l'étendue des droits des tiers, de l'époux survivant ou des héritiers du concessionnaire sur les terrains concédés.

5. La famille du condamné pourra être autorisée à le rejoindre dans la colonie et à vivre avec lui, lorsqu'il aura été placé dans la condition prévue par l'article 4.

6. Tout condamné dont la peine sera inférieure à huit années de travaux forcés sera tenu, à l'expiration de ce terme, de résider dans la colonie pendant un temps égal à la durée de sa condamnation.

Si la peine est de huit années et au delà, il sera tenu de résider à la Guyane pendant toute sa vie.

En cas de grâce, le libéré ne pourra être dispensé de l'obligation de la résidence que par une disposition spéciale des lettres de grâce. Toutefois, le libéré pourra quitter momentanément la colonie, en vertu d'une autorisation expresse du gouverneur, mais sans pouvoir être autorisé à se rendre en France.

7. Des concessions provisoires ou définitives de terrains pourront être faites aux individus qui, ayant subi leur peine, resteront dans la colonie, conformément à ce qui est prévu par l'article 6.

8. Les condamnés libérés en France pourront obtenir d'être transportés à la Guyane, à la condition d'y être soumis au régime établi par les articles 1, 3, 4, 5, 6 et 7 du présent décret, sans préjudice de l'application de l'article 44 du Code pénal, relatif à la surveillance de la haute police.

9. Les condamnés pourront obtenir partiellement ou intégralement l'exercice des droits civils dans la colonie. Ils pourront être autorisés à jouir ou à disposer de tout ou partie de leurs biens.

Les actes faits par les condamnés dans la colonie jusqu'à leur libération ne pourront engager les biens qu'ils possédaient au jour de leur condamnation, ou ceux qui leur seront échus par succession, donation ou testament, à l'exception des biens dont la remise a été autorisée.

10. Tout condamné à temps qui se sera rendu coupable d'évasion sera puni de deux ans à cinq ans de travaux forcés. Cette peine ne se confondra pas avec celle antérieurement prononcée.

La peine, pour le condamné à perpétuité, sera l'application à la double chaîne pendant deux ans au moins et cinq ans au plus.

11. Tout libéré, astreint à résider à la Guyane, conformément à l'article 6, et qui aura quitté la colonie sans autorisation, sera renvoyé aux travaux forcés pendant une durée de un ans à trois ans.

12. Les infractions prévues par les articles 10 et 11, et tous crimes ou délits commis par les condamnés, seront jugés par le premier conseil de guerre de la colonie faisant fonction de tribunal maritime spécial, et auquel seront adjoints deux officiers du commissariat de la marine.

13. Un arrêté du gouverneur déterminera, jusqu'à ce qu'il y soit pourvu par un décret, le régime disciplinaire des établissements qui seront créés à la Guyane, en exécution des dispositions qui précèdent.

14. Le ministre de la marine et des colonies est chargé de l'exécution du présent décret, etc. (*Bull.* 519. n° 3957.)

N° 113. — (27 mars 1852.) — DÉCRET *sur l'émigration d'Europe et hors d'Europe à destination des colonies françaises.*

LOUIS-NAPOLÉON, PRÉSIDENT DE LA RÉPUBLIQUE FRANÇAISE,

Vu l'article 1er du décret du 13 février 1852, sur l'émigration et la police du travail dans les colonies, ledit article portant :

« Les émigrants, cultivateurs et ouvriers
« qui seront engagés pour les colonies,
« pourront y être conduits, soit aux frais,
« soit avec l'assistance du trésor public ou
« des fonds du service local ;

« Les conditions auxquelles les alloca-
« tions de passage pourront être accordées
« seront déterminées par un règlement spé-
« cial ; »

Vu les divers règlements successivement mis en vigueur sur cette matière ;

Sur le rapport du ministre secrétaire d'Etat de la marine et des colonies,

DÉCRÈTE :

TITRE 1er. — DES ÉMIGRANTS.

ART. 1er. Pour être admise au bénéfice des dispositions du décret du 13 févri r 1852, l'émigration d'Europe et hors d'Europe, à destination des colonies de la Martinique, de la Guadeloupe, de la Guyane française et de la Réunion, devra se faire aux conditions et conformément aux règles suivantes :

Émigration d'Europe.

2. L'émigrant d'Europe produira au préfet de son département, ou, s'il est étranger, à telle autorité que désignera le ministre de la marine et des colonies, un engagement de travail avec un propriétaire rural d'une des colonies ci-dessus désignées.

Cet engagement contiendra, pour l'engagiste, l'obligation de fournir à l'engagé, outre la rémunération convenue,

1° La nourriture pendant la première année de son séjour, une case et un jardin ; — 2° les outils et les instruments nécessaires au travail pour lequel il est engagé ; — 3° les soins médicaux et les médicaments en cas de maladie ; — 4° les prestations déterminées dans les paragraphes précédents, pour sa femme et ses enfants, s'il est accompagné de sa famille.

L'émigrant devra produire aux mêmes autorités toutes pièces qui lui seront indiquées comme propres à constater son origine, sa profession et sa moralité.

3. L'émigrant chef de famille devra comprendre dans son engagement celui de sa femme et de ses enfants, si ceux-ci sont âgés de plus de dix ans.

Sont exceptés de la condition d'âge la femme qui accompagne son mari et les enfants qui suivent leur père ou leur mère.

Des décisions du ministre de la marine fixeront la proportion dans laquelle les femmes devront être comprises dans les enrôlements, suivant la nature et l'importance de chaque opération.

4. Seront seuls admis à l'émigration, avec le concours des fonds de l'Etat, les individus exempts d'infirmités et âgés de vingt et un à quarante ans.

5. Aucun projet d'engagement ne donne droit aux allocations sur les fonds de l'Etat ou des colonies, s'il n'est approuvé par le ministre de la marine, qui vérifie si l'engagiste est en état de remplir ses obligations.

Le ministre pourra déléguer ses pouvoirs, à cet égard, à l'administration du port d'embarquement, ou à l'autorité de la colonie pour laquelle est destiné l'émigrant.

Le ministre réglera, par un arrêté, le montant de l'allocation qui pourra être accordée pour chaque individu, soit comme frais de passage, soit comme secours de route.

Il déterminera, par des décisions, l'ordre et la proportion dans lesquels pourront être accueillies les demandes d'émigration pour chaque colonie.

6. Sur l'avis qui lui sera adressé, l'émigrant se rendra, pour le jour indiqué, au port d'embarquement, où il recevra le secours de route.

Aussitôt que son embarquement sera dûment constaté, versement sera fait, entre les mains de l'engagiste ou de son représentant, du montant de l'allocation de passage.

Émigration de pays hors d'Europe.

7. L'émigration des pays hors d'Europe n'aura lieu, même sans subvention sur les fonds de l'État, qu'après avoir été autorisée par le ministre de la marine et des colonies.

8. Il sera créé, pour cette émigration, un agent spécial au lieu même où elle s'effectuera.

Cet agent veillera aux opérations du recrutement et à l'embarquement des émigrants ; il leur fera connaître la nature des contrats de travail qu'ils sont appelés à souscrire dans la colonie, les garanties d'exécution qui leur seront assurées, et les conditions de leur rapatriement.

Il enregistrera les enrôlements, et ne délivrera de permis d'embarquement aux émigrants que si, interrogés individuellement, ils déclarent consentir, en pleine connaissance de cause, à se rendre dans la colonie pour laquelle ils sont recrutés.

Cette déclaration sera faite devant deux témoins, qui en attesteront la vérité, suivant procès-verbal dressé à cet effet.

9. Les émigrants âgés de moins de vingt et un ans seront représentés, auprès de l'agent de l'émigration, par leurs parents ou tuteurs ; ceux qui seront âgés de moins de quinze ans n'obtiendront leur permis d'embarquement que s'ils accompagnent leur père ou mère, ou un parent du deuxième degré.

L'enrôlement des individus infirmes ou âgés de plus de quarante ans est formellement interdit.

10. L'agent d'émigration tiendra un registre matricule, où il sera fait mention de l'accomplissement des formalités ci-dessus prescrites. Ce registre contiendra, en outre, les indications signalétiques propres à constater l'identité des émigrants.

Au départ du navire, l'agent d'émigration dressera, en double expédition, l'état nominatif avec toutes les indications signalétiques des émigrants embarqués, pour un exemplaire être remis au capitaine et l'autre adressé au gouverneur de la colonie à destination de laquelle est faite l'opération.

11. L'administration coloniale, ou l'agent de l'émigration si le recrutement se fait en pays étranger, pourvoiront au mode d'enrôlement, à la police des agents de recrutement, et à tout ce qui sera nécessaire à la protection des émigrants.

12. Les émigrants de l'Inde pourront être dispensés de contracter préalablement l'engagement de travail prévu par l'art. 2.

13. Le troisième paragraphe de l'article 4 est applicable aux enrôlements des travailleurs hors d'Europe.

TITRE II. — DU TRANSPORT DES ÉMIGRANTS.

14. Tout navire français ou étranger qui reçoit à son bord plus de trente émigrants à destination de l'une des colonies désignées en l'article 1er du présent décret est réputé spécialement affecté au transport d'émigrants.

Les opérations d'émigration qui dépasseront la limite de trente engagés placés sur le même navire ne seront admises à participer au bénéfice du décret du 13 février 1852, qu'autant que le bâtiment affecté au transport présentera les conditions ci-après déterminées.

15. Les voyages pour l'émigration sont divisés en deux catégories.

Les voyages de la première catégorie sont ceux de l'Inde et des mers d'Asie, de la côte orientale d'Afrique, de Madagascar ou des Comores à l'île de la Réunion ; d'Europe, des îles Madère et Canaries ou Açores, et de la côte occidentale d'Afrique aux colonies d'Amérique.

Les voyages de la seconde catégorie sont ceux d'Europe, des îles Madère, Canaries ou Açores, et des côtes occidentales d'Afrique à l'île de la Réunion ; des mers de l'Inde, d'Asie et de Madagascar et des Comores aux colonies d'Amérique.

16. Les navires employés aux voyages de la première catégorie ne pourront recevoir plus d'un émigrant par tonneau de jauge ; il pourra, de plus, leur être accordé une tolérance basée sur l'espace, et que déterminera l'autorité compétente, sans qu'elle puisse jamais s'élever au delà de vingt-cinq pour cent du tonnage légal.

Leurs approvisionnements devront être faits en prévision d'une durée moyenne de traversée calculée, suivant la distance du point de départ au point d'arrivée, à raison de trente lieues marines par vingt-quatre heures de navigation ; ces approvisionnements seront réglés ainsi qu'il suit :

Par passager et par jour.	Viande salée.	0 kil.	200
	ou		
	Poisson salé.	0	214
	Biscuit	0	750
	ou		
	Riz.	1	000
	Légumes secs.	0	120
	Eau.		5 litres.

17. Les bâtiments affectés aux voyages de la seconde catégorie ne pourront recevoir plus d'un émigrant par tonneau de jauge ; ils auront un officier de santé lorsqu'ils devront recevoir plus de la moitié du maximum de leurs passagers.

Leurs approvisionnements seront réglés ainsi qu'il est prévu à l'article 16.

18. Pour les voyages des deux catégories, lorsque l'émigration aura lieu d'Europe, l'approvisionnement devra, de plus, comprendre vingt-cinq centilitres de vin par émigrant et par jour.

Lorsque l'émigration aura lieu des territoires asiatiques, l'approvisionnement devra comprendre, en proportion suffisante, les ingrédients nécessaires à la préparation du repas usuel des indigènes.

19. Les bâtiments des deux catégories ci-dessus spécifiées devront être munis d'une chaloupe et de deux canots, indépendamment du canot dit *de service*, de pièces à eau en tôle, de manches à vent et autres appareils propres à assurer la ventilation pendant les gros temps, d'un coffre à médicaments suffisamment pourvu, ainsi que d'une instruction sur l'emploi desdits médicaments.

Ils auront un entre-pont, soit à demeure, soit provisoire, présentant cinq pieds au moins de hauteur entre barrots.

Lorsqu'ils devront recevoir leur nombre réglementaire de passagers ci-dessus déterminé, l'entre-pont sera laissé entièrement libre, sauf les parties ordinairement occupées par les logements du capitaine, des officiers et de l'équipage.

Lorsque le chiffre des passagers sera inférieur au nombre réglementaire, l'espace inoccupé pourra être affecté au placement des provisions (la viande et le poisson exceptés), des bagages, et même d'une certaine quantité de marchandises salubres, le tout réglé proportionnellement à la diminution du nombre des passagers qui aurait pu être embarqué.

20. Les fournitures de couchage seront à la charge de l'armement ; elles devront comprendre une couverture de laine pour chaque individu.

21. Chaque émigrant aura droit à un emplacement d'un hectolitre au moins pour son bagage et ses instruments aratoires.

22. Pour le calcul du nombre des passagers, de leur nourriture et de l'espace qui leur sera donné à bord, un enfant au-dessus de douze ans, deux enfants de cinq ans à douze, et trois enfants au-dessous de cinq ans, compteront pour un adulte.

23. Les objets de couchage seront chaque jour exposés à l'air, sur le pont (lorsque le temps le permettra).

L'entre-pont sera purifié avec du lait de chaux, au moins deux fois par semaine.

24. L'approvisionnement obligatoire ci-dessus déterminé demeure placé sous la surveillance spéciale du capitaine, qui tiendra la main à ce que la distribution journalière ait lieu selon les prévisions de l'article 16 ci-dessus.

Pour l'émigration hors d'Europe, la ration de légumes secs pourra alterner avec celle de la viande ou du poisson salé.

25. En cas de prolongation forcée de la durée ordinaire de la traversée, le capitaine, après avoir pris l'avis des officiers et principaux marins de l'équipage, pourra réduire, suivant l'occurrence, la ration journalière des passagers.

26. Lorsqu'un navire, affecté au transport d'émigrants, partira d'un port français d'Europe ou des colonies, les officiers visiteurs institués par la loi du 13 août 1791, indépendamment de leur certification quant à la navigabilité du navire, devront constater l'état de ses emménagements, au point de vue des prescriptions des articles 19, 20 et 21.

Lorsqu'un navire aura quatre mois de campagne, depuis la dernière visite subie, il ne pourra embarquer des émigrants sans avoir été de nouveau visité, sous le rapport de la navigabilité, par une autorité française compétente.

27. Lorsque le navire partira d'un port français d'Europe ou des colonies, ou d'un port étranger ayant consulat français, constatation sera faite, sur le manifeste, par la douane ou l'agent consulaire, de la proportionnalité ci-dessus fixée entre les approvisionnements et le chiffre des passagers.

Lorsque le départ aura lieu d'un port étranger, où il n'existera pas de consulat français, la constatation sera faite par l'agent mentionné à l'article 8.

28. Si le navire est retenu au port sept jours après son expédition en douane, ou s'il entre dans un autre port, après sa sortie, ou s'il prend des passagers en cours de voyage, ses approvisionnements seront proportionnellement complétés, et une nouvelle constatation sera faite à cet égard.

29. En cas de naufrage ou d'une relâche de six semaines, les émigrants ont droit à être pourvus de passagers sur d'autres bâtiments.

30. Les infractions aux dispositions qui précèdent, après avoir été constatées au lieu d'arrivée du navire, seront passibles des peines de police prévues par les articles 483 et 484 du Code pénal colonial, sans préjudice de l'action en dommages-intérêts qui pourra être suivie pour défaut d'exécution de contrat civil, à la diligence du commissaire spécial institué par l'article 34 ci-après.

31. Le recouvrement des sommes allouées à titre de dommages et intérêts sera poursuivi solidairement contre l'armateur et le capitaine, et le montant en sera versé à la caisse locale au compte du fonds d'immigration prévu par l'article 3 du décret du 13 février 1852.

32. Aucun navire affecté au transport d'émigrants ne pourra être expédié qu'après que le capitaine aura fourni, soit au port d'armement, soit au port où seront embarqués les émigrants, bonne et valable caution pour le paiement de tous dommages et intérêts qui pourraient être prononcés contre l'armement pour faits se rattachant à l'opération.

33. Indépendamment des poursuites ci-dessus mentionnées, le ministre de la marine prendra contre le capitaine des navires français toutes mesures disciplinaires que motiveraient des abus de pouvoir, excès ou sévices commis sur les émigrants pendant le voyage.

TITRE III. — DES IMMIGRANTS.

34. Le directeur de l'intérieur de chaque colonie déléguera un agent de son administration qui sera chargé, comme commissaire spécial, de contrôler l'introduction des immigrants et la conclusion de leur premier contrat d'engagement avec les colons.

35. A l'arrivée des navires porteurs d'immigrants, le commissaire spécial se rendra à bord et vérifiera le nombre des passagers et leur identité, d'après l'état nominatif et signalétique adressé au gouverneur de la colonie, soit par l'agent d'émigration, soit par l'autorité maritime de France, s'il s'agit d'émigrants européens.

Si des décès ont eu lieu pendant le voyage, le commissaire spécial les constatera et en enverra les actes au port d'embarquement. Il devra également faire transcrire sur les registres de l'état civil les actes des naissances qui auront eu lieu pendant la traversée.

Il recevra les déclarations et, s'il y a lieu, les plaintes des immigrants sur la manière dont ils ont été traités à bord des navires, et s'assurera si toutes les prescriptions écrites au titre II du présent décret ont été observées. En cas de contravention, il dressera procès-verbal, qui sera remis au procureur de la République.

36. Les gouverneurs pourvoiront, par des règlements spéciaux, à toutes les mesu-res de protection que pourra réclamer la situation des immigrants, et notamment, quand il y aura lieu, à l'organisation des syndicats destinés à leur servir d'intermédiaires auprès de l'administration et d'ester pour eux en justice à fin d'exercice de leurs droits envers leurs engagistes et de recouvrement de leurs salaires ou de leurs parts dans les produits.

TITRE IV. — DU RAPATRIEMENT.

37. Le droit au passage de rapatriement aux frais de la caisse coloniale, réservé aux immigrants par l'article 2 du décret du 13 février, sera ouvert à l'expiration de la cinquième année de séjour dans la colonie, sans préjudice du droit que les immigrants se seront réservé par leurs contrats d'engagement, d'être rapatriés dans un délai plus bref aux frais des colons au service desquels ils se seront engagés.

L'administration de la colonie aura le droit d'imposer d'office le rapatriement, aux frais de la caisse coloniale, aux engagés auxquels elle ne croirait pas devoir faire l'application des dispositions répressives du vagabondage.

38. Le commissaire spécial, toutes les fois que les immigrants le requerront, interviendra à l'effet de stipuler et contracter en leur nom avec les capitaines ou armateurs pour leur passage de rapatriement, quand ils seront dans le cas de quitter la colonie en payant leurs frais d'embarquement

39. Le ministre secrétaire d'État de la marine et des colonies est chargé de l'exécution du présent décret, etc. (*Bull.* 519, n° 3558.)

N° 114. — (27 mars 1852.) — DÉCRET *sur l'immigration d'Indiens aux colonies françaises d'Amérique.*

LOUIS-NAPOLÉON, PRÉSIDENT DE LA RÉPUBLIQUE FRANÇAISE,

Vu le décret du 13 février 1852, sur l'immigration et le régime des travailleurs aux colonies;

Vu la délibération du conseil privé de la Guadeloupe, en date du 20 août 1851, et l'avis du gouverneur de la Martinique, du 13 septembre de la même année;

Considérant qu'il est du devoir du Gouvernement de favoriser toutes les tentatives sérieusement conçues, qui ont pour but d'augmenter la population agricole et d'améliorer les conditions du travail aux colonies; que les heureux résultats obtenus de l'introduction de travailleurs asiatiques à l'île de la Réunion depuis l'abolition de l'esclavage rendent désirable l'extension de ce recrutement aux colonies d'Amérique ;

Considérant que la grande distance des mers d'Asie à celles des Antilles ne permettrait pas à une entreprise privée d'accomplir, par ses seules ressources, ce genre d'opération dans les conditions nécessaires pour son succès, et avec les garanties que réclame l'humanité.

Considérant qu'il est d'une réelle importance que la première immigration de travailleurs d'Asie aux Antilles françaises soit confiée à un capitaine du commerce déjà exercé à la conduite d'opérations semblables entre l'Inde et la Réunion ;

Sur le rapport du ministre secrétaire d'État de la marine et des colonies ,

DÉCRÈTE :

ART. 1er. Il est accordé au sieur *Auguste Blanc*, capitaine au long cours, une prime de deux cent cinquante francs par immigrant adulte des deux sexes, qu'il introduira de l'Inde aux colonies françaises d'Amérique. La prime sera de cent cinquante francs pour les immigrants non adultes.

Chaque transport devra comprendre la proportion d'un sixième de femmes au moins.

L'opération portera sur une période de six années au plus, et sur un nombre maximum de quatre mille immigrants.

2. La concession qui précède est faite aux clauses et conditions suivantes :

1° Le concessionnaire se soumettra aux règles générales pour le transport des immigrants qui , aux termes du décret du 13 février précité, doivent être l'objet d'un règlement particulier.

2° Le nombre des travailleurs à introduire dans le cours des années 1853 et 1854 ne pourra être porté à plus de douze cents individus, à moins de dispositions nouvelles spéciales sur ce point.

La proportion des contingents pour les années suivantes. jusqu'à concurrence du chiffre de quatre mille, sera également réglée par des actes spéciaux ultérieurs.

3° Un ou plusieurs navires de construction spéciale agréés par l'administration seront affectés à l'opération.

4° Les deux premiers transports devront comprendre, au moins, trois cents immigrants chacun et être dirigés sur la même colonie. Les immigrants devront, de plus, être placés sur la même commune ou répartis sur des communes limitrophes.

5° Le capitaine *Blanc* s'oblige à introduire, comme marchandises d'importation , si le Gouvernement le juge nécessaire, une quantité de vingt mille balles de riz dans les colonies qui recevront les immigrants. La quotité afférente à chaque voyage sera proportionnée aux nombre des immigrants transportés.

3. Le premier contingent introduit demeurera à la charge de l'armement pour l'entretien et la nourriture jusqu'à ce que les immigrants aient contracté avec les colons de la localité.

Les contingents suivants qui ne devront être introduits que sur demandes reçues par le capitaine pendant son séjour dans la colonie seront, aussitôt leur arrivée, au compte des colons pour lesquels ils auront été recrutés.

4. Au moment où se concluront dans la colonie les engagements de travail entre les immigrants et les colons , le concessionnaire pourra exiger des engagistes un complément d'indemnité de transport qui ne pourra pas excéder deux cent cinquante francs par travailleur adulte et cent cinquante francs pour les travailleurs au-dessous de l'âge adulte.

5. Il sera pourvu au paiement des indemnités stipulées par l'article 3 du présent décret au moyen des crédits inscrits et à inscrire au budget du département de la marine et des colonies, et dans les budgets du service local de la Martinique et de la Guadeloupe.

6. Les avantages ci-dessus stipulés ne seront acquis qu'autant que le premier navire destiné à l'opération aura quitté son port d'armement dans les cinq mois du jour de la notification du présent décret à l'intéressé.

Ledit décret sera comme non avenu , si, dans le mois de cette notification, il n'est pas justifié près du ministère de la marine et des colonies de conventions définitivement passées entre l'intéressé et une maison de commerce.

7. Le ministre de la marine et des colonies demeure chargé de l'exécution du présent décret, etc. (*Bull.* 519, n° 3959.)

N° 115.—(27 mars 1852.)—DÉCRET *qui approuve la convention passée, le 27 mars 1852, entre le ministre des travaux publics et la compagnie du chemin de fer de Paris à Orléans.*

LOUIS-NAPOLÉON, PRÉSIDENT DE LA RÉPUBLIQUE FRANÇAISE,

Sur le rapport du ministre des travaux publics ;

Vu les lois des 7 juillet 1838 et 15 juillet 1840, relatives à la concession du chemin de fer de Paris à Orléans, ensemble le cahier des charges annexé à cette dernière loi ;

Vu la loi du 26 juillet 1844, laquelle autorise l'adjudication, par voie de publicité et concurrence, de la concession du chemin de fer du Centre, ensemble le cahier des charges annexé à cette loi, ainsi que l'ordonnance du 24 octobre 1844, approbative de l'adjudication passée le 9 du même mois;

Vu la loi du 4 décembre 1848, qui autorise la concession, à la compagnie du chemin de fer du Centre, de l'embranchement du Guétin à Nevers, ainsi que la convention passée, le 9 du même mois, entre le ministre des travaux publics et ladite compagnie, pour la réalisation de cette concession ;

Vu la loi du 26 juillet 1844, qui autorise l'adjudication, par voie de publicité et concurrence, de la concession du chemin de fer d'Orléans à Bordeaux; le cahier des charges annexé à cette loi, et l'ordonnance du 24 octobre 1844, qui approuve l'adjudication passée le 9 du même mois;

Vu la loi du 6 août 1850, portant modification des conditions de ladite concession ; la convention passée, le 16 octobre 1850, entre le ministre des travaux publics et la compagnie du chemin de fer d'Orléans à Bordeaux, en exécution de cette loi, et le décret du 18 du même mois, lequel approuve ladite convention ;

Vu la loi du 19 juillet 1845, qui autorise l'adjudication, par voie de publicité et de concurrence, de la concession du chemin de fer de Tours à Nantes, ensemble le cahier des charges annexé à cette loi, et l'ordonnance du 27 novembre 1845, approbative de l'adjudication passée le 25 du même mois, en exécution de ladite loi ;

Vu la loi du 6 août 1850, qui modifie les conditions de cette concession ; la convention passée entre le ministre des travaux publics et la compagnie, le 16 octobre de la même année, pour l'exécution de cette loi, et le décret du 18 du même mois portant approbation de ladite convention;

Vu la convention provisoire, en date du 18 mars 1852, par laquelle la compagnie du chemin du Centre cède et abandonne, à la compagnie du chemin de fer de Paris à Orléans, ce acceptant, le bail d'exploitation du chemin de fer du Centre ;

Vu la convention provisoire, en date du 20 mars 1852, par laquelle la compagnie du chemin de fer d'Orléans à Bordeaux cède et abandonne, à la compagnie du chemin de fer de Paris à Orléans, ce acceptant, le bail d'exploitation du chemin de fer d'Orléans à Bordeaux, ensemble les pièces annexées à cette convention ;

Vu la convention provisoire, en date du 18 mars 1852, par laquelle la compagnie du chemin de fer de Tours à Nantes cède et abandonne, à la compagnie du chemin de fer de Paris à Orléans, le bail d'exploitation du chemin de fer de Tours à Nantes, ensemble les pièces annexées à cette convention ;

Vu la convention passée aujourd'hui, entre le ministre des travaux publics et la compagnie du chemin de fer de Paris à Orléans, tant au sujet des trois conventions susmentionnées que pour l'exécution et l'exploitation des sections de chemin de fer de Châteauroux à Limoges et du Guétin à Clermont, avec embranchement dirigé de Saint-Germain-des-Fossés sur Roanne, moyennant divers engagements réciproques tant de l'État que de la compagnie, et notamment moyennant l'application du cahier des charges de la concession du chemin de fer du Centre, modifié comme il est dit par cette convention, à la concession des diverses lignes anciennes et nouvelles comprises dans cette convention,

DÉCRÈTE :

ART. 1er. La convention passée aujourd'hui, entre le ministre des travaux publics et la compagnie du chemin de fer de Paris à Orléans, est et demeure approuvée.

En conséquence, l'entreprise concédée à cette compagnie comprendra, à l'avenir, les chemins de fer,

1° Du Centre ; — 2° d'Orléans à Bordeaux ; — 3° de Tours à Nantes ; — 4° de Châteauroux à Limoges ; — 5° du Bec d'Allier à Clermont, avec embranchement de Saint-Germain-des-Fossés sur Roanne ; — 6° De Poitiers à La Rochelle et à Rochefort.

Toutes les clauses et conditions qui y sont stipulées soit à la charge de l'État, soit à la charge de la compagnie du chemin de fer de Paris à Orléans, recevront leur pleine et entière exécution.

La compagnie ne pourra contracter aucun traité de fusion ou d'alliance avec les compagnies des deux chemins de fer de Lyon à Avignon et d'Avignon à Marseille.

2. L'interdiction résultant de la loi du 1er décembre 1851, à la réunion des compagnies des chemins de fer de Paris à Lyon et de Lyon à Avignon, est levée.

Les concessionnaires de ces deux lignes actuellement distinctes seront admis à les réunir en une seule et même entreprise concédée à une seule compagnie, et même à y joindre le prolongement de Marseille à Avignon et toutes les autres lignes affluentes.

Les dispositions de l'article 48 du cahier des charges de la concession du chemin de fer de Lyon à Avignon, qui prescrivent la plus complète égalité pour les correspondances établies entre le chemin de fer de Lyon à Avignon et les chemins de fer de la Bourgogne et du Centre, sont maintenues et au besoin étendues à toute la ligne de Marseille à Lyon.

Les travaux de l'embranchement de Roanne ne pourront être entrepris avant que le projet de fusion des compagnies jusqu'à Marseille soit soumis au Gouvernement, ou, à défaut, avant un délai de deux ans.

Les taxes totales à percevoir entre Paris, Givors et Lyon, et réciproquement, seront égales sur les deux lignes du Centre et de Paris à Lyon par Châlon et Dijon.

Les tarifs déterminant ces taxes seront présentés à l'homologation du Gouvernement par la compagnie du chemin de fer de Paris à Lyon : la compagnie du Centre sera entendue sur ces propositions.

En cas de difficultés, il sera statué, sous réserve du droit d'homologation attribué au Gouvernement par les cahiers des charges, par une commission composée d'un membre de chacune des deux compagnies, et d'un commissaire nommé par le Gouvernement.

3. Toutes les dispositions des lois, ordonnances, décrets et cahiers des charges, relatives, tant à la concession du chemin de fer de Paris à Orléans qu'à la concession des chemins de fer du Centre, d'Orléans à Bordeaux et de Tours à Nantes, qui sont contraires aux dispositions contenues dans le présent décret, dans le cahier des charges annexé à la loi du 26 juillet 1844, devenu le cahier des charges de toutes les concessions réunies, et dans la convention approuvée par le paragraphe 1er du présent décret, sont et demeurent abrogées.

Ladite convention sera annexée au présent décret.

4. Une somme de dix-huit millions (18,000,000 fr.) est affectée à l'établissement du chemin de fer d'embranchement de Saint-Germain à Roanne.

5. Les sommes que la compagnie a pris l'engagement de verser au trésor public seront inscrites pour ordre au budget des recettes et dépenses au fur et à mesure des versements, afin qu'il en soit fait emploi suivant les règles générales de la comptabilité.

6. Le ministre des travaux publics et le ministre des finances sont chargés, chacun en ce qui le concerne, de l'exécution du présent décret, etc. (*Bull.* 520, n° 3971.)

N° 116. — (27 mars 1852.) — Décret *qui soumet à la surveillance de l'administration publique le personnel actif employé par les compagnies de chemins de fer.*

LOUIS-NAPOLÉON, Président de la République française,

Sur le rapport du ministre des travaux publics ;

Vu l'article 1er de la loi du 15 juillet 1845, sur la police des chemins de fer, portant que les chemins de fer construits ou conservés par l'Etat font partie de la grande voirie ;

Vu les règlements généraux de surveillance et de police qui régissent la grande voirie ;

Considérant qu'il importe d'assurer à l'Etat, dans un intérêt d'ordre et de sécurité, une action propre sur un personnel nombreux et qui tend à s'augmenter,

Décrète :

Art. 1er. Le personnel actif, employé aujourd'hui par les diverses compagnies de chemins de fer, et celui qui sera ultérieurement employé par les compagnies qui viendront à se former, est soumis à la surveillance de l'administration publique.

L'administration aura le droit, les compagnies entendues, de requérir la révocation d'un agent de ces compagnies.

2. Le ministre des travaux publics est chargé de l'exécution du présent décret, etc. (*Bull.* 520, n° 3972.)

N° 117.—(27 mars 1852.)—Décret *relatif au chemin de fer d'embranchement de Montereau à Troyes.*

LOUIS-NAPOLÉON, Président de la République française,

Sur le rapport du ministre des travaux publics ;

Vu la loi du 26 juillet 1844, relative au chemin de fer de Paris à Lyon, et notamment l'article 2 de cette loi autorisant le ministre des travaux publics à concéder par adjudication, et pour un espace de temps qui n'excèdera pas quatre-vingt-dix-neuf ans, l'embranchement de Montereau à Troyes ;

Vu l'ordonnance du 14 décembre 1844 réglant les clauses et conditions du cahier des charges de la concession, ensemble ledit cahier des charges annexé à cette ordonnance ;

Vu le procès-verbal d'adjudication, en date du 25 janvier 1845, par lequel les sieurs *Vauthier, Galice, Dalbanne et Jules Seguin* sont déclarés concessionnaires dudit chemin pour une durée de soixante et quinze années ;

Vu l'ordonnance, en date du même jour, homologuant ledit procès-verbal ;

Vu la loi du 9 août 1847, laquelle autorise,

1° le ministre des travaux publics à consentir à la compagnie un prêt de trois millions de francs sur les fonds de l'État, et 2° cette dernière à affecter et à hypothéquer en premier ordre, à la sûreté des autres emprunts qu'elle pourrait contracter, jusqu'à concurrence de deux millions de francs, tous les droits utiles qui dérivent pour elle de l'adjudication précitée, ainsi que le matériel d'exploitation.

Vu la convention passée, le 10 septembre 1847, entre le ministre des travaux publics et ladite compagnie pour la réalisation du prêt consenti par l'État;

Vu l'ordonnance, en date du 11 du même mois, homologuant ladite convention;

Considérant, d'une part, que par décret du 5 janvier 1852 le chemin de fer de Paris à Lyon a été concédé pour une durée de quatre-vingt-dix-neuf années à dater du délai fixé pour l'achèvement des travaux; que la ligne de Montereau à Troyes est un embranchement du chemin de fer de Lyon et qu'il paraît convenable dès lors que la durée des deux concessions soit la même;

Considérant, d'autre part, que l'emprunt de deux millions contracté par la compagnie sera exigible le 15 mai prochain, et qu'en outre, d'après les comptes qu'elle a produits, la compagnie doit pour soldes à divers fournisseurs, sur les frais de premier établissement, une somme d'environ un million trois cent mille francs, et qu'il importe de la mettre en mesure de se libérer,

DÉCRÈTE :

ART. 1er. La durée de la concession du chemin de fer d'embranchement de Montereau à Troyes, fixée par l'adjudication et par l'ordonnance du 25 janvier 1845 à soixante et quinze années, lesquelles ont commencé à courir le 25 janvier 1845, est portée à quatre-vingt-dix-neuf années (99 années), lesquelles toutefois ne courront que du jour où le chemin de fer de Paris à Lyon devra être mis en exploitation dans toute son étendue, c'est-à-dire à partir du 5 janvier 1856.

2. La compagnie du chemin de fer de Montereau à Troyes est autorisée à transporter sur un nouvel emprunt de deux millions, à contracter en renouvellement de celui qui vient à échéance le 15 mai prochain, le privilége de premier ordre affecté à cet emprunt.

3. Ladite compagnie du chemin de fer de Montereau à Troyes est autorisée à consentir, pour sûreté d'un nouvel emprunt qu'elle pourra contracter jusqu'à concurrence d'une somme de un million trois cent mille francs (1,300,000 fr.), toutes antériorités sur la créance qui résulte pour l'État du prêt de

trois millions réalisé en exécution de la loi du 9 août 1847.

4. Le ministre des travaux publics est chargé de l'exécution du présent décret, etc. (*Bull.* 520, n° 3973.)

N° 118.—(27 mars 1852.)—DÉCRET *qui prolonge la durée de la jouissance du canal de Beaucaire et de ses dépendances, et réduit le tarif fixé pour ce canal.*

LOUIS-NAPOLÉON, PRÉSIDENT DE LA RÉPUBLIQUE FRANÇAISE,

Sur le rapport du ministre des travaux publics;

Vu la loi du 25 ventôse an IX, relative à la concession du canal de Beaucaire à Aiguesmortes, et le traité passé le 27 floréal an IX en vertu de la même loi,

DÉCRÈTE :

ART. 1er. La durée de la jouissance du canal de Beaucaire et de ses dépendances, concédée par le traité passé le 27 floréal an IX, en vertu de la loi du 25 ventôse de la même année, est prolongée jusqu'au 22 septembre 1939, sous les clauses et conditions énoncées audit traité.

2. Conformément à la délibération prise à la date du 13 mars 1852 par le conseil d'administration générale de la compagnie du canal de Beaucaire, le tarif fixé pour ledit canal par le traité du 27 floréal an IX sera réduit d'un quart à partir de la date du présent décret.

3. Le ministre des travaux publics est chargé de l'exécution du présent décret, etc. (*Bull.* 521, n° 3978.)

N° 119.—(27 mars 1852.)—DÉCRET *sur les traitements des préfets, des sous-préfets et des secrétaires généraux et conseillers de préfecture.*

LOUIS-NAPOLÉON, PRÉSIDENT DE LA RÉPUBLIQUE FRANÇAISE,

Considérant que les traitements actuels des préfets, sous-préfets et conseillers de préfecture sont hors de proportion avec l'importance de leurs attributions et le rang qu'ils occupent;

Considérant que le décret du 25 mars, en étendant les attributions des préfets, et par suite celles des sous-préfets et conseillers de préfecture, a rendu cette disproportion encore plus sensible;

Considérant aussi qu'il importe à la bonne administration du pays que, sous le rapport du traitement, l'avancement des préfets, sous-préfets et conseillers de préfecture, dépende de leurs services personnels et non plus seulement de leur résidence,

Décrète :

Art. 1er. Les traitements des préfets des départements sont divisés en trois classes et fixés conformément au tableau A ci-annexé.

Dans la première classe, le traitement des préfets est de . . . . 40,000 fr.

Dans la seconde, de. 30,000

Dans la troisième, de 20,000

2. Les préfets des départements compris dans la troisième classe pourront, après cinq ans de service dans la même classe, obtenir le traitement de la deuxième, sans qu'il soit nécessaire de les changer de résidence.

Les préfets de la deuxième classe pourront, aux mêmes conditions, obtenir le traitement de la première classe.

Le préfet d'un département compris dans la première ou deuxième classe pourra être appelé à une préfecture d'un rang inférieur, en conservant son traitement, pourvu qu'il en soit ainsi décidé par le décret qui changera sa résidence.

3. Le traitement du préfet de la Seine est fixé à . . . . 50,000 fr.

Celui du secrétaire général, à. 10,000

Celui des conseillers de préfecture, à 8,000

Celui du secrétaire général de la préfecture du Rhône, à . 8,000

4. Les traitements des sous-préfets sont divisés en trois classes et fixés conformément au tableau B ci-annexé.

Dans la première classe, le traitement des sous-préfets est de . . . . . . 8,000 fr.

Dans la seconde, de 6,000

Et dans la troisième, de . . . 4,500

Les sous-préfets compris dans la troisième classe pourront, après cinq ans de service dans la même classe, obtenir le traitement de la deuxième, sans qu'il soit nécessaire de les changer de résidence.

Les sous-préfets de la deuxième classe pourront, aux mêmes conditions, obtenir le traitement de la première classe.

5. Les traitements des conseillers de préfecture sont divisés en trois classes, d'après le tableau C ci-annexé.

Dans la première classe, le traitement est de . . . . 3,000 fr.

Dans la seconde, de. 2,000

Dans la troisième, de 1,600

Après dix ans d'exercice, les conseillers de préfecture de la deuxième ou de la troi-

sième classe pourront obtenir le traitement de la classe supérieure, sans qu'il soit nécessaire de les changer de résidence.

6. Les conseillers de préfecture faisant fonctions de secrétaires généraux toucheront à ce dernier titre une indemnité égale au quart de leur traitement.

7. Les quatre cinquièmes des sommes allouées aux préfets pour frais d'administration seront affectés aux traitements des employés de leurs bureaux.

8. Les traitement ci-dessus fixés courront à partir du 1er avril 1852.

9. Le ministre de l'intérieur est chargé de l'exécution du présent décret, etc. (*Bull.* 526, n° 4037.)

N° 120.—(27 mars 1852.)—Décret *qui ouvre, sur l'exercice 1851, un crédit extraordinaire pour les dépenses résultant des arrestations opérées à la suite des événements de décembre.*

LOUIS-NAPOLÉON, Président de la République française,

Sur le rapport du ministre de l'intérieur ;

Vu la loi du 10 mai 1838 qui classe les dépenses ordinaires des prisons départementales parmi celles qui doivent être inscrites aux budgets départementaux :

Considérant que tel n'est pas le caractère des dépenses occasionnées par les arrestations qui ont eu lieu à la suite des événements de décembre ;

Considérant que les faits en raison desquels ces arrestations se sont multipliées se rattachaient à un complot contre la sûreté de l'Etat, dont la répression importait à la société tout entière, et que, dès lors, il est juste de faire acquitter par le trésor public l'excédant de dépense qui est résulté de l'accroissement extraordinaire de la population des prisons,

Décrète :

Art. 1er. Il est ouvert au ministre de l'intérieur, sur les fonds de l'exercice 1851, un crédit extraordinaire de deux cent cinquante mille francs, applicable au paiement des dépenses résultant des arrestations opérées à la suite des événements de décembre.

2. Il sera pourvu à cette dépense au moyen des ressources accordées par les lois de finances pour les besoins de l'exercice 1851.

3. Le ministre de l'intérieur et le ministre des finances sont chargés, chacun en ce qui le concerne, de l'exécution du présent décret, etc. (*Bull.* 531, n° 4063.)

N° 121. — (28 mars 1852.) — RAPPORT *et* DÉCRET *sur la contrefaçon d'ouvrages étrangers.*

RAPPORT AU PRINCE PRÉSIDENT DE LA RÉPUBLIQUE.

Monseigneur,

Le droit d'auteur, qui consiste dans le droit temporaire à la jouissance exclusive des produits scientifiques, littéraires et artistiques, est consacré par la législation française au profit des nationaux et même des étrangers, relativement aux ouvrages publiés en France. Mais l'étranger, qui peut acquérir et possède sous la protection de nos lois des meubles et des immeubles, ne peut empêcher l'exploitation de ses œuvres, au moyen de la contrefaçon, sur le sol d'ailleurs si hospitalier de la France. C'est là, Monseigneur, un état de choses auquel on peut reprocher non-seulement de n'être pas en harmonie avec les règles que notre droit positif tend sans cesse à généraliser, mais même d'être contraire à la justice universelle. Vous aurez consacré l'application d'un principe salutaire, vous aurez assuré aux sciences, aux lettres et aux arts, un encouragement sérieux, si vous protégez leurs productions contre l'usurpation en quelque lieu qu'elles aient vu le jour, à quelque nation que l'auteur appartienne.

Une seule condition me paraît légitime, c'est que l'étranger soit assujetti, pour la conservation ultérieure de son droit, aux mêmes obligations que les nationaux.

Si vous daignez approuver les vues que je viens d'exposer, j'aurai l'honneur de vous soumettre le décret ci-joint, qui aura pour effet de les réaliser.

Je suis, etc.

DÉCRET.

LOUIS-NAPOLÉON , PRÉSIDENT DE LA RÉPUBLIQUE FRANÇAISE,

Sur le raport du garde des sceaux, ministre secrétaire d'Etat au département de la justice ;

Vu la loi du 19 juillet 1793, les décrets du 1er germinal an XIII et du 5 février 1810, la loi du 25 prairial an III , et les articles 425, 426, 427 et 429 du Code pénal,

DÉCRÈTE :

ART. 1er. La contrefaçon, sur le territoire français, d'ouvrages publiés à l'étranger et mentionnés en l'article 425 du Code pénal, constitue un délit.

2. Il en est de même du débit, de l'exportation et de l'expédition des ouvrages contrefaisants. L'exportation et l'expédition de ces ouvrages sont un délit de la même espèce que l'introduction, sur le territoire français, d'ouvrages qui, après avoir été imprimés en France, ont été contrefaits chez l'étranger.

3. Les délits prévus par les articles précédents seront réprimés conformément aux articles 427 et 429 du Code pénal.

L'article 463 du même Code pourra être appliqué.

4. Néanmoins, la poursuite ne sera admise que sous l'accomplissement des conditions exigées relativement aux ouvrages publiés en France, notamment par l'article 6 de la loi du 19 juillet 1793.

5. Le garde des sceaux, ministre secrétaire d'Etat au département de la justice, est chargé de l'exécution du présent décret, etc. (*Bull.* 510, n° 3869.)

N° 122. — (28 mars 1852.) — DÉCRET *qui exempte du droit de timbre les journaux et écrits périodiques et non périodiques, exclusivement relatifs aux lettres, aux sciences, aux arts et à l'agriculture.*

LOUIS-NAPOLÉON , PRÉSIDENT DE LA RÉPUBLIQUE FRANÇAISE,

Vu le décret du 17 février 1852, sur la presse ;

Considérant que, si des conditions restrictives ont dû être imposées à la presse politique, il convient au contraire de favoriser le développement des publications consacrées aux sciences et aux arts ;

Sur le rapport du ministre des finances,

DÉCRÈTE :

ART. 1er. Sont exempts du droit de timbre les journaux et écrits périodiques et non périodiques, exclusivement relatifs aux lettres, aux sciences, aux arts et à l'agriculture.

2. Ceux de ces journaux et écrits qui, même accidentellement, s'occuperaient de matière politique ou d'économie sociale, seront considérés comme étant en contravention aux dispositions du décret du 17 février 1852, et seront passibles des peines établies par les articles 5 et 11 de ce décret.

3. Le ministre des finances est chargé de l'exécution du présent décret, etc. (*Bull.* 512, n° 3889.)

N° 123.—(28 mars 1852.)— DÉCRET *portant que la faculté accordée à la banque de France, de faire des avances sur effets publics français, est étendue aux obligations de la ville de Paris.*

LOUIS-NAPOLÉON, Président de la République française,

Vu la délibération du conseil général de la banque, en date du 23 mars courant,

Décrète :

Art. 1er. La faculté accordée à la banque de France par l'article 3 de la loi du 17 mai 1834, de faire des avances sur effets publics français, est étendue aux obligations de la ville de Paris.

2. Le ministre des finances est chargé de l'exécution du présent décret, etc. (*Bull.* 512, n° 3890.)

N° 124.—(28 mars 1852.) — Décret *relatif aux forêts de la Corse* (1).

LOUIS-NAPOLÉON, Président de la République française,

Vu les conventions provisoires passées par le commissaire du Gouvernement envoyé en Corse pendant les années 1850 et 1851, pour terminer à l'amiable les contestations relatives à la propriété et à la jouissance des forêts de ce département;

Considérant que les forêts domaniales de cette île sont inexploitables à cause de l'absence ou de l'insuffisance des voies de transport;

Sur le rapport du ministre des finances,

Décrète :

Art. 1er. Le ministre des finances est autorisé à faire délimiter les forêts domaniales et communales existant dans le département de la Corse, conformément aux conventions provisoires arrêtées entre le commissaire du Gouvernement et les parties intéressées, lesquelles conventions sont et demeurent approuvées.

2. Sont maintenus, à titre de tolérance révocable, dans les forêts domaniales de la Corse, l'exercice du pâturage et les autres concessions indiquées dans les conventions provisoires précitées.

3. Le ministre des finances dressera, de concert avec le ministre des travaux publics, le tableau des routes et embranchements à classer pour compléter le système de communication institué par la loi du 25 mai 1836, de manière à ce que les massifs forestiers domaniaux soient reliés aux lieux

---

de consommation et aux ports d'embarquement.

4. Les crédits nécessaires à la construction des nouvelles routes constitueront, à partir de l'exercice 1853, un chapitre spécial au budget du ministère des travaux publics. Ils devront être compensés par les produits provenant de l'exploitation des forêts.

5. Le ministre des finances est chargé de l'exécution du présent décret, etc. (*Bull.* 512, n° 3894.)

N° 125. — (28 mars 1852.) — Décret *qui classe parmi les dépenses départementales ordinaires l'ameublement et l'entretien du mobilier des hôtels de sous-préfecture.*

LOUIS-NAPOLÉON, Président de la République française,

Sur le rapport du ministre de l'intérieur, de l'agriculture et du commerce;

Vu la loi du 10 mai 1838 ;

Considérant que la loi susvisée a laissé à la charge des sous-préfets la dépense d'ameublement des hôtels de sous-préfecture, sauf en ce qui touche les bureaux ;

Considérant que ladite loi a classé parmi les dépenses départementales ordinaires l'ameublement entier et l'entretien du mobilier des hôtels de préfecture, et que des raisons d'évidente analogie réclament l'application de cette mesure aux hôtels de sous-préfecture ;

Considérant qu'il importe d'épargner aux sous-préfets des frais onéreux de transport de meubles, en raison des déplacements auxquels les exposent la nature de leurs fonctions et les nécessités du service, et d'assurer à ces fonctionnaires la jouissance d'un mobilier permanent, en rapport avec les exigences de leur situation,

Décrète :

Art. 1er. La dépense d'ameublement et d'entretien du mobilier des hôtels de sous-préfecture est classée parmi les dépenses ordinaires que comprend la première section des budgets départementaux.

2. Un règlement d'administration publique déterminera les limites et les formes dans lesquelles il sera pourvu à l'acquisition, à la conservation et au remplacement de ce mobilier.

---

(1) Depuis longtemps de graves difficultés existaient entre le domaine et les administrations communales de la Corse au sujet de la possession des forêts. Pour y mettre un terme, le Gouvernement envoya sur les lieux M. Blondel, inspecteur général des finances, aujourd'hui directeur général de l'administration des forêts, dont l'esprit à la fois ferme et conciliant est parvenu à terminer toutes ces difficultés à la satisfaction de tous les intéressés.

Dans cette difficile mission, qui a duré près de deux ans, M. Blondel a été secondé par M. Bonnefons, inspecteur des finances.

3. Le ministre de l'intérieur, de l'agriculture et du commerce, est chargé de l'exécution du présent décret, etc. (*Bull.* 514, n° 3917.)

N° 126. — (28 mars 1852.) — DÉCRET *qui reporte à l'exercice 1852 une portion du crédit ouvert sur l'exercice 1851, pour l'exploration scientifique et artistique de la Mésopotamie et de la Médie.*

LOUIS-NAPOLÉON, PRÉSIDENT DE LA RÉPUBLIQUE FRANÇAISE,

Vu la loi du 8 août 1851, qui ouvre au ministre de l'intérieur un crédit extraordinaire de soixante et dix mille francs, pour l'exploration scientifique et artistique de la Mésopotamie et de la Médie.

Considérant que cette exploration, qui n'a pu être terminée en 1851, devra être continuée en 1852, et que, par conséquent, il importe de pourvoir aux dépenses auxquelles elle donnera lieu pendant ledit exercice ;

Sur le rapport du ministre de l'intérieur, de l'agriculture et du commerce,

DÉCRÈTE :

ART. 1er. Il est ouvert au ministre de l'intérieur, sur l'exercice 1852, un crédit extraordinaire de quarante-deux mille trois cent soixante-sept francs (42,367 fr.), représentant la portion non employée, au 31 décembre 1851, du crédit de soixante et dix mille francs accordé par la loi du 8 août 1851, pour l'exploration scientifique et artistique de la Mésopotamie et de la Médie ;

En conséquence, pareille somme de quarante-deux mille trois cent soixante-sept francs sera annulée au budget de l'exercice 1851.

2. La portion de ladite allocation qui n'aurait pas été employée pendant l'année 1852 pourra être reportée sur les exercices 1853 et suivants.

3. Il sera pourvu à la dépense autorisée par le présent décret, au moyen des ressources du budget de 1852.

4. Le ministre de l'intérieur, de l'agriculture et du commerce, et le ministre des finances, sont chargés, chacun en ce qui le concerne de l'exécution du présent décret, etc. (*Bull.* 514, n° 3918.)

N° 127. — (28 mars 1852.) — DÉCRET *qui reporte à l'exercice 1852 une portion du crédit ouvert, sur l'exercice 1851, pour la publication de l'ouvrage intitulé : Rome souterraine.*

LOUIS-NAPOLÉON, PRÉSIDENT DE LA RÉPUBLIQUE FRANÇAISE,

Vu la loi du 1er juillet 1851, qui affecte une somme de cent quatre-vingt mille huit cent quatorze francs à la publication de l'ouvrage de M. *Perret*, intitulé *Rome souterraine* ;

Vu l'article 2 de ladite loi portant que sur cette allocation il est ouvert au ministre de l'intérieur,

Sur l'exercice 1851, un crédit de quatre-vingt mille huit cent quatorze francs ;

Sur l'exercice 1852, un crédit de cent mille francs ;

Attendu que la partie de l'ouvrage qui devait être fournie pendant l'année 1851 ne sera terminée qu'en 1852, et que, par conséquent, il importe, afin d'assurer l'achèvement de la publication dudit ouvrage, que la portion du crédit ci-dessus, de quatre-vingt mille huit cent quatorze francs, qui n'était pas employée au 31 décembre 1851, soit reportée à l'exercice 1852 ;

Sur le rapport du ministre de l'intérieur, de l'agriculture et du commerce, et de l'avis du conseil des ministres,

DÉCRÈTE ,

ART. 1er. Il est ouvert au ministre de l'intérieur, de l'agriculture et du commerce, sur l'exercice 1852, en addition au chapitre xv du budget dudit exercice (*Souscriptions à divers ouvrages concernant les beaux-arts*), un crédit extraordinaire de vingt-deux mille trois cent vingt-quatre francs (22,224 fr.), représentant la portion non employée, au 31 décembre 1851, du crédit de quatre-vingt mille huit cent quatorze francs (80,814 fr.), accordé sur cet exercice par l'article 2 de la loi du 1er juillet 1851.

En conséquence, pareille somme de vingt-deux mille trois cent vingt-quatre francs sera annulée au budget de 1851 (chapitre LIV).

2. Il sera pourvu à la dépense autorisée par l'article précédent, au moyen des ressources du budget de 1852.

3. Le ministre de l'intérieur, de l'agriculture et du commerce, et le ministre des finances, sont chargés, chacun en ce qui le concerne, de l'exécution du présent décret, etc. (*Bull.* 512, n° 3919.)

N° 128. — (28 mars 1852.) — DÉCRET *qui règle la position des employés militaires de l'artillerie, du génie et des équipages militaires.*

LOUIS NAPOLÉON, PRÉSIDENT DE LA RÉPUBLIQUE FRANÇAISE,

Vu les lois, ordonnances et décrets constitutifs des armes de l'artillerie, du génie et des équipages militaires ;

Vu l'ordonnance du 16 mars 1838, sur l'avancement dans l'armée, et la loi du 11 avril 1831, sur les pensions de retraite ;

Vu la loi du 19 mai 1834, sur l'état des officiers ;

Considérant qu'il y a lieu, dans l'intérêt du service, de régler, d'une manière uniforme et stable, la position des employés militaires appartenant aux trois armes de l'artillerie, du génie et des équipages militaires ;

Sur le rapport du ministre de la guerre,

DÉCRÈTE :

ART. 1er. Le personnel des employés militaires de l'artillerie, du génie et des équipages militaires comprend :

Dans les trois services,

Les gardes principaux,

Les gardes de première classe,

Les gardes de deuxième classe,

Les chefs ouvriers d'état,

Les sous-chefs ouvriers d'état,

Les ouvriers d'état.

Dans l'artillerie seulement :

Les maîtres artificiers,

Les chefs artificiers.

Ces employés sont nommés par décret du Prince-Président de la République.

Les gardes de deuxième classe seront choisis parmi les sous-officiers de l'artillerie, du génie et des équipages militaires qui satisferont aux conditions exigées par l'ordonnance du 16 mars 1838 sur l'avancement dans l'armée.

3. Les gardes de première classe seront pris parmi les gardes de deuxième classe, un tiers à l'ancienneté et deux tiers au choix.

4. Les gardes principaux seront pris au choix parmi les gardes de première classe.

5. Il sera procédé, d'après ces bases, à la réorganisation du personnel actuel.

6. Les employés susdésignés prendront rang entre eux suivant leur ancienneté dans chaque grade et dans chaque classe, les classes étant d'ailleurs subordonnées les unes aux autres selon les règles de la discipline. Cette hiérarchie est toute spéciale et ne comporte point d'assimilation aux grades militaires.

7. Les dispositions de la loi du 19 mai 1834 sur l'état des officiers sont applicables aux employés militaires de l'artillerie, du génie et des équipages militaires.

8. Les pensions de retraite auxquelles peuvent avoir droit ces employés demeurent régies par la loi du 11 avril 1831 ; toutefois, les pensions des gardes de deuxième classe du génie seront fixées comme celles des gardes de la même classe dans l'artillerie. En outre, la quotité des pensions de retraite des gardes principaux et ouvriers d'état est déterminée ainsi qu'il suit :

Garde principal, minimum, mille francs; maximum, mille quatre cents francs.

Ouvrier d'état, minimum, quatre cents francs ; maximum, six cents francs.

9. Toutes dispositions contraires sont et demeurent abrogées.

10. Le ministre de la guerre est chargé de l'exécution du présent décret, etc. (*Bull.* 516, n° 3934.)

N° 129.—28 mars 1852.—DÉCRET *portant fixation du nombre des conseillers de préfecture.*

LOUIS-NAPOLÉON, PRÉSIDENT DE LA RÉPUBLIQUE FRANÇAISE,

Sur le rapport du ministre de l'intérieur,

DÉCRÈTE :

ART. 1er. Le nombre des conseillers de préfecture est fixé à quatre dans les départements suivants :

Calvados.	Isère.	Puy-de-Dôme.
Charente-Infér.	Loire-Inférieure.	Bas-Rhin.
Côtes-du-Nord.	Maine-et-Loire.	Saône-et-Loire.
Dordogne.	Manche.	Seine-Inférieure.
Finistère.	Moselle.	Seine-et-Oise.
Haute-Garonne.	Nord.	Somme.
Gironde.	Orne.	
Ille-et-Vilaine.	Pas-de-Calais.	

2. Dans les autres départements, à l'exception de la Seine, il n'y aura que trois conseillers de préfecture.

3 Dans les départements où le nombre des conseillers de préfecture fixé dans les articles 1 et 2 est actuellement dépassé, il sera ramené, à mesure des extinctions, dans la limite du présent décret.

4. Le ministre de l'intérieur est chargé de l'exécution du présent décret, etc. (*Bull.* 516, n° 3935.)

N° 130.—28 mars 1852.—DÉCRET *qui autorise la constitution d'une société de crédit foncier pour le ressort de la Cour d'appel de Paris.*

LOUIS-NAPOLÉON, PRÉSIDENT DE LA RÉPUBLIQUE FRANÇAISE,

Sur le rapport du ministre de l'intérieur, de l'agriculture et du commerce ;

Vu le décret du 28 février 1852, sur les sociétés de crédit foncier ;

Vu la demande qui lui a été adressée,

DÉCRÈTE :

ART. 1er. . . . .
sont autorisés à constituer une société de crédit foncier ayant pour objet de fournir aux propriétaires d'immeubles qui voudront emprunter sur hypothèque, la faculté de se libérer par des annuités dont le terme sera au moins de vingt années, et ne devra pas dépasser celui de cinquante années.

2. Le fonds social de garantie est fixé à vingt-cinq millions de francs et divisé en cinquante mille actions de cinq cents francs chacune.

Vingt mille actions devront être souscrites pour que la société soit définitivement constituée.

Les quinze autres millions seront appelés, sur la décision du conseil d'administration, au fur et à mesure des besoins de la société, de manière à ce que le fonds de garantie se maintienne dans la proportion d'au moins cinq millions pour chaque cent millions d'obligations émises.

Les porteurs des actions primitives auront un droit de préférence, dans la proportion des titres par eux possédés, à la souscription au pair des actions ultérieurement émises.

Le capital social ne pourra être porté au delà de vingt-cinq millions qu'avec l'agrément du Gouvernement et sur la décision de l'assemblée générale des actionnaires, qui sera formée des deux cents titulaires du plus grand nombre d'actions.

3. La société est autorisée,

1° A prêter aux propriétaires d'immeubles situés dans les sept départements du ressort de la Cour d'appel de Paris (Seine, Seine-et-Oise, Seine-et-Marne, Eure-et-Loir, Aube, Marne et Yonne), des sommes remboursables par les emprunteurs, au moyen d'annuités comprenant les intérêts, l'amortissement ainsi que les frais et taxes.

Ces prêts seront faits aux conditions déterminées par le titre II du décret du 28 février 1852.

En vertu du présent décret, les opérations de la compagnie pourront, avec l'autorisation du ministre de l'intérieur, de l'agriculture et du commerce, admettre tout autre système ayant pour objet de faciliter les prêts sur immeubles et la libération des débiteurs ;

2° A émettre, conformément aux dispositions du titre III du même décret, pour une valeur égale à celle des engagements hypothécaires souscrits par les propriétaires d'immeubles, des obligations foncières portant un intérêt annuel et remboursables par la voie du tirage au sort, avec la faculté d'y joindre des lots ou primes. Le taux de l'amortissement devra être déterminé de manière à ce que la durée des annuités soit au moins de vingt, et au plus de cinquante années, le maximum du taux de l'intérêt restant fixé à cinq pour cent ; — 3° A négocier lesdites obligations foncières ; — 4° A recevoir en dépôt, sans intérêt, les sommes destinées à être placées sur hypothèque et converties en obligations foncières.

4. Les remboursements anticipés, réglés par l'article 10 du titre II, seront effectués en obligations foncières, de même nature que les titres émis en représentation de l'emprunt contracté.

Il sera tenu compte, en outre, à la société, d'une indemnité fixée au maximum à trois pour cent du capital remboursé.

5. Dans les conditions du prêt, il ne pourra être stipulé plus de soixante centimes par an, pour cent francs, pour les frais et taxes déterminés par le paragraphe 3 de l'article 11 du décret du 28 février dernier.

6. Aucune autre autorisation de société de crédit foncier ne sera accordée pour le ressort de la Cour d'appel de Paris, avant l'expiration du délai de vingt-cinq années, à dater de la publication du présent décret.,

7. Il ne pourra être émis d'actions ou promesses d'actions négociables pour la formation du fonds social de garantie, avant que la société ne soit régulièrement constituée en société anonyme, conformément à l'article 37 du Code commerce.

8. Les statuts de la société devront être soumis à l'approbation du Gouvernement dans le délai d'un mois, à partir de la publication du présent décret.

9. A défaut de la constitution définitive de la société dans le délai de deux mois après l'autorisation des statuts, le présent décret sera considéré comme nul et non avenu.

10. Le ministre de l'intérieur, de l'agriculture et du commerce est chargé de l'exécution du présent décret, etc. (*Bull.* 516, n° 3936.)

N° 131.—(28 mars 1852.)—DÉCRET *sur les commissariats de police.*

LOUIS-NAPOLÉON, PRÉSIDENT DE LA RÉPUBLIQUE FRANÇAISE,

Vu la loi du 28 pluviôse an VIII ;

Considérant que le système des commissariats de police établi par cette loi ne répond plus suffisamment aux besoins du service public ;

Que le maintien de l'ordre et de la sécurité

exige que la surveillance des commissaires de police reçoive une plus grande étendue ;

Sur le rapport du ministre de la police générale ,

Décrète ;

Art. 1er. Dans tout canton où il existe un ou plusieurs commissaires de police, la juridiction de ces magistrats pourra être étendue à tout ou partie des communes composant ce canton.

2. Lorsque le besoin s'en fera sentir, il pourra être établi dans les cantons où il n'en existe pas, un commissaire de police dont la juridiction s'étendra à toutes les communes de ce canton et qui, sauf les exceptions autorisées, résidera au chef-lieu.

3. Le commissaire de police pourra requérir, au besoin, les gardes champêtres et les gardes forestiers de son canton. Ces gardes devront l'informer de tout ce qui intéressera la tranquillité publique.

4. Il pourra exercer ses fonctions hors de son ressort dans les seuls cas prévus par l'article 464 du Code d'instruction criminelle.

5. Les commissaires de police seront répartis en cinq classes, dont les traitements seront fixés par un règlement d'administration publique.

Il pourront recevoir des frais de bureau, qui varieront du dixième au cinquième de leurs traitements.

6. Les commissaires de police des villes de six mille âmes et au-dessous seront nommés par les préfets, sur une liste de trois candidats arrêtée par l'inspecteur général du ministère de la police générale.

La révocation, pour être définitive, devra être approuvée par le ministre.

Les commissaires de police des villes au-dessus de six mille âmes continueront à être nommés par le Prince-Président de la République, sur la proposition du ministre de la police générale.

7. Les chefs-lieux de canton qui ne sont pas pourvus de commissaires de police, ou la commune désignée pour sa résidence, seront tenus de contribuer au traitement de ces agents au moyen d'un contingent qui ne sera pas moindre de :

Trois cents francs pour les chefs-lieux au-dessous de quinze cents habitants ;

Cinq cents francs pour les chefs-lieux ayant de quinze cents à trois mille habitants ;

Six cents francs pour les chefs-lieux ayant de trois mille à cinq mille habitants.

Les traitements actuellement alloués et les contingents déterminés suivant les proportions précédentes pourront être répartis entre les chefs-lieux et les autres communes du canton dont les ressources permettent d'y participer. La répartition sera réglée par le préfet en conseil de préfecture.

Le ministre désignera successivement ceux des cantons qui devront être, chaque année, pourvus d'un commissaire de police.

8. L'État interviendra dans le surplus de la dépense pour porter les traitements aux taux qui seront indiqués par le règlement ci-dessus énoncé.

9. Pour l'exercice 1852, le montant de la dépense sera prélevé sur les fonds du budget du ministère de la police générale de cet exercice.

10. Le ministre de la police générale est chargé de l'exécution du présent décret, qui sera inséré au *Bulletin des lois*, etc. (*Bull.* 517, n° 3945.)

N° 132.—(28 mars 1852.)— Décret *relatif à la pêche du hareng.*

LOUIS-NAPOLÉON, Président de la République française,

Sur le rapport du ministre secrétaire d'État de la marine et des colonies, et sur l'avis des ministres des finances, de l'intérieur, de l'agriculture et du commerce ;

Le conseil d'amirauté entendu,

Décrète :

Art. 1er. Les produits de la pêche française du hareng, avec salaison, à bord, rapportés des parages de la Grande-Bretagne et des côtes de France, seront admis à l'immunité des droits aux époques ci-après, savoir :

Produits de la pêche dite *d'Écosse*, du 1er août au 30 septembre ;

Produits de la pêche dite *d'Yarmouth*, et de celle faite sur les côtes de France, du 1er octobre au 31 décembre.

Néanmoins, aucun bâteau pêcheur français ne pourra être expédié plus d'une fois dans la même année pour la pêche d'Ecosse.

2. La préparation en mer des produits de la pêche du hareng aura lieu exclusivement avec des sels de France, lesquels seront délivrés, à partir du 1er juillet pour la pêche d'Ecosse, et à partir du 15 septembre pour la pêche d'Yarmouth et des côtes de France.

Pour la pêche d'Ecosse, la quantité de sel délivrée sera illimitée ; pour celle d'Yarmouth et des côtes de France, elle ne pourra excéder cent kilogrammes par tonneau de jauge des bateaux pêcheurs.

3. Seront réputés de pêche étrangère et soumis aux droits du tarif général,

1° Les harengs salés importés des para-

20.

ges de la Grande-Bretagne et des côtes de France à toutes autres époques que celles déterminées par l'article 1er ;—2° Les harengs frais et salés importés, à quelque époque que ce soit, de tous autres parages ; — 3° Les harengs frais rapportés du 1er janvier au 31 juillet, soit des parages de la Grande-Bretagne, soit des côtes de France, lorsque le bateau pêcheur français qui les rapportera aura été absent d'un port de France pendant plus de trois jours.

4. Les ports ouverts à l'importation des harengs salés de pêche française seront désignés par un décret du Président de la République.

Il sera formé dans chacun de ces ports une commission permanente composée d'agents de la marine et des douanes, laquelle sera chargée de constater, au départ, la régularité de l'armement des bateaux pêcheurs ; et à leur tour, de procéder à la vérification des opérations auxquelles ils se seront livrés, ainsi qu'à celle de l'origine des harengs déclarés être le produit de la pêche nationale.

La commission, en cas de dissidence parmi ses membres relativement à l'origine du poisson rapporté, sera tenue de requérir la nomination, par le juge de paix du canton, de deux experts jurés, qui procéderont, concurremment avec elle, à une expertise légale. Ces experts auront voix délibérative.

Les décisions des commissions seront sans appel.

Les commissions auront la faculté de n'admettre en franchise qu'à titre provisoire les chargements pour lesquels l'immunité sera réclamée. Toutefois, cette immunité deviendra, de plein droit, définitive, si la décision prise n'a pas été révoquée dans le délai de quarante-cinq jours.

5. Des décrets du Président de la République détermineront :

1° La composition et les détails des attributions des commissions locales instituées en vertu de l'article 4 ci-dessus ; — 2° Les quantités de sel qui pourront, dans la limite fixée par l'article 2, être embarquées sur chaque bateau armé pour la pêche dans les parages d'Yarmouth et sur les côtes de France, proportionnellement à son tonnage ;—3° Les déclarations et engagements qui devront être souscrits par l'armateur avant l'expédition des bateaux ; — 4° Les formalités que le patron de chaque bateau sera tenu de remplir, particulièrement en ce qui concerne le livret de pêche dont il devra être muni ;—5° Les conditions relatives à l'installation des bateaux, au placement à bord et au nombre de barils destinés à

contenir le poisson ; — Le nombre d'hommes d'équipage dont ils devront être montés, proportionnellement à leur tonnage ;— Le nombre, la nature, l'espèce et les dimensions des ustensiles de pêche dont ils devront être pourvus ;—Les quantités d'avitaillement qui pourront être mises à bord ; —La somme, soit en numéraire, soit en papier, qu'ils pourront emporter ;—6° Enfin, le modèle de la soumission valablement cautionnée, moyennant laquelle l'armateur ou le consignataire des harengs pourra en obtenir l'admission immédiate dans le cas où la commission locale n'aura prononcé l'immunité des droits qu'à titre provisoire.

6. Tout achat ou tentative d'achat, toute introduction ou tentative d'introduction de harengs de pêche étrangère, par un bateau français armé pour la pêche, entraînera la saisie de tout le poisson qui se trouvera à bord, ainsi que celle du bateau, de ses agrès, apparaux et ustensiles de pêche. L'armateur, en cas de complicité, sera condamné à une amende de cinq cents francs à deux mille francs.

Dans le cas de condamnations prononcées par les tribunaux, le patron du bateau saisi et les hommes de l'équipage pourront être levés, par mesure de discipline, pour le service de la flotte ; ils y seront maintenus pendant un an au moins et trois ans au plus, avec réduction du tiers de la solde intégrale pour les officiers mariniers et les quartiers-maîtres, et du quart pour les matelots et les novices. Toutefois, les conseils d'avancement du bord pourront, après six mois au moins d'embarquement, prononcer leur réintégration à la solde entière.

7. Les dispositions pénales spécifiées en l'article précédent seront appliquées à l'armateur, et les dispositions disciplinaires du même article au patron et aux hommes de l'équipage dans les cas suivants :

1° Lorsque le bateau qui reviendra sur lest, dans un port de France, aura été, soit surpris en flagrant délit d'achat ou de tentative d'achat, soit rencontré à l'étranger, dans un port ou une rade fermée, hors les cas de nécessité ou de force majeure dûment justifiés, selon les formes qui seront déterminées par un décret du Président de la République ; — 2° Lorsqu'à partir du 1er octobre et jusqu'au 31 décembre, le bateau sera surpris au delà des cinquante-trois degrés trente-six minutes de latitude nord, hors le cas de force majeure dûment justifié.

8. Le simple refus de l'immunité des droits sera appliqué à l'égard des chargements de harengs frais ou salés, rapportés dans les cas suivants :

1° Lorsqu'il aura été constaté, soit en mer, soit dans un port étranger, soit au retour en France, que l'armement du bateau ne se trouve plus dans les conditions rappelées au livret de pêche, à moins, toutefois, qu'il ne soit dûment justifié que les objets manquants ont été perdus par suite d'accidents de mer ; — 2° Lorsque le livret de pêche ne sera pas représenté, soit en mer ou à l'étranger, aux officiers de la station ou à tous autres agents autorisés à en exiger l'exhibition, soit aux commissions locales, dans les ports de retour ; lorsqu'un ou plusieurs feuillets en auront été arrachés ; qu'on y aura fait des ratures ou des surcharges, ou qu'on aura mis ces livrets dans un état de détérioration tel, que les annotations qui y auraient été inscrites seraient devenues illisibles ; —3° Lorsqu'une ou plusieurs infractions aux autres prescriptions des décrets qui interviendront en exécution du présent décret auront été commises par le patron ou l'armateur ;—4° Lorsque les engagements du patron et de l'équipage du bateau n'auront pas été faits à la part.

Dans les cas prévus par le présent article, le refus de l'immunité prononcé ne mettra pas obstacle à l'application ultérieure, le cas échéant, des pénalités édictées par les articles 6 et 7.

9. Les infractions et contraventions au présent décret et à ceux qui interviendront pour son exécution seront constatées, dans les ports de France, par les membres des commissions locales instituées en vertu de l'article 4, ou, à leur défaut, par les agents de la marine et des douanes ; en mer ou dans les pays étrangers, par les commandants, officiers, officiers mariniers et marins des bâtiments de l'Etat ; et, à défaut de ceux-ci, par les consuls et agents consulaires de France.

10. Les rapports et procès-verbaux devront être signés. Ceux dressés dans les ports où les bateaux feront leur retour devront, et à peine de nullité, être en outre affirmés dans les vingt-quatre heures de leur clôture, par-devant le juge de paix du canton, ou l'un de ses suppléants, ou par-devant le maire ou adjoint dudit port.

Ceux dressés en mer ou dans les ports étrangers, par des officiers mariniers et marins des bâtiments de l'Etat, seront affirmés dans les vingt-quatre heures de leur rentrée à bord, devant le commandant du bâtiment auquel ces officiers mariniers ou marins appartiendront.

Ceux rédigés par les agents consulaires dans les ports étrangers seront visés par le consul de la circonscription.

La formalité de l'affirmation ne sera pas nécessaire pour les rapport et procès-verbaux dressés par les membres des commissions locales, les agents de la marine et des douanes ayant rang d'officier, les consuls, commandants et officiers des bâtiments de l'Etat.

Dans tous les cas prévus par le présent article, les rapports et procès-verbaux feront foi jusqu'à inscription de faux.

11. Toute infraction ou contravention aux dispositions qui précèdent sera déférée, par le receveur des douanes du port de retour du bateau, au procureur de République de l'arrondissement, et le jugement en sera attribué aux tribunaux de police correctionnelle.

12. Pour la pêche dite *d'Ecosse*, la constatation de l'engagement entre les armateurs, patrons et marins, ainsi que le règlement des comptes après le voyage, auront lieu en présence du commissaire de l'inscription maritime, qui veillera à l'exécution des engagements respectifs.

Le paiement de la part revenant à chaque marin sera effectué devant ce fonctionnaire, qui fera verser dans la caisse des invalides de la marine la retenue légale de trois pour cent.

La navigation à la pêche dite *d'Ecosse* comptera aux marins pour sa durée effective, dans le calcul des services donnant droit à la pension dite *demi-solde*.

Les contraventions aux dispositions du présent article seront déférées, par le commissaire de l'inscription maritime, au procureur de la République, et donneront lieu contre l'armateur à une amende de cent francs à mille francs, qui sera prononcée par les tribunaux de police correctionnelle, et attribuée à la caisse des invalides de la marine.

13. Les receveurs de l'administration de l'enregistrement et des domaines seront chargés de procéder au recouvrement des amendes prononcées pour contraventions au présent décret, et à la vente des cargaisons, bateaux, filets, etc. saisis.

Le produit des amendes autres que celle prévue par l'article précédent, et celui des saisies, seront attribués, dans la proportion d'un tiers à la caisse des invalides de la marine, d'un tiers au trésor public, lequel tiers recevra la destination indiquée dans l'article 3 de l'ordonnance du 21 mai 1817, et d'un tiers aux agents qui auront constaté les contraventions.

14. Les procès-verbaux dressés pour contraventions au présent décret, et à ceux qui interviendront pour son exécution, seront visés pour timbre et enregistrés en débet

15. Sont abrogées toutes les dispositions des lois, ordonnances et règlements en vigueur, contraires à celles du présent décret, notamment l'article 9 de la loi du 6 mai 1841, et l'ordonnance du 2 juillet 1843.

16. Les ministres secrétaires d'État de la marine et des colonies, des finances, de l'intérieur, de l'agriculture et du commerce, et des affaires étrangères, sont chargés, chacun en ce qui le concerne, de l'exécution du présent décret, qui sera inséré au *Bulletin des lois* et au *Bulletin officiel* de la marine, etc. (*Bull.* 519, n° 3960.)

N° 133.—(28 mars 1852.)—DÉCRET *portant amnistie pour les Déserteurs des navires de commerce.*

LOUIS-NAPOLÉON, Président de la République française,

Sur le rapport du ministre secrétaire d'État de la marine et des colonies,

Décrète :

ART. 1er. Amnistie pleine et entière est accordée à tous marins des navires de commerce qui sont en état de désertion, ou qui, ayant été arrêtés ou s'étant présentés volontairement, n'ont pas été jugés et condamnés définitivement au jour de la publication du présent décret.

2. Pour profiter de l'amnistie, les déserteurs seront tenus de se présenter, à l'effet de formuler leur déclaration de repentir, devant l'une des autorités maritimes ou consulaires voisines du lieu où ils se trouveront.

Cette déclaration devra être faite avant l'expiration du délai de trois mois, lequel compte à partir de ce jour pour les déserteurs qui sont dans l'intérieur de la République et en Corse.

Le délai est de six mois pour ceux qui sont hors du territoire français, mais en Europe et en Algérie ;

D'un an pour ceux qui sont hors d'Europe ;

Et de dix-huit mois pour ceux qui sont au delà du cap de Bonne Espérance ou du cap Horn.

Ce délai comptera à partir du jour de la réception du présent décret par les autorités maritimes ou consulaires.

3. Les salaires des déserteurs des navires du commerce seront répartis conformément aux prescriptions de la loi du 13 mai 1791 et du règlement du 17 juillet 1816.

4. Le ministre secrétaire d'État de la marine et des colonies est chargé de l'exécution du présent décret, qui sera inséré au *Bulletin des lois* et au *Bulletin officiel* de la marine, etc. (*Bull.* 519, n° 3961.)

N° 134.—(28 mars 1852.)—DÉCRET *relatif à la portion disponible du prélèvement effectué sur l'indemnité coloniale pour la formation du capital des banques.*

LOUIS-NAPOLÉON, Président de la République française,

Sur le rapport des ministres de la marine et des colonies, et des finances ;

Vu la loi du 30 avril 1849 relative à l'indemnité accordée aux colons par suite de l'affranchissement des esclaves ;

Vu le décret du 24 novembre de la même année, sur le mode de liquidation de cette indemnité ;

Vu la loi du 11 juillet 1851, sur l'organisation des banques coloniales ;

Vu le décret du 22 décembre de la même année rendu pour l'exécution de ladite loi ;

Considérant qu'une des conséquences de la loi du 11 juillet 1851, qui a modifié celle du 30 avril 1849, a été de rendre indispensable une liquidation spéciale du prélèvement du huitième de l'indemnité affecté à la formation du capital des banques coloniales ; que cette liquidation, dont la forme a été tracée par le titre II du décret du 22 décembre 1851, devrait avoir pour résultat la création de nouveaux titres dont le grand nombre et la faible valeur donneraient à leur mise en circulation de notables inconvénients ;

Considérant que le prélèvement effectué sur l'indemnité coloniale pour servir à la formation du capital des banques fait partie intégrante de cette indemnité, et que toute portion de ce prélèvement qui n'est point appliquée à l'emploi auquel il avait été primitivement destiné doit faire, de droit, retour aux indemnitaires ;

Mais, considérant qu'on ne saurait, sans de nombreuses complications, procéder à la distribution de ce *restant disponible* par l'émission de certificats convertibles en inscriptions de rente, comme ceux de l'indemnité proprement dite :

Décrète :

ART. 1er. La portion disponible, ou résidu, prévue par l'article 4 de la loi du 11 juillet 1851, et l'article 6, paragraphe 5, du décret du 22 décembre de la même année, fait retour aux porteurs des titres de prélèvement mentionnés à l'article 51 du décret du 24 novembre 1849.

2. Le ministre de la marine et des colonies, sur le vu de la liquidation spéciale prévue par le titre II du décret du 22 dé-

cembre 1851, que lui transmettront les administrations coloniales, adressera au ministre des finances la demande d'inscriptions collectives de rente représentant le capital auquel sera ressorti dans cette liquidation le résidu de chacune des colonies intéressées.

Ces inscriptions immatriculées au nom des diverses colonies qui y auront droit seront vendues aux époques et pour les sommes déterminées de concert par le ministre de la marine et des colonies et le ministre des finances, pour le montant en être déposé à la caisse centrale du trésor public, au compte de ces colonies.

3. Il sera procédé par les administrations locales, sur les bases de la liquidation par elles précédemment établie, à la répartition en numéraire entre les ayants droit du capital réalisé.

4. A l'expiration des six mois qui suivront le commencement de cette répartition, toute somme qui n'aura pas été retirée par l'intéressé demeurera acquise à la caisse coloniale.

5. Le second *coupon de division* prévu par le deuxième paragraphe de l'article 9 du décret du 22 décembre ne sera délivré aux ayants droit qu'autant qu'ils le réclameront en vue de mutations à effectuer.

6. Les coupons de division émis devront être présentés à la direction de l'intérieur avec les pièces à l'appui, s'il y a lieu, avant l'expiration du délai fixé par l'article 4 qui précède.

Il sera sursis, jusqu'à cette présentation, à toute attribution de part dans la répartition, à l'égard des intéressés qui auront retiré leurs coupons de division.

7. Le ministre de la marine et des colonies et le ministre des finances sont chargés, chacun en ce qui le concerne, de l'exécution du présent décret, qui sera inséré au *Bulletin des lois*, etc. (*Bull.* 519, nº 3962.)

Nº 135.—(28 mars 1852.)—DÉCRET *relatif à la remonte des colonels, lieutenants-colonels, chefs d'escadron et capitaines des corps de troupes à cheval* (1).

LOUIS-NAPOLÉON, PRÉSIDENT DE LA RÉPUBLIQUE FRANÇAISE,

Sur le rapport du ministre de la guerre,

DÉCRÈTE :

ART. 1ᵉʳ. Les colonels, lieutenants-colonels, les chefs d'escadron et les capitaines des corps de troupes à cheval (ces derniers

pour le cheval dont ils doivent se pourvoir à leurs frais) pourront, après en avoir fait la demande officielle, être autorisés par le ministre de la guerre à choisir leurs montures parmi les chevaux d'officiers disponibles du corps auquel ils appartiennent, et, à défaut de ceux-ci, parmi les chevaux de troupe également disponibles, sous la condition de verser dans une caisse publique une somme représentant exactement le prix d'achat du cheval.

Pour l'exercice de cette faculté, ils profiteront des conditions de supériorité de grade ou d'ancienneté dans le même grade ; toutefois lorsqu'il y aura lieu de pourvoir simultanément à la remonte d'officiers n'ayant pas droit à être remontés aux frais de l'Etat, et à celle d'officiers dont le droit à être remontés aux frais de l'Etat a été consacré par l'ordonnance du 3 novembre 1837 et les décisions des 10 septembre 1838 et 25 juillet 1839, la priorité pour le choix sera acquise à ces derniers, qui l'exerceront ainsi qu'il est prescrit, article 2 du décret du 23 décembre 1851, en commençant par l'officier le plus élevé en grade ou, à grade égal, par le plus ancien.

2. Les capitaines de cavalerie promus au grade supérieur pourront, dans ce nouveau grade, conserver, en toute propriété, le cheval qui leur aura été remis par l'Etat, sous la condition de verser dans une caisse publique une somme équivalente à autant de fois la septième partie du prix d'achat qu'il reste d'années à parcourir pour atteindre le terme de la durée légale du cheval.

3. Les dispositions de l'article 11 du décret du 23 décembre 1851 et le décret du 11 février 1852 sont rapportés.

4. Les ministres de la guerre et des finances sont chargés, chacun en ce qui le concerne, de l'exécution du présent décret, etc. (*Bull.* 519, nº 3963.)

Nº 136. —(28 mars 1852.)—DÉCRET *relatif à la remonte des officiers du corps d'Etat-major.*

LOUIS-NAPOLÉON, PRÉSIDENT DE LA RÉPUBLIQUE FRANÇAISE,

Vu les ordonnances des 3 novembre 1837, 10 septembre 1838 et 25 juillet 1839, et les décrets des 23 décembre 1851 et 28 mars 1852, concernant la remonte des officiers ;

Considérant que tous les corps de l'armée appelés directement à faire un service à cheval ont été successivement admis à jouir du droit qui résulte, pour les officiers des grades inférieurs, d'être montés aux frais de l'Etat, et que le corps d'état-major, dont

---

(1) Voir le décret du 23 décembre 1851 et le décret du 11 février 1852 et le décret précédent.

le service doit s'exécuter dans les conditions particulières d'urgence et de rapidité, est le seul qui ait été privé jusqu'à présent de cet avantage ;

Qu'il importe de faire cesser cette exception au double point de vue de l'équité et de l'intérêt du service ;

Considérant, en outre, qu'en raison des mutations fréquentes auxquelles sont soumis les officiers du corps d'état-major, et eu égard aux charges qui pèsent sur eux dans le cas où ils sont mis en disponibilité, il convient de leur faciliter les moyens de se procurer les chevaux dont ils doivent se pourvoir à leurs frais ;

Sur le rapport du ministre de la guerre,

DÉCRÈTE.

ART. 1er. A l'avenir, les capitaines et les lieutenants du corps de l'état-major recevront un cheval aux frais de l'Etat.

Ce cheval sera fourni,

1° Aux capitaines actuellement pourvus d'un cheval lorsqu'ils viendront à le perdre ou qu'il sera réformé ; — 2° Aux capitaines qui se trouveront dans ces mêmes conditions, après avoir fait la première acquisition d'un cheval ; — 3° Aux capitaines et lieutenants qui passeront du service régimentaire au service actif d'état-major, ceux-ci pourront, avec l'autorisation du ministre, conserver le cheval qui leur aura été livré à l'époque de leur stage dans le régiment.

2. Les articles 3, 4, 5 et 6 du décret du 23 décembre 1851, concernant la propriété du cheval après sept années de possession, sa réforme et le mode de remplacement, sont applicables aux chevaux fournis par l'Etat aux officiers du corps d'état-major.

3. Sont également rendues applicables aux officiers-supérieurs du corps d'état-major, ainsi qu'aux capitaines de ce corps, pour le second cheval dont ils peuvent être pourvus dans certains cas, les dispositions de l'article 1er du décret du 28 mars 1852, relatif à la remonte des officiers supérieurs des troupes à cheval. Leur choix s'exercera dans les établissements de remonte ou dans les corps le plus à proximité de leur résidence parmi les chevaux d'officiers disponibles, et, à défaut de ceux-ci parmi les chevaux de troupe.

4. L'officier du corps d'état-major qui changera de destination ou sera mis en disponibilité aura la faculté de verser le cheval ou les chevaux dont il est régulièrement pourvu au corps de troupes à cheval le plus voisin. Le prix du cheval dont il aura la propriété lui sera remboursé, d'après une estimation contradictoire, faite entre l'officier intéressé et le conseil d'administration du régiment, assisté du vétérinaire ou d'une commission spéciale composée au moins de trois officiers.

5. Les dispositions contraires au présent décret sont et demeurent abrogées.

6. Le ministre de la guerre est chargé de l'exécution du présent décret, etc. (*Bull.* 519, n° 3964.)

N° 137.—(28 mars 1852.)—DÉCRET *qui affecte des terrains domaniaux au service du département de la marine.*

LOUIS-NAPOLÉON, PRÉSIDENT DE LA RÉPUBLIQUE FRANÇAISE,

Vu la nécessité de faciliter le service de la conservation des bois au port de Cherbourg ;

Vu l'adhésion donnée par le ministre des finances à l'affectation au département de la marine des terrains domaniaux de la commune de Tourlaville, indiqués au plan ci-annexé par les lettres

L', M', N', T', U', V', X, Y, Z, O, P, Q, R, S, K ;

Sur le rapport du ministre de la marine et des colonies,

DÉCRÈTE :

ART. 1er. Sont affectés au service du département de la marine les terrains domaniaux de la commune de Tourlaville, désignés sur le plan joint au présent décret, par les lettres L', M', N', T', U', V', X, Y, Z, O, P, Q, R, S, K.

2. Les ministres de la marine et des finances sont chargés, chacun en ce qui le concerne, de l'exécution du présent décret, etc. (*Bull.* 519, 3965.)

N° 138.—(28 mars 1852.) — DÉCRET *sur la presse en Algérie.*

LOUIS-NAPOLÉON, PRÉSIDENT DE LA RÉPUBLIQUE,

Vu l'article 36 du décret du 17 février 1852 ;

Vu l'avis du comité consultatif de l'Algérie ;

Sur la proposition du ministre secrétaire d'Etat de la guerre,

DÉCRÈTE :

ART. 1er. Le gouverneur général de l'Algérie surveille l'usage de la presse, donne les autorisations de publier les journaux et révoque ces autorisations en cas d'abus.

2. Aucun numéro de journal ne pourra paraître sans le visa préalable de l'autorité déléguée à cette fin par le gouverneur général.

3. Aucun écrit autre que les jugements, arrêts et actes publiés par autorité de justice,

ou émanés de l'autorité militaire ou de l'évêque diocésain, ne peut être imprimé sans la permission du gouverneur général, ou sans celle du préfet délégué à cet effet.

4. Les cautionnements et les droits de timbre des journaux et écrits périodiques ou non périodiques sont maintenus tels qu'ils sont fixés par la loi du 16 juillet 1850.

Néanmoins, les journaux et écrits venant de France ou de l'étranger ne pourront circuler en Algérie qu'après le paiement des droits de timbre et autres qui leur sont imposés par les articles 6, 7, 8, 9, 10, 11, 12 et 13 du décret du 17 février 1852, lesquels sont, à cet effet seulement, rendus exécutoires pour l'Algérie, et ce, sous les peines édictées audit décret.

Sont également maintenus les articles 3 et 4 de la loi du 16 juillet 1850, sur la signature des articles par leurs auteurs.

5. Toute publication de journal ou d'écrit périodique ou non périodique faite sans autorisation préalable, ou sans cautionnement régulier, ou sans le visa exigé par l'article 2 du présent décret, ou qui paraîtra après que le gouverneur général aura révoqué l'autorisation précédemment accordée, sera punie d'une amende de cent à deux mille francs, pour chaque numéro, livraison ou édition publiés en contravention, et d'un emprisonnement d'un mois à deux ans.

Celui qui aura publié le journal ou l'écrit, et l'imprimeur, seront solidairement responsables.

Le journal ou écrit périodique cessera de paraître.

6. Les numéros de journal et les exemplaires de tout écrit quelconque publiés en contravention aux dispositions des articles 2, 3, 4 et 5 du présent décret, seront saisis, et ne pourront être ni exposés en vente, ni vendus, ni distribués, sous les peines portées en l'article précédent.

7. A l'avenir, aucun dessin, gravure, lithographie, médaille, estampe ou emblème, quelle qu'en soit la nature, ne pourra être publié, exposé, mis en vente ou distribué, sans l'autorisation préalable du préfet du département, alors même que l'impression ou la publication serait antérieure au présent décret.

En cas de contravention, les dessins, gravures, lithographies, médailles, estampes et emblèmes, seront saisis et confisqués, et ceux qui les auront publiés, distribués ou exposés en vente, seront condamnés à un emprisonnement d'un mois à un an, et à une amende de cent à mille francs.

8. Les journaux et écrits politiques ou d'économie sociale publiés à l'étranger ne pourront être introduits ni circuler en Algérie

qu'en vertu d'une autorisation du gouverneur général.

Les introducteurs, vendeurs ou distributeurs d'un journal ou écrit étranger dont l'introduction ou la circulation n'aura pas été autorisée, seront punis d'un emprisonnement d'un mois à un an, et d'une amende de cent francs à cinq mille francs.

En tout cas, les exemplaires introduits, vendus ou distribués, seront saisis et confisqués.

9. Est interdite la publication de tout écrit traitant de matières politiques ou d'économie sociale, et émanant d'un individu privé ou suspendu de ses droits civiques par arrêt ou jugement définitif.

Les éditeurs, gérants, imprimeurs qui auront concouru, sciemment, à cette publication, seront condamnés solidairement à une amende de vingt-cinq à deux mille francs.

En tout cas, les exemplaires de l'écrit seront saisis et confisqués.

10. Tout gérant sera tenu d'insérer, en tête du journal et en caractères semblables à celui du corps de ce journal, les documents officiels, relations authentiques, renseignements, réponses et rectifications qui lui seront adressés, soit par l'autorité militaire, soit l'autorité administrative.

La publication devra avoir lieu dans le plus prochain numéro qui paraîtra après le jour de la réception des pièces.

L'insertion sera gratuite.

En cas de contravention, les contrevenants seront punis d'une amende de vingt-cinq à cinq cents francs, et l'autorisation de publication donnée au journal pourra être retirée par le gouverneur général, conformément à l'article 1er du présent décret.

11. Les annonces judiciaires exigées par les lois pour la validité ou la publicité des procédures ou des contrats seront insérées dans le journal ou les journaux de l'arrondissement ou du département qui seront désignés chaque année par le préfet, sous les peines portées à l'article précédent, et, en outre, de la nullité de l'insertion.

Le préfet règlera en même temps le tarif de l'impression de ces annonces.

12. Tout individu qui exerce le commerce de la librairie sans en avoir obtenu le brevet exigé par l'article 11 de la loi du 20 octobre 1814 sera puni d'un mois à deux ans d'emprisonnement, et d'une amende de cent à deux mille francs.

L'établissement sera, en outre, fermé.

Sont considérés comme faisant le commerce de la librairie les éditeurs autres que les auteurs des publications.

13. Seront poursuivis devant les tribunaux de police correctionnelle, tous délits commis

par la voie de la presse, ainsi que toutes contraventions aux lois sur la police de la presse.

14. Les poursuites auront lieu selon les formes et dans les délais prescrits par le Code d'instruction criminelle.

Néanmoins, aucun appel ou pourvoi en cassation sur les jugements et arrêts rendus, soit sur les demandes en renvoi, soit sur la compétence, soit sur les incidents de procédure, ne pourra être formé qu'après le jugement ou l'arrêt sur le fond, à peine de nullité.

En outre, il devra être statué sur l'appel dans les huit jours de l'arrivée des pièces au greffe de la juridiction supérieure, et le pourvoi en cassation devra être formé et jugé dans les délais prescrits par l'article 21 de la loi du 27 juillet 1849.

15. En aucun cas la preuve par témoins ne sera admise, devant les tribunaux, pour établir la réalité des faits injurieux ou diffamatoires.

16. Il est interdit de rendre compte des procès pour délits commis par la voie de la presse ; la poursuite pourra seulement être annoncée. Dans tous les cas, le jugement pourra être publié.

Les autres interdictions prononcées par les articles 10 et 11 de la loi du 27 juillet 1849 sont maintenues sous les peines portées en ladite loi.

17. Dans toutes affaires civiles, correctionnelles ou criminelles, les Cours ou tribunaux pourront interdire le compte rendu du procès. Cette interdiction ne s'appliquera pas au jugement.

18. Toute contravention aux dispositions du paragraphe 1er de l'art. 16 et à l'art. 17 du présent décret sera punie d'une amende de cinquante à cinq mille francs, sans préjudice du droit de retrait de l'autorisation de publication par le gouverneur général, selon la gravité de l'infraction.

19. L'action publique contre les crimes et délits commis par la voie de la presse, ou par un autre moyen de publication, s'étendra conformément aux règles prescrites par l'article 29 de la loi du 26 mai 1819.

20. Dans les territoires militaires, les attributions conférées par le présent décret aux préfets des départements seront exercées par les généraux commandant.

21. Le ministre de la guerre est chargé de l'exécution du présent décret, etc. (*Bull.* 520, n° 3974.)

N° 139. — (28 mars 1852.) — DÉCRET *qui ouvre au ministre des travaux publics un crédit représentant les sommes versées par des départements, des communes et des propriétaires, pour concourir, avec les fonds de l'État, à l'exécution de travaux publics appartenant à l'exercice 1851.*

LOUIS-NAPOLÉON, PRÉSIDENT DE LA RÉPUBLIQUE FRANÇAISE,

Vu l'article 13 de la loi du 6 juin 1843, portant règlement définitif du budget de 1840, ainsi conçu :

« Les fonds versés par des départements, des communes ou des particuliers, pour concourir, avec ceux de l'État, à l'exécution de travaux publics, seront portés en recette aux produits divers du budget ; un crédit de pareille somme sera ouvert par ordonnance royale au ministre des travaux publics, additionnellement à ceux qui lui auront été accordés par le budget pour les mêmes travaux, et la portion desdits crédits non employée pendant le cours d'un exercice pourra être réimputée avec la même affectation, aux budgets des exercices subséquents, en vertu d'ordonnances royales qui prononceront l'annulation des sommes restées sans emploi sur l'exercice expiré ; »

Vu l'état ci-annexé des sommes versées dans les caisses du trésor par des départements, des communes et des propriétaires intéressés, pour concourir avec les fonds de l'État à l'exécution de travaux publics appartenant à l'exercice 1851 ;

Sur le rapport du ministre des travaux publics,

DÉCRÈTE :

ART. 1er. Il est ouvert au ministre des travaux publics, sur les fonds de l'exercice 1851 (1re et 2e sections du budget), un crédit de la somme de deux cent vingt mille six cent un francs dix centimes (220,601 fr. 10 c.), formant le montant de l'état mentionné ci-dessus.

Cette somme de deux cent vingt mille six cent un francs dix centimes est répartie entre les sections et chapitres du budget de l'exercice 1851 désignés ci-après, dans les proportions suivantes :

1re SECTION.

	fr. c.	fr. c.
Chap. XII. Routes nationales et ponts	18,804 08	
Chap. XIII. Navigation intérieure. (Canaux.). . .	11,220 10	97,459 07
Chap. XV. Ports maritimes, phares et fanaux.	67,434 88	

ii° SECTION.

	fr. c.	fr. c.
Chap. iv. Routes et ponts, achèvement et rectification.	21,025 37	
Chap. iv. Navigation. (Rivières.)	55,000 00	
Chap. vi. Ports maritimes.	41,856 66	
Chap. vii. Réparations de dommages causés par les inondations.	3,900 00	125,142 03
Chap. viii. Établissements de grandes lignes de chemins de fer. . . .	1,360 00	
Total. . .	220,601 10	

2. Le ministre des travaux publics et des finances sont chargés, chacun en ce qui le concerne, de l'exécution du présent décret, etc. (*Bull.* 521, n° 3979.)

N° 140.—(28 mars 1852.)—DÉCRET *qui ouvre au ministre des travaux publics des crédits supplémentaires et extraordinaires sur les exercices 1851 et 1852, et pour des exercices clos et périmés.*

LOUIS-NAPOLÉON, PRÉSIDENT DE LA RÉPUBLIQUE FRANÇAISE,

Sur le rapport du ministre des travaux publics,

DÉCRÈTE :

Ire SECTION. — *Service ordinaire.*

ART. 1er. Il est ouvert au ministre des travaux publics, sur l'exercice 1851, trois crédits supplémentaires montant ensemble à la somme de soixante et treize mille cent cinq francs, ci. . . . . 73,105 fr.

Savoir :

1° En augmentation du chapitre xxii de la première section du budget (*Frais généraux, Secours*), un crédit de huit mille six cent cinq francs, ci . . . . . 8,605 fr. destiné au paiement d'indemnités temporaires à trois inspecteurs particuliers de la navigation, dont les emplois ont été supprimés au 1er juillet 1849 ;

2° En augmentation du chapitre xx de la première section du budget (*Entretien et réparations ordinaires des bâtiments civils*), un crédit de quatre mille cinq cents francs, ci . . . . . . 4,500 pour le paiement des dépenses d'entretien des nouveaux bâtiments du ministère des affaires étrangères en 1851;

3° En augmentation du chapitre xxi) *Construction et grosses réparations des palais nationaux et des bâtiments civils,*

un crédit de soixante mille francs, ci . . . . 60,000 destiné au solde de travaux exécutés au Conservatoire des arts et métiers.

Total pareil . . . 73,105

Les allocations générales affectées aux travaux du Conservatoire des arts et métiers par les lois des 3 juillet 1846, 28 mars 1849 et 7 août 1850, montant à 1,665,037 f. 71 c. sont augmentées d'une somme de . . . . 50,749 58 comprise dans le crédit ci-dessus de soixante mille francs, et portées ainsi à celle de . . . . 1,715,787 f. 29

2. Il est ouvert au ministre des travaux publics, sur l'exercice 1851, un crédit extraordinaire de sept mille cent cinquante francs (7,150 fr.), pour le solde des dépenses d'appropriation du domaine de Chante-Grillet au service de l'école des mineurs de Saint-Étienne.

Ce crédit formera, à la première section du budget de l'exercice 1851, un chapitre portant le n° 30.

3. Il est ouvert au ministre des travaux publics, en augmentation des restes à payer des exercices 1848, 1849 et 1850, un crédit supplémentaire de cent seize mille cent vingt-deux francs soixante-deux centimes (116,122 fr. 62 c.), montant des nouvelles créances constatées sur ces exercices, suivant le tableau A ci-annexé.

Le ministre des travaux publics est, en conséquence, autorisé à ordonnancer ces créances sur le chapitre spécial ouvert, pour les dépenses des exercices clos, aux budgets des exercices courants, en exécution de l'art. 8 de la loi du 23 mai 1834.

4. Il est ouvert au ministre des travaux publics, sur l'exercice 1852, pour le paiement des créances d'exercices périmés, un crédit extraordinaire de vingt-huit mille trois cent soixante et dix-sept francs vingt-sept centimes (28,377 fr. 27 c.), conformément au tableau B ci-annexé.

Ce crédit formera, à la première section du budget, un chapitre portant le n° 26.

5. Il est ouvert au ministre des travaux publics, sur l'exercice 1852, en remplacement de sommes équivalentes restées sans emploi sur l'exercice 1851, deux crédits montant ensemble à cinquante-huit mille six cent quatre-vingt-un francs quarante et un centimes (58,681 fr. 41 c.), savoir :

1° Réparation de dommages causés par les inondations du mois de juillet 1851, aux routes nationales et ponts dans les départements de l'Ain, du Doubs et du Jura, ci. . . . . 49,881 f. 41 c.

Pareille somme est annulée au chapitre XXIX de la première section du budget de l'exercice 1851.

Le crédit de quarante-neuf mille huit cent quatre-vingt-un francs quarante et un centimes formera, à la première section du budget de l'exercice 1852, un chapitre portant le n° 27.

2° Subventions aux compagnies concessionnaires des ponts suspendus qui ont été emportés ou endommagés par les eaux, ci 8,800 00

Pareille somme est annulée au chapitre XXV de la première section du budget de l'exercice 1851.

Le crédit de huit mille huit cents francs formera, à la première section du budget de l'exercice 1852, un chapitre portant le n° 28.

Total pareil. . . 58,681 f. 41 c.

IIe Section. — *Travaux extraordinaires.*

6. Il est ouvert au ministre des travaux publics, sur l'exercice 1851, en addition au chapitre V de la deuxième section du budget, un crédit supplémentaire de quarante-quatre mille francs (44,000 fr.) pour solde de créances relatives aux travaux d'achèvement du canal du Nivernais.

Ce crédit viendra en augmentation de l'allocation générale de quatre millions affectée, par la loi du 25 juin 1841, aux travaux d'achèvement des canaux du Nivernais et du Berry.

7. Il sera pourvu aux dépenses autorisées par le présent décret au moyen des ressources des exercices courants.

8. Les ministres des travaux publics et des finances sont chargés, chacun en ce qui le concerne, de l'exécution du présent décret, etc. (*Bull.* 521, n° 3980.)

N° 141.—(28 mars 1852.)—DÉCRET *qui affecte des immeubles domaniaux au service du département des travaux publics.*

LOUIS-NAPOLÉON, Président de la République française,

Sur le rapport du ministre des travaux publics,

Décrète :

Art. 1er. Sont affectés au service du département des travaux publics les immeubles et parcelles de terrain désignés dans le tableau ci-après :

DÉPAR-TEMENTS.	DÉSIGNATION des immeubles et terrains.	VOIES de COMMUNICATION, etc. auxquelles les immeubles et terrains sont destinés.
Pas-de-Calais.	Parcelle dépendant des anciennes fortifications d'Hesdin (2 h. 5 ares 54 cent.).	Routes nationales du département. (Établissement d'une pépinière.)
Corse.	Vieille maison près du pont du Vecchio, route nationale, n° 193.	Route nationale n° 193. Logement d'un cantonnier.)
Eure.	Deux îlots situés dans le lit de la Seine et qui doivent disparaître par suite des travaux d'amélioration du Pertuis de Pesos (11 ares 20 cent.).	Seine.
Nièvre.	Terrain domanial, sis commune de Surgy (4 ares 89 cent.).	Canal du Nivernais.
Idem.	Terrain domanial, sis commune de Biches (5 ares 60 cent.).	Idem.
Manche.	Emplacement de l'ancienne batterie du fort de l'Onglet, à Cherbourg.	Port de Cherbourg.
Idem.	Ancienne batterie du cimetière de l'église de Saint-Vaast.	Port de Saint-Vaast.
Nord.	Positions de terrains militaires dépendant de la place de Dunkerque.	Port de Dunkerque.

2. Les ministres des travaux publics et des finances sont chargés, chacun en ce qui le concerne, de l'exécution du présent décret, etc. (*Bull.* 524, n° 4008.)

N° 142.—(28 mars 1852.)—DÉCRET *concernant les transportés de 1852 qui sont dirigés sur l'Algérie.*

LOUIS-NAPOLÉON, Président de la République,

Décrète :

Art. 1er. Le règlement du 31 janvier 1850, annexé à la loi de transportation du 24 du même mois, est rendu applicable aux transportés de 1852 qui sont dirigés sur l'Algérie.

2. Les transportés formeront des détachements séparés de cinq cents hommes,

autant que possible, sous la dénomination de *colonie pénitentiaire numéro* 1, *numéro* 2, *numéro* 3, *etc.*

3. Le Président de la République, sur la proposition du ministre de la guerre, pourra dispenser des obligations journalières du régime pénitentiaire les transportés qui offriront des garanties de bonne conduite et d'aptitude pour le travail.

4. Les transportés placés dans cette catégorie pourront recevoir, à des conditions particulières, des terres à cultiver pour leur propre compte, mais sous la direction de l'administration, et sans qu'ils puissent s'écarter du lieu qui leur sera assigné pour résidence, à moins d'une autorisation spéciale.

5. Le ministre de la guerre est chargé de l'exécution du présent décret, etc. (*Bull.* 525, n° 4019.)

N° 143.—(28 mars 1852.)—Décret *portant fixation du traitement du préfet de police à Paris.*

LOUIS-NAPOLÉON, Président de la République,

Sur le rapport du ministre de la police générale,

Décrète :

Art. 1er. Le traitement du préfet de police, à Paris, est fixé, comme celui du préfet de la Seine, à la somme de cinquante mille francs.

2. Le ministre de la police générale est chargé de l'exécution du présent décret, etc. (*Bull.* 528, n° 4047.)

N° 144.—(29 mars 1852.)— Décret *relatif à la prestation de serment des membres du conseil d'Etat.*

LOUIS-NAPOLÉON, Président de la République française,

Décrète :

Art. 1er. Les membres du conseil d'Etat prêteront, en assemblée générale, entre les mains du vice-président du conseil d'Etat, le serment prescrit par l'article 14 de la Constitution.

2. Le ministre d'Etat est chargé de l'exécution du présent décret, etc. (*Bull.* 516, n° 3937.)

FIN DES DÉCRETS.

... sur le rapport du Ministre de la police.

DÉCRÈTE:

Art. 1er. Le déplacement du préfet de po-[lice] [illegible] ... à la somme de cinquante francs.

2. Le ministre de la police générale est chargé [illegible] du présent décret, etc. (Bull. [illegible] 1847.)

——

N° [illegible] (... 1852.) — DÉCRET relatif [illegible] ... des membres [illegible] d'État.

[illegible] LOUIS-NAPOLÉON, PRÉSIDENT DE LA RÉPUBLIQUE.

DÉCRÈTE:

Art. [illegible] Les membres du conseil d'État [illegible] l'assemblée générale, soit par les sections du conseil d'État [illegible] prévu par l'article 14 de la Constitution.

2. Le ministre d'État est chargé de l'exécution du présent décret, etc. (Bull. 516.)

[illegible] sant que possible, sans la désorganisation de coteries pénitentiaires, comme [illegible] 2 numéro 5, etc.

3. Le Président de la République, sur la présentation du préfet de la Seine [illegible]

[illegible]

——

N° [illegible] (... 1852.) — DÉCRET portant [illegible]

[illegible] LOUIS-NAPOLÉON, PRÉSIDENT EN [illegible]

FIN DES DÉCRETS.

TABLE DES MATIÈRES

CONTENUES DANS CE VOLUME.

M.

N.

O.

P.

FIN DE LA TABLE DES MATIÈRES.

Paris. — Imprimerie de Cosse et J. Dumaine, rue Christine, 2.